最高人民法院
指导性案例裁判规则理解与适用

公司卷二

（公司章程、出资责任、人格混同、股权转让、回购、优先购买权、知情权、股东会、企业改制、利润分配、解散清算等）

江必新　何东宁
何　利　杨心忠
著

中国法制出版社
CHINA LEGAL PUBLISHING HOUSE

图书在版编目（CIP）数据

最高人民法院指导性案例裁判规则理解与适用．公司卷．2／江必新等著．—北京：中国法制出版社，2016.6

ISBN 978－7－5093－7621－8

Ⅰ．①最… Ⅱ．①江… Ⅲ．①最高法院－审判－案例－中国②最高法院－经济纠纷－民事诉讼－审判－案例－中国③最高法院－公司－经济纠纷－民事诉讼－审判－案例－中国 Ⅳ．①D925.05②D925.118.25

中国版本图书馆 CIP 数据核字（2016）第 146221 号

策划编辑：李小草（lixiaocao2008@sina.cn）

责任编辑：谢　雯　　　　封面设计：蒋云羽

最高人民法院指导性案例裁判规则理解与适用·公司卷二

ZUIGAO RENMIN FAYUAN ZHIDAOXING ANLI CAIPAN GUIZE LIJIE YU SHIYONG · GONGSIJUANER

著者／江必新　何东宁　何利　杨心忠

经销／新华书店

印刷／三河市紫恒印装有限公司

开本／730 毫米×1030 毫米　16 开　　　　印张／28　字数／441 千

版次／2016 年 7 月第 1 版　　　　2016 年 7 月第 1 次印刷

中国法制出版社出版

书号 ISBN 978－7－5093－7621－8　　　　定价：98.00 元

北京西单横二条 2 号　　　　值班电话：66026508

邮政编码 100031　　　　传真：66031119

网址：http：//www.zgfzs.com　　　　**编辑部电话：66033393**

市场营销部电话：66033393　　　　**邮购部电话：66033288**

作者介绍

江必新　男，湖北枝江人。西南政法大学法学学士、法学硕士，北京大学法学博士。现任最高人民法院党组副书记、副院长、审判委员会委员，二级大法官。兼任中国法学会副会长、中国行为法学会会长、中南大学教授。1999 年被评为“全国十大杰出中青年法学家”、2009 年被评为“当代中国法学名家”，2015 年获中国行政法学“杰出贡献奖”、2016 年获第二届“金平法学成就奖”。

与民事审判相关的著作主要有：《民事诉讼的制度逻辑与理性构建——〈民事诉讼法〉再修改之思辨》《新民事诉讼法讲义——再审的理念、制度与机制》《新民事诉讼法讲义——执行的理念、制度与机制》《新民事诉讼法再审程序疑难问题解答与裁判指导》《最高人民法院指导性案例裁判规则理解与适用》（担保卷）、（公司卷一至二）、（合同卷一至四）、（婚姻家庭卷）、（劳动争议卷）、（房地产卷）、（侵权赔偿卷一至二）、（民事诉讼卷）（上下册）、（物权卷）等著作二十余部。在《中国社会科学》《中国法学》《法学研究》《法学》《人民司法》《法律适用》等刊物上发表论文两百余篇。

何东宁　男，湖南慈利人，法律硕士，全国审判业务专家，中国政法大学兼职教授。现任最高人民法院审判员、审判长、执行局督导室主任。

1984 年至 2008 年在湖南省慈利县人民法院、张家界市中级人民法院和湖南省高级人民法院工作，历任书记员、助理审判员、审判员、副庭长；2008 年 7 月至至今在最高人民法院审判监督庭、执行局工作，历任助理审判员、审判员、审判长、室主任。

合著有：《民商审判疑难问题解析与典型案例指导》《最高人民法院指导性案例裁判规则理解与适用》（担保卷）、（公司卷一至二）、（合同卷一至四）、（婚姻家庭卷）、（劳动争议卷）、（房地产卷）、（侵权赔偿卷一至二）、（民事诉讼卷）（上下册）、（物权卷），《新民事诉讼法配套规则适用指引》《存单纠纷审判实务及判例研究》《民事再审程序新问题裁判标准》《新民事诉讼法再审程序疑难问题解答与裁判指导》《新民事诉讼法再审程序问题裁判标准》等三十部著作。在《人民司法》《法律适用》《判解研究》等刊物上发表论文二十多篇。

何利　女，现任四川省高级人民法院监察室副主任，在职博士生，四级高级法官，四川省首届审判业务专家，四川省首届中青年优秀法学专家提名奖获得者，四川省法院学术委员会委员，中国法学会会员、四川法官学院兼职教师、西南财经大学法学院客座教授。

曾在基层人民法庭、基层人民法院、中级人民法院工作，曾任宜宾市中级法院审判员、副庭长、庭长、审判委员会委员、四川法官学院宜宾分院副院长。

合著和参与撰写有：《法治与和谐的中国路径研究》《法治与和谐的域外路径研究》《最高人民法院指导性案例裁判规则理解与适用（民事诉讼卷）（公司卷二）》《最高人民法院审判监督业务指导》《新民事诉讼法配套规则适用指引（一审及简易程序卷）》《合同法、担保法理论与实务》《减刑、假释制度改革研究》《婚姻家庭继承法案例教程》《监狱行刑制度改革研究》《民商审判疑难问题解析与典型案例指导》等十余部，在国家级期刊和核心期刊上发表论文二十余篇，有十余篇论文在全国、四川省论文比赛中获特等奖、二等奖、三等奖。

杨心忠　男，山东蓬莱人，民商法学硕士，现为最高人民法院审判监督庭法官，主要从事民商事审判工作。著有《最高人民法院商事裁判规则详解》《公司纠纷裁判精要与规则适用》《金融纠纷裁判思路与裁判规则》等十多部作品。在《人民司法》《法律适用》《判解研究》等法学刊物发表论文二十余篇。

序

随着中国特色社会主义法律体系的形成，人民群众对司法的要求和期待也越来越高，对人民法院的关注也空前强烈，这必然要求人民法院更加注重依法办案，正确履行宪法和法律赋予的审判职责，真正做到有法必依，执法必严，并积极完善司法工作机制，全面发挥司法功能，确保中国特色社会主义法律体系得到贯彻落实。

“徒善不足以为政，徒法不足以自行。”法律的生命在于实施，而法律实施的核心在于法律的统一适用，同等情况同等对待不仅是我国法制统一的题中之意，也是法治的重要原则。案例指导制度在统一法律适用标准、指导下级法院审判工作等方面具有重要的作用，然而应当充分认识到我国案例指导制度与西方国家判例法存在着本质的区别。在英美法系国家，“判例”以法源的地位而存在，被称之为判例法，具有创制、借鉴以及遵循判例等一整套法律制度或者法律体系，其根本原则是“遵循先例”。绝大多数大陆法系国家，“判例”不是正式的法律渊源，只是被推定具有约束力或具有事实上的约束力。遵循先例或受先例拘束与指导，不是西方国家所特有的法律现象，而是实现法制统一的一般要求和基本路径。我国的“案例指导制度”在两大法系中均不存在，是我国司法实践特定历史阶段的产物。我国案例指导制度的构建，不仅符合我国的基本政治制度，而且适合我国的司法现状。案例指导制度无论在称谓（案例而非判例）、制度定位、法律依据，还是效力设定、机制构建等方面都与我国的政治语境相适应。指导性案例作为“动态法典”，既将抽象的、一般的静态法典的条文规范通过具体案件的法律适用演变成“活法”；又通过总结提炼法官审判经验、思维方法和价值追求，形成蕴涵着丰富的法律精神和法学理念的“裁判规则”，从而发挥规范类似案件裁判的作用，进而实现法律调整机制的静态与动态的相洽、刚性与柔性的协调、法律体系与社会变迁的相互融合。这是我国司法机关在既有的制度框架下和现行的司法体制基础上所进行的一项体现中国特色并顺应世界两大法系相互融合发展大趋势的法律适用上的机制创新。

当下，随着社会主义法治实践不断深入，社会主义法治理念牢固树立，人们对司法公正越来越关心和渴望。心理学关于公平理论早已证实，公正是社会比较的结果，人们关注的不是其所得到结果的绝对值，而是与他人对比的相对值。"同案同判"的要求是缘于"同样的事情同样对待，相似的事情相似对待"的自然法思想，它是人们最直观、最朴素的正义观在司法领域的直接反映。相反，如果同案不同判，当事人往往就会觉得自己受到了不公正的待遇，就会怀疑、动摇对司法和法律的信任和信仰。指导性案例既可以为相同或类似案件提供统一的司法标准，约束和规范法官自由裁量权的行使，又可基于案例的公开性、可预测性和可比性，阻断"暗箱操作""违法断案"。因此，案例指导制度具有实现公平正义的特殊功能。

第一，具有对法律规范内涵明确化的宣示功能。成文法典抽象性法言法语容易产生多种理解和解释，指导性案例是人民法院将抽象的法律适用于具体案件的产物，是将具体案件融于法律条款的智慧结晶。实行指导性案例制度，有利于人们通过案件理解法律，通过法律评价案件，从而架起法律与案件之间的桥梁，使法律规范更加明确化、具体化，为实现法律条文的可操作性提供范例。

第二，具有对制定法漏洞的补充功能。社会发展已经证明，包罗万象、有求必应、尽善尽美的法律只能是人们纯真而完美的梦想。成文法不可能详尽无遗地囊括社会生活的全部现象，其条文式的表述不可避免地在实现法律的普遍性、稳定性和确定性的同时，又在很大程度上牺牲必要的特殊性、适应性和灵活性，存在模糊性、僵化性、时滞性等缺陷，甚至不少领域存在空白或法律漏洞，难以适应实践中出现的新情况、新问题。指导性案例结合具体案例演绎法律条文，在法律许可的范围内，充分发挥司法的能动性、灵活性而有针对性地及时弥补成文法的漏洞，从而确保法网疏而不漏。

第三，具有对法官自由裁量权运用的约束功能。实行指导性案例制度，引导法官认同并借鉴案例中归纳出的法律原则或裁判规则，为法官办案提供明确、具体的指引，有效克服法官的主观臆断和任意擅断，规范法官的自由裁量权，能使相同或相似案件得到基本相同的裁判，更好地维护司法的公平公正，增强司法裁判的权威性。

第四，具有提升案件裁判质量和效率的促进功能。实行指导性案例制度，有利于充分挖掘法官群体的司法智慧和裁判经验，为法官办案提供裁判理念、思维方式、办案思路、解决问题的法律方法和价值衡量等方面的指引。既可以减少法官不必要的重复劳动，节省时间和精力，缩短审判周期，又可以建立起解决同类或相似问题的正确思维模式，保证裁判的精准度，统一司法适用，提高司法效率。

第五，具有排除不当干扰的防御功能。由于影响司法公正信赖和司法裁判权威的因素很多，实行指导性案例制度，遵循先例进行裁判，以机会公正、待遇公正、尊严公正、结果公正等体现出法律可预期性的要求，以及“同样情况同样对待”的公平原则，在一定程度上可以弥补法律公正在逼近自然公正中遭遇的困窘和无奈；在一定程度上可以杜绝、避免和减少除法官能力、学识和认识等原因之外的徇私枉法现象，从而限制一些企图通过枉法裁判牟取私利法官的“玩法空间”；在一定程度上可以发挥上级人民法院对下级人民法院的审判监督作用，抵制和排除法院外部的干扰和法院内部的不规范行为，遏制司法腐败，实现司法公正。

第六，具有对社会主体的教育功能。指导性案例的公布，使得司法裁判效力的影响得以延伸，一个个生动的指导性案例无疑是一个个鲜明的标准，既可以让当事人直观、生动、具体地了解指导性案例的裁判思路，更好地预测诉讼风险，采取更加理性的诉讼行为，从而减少司法资源的浪费，也可以增强社会公众近距离接触法律的机会，通过每个鲜活的案例，感受司法的公正与客观，有效地引导社会主体的行为。

第七，具有促进法学研究和推动立法完善的辅助功能。理论必须源于实践，法学作为一门应用学科更应如此。社会变化的必然性是以特殊性、偶然性为基础的，只注重对抽象的法律规范的研究，就难以把握法律运行的多样性和复杂性。研究法律离不开指导性案例，它既是定性研究的重要对象，又为量化分析提供了丰富的素材。作为联结实践与理论、问题与规则的桥梁，指导性案例本身所蕴含的法治信息，所提出的前沿命题，往往成为法学研究创新和理论发展的重要源泉。同时，司法审判活动作为法律发展的重要原动力之一，法律出台的实证基础往往来源于具体的案件，指导性案例涵盖了社会现实中存在的主要热点和难点问题，案例的积累为立法建议和司法解释的制定提供了有针对性和代表性的素材，增强了说服力和可信度，促使法律发展更能契合社会现实需要。

虽然指导性案例具有宣示、补充、约束、促进、防御、教育、辅助等多种功能，但要充分发挥好这些功能，在适用指导性案例时要采取“类比”“类推”的方法，“有条件地适用”“经过审查后适用”，充分运用归纳推理，使法官依据法律的精神和固有价值进行合理的取舍，使归纳结论符合法律的正义要求并具有可接受性。具体适用指导性案例应当注意以下一些问题：

第一，指导性案例不应具有普遍性的约束力。在我国立法体制下，建立案例指导制度的目的，不是要创制新的法律规则，而是要建立一个有利于准确适用法律的司法工作机制，为案件的审理提供具体、规范的参照。按照《关于案例指导工作的规定》明确要求，最高人民法院发布的指导性案例，各级人民法院在审判类似案件时应当参照。以规范性文件的形式赋予了指导性案例一定的效力，这种参照的效力是一种“事实上的拘束力”，这种拘束力表现为指导性案例不具有正式的法律效力，不属于正式的法律渊源，而主要体现为指导性、说服性、参考性，应当参照指导性案例所运用的裁判方法、裁判规则和法律思维。

第二，建立和完善适用指导性案例的识别和引用规则以及保障机制。识别规则就是做好指导性案例裁判规则的总结工作，进一步明确类似案件的判断标准，方便法官尽快寻找到最佳合适的指导性案例。引用规则与指导性案例的效力有着密切的联系。指导性案例不具有普遍性的约束力，不能被裁判文书直接援引，但并不能排除裁判文书的合理引证。保障机制就是要建立起指导性案例遵循的审级监督和社会监督制度、责任追究制度、培训考核机制以及适用的服务体系。

第三，准确把握指导性案例的适用条件。一是现行法律没有明文规定、规定不明确或存在漏洞，司法实践中主要包括拟裁判的民商事、行政案件没有明确的法律依据或法律存在漏洞，以及法律虽然有规定，但比较原则，易产生歧义等情形；二是存在可以比照的指导性案例规则；三是存在相似的案件事实。

第四，正确运用指导性案例的适用程序。一是案情对比，重点是案件的事实，选择事实组合最相类似的指导性案例；二是情势权衡，主要包括政策权衡、价值权衡、利益权衡和功能权衡，保障案件裁判的形式公正与实质公正、程序公正与实体公正、个案公正与社会公正的统一；三是案例遴选，以“主要问题”为中心展开，分析案件事实，明确诉争焦点，列出问题要点，搜索最佳指导性案例；四是规则适用，重点是在法庭审判和法院判决中的适用，既可以作为律师或检察官在法庭辩论时的理由，也可以作为法官阐释裁判的理由，还可以吸收到司法裁判的推理中，以增强裁判的说理性和权威性；五是案例排除适用原则，当指导性案例与拟裁判案件之间存在案件事实差别，以及指导性案例所确定的裁判规则存在与法律原则相冲突，或含混、模糊、宽泛等缺陷时，可以排除指导性案例规则的适用。

指导性案例是法律与实践结合的产物，是司法经验和智慧的结晶。它既包含着对立法精神的理解和阐发，又包含着司法智慧的创造与探索；既包含了实体性规则，又包含了程序性规范；既包括字面上的法律，又包括案例中当事人及司法人员心目中所理解的法律；既包括法官所适用的法条，又包括法律适用活动本身对法律的生动解释。理论界和实务界对指导性案例应当具有“指导效力”已形成共识。为了更好地提高案例的指导性，增强指导性案例的适用价值，充分发挥其功能，让“纸上的法律”真正变成社会中“活的法律”，虽然有赖于诸多因素，但其中行之有效的方法之一就是从法学方法论的立场去阐释蕴涵于个案的裁判规则。这正是我们组织编写出版这套《最高人民法院指导性案例裁判规则理解与适用》丛书的目的和出发点所在。丛书中所选案例是以最高人民法院指导性案例、公报案例为主，同时，还精选了部分最高人民法院直接裁判的具有指导性的案例。《最高人民法院公报》是国家最高审判机关公开介绍我国审判工作和司法制度的重要官方文献，是最高人民法院对外公布司法解释、司法文件、裁判文书、典型案件及其他有关司法信息资料的法定刊物。《最高人民法院公报》案例的最大的特点就是以《公报》为载体，公开、客观地记录和反映具体案件正确适用具体法律的裁判过程，是唯一以最高人民法院官方名义发布的案例，无论案例是哪一级法院审结的案件，但所涉及的法律适用和理解、司法价值取向等都得到了最高人民法院的正式确认，直接体现最高人民法院的司法观点，具有极强的权威性、指导性和典型性。本丛书分民商事、行政、刑事和综合（年卷）四大类，每大类中按不同案件类型编排成卷，如民商事类可分为担保卷、公司卷、合同卷、婚姻家庭卷、房地产卷等。通过对指导性案例、公报案例等进行梳理，然后编定成卷每年定期出版，奉献给大家。

本丛书突破了传统法律案例类图书的“要点提示、案情、法院审判、裁判要旨、评析”等写作模式；在编写体例上，采取了【裁判规则】、【规则理解】、【拓展适用】、【典型案例】的体例。以裁判规则为主线，在内容和体例上都具有一定的独创性，突出强调不仅要关注公报案例等指导性案例本身，而且要关注指导性案例所形成规则的理解与适用，侧重于弥补法律漏洞以及阐释实务中如何正确理解与适用法律，致力于为读者迅速查找指导性案例和把握裁判规则提供最为便捷有效的途径。

所有的【裁判规则】都是通过对案件争议焦点所涉及的法律问题进行评析后形成的并为裁判结论所确立的法律性质规则，属于法律规则或者原则范畴，是案例的核心内容、灵魂所在。指导性案例裁判规则一般是非特定的、非个体的，对法官在同类案件中认定事实、适用法律具有启发、引导、规范和参考作用。从一定意义上讲，指导性案例的指导作用更多地体现为，从案件事实认定和法律适用中提炼出来的裁判规则或者裁判要旨的指导。针对部分公报案例裁判摘要中存在法条构成要件重述、内容不明确等问题，我们对该部分案例的裁判规则进行了重新归纳和提炼。其目的正如美国大法官卡多佐在《司法过程的性质》中所言，在判决案件时，“所做的第一件事就是将他眼前的案件同一些先例加以比较，无论这些先例是贮藏在他心中还是贮藏在书本中……先例的背后是一些基本的司法审判概念，他们是司法推理的一些先决条件；而其后面的是生活习惯、社会制度，那些概念正是在它们之中才得以生成。通过一个互动过程，这些概念反过来修改着这些习惯与制度……如果先例清楚明了并且契合案件，那么法官就无需做更多的事了。”揭示了指导性案例裁判规则的意义所在。

裁判规则不是书面写就的，而是解读而成的。正如德国法学家拉伦茨在《法学方法论》中所言，“制作司法先例的法官首先考虑的是他所裁判的事件，这些要旨不过是裁判理由中蒸馏出来的结晶，与案件事实密切相关，在很大程度上本身也需要解释。”如何将写在纸上的裁判规则，适用于此后千变万化的类案，诠释规则所蕴含的公平与正义精神，是我们法官的重要任务。然而，由于各级法院、各地法院的法官们，在年龄、知识结构、社会阅历、审判经验等方面存在差异，对于裁判规则的理解、运用等都会有不同的结果。因此，我们认为有必要也坚持将指导性案例中所提炼裁判规则的【规则理解】作为本丛书核心内容，突出对所提炼裁判规则解读的指导意义，以超越个案审判的视野，对法律适用进行理性思考，研究案例所体现的法律规则、法律原理、法律精神以及裁判方法、裁判理念等核心价值。虽然指导性案例裁判规则源于个案，但不仅仅局限于个案，而是通过对规则的理解以及适用规则中应当注意问题的把握，达到将裁判规则适用于类案的效果，从而使所提炼的裁判规则中蕴涵的内在价值能够在更广的范围内、更深的层次上得以被发现、被接受、被适用。虽然目前还没有明确规定指导性案例的裁判规则可以在类案的裁判文书中直接援引，但不容置疑的是它的基本精神完全可以渗透于裁判文书的说理部分，可以作为法官裁判的理由、检察官或律师法庭辩论的理由。对于全国各级法院法官及其他法律工作者来说，准确理解和掌握指导性案例裁判规则，有助于统一司法理念、统一法律适用和统一裁判尺度，促进人们对法律的尊重与信仰。

为了防止因裁判规则的抽象性以及所固有的僵化、不周延等成文规范的弊端而导致理解不准，削弱指导性案例的价值和作用，我们对指导性案例的裁判规则进行了【拓展适用】，目的是对与裁判规则相关联的理论问题进行系统梳理和深入探讨，以期能够较为全面地阐释裁判规则的精髓，从而推动相关法学研究向纵深发展，拓宽人民法院、法官发现问题、解决问题的渠道，又能够为立法和司法解释提供新的思路和视角，从而形成实践丰富理论、理论指导实践、实践发展与理论发展互为条件、司法实践与理论研究良性互动的局面，提升司法应对现实的能力。

通过对《最高人民法院公报》【典型案例】等指导性案例进行分类梳理，一方面是对指导性案例进行连续性和系统性的汇编，方便各地各级法院的法官以及检察官、律师和其他法律界人士检索和援引。另一方面是更全面、更客观、更系统、更立体地展现了指导性案例所依附的案件事实、证据以及裁判说理等的真实风貌，更直观、更清晰、更准确地理解裁判规则的涵义，指导同类案件的法律适用，特别是裁判论证和说理过程，使抽象的审判指导概念更具明确性、更具形象化、更具可操作性。

对指导性案例裁判规则进行全面、系统的解读和阐释，是作者的一次尝试。我们深知，本套丛书所涉及的法学理论博大精深，各种研究文献浩如烟海，有许多未知的领域仍需作深入细致的研究。我们深知法学理论对审判实践有着巨大的指导作用，特别是在法律规定不明确的情况下，具有扎实深厚的理论功底，及时掌握理论界研究的最新成果就显得更为重要。正基于此，我们不敢懈怠，时刻关注理论发展的最新动态，时刻关注理论研究的最新成果，时刻关注审判实践中的典型案例和实践经验，结合我们的实际工作，深入思考，产生自己的一些想法和结论，但其中不乏对一些法律或司法解释已有明确规定，或审判实践中已形成了一定处理规则的问题，从研究的角度提出了一些不同的看法和意见，只能算作是个人的学术见解，并不代表任何组织和机构，甚至与我们个人的身份都无关联。当然，这些观点和意见的正确与否，不仅要接受理论界的评判，而且要接受实践的检验。希望借此丛书的出版，使我们能够与理论界的学者、实务界的同仁进行深入交流探讨，以期共同推动我国案例指导制度的完善和案例研究的深化、细化和体系化。

此聊以为序。

江必新

二〇一六年四月廿六日

凡　例

为使行文方便，本书对相关法律、法规和司法解释等规范性法律文件的名称做了缩略。

《民法通则》:《中华人民共和国民法通则》

《物权法》:《中华人民共和国物权法》

《合同法》:《中华人民共和国合同法》

《侵权责任法》:《中华人民共和国侵权责任法》

《公司法》:《中华人民共和国公司法》

《担保法》:《中华人民共和国担保法》

《劳动法》:《中华人民共和国劳动法》

《劳动合同法》:《中华人民共和国劳动合同法》

《继承法》:《中华人民共和国继承法》

《道路交通安全法》:《中华人民共和国道路交通安全法》

《行政处罚法》:《中华人民共和国行政处罚法》

《民事诉讼法》:《中华人民共和国民事诉讼法》

《公司登记管理条例》:《中华人民共和国公司登记管理条例》

《民法通则意见》:《最高人民法院关于贯彻执行〈中华人民共和国民法通则〉若干问题的意见（试行）》

《物权法解释一》:《最高人民法院关于适用〈中华人民共和国物权法〉若干问题的解释（一）》

《合同法司法解释一》:《最高人民法院关于适用〈中华人民共和国合同法〉若干问题的解释（一）》

《合同法司法解释二》:《最高人民法院关于适用〈中华人民共和国合同法〉若干问题的解释（二）》

《人身损害赔偿司法解释》:《最高人民法院关于审理人身损害赔偿案件适用法律若干问题的解释》

《公司法司法解释一》:《最高人民法院关于适用〈中华人民共和国公司法〉若干问题的规定（一）》

《公司法司法解释二》:《最高人民法院关于适用〈中华人民共和国公

司法〉若干问题的规定（二）》

《公司法司法解释三》：《最高人民法院关于适用〈中华人民共和国公司法〉若干问题的规定（三）》

《担保法司法解释》：《最高人民法院关于适用〈中华人民共和国担保法〉若干问题的解释》

《劳动司法解释一》：《最高人民法院关于审理劳动争议案件适用法律若干问题的解释》

《劳动司法解释二》：《最高人民法院关于审理劳动争议案件适用法律若干问题的解释（二）》

《劳动司法解释三》：《最高人民法院关于审理劳动争议案件适用法律若干问题的解释（三）》

《劳动司法解释四》：《最高人民法院关于审理劳动争议案件适用法律若干问题的解释（四）》

《继承法司法解释》：《最高人民法院关于贯彻执行〈中华人民共和国继承法〉若干问题的意见》

《民事诉讼法解释》：《最高人民法院关于适用〈中华人民共和国民事诉讼法〉的解释》

《道路交通事故损害赔偿司法解释》：《最高人民法院关于审理道路交通事故损害赔偿案件适用法律若干问题的解释》

总　目　录

第一章　公司章程

第二章　股东出资

第三章　抽逃出资责任

第四章　公司人格混同

第五章　股权转让

第六章 股权回购

第七章 股东优先购买权

第八章 股东知情权

第九章 公司法定代表人

第十章 股东会

第十一章 董事会

第十二章　企业改制

第十三章　公司利润分配

第十四章　公司决议撤销之诉

第十五章　公司解散

第十六章　公司清算

目　录

Contents

第一章　公司章程

第二章　股东出资

第三章 抽逃出资责任

第四章　公司人格混同

第五章 股权转让

第六章　股权回购

第七章 股东优先购买权

第八章 股东知情权

第九章　公司法定代表人

第十章　股东会

第十二章　企业改制

第十三章　公司利润分配

第十五章　公司解散

第十六章 公司清算

第一章　公司章程

规则 1：公司章程关于股东会对股东处以罚款的规定，应当视为公司全体股东所预设的对违反公司章程股东的一种制裁措施，不违反《公司法》的禁止性规定

——南京安盛财务顾问有限公司与祝鹏股东会决议罚款纠纷案[①]

【裁判规则】

公司章程关于股东会对股东处以罚款的规定，应当视为公司全体股东所预设的对违反公司章程股东的一种制裁措施，符合公司的整体利益，体现了有限公司的人合性特征，不违反《公司法》的禁止性规定，应合法有效。但公司章程在赋予股东会对股东处以罚款职权时，应明确规定罚款的标准、幅度，股东会在没有明确标准、幅度的情况下处罚股东，属法定依据不足。

【规则理解】

一、公司章程与股东自治之关系

（一）股东自治是公司章程制定的基础

公司章程由发起人在公司成立之时通过平等的协商决定其内容，募集设立的股份有限公司的章程还需经过创立大会通过。发起人或股东自由商定公司目的、资本总额、出资形式、资本构成等内容并在公司章程中予以记载，保证了公司构建目的的明确和物质基础的完备。发起人甚至可以在公司法提供的公司治理结构模本中选择一种在公司章程中记载，以规范公司基本组织结构。股东在协商的基础上，选择公司的董事，并可以将首任董事等人员姓名记载于公司章程之中，从而强化公司首任董事的经营责任。当公开发行的股份公司发起人起草公司章程之后，在创立大会上没有参与章程起草的股东可以自由表达自己的意见并在一定条件下修改公司章程草案，从而实现全体股东的自治。当公司章程修改之时，需要至少全部股东表决权

① 《中华人民共和国最高人民法院公报》2012 年第 10 期。

的半数或者章程中规定的表决权数的股东出席并以其一定比例的多数表决权通过，这一比例远高于一般事项表决通过的要求。为体现中小股东意志并保障中小股东自治权利，有些国家（地区）公司法律还特别强调有限责任公司的章程修改需要股东人数的过半同意，甚至需要全体股东的同意。可见，在经济民主的基础上通过的公司章程是股东自由意志的产物，股东自治的光芒闪烁其间。

（二）公司章程是股东自治的基本形式与实现的保证

在现代公司中，股东对公司的支配及股东自治的实现，一方面表现为股东通过制定公司章程确定公司内部基本管理规则；另一方面表现为股东共益权———选择管理者、参与重大决策等权利——的行使。此外，当股东的权益受到董事等高级管理人员侵害时，诉讼则是最后的救济方式。章程的制定对于股东而言是一种事前的规划与安排；股东共益权的行使，则是一种事中的介入；而诉讼救济则是事后的保障。这些安排与保障在公司章程中均能找到相应的规则与依据，使章程成为股东自治的基本形式与实现保证。具体而言：

1. 公司股东（大）会的组成和议事规则主要由公司法规定，董事会、监事会的组成、职权和议事规则主要由公司章程规定。对于公司管理者的选择，公司章程可以就董事的资格作出规定；董事会的人数也需在公司章程中作出规定或依照公司章程规定之方式确定。对于公司的高级职员，典型的公司法条款仅写明公司每一个高级职员“具有源于公司章程细则的权限并应当履行其责任，或者承担在符合公司章程细则范围内由董事会确定的责任，或者承担根据其他高级职员指示而确定的责任”。可见，股东依据自主意志在章程中确定公司规则，通过章程实现对公司的掌控。

2. 股东共益权是通过表决权行使来实现的。虽然各国（地区）公司法律中都对表决权行使作了原则性规定，即每一发行股份享有一个表决权或按照出资比例行使表决权，但也允许公司章程中另行约定表决权的行使方式。公司章程可以对股东参与重大决策权利作出调整与规制，使股东能够依据自身的偏好设计章程规则，实现对公司的掌控。

3. 股东除了可以直接依据公司法律对于侵犯自身利益的行为提起诉讼之外，两大法系国家（地区）的公司法律也大都允许在公司章程中规定对股东权的保障机制，并且股东可以以违反章程规定为由对公司、董事等高级管理人员提起诉讼。

二、公司章程保障公司参与人的权益和预期的安全

法律是对现实生活的回应，法律的许多制度都旨在保护权利和预期的安全。[①]

---

① 参见［美］E. 博登海默：《法理学、法律哲学与法律方法》，邓正来译，中国政法大学出版社1999年版，第241页。

当代公司法律制度也不例外，法律普遍规定的公司章程制度同样具有保护权利和保障预期安全的价值功效。一方面，对公共产品的提供，国家具有绝对优势。国家可以将实践中运用公司章程的积极经验以及通过法院系统审理成千上万有关公司章程案件中碰到的问题和解决途径进行归纳总结，并转化成为公共产品在立法中予以体现。由于公司法中规定的章程条款是千万次“试错”的经验总结，能够满足绝大多数公司参与者的要求。最重要的是，由国家而不是章程制定的任何一方负责标准公司章程条款的设计，则国家往往基于公司发展与运营安全的角度平衡各方利益，使包括章程制度在内的公司法律制度本身获得正当性。另一方面，公司参与各方制定章程尽管事先会尽可能考虑周详，但章程内容涉及范围广且效力具有长期性，限于公司参与各方信息不全、考虑不周等原因，难免挂一漏万；或者章程的文字表述不明确，各方理解各异，因此，章程内容中可能存在“缝隙”。而公司法中章程制度的规定可以通过法律事先的周全安排防止“缝隙”存在，保障公司经营的健康与安全。有些国家（地区），如英国、美国及中国香港等，在公司法律之后附有示范性的公司章程样本，供公司参与各方选取。①

在实践中，公司章程还以大幅笔墨规定董事、监事、经理等高级管理者的忠实与勤勉义务、保密义务和禁止越权义务，并要求任职期限未满的董事对因其擅自离职给公司造成的损失承担赔偿责任，防止董事因行为目标与公司及股东的利益不一致而滥用公司控制权，损害公司和股东的利益。此外，各国（地区）公司法律规定，董事等高级管理人员执行公司职务时违反法律、行政法规或者公司章程的规定，给公司造成损失的，应当承担赔偿责任；董事等高级管理人员违反法律、行政法规或者公司章程的规定，损害股东利益的，股东可以向法院提起诉讼。这些规定的功能则是依靠公司章程的规定防止公司内部人员滥用职权，起到事先预防和事后补救的作用。公司章程由组建公司的各参与者起草，但各参与者最可能忽视的就是未来公司经营中债权人等其他非章程起草人的利益。为了平衡公司中各方当事人的权益并维护其安全，各国（地区）公司法律都明确规定，公司章程具有公开性的特征。公司章程公开的法律意义在于：第一，便于股东知悉公司经营情况，行使法律赋予的对公司的监督权；第二，便于债权人充分行使对公司的债权，以维护自身的合法权益；第三，便于公众了解公司，为其是否进行投资提供可靠的决策

---

① 所以，即使在具有较高寻求律师法律服务意识的国家（地区），“对于那些组建较小公司的人经常雇佣一个公司组建代理机构使用‘标准格式’的公司章程来组建公司，而不是依靠律师”，但他们却没有不安全的顾虑。参见［加拿大］布莱恩·R. 柴芬斯：《公司法：理论、结构和运作》，林华伟、魏旻译，法律出版社2001年版，第142页。

参考。[①] 以公司债权人为例，如果交易相对方是一家公司，陌生的交易者在不了解公司以往交易信用的情况下，查看公司登记章程不失为一种防范风险的方式，尤其是在实行法定资本制的国家更是如此。因为，“资本市场内充斥着形形色色之交易形式，任何交易参与者所重视的，必然为交易相对人之各种交易条件及资力，例如有无资力及信用如何。相对人欲取得资讯必须付出代价，此即资讯搜寻成本，公司将公司章程加以登记公示可减轻交易相对人之资讯搜寻成本。”[②] 公司章程记载的公司目的是对公司交易能力与资格的规定，交易者在选择交易伙伴时——尤其是专营、专卖产品的交易——必须对其首先考虑。公司的资本则是决定其履约能力的重要因素，如果公司没有与交易相适应的履约能力，就会使交易人陷入不利境地。实际上，公司章程的这些记载，对公司潜在投资者的安全保障也同样适用。章程中记载的公司目的、注册资本数额以及股权结构等事项，有利于潜在投资者对公司未来发展进行判断。显然，公司章程是公司经营过程中的对外资信证明。虽然随着各国（地区）公司法律对“越权”原则的修正与折中资本制、授权资本制的采用，公司章程的对外资信证明的功效已经打了折扣，但这并不能抹杀公司章程的安全保障功能。这也是德国等国直到目前法律依然规定公司章程要在法律或章程指定的报刊上以公告的形式公示的原因所在。

三、公司章程可作为裁判法源

事实上，公司章程能否成为裁判法源，或者其作为裁判法源的法理基础是什么，在理论上是有不同看法的。长期以来，在判例和学说中形成了两种主流观点：一些学者认为，公司章程在公司与股东之间产生“法定契约”的效力。“普通契约”的有些规则不适用于公司章程，如公司章程不能因为错误的意思表示、普通法上的错误、不当影响或者强迫而撤销；公司章程一经登记，即使不能代表股东的真实意思，法院也无权修改；法院也不能从外部情形推断默示条款来补充公司章程等。另一些学者则认为，公司章程是公司内部的自治规范。其立论的基础在于章程不仅对成立当初与公司有关系的人，而且对于因受让股份而成为新的股东，以及成立后选任的董事、监事也具有约束力。这是由于章程具有自治法的性质。多数大陆法系国家的学者倾向于支持这一观点。

用“法定契约说”或“自治规范说”来解释公司章程所蕴含的法理基础，其背后实质上代表了两种截然不同的裁判思路。“法定契约说”着眼于当事人之间的

---

① 参见刘志文：“论公司章程”，载梁慧星主编：《民商法论丛》（第6卷），法律出版社1997年版，第202~203页。

② 王文宇：《公司法论》，中国政法大学出版社2004年版，第80页。

法律关系，认为公司章程使公司与股东、股东与股东等之间存在法定契约关系，这意味着公司章程条款的制定是由公司与股东或股东与股东等相互之间意思表示一致的结果；而“自治规范说”强调的是公司的“自主立法”,[①] 站在公司的立场，认为公司制定的章程对包括公司在内的相关当事人具有约束力。两种学说的基本差别在于，前者为公司与股东或股东与股东之间的意思表示，后者则为社团的意思表示。析言之，其差别具体表现为两个方面：（1）对“法定契约说”而言，制定或者修改公司章程的主体是公司与股东或股东与股东；对“自治规范说”而言，制定或修改公司章程的主体则是公司本身。（2）在“法定契约说”的场合，公司章程的具体条款是公司与股东或股东与股东之间相互合意的结果；而在“自治规范说”的场合，公司章程的内容是在“资本多数决”原则下股东大会决议的结果。可见，两种学说虽然都承认公司章程所具有的规范意义，但对据以作出裁判的法理基础则大相径庭，从中表达了在判决理由上的不同逻辑。

事实上，“法定契约说”主张在适用契约法规则时应作调整和变更，目的无非是为了使裁判具有正当性的基础。但是，在什么情形下应遵守契约法的一般原理和规则，在哪些情形下不适用这些原理和规则，“法定契约说”似乎未能给出清晰的答案，这就容易导致裁判思路的紊乱，从而造成相同案情不同裁判结果的司法窘境。同样，当公司章程排除适用公司法时，依“自治规范说”不加区别地承认“资本多数决”原则，必然引发对公司章程正当性的疑问。迄今为止，两种学说的奉行者仍然相互对立，这个问题也就成了公司法理学中待决的历史遗留问题。我们认为，无论是“法定契约说”还是“自治规范说”，都无法全面揭示公司章程的真实本质。当我们站在某一学说的立场来审视、评判另一种学说的不足与弊端时，会惊奇地发现，两种学说在思维上所犯的其实是同一个错误，那就是公司章程似乎是一个不可分割的文件。这种思维错误十分类似于“私法的公法化”这样一种表述。当民法是私法成为学界的共识时，无意间便形成了一种思维定式——私法就是民法，于是，当民法出现公法色彩的规范时，被煞有介事地总结出一个结论，即私法的公法化。显然，这是逻辑思维上的一个错误。因为，如果把民法规范理解为包含私法规范和公法规范的话，是难以得出这样的结论的。关于公司章程的两种学说，在思维上也正是犯了这样一个类似的错误。如果把公司章程内容分解的话，恐怕结论就不言自明了。因此，“法定契约说”也好，“自治规范说”也罢，针对的只能是公司章程中不同的具体内容，而不是整个公司章程。

---

① 参见［美］E. 博登海默：《法理学：法律哲学与法律方法》，邓正来译，中国政法大学出版社 1998 年版，第 421 ~423 页。

公司章程要真正成为裁判的法源，一个基本的前提就是公司章程的内容必须是有效的。在司法的过程中，违反法律强制性或禁止性规范的行为应归为无效，否则强制或禁止的法意无由贯彻，这一点已成为司法上基本的观念。从反面解释，未与法律的强制性规范或禁止性规范相冲突的行为就是有效的，这似乎已经成为一种经验性的解释方法。在绝大多数情况下，这一解释方法的有效性得到了印证；但在特殊情况下，违背强制性规范的行为“亦有仅一部为无效或仅为得撤销或加以别种制裁者，稀有不完全之规定，其违反亦无制裁者”。[①] 尤其是在强制性规范未明文化的情形下，如何认定公司章程的效力就值得认真研究了。

虽然在立法层面上，公司章程作为裁判法源的一种制度性安排已经确立，但在司法层面上对公司章程的司法化却未见成熟。司法实践中对公司章程的不同理解，从一个侧面反映了公司成文法的不完善，而公司法又未能给法官提供一种站在立法者的立场去思考问题、遵循稳妥的判例与学说的方法。尤其是“当一种正式的权威性的法律渊源就某个法律问题提供了一个明确的答案时，那么在绝大多数情况下，就不需要亦不应当再诉诸法律的非正式渊源”[②] 时，公司章程究竟该如何司法化，是摆在法官面前的一个现实问题。对公司章程内容的类型化，依不同内容蕴含的不同法理将公司章程作为裁判的法源，是我们的基本观点。无疑，在个案中，通过对公司章程作为裁判法源的解释，从适用公司章程的基本法理中推导出司法判决的个别规范，并提供这些个别规范对其他案件在适用法上的借鉴意义，是公司章程司法化的任务。公司章程已经成为公司法规范体系的一个重要组成部分，对公司章程裁判法源地位的深入研究，目的是为了探明这种规范起作用的基本原理，避免出现面对司法难题而在学理上集体失语的困境。

【拓展适用】

一、与公司法规定不一致的章程条款效力

公司章程具有法定性，公司法规定了章程绝对必要记载事项，制定、修改公司章程有着严格的法定程序并经登记取得公示的效力；公司章程具有自治性，它赋予制定者以一定的意志自由，不仅规范公司的内部事务，还关系到整个公司的治理结构以及外部利益相关者。公司章程是国家公权和市民私权的交接地带，公司章程的法定性与自治性，取决于公司法的强行性与任意性，并决定着违反公司章程的行为效力问题和公司章程与公司法条款规定不一致时的法律适用。

---

① 史尚宽：《民法总论》，中国政法大学出版社2000年版，第13页。

② 参见［美］E. 博登海默：《法理学：法律哲学与法律方法》，邓正来译，中国政法大学出版社1998年版，第415页。

关于公司法的性质属于强制性还是任意性一直是有争论的。首先，公司法的性质是什么？公司法主要调整平等主体之间的法律关系，尽管公司法中有很多公法性质的规范，但公司法在整体上还是私法性质的，起着调和经济自由与社会安全的作用，是私法和公法融合的结果，公司法中的各项制度都体现了股东、公司、社会三者的利益平衡。在现实生活中，由于完全的私法自治可能导致极不公平的后果，尤其是股份有限公司涉及众多人的利益，为了确保资本流通和交易安全，保护各种利益，国家对经济生活的介入和干预的力度不断加大，所以说公司法已不是纯粹意义上的私法。那么公司法的性质属于强制性还是任意性的呢？

强制法说考察公司形成初期的特许制以及后期仍然存在的严格准则主义，认为公司法是强行法。它的着眼点在于强调市场机制是有缺陷的，因此，为了维护公共利益，政府必须要进行一定的干预，确保公司制度的良性运行，公司法中大量存在的罚则正好说明了这一点。

任意法说认为，公司就是一套合同规则，基于理性人的假设，必须保障当事人的缔约自由，所以公司法应是合同性的任意法，是自治法。同时，公司规则是公共物品，具有非竞争性和非排他性，由市场提供示范合同规则是没有效率的，只能由国家提供。所以，公司法存在的价值在于提供示范合同规则和行动指南，从而有利于节约谈判成本。

综合说认为公司法中既有强制性规则也有任意性规则，是二者的综合。赞成此种学说的学者占大多数。

学界引用较多的是美国学者 M. V. 爱森伯格的理论，他将公司法的规则分为结构性规则、分配性规则和信义性规则。结构性规则是指有关决策权在公司机关的配置、行使决策权的条件以及对机关控制权配置的规则；分配性规则是关于对股东资产进行分配的规则；信义性规则是指调整经理和控制股东义务的规则。在此基础上，爱森伯格将上述规则与公司类型结合起来，对于公司法的性质作进一步的探讨。他认为，在闭锁公司（即通常所说的有限责任公司）中，股东人数较少，应允许股东自己决定其自治规则，所以，除了信义性规则为强制性规则外，公司法的其他规则多为任意性规则。而在股份有限公司中，股东人数过多，无法在制定公司章程时讨价还价，此时应由法律对其内部事务进行较详细的安排，所以，此时信义性规则和结构性规则都应属于强制性规则。

我国也有学者对公司法的性质进行探讨时，将公司法的规则分为普通规则和基本规则两大类。普通规则为调整公司组织、权利分配和运作、公司资产和利润分配的规则；基本规则是指有关公司内部关系（如大股东与小股东之间的关系、管理层与股东之间的关系）的规则，同时在不同公司类型的前提下研究公司法的性质，在有限责任公司中，应更强调自治性，所以，只把那些亟须保护的公司内部关系的规则（基本规则）视为强制性规则，而将普通规则视为任意性规则，当然也不排除个别情形的例外。股份有限公司的情况则有所不同，由于股东和经理人员之间必然的利益冲突，所以除了普通规则中有关利润分配的规则为任意性规则外，普通规则中的权利分配规则和基本规则都应该是强制性的。还有学者认为，私法领域中的强制性必须区分不同的法域，并强调自治与强制始终是互相结合的。但是，要在理论上对于公司法的强制性和任意性作类型化划分还存在一定的难度，应该在具体的情况下判断。

在肯定公司法为强行性规则和任意性规则有机结合的基础上，除了上述学者进行的类型化尝试以外，我们主张还应区分公司法所规范的公司行为是否具有涉他性而加以分析。由于公司法本质上是团体法，因此其规范的行为如果涉及他人利益，则有必要权衡各种利益，此时公司法相关条文的性质应为强制性规范。

因此，当公司章程规定不同于公司法规定时，其法律效力要具体问题具体分析，不能一概而论。如我国《公司法》第 41 条、第 42 条、第 43 条、第 44 条、第 46 条、第 48 条、第 49 条、第 50 条、第 53 条、第 71 条、第 75 条等都规定了“章程另有规定的除外”或者“由公司章程规定”。可见，就以上条款提到的股东会会议召开通知、股东会会议表决权的行使、股东会的议事方式和表决程序、有限公司董事长的产生办法、董事会的议事方式与表决程序、经理与执行董事的职权、监事会的职权及议事方式与表决程序、有限责任公司股权转让、股东资格的继承等都可以由章程做出不同于公司法的特别规定。①

此外，我国《公司法》第 44 条第 1 款规定，有限责任公司董事会成员为 3 至 13 人。如果公司的股东人数很多，公司章程规定组成一个 15 人的董事会，能否因为其不符合上述法律规定而认定公司章程的这一内容无效？再比如，第 48 条第 3 款规定，董事会决议的表决，实行一人一票。如果因为股东人数和出资比例及其他因素的考量，公司章程规定董事会组成人员为双数，董事长的投票权为一人两票，其效力如何？这类法条可以解释为任意性法条，不损害公众利益，亦不违背区分强制性规范与任意性规范之立法宗旨，这与公司法强调意思自治原则、坚持尊重当事人自己的安排设计的理念相契合。因此，公司章程根据公司的特殊情况作出的规定虽与上述法条不符，亦应认定有效。②

但是，这一问题仅限于在有限责任公司的范围内，如果是在股份公司，由于公

① 赵旭东主编：《新公司法实务精答》，人民法院出版社 2005 年版，第 26~30 页。
② 张勇健：《新公司法的先进理念与公司诉讼》，载《法律适用》2006 年 Z1 期。

司法对股份有限公司的规定多数为强行性规定，因此，就股份有限公司而言，应当根据具体的问题进行具体地分析，并以倾向于强行性规定为主。

二、公司章程与公司法之间的四种关系模型①

公司章程是公司作为社团法人的最高组织规则，体现着国家强制与股东意思自治之间的平衡。在国家强制与股东自治之间应当划定怎样的法律界限，是一项重大公司法课题，只有把握好这一界限，才能做好公司章程的拟定工作以及正确地进行相关司法审查与判断。公司章程与公司法之间的基本关系主要有以下四种：

（一）不得排除之关系

所谓不得排除之关系，是指任何公司章程条款的拟定均不得随意加以排除的公司法内容，否则，将被依法宣告无效。不得排除之关系原本应当以公司法之成文规定为前提，且该类规定必须属于明文强制性规定，只有这样人们才能在拟定有关公司章程时加以比对把握。但是，公司法对于哪些属于公司章程不得排除的内容缺乏明文规定，由此在司法实践中引发不少争议，甚至导致司法权的滥用。笔者认为，以下几种应为公司章程不得排除之规定：不合理的限制和排除股东知情权；撤销管理层忠诚义务；不合理地降低注意义务；变更开除股东资格的法定情形；变更公司强制清算的相关规定。这些事项多为公司股东及高管最为基本的权利或义务，公司法应当设定基本底线，代表国家实施干预，在拟定公司章程时不应对不得排除的内容随意变更或删除，当公司章程的任何条款与不得排除之规定存在矛盾或冲突时，司法可宣告该类公司章程条款无效。

（二）选择设定之关系

所谓选择设定之关系，是指公司法已经给了投资者拟定公司章程所可选择的法律空间，允许投资者可以这样做也可以那样做，但是不能超越这个选择幅度，凡在可选择幅度范围内拟定的公司章程条款均受法律保护。如依照《公司法》第16条规定，公司向其他企业投资或者为他人提供担保，依照公司章程的规定，由董事会或者股东会决议。这里“依照公司章程的规定”，代表着《公司法》给投资者所预留的法律空间。公司章程可就是否允许对外投资或担保，或者哪些由股东同意才可进行对外投资或担保，哪些由董事会批准即可进行对外投资或担保，或者更具体地规定本公司对外投资多少数额以下的决定权在董事会，而多少数额以上对外投资的决定权在股东会等，类似之规定均可由股东们在公司设立之初拟定公司章程时予以明确，皆为《公司法》所许可。此即为典型意义的选择设定之关系。

---

① 虞政平：“公司意思自治的法律空间”，载《人民司法·应用》2012年第19期。

（三）优先适用之关系

所谓优先适用之关系，是指尽管公司法对相关问题已有规定，但公司章程的条款对此可予以排除，即公司章程可以不按公司法的既定模式办，股东们可以充分按照一致意愿下所形成的章程条款处理公司经营过程中遇到的具体问题，股东们一致意愿所代表的公司意思自治为公司法所尊重。如依照《公司法》第75条的规定，自然人股东死亡后，其合法继承人可以继承股东资格；但是，公司章程另有规定的除外。该条涉及的是自然人股权是否可以继承的问题。以前曾有过类似案件：有三个同学在北京共同开办了一家高科技软件开发公司，其中占了70%股份的那个同学是该软件公司的董事长，后因交通事故意外死亡，其继承人要求继承他的股份。另外两名股东不同意其继承人继承股份的要求，而是主张将70%的股份折价给各继承人，但这些继承人不仅要求继承股份，还一致要求解散公司，将公司资产利益予以分配、继承，并诉请法院予以处理，这让法院很难下判。因为公司一经解散，对公司、对社会均为不利。但股权是财产的一种方式，作为财产显然是可以继承的，《公司法》第75条的规定允许在公司章程中明文规定股东资格可不准继承，且该类规定优先为法律所尊重。显然，这意味着《公司法》赋予了公司意思自治更加优先的权利和优先的空间。

（四）任意设定之关系

所谓任意设定之关系，是指在法律未作禁止的任何范围内，投资者可自由拟定有关公司章程的条款，即股东们想怎么组织公司、治理公司和解散公司，多在其意思自治权限范围内。这一点，看似股东们权限很大，但实际又难以把握。比如公司章程设定管理层更大或者更小的权利，设定不同的会议规则等。再如公司章程设定各种反并购条款问题，这在国外公司并购浪潮中十分常见。假设甲公司要合并乙公司，而乙公司章程写得很清楚，乙公司被合并后如果合并者把乙公司管理层的人员辞退或者解职，则要给予高昂的补偿金，这意味着甲公司若要合并乙公司的话，将会增加额外的并购成本。显然，要收购一家公司，或是防止他人收购本公司，可在公司章程里加以防范，或通过谈判修改公司章程而降低收购成本，这并不为法律所禁止，司法对此亦予以尊重。总之，公司法留了足够的法律空间给投资者在很多方面去自由地设定公司章程条款的内容，投资者、股东们可以如己所愿地拟定公司章程，充分地获得自由经营公司的法律权利和实现自由经营公司的法律愿望。

三、司法裁判中适用公司章程规定的审查标准

公司章程规定的司法适用审查是指在公司纠纷案件的审理中，法院在查明案件事实的基础上，依据法律的明文规定，需要适用公司章程的规定作为案件裁判的直

接依据时，法院必须先对拟适用的公司章程规定的合法性予以审查。公司章程的规定只有经过审查并被认定为不违反法律的强制性规定之后，才能适用于具体案件的裁判。如果公司章程的规定违反了法律的强制性规定，就不能在具体案件的审理中作为裁判的直接依据。公司章程规定作为案件裁判的直接依据，即作为裁判的法源时，具有了与法律相当的地位和作用，与法律适用产生的效力是一样的，但究其本质，公司章程是一种自治性规则，其特点是只能在强行性法规的范围内发生效力，违反了强行性法规的章程不具有拘束力。① 因此，当公司章程与法律、行政法规一样，在具体案件的审理中作为裁判的法源予以适用时，国家意志必须要得到体现，体现的方式就是法院具有对公司章程规定是否合法进行审查的权力，只有合法的公司章程规定，才能在司法中得到适用。

公司章程规定的司法适用审查是法院基于案件裁判的需要而主动进行的司法活动，不以案件当事人的申请为前提，其审查效果也仅限于案件的裁判范围之内。对于经审查违反法律强制性规定的公司章程规定，法院只是不认同其在具体案件的审理中具有法律拘束力，不以其作为裁判的直接依据，并不直接判决该章程规定无效或者可撤销。如果当事人请求判决该章程规定无效或者可撤销，需当事人另行提起诉讼。这是因为，一方面，对公司章程规定的司法适用审查是一种个案行为，在此案件中经审查不能适用的公司章程规定，并不意味着在其他案件中经审查后也不能适用，即公司章程规定的司法适用审查结论只在个案中具有效力，并不具有普遍的效力，也即在其他案件的审理中，不能直接引用在此案件中的审查结论。因为每个案件的具体情形是不一样的，而公司章程规定的司法适用审查必须在具体案件事实的基础上进行。另一方面，公司章程本质上属于公司自治规则，关系到公司的正常运营，对于按照法定程序制定的公司章程规定，司法应给予尊重，以维护公司运营的秩序。法院在具体案件的审理中不予适用时应说明理由，但不宜直接判定其无效或可撤销。这也是不告不理民事诉讼原则的要求。

在对公司章程规定的司法适用审查中应当采用何种标准，主要有两种观点。一种是形式审查标准，即只要章程规定在形式上不违反公司法的强制性规定，就属于合法，可以在案件裁判中予以适用。另一种是实质审查标准，即不只是在形式上审查公司章程规定的内容与公司法的强制性规定是否相违背，更要审查公司章程的规定是否规避了公司法的强制性规定，即是否利用了公司章程自由、以迂回手段的方式达成法律所禁止的效果。我们赞同实质审查标准。在我国民法上，影响合同效力

① 施天涛：《公司法论》（第二版），法律出版社2006年版，第116页。

的行为，不仅指合同的内容违反法律的强制性规定，也指合同的目的违法。[①] 因此，公司章程的规定作为公司内部的一种契约性规则，对其效力的认定可以借鉴合同效力的认定方法。实质审查标准的法理基础在于利益衡量。所谓利益衡量是指法官在审理案件时，在查明案件事实后，综合把握案件的实质，结合社会环境、经济状况、价值观念等，对双方当事人的利害关系作比较衡量，作出案件当事人哪一方应当受保护的判断，在此判断的基础上，寻找适用法律依据。[②]

【典型案例】

南京安盛财务顾问有限公司与祝鹃股东会决议罚款纠纷案

原告（反诉被告）：南京安盛财务顾问有限公司。

法定代表人：毛友俊，该公司董事长。

被告（反诉原告）：祝鹃。

〔基本案情〕

南京安盛财务顾问有限公司（以下简称安盛公司）因与祝鹃发生股东会决议罚款纠纷，向江苏省南京市鼓楼区人民法院提起诉讼。

原告安盛公司诉称：被告祝鹃原系安盛公司的股东，并在公司审核岗位从事审核会计工作。2008年7月23日，祝鹃向安盛公司提出辞职申请，同月24日下午办完了交接手续，同月25日双方解除了劳动关系。经查，祝鹃在公司经营过程中，存有严重违反公司章程规定的行为，具体表现为：1. 祝鹃作为新股东，不满三年即离开公司；2. 祝鹃具有主观故意侵占或损害公司利益、利用在公司的地位和职权为自己谋私利、违反公司同业禁止约定的行为。鉴于上述，安盛公司为维护公司正常的经营管理秩序，于2009年1月5日依法律及公司章程规定召开股东会，并依据公司章程第十四条、十六条、三十六条之规定，经全体股东表决一致通过对祝鹃处以50000元罚款的股东会决议。该决议作出后，安盛公司多次要求祝鹃履行决议，均被祝鹃拒绝。故诉至法院请求判令祝鹃立即给付安盛公司罚款人民币50000元。审理中，安盛公司将诉讼请求变更为要求祝鹃立即给付安盛公司人民币25893元。

被告祝鹃辩称、诉称：原告安盛公司曾于2009年7月以劳动争议纠纷起诉祝鹃，后经法院审理双方以调解方式一次性了结纠纷，现安盛公司诉讼的主要事实与劳动争议纠纷案件一致，属重复诉讼，违反了一事不再理原则，应予裁定驳回。安盛公司2009年1月5日作出的对祝鹃处以50000元罚款的股东会决议，缺乏事实与规范依据，且内容、目的违法，对祝鹃不具有法律约束力，安盛公司据此股东会决议要求祝鹃给付25893元不能成立，亦应驳回。公司与股东是平等的民事主体，安盛公

① 韩世远：《合同法总论》，法律出版社2004年版，第198页。

② 梁慧星：《裁判的方法》，法律出版社2003年版，第186页。

司通过股东会决议形式对祝鹃处以罚款，不仅违反了民事主体平等原则，也侵害了祝鹃的财产权，故反诉要求确认安盛公司2009年1月5日所作股东会决议中关于罚款内容部分无效。

原告安盛公司针对反诉辩称：安盛公司的公司章程中明确载明了股东会可对股东处以罚款，安盛公司根据公司章程的记载对被告祝鹃处以罚款具有事实依据，不违反法律、行政法规的强制性规定，应属有效决议。请求法院驳回祝鹃的反诉请求。

江苏省南京市鼓楼区人民法院一审查明：

原告安盛公司成立于2002年11月18日，注册资本180万元。2004年8月，被告祝鹃成为安盛公司员工，在审核岗位从事审核会计工作。2006年1月1日，祝鹃向安盛公司出资2万元，占注册资本的1.11%，安盛公司据此向祝鹃出具了股权证书。2007年1月1日，安盛公司对公司章程进行了修订，修订后的公司章程将祝鹃记载为股东。公司章程第十四条载明：安盛股份实行“股东身份必须首先是员工身份”的原则。第十六条载明：新加入的股东若三年内离开公司，其股份由公司强行回购，回购价格按上年（自总经理批准离职之日起算）账面每股净资产扣除约定风险金比例后的余额确定，回购款项的支付时间为年度股东大会通过利润分配方案以后90日内。第十九条载明：股东会由全体股东组成，是公司的最高权力机构，行使下列职权：（一）决定公司的经营方针、发展计划和重大资产购置方案；（二）选举和更换董事，决定董事的报酬事项；（三）选举和更换由股东代表出任的监事，决定有关监事的报酬事项；（四）审议批准董事会的报告；（五）审议批准监事会或监事的报告；（六）审议批准公司的年度财务预算方案、决算方案；（七）审议批准公司的利润分配方案和弥补亏损方案；（八）对公司增加或者减少注册资本作出决议；（九）对公司合并、分立、变更公司形式、解散和清算等事项作出决议；（十）修改公司章程。第三十六条载明：股东退出分为自愿退出和强制退出。任何股东有下列行为之一出现时，必须全部转让其在公司的股份，由股东会强制取消其股东身份：（一）主观故意侵占或损害公司利益者；（二）利用在公司的地位和职权为自己谋私利者；（三）利用职权收受贿赂或者其他非法收入者；（四）私自动用公司资金或者将公司资金借贷给他人或者用本公司资产为个人债务提供担保者；（五）不按本章程的议事规则和国家有关法律、法规解决股东间有关公司发展和公司治理的分歧，而采取非法手段者；（六）违反公司同业禁止约定者；（七）受公司除名处分者；（八）其他有损公司利益，董事会决议强制退出者。此种情况下转让股份的价值按当时公司账面净值折算后扣除给公司造成的损失及股东会决议的罚款后的余额计算。祝鹃作为股东在上述公司章程上进行了签名，但该章程中未明确记载罚款的标准及幅度。安盛公司制作的《安盛员工手册》，包含《奖惩条例》和《安盛同业禁止规定》。《奖惩条例》第7条规定：员工处罚分五种：警告、记过、记大过、降级或辞退、开除或除名；降级或辞退的，罚款1500元，造成经济损失的，赔偿另计；开除或除名的，罚款2000元，造成经济损失的，赔偿另计。《安盛同业禁止规定》载明：第1条：安盛全体人员不得利用工作时间兼职；不得兼职从事与本公司相同类型的业务；第2条：不得利用职务之便将本公司业务转给其他公司或个人。第3条：安盛员工离开安盛以后，自离职之日起两年内不得接受本单位客户委托，也不得以任何形式服务于本公司客户。安盛人员若违反上述第1条规定，则没收兼职所得，并按本公司奖惩条例接受处罚；若违反上述第2条、第3条规定，致使该客户离开本公司、让本公司蒙受损失的，则按每个客户2万元的金额补偿本公司，并按本公司奖惩条例接受处罚。祝鹍亦在上述《安盛员工手册》落款处进行了签名。

被告祝鹍在安盛公司工作期间，与原告安盛公司签订过两份劳动合同书，一份签订时间为2005年3月28日，劳动合同期限自2005年3月1日至2007年2月28日；一份签订时间为2007年2月23日，劳动合同期限自2007年3月1日至2009年2月28日。两份劳动合同书均约定：乙方（指祝鹍）在合同期间不得兼职从事与甲方（指安盛公司）相关类型的业务，更不得将甲方业务转出；无论任何原因，乙方从甲方离职后，自离职之日起两年内不得挖走甲方客户，也不得为甲方的客户提供与甲方相同类型的服务；乙方违反该约定，应当向甲方支付的违约金为乙方违约服务的客户数量×2万元。

2008年7月23日，被告祝鹍向原告安盛公司提交书面辞职报告，同月25日，安盛公司作出关于与祝鹍同志解除劳动合同的决定书，决定自2008年7月25日起与祝鹍解除劳动合同。

2008年12月31日，原告安盛公司的董事会以群发短信形式通知公司股东（含被告祝鹍），决定于2009年1月5日下午17:00在公司会议室召开临时股东会。2009年1月5日，安盛公司如期召开股东会，并形成关于对祝鹍股份处置和违反公司公章处理决定的股东会决议。决议载明：祝鹍股东身份在公司不满三年即离职，经调查发现，祝鹍在职期间以个人名义为曾与公司存有业务关系的南京瑞派尔机电工程有限公司（简称瑞派尔公司）、南京帝涛科技实业有限公司（简称帝涛公司）、南京茂研科技有限公司（简称茂研公司）提供私下服务，利用职务之便为与公司没有任何服务协议的南京乐安保险代理有限公司（简称乐安公司）等企业提供过相同类型的服务业务，根据公司章程第14条、第16条、第36条第（1）项、第（2）项、第（6）项及第2款之规定，决定如下：1. 由公司强行回购祝鹍在公司的全部股份；2. 对祝鹍处以人民币50 000元的罚款；公司应付回购股份的金额（股本和红利）24 107元抵减罚款，不足25 893元由祝鹍于2009年2月28日前将款项送达本公司财务；如果祝鹍在2009年2月28日前已认识到自己的问题，希望通过和谈解决，股东会授权董事会进行协商减轻处罚，但最低罚款不得低于24 107元，否则公司将通过法律途径追诉；3. 公司保留对祝鹍给公司造成损失的追偿权利。出席会议的毛友俊等13位股东在同意股东签字一栏进行了签名。嗣后，安盛公司将上述股东会决议以特快专递方式邮寄给了祝鹃。

原告安盛公司与瑞派尔公司曾签订代理记账委托协议书，由安盛公司负责为瑞派尔公司代理记账及纳税申报。被告祝鹃作为安盛公司的代表在2006年度的记账委托协议书进行了签名。2007年7月，双方终止了合同履行。2008年6月30日，祝鹃仍作为瑞派尔公司的经办人向税务部门申请取消一般纳税人资格业务。2008年7月24日，祝鹃与安盛公司办理离职交接手续，并签订了交接清单，交接清单中显示有："帝涛、茂研、新奕天"字样。祝鹃对该交接清单的真实性无异议。

原告安盛公司为证明被告祝鹃具有违反公司章程的行为，除向法院提供与瑞派尔公司签订的代理记账委托协议书、停止服务客户跟踪调查表、防伪税控企业认定注销登记表、纳税人基本情况登记簿、税务登记证外，还提供了与茂研公司有关的记账委托协议书、税务登记证、认证结果通知书、增值税专用发票；与帝涛公司签订的代理记账委托协议书、停止服务客户跟踪调查表、税务登记证、验资报告、审计报告；与乐安公司有关的电话申报系统开户表、涉税账户确认单、发票领用审批单、税务行政许可受理通知书；与南京新奕天科技公司（以下简称新奕天公司）有关的发票领购簿、税务登记证、服务业发票、增值税纳税申报表；与南京通文达艺贸易有限公司（以下简称达艺公司）有关的房产调查表；祝鹃工作笔记本及电话通话记录查询表，并称上述材料均由祝鹃离职时所交接。祝鹃质证认为上述材料没有其签名，不能证明其私下进行了代账业务，且与本案亦不具有关联性。

2009年7月24日，原告安盛公司曾以被告祝鹃违反劳动合同为由将祝鹃作为被告诉至南京市鼓楼区人民法院，要求祝鹃支付违约金23万元、赔偿经济损失24.8万元。该案审理中，双方达成调解协议，江苏省南京市鼓楼区人民法院于2009年9月8日作出（2009）鼓民一初字第3182号民事调解书：一、祝鹃一次性支付安盛公司3000元；二、双方之间劳动争议一次性解决完毕，无其他纠葛。该劳动争议纠纷案件中，安盛公司亦将上述与瑞派尔公司、茂研公司、帝涛公司等材料作为证据全部提交，以证明祝鹃存在违反劳动合同的违约行为。

〔一审裁判理由与结果〕

江苏省南京市鼓楼区人民法院一审认为，本案一审的争议焦点是：2009年1月5日，原告安盛公司临时股东会对被告祝鹃罚款5万元的决议内容是否有效。

一、有限公司的股东会无权对股东处以罚款，除非公司章程另有约定。

《中华人民共和国公司法》（以下简称《公司法》）第三十七条①规定，"有限责任公司股东会由全体股东组成，股东会是公司的权力机构，依照本法行使职权。"第三十八条②规定："股东会行使下列职权：（一）决定公司的经营方针和投资计划；

---

① 对应2014年新《公司法》第36条。

② 对应2014年新《公司法》第37条。

（二）选举和更换非由职工代表担任的董事、监事，决定有关董事、监事的报酬事项；……（十）修改公司章程；（十一）公司章程规定的其他职权。”由上可见，有限公司的股东会作为权力机构，其依法对公司事项所作出决议或决定是代表公司的行为，对公司具有法律约束力。股东履行出资义务后，其与公司之间是平等的民事主体，相互之间具有独立的人格，不存在管理与被管理的关系，公司的股东会原则上无权对股东施以任何处罚。这从《公司法》第三十八条第（一）至第（十）项所规定的股东会职权中并不包含对股东处以罚款的内容中亦能得到体现。因此，在公司章程未作另行约定的情况下，有限公司的股东会并无对股东处以罚款的法定职权，如股东会据此对股东作出处以罚款的决议，则属超越法定职权，决议无效。

《公司法》第十一条规定，设立公司必须依法制定公司章程。公司章程对公司、股东、董事、监事、高级管理人员具有约束力。第二十条规定，公司股东应当遵守法律、行政法规和公司章程，依法行使股东权利。由此可见，公司章程是公司自治的载体，既赋予股东权利，亦使股东承担义务，是股东在公司的行为准则，股东必须遵守公司章程的规定。本案中，原告安盛公司章程第三十六条虽主要是关于取消股东身份的规定，但该条第二款明确记载有“股东会决议罚款”，根据章程本身所使用的文义进行解释，能够得出在出现该条第一款所列八种情形下，安盛公司的股东会可以对当事股东进行罚款。鉴于上述约定是安盛公司的全体股东所预设的对违反公司章程股东的一种制裁措施，符合公司的整体利益，体现了有限公司的人合性特征，不违反《公司法》的禁止性规定，被告祝鹃亦在章程上签字予以认可，故包括祝鹃在内的所有股东都应当遵守。据此，安盛公司的股东会依照《公司法》第三十八条第（十一）项之规定，享有对违反公司章程的股东处以罚款的职权。

二、有限公司的公司章程在赋予股东会对股东处以罚款职权的同时，应明确规定罚款的标准和幅度，股东会在没有明确标准和幅度的情况下处罚股东，属法定依据不足，相应决议无效。

被告祝鹃在原告安盛公司和瑞派尔公司委托记账合同关系停止后，仍作为瑞派尔公司的经办人向税务部门申请取消一般纳税人资格业务，该行为属于《安盛同业禁止规定》第一条及公司章程第三十六条第一款第（六）项的约定范畴，应认定祝鹃违反了公司章程，安盛公司股东会可以对祝鹃处以罚款。安盛公司章程第三十六条第二款所规定“罚款”是一种纯惩罚性的制裁措施，虽与行政法等公法意义上的罚款不能完全等同，但在罚款的预见性及防止权力滥用上具有可比性。而根据我国《行政处罚法》的规定，对违法行为给予行政处罚的规定必须公布；未经公布的，不得作为行政处罚的依据，否则该行政处罚无效。本案中，安盛公司在修订公司章程时，虽规定了股东在出现第三十六条第一款的八种情形时，股东会有权对股东处以罚款，但却未在公司章程中明确记载罚款的标准及幅度，使得祝鹃对违反公司章程行为的后果无法做出事先预料，况且，安盛公司实行“股东身份必须首先是员工身份”的原则，而《安盛员工手册》的《奖惩条例》第七条所规定的五种处罚种类中，最高的罚款数额仅为2000元，而安盛公司股东会对祝鹃处以5万元的罚款已明显超出了祝鹃的可预见范围。故安盛公司临时股东会所作出对祝鹃罚款的决议明显属法定依据不足，应认定为无效。

三、原告安盛公司提起本案诉讼不属重复诉讼。

原告安盛公司章程第三十六条第二款规定，此种情况下转让股份的价值按当时公司账面净值折算后扣除给公司造成的损失及股东会决议的罚款后的余额计算。这表明，当股东出现第一款所列的八种情形时，安盛公司既可要求当事股东承担赔偿损失的民事责任，又可对当事股东进行纯惩罚性制裁。安盛公司在此前提起劳动争议纠纷时，所提供的主要证据材料虽与本案基本一致，但两案的具体诉讼请求并不相同，且相互不能替代或涵盖，因此，安盛公司提起本案诉讼，并不违反一事不再理的民事诉讼原则。被告祝鹃关于本案属重复诉讼，应裁定驳回起诉的抗辩意见，无法律依据，不予采纳。

综上，被告祝鹃要求确认2009年1月5日安盛公司临时股东会罚款决议内容无效的反诉请求，予以支持。原告安盛公司基于上述无效决议内容要求祝鹃支付25893元的诉讼请求，没有法律依据，不予支持。据此，江苏省南京市鼓楼区人民法院依照《中华人民共和国公司法》第二十条第一款、《中华人民共和国民事诉讼法》第一百二十八条①之规定，于2010年7月6日作出判决：

一、确认原告安盛公司2009年1月5日临时股东会决议第二项“对被告祝鹃处以人民币50000元的罚款”内容无效；

二、驳回原告安盛公司要求被告祝鹃支付25893元的诉讼请求。

一审宣判后，双方当事人在法定期间内均未提出上诉，一审判决已经发生法律效力。

规则2：公司章程规定股东退休时必须退股，股东与公司应该按公司章程履行

——上海大成资产评估有限公司与楼建华等其他与公司有关的纠纷案②

【裁判规则】

一、公司章程是公司组织及活动的基本准则。在作为特殊企业的资产评估公司

---

① 对应2012年新《民事诉讼法》第一百四十二条。

② 《中华人民共和国最高人民法院公报》2012年第5期。

章程规定股东退休时必须退股，退股时以退股月份上月为结算月份，退还其在公司享有的净资产份额时，股东与公司应该按章程履行。

二、职业风险基金系会计师事务所、资产评估机构等按规定提取的用于职业风险赔偿的准备金。财企〔2009〕26号《资产评估机构职业风险基金管理办法》规定，资产评估机构持续经营期间，应保证结余的职业风险基金不低于近5年评估业务收入总和的5%，在此前提下，经股东会或合伙人决议，可将已计提5年以上结存的职业风险基金转作当年可供分配利润进行分配。所以，在资产评估公司已有相应股东会决议的情况下，股东退股时要求分配已计提5年以上结存的职业风险基金可予支持。

【规则理解】

一、公司章程的法律特征

（一）法定性

公司章程是由公司法律规范强制性规定的公司必备文件，即公司章程的制定、内容、效力和变更等均由法律明确规定。无论英美法系国家还是大陆法系国家，各国的公司立法均无一例外地要求公司必须具备相应的公司章程。公司章程的法定性主要表现在以下几方面：

1. 公司章程制定的法定性。公司章程是公司设立的要件之一。公司的设立是指公司股东、发起人为了使公司得以成立并取得法人资格，依照法定条件和程序所进行的一系列法律行为的总称。公司的设立既然是一种法律行为，就要严格履行法定的条件，否则就没有办法达到预期的法律后果。公司的设立必须提供相应的申请书和文件，采取书面形式，故而公司的设立又是一种要式法律行为。公司设立的一系列活动中要件有三：其一，人的要件，即确定的公司股东；其二，物的要件，即确定的资本额；其三，行为要件，即制定公司章程。由于公司章程是公司设立中的行为要件，因此，为各国公司法所普遍采用。在立法上，主要有两种表述方式：一是在公司法中明确章程为公司设立的必要要件，另外一种则是将章程内容散见于有关条文中，通过散见的条文体现这样一种立法精神——公司章程是不容忽视的。

2. 公司章程内容的法定性。由于章程在公司中具有重要地位，故而其内容设置也就十分严格和规范。如果不对章程中应当记载事项作出规定，无序的公司章程可能会成为恶意经营者的庇护伞。无论是大陆法系还是英美法系，尽管体制存在很大不同，但各国公司法均规定若干绝对必要记载事项，将有关公司的重大事项以立法形式固定下来进行强制性规范，人们必须按照所列举的事项记载，并不得遗漏，绝对必要记载事项的欠缺可能会导致章程的无效。

3. 公司章程制定和修改的法定性。公司章程的制定从表面上看属于公司内部的事务，完全可以由股东按照“意思自治”原则来自由设定条款，但是只要认真考察建立在“股份民主”基础上的公司机制就不难发现，如同其他重大公司事务一样，公司章程的制定和通过很可能只是大股东意志操纵的结果，按照“资本多数决”的原则，中小股东在此能够发挥的影响力实际上是非常有限和微弱的，尤其在涉及社会公众面广的上市公司更是如此。另外，公司发生合并、分立、解散事由时，公司股东对此类章程事项的规定也并非纯粹的公司内部事务，而具有明显的涉他性，因此，为了维护中小股东、社会公众投资者的利益和社会公共利益，公司章程制定和修改的程序都必须纳入法律规制的范围，即章程必然反映国家干预，体现法律对公司内外关系的强制性要求，法律对公司章程的规制包括在公司章程的制定和修改上都必须遵循严格的程序。

（二）自治性

作为公司的行为规范，公司章程对特定公司的权利能力和行为能力均有重要影响。公司章程的自治性表现为公司不同章程亦有所不同。公司章程作为公司的一种行为规范，不是由国家而是由公司依法自行制定的。公司法只能就公司的普遍问题对公司行为作出规定，不可能顾及每个公司的特殊性。而每个公司都可以在公司法所允许的范围内，针对公司的成立目的、所处行业、股东构成、资本规模、股权结构等不同特点，制定出反映自己公司个性、适合自己公司情况的行为规范。这样，不同公司的章程就会存在差异。章程是公司设立人和股东意思自治的集中体现，因此，章程的自治性特征就强调了公司章程的对内效力，即对公司、股东和董事、监事、高级管理人员均具有约束力。违反公司章程，当然应当承担相应的责任，甚至是法律责任。当然，如前所述，公司章程的自治是以不违反法律、行政法规为前提的。公司章程必须依照公司法制定，是公司登记必须报送的法律文件之一，所以说，公司章程的自治性又是相对的。

（三）公开性

公司章程不是秘密文件，是公司对外公示的法律文件之一。章程是公司法上公开原则的具体体现。由于公司章程规定了公司的性质与目的、组织原则与机构、活动方式等基本问题，是公司得以正常运作、公众得以了解公司的基本依据，因此，公司章程不是秘密文件，其记载的所有内容都是可以为公众所知悉的。公开性不仅指公司章程要对股东、董事、高级管理人员及员工等内部相关者公开，而且要向包括债权人、公众等在内的社会公开。公司章程公开的意义在于：一是股东知情权的要求。股东作为公司的投资人，向公司出资以后就丧失了对这部分财产的直接支配权，他们将财产投入公司最主要目的是为了盈利，当然有权利关心他们投入到公司的财产流向、公司的经营情况等；股东可以将董事、高级管理人员的活动与公司章程相关条款来进行对比，对那些违反章程所造成的损害就可能要求公司和违规人员承担法律责任，所以股东当然有权了解公司章程，以方便其股东权利的实现。二是便于潜在投资者了解公司的宗旨和经营范围，作为其是否对公司进行投资的参考。三是便于债权人了解公司的基本情况。

二、公司章程的法律效力

《公司法》中直接提到公司章程的条文就高达70多处，其他间接相关的条文更是充斥于整个公司法体系当中，充分体现了公司章程是作为“公司宪章”的重要地位。它既是公司成立的行为要件（一个公司成立必须具备三个条件：人的要件——股东或发起人；物的要件——确定的资本额；行为要件——公司章程），也是公司对外的信用证明，还是公司对内管理的依据。世界各国公司法都不约而同地规定了公司章程的功能，并赋予公司章程重要地位。

公司章程是公司存在和活动的基本依据，是公司行为的根本准则。国家有宪法，公司有章程，章程对于公司的作用有如宪法对于国家的作用。并且公司章程是要式法律文件，不仅反映当事人的主观要求，更反映和体现了法律对公司内外关系的强制性要求，因此，公司章程作为公司的必备性文件，任何公司成立都必须以提交章程为法定要件。《公司法》第11条规定“设立公司必须依法制定公司章程”，而且章程还要进行登记备案，章程是法定文件，没有登记生效的章程，公司就无法成立，无法受到法律的保护。

（一）对公司的效力

公司章程是关于公司的组织结构、内部关系和开展公司业务活动的基本规则和依据，设立公司必须依法制定公司章程。公司在设立初期就必须具备公司章程，无论是有限责任公司还是股份有限公司都应当拥有其独立的章程，作为公司成立的基本必备条件之一；从法理的角度分析，如果公司在设立的过程中没有公司章程，必然的法律后果之一就是公司设立无效。

公司章程不仅在设立时不可或缺，在公司解散中也扮演着极其重要的角色。《公司法》第180条第（1）项规定“公司章程规定的营业期限届满或者公司章程规定的其他解散事由出现”，公司也可以根据章程的规定合法地进行解散。如果在公司经营过程中出现了章程中规定的某些可以解散的情况，股东可以依据章程的相应条款合法地解散公司，但是有限责任公司持有三分之二以上表决权的股东通过，股份有限公司经出席股东大会会议的股东所持表决权的三分之二以上通过修改章程中公司的存续期，公司仍可依照修改的章程而存续。

（二）对公司内部关系的效力

我国《公司法》第 11 条针对公司的内部关系也明确地规定，“设立公司必须依法制定公司章程。公司章程对公司、股东、董事、监事、高级管理人员具有约束力”。也就是说公司的所有者——股东，公司的管理者——董事、高级管理人员，以及公司的监督者——监事都要严格遵守公司章程，按照章程的规定行使其职责。因此，公司章程自生效之日起，即称为规范公司的组织与行为、公司与股东、股东与股东之间权利义务关系的，具有法律约束力的文件。而且，从法理上讲，股东可以依据公司章程起诉公司；公司可以依据公司章程起诉股东、董事、监事、高级管理人员；股东可以依据公司章程起诉股东、董事、监事、高级管理人员。

由于《公司法》的规定比较原则。公司章程的一个重要任务就是将《公司法》赋予股东的权利作出更加具体的规定，使其更加具有可操作性。《公司法》第 20 条第 1 款对股东权利的规定就比较高屋建瓴：“公司股东应当遵守法律、行政法规和公司章程，依法行使股东权利，不得滥用股东权利损害公司或者其他股东的利益；不得滥用公司法人独立地位和股东有限责任损害公司债权人的利益。”在公司成立之后，一旦股东履行了出资义务，对公司不再负其他积极义务，因此，公司章程对于股东的效力大多表现为股东如何行使权力，防止控股股东权利的滥用。对于股东固有的权利以及《公司法》明确赋予的权力，章程不能剥夺。在股东分配利润方面、股权转让方面、股权的继承等众多关系到股东切身利益的方面，章程都扮演着极其重要的作用，股东对于这些内容都可以充分发挥意思自治，制定符合实际情况的规定写入章程，对公司内部产生效力。《公司法》允许公司章程在这些方面作出与该法不同规定的同时，规定股东不能滥用权利，不能侵害公司的利益，揭开公司面纱也写入我国《公司法》，对股东滥用法人资格进行了规制。股东在其权利受到损害的情况下，可以依据章程获得救济。《公司法》第 151 条、第 152 条分别赋予了股东诉权作为其救济手段。

董事、监事、高级管理人员作为公司机关的成员，负责公司日常经营决策、执行和监督，对公司负有忠实义务和勤勉义务，章程作为公司的自治规则突出体现在对他们的规定方面。公司章程是有关公司的机构及其产生办法、职权、议事规则的规定，也是董事、经理、监事行使职权的重要依据。无论是有限责任公司还是股份有限公司，公司章程都是公司经理职权的重要来源之一；不仅如此，董事会的具体构成和权限与股东会的具体构成和权限、监事会的议事方式和表决程序、有限责任公司董事会的议事方式和表决程序等公司内部机关的规定都是由《公司法》和公司章程调整的。比如，《公司法》第 53 条第（2）项规定监事或者监事会“对董事、高级管理人员执行公司职务的行为进行监督，对违反法律、行政法规、公司章程或者股东会决议的董事、高级管理人员提出罢免的建议”，而且公司章程还可以规定监事行使其他职权，有利于公司的内部治理。

（三）对外的效力

1. 对第三人表明信用。由于公司章程对外是公开的，特别是股份有限公司的章程，其公开性尤为广泛。它是向第三人表明信用和相对人了解公司组织及基本情况的最重要法律文件。公司章程向公众公开申明公司的宗旨、营业范围、资本数额及其他内容，《公司法》第12条规定了“公司的经营范围由公司章程规定，并依法登记”，并对有限责任公司与股份有限公司分别作出了绝对必要记载事项，以便于相对人了解公司的组织和财产状况，为投资者、债权人和第三人与该公司进行经济交往提供了条件和依据，便于公司对外开展经营活动，有利于维护交易活动的安全。

2. 接受政府管理和服务的依据。公司的发起人以公司章程作为公司设立的要件之一，向政府登记主管机关申请登记注册，这就意味着公司向政府作出了书面保证，保证公司将按照章程所定的准则从事组织和经营活动。政府登记主管机关核准了章程，就等于接受了公司所作的保证。公司违反章程，就应该承担相应的责任和处罚。同时，国家也以公司章程为基础，对公司进行监督管理、为公司提供法律保障。

三、公司章程规定股东退股的效力认定

我国《公司法》第74条确立了股东退股制度，仅列举了三种主要的股权回购情形。但随着公司法理论和实践的发展，第74条规定的三种情形具有很大的局限性，不利于充分发挥退股制度对于股东个人和公司运行的巨大作用，因此，有必要根据具体情况研究探讨将有限责任公司股东退股的范围进行适当地扩大，从而增强公司股东之间的合作基础，使公司具有更强的生命力和更好的发展前景。同时，尽管我国《公司法》第22条赋予了公司股东就股东会、股东大会或董事会的决议向人民法院申请撤销的权利，但其并没有对决议撤销后股东之间或股东与公司之间仍然“不和”的情况提出进一步的解决方法，在此情况之下，股东退股制度不失为解决此问题的好方法之一。

我国目前仅允许有限责任公司股东在符合《公司法》第74条规定的三种情形下才可以要求回购股权，而没有赋予股东与公司或股东与股东之间以某种约定退股的权利。所谓约定事由，主要是指在订立或修改的公司章程中注明同意股东进行退股的情形，以及在公司的运行过程中股东之间就某个或某几个股东要求退股表示同意而达成合意等两种主要情况。公司章程是指公司必须具备的由发起设立公司的投资者制定并对公司、股东、公司经营管理人员具有约束力的调整公司内部组织关系和经营行为的自治规则。我国通说认为，公司章程是公司自治性质的根本规则，其效力不仅及于全体股东，对公司也同样具有约束力。因而，公司章程中约定股东可以退股的情形，是一种意思自治的体现。股东之间在公司运行过程中就某个或某几个股东要求退股表示一致同意或由此而达成的协议也是当事人之间共同合意的反映。依据民法最基本的契约自由原则以及由此而发展出来的意思自治原则，股东之间以及股东与公司之间的上述“约定”在不与法律、法规的强制性规定相冲突，并且不违背公序良俗和不损害他人利益的情况下应该得到基本的尊重。我国法律可以在此基础上逐步考虑给予股东与公司更大的自治空间，允许其对自身的具体问题作出适当的安排，但应以不得约定排除法定事由为限。当然，自治并不等于放纵，对于股东之间、股东与公司之间恶意串通，利用退股制度规避法律、逃避责任而损害他方利益的行为，也应采取相应的措施，在法律的完善和配套制度的安排上对这种行为进行一定的规制和遏止，以寻求在各种利益主体之间实现平衡。我们认为，从法律规制到公司自治的放开不是一蹴而就的，虽然从立法上对退股行为缺乏全面的规范，但司法实践的发展又必须对公司章程规定股东退股的效力作出认定。本案例很好地解决了这个问题。

但我们认为，把握公司章程规定股东退股的效力时，必须明确的是，股东退股范围的扩大是建立在不损害公司、其他股东、尤其是债权人利益的前提之下的。股东可以退股的情形越是增多，就越要注重对其他利益主体的保护，需要不断建立完善相关的配套制度以及履行严格的程序，尽量将退股对其他利益主体的影响降到最小甚至没有，以避免因退股制度适用情形的扩大而催生对其的滥用，进而损害公司、其他股东、特别是债权人的利益，造成一种失控的不利局面。

借鉴国外一些国家的相关立法经验，我们认为，可以从以下几个角度入手来完善股东退股制度带来的债权人保护机制：

1. 限制退股主体。鉴于未缴纳或未完全缴纳出资的股东并没有完全地履行出资义务，因而其相应地不能享有完全的股东权利。为了确保有限责任公司的资产充足，防止股东退股给债权人造成不应有的损害，可以在主体方面将退股股东限制在已足额缴纳出资的股东范围内，以避免出资不实的股东通过退股完全脱离公司而导致难以追究其责任情形的发生。

2. 明确资金来源。退股制度的确立主要是出于对股东利益的尊重和保护，但法律规制在利益平衡方面不能偏废，特别是在股东与公司恶意串通的情况下，更应该避免因股东退股造成或加重公司资不抵债的局面而使债权人的利益得不到正当维护。因此，在法定资本制的前提下，我国法律可以借鉴国外其他国家的有关经验，通过对用于回购股权的资金进行限制来保护债权人的利益。例如，可以从禁止性方面规定“在公司目前或在付款后无力清偿到期债务或者在付款后公司资产可变现价值将少于其债务总额的情况下，公司不能向退股股东支付任何款项”，但股东自愿提供相应担保的除外；亦可以从许可方面考虑规定一般情况下用于回购股权的资金应来源于公司资本和法定公积金以外的可分配利润，或是在退股将影响到公司资本的情况下必须履行相应的减资程序才允许股东以退股的方式最终退出公司，但注意减少后的注册资本仍不能低于法定的最低限额的要求（有些公司仍然是有最低限额要求的）。

3. 注重公示与监督。要在退股程序中切实、全面地维护债权人的利益，必须进一步完善退股程序中的信息公开与监督机制。知情是债权人进行自我保护的基本前提，参与则是债权人监督退股过程的重要途径。对于这两个方面，可以在退股程序中规定公司在向股东发出同意退股通知书的同时，亦应将股东人数、股权比例等相关事项向债权人以通知或公告的形式进行告知，并在公司实际支付前将确定的股价通知债权人。我们认为，在股东与公司以诉讼的方式最终完成退股的情况下，可以尝试规定法院在结合专业机构的评估结果确定股价后将股价进行一定期限的公告，以方便债权人深入了解相关情况，从而决定是否作为第三人参与到诉讼程序中。

4. 强化责任承担。退股制度重点立足于对退股股东的保护，但这种保护是有界限和约束的，不应成为股东与公司恶意勾结损害其他利益主体的工具。在适用有限责任公司股东退股制度的同时，要注重与其他《公司法》规定相配合。在因股东退股而给公司其他股东或债权人利益造成损害时，如果存在滥用股东权利、股东有限责任或公司独立法人地位的情形，可以适用《公司法》第20条的规定进行事后司法救济，使恶意的股东对公司债务承担连带责任，从而为债权人提供更有效的保护。

【拓展适用】

一、与公司法任意性规范相冲突的公司章程效力认定

公司章程与公司法的任意性规范相冲突时，公司章程的约束力要大于公司法的约束力，当事人应当按照公司章程的规定进行活动。但是，当公司法规定公司章程可以按意思自治来决定公司事务时，此时公司章程的规定是否任何情况下都有效？或者说公司章程自治的事项是否应该有界限？

对此，我们以公司章程对股权转让的规定来看：公司章程可以排除公司法关于股权转让条款的适用。那么，公司章程可否规定有限责任公司股东不得向股东以外的人转让股权？依《公司法》第71条第4款规定，“公司章程对股权转让另有规定的，从其规定”。“另有规定”是否包括“股东不得向股东以外的人转让股权”？回

答这个问题需要对公司设置股权转让条款的目的进行分析。首先，有限责任公司股东转让其股权是股东退出公司的一个法律途径，当某股东既不能抽回出资，也不属于异议股东股权收买请求权行使的情形，又未落入公司僵局的地步，只可通过转让股权退出。所以，我国2005年公司法修订的精神之一就是平衡各种利益，健全股权转让机制，虽对股东向外转让股权规定较严，但也使股权转让成为可能。而如允许公司章程规定股东不得向股东以外的人转让股权，则直接违反这一精神。其次，一般都认为，股东的自益权多为非固有权，可以通过章程予以剥夺或限制，但是股份转让、股份收买请求权为固有权，不得以公司章程剥夺或限制。因此，公司章程与任意性规范发生冲突时，公司章程的效力高于《公司法》的效力。但是对公司章程的效力有所限制：第一，公司章程的规定必须符合公司法的基本精神和立法目的；在实践中，要结合公司法的规定来加以分析。第二，公司章程的规定，不得剥夺或限制股东的固有权。按各国公司法及学者通说，股权（或称股东权）可分为固有权和非固有权。固有权又称不可剥夺权，是公司法应该直接赋予股东的，不得以章程等公司内部制度或股东会决议等形式予以剥夺或限制的，能体现其本质的那部分权利。

二、公司修改章程限制或取消股东原有权利的效力认定

股东加入公司是否表示他已经同意并接受有关公司法及公司章程中的所有条款，而且还会接受未来公司法及公司章程的各种修正案，还是仅仅同意了章程的既有内容，这个问题颇有争议。的确，股东加入公司时已经知道公司章程可依公司法和章程的规定被修改，然而这并不代表他也同意了以后的各项修正案，因为如此一来，他的所有利益将置于他自己完全无法预测和掌控的风险之中，任何一个理性人都不会有这种意愿、作出这种意思表示。但是“由于社会环境和公司本身的情况并非恒定不变，一旦这些客观条件发生变化，公司的经营战略、经营方式、管理手段、经营规模以及资本构成等都会作相应的调整，修改章程就成为必然。”①股东加入公司时必然已经知道公司章程可依公司法和章程的规定被修改，而且无论章程的性质是关系契约还是自治法规，其修改均无需经全体股东一致通过（尽管对于公司章程的性质，有人认为是自治法规，有人认为是契约，但是，如果说章程是契约，它也是关系契约而不是合同法上规范的一般的民商事契约，有其自身的性质与特点：主体的广泛性、内容的复杂性、存续的长期性，其修改不需要全体当事方的同意；确切地说，修改公司章程的决议是个团体行为，而不是一般的多方法律行为），

① 冯果：《公司法要论》，武汉大学出版社2003年版，第53页。

公司在某个股东加入后会根据变化了的外部环境和内部情况对章程作出修改，也是在任何一个理性人的认识和预期范围内的。因此，公司章程在某个股东加入后进行的修改即使限制了其某些股东权利，只要没有超过一个理性人的重大预期，便视为该股东加入公司时已经默示同意，该股东必须无条件遵守和执行相关条款；如果这种修改超过了一个理性人的重大预期，则视为这种修改没有取得他的同意，原则上该股东可以主张该条款无效（存在后文的一种例外）。事实上，重大预期标准在我国《公司法》已有体现，比如有限公司连续5年符合公司法的利润分配条件而不分配公司利润时异议股东享有股权回购请求权。

判断某个经过修改而产生的限制股东权利的章程条款是否超出了股东的重大预期，关键是看这种限制是否对股东股权带来重大而明显的实质损害。从股权性质看，虽然关于股权的性质一直颇有争议，出现了所有权说、债权说、社员权说、股东地位说、独立民事权利说、合同预期民事权利说，然而，无论如何，股权绝对不是所有权：所有权作为一种物权，其客体是有体物，而股权的客体是具有独立人格的公司；所有权作为物权，具有直接支配性和绝对性，所有权人可以完全根据自己的意思自由而圆满地实现所有权的各项权能，而股权的实现不仅取决于股东自身的意思，还依赖于其他股东的意思表示；所有权作为物权，是一种支配权，股权的许多权能比如股利分配请求权、股份收买请求权、知情权等根本就不是支配权，更不可能成为所有权。因此，股东在加入公司时应该清楚地认识到他对其股权不具有完全支配力以及其后其股权可能还会受到现在并未产生的某些限制。如果章程对股权的某些限制并没有实质损害他有权期待得到的财产利益，即使章程的该种限制产生于其加入公司后，也是在或者应当在他的预期范围内，并未超出其重大预期。比如甲股东加入某有限公司时，公司章程未限制股东权的转让，后来公司修改了公司章程，规定股权只能在公司股东内部转让，甲无权主张该种修改无效，因为该种修改并没有给其股东权造成实质损害。当然，甲无权主张章程修改，并不意味甲不得寻求其他救济，此时甲有权请求公司以公正价格回购其所持股权，我国台湾地区“企业并购法”第11条、《日本公司法》第116条皆有此种规定。在大港收购爱使一案中，在大港已经取得了爱使的大量股份、成为爱使的股东后，爱使章程规定董事会的分期轮换制显然对爱使股权造成了重大而明显的实质损害，因而该规定应当被认定无效（当然，如果爱使的这一规定发生在大港发动收购之前，则依据上文的股东明示或默示同意标准，其章程相关规定是合法有效的）。

判断某个经过修改而产生的限制股东权利的章程条款是否超出了股东的重大预期，另一个重要的标准是该种限制是为了公司的利益而非特定股东的利益。在Sidebottom v kershaw，leese & Co Ltd 一案中，公司的一个小股东在与公司业务相竞争的企业中也拥有股份，公司于是规定与公司利益相冲突的股东的股权应改转让给董事指定的人，英国上诉法院后来支持了公司的主张，认为这显然是符合公司利益的。在 Daphen Timplate Co v Llanelly Steel Co 一案中，公司规定大股东有权购买小股东的股份，法院判决规定无效，因为其显然超出了为了公司的必要利益范围。[①]股权应该受到限制是因为股东加入公司后即成为公司的一员，从而获得了自己单独支配相应数额的资产不可能得到的收益，因此，他也应该承担一定的义务，这也是在他预期之中的，但是任何一个股东在加入公司时都不会希望以后仅仅为了另外某个股东的利益而限制自己的权利。如果公司法认可公司章程为了特定股东（通常是大股东）利益而限制其他股东利益，不但违反了正义的基本要求，而且会使一般投资者因为对投资公司充满恐惧而选择逃离，无法实现社会资本的集中，严重阻碍社会资源的高效配置，背离了社会财富最大化这一公司法基本目标。

如上所述，当公司修改章程增加对股东权利来限制时，如果这种修改超过股东重大预期，原则上该种修改无效，但是存在一种例外情况，即该种修改是为了适应变化的社会现实而为维护公司利益所必需时。公司法的价值在于促进社会资源合理配置、实现社会财富的最大化，公司的本质则在于其是股东的营利工具，当公司外部环境或者自身条件发生剧烈变动以至于公司如果继续按原章程运行不利于其利润最大化时，公司章程自然应该做相应调整，即使该种调整背离了股东的重大预期。股权是股东与公司及股东与股东之间的相互关系，当公司与股东、股东与股东的不同利益诉求皆具正当性时，哪一方的利益诉求更符合公司利益、更有利于提高公司运营效率，哪一方的利益即应该得到优先保护。比如某股份公司章程原先规定公司利润分配按股东持股比例进行，但是后来公司资金缺乏乃至资不抵债，决定引进新的投资者，但是对方表示投资的前提是其享有两倍于持股比例的利润分配，此时公司可以修改原先章程规定的利润分配比例，相关股东不得主张无效，当然，异议股东可以请求公司回购股份。

三、公司章程规定公司重大决策须经全体股东一致通过的效力认定

对于公司章程规定公司重大决策须经全体股东一致通过的效力这一问题，现行《公司法》并没有作出具体规定。当法律没有明文规定时，我们需要探求立法者的意图，即所谓的立法精神。通过对立法精神的理解，去寻求现实问题的答案。所谓立法精神，是指立法性质、宗旨、根本任务和价值追求的总体体现，具有统领

---

① Gower & Davies, *Principles of Modern Company Law*, London Sweet & Maxwell 2003, p. 488.

性的作用，它对所有法条都有指导意义，因而具有原则性的功能。同时，在出现具体法律法条文无规定或规定不明确的情况时，也可直接依据立法精神作出解释和判决。

我们首先需要讨论公司法有多大的强制性与任意性。强制性规范应当是谨慎的，因为强制性规范不大可能在所有情况都合乎于各方的意志；任意性的法律存在于没有全面安排自己权利义务的人之间，为他们解决纠纷提供令人满意的基础，并且当事人还可以排除其适用。商法的重点在于效率和降低成本，商法比民法更应当具有自治性，应当将大量的交易规则留给市场主体自由安排。目前过多地强调强制性规范，将使市场主体刚刚脱离传统的政府管理，又陷入另一种强制性的管理。公司是营利性的私法主体，它应当面向市场，通过竞争谋取生存。法律应当为其提供指引，帮助其制造条件促成交易、降低成本，政府不必为投资者和相关当事人过分担忧。除当事人不能自行解决和对其不得不进行必要的管理外，政府不要也不应当插足。

公司章程作为一种特定的合同，具有契约性、自治性等属性，在当事人自愿订立的前提下，应该得到保护。尤其在有限责任公司，人合性较强，股东基于彼此的信赖进行合作，组建公司，制定章程。在制定章程时，发起人有机会进行反复的磋商，以更能实现其利益最大化。当公司章程并不违反公司法的规定，即使原告在签订章程的过程中对自己的权利有所放弃，也非为法律所禁止，如果处处以法定性来限制契约性，那么当事人自愿平等的意愿就很难得到保证和实现，也不符合公司运行的经济效率原则。

法官在处理与公司法存在冲突的公司章程应采取尊重的态度。公司法规范主要是任意性规范，法院不应当对公司内部的决策采取过度干预的方法。法律应当是指导性的、以提供救济为主的规范。法官需要尊重市场主体依据商业考虑决定的自己的事务，不可替代公司重新制定一份章程，并强加于公司。

就本问题，我们应该看到，公司章程是股东合意的结果，是在设立公司时考虑到诸多因素制定的、需要经过全体股东一致同意才能进行重大决策的决议，应当为当事人真实意思表示。这一规定不存在其他股东意思表示不真实的情形。我国《公司法》规定修改公司章程必须经代表2/3以上表决权的股东通过，而本问题中所提到的比例并不违反《公司法》不得低于2/3资本多数决的原则。

当然，在坚持公司自治的同时，任何公司也不能因为契约性的规定来对抗法定的义务性规范。契约不得违反公司法有关程序上和实体上的最低要求。但如果公司章程的规定比公司法规定的更为严苛，不应当就此认定为无效。

四、公司股东对公司章程条款效力质疑诉讼的受理

公司股东能否对公司章程条款的效力提出审查请求？首先应当从《公司法》规定来寻求实体法上的诉讼依据。我国《公司法》对此未作明确规定，公司章程如果存在欠缺或是瑕疵，则可以由当事人协议补充或根据法律规定予以补救，而不是导致公司章程无效或解散公司。值得注意的是，民事案件案由是人民法院将诉讼争议所包含的法律关系进行的概括。这说明民事案件案由的确定是以对应实体法的规定为前提条件，诉权的存在不能脱离实体法上权利义务的规定。在这个意义上，“公司章程或章程条款撤销纠纷”案由的规定超越了《公司法》的规定。司法解释的规定赋予了公司股东对公司章程条款的效力提出审查请求。如果章程的规定存在违反法律强制性规定的情形，或者章程的制定过程存在瑕疵，章程就存在被撤销的情形，则该条款也可能被撤销。或者，章程中的某些条款若存在违反法律强制性规定的情形，则该条款也可能被撤销。公司章程或章程的某些条款存在撤销情形的，股东可依法提起公司章程或者章程条款撤销之诉。①

公司章程的作用主要是补充或者排除公司法的适用，尊重公司当事人根据公司特征、经营需要确定公司章程的具体条款。商事审判特别是公司纠纷审判，强调公司的团体性和稳定性。股东签署公司章程的行为不同于传统意义上的单一性合同订立行为，公司章程的签订是否有违反程序或者股东意思表示不真实、不自愿的情形，并不能简单地依据《合同法》规则来判断其效力。因为公司章程或者章程条款的效力被否定，不仅会使业已进行的公司行为变得更为复杂，并加重股东责任；而且有损于债权人利益，影响社会经济的稳定。商事审判特别是公司纠纷审判，强调遵循内部救济穷尽原则。公司章程的签订本身就是公司全体股东的一种商业判断，人民法院在介入公司内部法律关系判断公司章程条款效力时，应当审慎而为，给公司自治留有足够的空间。总之，当股东提出对公司章程及章程条款效力审查的诉求时，人民法院应当受理。

【典型案例】

上海大成资产评估有限公司与楼建华等其他与公司有关的纠纷案

原告（反诉被告）：上海大成资产评估有限公司。

法定代表人：顾美珍，该公司董事长。

被告（反诉原告）：楼建华。

---

① 曹建明主编：《最高人民法院民事案件案由规定理解与适用》，人民法院出版社2008年版，第302~303页。

第三人：上海大成房地产估价有限公司。

法定代表人：梁勇，该公司董事长。

第三人：上海大成财务咨询有限公司。

法定代表人：顾美珍，该公司执行董事。

〔基本案情〕

原告上海大成资产评估有限公司（以下简称资产评估公司）与被告楼建华因其他与公司有关的纠纷，向上海市闸北区人民法院提起诉讼。

原告资产评估公司诉称：2005年1月27日原告章程确定公司股东为顾美珍、被告楼建华等六人，其中被告占股16.66%，并规定股东退休时必须退股，股东离职时必须退股等。嗣后，相关文件规定资产评估机构的股东应持有注册资产评估师证书，但被告无此证书且退休。2008年6月27日原告股东会决议：（1）责令被告退出其16.66%的原告股份；（2）被告16.66%股权由原告其余全部股东顾美珍等五人平均受让，被告实际出资的5万元由五位受让股东在本决议后3日内将款交于原告财务室，原告在2008年7月1日上午12时前交被告，并办理股权转让手续；（3）根据原告2007年度财务状况的审计报告，原告2007年净资产为负数，利润负数，被告无法享有原告的净资产份额，无法取得红利分红。股东会决议后，被告拒不办理退股手续。据此，原告起诉。本案审理中，上述2008年6月27日原告股东会决议中第（2）项和第（3）项决议内容被生效判决撤销，且经委托审计，原告2008年5月31日净资产为912940.29元。对审计结论，原告认为，三公司（即原告与两第三人）收入、成本、费用混淆，审计将第三人咨询公司80%收入归入原告，除将对应的劳务费等转入原告成本，费用方面仅转入7万余元不合理，应按收入比例（2006年和2007年三公司业务总收入4654603元，两第三人收入539355元，原告收入比例为88.41%）作如下三项费用分摊：1. 年终奖，2006年度由第三人咨询公司发放111799元，2007年度由原告发放99743元，按收入比例分摊原告应增费用87281元；2. 2006年和2007年工资，原告发放476728.70元，第三人房地产估价公司发放142825元，按收入比例分摊原告应增费用71019元；3. 2006年和2007年办公用房费用，原告已承担218622.88元，两第三人已承担100100元，按收入比例分摊原告应增费用63160元。以上三项合计，原告应增费用221460元，原告2008年5月31日净资产应减少至691480.29元，故现原告诉讼请求为：1. 确认被告从2008年6月27日起不再为原告股东；2. 被告于判决生效之日起30日内至原告处领取退股金115200.62元，同时被告退股并协助办理有关工商变更登记手续；3. 本案诉讼费由被告负担。

原告资产评估公司针对本诉提交以下证据：

1. 2008年6月27日原告资产评估公司股东会决议，旨在证明被告楼建华从2008年6月27日起已非原告股东。

2. 2005年1月27日原告资产评估公司章程，旨在证明原告章程第22、23条规定股东不能执业时可退休并退股，并规定退股金额。

3. 2005 年《资产评估机构审批管理办法》，旨在证明当时规定房地产评估与资产评估必须分开，资产评估机构的股东应持有注册资产评估师证书，但被告楼建华无此证书。

4. (2007) 闸民一（民）初字第 26 号民事判决书，旨在证明被告楼建华的劳动合同至 2006 年 8 月 31 日止，被告于 2006 年 9 月 1 日离开原告资产评估公司。

5. 2008 年 2 月申北会所财字（2008）第 76 号审计报告（附财务报表及其附注），旨在证明截至 2007 年 12 月 31 日原告资产评估公司资产总额 79 万余元，利润 -29 万元，有 70 万元投资款未到位，故净资产为 -20 万元。

6. 原告资产评估公司的核发《企业法人营业执照》通知单、申请开业登记注册书，旨在证明原告于 1996 年 3 月经工商局注册登记成立，当时性质为集体企业、投资人为三法人。

7. 1998 年原告资产评估公司申请变更登记注册书，旨在证明原告在 1998 年由集体企业改制为有限责任公司，此时股东为三法人和 7 名员工（被告楼建华也在内）。

8. 2000 年原告资产评估公司增资验资报告以及验资事项说明，旨在证明三法人股东退出，股东变更为包括被告楼建华在内的 5 名个人。

9. 1999 年 12 月 16 日原告资产评估公司章程，旨在证明该章程第 22、23 条有关退股的规定与 2005 年章程一致。

10. 2008 年 5 月 31 日原告资产评估公司资产负债表、损益和利润分配表，旨在证明 2008 年 5 月 31 日原告净资产为 -83 万元。

11. 闸劳仲（2006）办字第 810 号裁决书，旨在证明原告资产评估公司股东必须是原告在职职工，股东离职时必须退股。

12. 2006 年 6 月 30 日原告资产评估公司股东会决议，旨在证明原告注册资金实际共到位 30 万元，其中被告楼建华到位 5 万元。

13. (2008) 闸民二（商）初字第 617 号民事判决书，旨在证明 2008 年 6 月 27 日原告资产评估公司股东会决议中第（1）项内容未被撤销，第（2）项、第（3）项内容被撤销。

14. 2005 年 4 月 15 日原告资产评估公司股东会决议，旨在证明原告与两第三人是三块牌子一套班子。

15. 2006 年和 2007 年原告资产评估公司与两第三人的主要应交税金明细表、损益和利润分配表、转账凭证，年终奖金计算发放清单，原告职工工资及奖金分配管理办法，应付工资清单，租赁合同、续租合同、付款凭证和发票，旨在证明原告净资产应调减 221460 元。

被告楼建华辩（诉）称：第一，被告同意原告资产评估公司第一项诉请。第二，对原告第二项诉请，原告 2008 年 5 月 31 日净资产现应以审计结论为准，不应作原告主张的调减，故被告退股金应按审计结论912940.29元的16.66%计，为152095.85元，被告对该项诉请其余部分没有异议。第三，根据本案审计报告，2008年5月31日原告职业风险基金为2162070.59元，其中2004年6月30日前为1231898.49元。根据财企〔2009〕26号《资产评估机构职业风险基金管理办法》以及2004年10月22日《关于代持股股份退出备忘录》的规定，备忘录涉及的出资人可按出资份额享受2004年6月30日前的权益。被告2004年6月30日前占股10%，应得2004年6月30日前职业风险基金123189.84元（被告保留对2004年6月30日后职业风险基金的诉权）。据此，被告反诉，反诉请求为：1. 原告支付被告退股金152095.85元；2. 原告支付被告利息损失（以152095.85元为基数，从2008年7月1日起按中国人民银行规定的同期贷款基准利率计至本判决生效之日止）；3. 原告退回被告2004年6月30日前职业风险基金123189.84元；4. 本案诉讼费、鉴定费由原告负担。

被告针对本、反诉提交以下证据：

1. 2007年2月沪金审财字〔2007〕第F3625号司法会计鉴定书，旨在证明第三人咨询公司经营范围及原告资产评估公司股东投资情况，原告营业收入、利润转到该公司。

2. 2003年7月21日原告资产评估公司股东会决议、会议纪要以及同日的借条，旨在证明注册资金50万元并非由顾美珍本人出资。

3. 2008年6月29日通知函及次日的国内挂号信函收据，旨在证明被告楼建华书面通知原告资产评估公司各股东，原告股东会决议上签字的股东无权受让股权。

4. 财企〔2008〕43号《财政部关于做好资产评估机构过渡期有关工作的通知》①，旨在证明原告资产评估公司股东会决议的受让人无权受让股权。

5. 2008年8月15日上海市社会保险事业基金结算管理中心出具的调查情况函，旨在证明在原告资产评估公司股东会决议上签字的孙月梅、刘琼、季新军、沈章荣已离开原告到其他单位，其养老保险金已由其他单位缴纳。

6. 上海市资产评估协会对调查令的回复，旨在证明孙月梅、刘琼、沈章荣已转所离开原告资产评估公司，因离职员工必须退股，故其不具有受让股权的资格。

7. 2008年2月申北会所财字（2008）第76号审计报告（附财务报表及其附注），旨在证明该审计未反映长期投资，且其他应付款纳税奖励等记入负债有误，应作为利润。

8. 财企〔2009〕26号《资产评估机构职业风险基金管理办法》、2004年10月22日《关于代持股股份退出备忘录》、2004年10月21日和11月5日原告资产评估公司股东会决议，旨在证明职业风险基金应按办法规定分配，对此，2004年6月30日前被告楼建华享有10%的权益、之后被告享有16.66%的权益。

---

① 该通知已于2011年被废止。

9. 第三人咨询公司工商档案材料，旨在证明该公司原55%股权是原告资产评估公司的，后变更至顾美珍名下。

10. 2006年1月至7月第三人咨询公司收入中由原告资产评估公司出具评估报告的情况（金额合计103万余元），旨在证明合同和报告均由原告出具，但审计费却入账于第三人咨询公司，此影响原告净资产值。

针对被告楼建华反诉，原告资产评估公司辩称：第一，对被告主张退股金的反诉请求，因原告2008年5月31日净资产应减少至691480.29元，故被告退股金应为115200.62元。第二，对被告主张退股金利息的反诉请求，因原告净资产由本案审计确定，且利息无约定和先例，故不应支付。第三，对被告主张职业风险基金的反诉请求，因该基金保护正常经营，并不是股东权益，不能退回，且财政部未规定必须分配，本案审计也未确定，故被告该项反诉请求没有依据。如予分配，还要补交25%的企业所得税。

原告资产评估公司针对被告楼建华反诉提交的证据与其本诉相同。

第三人房地产估价公司和咨询公司述称，其同意原告资产评估公司意见。

第三人针对本、反诉提供以下证据：

1. 2006年和2007年原告资产评估公司与两第三人的主要应交税金明细表、损益和利润分配表，旨在证明三公司是一套班子，为税收优惠及业务便利才如此操作，上述年度三公司合计业务收入约465万余元。

2. 租赁合同和续租合同共三份，旨在证明租赁费的支付情况。

3. 原告资产评估公司职工工资及奖金分配管理办法，旨在证明劳务费和奖金的发放方法。

4. 2007年11月劳务费发放统计表，旨在证明本案司法会计鉴定意见书少计28968元第三人咨询公司发放的劳务费。

5. 2006年和2007年原告资产评估公司与第三人房地产估价公司发放的全部应付工资清单，旨在证明按收入比例分摊费用，第三人房地产估价公司多承担了工资。

本案审理中，法院核查了有关文件规定，并经当事人申请委托审计。

上海市闸北区人民法院一审查明：

一、原告资产评估公司于1996年3月4日经工商局核准登记成立，成立时系集体企业、注册资金30万元。嗣后，原告变更为有限责任公司。现工商登记记载原告注册资金为100万元，股东为顾美珍、沈章荣、季新军和被告楼建华四人（出资额分别为75万元、2.5万元、10.5万元和12万元），法定代表人为顾美珍。

二、1999年12月16日，顾美珍、季新军、孙月梅、万健华和被告楼建华五人作为原告股东签订原告资产评估公司章程一份（以下简称1999年章程，已在工商局备案），该章程规定：原告注册资本为30万元，其中被告出资7万元。另外，该章程中，（一）第13条规定原告股东必须符合具备注册资产评估师或类似执业资格人员等条件；（二）第20条规定股东转让出资或退股，应提前3个月书面申请，经董事会审议通过，并经股东大会代表三分之二出资额的股东书面同意等；（三）第21条规定因被取消注册资产评估师或类似执业资格等原因丧失出资人资格，经董事会审议通过，并报股东大会经代表三分之二出资额的股东书面同意，可决议将其除名，由股东大会决定并处分其股东权益；（四）第22条规定股东因年龄或健康原因不能执业时，经董事会审议，股东大会表决批准，可以退休，退休时必须退股；（五）第23条规定股东退股时，以退股月份上月为结算月份，退还其在原告享有的净资产份额，如原告一次退还有困难的，可分期退还，但不得超过一年，并比照中国人民银行同期利率支付自退股日至实际偿付日止的利息；（六）第42条规定原告按规定的业务收入的10%提取职业风险基金和事业发展基金。

嗣后至2006年9月，原告资产评估公司在工商局备案数份有关注册资金、股东及其出资额的原告章程修正案。

三、2004年10月21日和22日，戴烨等五人、顾美珍、沈章荣、季新军、被告楼建华分别在《关于代持股股份退出备忘录》落款签名，该备忘录约定：（一）原告资产评估公司至2004年6月30日实际到位资金为30万元，其中顾美珍6万元、被告3万元、沈章荣2.5万元、季新军3.5万元、戴烨等五人（分别挂于顾美珍、被告和季新军名下）15万元；（二）为解决代持股遗留问题，戴烨等五人按出资额退股，以2004年6月30日会计报表按实调整后的净资产值对原出资人进行分配，其中调整事项中有补提2000年至2002年少提职业风险基金363050.19元，减少应付利润363050.19元；（三）若原告在五年之内（2009年6月30日前）合并、歇业等发生清算事项（包括职业风险基金），或对职业风险基金的提取、处置上级有新规定，本备忘录涉及出资人可按出资份额享受2004年6月30日前所得的权益，承担同样份额的风险。

本案审理中，原、被告确认：原告至今的职业风险基金均按业务额的10%提取；上述备忘录第（三）项中有关职业风险基金的内容系因当时规定职业风险基金不可分配才作约定的；2005年以前，原告为代征税。原告确认：原告从2008年6月30日起不能出具评估报告至今，均未经营。

2004年10月21日和11月5日，顾美珍、沈章荣、季新军、被告楼建华分别签署原告资产评估公司股东会决议各一份。其中2004年10月21日决议载明：今由全体股东讨论、修改、形成《关于代持股股份退出备忘录》正式稿，并按备忘录规定执行。2004年11月5日决议载明：代持股人员退出的出资额由被告等六人入股，入股时间自2004年7月1日计，其中被告出资2万元。

四、2005年1月27日，顾美珍、沈章荣、季新军、孙月梅、刘琼和被告楼建华六人作为原告股东签订原告资产评估公司章程一份（以下简称2005年章程，未在工商局备案），该章程规定：原告注册资本为100万元，其中被告出资16.66万元占

16.66%。另外，2005年章程第13条、第20条、第21条、第23条、第42条与1999年章程相应条款的内容基本一致，2005年章程第22条除规定上述1999年章程第22条的内容外，增加股东离职时必须退股。

五、2006年9月1日，被告楼建华离开原告资产评估公司。2007年2月5日，本院以原、被告双方劳动合同于2006年8月31日到期且被告明确不再续签为由对（2007）闸民一（民）初字第26号劳动合同纠纷案判决驳回本案被告要求与本案原告恢复劳动关系的诉讼请求。被告曾确认其于2008年2月正式退休。

六、2008年6月27日，原告资产评估公司召开股东会，表决通过决议为：（1）根据1999年、2005年原告章程第22条规定，根据财政部建设部关于资产评估与房地产评估应分离经营的规定，根据被告楼建华已离开原告不是原告职工的现状，表决通过责令被告退出其16.66%的原告股份；（2）被告16.66%股权由原告其余全部股东顾美珍、沈章荣、季新军、孙月梅、刘琼平均受让，被告实际出资的5万元由以上五位受让股东在本决议后3日内，将款交于原告财务室，原告在2008年7月1日上午12时前交被告，并办理股权转让手续；（3）根据2008年2月对原告2007年度财务状况的审计报告，原告2007年净资产为负数，利润负数，被告无法享有原告的净资产份额，无法取得红利分红〔该第（3）项决议是对上述第（2）项决议的补充〕。上述决议除被告外的原告其余股东均予同意。

上述2008年2月〔即申北会所财字（2008）第76号〕审计报告所附原告资产评估公司2007年度财务报表附注记载，截至2007年底原告资产总额306万余元、负债总额226万余元、净资产79万余元。2008年5月31日原告资产负债表记载，其资产总计283万余元、负债合计230万余元。

2008年8月25日，本案被告楼建华向法院起诉本案原告资产评估公司，请求判令撤销2008年6月27日本案原告的股东会决议。该案审理中，本案原告对上述2005年章程予以确认，本案被告、顾美珍、沈章荣、季新军、孙月梅和刘琼均确认本案原告章程及股东股份比例应以2005年章程为准。2009年2月27日，法院判决撤销2008年6月27日原告股东会决议中第（2）项和第（3）项决议内容（现该判决已生效）。

七、本案审理中，对原告资产评估公司2008年5月31日净资产值，原告原主张为-83万元，被告楼建华原主张为79万元、并主张调整原告对第三人咨询公司占股55%的长期投资以及原告将评估收入103万余元转入第三人咨询公司等事项。法院遂经被告申请委托求是所对原告2008年5月31日净资产值，以及经原告申请对原告的收入、成本、费用在两第三人的入账情况进行审计（并相应调整原告2008年5月31日的净资产）。2009年9月2日，求是所出具沪求会业〔2009〕鉴字第9号司法会计鉴定意见书，其审计结论为：经审计调整后，原告截至2008年5月31日资产总计3163509.26元，负债合计2221600.97元，所有者权益（净资产）合计941908.29元。

该意见书载明：（一）第三人咨询公司支付原告成本（劳务费）835094.96元，审计作利润调减；（二）调整后的原告实收资本余额为30万元，其中被告实际出资5万元；（三）职业风险基金因主营业务收入调增而调增，调整后其他长期负债即职业风险基金为2162070.59元，其中2004年6月30日前1231898.49元。2009年9月22日，求是所出具补充意见书，其上载明：2009年9月17日顾美珍提出原意见书中第三人咨询公司支付原告成本（劳务费）835094.96元，少计28968元；经调整后原告2008年5月31日净资产为912940.29元。

以上事实，有民事判决书、章程、《关于代持股股份退出备忘录》、有关文件、股东会决议、司法会计鉴定意见书及其补充意见书、谈话笔录和庭审笔录等为证。

〔一审裁判理由与结果〕

上海市闸北区人民法院一审认为：被告楼建华持有原告资产评估公司股权的比例应为其实际持股比例16.66%，其业已退休，原告章程规定股东退休时必须退股，2008年6月27日原告根据章程规定召开股东会表决通过的第（1）项被告退出其16.66%原告股份的决议未被判决撤销，应为有效，该项决议表决通过之日，被告丧失其股东身份，现被告也予同意，法院对原告本诉请求中确认被告从2008年6月27日起不再为原告股东等不涉及退股金具体金额的诉请予以支持。针对本、反诉各方争议的退股金具体金额、退股金利息以及职业风险基金的问题，法院认为：

第一，关于退股金具体金额的问题。涉及该具体金额的2008年6月27日原告资产评估公司股东会第（2）项、第（3）项决议已被法院生效判决撤销。根据原告章程规定，股东退股时，以退股月份上月为结算月份，退还其在原告享有的净资产份额。鉴于被告楼建华占股16.66%，从2008年6月27日起不再为原告股东，故本案应以2008年5月为结算月份，退还被告享有的16.66%原告净资产，对此各方已无争议。现审计结论为原告2008年5月31日净资产系912940.29元。被告对此予以确认，而原告主张因原告与两第三人收入、成本、费用混淆，原告应按收入比例再增摊年终奖、工资、办公用房费用合计221460元，净资产应减少至691480.29元。法院认为，如按原告主张，所有费用均需按比例分摊，但如此分摊，结论将为原告与两第三人的利润平均化。因原告是资产评估公司，两第三人分别为咨询公司、房地产估价公司，三公司业务涉及的领域并不相同，实际收入也不应相同，且从原告自行计得的收入比例看，两第三人收入低，故利润平均化并不合理，原告的上述主张依据不足，不予采信。原告2008年5月31日净资产为912940.29元，以被告持股比例16.66%计，原告应支付被告退股金152095.85元，法院对被告相应反诉请求予以支持（原告相关本诉请求包含在内）。

第二，关于退股金利息的问题。根据原告资产评估公司章程规定，如原告一次退还退股金有困难的，可分期退还，但不得超过一年，并比照中国人民银行同期利率支付自退股日至实际偿付日止的利息。因被告楼建华从2008年6月27日起不再为原告股东，此时，原告理应支付被告退股金，但原告未付该款，其理应按章程规定从此时起支付被告利息，法院对被告主张从2008年7月1日起计退股金利息的反诉请求予以支持。

第三，关于职业风险基金的问题。2004年6月30日后的职业风险基金被告楼建华保留诉权，对被告本案反诉之前的职业风险基金，2004年10月22日《关于代持股股份退出备忘录》约定若原告资产评估公司在五年之内（2009年6月30日前）合并、歇业等发生清算事项（包括职业风险基金），或对职业风险基金的提取、处置上级有新规定，本备忘录涉及出资人可按出资份额享受2004年6月30日前所得的权益，承担同样份额的风险。现各方确认上述有关职业风险基金的内容系因当时规定职业风险基金不可分配才作约定的，所以，如现有规定可分配并符合分配条件，则应按上述备忘录的约定予以分配。鉴于2009年2月财政部财企〔2009〕26号《资产评估机构职业风险基金管理办法》已规定在保证规定结余的前提下，经股东会或合伙人决议，可将已计提5年以上结存的职业风险基金转作当年可供分配利润进行分配，且2004年10月21日原告股东会已有决议按上述备忘录规定执行，故现原告2004年6月30日前职业风险基金符合分配条件，可予分配。经审计，原告2004年6月30日前风险基金为1231898.49元，涉案备忘录明确被告2004年6月30日前占股10%，即原告应付被告其中的10%，即123189.84元，被告主张2004年6月30日前职业风险基金的反诉请求应得支持。至于原告提出2004年6月30日前职业风险基金的企业所得税问题，根据《企业所得税税前扣除办法》①，职业风险基金应在税后扣除，且原告在2005年前为代征税，即相关部分的企业所得税已按收入金额代征缴纳，但是，如以后对此确需缴纳，则原告可按实际已缴税款的税率、方式等另行向被告主张。另外，本案审计费合计12万元，综合原、被告原先的主张，以及原告举证的财务报表与审计结论相差甚大的情况，法院确定由原告负担96000元、被告负担24000元。

据此，上海市闸北区人民法院于2009年10月23日判决：

一、被告楼建华从2008年6月27日起不再为原告上海大成资产评估有限公司股东；

二、原告上海大成资产评估有限公司于判决生效之日起十日内支付被告楼建华退股金152095.85元；

三、原告上海大成资产评估有限公司于判决生效之日起十日内支付被告楼建华利息损失（以152095.85元为基数，从2008年7月1日起按中国人民银行规定的同期贷款基准利率计至本判决生效之日止）；

四、被告楼建华于判决生效之日起三十日内办理在原告上海大成资产评估有限公司16.66%股权的退股并协助办理有关工商变更登记手续；

---

① 该办法已于2004年失效。

五、原告上海大成资产评估有限公司于判决生效之日起十日内支付被告楼建华2004年6月30日前职业风险基金123189.84元。

〔当事人上诉及答辩意见〕

资产评估公司不服一审判决，向上海市第二中级人民法院提起上诉称：沪求会业〔2009〕鉴字第9号司法会计鉴定意见书违背了收入与成本、费用配比原则，对于上诉人与原审第三人大成财务咨询公司及大成房地产估价公司混同的收入及成本费用等未做相应调整，造成上诉人2008年5月31日的净资产额虚高；且涉及11万余元职工旅游费，按财政部2009年11月颁布施行的财企〔2009〕242号规定不可冲抵福利费，15万元未分配利润尚未扣减所得税，均应在净资产额中予以调整；对于退股金利息的计算，因双方对是否退股存在争议，并非上诉人故意拖延，故不应支付利息，即使支付利息，也应按上诉人的公司惯例以存款利率计付；根据2009年财政部的规定，职业风险金的分配应经股东会表决决定，上诉人2004年的股东会决议并未明确分配职业风险金，故不应予以分配，即使要分配，也应在扣除税负后分配。故请求撤销原审法院第二、三、五项判决，依法予以改判。

被上诉人楼建华答辩称：沪求会业〔2009〕鉴字第9号司法会计鉴定意见书合法有据，同意意见书的结论；未及时支付退股金，是上诉人资产评估公司提供虚假财务报告造成的，上诉人存在过错，应按法律的相关规定支付利息；2004年，上诉人的各股东已就职业风险金的分配达成合意，该决议至今有效，结合2009年财政部的相关规定，被上诉人取得职业风险金的分配是有依据的，上诉人目前的股东无权对2004年的收益加以处分及获利。不同意上诉人的上诉请求。

原审第三人大成财务咨询公司述称：同意上诉人资产评估公司的上诉意见。

原审第三人大成房地产估价公司未发表意见。

〔二审查明的事实〕

上海市第二中级人民法院经二审，确认了一审查明的事实。

〔二审裁判理由与结果〕

上海市第二中级人民法院二审认为，本案二审的争议焦点是：1. 上诉人资产评估公司2008年5月31日的净资产金额的确认；2. 退股金利息是否应该支付，应以何种利率计付；3. 职业风险金是否应该支付，应如何支付。

本案各方当事人对于被上诉人楼建华自2008年6月27日起不再为上诉人资产评估公司股东一节均无异议，法院予以确认。对于第一项争议焦点，上诉人2008年5月31日的净资产已经沪求会业〔2009〕鉴字第9号司法会计鉴定予以确定，上诉人称应分摊两原审第三人的成本，既无事实依据，也不符合相关会计准则，且求是所也已依据审计材料作出相应调整，故上诉人的此项观点法院不予支持；上诉人称根据财政部的规定，11万余元的职工旅游费不可冲抵福利费，但该规定系2009年11

月发布施行的，其效力不溯及款项发生及司法会计鉴定之时，对此观点，法院不予采信；关于15万元未扣缴税款一节，上诉人并未缴纳相关税款，至今亦未收到纳税通知，故对15万元是否应缴税及应税金额均无法确定，司法会计鉴定未在上诉人净资产中扣除相关税款并无不当，如上诉人日后确有实际税收支出的，可另行主张。对于第二项争议焦点，根据上诉人公司章程及2008年6月27日的股东会决议，被上诉人退出股份是明确的，双方仅对退股金金额的计算有所争议，而上诉人关于被上诉人退股金金额计算的股东会决议，已被法院生效判决所撤销，因此，上诉人未及时按规定如实支付退股金，有所不当，应依照章程的规定，支付相应利息。至于利率标准，上诉人称应以银行同期存款利率为准，缺乏事实依据，法院不予采信。对于第三项争议焦点，上诉人在2004年股东会决议中已明确，上级对职业风险金的处分有新规定的，相关出资人可按出资份额享受2004年6月30日前的权益。因此，上诉人的股东会对于职业风险基金的分配已作出决议，符合财政部财企〔2009〕26号文件规定的分配条件，可予分配。至于上诉人所称职业风险基金应先行纳税一节，原审判决已做充分阐述，不再赘述。综上所述，原审认定事实清楚，判决并无不当，上诉人的上诉请求，缺乏事实及法律依据。

据此，上海市第二中级人民法院依照《中华人民共和国民事诉讼法》第一百五十三条①第一款第（一）项之规定，于2010年2月26日判决：

驳回上诉，维持原判。

二审案件受理费人民币5589.28元，由上诉人上海大成资产评估有限公司负担。

---

① 对应2012年《民事诉讼法》第170条。

第二章 股东出资

规则 3：受让人明知受让的股权存在出资不实等瑕疵的，根据协议约定以及公司章程的规定，受让人应对公司承担出资不实的法律责任

——安达新世纪·巨鹰投资发展有限公司与北京首都国际投资管理有限责任公司、协和健康医药产业发展有限公司股东权确权赔偿纠纷案①

【裁判规则】

在股权转让法律关系中，受让人明知其受让的股权存在出资不实、股东资格有瑕疵，根据协议约定以及公司章程的规定，受让人应对公司承担出资不实的法律责任，即应向公司履行出资义务。在其未履行出资义务的情形下，与出资义务相对应的股东权利应当受到限制。

【规则理解】

一、股东出资义务的概念及法律特征

（一）股东出资义务的概念

股东出资义务是指股东应当足额缴纳对公司资本的认缴出资额的义务，是股东最基本的法律义务。它是在公司制度产生后，伴随着独立法人人格和股东有限责任制度而形成的，是法律赋予的股东享有有限责任制度保护的前提条件，既是股东的一项契约义务，同时更是股东必须履行的一项法定义务，股东不仅不得自行放弃，而且接受履行的公司也不得任意变更履行或免除履行。②

（二）股东出资义务的法律特征

股东出资义务至关重要，它通过影响公司资本实在数额而影响着公司的法人人格、公司债权人的相关利益以及市场的交易秩序的有序和安全，主要具有如下法律特征：③

---

① 最高人民法院（2007）民二终字第93号民事判决书。

② 赵旭东主编：《公司法学》，高等教育出版社2008年版，第261～262页。

③ 最高人民法院民事审判第二庭编著：《最高人民法院关于公司法解释（三）、清算纪要理解与适用（注释版）》，人民法院出版社2014年版，第294页。

1. 股东出资义务的履行对象是公司。除公司外，其他主体不得接受股东出资，股东也不得向其他主体履行出资义务。当代公司法律制度最显著的特点是确立了公司独立财产责任和股东有限责任制度。而公司法人财产最初来源是股东出资，无论是股东已实际履行的出资，还是已认购而未缴纳的出资，都是公司资产不可缺少的组成部分，是公司赖以发展的重要物质条件，因此，股东履行出资义务是支撑公司的基础。

2. 股东出资义务分离了公司责任与股东责任，是公司取得独立法人人格的基本保障。一方面，股东出资义务将股东对公司的责任限定在出资范围内，一般情况下，股东除了以出资为限对公司债务负责之外，不存在其他责任；另一方面，股东出资义务使得公司独立承担财产责任，是公司取得法人人格的根本保障。

3. 股东违反出资义务，给其他主体造成损害的，应当承担相应的民事责任。如果发生股东不履行或不适当履行出资义务的情况，不仅会对公司和其他股东的利益造成损害，而且会对公司债权人等利益主体造成危害，因此，股东须对自己的违反出资义务行为承担相应的民事责任。

4. 股东出资义务的履行原则。不同资本制度对股东的出资义务存在不同的要求。在授权资本制下，允许公司资本分次发行和分次缴纳，也就允许股东出资义务的分次履行。在法定资本制下，公司资本需要全额募足或认足，股东出资一次性足额履行或在一定时期内分批履行。2013 年前《公司法》实行法定资本制，2014 年新《公司法》修订后我国的注册资本制是实行认缴资本制。规定公司股东应当按期足额缴纳公司章程中规定的各自所认缴的出资额或股份，由此，我国《公司法》确立的出资履行原则是：足额缴纳原则，即股东应当足额向公司交付其认缴的出资额或股份的原则。在实行严格法定资本制的国家，在公司设立时，公司资本必须由股东全部缴足，而且不能分期缴付。对于授权资本制的国家而言，允许股东分期缴纳出资。但是，对于实物出资，一般而言，各国公司法都规定必须一次缴清，如《德国有限公司法》第 7 条第 3 款就规定，实物出资必须在章程中确定，并应在申报公司设立登记前全部缴付，移交于公司。①

二、公司股东出资的特性

公司股东出资，是指公司股东为取得股权，在公司依法设立时或增加资本时，根据法律法规、公司章程的规定以及认股协议的约定，向公司履行交付财产或者其他给付义务的法律行为。公司股东出资应当具有以下特性：

---

① 《德国股份法·德国有限责任公司法·德国公司改组法·德国参与决定法》，杜景林、卢谌译，中国政法大学出版社 2000 年版。

（一）出资行为的契约性

出资是指股东（包括发起人和认股人）在公司设立或者增加资本时，为取得股份或股权，根据协议的约定以及法律和章程的规定向公司交付财产或履行其他给付义务。对此，大陆法系国家认为，公司股东认购出资行为的法律性质是公司股东在认股出资人时，与公司或设立中公司的机关所缔结的，以加入公司为目的的社团法人的入社契约行为。英美法系国家则认为，公司股东认购出资行为是一种表示愿意购买一个公司当时尚未发行的特定数量的股份并支付价款的要约，该公司发行该股份是承诺，与该公司接受该价款构成了完整的契约关系。因此，现代各国都认为股东出资义务是一种契约义务，公司股东出资行为具有契约性。①

（二）出资形式的限定性

股东出资的形式主要有货币、实物、知识产权、土地使用权等可以用货币估价并可以依法转让的非货币财产。我国《公司法》第27条规定："股东可以用货币出资，也可以用实物、知识产权、土地使用权等可以用货币估价并可以依法转让的非货币财产作价出资；但是，法律、行政法规规定不得作为出资的财产除外。对作为出资的非货币财产应当评估作价，核实财产，不得高估或者低估作价。法律、行政法规对评估作价有规定的，从其规定"。《公司登记管理条例》第14条规定："股东的出资方式应当符合《公司法》第二十七条的规定，但是，股东不得以劳务、信用、自然人姓名、商誉、特许经营权或者设定担保的财产等作价出资。"按照法律规定，对非货币出资的形式作了以下限制：（1）非货币出资的可以用货币评估，能够以货币衡量其价值。不能以货币评估其价值的，如爱情、智商等不能作为出资物。（2）非货币出资的财产依法转让。法律、行政法规规定禁止转让的财产不得作为出资的财产，如人体、禁止转让的文物等不能作为出资物。（3）对作为出资的非货币财产应当进行评估。作价核实财产，不得高估或者低估作价。（4）股东或者发起人对用以出资的财产应享有所有权或处分权，并应对其出资财产负权利瑕疵担保义务。

（三）按期足额出资义务的法定性

股东应当按期足额缴纳公司章程中规定的各自所认缴的出资额。这是股东的法定义务，按照我国《公司法》第28条第1款的规定："……股东以货币出资的，应当将货币出资足额存入有限责任公司在银行开设的账户；以非货币财产出资的，应当依法办理其财产权的转移手续。"其具体要求是：（1）以货币出资的，股东应当将认缴的货币资金在公司设立登记前足额存入准备设立的有限责任公司在银行开设

① 李东方：《公司法学》，中国政法大学出版社2012年版，第136页。

的临时账户，由银行等金融机构代为保管。(2) 以非货币财产出资的股东应当依法办理财产权的转移手续。股东以动产出资的，应当移交实物；股东以不动产出资的，应当办理所有权或使用权转让的登记手续；股东以知识产权出资的，应当向公司提交该项知识产权的技术文件资料和权属文件；股东以土地使用权出资的，应当依法办理土地使用权转让登记。

（四）出资不实的受惩罚性

（1）股东应当认真全面地履行出资义务，足额缴纳所认缴出资款。我国《公司法》第 28 条规定：“股东应当按期足额缴纳公司章程中规定的各自所认缴的出资额。股东以货币出资的，应当将货币出资足额存入有限责任公司在银行开设的账户；以非货币财产出资的，应当依法办理其财产权的转移手续。股东不按照前款规定缴纳出资的，除应当向公司足额缴纳外，还应当向已按期足额缴纳出资的股东承担违约责任。”因此股东不按照章程规定按期足额缴纳所认缴出资的，首先，应当向公司足额缴纳出资，其次，还应当向已按期足额缴纳出资的股东承担违约责任。股东未按规定足额缴纳出资，就是违反了公司章程规定的出资义务，构成对公司利益的损失和其他已履行缴纳出资义务的股东的违约，应当向公司足额缴纳出资，并向其他已履行缴纳出资义务的股东承担违约责任。(2) 为了防止公司出资与验资的虚假，法律对此作出明确规定，股东不仅要承担相应的法律责任，而且相关的资产评估、验资或者验证机构也要承担相应的责任。我国《公司法》第 198 条规定：“违反本法规定，虚报注册资本、提交虚假材料或者采取其他欺诈手段隐瞒重要事实取得公司登记的，由公司登记机关责令改正，对虚报注册资本的公司，处以虚报注册资本金额百分之五以上百分之十五以下的罚款；对提交虚假材料或者采取其他欺诈手段隐瞒重要事实的公司，处以五万元以上五十万元以下的罚款；情节严重的，撤销公司登记或者吊销营业执照。”第 199 条规定：“公司的发起人、股东虚假出资，未交付或者未按期交付作为出资的货币或者非货币财产的，由公司登记机关责令改正，处以虚假出资金额百分之五以上百分之十五以下的罚款。”第 207 条第 3 款规定：“承担资产评估、验资或者验证的机构因其出具的评估结果、验资或者验证证明不实，给公司债权人造成损失的，除能够证明自己没有过错的外，应在其评估或者证明不实的金额范围内承担赔偿责任。”

三、公司股东出资的法律意义

公司作为资合法人，股东出资和增资是公司设立和发展的必要条件之一，因而，公司股东出资具有以下意义：

（一）公司股东出资是公司资本形成的基础

公司原始资本直接来源于公司股东的出资，全体股东的出资总和构成公司的资本总额。为确保公司真正具有资本的所有权，公司法对股东出资予以严格限定。在股东出资制度上，各国公司法大多实行较为严格的出资形式法定主义。各国公司法普通规定，股东可以货币、实物、工业产权、土地使用权、商誉等作价出资，无限公司和两合公司的无限责任股东还可以劳务和信用出资。

（二）公司股东出资是公司股东对公司负有的最基本义务

公司股东出资这种义务既是一种约定义务，是由股东通过签署公司设立协议（或发起人协议）或认股书的形式约定其各自的出资比例或金额而形成的；同时也是一种法定义务，因为出资又是公司法规定的股东必须承担的法定义务，是公司成立的条件，其出资义务的分配则是公司章程的必备事项，不论股东之间作何种约定，都不能免除股东的出资义务。股东出资行为也是公司设立和产生股权等一系列法律关系的前提。因此，《公司法》规定了公司设立时股东的出资形式、出资限额、出资履行、出资验证以及出资瑕疵责任等；规定了在公司存续期间增资、发行新股的资本变动要求，规定了股东资格的取得、变更和丧失等一系列的内容。公司成立前股东违反出资义务有可能导致公司不成立，公司成立后股东违反出资义务可能导致公司变更注册资本或解散，严重者也可能导致公司被撤销。

（三）公司股东出资是股东取得股权利益的对价和依据

出资既是股东的基本义务，也是其取得股权的事实根据和法律根据。股东既然享有股权，就应承担出资的义务，出资实质上是股权的对价，自然人、法人或者经济组织获得公司股东身份的前提和基础是按照法律规定或者协议约定向公司履行出资义务。只有这样，公司股东才能取得以股东身份为前提的股权。其股权收益的实际取得，也以出资义务的实际履行为前提，并且股权收益的多寡一般是由实际出资的比例或数额决定。

（四）公司股东如实出资是股东承担有限责任的前提

有限责任就是股东以其出资额为限对公司债务负责。无限责任就是股东不以其出资额、而以其全部财产对公司债务负责。在有限责任公司和股份公司中，股东只要履行了出资义务，就不再对公司承担财产责任，所谓的责任不过是已经缴纳的出资不能收回而已。按照《公司法》第3条第2款关于“有限责任公司的股东以其认缴的出资额为限对公司承担责任；股份有限公司的股东以其认购的股份为有限对公司承担责任”的规定，公司股东是否如实出资是公司股东承担有限责任和无限责任的分水岭。因此，股东享受有限责任保护权利的前提是其须依照《公司法》和公司章程的规定，全面、适当地履行出资义务，否则，应当承担相应的出资责任，或者在导致揭开公司面纱（公司法人人格否定）适用的情形下丧失有限责任利益，须对公司债务承担无限责任。

四、股东出资瑕疵及其法律责任

（一）股东出资责任的解读①

所谓股东出资责任是股东违反出资义务的法律后果。股东必须依法履行出资义务，违反出资义务的行为，在公司成立之前，属《合同法》上的违约行为，已足额交纳出资的股东可采取违约救济手段，并就其自身遭受的损失向未交纳出资的股东请求赔偿。在公司成立之后，则同时构成《公司法》上的违法行为和损害公司利益的行为，公司有权向其追究责任。公司法学理及各国公司法一般将股东的出资责任分为出资违约责任和资本充实责任。

1. 出资违约责任。从各国公司立法看，对股东出资违约责任的追究可以采取的救济手段主要有：

（1）追缴出资。即公司对违反出资义务但仍有履行可能的股东要求其继续履行出资义务。经公司追缴，股东如仍不履行出资义务的，公司有权请求强制履行。追缴出资作为一种救济手段，它常用于非货币出资的情形。

（2）催告失权。又称失权程序，是指公司对于不履行出资义务的股东，可以催告其于一定期限内履行，逾期仍不履行的，即丧失其股东权利，其所认购的股份可另行募集。此种失权是当然失权，已失权之认股人即使其后交纳了股款，也不能恢复其地位，因而有督促认股人及时履行出资义务的作用。

（3）损害赔偿。股东的出资义务是一种债的义务，股东违反出资义务给公司和其他股东造成损失的，应承担损害赔偿责任。在公司成立的情况下，违反出资义务的股东应向公司承担损害赔偿责任，如果由于股东违反出资义务而导致公司不能成立或被撤销、解散的情况下，违约的股东应向其他守约的股东承担损害赔偿责任。大多数国家公司法都规定损害赔偿是可以和其他救济手段并用的一种救济方式，当其他救济手段不足以弥补其所遭受的损失时，公司或其他守约股东仍可要求股东承担损害赔偿责任。

2. 资本充实责任。同时，在股东不履行出资义务的情况下，公司法亦规定了资本充实责任，发起人既要对自己违反出资义务的行为承担出资责任，又要对公司资本的充实相互承担出资担保责任，通过在公司发起人之间建立起一种相互督促、相互约束的出资担保关系，达到资本充实的目的。资本充实责任具体可分为：

（1）认购担保责任。即设立股份有限公司而发行股份的，如果其发行股份未被认购或认购后又取消的，则应由发起人共同认购。

---

① 参见赵旭东主编：《高等教育法学应用教材公司法学（第二版）》，中国政法大学出版社 2013 年版，第 136～137 页。

（2）缴纳担保责任。亦称出资担保责任，即股东虽认购股份但未缴纳股款或交付非现金出资标的，应由发起人承担连带缴纳股款或未交付非现金出资财产价额的义务。公司发起人履行缴纳担保责任后，除非公司已对违反出资义务的股东采取了失权程序的救济手段外，其不能因此而取得代为履行部分的股权，而只能向违反出资义务的股东行使追偿权。

（3）差额填补责任。在公司成立时，如果出资的非货币财产价额显著低于章程所定价额时，发起人应对不足的差额部分承担连带填补责任。履行差额填补责任的发起人可向出资不实的股东行使求偿权。

（二）股东出资瑕疵及其表现形式

股东出资瑕疵，是指股东违反出资认缴的契约义务，没有按照法律法规、公司章程的规定或者认股书、发起人协议的约定，未进行全面地、适当地履行出资义务的行为。股东出资瑕疵实质是股东出资义务瑕疵，通常表现为股东出资义务的不履行和股东出资义务的不适当履行两种形式。

1. 股东出资义务的不履行。股东出资义务的不履行是指股东或因主观故意、或因客观不能，根本未实际履行出资义务，具体包括以下几种情形：一是拒绝出资。即股东无正当理由，拒绝按照公司章程的规定、认购书、发起人协议的约定履行出资义务。二是虚假出资。即股东到外宣称已出资但实际上并未履行出资义务的情形，性质上属于欺诈行为。三是抽逃出资。即股东在公司成立或者履行验资程序后，将其已经缴纳并转移到公司名下的出资非法抽回，性质上亦属于欺诈行为。四是出资不能。即股东因客观上个人财产状况恶化或者作为出资的非货币财产毁损、灭失等原因，无法履行出资义务。

2. 股东出资义务的不适当履行。股东出资义务的不适当履行是指股东在履行出资义务中，未按照法律法规、公司章程的规定或者认股书、发起人协议的约定的出资数额、期限、形式或程序予以履行。具体包括以下几种情形：一是部分履行，又称不完全履行。即股东未能足额缴纳股款，其出资在数额上不符合其认股数额，只履行了部分出资义务。包括货币出资不足和非货币出资价值显著低于公司章程规定的价额两种情形。二是延迟履行。即股东未能按照法律法规、公司章程的规定或约定的出资期限，如期交付货币、办理非货币财产的权利转移手续。三是出资物存在瑕疵。股东用于出资的非货币财产在质量或者权利上具有瑕疵，如股东缴纳的财产在质量缺陷或者存在第三人可以主张的影响实际出资的权利，如所有权的权能不完整。

（三）股东出资瑕疵的法律责任

1. 股东出资瑕疵的法律责任，是指股东违反出资义务，按照权利义务对等的原则，所应承担的法律后果。根据我国《公司法》第28条、第30条、第83条、第93条的规定，[①] 股东出资责任在内容上主要是以下四种责任：

一是货币出资的足额缴纳责任。即有限公司股东未按照规定足额缴纳出资的，应当向公司足额缴纳；股份公司发起人未按照公司章程的规定缴足出资的，应当向公司足额补缴。有限公司股东未按规定足额缴纳出资，就是违反了公司章程规定的出资义务，构成对公司利益的损失和其他已履行缴纳出资义务的股东的违约，应当向公司足额缴纳出资。以发起设立方式设立股份有限公司的，发起人应当书面认足司章程规定其认购的股份；一次缴纳的，应即缴纳全部出资；分期缴纳的，应即缴纳首期出资以后，按照约定的期间缴纳出资款项。

二是非货币出资的差额补足责任。即公司成立后，发现作为设立公司出资的非货币财产的实际价额显著低于公司章程所定价额的，应当由交付该出资的股东或发起人向公司补足其差额。因为，股东在设立公司时所交付的非货币财产的价额显著低于公司章程所定价额的，应认定为股东出资不实，该以非货币财产出资的股东仍然应当承担补足缴付其差额的责任。这样规定是为了确保设立公司时出资的确定和充实，防止注册资本的虚化。如何确定股东认缴的出资“显著低于”公司章程约定的价额，从国外的法律实践来看，非货币财产的实际价额应根据公司设立时对该出资标的价值的综合评估额确定，并按照资本合法、充实的原则来考察，如果这一价额与章程载明的出资数额相差较大，使公司设立资本出现较大欠缺，或者给公司经营活动带来较大损失的，就可以认定为构成“显著低于”要件。[②]

三是违约赔偿责任。即有限公司未缴纳出资的股东应当向已按期足额缴纳出资的股东承担违约责任，股份公司未缴纳出资的发起人应当按照发起人协议承担违约责任。因为，股东的出资义务是一种债的义务，股东违反出资义务给公司和其他股东造成损失的，应承担违约赔偿责任。在公司成立的情况下，违反出资义务的股东应向公司承担违约赔偿责任，如果由于股东违反出资义务而导致公司不能成立或被

---

① 我国《公司法》第28条第2款规定（有限公司）：“股东不按照前款规定缴纳出资的，除应当向公司足额缴纳外，还应当向已按期足额缴纳出资的股东承担违约责任。”第29条规定（有限责任公司）：“有限责任公司成立后，发现作为设立公司出资的非货币财产的实际价额显著低于公司章程所定价额的，应当由交付该出资的股东补足其差额；公司设立时的其他股东承担连带责任。”第83条第2款规定（股份有限责任公司）：“发起人不依照前款规定缴纳出资的，应当按照发起人协议承担违约责任。”第93条规定（股份有限公司）：“股份有限公司成立后，发起人未按照公司章程的规定缴足出资的，应当补缴；其他发起人承担连带责任。股份有限公司成立后，发现作为设立公司出资的非货币财产的实际价额显著低于公司章程所定价额的，应当由交付该出资的发起人补足其差额；其他发起人承担连带责任。”

② 法律出版社法规中心编：《新编公司法全解》，法律出版社2014年版，第84页。

撤销、解散的情况下，违约的股东应向其他守约的股东承担违约赔偿责任。

四是出资连带责任。即对未缴纳的货币出资或价值不足的非货币出资，有限公司设立时的其他股东、股份公司的发起人应承担连带缴纳或补足的责任。因为，足额缴付设立公司所必需的出资，保证公司设立出资的合法、充足，是有限公司设立时的股东、股份公司的发起人的共同责任。如果设立公司出资出现欠缺，有限公司设立时的其他股东、股份公司的其他发起人股东应以其财产对应缴付的设立公司出资的差额承担连带责任。

五、瑕疵出资股权转让的法律效力与相关股东的法律责任

（一）瑕疵出资股权转让法律效力的内涵

股权转让是指股东将自己所持有股权让渡他人的行为。[①] 股权转让包括清洁股权的转让和瑕疵出资股权的转让。瑕疵出资股权的转让是指作为出让人的股东对自己瑕疵出资形成的股权，包括因出资者在履行出资义务、股权记载、登记程序等环节存在违法、违规或者违约等瑕疵因素而导致权利本身存在缺陷的股权让渡他人的行为。

（二）瑕疵出资股权转让对协议当事人的效力

瑕疵出资股权转让协议成立后，对出让人和受让人均能产生约束力。理由如下：

1. 按照股权概括性转让原则的原理，股东在转让本人持有的公司股权时，亦应将自己享有的股东地位或资格，以及由于该地位或资格需承担的义务等，一并转移给受让人。由此可知，股权转让的法律效果异于一般财产权利的转让效果：转让双方不可约定仅转让股权中的部分权利或义务。股权一旦转让，原属股东的权利与义务一概由受让人承受。[②] 在股权转让法律关系中，受让人对其受让的股权存在出资不实、股东资格有瑕疵的情形，应在其受让的股权范围内，根据原股东与其他股东签订的出资协议约定以及公司章程的规定，受让人应对公司承担出资不实的法律责任，即应向公司履行出资义务；在其未履行出资义务的情形下，与出资义务相对应的股东权利应当受到限制。并应当承担相应的货币出资的足额缴纳责任、违约赔偿责任、出资连带责任。

2. 按照诚实信用原则的原理，出让股东应承担对该瑕疵出资股权的如实说明义务，因为，瑕疵出资等关键信息的披露与告知，对受让人是否作出受让股权的决

---

① 刘俊海：《现代公司法（第二版）》，法律出版社 2011 年版，第 340 页。

② 王庆元主编：《股权转让纠纷裁判规则与适用标准》，法律出版社 2015 年版，第 170 页。

定十分重要，受让人明确知道受让股权的权利瑕疵，仍然决定受让股权的，将按照《公司法司法解释三》第18条关于“有限责任公司的股东未履行或者未全面履行出资义务即转让股权，受让人对此知道或者应当知道，公司请求该股东履行出资义务、受让人对此承担连带责任的，人民法院应予支持；公司债权人依照本规定第十三条第二款向该股东提起诉讼，同时请求前述受让人对此承担连带责任的，人民法院应予支持。受让人根据前款规定承担责任后，向该未履行或者未全面履行出资义务的股东追偿的，人民法院应予支持。但是，当事人另有约定的除外”的规定承担相应的责任。

但是，出让人以欺诈等手段故意隐瞒其出资瑕疵。受让人有证据证明欺诈事实的，受让人应当免除责任，由出让股东独自承担责任。根据《公司法》第28条的规定，该瑕疵出资股东除应承担因瑕疵出资导致公司资本不足的填补责任外，还应当向已按期足额缴纳出资的其他股东承担违约责任。

（三）瑕疵出资股权转让对公司的效力

瑕疵出资股权转让协议虽然只直接约束协议的当事人，但因出让股东部分或全部退出公司，受让股东继而进入公司，无疑会对公司产生实质影响。在瑕疵出资股权转让协议生效并实际履行后，出让股东完成有关股权文书移交、提请公司及时修改记载受让股东姓名或者名称的章程等后续义务后，受让股东有权参加股东会议，并依照公司法和公司章程行使其与股权比例相应的股东权利；如公司以任何方式阻挠受让股东参加股东会议或行使股东权利，受让股东则可提起以公司为被告的侵权之诉。其他诸如应当注销原股东的出资证明书、对章程作相应的修改并记载受让股东姓名或者名称、向受让人签发出资证明书、变更股东名册、办理股权变更登记手续等基本义务，则转移至公司及公司机关，公司应根据出让股东或受让人的请求，及时完成上述一系列股权变更行为。公司如不及时履行上述相应义务，受让股东则可提起以公司为被告的股权确认之诉或股东名册变更之诉。

按照权利义务对等的原则，公司可以对瑕疵出资股权的实际行使给予必要限制，《公司法司法解释三》第16条、第17条规定，有限责任公司在股东未履行或者未全面履行出资义务或者抽逃出资，公司可根据公司章程或者股东会决议对其利润分配请求权、新股优先认购权、剩余财产分配请求权等股东权利作出相应的合理限制；有限责任公司的股东未履行出资义务或者抽逃全部出资，经公司催告缴纳或者返还，其在合理期间内仍未缴纳或者返还出资，公司可以股东会决议解除该股东的股东资格。

（四）瑕疵出资股权转让对公司其他股东的效力

股权的转让需要经过公司法规定的法定程序。瑕疵出资股权的转让要有效成立亦必须经过这样的程序。《公司法》第 71 条规定：“有限责任公司的股东之间可以相互转让其全部或者部分股权。股东向股东以外的人转让股权，应当经其他股东过半数同意。股东应就其股权转让事项书面通知其他股东征求同意，其他股东自接到书面通知之日起满三十日未答复的，视为同意转让。其他股东半数以上不同意转让的，不同意的股东应当购买该转让的股权；不购买的，视为同意转让。经股东同意转让的股权，在同等条件下，其他股东有优先购买权。两个以上股东主张行使优先购买权的，协商确定各自的购买比例；协商不成的，按照转让时各自的出资比例行使优先购买权。公司章程对股权转让另有规定的，从其规定。”按照上述规定，如果瑕疵出资股权转让是在原公司股东之间进行的，受让人是知道或者应当知道出让股权的出资瑕疵的，受让人应当按照《公司法司法解释三》第 18 条的规定承担责任。否则，如果瑕疵出资股权转让是在原公司股东与原公司股东之外的受让人之间进行的，相对于原出让股东和其他公司股东等公司内部人而言，受让股东就是一个处于信息不对称地位的外部人。如前所述，在股东向公司以外的人转让其瑕疵出资股权的，应承担对该瑕疵出资股权的如实说明义务；而其他股东在作出同意该股权转让与否的同时，也应当承担对该股权存在瑕疵出资情形作出如实告知或善意提醒的义务。

同时，根据《公司法》第 30 条的规定，有限责任公司设立时的其他股东应对有限责任公司成立后，对作为设立公司出资的非货币财产的实际价额显著低于公司章程所定价额的，除应当由交付该出资的股东补足其差额外，还应当向公司承担连带责任。此种责任为法定责任，并不因该瑕疵出资股权的转让而当然消灭。因为，足额缴付设立公司所必需的出资，保证公司设立出资的合法、充足，是股东的共同责任，如果设立公司出资出现欠缺，股东应以其财产对应缴付的设立公司出资的差额承担连带责任。

此外，瑕疵出资股权转让对公司其他股东的效力还表现为瑕疵出资股权转让协议生效后，受让人部分或者全部取得原出让人的股东资格，在其依法进入公司行使股东权时，其他股东不得对该受让人参加股东会议、参与公司管理和其他股权行使行为进行任何形式的妨碍、阻挠或非难。其他股东应负配合、协助公司履行股权变更注销原股东的出资证明书、对章程作相应的修改、向受让人签发出资证明书、变更股东名册、办理股权变更登记手续等后续义务。如因其他股东的妨碍、阻挠或非难而使受让人不能取得股东资格或者行使股权，该受让人可提起以具体的其他股东为被告的侵权之诉。

（五）瑕疵出资股权转让对相关第三人的效力

相关第三人主要包括瑕疵出资股权涉及的公司的债权人和出让方的债权人等。

基于合同效力的相对性，瑕疵出资股权转让对相关第三人的约束力，则应视瑕疵出资股权转让是否已实际完成变更登记的公示行为进行判断。根据《公司法》第 32 条第 3 款的规定，因股权转让发生变更后，应当办理变更登记。未经登记或者变更登记的，不得对抗第三人。也就是说，瑕疵出资股权转让协议生效后，即使出让股东与受让人已实际履行并使受让人享有实际的股权，如没完成股权的变更登记，则该瑕疵出资股权转让对相关第三人不产生约束力。公司债权人和原出让股东的债权人在不知情的情况下，则可依据有效的公司登记文件所载载的内容和事项，对原出让股东主张其相应权利。只有股权受让人完成了股权变更登记，才对公司债权人和协议当事人的债权人产生对抗效力。

综上所述，公司股东对出资不实、瑕疵出资应当承担相应的法律责任。在股权转让法律关系中，受让人明知其受让的股权存在出资不实、股东资格有瑕疵等问题，仍然签订有效的瑕疵出资股权转让的，视为承认对公司承担出资不实的法律责任。根据协议约定以及公司章程的规定，受让人应对公司承担出资不实的法律责任，即应向公司履行出资义务。在其未履行出资义务的情形下，与出资义务相对应的股东权利应当受到限制。

【拓展适用】

一、公司股东或者瑕疵出资股权受让人违反出资义务的救济方式

在股东违反出资义务或者瑕疵出资股权受让人未履行补足股东出资义务的情况下，应当赋予其他股东和公司为维护自身的合法权益、弥补公司资本缺陷的救济方式：

（一）减少资本总额，取消相应股权

即将股东或者瑕疵出资股权受让人未出资的部分从公司注册资本总额中减除，使公司注册资本总额与股东的实际出资额一致，取消该减除注册资本涉及股东的股权份额及股东权利，使股东的权利与义务相一致，能有效使未出资的股东从公司退出利益群体。

（二）其他股东替代出资，追偿替代债务

即由其他股东替代未出资的股东或者瑕疵出资股权受让人履行出资义务，该股东的资格继续存在，股权得以圆满，同时，替代出资的股东取得向该股东或者瑕疵出资股权受让人进行追偿替代出资的权利。如果追偿失败，或该股东或者瑕疵出资股权受让人无力清偿，替代出资的股东应有权选择继续追偿或直接取得该项股权抵偿替代履行的出资。这种救济方式的采用，是为了防止直接缩减公司的财产规模和范围，保障公司的债务清偿能力。

二、瑕疵出资股权转让后，出让人不因股权转让而免除对公司承担补足出资法定义务

瑕疵出资股权转让后，瑕疵出资股东作为出让人对公司的法定补足出资义务不因瑕疵出资股权的转让而得以免除，理由如下：

（一）股权转让的内容是股东权利，而非补足出资责任的转让

股权是指股东基于股东资格而享有的、从公司获取经济利益并参与公司经营管理的权利。我国《公司法》第4条对股东权的规定是："公司股东依法享有资产收益、参与重大决策和选择管理者等权利"，此规定并不包含任何出资的义务。股权转让，是指公司股东将其对公司持有的股权转移给受让人，由受让人继受取得股权而成为公司新股东的法律行为。此种股权转让的内容包括股东权、股东地位或股东股份的转让，股权转让行为并不能导致补足出资责任的转让。按照公司法原理、规定以及公司章程或设立协议的约定，在出资期限内，股东具有法定的出资义务，这种出资义务只有在约定或法定的出资期限届满而该股东仍未依约出资，基于对出资义务的违反而产生相应的补足出资的责任。瑕疵股权的出资人转让该瑕疵股权，并不能转让其应当承担的责任。因此，瑕疵股权的转让并不能免除瑕疵出资股东对公司补足出资的法定责任。

（二）公司法领域中，为维护交易安全、最大限度地保护公司和债权人利益的原则决定了瑕疵出资产生的法律责任一般专属于瑕疵出资的股东

出资瑕疵的股东因其不履行出资的法定义务所承担的责任包括不同性质的两种责任，一种是侵权责任，即出资瑕疵股东对公司承担的是弥补出资瑕疵的侵权责任；另一种是违约责任，即出资瑕疵的股东对其他已足额出资的股东承担的是违反公司章程的违约责任。两种责任相互并列、不能替代。同时，由于公司设立人身份的专属性，其对公司完全出资的法定责任并不因股权转让而转移。瑕疵股权即使被出资瑕疵的股东对外转让，仍然要对公司承担出资不足的法定责任，公司也有权对其提起补足出资的诉讼。

（三）根据责任自负的归责原则，出资瑕疵股东应当补充对公司的出资

法律责任是指行为人承担的因违反了法定义务或契约义务，或不当行使法律权利、权力所产生的不利后果。所谓责任自负的归责原则是指，凡是实施了违法行为的人，必须独立承担法律责任，国家机关不得追究无违法事实的人的责任。因此，瑕疵出资人虽然转让了其瑕疵股权，但是其作为公司的发起人股东，仍应向公司承担足额、按期及时缴纳出资的法定义务，若直接由瑕疵股权的受让人承担该部分出资的补足义务，一方面不符合责任自负的原则，另一方面对于瑕疵股权的受让人也

是极不公平的。即使受让人知晓或有过错，让受让人承担相应的责任，也不能免除出让人的责任。这还涉及转让人和受让人之间的关系，依法应由出让人承担责任后再由出让人和受让人另寻途径解决两者之间的争议，更为有利于设立公司的股东或者发起人认真履行出资义务。

（四）公司法立法本意要求瑕疵出资股东承担对公司的补足出资责任，有利于防止转让方恶意将股权转让，保护侵害公司、债权人和其他股东的利益

我国现行《公司法》第28条、第30条对违反出资义务的股东设定的责任追究的规定，其目的就是为了预防出资行为可能存在的道德风险，维护公司、其他股东以及公司债权人的合法权益。如果允许出资人因转让股权而免除该瑕疵出资责任，则无异于给瑕疵出资的股东打开了“金蝉脱壳”的方便之门，纵容和鼓励股东不履行出资义务，这显然有违立法保护市场公平竞争和诚信原则的本意。

（五）由出资瑕疵股东承担补足公司出资的责任与其他相关法律的规定成为有机的统一体

1. 与刑事责任相一致。《中华人民共和国刑法》第159条规定，公司发起人、股东违反公司法的规定未交付货币、实物或者未转移财产权，虚假出资，或者在公司成立后又抽逃其出资，数额巨大、后果严重或者有其他严重情节的，处五年以下有期徒刑或者拘役，并处或者单处虚假出资金额或者抽逃出资金额百分之二以上百分之十以下罚金。从上述规定可知，公司发起人、股东违反相关法律规定虚假出资造成重大损害后果的，应当由公司发起人、股东承担虚假出资罪的刑事责任。而根据刑事责任具有不可转移的专属性，我们认为，瑕疵出资股东因未依法依约履行对公司的出资义务而将瑕疵股权转让的，其所应承担的刑事责任以及对公司补足出资的法定责任均不得随之转移。

2. 与破产责任相一致。《企业破产法》第35条规定：“人民法院受理破产申请后，债务人的出资人尚未完全履行出资义务的，管理人应当要求该出资人缴纳所认缴的出资，而不受出资期限的限制。”

三、瑕疵出资股权转让诉讼的诉讼时效问题与举证责任负担

（一）瑕疵出资股权转让诉讼的诉讼时效问题[1]

《公司法司法解释三》第19条对股东出资责任之诉不适用诉讼时效进行了规定：“公司股东未履行或者未全面履行出资义务或者抽逃出资，公司或者其他股东请求其向公司全面履行出资义务或者返还出资，被告股东以诉讼时效为由进行抗辩

---

① 最高人民法院民事审判第二庭编著：《最高人民法院关于公司法解释（三）、清算纪要理解与适用（注释版）》，人民法院出版社2014年版，第309~311页。

的，人民法院不予支持。公司债权人的债权未过诉讼时效期间，其依照本规定第十三条第二款、第十四条第二款的规定请求未履行或者未全面履行出资义务或者抽逃出资的股东承担赔偿责任，被告股东以出资义务或者返还出资义务超过诉讼时效期间为由进行抗辩的，人民法院不予支持。”

诉讼时效制度具有督促权利人行使权利、维护社会交易的稳定、保护社会公共利益的立法目的，是对权利人的权利进行的适当限制。但这种限制不能是无边界的，不能滥用诉讼时效制度，使诉讼时效制度成为义务人逃避债务的工具。

根据《最高人民法院关于审理民事案件适用诉讼时效制度若干问题的规定》（法释〔2008〕11号）第1条第（3）项，基于投资关系产生的缴付出资请求权不适用诉讼时效，股东不能以超过诉讼时效为由对向公司缴纳出资进行抗辩。进一步讲，既然股东对公司的出资义务不受诉讼时效的限制，就表明股东在出资前对公司始终承担该债务，那么公司的债权人基于代位权的原理向该股东主张该债权时，股东当然仍不能以诉讼时效为由进行抗辩。以下情形出资请求权不受诉讼时效的限制：公司或者其他股东请求未履行或者未全面履行出资义务的股东向公司全面履行出资义务的权利；公司或者其他股东请求抽逃出资的股东返还出资的权利；根据《公司法司法解释三》第13条第2款，公司债权人请求未履行或者未全面履行出资义务的股东在未出资本息范围内对公司债务不能清偿的部分承担补充赔偿责任的权利；根据《公司法司法解释三》第14条第2款，公司债权人请求抽逃出资的股东在抽逃出资本息范围内对公司债务不能清偿的部分承担补充赔偿责任的权利。

对于缴纳出资请求权不适用诉讼时效，主要基于以下原因：

1. 诉讼时效制度的价值在于督促债权人行使权利，使怠于行使权利的人承受不利的法律后果。在股东不履行出资义务时，公司是有权请求其履行的最主要的主体，而公司又是由股东最终控制的，在一些情况下，公司怠于行使权利实际是由部分股东左右或决定的，实质上等于部分股东对不履行出资义务的股东怠于行使权利，如果让公司对此承担怠于行使权利的不利后果，将不合理地损害公司或其他股东的利益。

2. 股东未履行出资义务如果适用诉讼时效，虽然公司不能要求强制其履行出资义务，但义务本身并未消灭，只是转为自然债务。与此同时，在股东永久不履行出资义务的情况下，公司也就有理由对股东的股权进行相应的处置，如此，诉讼时效的适用并不能达到了结现有法律关系的效果，反会引起法律关系的复杂化。

3. 坚持资本维持原则，维护公司资本充实。资本维持原则，是指公司在其存续过程中，应当经常保持与其资本额相当的财产，其主要目的在于防止公司在经营过程中资本的实质减少及由此产生的不良影响。资本维持原则是贯穿整个公司资本制度、适用于公司全部存续期间的重要原则，各国公司法围绕资本制度建立的绝大多数法律规则都是资本维持原则直接或间接的体现，如禁止股东退股、不得折价发行股份等。缴纳出资请求权不适用诉讼时效的制度也是资本维持原则的要求。保持公司等权利主体对出资的追缴权利，有助于公司维持资本充实，维护相当权利主体利益。如果缴纳出资请求权适用诉讼时效，那么，瑕疵出资人将以诉讼时效对抗公司，公司将因无法追回出资而导致自身资本出现虚空，严重损害公司、其他股东及公司债权人的利益。

（二）瑕疵出资股权转让诉讼的举证责任负担①

《公司法司法解释三》第20条对股东是否履行出资义务的举证责任的负担进行了规定："当事人之间对是否已履行出资义务发生争议，原告提供对股东履行出资义务产生合理怀疑证据的，被告股东应当就其已履行出资义务承担举证责任。"

根据《民事诉讼法》第64条和《最高人民法院关于民事诉讼证据的若干规定》（法释〔2001〕33号）第2条的规定，在民事纠纷案件中，当事人对自己提出的诉讼请求所依据的事实有责任提供证据加以证明，即"谁主张、谁举证"，这是民事诉讼中举证责任分配的一般原则。但是，在一些特殊的情况下，根据举证责任分配的一般原则分配举证责任可能产生不公正的结果。因此，《最高人民法院关于民事诉讼证据的若干规定》对一些特殊的民事纠纷案件的举证责任分配作出了特别规定。

当事人之间对股东是否已履行出资义务发生争议，向人民法院提起诉讼的，不属于《最高人民法院关于民事诉讼证据的若干规定》明确规定的特殊情形，原则上应当按照举证责任分配的一般原则，由原告对被告股东未履行出资义务的事实承担举证责任。但是，在实践中，某股东是否履行出资义务，除公司董事或高管人员可能知道外，其他股东、公司债权人等可能均不知道。此时如果要求其他股东、公司债权人提出充分确定的证据来证明该股东未履行出资义务，将对其他股东及公司债权人提出过高的要求，也不利于调动这类主体的积极性以尽快实现资本充实。

基于上述考虑，按照《最高人民法院关于民事诉讼证据的若干规定》第7条规定的精神，在对股东是否已履行出资义务发生争议的案件中，法院可以根据公平原则和诚信原则，综合当事人举证能力等因素确定举证责任的负担，《公司法司法解释三》第20条明确规定，原告对股东是否履行出资义务只需提供产生合理怀疑的

① 最高人民法院民事审判第二庭编著：《最高人民法院关于公司法解释（三）、清算纪要理解与适用（注释版）》，人民法院出版社2014年版，第324～325页。

证据，由被告股东举证证明其已履行出资义务的事实。如果被告股东不能提供充分证据证明其已履行出资义务，应当承担举证不能的法律后果。即在股东是否履行出资义务的举证责任上，一方面考虑权利人举证上的现实困难，将是否依法履行出资义务的举证责任分配给被告股东；另一方面为防止滥诉又未简单规定为举证责任倒置，而是要求原告提供能够产生合理怀疑的初步证据后再将举证责任倒置给被告股东。

关于原告的主体范围，一般认为，股东是否履行出资义务的争议发生于其他股东、公司债权人和被告股东之间，原告应为其他股东和公司债权人。然而，公司有时也可能因对于股东是否履行出资义务不甚明了而与相关股东发生争议，此时的公司作为一个独立的主体，当然也有权提起诉讼。因此，对于股东履行出资义务产生争议的原告应当包括公司、其他股东和公司债权人。不同的原告举证能力存在较大差异，一般来说，公司的举证能力最强，其他股东次之，债权人的举证能力最弱。法院在认定原告是否提供了产生合理怀疑的初步证据时，对公司、其他股东和公司债权人的要求应当有所区别。

【典型案例】

安达新世纪·巨鹰投资发展有限公司与北京首都国际投资管理有限责任公司、协和健康医药产业发展有限公司股东权确权赔偿纠纷案

上诉人（原审被告）：安达新世纪·巨鹰投资发展有限公司。

法定代表人：陈照，该公司董事长。

被上诉人（原审原告）：北京首都国际投资管理有限责任公司。

法定代表人：苏斌，该公司董事长。

原审第三人：协和健康医药产业发展有限公司。

法定代表人：兰宝石，该公司董事长。

〔基本案情〕

黑龙江省高级人民法院查明：2003 年 4 月，天津海泰控股集团有限公司（以下简称海泰集团公司）、首都国际公司和天津新技术产业园区新纪元风险投资有限公司（以下简称新纪元公司）签订天津海泰国际生物科技发展有限公司（以下简称海泰国际公司，同年 6 月变更名称为天津海泰生物科技发展有限公司，以下简称海泰生物公司）发起人协议，约定分别出资 13000 万元、13000 万元和 4000 万元共同设立海泰国际公司，各发起人如未按协议规定按期、按量缴纳出资，每逾期一天，违约方应缴纳出资额的万分之三作为违约金给履行方。该项违约金依履行方出资比例分配。同年 5 月 12 日，首都国际公司汇入海泰国际公司临时验资账户 13000 万元；5 月 12 日、13 日，海泰集团公司分三笔汇入海泰国际公司临时验资账户 13000 万元，于 5

月16日将该13000万元转出；5月9日、12日、13日，新纪元公司分三笔汇入海泰国际公司临时验资账户4000万元，于5月16日转出3000万元。5月14日，天津市火炬有限责任会计师事务所出具验资报告称，海泰国际公司收到海泰集团公司、首都国际公司、新纪元公司注册资本合计30000万元。

2004年1月15日，海泰集团公司将持有的海泰生物公司（同年4月变更名称为协和健康公司）12000万股股权转让给北京协和医药科技开发总公司（以下简称协和医药公司），首都国际公司将其持有的海泰生物公司2000万股股权转让给陕西东盛药业股份有限公司（以下简称东盛药业公司），新纪元公司将其持有的海泰生物公司3000万股股权转让给东盛药业公司。通过上述股权转让后，海泰生物公司登记的股东及持有股份为协和医药公司12000万股，首都国际公司11000万股，东盛药业公司5000万股，海泰集团公司1000万股，新纪元公司1000万股。3月7日，海泰生物公司第二届第一次董事会会议决议载明协和医药公司应注入海泰生物公司的12000万元资产，在2005年3月30日前完成；海泰集团公司应注入海泰生物公司的作价1000万元土地资产，在2004年4月30日前完成；东盛药业公司应注入海泰生物公司的5000万元现金，在海泰生物公司工商变更完成后7个工作日内完成。

2004年11月21日，亚星数码科技园有限公司（以下简称亚星数码公司）与安达巨鹰公司签订《股权转让协议书》，约定亚星数码公司将其持有的首都国际公司39725.3万股股权转让给安达巨鹰公司。

2005年上半年，东盛药业公司与安达巨鹰公司签订《股权转让协议》及《补充协议》，约定将其持有的协和健康公司5000万股股权作价5000万元转让给安达巨鹰公司，同时约定，鉴于协和健康公司成立时股东出资不到位，安达巨鹰公司不必向东盛药业公司支付股权转让款，同时履行相应出资义务。

2005年4月5日，协和医药公司与安达巨鹰公司签订《股权转让协议》，约定将其持有的协和健康公司10500万股股权作价10500万元转让给安达巨鹰公司，转让款由安达巨鹰公司直接给付协和健康公司。6月30日，协和医药公司与安达巨鹰公司签订了《产权交易合同》，约定10500万股股权转让首付款为3158万元，其余1年内付清。7月1日，安达巨鹰公司将前期款项3158万元转入协和健康公司账户后在同一天转出，划入深圳市浦平实业有限公司账户。7月11日、8月15日，协和医药公司、安达巨鹰公司与协和健康公司签订两份《协议书》，约定协和医药公司向安达巨鹰公司转让所欠协和健康公司12000万元债务，该债务抵消安达巨鹰公司应向协和医药公司支付的股权转让款。

2005年4月7日，海泰集团公司与安达巨鹰公司签订《股权转让协议》，约定将其持有的协和健康公司1000万股股权作价1000万元转让给安达巨鹰公司，转让首付款为300万元，其余700万元1年内付清。7月20日，安达巨鹰公司向海泰集团公司支付人民币300万元，海泰集团公司以退还预付土地款名义转给协和健康公司后，于同日以往来款名义付回安达巨鹰公司账户。7月25日，海泰集团公司、安达巨鹰公司与协和健康公司签订两份《协议书》，约定由安达巨鹰公司将股权转让款700万元直接支付给协和健康公司，冲抵海泰集团公司应付给协和健康公司的土地款。

截至2005年7月，安达巨鹰公司分别从协和医药公司、东盛药业公司、海泰集团公司受让协和健康公司股权10500万股、5000万股、1000万股，并办理了工商变更登记手续，共持有协和健康公司16500万股的股权。

另据安达巨鹰公司提供的证据，2005年9月26日，安达巨鹰公司与协和健康公司签订协议书，约定安达巨鹰公司从海泰集团公司、东盛药业公司、协和医药公司受让16500万元股权后，不必向上述单位支付股权转让款，承接上述单位对协和健康公司的债务16500万元，自协议签订之日起两年内偿还。同年9月28日，安达巨鹰公司、协和健康公司、首都国际公司签订协议书，约定首都国际公司所欠安达巨鹰公司的277052万元欠款用于冲减安达巨鹰公司欠协和健康公司的16500万元债务，安达巨鹰公司在协议签订两年内偿还对协和健康公司的剩余欠款。

截至首都国际公司起诉之日，协和健康公司实际收到首都国际公司出资11000万元，新纪元公司出资1000万元。

2006年3月21日，首都国际公司向其股东发出2006年第二次临时股东会议通知，会议议题为《关于改选首都国际公司第二届董事会董事的提案及议案》。3月25日，安达巨鹰公司提出《关于追加首都国际公司2006年第二次临时股东会的议案》，称安达巨鹰公司拟改选部分派出董事，原派出的陈亚双不再担任首都国际公司的董事职务，请股东会审议通过。同日，首都国际公司的原董事长陈亚双提出辞职。4月9日，陈亚双通报安达巨鹰公司、首都国际公司、协和医药公司、新纪元公司，称为便于协和健康公司规范管理和健康发展，现已将公司有关文件资料（国、地税正副本，企业代码证、公章、私章、财务章、合同章和有关合同文本）由其本人暂时保管。4月10日，首都国际公司股东会作出决议，免去了陈亚双董事职务。4月26日，协和健康公司临时董事会作出决议，免去陈亚双董事长职务，选举兰宝石担任公司董事长。5月8日，首都国际公司第二届董事会选举苏斌为董事长。6月29日，协和健康公司声明称，因原公章、财务章被陈亚双带走未还，多次登报公示索要未果，已登报声明作废，并向天津市公安局相关部门申请作废，并补办了新章，已正式生效，该说明加盖天津市公安局内保分局特种行业管理专用章及协和健康公司新的公章及财务专用章。

2006年5月16日，浙江省宁波市中级人民法院通知首都国际公司：安达巨鹰公司拖欠浙江象山巨鹰投资管理有限公司（以下简称浙江巨鹰公司）款项人民币4905328924万元一案已经进入强制执行程序，安达巨鹰公司与浙江巨鹰公司达成执行和解协议，以其所有的协和健康公司16500万股股权折价人民币3500万元一次性抵偿给浙江巨鹰公司，要求首都国际公司在20日内答复是否对该股权行使优先购买权。

2006年5月29日，首都国际公司作出2006年第四次临时股东会议决议，授权公司管理层对安达巨鹰公司名义上拥有的协和健康公司股权向黑龙江省高级人民法院提起诉讼，请求判令：1. 确认安达巨鹰公司不享有对协和健康公司16500万股股权的股东权利；2. 安达巨鹰公司立即补足对协和健康公司的出资；3. 安达巨鹰公司赔偿首都国际公司违约金人民币3000万元；4. 安达巨鹰公司承担本案的全部诉讼费用。

〔一审裁判理由与结果〕

黑龙江省高级人民法院经审理认为：诉讼中，首都国际公司对第一项诉讼请求进行了说明，请求依法确认安达巨鹰公司在实际履行出资义务前，不享有16500万股的股东权利，该说明是首都国际公司依该院释明对诉讼请求的明确，不属于诉讼请求的变更，安达巨鹰公司关于此系首都国际公司诉讼请求变更的主张，不予支持。本案的处理主要涉及以下几个问题：

（一）关于首都国际公司提起诉讼的行为是否有效，其出庭人员及协和健康公司出庭人员是否有合法授权的问题。根据最高人民法院《关于适用〈中华人民共和国民事诉讼法〉若干问题的解释》第39条的规定，在诉讼中，法人的法定代表人更换的，由新的法定代表人继续进行诉讼，并应向人民法院提交新的法定代表人身份证明书。该条规定说明，法定代表人的更换并不影响诉讼进行。2006年3月21日，首都国际公司向其股东发出2006年第二次临时股东会议通知后，3月25日安达巨鹰公司提出《关于追加首都国际公司2006年第二次临时股东会的议案》，称安达巨鹰公司拟改选部分派出董事，原派出的陈亚双不再担任首都国际公司的董事职务，请股东会审议通过。同日，陈亚双提出辞职。可见首都国际公司拟召开2006年第二次临时股东会，安达巨鹰公司是明知的。首都国际公司通过合法的程序召开了股东会和董事会，根据原董事长陈亚双的辞职申请免去了其公司董事及董事长的职务，后选举苏斌为新任董事长，在陈亚双带走营业执照导致首都国际公司无法及时进行工商变更登记的情况下，首都国际公司股东会亦就本次诉讼事宜专门授权管理层处理，上述行为不违反法律法规的禁止性规定，其诉讼代理人向该院提交的苏斌的法定代表人身份证明书及首都国际公司的授权亦均盖有首都国际公司的公章，因此首都国际公司提起诉讼符合法律规定，其代理人有合法授权。陈亚双将协和健康公司公章带走后，协和健康公司多次登报公示索要未果，经公安机关批准，新刻公章亦不违反法律法规的禁止性规定，其在法定代表人身份证明书及授权委托书上加盖公章体现了公司意志。因此，首都国际公司提起诉讼不违反法律规定，合法有效，其和协和健康公司的出庭人员有合法授权。安达巨鹰公司以首都国际公司法定代表人更换但未进行工商变更登记为由否定现任董事长及法定代表人授权的主张不能成立，不予支持。其关于协和健康公司委托代理人授权委托书上加盖的公章系私刻，协和健康公司出庭人员没有合法授权的主张，不予支持。

（二）关于首都国际公司是否有权提起诉讼的问题。《公司法》第二十八条规定，股东应当按期足额缴纳公司章程中规定的各自所认缴的出资额。股东以货币出资的，应当将货币出资足额存入有限责任公司在银行开设的账户；以非货币财产出资的，应当依法办理其财产权的转移手续。股东不按照前款规定缴纳出资的，除应当向公司足额缴纳外，还应当向已按期足额缴纳出资的股东承担违约责任。依该条规定，股东不按期足额缴纳公司章程中规定的各自所认缴的出资额的，已按期足额缴纳出资的股东可以向其主张违约责任。首都国际公司系协和健康公司的股东，上述法律规定赋予其在自身按期足额缴纳出资的情况下，可以向其他不按期足额缴纳公司章程中规定的各自所认缴的出资额的股东主张违约责任的权利，因此首都国际公司有权向安达巨鹰公司提起诉讼。安达巨鹰公司关于首都国际公司的前两项诉讼请求均是协和健康公司的诉权，首都国际公司无权行使，其不具备诉讼主体资格的主张不予支持。

（三）关于协和健康公司的原股东是否履行了出资义务的问题。协和健康公司成立之初，海泰集团公司与新纪元公司虽将出资款打入协和健康公司临时验资账户，但在验资后，又将款项转出。协和医药公司、东盛药业公司成为协和健康公司股东后，2004 年 3 月 7 日协和健康公司第二届第一次董事会会议决议明确约定了其应履行出资义务的时间。但协和医药公司、东盛药业公司均未按协议约定的时间履行出资义务。截至首都国际公司起诉，协和健康公司未从上述股东处得到实际出资，因此上述协和健康公司的股东，均未向协和健康公司履行出资义务。安达巨鹰公司出具的验资报告及其附件仅能证明协和健康公司的三位原始股东曾将验资款项打入临时验资账户，不能作为协和健康公司原始股东出资到位的充分证据，其关于协和健康公司原股东已足额出资的主张不予支持。

（四）关于安达巨鹰公司从原股权转让方海泰集团公司、协和医药公司、东盛药业公司承接的是债务还是出资义务问题。安达巨鹰公司在受让上述 16500 万股股权时，与协和医药公司、东盛药业公司通过协议约定，由安达巨鹰公司承接出资义务，与海泰集团公司约定由安达巨鹰公司承担在协和健康公司的股东义务，因此其应承担协和医药公司、东盛药业公司、海泰集团公司对协和健康公司未尽的 16500 万元出资义务。安达巨鹰公司于 2005 年 7 月 1 日、7 月 20 日投入协和健康公司 3158 万元和 300 万元后，均在投入当天转出，亦不能提供其他证据证明向协和健康公司履行了出资义务。《公司法》第二十六条规定，公司全体股东的出资额不得低于注册资本的百分之二十，也不得低于法定注册资本的最低限额，其余部分由股东自成立之日起两年内缴足。根据上述法律规定，有限责任公司全体股东在满足不低于法定注册资本及不低于注册资本百分二十的条件下，其余部分出资可在公司成立之日起两年内缴足。虽然安达巨鹰公司与协和健康公司、首都国际公司分别签订了协议书，将安达巨鹰公司应履行的对协和健康公司的 16500 万元出资义务约定为其欠协和健康公司的债务，并约定用首都国际公司欠安达巨鹰公司债务冲减其中277052万元，由安达巨鹰公司自2005年9月26日起两年内偿还，但公司资本缴足是股东的法定义务，股东履行出资义务的情况直接涉及公司资本的确定真实，此项法定义务不能因股东之间或股东与其出资设立的公司之间自行协商免除或者未经法定程序而变更。因此，即使上述协议真实亦不能免除安达巨鹰公司应承担的协和医药公司、东盛药业公司、海泰集团公司对协和健康公司未尽的16500万元出资义务。且根据上述法律规定，协和健康公司自2003年登记成立至今，已超过该条规定的认缴注册资本的最低期限，因此安达巨鹰公司应向协和健康公司履行16500万元的出资义务。其关于对协和健康公司股权的收购是承债式收购，所欠协和健康公司的剩余债务可在两年内偿还，对协和健康公司没有出资义务的主张不予支持。

（五）安达巨鹰公司未对协和健康公司履行出资义务，是否享有股权问题。安达巨鹰公司通过受让并办理工商登记，已取得协和健康公司的股东资格，但是依照《公司法》第四条的规定，公司股东作为出资者按投入公司的资本额享有所有者的资产受益、重大决策和选择管理者等权利。依据该法律规定，股东必须是出资者，股东对于公司最基本的义务在于出资，其股东股利的享受和行使须按其投入公司的资本额大小确定，股东在没有履行出资义务的情况下主张权利，则其投资收益与出资风险之间不存在联系，明显有违公平的原则，亦损害其他股东利益，应对其股东权利加以限制。

（六）关于安达巨鹰公司是否应赔偿首都国际公司违约金即赔偿数额问题。根据《公司法》第二十八条的规定，安达巨鹰公司未按约定缴纳出资，除应当向公司足额缴纳外，应当向已按期足额缴纳出资的股东首都国际公司（11000万元）和新纪元公司（1000万元）承担违约责任，安达巨鹰公司于2005年7月20日登记为协和健康公司股东，依据海泰国际公司发起人协议，其应于该日起依照该协议的约定按照首都国际公司的实际出资比例向其承担违约责任。

综上，首都国际公司的诉讼请求有理，予以支持。该院依据《公司法》第四条、第二十八条的规定，判决：一、安达巨鹰公司于该判决生效后十日内履行对第三人协和健康公司16500万元出资义务；二、安达巨鹰公司如不能补足上述出资，则其不享有对协和健康公司16500万股的表决权、利润分配请求权及新股认购权；三、安达巨鹰公司于该判决生效后十日内按首都国际公司在协和健康公司的出资份额向其赔偿违约损失（自2005年7月20日起至实际给付之日按16500万元每日万分之三计算）。如果未按照该判决指定的期间履行给付金钱义务，应当按照《中华人民共和国民事诉讼法》第二百三十二条[①]的规定，加倍支付迟延履行期间的债务利息。一审案件受理费160010元，由安达巨鹰公司负担。

---

① 对应2012年新《民事诉讼法》第253条。

〔当事人上诉及答辩意见〕

安达巨鹰公司不服原审法院上述民事判决，向最高人民法院提起上诉称：（一）原审程序违法。根据我国法律、法规的规定，只有经企业登记机关核准登记，取得法定资格的企业法定代表人才有权作为诉讼参加人代表企业参加诉讼。本案中，首都国际公司和协和健康公司经企业登记机关核准登记的法定代表人均为陈亚双，只有陈亚双或其授权的代理人有权代表企业参加诉讼。在本案审理过程中，陈亚双明确表示未授权任何人代表首都国际公司和协和健康公司进行诉讼，并申请一审法院不认可首都国际公司和协和健康公司的出庭人员资格，但一审法院拒不采纳安达巨鹰公司的合理要求，错误地认可了首都国际公司和协和健康公司的出庭人员资格，明显违反程序。（二）一审判决以并非法律概念的“未履行出资义务”取代《公司法》中对股东“出资瑕疵”的准确规定，认定协和健康公司部分发起人“未履行出资义务”，属于认定事实不清，适用法律错误。协和健康公司的发起人股东并不存在“出资瑕疵”，即不存在未出资、出资评估价值过低、抽逃出资和虚假出资的情形，理应举证说明。（三）一审判决认定安达巨鹰公司未履行出资义务，不享有股权，并要求安达巨鹰公司限期出资、限制其股东权利的判决没有事实和法律依据。由于协和健康公司发起人股东的出资义务已经完成，只存在对协和健康公司的债务而不存在出资义务。由于股东的出资义务系法定义务，不能因当事人之间的约定而转让，故安达巨鹰公司并非发起人股东，不负有出资的义务。安达巨鹰公司按照约定将应付给部分发起人股东的股权转让款，直接支付协和健康公司，以冲抵该发起人股东对协和健康公司的债务，属合同法中债权转让和债务抵消的问题。一审判决引述的《公司法》第四条的规定，系已经失效的旧《公司法》第四条，该条款不应作为判决案件的法律依据。如果一审判决认为安达巨鹰公司存在所谓的出资瑕疵，理应按照《公司法》的规定确定法律责任，除补足出资款或罚款外，不应当要求安达巨鹰公司承担法律规定之外的限制股东权利的不利后果。（四）一审判决认定安达巨鹰公司应向首都国际公司承担违约赔偿责任没有事实和法律依据。由于安达巨鹰公司不负有出资义务，也不是海泰国际公司发起人协议的当事人，故安达巨鹰公司不应向其他股东承担违约责任。请求撤销原审判决，驳回首都国际公司的全部诉讼请求。

被上诉人首都国际公司答辩称：（一）首都国际公司及协和健康公司参加一审出庭的诉讼代理人拥有公司合法授权，具备出庭人员资格，一审程序合法。首都国际公司通过完全合法的程序召开了股东会和董事会，股东会就本次诉讼事宜专门授权和批准董事会处理，首都国际公司的两位诉讼代理人也经过公司现任董事长及法定代表人苏斌的授权，并向法院提交了盖章的法定代表人身份证明书和授权委托书，首都国际公司提起诉讼的行为合法，其诉讼代理人依法享有代理权。同样，协和健康公司的诉讼代理人亦依法享有代理权。陈亚双个人未参加本案的任何一次庭审，其发表的任何口头及书面言论法庭均应不予采纳。至于陈亚双本人与首都国际公司及协和健康公司的管理层之间的纠纷，应当属于公司内部管理的问题，属于另一法律关系，不属于本案审理及审查的范围。（二）一审判决认定协和健康公司16500万股股权的原股东未出资到位，未履行出资义务，认定事实正确，证据确凿，适用法律正确。安达巨鹰公司在上诉状中否定原审法院上述认定的理由不成立，其关于协和健康公司部分发起人股东不存在出资瑕疵、抽逃出资或虚假出资的主张严重违背事实。安达巨鹰公司于2005年间先后通过三次股权转让并替原股东承担出资义务的方式，分别从协和医药公司、东盛药业公司、海泰集团公司合计受让16500万股的股权，已办理工商变更登记手续。上述转让方股东没有出资到位，协和健康公司的原始股东也没有出资到位。而安达巨鹰公司明知协和健康公司原股权转让方未出资而承接其出资义务，法律并不禁止。在协和健康公司的章程中对登记在册的股东应当按期足额缴纳出资也有明确规定，安达巨鹰公司应当却从未向协和健康公司履行过出资义务。一审判决要求安达巨鹰公司应当限期履行出资义务的判决符合法律规定，应予维持。（三）在安达巨鹰公司履行出资义务前，对其名义持有的协和健康公司16500万股股权不享有利润分配请求权、表决权、增资优先认购权等各项股东权利。根据《最高人民法院关于适用〈中华人民共和国公司法〉若干问题的规定（一）》第一条的规定，本案的处理应当适用原《公司法》及公司章程的规定。根据原《公司法》第四条及协和健康公司章程第十五条的规定，股东享有股东权利的前提条件是股东必须是作为出资者，按照对公司的出资比例来享受资产受益等权利。而安达巨鹰公司虽名义登记为协和健康公司的股东，但其对协和健康公司并未投入任何出资，且在长达一年多的时间内未履行任何出资义务，也未支付任何股权对价，无对价即无权利，安达巨鹰公司不具备享有股东权利的基础，其各项股东权利应依法予以限制。如果仍不限制其股东权利，将严重损害协和健康公司、其他股东及债权人的利益，违背法律公正、公平和诚实信用的原则。（四）安达巨鹰公司于2005年7月20日变更登记为协和健康公司的股东，登记持有股权16500万股，承接了原转让方的出资义务16500万元，但并未立即补足出资，根据原《公司法》第二十五条和协和健康公司章程第十一条的规定，其应向首都国际公司承担违约责任，自2005年7月20日起向首都国际公司支付违约金。一审判决依照协和健康公司的发起人协议约定的未出资股东违约责任标准，计算安达巨鹰公司的违约责任数额，要求安达巨鹰公司依据未出资数额按日万分之三向首都国际公司承担违约责任，适用法律正确。综上，请求驳回上诉，维持原判。

〔最高人民法院查明的事实〕

最高人民法院二审查明：2005年5月，协和健康公司的公司章程第十条规定：出资人名称：安达巨鹰公司，出资方式：货币，出资额：16500万元人民币，占公司注册资本55%；第十一条规定：任何一方出资人若未按章程的规定足额认缴出资，均应向已足额出资的出资人承担违约责任；第十五条规定：股东按其出资比例对公司享有权利和承担义务。

2006年7月3日，浙江省宁波市中级人民法院根据首都国际公司的申请，以（2006）甬执字第93-5号民事裁定，中止了对安达巨鹰公司持有的协和健康公司16500万股股权的执行。

除上述事实外，最高人民法院对一审法院查明的事实予以确认。

〔最高人民法院裁判理由与结果〕

最高人民法院认为，本案当事人之间争议的焦点是：一审法院审理本案程序是否合法问题、协和健康公司的发起人股东是否履行了出资义务问题、安达巨鹰公司是否应当承担对协和健康公司的出资义务、其股东权利是否应当受到限制以及其是否应当对首都国际公司承担违约责任问题。

关于一审法院审理本案程序是否合法问题。安达巨鹰公司提出一审法院审理本案程序违法的主要上诉理由是根据法律、法规的规定，只有经企业登记机关核准登记，取得法定资格的企业法定代表人陈亚双以及其授权的代理人有权代表企业参加诉讼。最高人民法院认为，根据本案查明的事实，陈亚双作为首都国际公司、协和健康公司的原董事长，已经向公司提出辞职，后经公司股东会、董事会会议决定，免去其公司董事及董事长的职务，并选举了新任董事长。首都国际公司、协和健康公司向原审法院提交了由公司盖章的法定代表人身份证明书和授权委托书，系首都国际公司、协和健康公司的真实意思表示，亦不违反法律、法规的禁止性规定。首都国际公司尚未到工商部门进行法定代表人变更登记，以及陈亚双的个人行为，均不能否定首都国际公司、协和健康公司对法定代表人的合法变更。故一审法院审理本案程序合法。安达巨鹰公司的该项上诉理由不能成立，最高人民法院不予支持。

关于协和健康公司的发起人股东是否履行了出资义务问题。最高人民法院认为，根据本案查明的事实，海泰集团公司、新纪元公司作为协和健康公司的发起人股东，将款项汇入协和健康公司的临时验资账户，但是在协和健康公司验资后即将资金转出。根据《公司法》的规定，有限责任公司的股东在公司设立时，不论是未足额出资或是抽逃注册资金，均是股东出资不到位的表现。而海泰集团公司、新纪元公司的行为，即造成对协和健康公司出资不到位的后果。协和医药公司、东盛药业公司受让海泰集团公司、新纪元公司的股权成为协和健康公司的股东后，协和健康公司的董事会决议亦明确约定了协和医药公司、东盛药业公司应履行出资义务的时间，但协和医药公司、东盛药业公司均未履行出资义务。故一审判决认定协和健康公司的原股东均未履行出资义务并无不当。安达巨鹰公司主张协和健康公司的发起人股东并不存在出资瑕疵，但未提供充分的证据予以证明，故其该项上诉主张不能成立，本院不予支持。

关于安达巨鹰公司是否应当承担对协和健康公司的出资义务及其股东权利是否应当受到限制、是否应当对首都国际公司承担违约责任问题。最高人民法院认为，如前分析所述，协和健康公司的发起人股东海泰集团公司、新纪元公司出资不实，协和医药公司、东盛药业公司受让上述发起人股东的股权后，亦未按照约定履行出资义务。在安达巨鹰公司与协和医药公司签订的股权转让协议中，约定股权转让款直接给付协和健康公司，在其与东盛药业公司签订的股权转让协议中，约定安达巨鹰公司不必支付股权转让款，而是要履行相应的出资义务。上述事实表明，安达巨鹰公司对其受让的股权存在出资不实、股东资格有瑕疵应当是明知的。根据协议约定以及协和健康公司章程中的规定，安达巨鹰公司向协和健康公司履行出资义务，是股权转让双方当事人的真实意思表示，亦不违反法律、法规的强制性规定，其应对协和健康公司承担出资不实的法律责任，即应向协和健康公司履行出资义务。安达巨鹰公司主张发起人股东出资义务已经完成，只存在对协和健康公司的债务，其对协和健康公司股权的受让是承债式收购，上述主张没有事实依据，最高人民法院不予采信。关于安达巨鹰公司的股东权利是否应当受到限制，最高人民法院认为，根据《公司法》的规定，股东出资不到位并不影响其股东资格的取得，但其享有股东权利的前提是承担股东义务，违反出资义务，也就不应享有股东的相应权利，这亦是民法中权利与义务统一、利益与风险一致原则的具体体现。本案中，由于安达巨鹰公司并没有履行出资义务，其股东权利的行使应当受到一定的限制，这种限制应根据具体的股东权利的性质确定，即与出资义务相对应的股东权利只能按出资比例来行使。故一审法院判决安达巨鹰公司如不能补足出资，则其不享有对协和健康公司 16500 万股的表决权、利润分配请求权及新股认购权并无不当。关于安达巨鹰公司是否应当对首都国际公司承担违约责任，根据《公司法》的规定，股东不按照公司章程规定缴纳所认缴的出资，应当向已足额缴纳出资的股东承担违约责任；协和健康公司章程中也明确约定，任何一方出资人若未按章程的规定足额认缴出资，均应向已足额出资的出资人承担违约责任。安达巨鹰公司对其持有的 16500 万股股权没有缴纳任何出资，其应当对已足额出资的首都国际公司承担违约责任。故一审判决安达巨鹰公司自其登记为协和健康公司的股东之日起，向首都国际公司承担违约责任并无不当，应予维持。安达巨鹰公司的上诉理由不能成立，最高人民法院不予支持。

综上，安达巨鹰公司的上诉理由没有事实依据和法律依据，一审判决认定事实清楚，适用法律正确，应予维持。最高人民法院依照《中华人民共和国民事诉讼法》第一百五十三条①第一款第（一）项的规定，判决如下：驳回上诉，维持原判。二审案件受理费 160010 元，由安达新世纪·巨鹰投资发展有限公司承担。

① 对应 2012 年新《民事诉讼法》第 170 条。

规则4：股东向公司补缴的出资只能用于清偿公司所有债权人，不能向个别债权人清偿

——深圳市佩奇进出口贸易有限公司与湖北银行股份有限公司宜昌南湖支行、华诚投资管理有限公司破产债权确认纠纷案①

【裁判规则】

生效判决或执行裁定已认定公司股东应在出资不足部分本息范围内就公司债务不能清偿部分对公司债权人承担补充赔偿责任，但在股东实际承担补充赔偿责任前公司已被裁定宣告进入破产程序的情况下，根据《企业破产法》第16条、第35条的规定，股东应首先向公司补缴出资，该补缴的出资只能用于向公司所有债权人进行公平清偿，而不能向个别债权人清偿。

【规则理解】

一、股东的资本充实责任

（一）资本充实责任的内涵

资本充实责任是指为贯彻资本充实原则，由公司设立者共同承担的相互担保出资义务履行的民事责任。根据资本充实责任，因某些公司设立者违反出资义务或其他原因，而致公司资本不能按章程规定缴足时，其他公司设立者要为此承担连带的缴足义务。公司健全人格的形成主要取决和依赖于发起人的创设活动，因此，发起人不仅要对自己的出资瑕疵行为承担出资违约责任，而且还要对公司资本充实承担担保责任，即确保公司资本的充足和可靠，这是保证公司人格健全的第一需要。

（二）资本充实责任的内容

资本充实责任具体包含以下内容：（1）有限责任公司设立时股东的出资担保责任。在设立有限责任公司时，如果有的股东不按章程规定出资，其他参与公司设立的股东对该不出资部分负有连带的补足出资义务。（2）股份有限公司发起人的认购、缴纳与交付担保责任。认购担保责任是指为设立公司而发行的股份时，其发行的股份未被认购或认购后又取消的，由发起人共同认购。对于认购担保责任需要明确几个问题：首先，认购担保责任适用于公司成立后，股份尚有未被认购或认购被

① 《中华人民共和国最高人民法院公报》2012年第12期，最高人民法院（2012）民申字第386号民事裁定书。

取消的情形。在公司成立前，如果股份未被全部认购，则可能导致公司不成立，股东并无认购担保责任。而在公司成立后，股东欲退出公司，自会采取转让股份的方式。然而，作为一种商事行为，其有效成立需要符合一定的条件，因此，在特殊情况下存在由于股份认购行为不符合这些条件而被确认无效的情况，例如股份认购人是限制民事行为能力人或无权代理人作出的股份认购，而其监护人或被代理人未作出追认。此时，认购行为无效，则发起人需要承担认购担保责任。其次，认购担保责任是一种严格责任，对于股份未被认购或股份认购后被取消，无论发起人是否具有过错，都需承担认购担保责任。缴纳担保责任是指股东虽认购股份但未缴纳股款或交付现物的，由发起人承担连带缴纳股款或交付未给付财产价额的义务，缴纳担保责任也称出资担保责任。对此，有两点需要说明：其一，缴纳担保责任在股份已经被认购，但有未缴纳或未给付部分时才会发生。如果股份未被认购，则由股东或发起人承担股份认购担保责任，自然由承担股份认购责任者本人完成出资的缴纳或给付。其二，在股份认购人之间的关系方面，认购担保责任和缴纳给付担保责任所带来的后果不同。通过承担股份认购担保责任，责任的承担者将获得该股份的所有权，成为股份的权利人，从而拥有该股份所对应的股东权利；而通过承担缴纳担保责任，股东并不当然取得该股份所对应的股东地位，承担责任者只是代替出资瑕疵股东向公司履行出资义务，并从公司手中获得追偿权。当然，在公司行使了除名程序，取消了股份认购人股东地位的情形除外。交付担保责任指现物出资的发起人不按章程规定交付出资现物时，其他发起人应按未交付现物的价额，承担补交出资的连带义务。（3）差额填补责任。差额填补责任又称价格补足责任。指作为现物出资的财产，在公司成立时，如果出资现物的实际价额显著低于章程所定价额时，发起人对差额的部分承担连带填补责任。[①] 根据我国《公司法》的规定，股东的差额填补责任仅限于非货币出资的场合，对于现金出资未作规定，这实为一种立法缺憾。与缴纳给付担保责任类似，通过承担差额填补责任，股东不能取得相应的股权，承担责任者只是代替出资瑕疵股东向公司履行出资义务，并从公司手中获得向出资瑕疵股东追偿的权利。（4）损害赔偿责任。发起人不仅要对股份认购、股款缴纳承担保证责任，而且还要对因发起人出资瑕疵给公司造成的损失承担赔偿责任。这种损害赔偿责任实际上是一种代为赔偿责任，在发起人对公司的实际损失进行赔偿后，同样拥有向出资瑕疵股东求偿的权利。

（三）资本充实责任的特点

资本充实责任有以下特点：（1）资本充实责任是公司法上的法定责任，不以公

---

① 赵旭东主编：《公司法学》，高等教育出版社2006年版，第263页。

司设立者的约定为必要，亦不能以公司章程或股东大会决议来免除。(2) 资本充实责任是违反出资义务股东以外的其他公司设立者的责任，违反出资义务股东承担的是出资违约责任，其内容与资本充实责任不同。(3) 资本充实责任因公司设立行为而产生，其承担者限于公司设立者。在公司成立后接受出资或股份转让的股东，或股份有限公司发起人以外的应募股东，均不承担资本充实责任。(4) 资本充实责任是无过错责任，只要存在资本不足的事实即可构成，公司设立者是否有过错，在所不问。(5) 资本充实责任是连带责任，全体公司设立者中的任何一人对资本不足的事实均负全部充实责任，先行承担资本充实责任的公司设立者，可向违反出资义务的股东求偿，亦可要求其他公司设立者分担。①

公司是现代社会经济的细胞，是股东利益、公司债权人利益、社会公共利益等各种利益的错综物。资本充实责任即是平衡各方利益的制度安排。第一，出于维护债权人利益的考虑。公司制度是以股东的有限责任制为基本责任形式，但绝不是以牺牲公司债权人为代价的制度，公司制度必须要有消除该权益失衡的制度设计安排。必须要有制衡该有限责任制的平衡物，该平衡物就是资本充实责任制。有限责任制与资本充实责任制于现代公司制度而言，犹如一对孪生兄弟，既保护股东又保护债权人。制度的安排使股东负有诚信出资担保责任，以保障公司债权人的交易安全，实现与股东有限责任的均衡，从而公平地保障两者权益。公司股东要享有有限责任，就必须承担资本充实责任。第二，出于维护其他股东利益考虑。公司发起人享有比其他股东更多的权利，如获取报酬权、创立大会召集权等，往往能从设立公司中获取更多的利益。而且公司设立的命运掌握在发起人手里，认股人对其出资的控制和监督能力比较弱。第三，从维护社会公共利益的角度来看，发起人可能利用其特殊地位，以发起人利益为中心，把公司当作发起人的工具从社会攫取利润，损害职工、投资人等弱势群体的利益。且发起人在设立公司过程中享有特殊的权利，赋予其资本充实的义务，也是权利义务相统一的要求。

综上，资本充实责任是公司法上的一种特殊的民事责任制度，既有合伙关系的理论基础，更是公司法为平衡各方利益、维护公司债权人利益、确保社会交易秩序的制度安排。

二、破产债权平等规则

（一）破产债权平等规则的内涵

破产债权平等规则被认为是破产法的“起始规则”或“任何破产法都必须遵

---

① 陈甦：“公司设立者的出资违约责任与资本充实责任”，载《法学研究》1995 年第 6 期。

守的最高准则”。在破产法外，债权具有相对性，只在债权人和债务人之间发生效力，除了要求对方为相应履行外，债之关系的当事人各方不得干涉他方对财产的利用或处分。“在存在数个债权时，不论其发生先后，均以同等地位并存。”① 若债务人在未破产时拒绝履行债务，债权人可以用个别强制执行的方式实现其权利。在有两个以上债权人申请强制执行时，基本上是遵循所谓的一般优先原则，简单说就是“先来后到”：若“先来”的债权人“抢先”强制执行了债务人的某项财产，则“后到”的债权人只能求诸其他财产。所谓“勤受益，懒招损”，“先来后到”是一项符合常识和社会一般认知的制度，它无损（形式）公平，同时又可敦促人们积极行动，因而在多数情况下有助于效率的提高。也就是说，如果债务人的财产足够清偿其所有债务，这样的原则本无不妥。只在债务人的财产不足以清偿全部债务的情况下，无排他性的“先来后到”原则所带来的成本负担才变得突出，因为，无论人们多么勤勉，可用来清偿债务的财产总是有限的，此时债权平等原则的意义才真正地彰显。当然，强调破产债权平等也不仅仅是出于效率的计算，还包含保护社会公平的考量。即把破产看作是每个交易当事人都要承受的后果，各债权人应平等承受，防止资力或能力强大者以损害弱小者为代价获取额外优势。

（二）破产债权平等规则的内容

破产债权平等规则的内容主要有以下三个方面。

其一，排除单个债权人谋求个别强制执行的权利，强调同类债权人的受偿比例应相同。前者如我国《企业破产法》第16条禁止债务人在破产受理后清偿个别债权的规定，以及该法第19条禁止个别债权人在破产受理后单独申请强制执行的规定；后者如我国《企业破产法》第113条第1款第3项、第2款关于普通债权平等、按比例受偿的规定。

其二，破产债权平等原则并不意味着所有破产债权都应受到平等对待，实际上平等的本意就在于“相同的相同对待，不同的不同对待”。② 这里的“相同”或“不同”取决于权利本身所包含的顺序性特征，取决于破产法外的实体规范或当事人的特殊约定。我国《企业破产法》第82条要求在对重整计划草案进行表决时应根据债权人的不同类型分组，该法第113条区别不同债权人类型规定了清偿的顺序，便是此理。现实中，对债权何为相同，何为不同，常有不同见解。各国法在处

---

① 王泽鉴：《债法原理》（第1册），中国政法大学出版社2001年版，第10~11页。

② 如果所有债权在破产之中同等对待，必须首先彻底否定担保制度，而至少就目前而言，这样做的理由尚不充分。参见许德风：“论担保物权的经济意义及我国破产法的缺失”，载《清华法学》2007年第3期。

理此项问题时，并无统一根据。例如，原则上数额并非区别对待各种债权的依据，但我国《企业破产法》第 82 条第 2 款却规定重整表决时可将小债权人单独编组。又如，我国《企业破产法》第 82 条第 1 款第 1 项规定所有担保权人被编在一组，但德国或美国的破产法都允许基于担保物的性质将担保债权人分别编组。再如，我国《企业破产法》第 113 条将职工债权、税收债权列为优先受偿债权，而有些国家则将其规定为普通债权。

其三，破产债权平等原则上不得通过合同加以排除。当事人所订立的阻止有关财产在破产时依破产法平等、按比例分配并借此谋求非法利益的合同无效。

（三）破产债权平等规则的例外

破产债权平等规则也存在例外。在某些时候，法律允许债权人利用其债权的特殊性（而非优先性）谋求更大的利益。例如，在债务人是一家生产型企业时，其能否继续生存往往取决于供货商的配合，对于供货商就破产以前的货款债权要求得到更高比例清偿的主张，如果法律不予支持，则供货商将可能选择终止供货，从而导致债务人彻底丧失生存能力并损害全体债权人的利益，因此一些国家的破产法对供货商债权持相对宽松的态度。总体而言，在改变破产债权平等原则，对破产程序中债权的清偿顺序进行特别规定时，必须采取谨慎的态度。这样做的出发点可能是好的，而且对公开的法律而言，只要其不具有溯及力就不会改变人们的预期，但从实际效果上看，这类规定很可能发生以下两种不良后果：其一，违背一般经济规律，迫使当事人全部或部分地放弃交易；其二，企业破产时，其所余破产财产价值通常很有限，在实现了某些法定在先权利（如担保物权）后常所剩无几，此时再规定复杂的递进顺序，客观上也并无实际意义。以德国破产法为例，债权平等原则经历了一个从弱到强的发展过程。其于 1877 年制定、1994 年失效的破产法中规定了数量繁多的优先权，以至于审查与确认优先权成为破产程序的主要工作，而事实上由于担保物权的大量存在，无担保的债权，无论优先与否，通常只能得到名义上的清偿，使债权确认与排序工作都成为徒劳。基于这一原因，德国在 1994 年进行破产法改革时，将其 1877 年《破产法》第 61 条第 1 款中规定的劳动债权、税收债权等优先权取消，使其与普通债权处于同样的顺位（而通过破产法外的其他制度安排保护劳动债权）。

三、集体清偿规则

（一）建立集体清偿规则的理由

企业破产时的状态与“公共池塘问题”① 极为类似：破产财产相当于鱼池，债权人相当于渔夫，在与其他债权人交往的策略中，每位债权人有合作与不合作两个选项。合作意味着在处置企业财产和是否继续维持企业经营（重整或和解）方面持积极的态度，如选择整体变卖而不是拆分变现；不合作意味着各方参与者都竭力抢夺企业财产而不顾整体价值，形成“所有人对所有人的战争”，最终损害全部债权人乃至整个社会的福利。在破产情形下，多人重复博弈的可能通常并不存在，因为债权人、债务人、债权人相互之间很难有重复交易的机会。因此，多人重复博弈的模型——每个人自私博弈的结果不是整体利益最大，而是整体皆输，只有平等合作才能实现共赢，才是理性人的选择——在破产中并无应用空间，于是对债权实现加以限制便成为法律的唯一选择。

支持集体清偿规则的另一理由是，由于破产企业中利益主体和利益内容极具多样性，破产开始后，完全的自愿合作是很难实现的。② 其一，实践中，除了关乎普通债权人的利益外，破产还同时受到担保债权人、职工、企业经理人、企业所有者、企业所在的社区、当地政府等多方主体的影响。让这些主体以自愿协商的形式达成交易的谈判成本非常高。如每个债权人都试图追求比例高一些的清偿甚至完全受偿，往往不肯让步。其二，主体间信息不对称的状态严重影响协商的公平。例如，同样是债权人，破产债务人的开户银行一般比破产债务人的供应商更了解企业的状态；破产债务人的长期顾问律师也不会等到债务人破产时再去讨律师费。而作为债权人的消费者、小供应商、普通职工、侵权受害人等一般对企业的财务状况了解不多，在协商中处于不利的地位。其三，现实世界中有追求利益最大化的“理性人”，也存在一些“损人利己”甚至“损人不利己”的看似“非理性”的行为主体，例如有人想通过申请他人破产来破坏其声誉，有人想自己申请破产以逃避债务等，都需要通过“外力”加以规制。其四，我国现有经济、法律体制的不完善也是破产中当事人充分合作的障碍。

在讨论集体清偿时，同时必须考虑的是该规则的强制程度问题。这需要通过衡

---

① 简言之，可作如下描述：两渔民在同一池塘打鱼，如果相互合作，每年各得200斤；如果一方持合作的态度，另一方不合作（过度捕捞），不合作方得300斤，合作方得100斤；如果都不合作（过度捕捞），则长久下去最终每人每年只能得100斤或更少。

② 可以预见的是，如果债务人与所有债权人事先（债务发生前）就未来破产时的财产处理问题进行协商，他们是会自愿达成类似于破产法规则的协议的。从这个意义上看，破产法不过是顺应了当事人的自由选择而作出的规定。

量强制的成本与收益加以判断。强制性破产程序的成本包括破产管理人的报酬、诉讼费用、其他专业人士的佣金和破产程序本身所引起的拖延成本等，其收益则是破产财产整体性能得以保护，债权能得到较大比例清偿。在某些情形下，若债权人数量有限、类型单一，无须外来强制也能够以最大化破产财产的态度行事，便无采取强制的必要，而应适当地允许当事人通过自由协商（即所谓“合同破产”）来处理破产问题。为此，有学者建议对破产法作出适当的调整，即破产法也不应完全是强行性规范，还应包括相当的推定性规范，以提供多种不同的破产制度供选择适用。这种观点不无道理。

（二）集体清偿规则在破产法上的体现

集体清偿规则在破产法上主要体现在以下两个方面：

1. 在重整程序中常见的情况是，尽管企业有继续盈利的前景，并且为债权人提供了比较好的还款条件，但债权人仍选择拒绝接受破产重整计划，如担保债权人本不需要通过重整程序即可获得完全的清偿。鉴于此，破产法允许法院在条件具备时强制债权人接受重整计划，以达到增进企业整体价值的效果。[①]

2. 为了保护债务人财产的整体价值和债权人的整体受偿，对债权人的自力救济和强制执行权以及债务人优先清偿个别债权人的行为加以限制。前者体现为破产中止制度，后者体现为破产撤销制度。破产中止制度对所有债权人普遍有效。当然，破产中止制度的存在理由因债权人种类不同而有所差别。对普通债权人而言，破产中止制度存在的必要性在于，普通债权人能够在破产程序中得到的清偿数额在破产开始之初并不确定，因此有必要给债务人或破产管理人一定的时间，以便理清债务人的财产总量，确定向普通债务人清偿的比例。实践中破产程序不可能一蹴而就，即使最简单的破产清算也需要3—6个月的时间，全部普通债权人只能等到破产程序终结，所有破产财产得到清理后获得清偿。担保债权人受破产中止制度约束的理由和普通债权人不同。一方面，就企业财产的处置而言，在破产程序进行到一定程度之前，往往很难确定有关的担保物是否将被用于企业未来的重整或清算。因此，有必要让担保债权人等候适当的时间，以便确定对担保物的使用与处置方案。另一方面，通常只有在担保物的价值小于所担保的债权额时，才能允许担保权人自行行使其担保权将担保物变现，因为若担保物的价值远大于担保债权的数额，允许担保权人自行变价将不利于实现担保物的最大价值，而担保权与担保物的数额或价值确定都需要时间。破产撤销是指破产法允许破产管理人在符合特定条件时将债务人已转让出去的物或其他财产追回，作为实现全体债权人债权的财产基础。债务人

① 如我国《企业破产法》第87条第2款。

财产原则上指的是在破产程序开始时债务人所享有的全部财产，这是债务人对债权人承担责任的基础。在这个意义上说，那些债务人已经在破产程序开始前转让出去的财产，在破产程序开始时已不属于债务人而属于第三人所有，因而就不再是破产财产。允许通过破产撤销的方式取回破产财产主要是基于集体清偿的考虑：一方面，如果债务人财产的转移距离破产开始的时间很近，截然以破产的开始区别对待（破产前）已受偿的债权人和未受偿的债权人不甚公平；另一方面，必须防止破产债务人在破产程序开始前紧急地将破产财产转移出去，或防止特定的与债务人有特殊关系或熟悉债务人的债权人（与债务人串通）违反债权平等原则在破产开始前优先受偿。

【拓展适用】

一、股东未履行或者未全面履行出资义务责任的把握

股东出资义务是指股东按期足额缴纳其所认缴的出资额的义务，包括公司设立时股东的出资义务和公司增资时股东的出资义务。根据行为方式不同，股东违反出资义务的行为表现为未履行或者未全面履行出资义务。未履行出资义务是指股东根本未出资，具体包括拒绝出资、不能出资、虚假出资等。未全面履行出资义务包括未完全履行和不适当履行，其中未完全履行是指股东只履行了部分出资义务，未按规定数额足额出资。不适当履行是指出资的时间、形式或手续不符合规定，包括迟延出资、瑕疵出资等。

《公司法司法解释三》第 13 条规定："股东未履行或者未全面履行出资义务，公司或者其他股东请求其向公司依法全面履行出资义务的，人民法院应予支持。公司债权人请求未履行或者未全面履行出资义务的股东在未出资本息范围内对公司债务不能清偿的部分承担补充赔偿责任的，人民法院应予支持；未履行或者未全面履行出资义务的股东已经承担上述责任，其他债权人提出相同请求的，人民法院不予支持。股东在公司设立时未履行或者未全面履行出资义务，依照本条第一款或者第二款提起诉讼的原告，请求公司的发起人与被告股东承担连带责任的，人民法院应予支持；公司的发起人承担责任后，可以向被告股东追偿。股东在公司增资时未履行或者未全面履行出资义务，依照本条第一款或者第二款提起诉讼的原告，请求未尽公司法第一百四十七条第一款规定的义务而使出资未缴足的董事、高级管理人员承担相应责任的，人民法院应予支持；董事、高级管理人员承担责任后，可以向被告股东追偿。"

对上述司法解释需要把握以下几点：

第一，《公司法》第 28 条第 2 款，第 83 条第 1 款、第 2 款规定股东未缴纳出资的，应当向公司继续缴纳，并应向其他股东承担违约责任。上述规定表明：公司可以依法向未缴纳出资的股东继续催缴；此外，由于股东向其他股东承担违约责任的基础在于股东协议，而股东协议中约定了股东应当向公司完全履行出资义务，股东未履行出资义务时构成对其他股东的违约，所以，此时其他股东可以要求其向公司继续缴纳出资。

第二，股东未履行或未全面履行出资义务的行为，违反了公司资本维持原则，对债权人利益具有较大威胁。为保护债权人利益，在股东未履行或未全面履行出资义务导致公司不能清偿债务时，债权人应有权直接请求该股东承担赔偿责任。

第三，根据《公司法》第 93 条的规定，股份有限公司设立过程中，股东未履行出资义务的，公司设立时的其他股东（或发起人）应当承担连带责任。而有限责任公司发起人未履行或者未全面履行出资义务时，《公司法》没有完整地规定其他发起人的连带责任。我们认为，关于股份有限公司前述规定的精神可以推广适用到有限责任公司，所以本条规定发起人未履行或者未全面履行出资义务的，相关主体有权请求公司设立时的股东（或发起人）承担连带责任。根据连带责任内部求偿原理，公司设立时的股东（或发起人）承担责任后，可以向未履行或未全面履行出资义务的股东追偿。

第四，根据《公司法》第 147 条第 1 款的规定，公司董事、高级管理人员对公司负有勤勉义务。公司增资时，向股东催收资本属于董事、高级管理人员勤勉义务的范围，其未履行该义务会对公司及其他利益相关者的利益产生影响，故应当向相关权利主体承担责任。因此，股东在公司增资过程中未履行或者未全面履行出资义务的，公司、其他股东或者债权人有权请求公司董事、高级管理人员承担相应的责任。根据民法相关原理，董事、高级管理人员承担责任后，可以向未履行或未全面履行出资义务的股东追偿。

第五，上述未履行或者未全面履行出资义务的股东、公司设立时的其他股东（发起人）或公司增资后的董事、高级管理人员等责任主体，对公司债权人承担的赔偿责任的性质是“补充责任”、“有限责任”和“一次性责任”。所谓“补充责任”是指债权人只有在公司不能清偿其债权时，就不能清偿的部分请求上述责任主体承担赔偿责任；所谓“有限责任”是指上述责任主体向全体债权人承担赔偿责任的范围以股东未履行出资义务的本金及利息范围为限；所谓“一次性责任”，是指上述责任主体已经赔偿的总金额达到责任限额时，其他债权人不得再以相同事由向该责任主体提出赔偿请求。

二、公司债权人对出资瑕疵股东追索财产清偿债务的方式

一般情况下股东对公司的债权人并不承担债务清偿责任，这是公司独立人格和股东有限责任制度所赖以创设的目的。公司制区别于其他企业形态制度的最显著特征就是股东只以自己所认缴的出资额为限对公司承担责任，当股东违反出资义务时，应对公司承担违约责任。在一般情况下，股东对公司外的第三人并不承担责任。但股东承担有限责任有一个前提，就是股东已按发起人协议或认股协议的约定如实缴纳了其所认缴的出资。一旦股东出资瑕疵，公司现有财产又不足以清偿债务，而此时债权人又要求出资瑕疵的股东承担直接责任时，则股东有限责任可能会面临质疑，原来被公司独立人格所隔开的股东与债权人就要面临债权人所遭受的损失究竟要如何分担的问题。一般而言，债权人追索股东财产以清偿债务有以下两种方式：一是债权人对出资瑕疵股东行使代位权；二是债权人提起公司法人格否认诉讼。

（一）债权人对出资瑕疵股东行使代位权

瑕疵出资股东对公司债权人承担补偿责任的法理依据源于《合同法》第 73 条规定的债权人的代位权。[①] 在公司的债权人面前，公司为债务人，瑕疵出资股东为公司的债务人，也就是次债务人。倘若公司缺乏偿债能力，又怠于请求瑕疵出资股东填补出资差额，公司的债权人可以将公司和瑕疵出资股东列为共同被告人，请求其在出资不足的金额及其同期银行贷款利息范围内承担连带债务清偿责任。

当股东出资瑕疵时，如股东未出资或出资不实，致使公司实有资本与注册资本存在差异，公司本应主动追缴该出资，但在实际生活中，在公司成立之后，公司因为由出资瑕疵股东所控制或其他原因，不能或者不会出面向该出资瑕疵的股东行使追偿权，同时，公司债权人对公司的债权到期，但公司却一直迟延给付，这时为使公司实有财产达到其应有财产的规模，从而使自己的债权得以实现，公司债权人完全可以依据《合同法》上代位权的规定，向人民法院请求行使公司对瑕疵股东的出资追缴权。但代位权的行使并不是出资瑕疵股东直接对债权人承担责任。其直接责任对象还是公司本身，只不过是由于法律的直接规定使债权人取得代替公司对债务人的诉讼提起权，而且通过诉讼程序取得的利益首先归入公司，行使代位权的债权人并无优先受偿权，只能与其他债权人处于同等地位要求公司清偿债务。对于这种将行使代位权取得的财产先加入债务人的责任财产的做法，学者称之为“入库规则”。

那么瑕疵出资股东的债务清偿责任是一次性的还是无数次的？换句话说，瑕疵

---

① 我国《合同法》第 73 条规定了债权人代位权。债权人代位权是指债务人怠于行使其对第三人享有的权利而害及债权人的债权时，债权人为保全其债权，可以自己的名义代位行使债务人对第三人之权的权利。

出资股东以其瑕疵出资的金额为限对公司的一名债权人承担债务之后是否还需要对公司其他债权人承担多次清偿责任？依笔者认为，为体现对债权人利益和瑕疵出资股东利益的平衡，人们法院或者仲裁机构应当将瑕疵出资股东对债权人的清偿责任锁定在股东出资不足的金额及其同期银行利息的范围内，并且将其界定为补充清偿责任而非连带清偿责任。至于公司债权人在追究瑕疵出资股东清偿责任的公平性问题，可以通过公示催告程序和按比例清偿原则得以解决。具体来说，凡是公司的债权人请求瑕疵出资股东履行补偿赔偿责任的，人们法院可以通过公示催告程序，告知对瑕疵出资股东主张补偿责任的公司债权人前来申报债权，在公示催告期限届满，法院可以根据债权人的各自比例以及瑕疵出资股东出资金额，判决瑕疵出资股东在瑕疵出资总金额的幅度内对各债权人履行补偿责任。这样就可以将瑕疵出资股东的补偿清偿责任锁定在瑕疵出资总金额以内，又可以贯彻债权人平等原则。倘若公司债权人不请求瑕疵出资股东承担债务补充清偿责任，仅请求公司履行债务清偿，则无需前来申报债权。

（二）债权人提起公司法人格否认诉讼

公司法人格否认，在英美法系称为“揭开公司面纱”。国外对于公司法人格否认或揭开公司面纱的解释不尽相同，但一般是指，当法院认定股东滥用公司人格和有限责任之时，基于公平和衡平的理念，在个案中漠视或忽视其公司人格，将公司股东和公司视为一体，由股东和公司一起对公司债务承担连带责任。

公司法人格否认法理的确立是对公司独立人格和股东有限责任滥用的结果。为了鼓励投资，法律赋予公司以独立人格，股东通过出资行为将自己的财产交给公司，从而使公司具有独立的财产。作为对价，股东成为公司成员，获得公司成员的有限责任。如果股东滥用股东有限责任和公司独立责任而给公司债权人造成损害时，公司债权人可以在个案中请求否定公司人格，请求公司背后的股东与公司承担连带责任，在股东出资瑕疵的情况下，可以要求瑕疵出资股东对公司债务在未出资范围内承担连带责任。

三、个别清偿无效的司法认定

《企业破产法》第 16 条规定：“人民法院受理破产申请后，债务人对个别债权人的债务清偿无效。”司法实践中把握该条文时需要注意以下问题：

（一）禁止个别清偿的条件

《企业破产法》第 16 条所禁止的个别清偿，须具备以下要件：（1）债务人实施的清偿；（2）债务人对实际存在的债务实施的清偿；（3）债务人在破产申请受理后实施的清偿。

以下情形不构成《企业破产法》第 16 条所称的个别清偿：（1）债务人的担保人或者其他连带债务人实施的清偿（此为合法清偿）；（2）债务人对虚假债务实施的清偿（此为《企业破产法》第 33 条①禁止的行为，依照《企业破产法》第 34 条②和第 128 条③处理）；（3）债务人在破产申请受理前实施的清偿（此为《企业破产法》第 32 条④禁止的行为，依照《企业破产法》第 34 条和第 128 条处理）。

（二）个别清偿的法律后果

《企业破产法》第 16 条规定，在人民受理破产申请后，债务人对个别债权人的债务清偿无效。这里的无效是绝对无效，即任何人皆得主张的无效。这种情况不同于《企业破产法》第 32 条规定的破产申请受理以前 6 个月内的个别清偿。后者属于可撤销的行为，而且只有管理人才可以请求撤销。

按照民法规定的行为无效的法律后果，在个别清偿无效的情况下，接受清偿的债权人负有恢复原状即返还因个别清偿所得财产利益的义务。

（三）清偿无效的时间起算

根据裁判文书对相对人发生效力的时间以送达为准的民事诉讼法规则，《企业破产法》第 16 条中的“人民法院受理破产申请后”，以受理破产申请的裁定依照《企业破产法》第 11 条的规定送达债务人之日的次日为起点。

【示例】

（1）人民法院受理 A 公司的破产申请后，该公司经理以偿还债务的名义向其关联公司 B 支付一笔金钱。管理人接管财产后，发现了这起支付，经核查确定为破产案件受理后的个别清偿。管理人以其为个别清偿无效为由，向人民法院提起诉讼，要求 B 公司返还所收取的款项。此项请求应得到支持。

（2）人民法院受理 A 公司的破产申请。债权人 B 公司持有向 A 公司租赁的一套价值 20 万元的设备。A 公司经理向管理人建议，以此设备来冲抵其欠 A 公司的 20 万元债务。鉴于此时的以物抵债具有变相个别清偿的性质，违反了《企业破产

---

① 《企业破产法》第 33 条规定：“涉及债务人财产的下列行为无效：（一）为逃避债务而隐匿、转移财产的；（二）虚构债务或者承认不真实的债务的。”

② 《企业破产法》第 34 条规定：“因本法第三十一条、第三十二条或者第三十三条规定的行为而取得的债务人的财产，管理人有权追回。”

③ 《企业破产法》第 128 条规定：“债务人有本法第三十一条、第三十二条、第三十三条规定的行为，损害债权人利益的，债务人的法定代表人和其他直接责任人员依法承担赔偿责任。”

④ 《企业破产法》第 32 条规定：“人民法院受理破产申请前六个月内，债务人有本法第二条第一款规定的情形，仍对个别债权人进行清偿的，管理人有权请求人民法院予以撤销。但是，个别清偿使债务人财产受益的除外。”

法》的规定，应属无效。故B公司应向管理人交还这套设备，同时，通过申报债权参加集体清偿程序。

四、破产中出资人补缴出资的司法认定

《企业破产法》第35条规定："人民法院受理破产申请后，债务人的出资人尚未完全履行出资义务的，管理人应当要求该出资人缴纳所认缴的出资，而不受出资期限的限制。"司法实践中把握该条文时需要注意以下问题：

出资人的出资属于债务人应当获得的财产，包含在《企业破产法》第30条①所指的债务人财产的范围内，应当由管理人统一管理。

（一）出资人的补缴出资义务

出资人拖延缴付应予缴清的出资，或者在出资以后又以种种方式抽回出资的情况，实践中时有发生。出资人的出资是企业法人对外信用的最主要的财产基础。法律要求将出资人对企业承担有限责任的范围，确定在其认缴的出资的范围内。由于2005年以前我国《公司法》未实行授权资本制，因而所有的注册资本都属于出资人已经认缴。如果公司的实缴资本低于注册资本，则出资人应当在债权人追索债务或者企业破产时，就差额部分承担补交义务。早在1993年，最高人民法院就在《全国经济审判工作座谈会纪要》（现已失效）中规定："企业法人注册登记时，投资方出资不足的，人民法院在审理案件时，如果发现该企业财产不足清偿债务，应判令投资方补足其投资用以清偿债务；注册资金不实的，由开办单位在注册资金不实的范围内承担责任；核准登记后，开办单位、投资人或其他人抽逃资金、隐匿财产，逃避债务的，应依法追回。"由此可见，追索欠缴出资的规则在我国审判实践中由来已久。《企业破产法》吸收审判实践的成果，设立了本条规定。

在企业股份制改造或者产权交易中，投资者根据虚假的财务报表或评估报告，以非正常的低价收购企业股份的，在破产案件中，应当适用本条规定。具体做法是，根据交易时的企业资产情况，合理评估股份的实际交易价，依照"按质论价"的商业惯例，由投资者补交购股款。

出资人补缴出资的义务是出资人依据有限责任原则承担的在出资范围内对外承担公司债务的义务，而不是单纯的出资人与公司之间的内部债务。所以，此种义务不得在出资人与公司的交往关系中以抵销、免除的方式消灭。

【示例】

1. A公司系由B公司和C公司合资成立。A公司成立一年后，B公司和C公

---

① 《企业破产法》第30条规定："破产申请受理时属于债务人的全部财产，以及破产申请受理后至破产程序终结前债务人取得的财产，为债务人财产。"

司决定将A公司的注册资金由原来的1000万元增加到1800万元。其中，B公司认缴的400万元出资一直没有缴付。现A公司破产，管理人要求B公司补缴出资。B公司主张自己对A公司享有380万元债权，与出资义务抵销后，只需补缴20万元。B公司的主张不能成立，应当补缴400万元出资。①

2. A公司的出资人B公司按章程规定应缴纳出资2000万元，但迄至A公司破产时，B公司只缴纳出资1500万元。当破产管理人要求B公司补缴500万元出资时，B公司出具了A公司董事会一年前作出的一份免除B公司补缴出资义务的决议。该决议无效，B公司应当补缴500万元出资。

3. A公司原为国有企业，在五年前进行股份制改造时，企业管理层通过虚增企业负债和压低企业资产价值，缩小企业净资产，从而以低价购得企业的大部分股份。现A公司破产。管理人应当依据本条的规定，要求这些人员补交购股款。

（二）向出资人追索欠缴出资是管理人的职责

管理人接管公司财产后，只要发现有欠缴的出资，包括出资中应缴而未缴的部分、非货币出资作价高于实际价值的部分和出资后以种种方式抽回的部分，应当要求承担该项出资义务的出资人补缴。此种补缴请求应直接向出资人提出；如出资人不履行，则可以提出诉讼。

（三）管理人追索出资不受原出资期限的限制

在公司章程或认缴出资的协议中规定了出资期限，而破产程序开始时该期限尚未届满的情况下，管理人有权不受此期限的限制而要求出资人立即履行补缴出资的义务。对这一要求，出资人不得拒绝。

【典型案例】

深圳市佩奇进出口贸易有限公司与湖北银行股份有限公司宜昌南湖支行、华诚投资管理有限公司破产债权确认纠纷案

申请再审人（案外人）：湖北银行股份有限公司宜昌南湖支行（原宜昌市商业银行南湖支行）。

负责人：王首珍，该支行行长。

被申请人（一审原告、二审上诉人）：深圳市佩奇进出口贸易有限公司。

诉讼代表人：深圳市佩奇进出口贸易有限公司管理人。

管理人负责人：郑良贞。

被申请人（一审被告、二审被上诉人）：华诚投资管理有限公司。

---

① 《最高人民法院关于破产债权能否与未到位的注册资金抵销问题的复函》（1995年4月10日实施）。

诉讼代表人：华诚投资管理有限公司破产管理人。

管理人负责人：王斌。

〔基本案情〕

申请再审人湖北银行股份有限公司宜昌南湖支行（以下简称南湖支行）为与被申请人深圳市佩奇进出口贸易有限公司（以下简称佩奇公司）、华诚投资管理有限公司（以下简称华诚公司）破产债权确认纠纷一案，不服北京市高级人民法院（2011）高民终字第853号民事判决，向最高人民法院申请再审。最高人民法院依法组成合议庭对本案进行了审查，现已审查终结。

南湖支行申请再审称：二审判决认定华诚公司破产管理人（以下简称华诚管理人）不应确认南湖支行的债权，实际上剥夺了南湖支行申报债权的权利。1. 该判决实质上否定了宜昌市中级人民法院（以下简称宜昌中院）将华诚公司依法追加为被执行人的（2000）宜中法执字第110－4号裁定，也否定了最高人民法院主持的包括北京市高级人民法院在内的多地人民法院参加的统一执行本案的协调会意见，因此否定了南湖支行是华诚公司的债权人，导致南湖支行不能依宜昌中院的裁定和北京市高级人民法院的决定向作为被执行人的华诚管理人申报债权。2. 宜昌中院（2000）宜中法执字第110－4号裁定已经发生法律效力，华诚公司即成为佩奇公司的连带债务人，根据《中华人民共和国企业破产法》（以下简称《企业破产法》）及《最高人民法院关于审理企业破产案件若干问题的规定》第二十三条规定，南湖支行依法享有向作为连带债务人华诚公司就全部债权申报债权的权利，而南湖支行的此权利就是华诚公司的义务。3. 北京市高级人民法院在没有南湖支行参加的情况下在“本院认为”中剥夺了南湖支行的权利，违反了人民法院审判的正当性原则。4. 二审判决适用《企业破产法》第十六条、第十七条第一款、第三十条、第三十五条的规定处理本案，属于适用法律错误。5. 二审判决认为华诚管理人违反了《企业破产法》第十七条的规定向债务人的债务人清偿财产不当，因为华诚公司宣告破产在2009年，而宜昌中院裁定华诚公司承担责任在2001年。南湖支行依据《中华人民共和国民事诉讼法》第一百七十九条①第一款第（六）项的规定对本案申请再审。

〔最高人民法院裁判理由与结果〕

最高人民法院认为，南湖支行是以案外人的身份向本院申请再审，故不能适用《中华人民共和国民事诉讼法》第一百七十九条②的规定，因为该条适用的对象仅限于生效判决列明的当事人及其权利义务的概括继承人。《中华人民共和国民事诉讼法》第二百零四条③和《最高人民法院关于适用〈中华人民共和国民事诉讼法〉

① 对应2012年新《民事诉讼法》第200条。

② 对应2012年新《民事诉讼法》第200条。

③ 对应2012年新《民事诉讼法》第227条。

审判监督程序若干问题的解释》第五条对案外人申请再审的要件作了明确规定。依据上述规定，案外人申请再审的要件主要有二个，一是案外人须对原判决、裁定或者调解书确定的执行标的物能够主张权利，二是无法提起新的诉讼解决争议。

从本案一、二审查明的情况看，南湖支行和佩奇公司对华诚公司均享有债权，且两债权产生的原因关系是相同的，即均基于华诚公司对佩奇公司出资不到位而应承担补足出资的责任。现争议的焦点在于讼争1400万元破产债权的归属问题。1. 根据宜昌中院作出的（2000）宜中经初字第6号民事判决以及（2000）宜中法执字第110－4号民事裁定，华诚公司应在其出资不足的范围内向南湖支行承担责任，但该执行程序在人民法院受理破产案件后尚未执行完毕。由于破产程序是对债务人全部财产进行的概括执行，注重对所有债权的公平受偿，具有对一般债务清偿程序的排他性。因此，在佩奇公司、华诚公司先后被裁定宣告破产后，对华诚公司财产已采取保全措施和执行措施的，包括依据宜昌中院（2000）宜中法执字第110－4号民事裁定所采取执行措施的，都属于未执行财产，均应当依法中止执行。破产财产应在破产清算程序中一并公平分配。2. 注册资本系公司对所有债权人承担民事责任的财产保障。在股东出资不到位的情况下，如公司被裁定宣告进入破产程序，根据《企业破产法》第三十五条“人民法院受理破产申请后，债务人的出资人尚未完全履行出资义务的，管理人应当要求该出资人缴纳所认缴的出资，而不受出资期限的限制”的规定，作为股东的华诚公司应首先向佩奇公司补缴出资。依据《企业破产法》第三十条的规定，该补缴的出资应属于佩奇公司破产财产的组成部分，只能用于向佩奇公司所有债权人进行公平清偿，而不能向个别债权人清偿，否则就与《企业破产法》第十六条“人民法院受理破产申请后，债务人对个别债权人的债务清偿无效”规定相悖，侵害了佩奇公司其他债权人的合法利益。故二审判决将讼争破产债权确认归佩奇公司享有符合《企业破产法》的规定精神，南湖支行可向佩奇公司申报自己的破产债权并参与分配。综上，南湖支行关于二审判决认定华诚管理人不应确认南湖支行的债权，实际上剥夺了南湖支行申报债权的权利，以及二审判决适用律错误等申请理由均不能成立。

由于讼争1400万元破产债权归佩奇公司享有，南湖支行对作为本案诉讼标的的上述破产债权已不能再主张权利，故其不能以案外人的身份对本案生效判决申请再审。依据《中华人民共和国民事诉讼法》第二百零四条①和《最高人民法院关于适用〈中华人民共和国民事诉讼法〉审判监督程序若干问题的解释》第五条的规定，裁定如下：

驳回湖北银行股份有限公司宜昌南湖支行的再审申请。

---

① 对应2012年新《民事诉讼法》第227条。

第三章 抽逃出资责任

规则5：股东将资金转入公司账户验资后，在无正当交易关系的情况下又将出资转出的，系抽逃出资行为，应承担相应的责任

——源润控股集团股份有限公司与上海浦东发展银行股份有限公司天津分行、天津港保税区国臣国际贸易有限公司、天津国信集团有限公司、天津市通泰实业发展有限公司、天津国臣投资集团有限公司、孙建国借款合同纠纷案[①]

【裁判规则】

股东将资金转入公司账户验资后，在无正当交易关系的情况下又将出资转出的，系抽逃出资行为。该行为导致公司责任资产减少，损害了公司和债权人利益。公司债权人据此请求判令该股东在其抽逃范围内对公司债务不能清偿部分承担补充赔偿责任的，人民法院应予支持。

【规则理解】

一、股东抽逃出资的理解

理论界对股东抽逃出资的界定各有不同。第一种观点认为抽逃出资是指在公司成立后，股东非经法定程序——有时是在秘密的状态下，从公司抽回相当于已缴纳出资数额的财产，同时继续持有公司股份。准确地说，抽逃出资是一种变相违反出资义务的行为，抽逃出资的股东原本已经履行了出资义务，为了回避投资风险，该股东又违法取回原来的出资。这样，一旦公司亏损，抽逃者可能以破产为借口逃避债务。[②] 第二种观点认为抽逃出资是指公司股东在成立时业已出资，但在公司成立

---

① 最高人民法院（2011）民提字第86号民事判决书。

② 赵旭东、傅穹、孙有强等：《公司资本制度改革研究》，法律出版社2004年版，第301页。

后将其所认缴的出资暗中抽回的情形。① 第三种观点认为抽逃出资是指公司股东在公司成立或者履行验资程序后，将其已经缴纳并转移到公司名下的出资抽回，性质上属于欺诈行为。② 三者的相同之处在于股东均在公司成立以后，将已经缴纳出资款抽回。但是，由于三者的关注角度不同，其主要不同在于：第一种观点关注股份的持有情况，强调股东在抽回出资后仍持有股份；第二种观点主要关注股东的行为强调股东暗中抽回出资的情形；第三种观点主要关注股东抽回出资行为的性质，强调性质上属于欺诈行为。

二、股东抽逃出资的特点

股东抽逃出资作为股东违反出资义务的一种，与其他股东违反出资义务的行为相比具有以下特点：

（一）股东的出资行为已经完成

股东抽逃出资的前提是股东已经出资，且出资额已经成为公司注册资本的一部分。股东的出资行为已经完成是股东抽逃出资行为区别于其他股东违反出资义务形态的重要特点之一。因为虚假出资、出资不实、迟延出资等，都是股东在出资之始就存在问题，也就是说，股东在出资中未能完全地履行出资义务。

（二）违反了公司法相关的禁止性规定

我国《公司法》第 35 条规定："公司成立后，股东不得抽逃出资。"股东不得抽回出资是《公司法》关于股东出资的禁止性规定，根据公司制度的一般原理，股东作为出资的财产，一旦投入到公司，就应属于公司的法人财产，股东不得对该财产再主张权利。因此，股东在公司成立后，不得抽逃已投入到公司的出资。这一规定对目前存在的有些公司股东利用他人资金，骗取验资及公司设立登记，在登记后即将钱款或财物归还他人的虚假出资行为有明确的针对性。《公司法》在法律责任一章中对违反此规定制定了处罚措施，明确了公司成立后，股东违反法律规定抽逃出资的，应承担相应的法律责任。需要注意的是，有限责任公司成立之后股东不得抽逃出资，不等于股东在任何情况下都不得退出公司。按照《公司法》的规定，股东退出公司可以采取以下两种方式：一种方式是将其出资转让给其他股东或者依法将其出资转让给股东以外的人。在这种情况下，公司的资本不会减少，该股东在公司的出资成为受让出资人在公司的投资。另一种方式是公司的股东依照《公司法》

---

① 郑曙光："股东违反出资义务违法形态与民事责任研究"，载《法学》2003 年第 6 期。
② 李东方：《公司法学》，中国政法大学出版社 2012 年版，第 163 页。

第 74 条①规定的条件，请求公司按照合理的价格收购其股权。这样就导致两种后果：一是公司收回股东的股权后，重新向其他股东转让，使其他股东增加出资。公司维持原有资本；二是公司收购股东的股权后，销毁股权证明书，依法办理公司减资手续。②

股东抽逃出资在程序上是违反法定程序、股东擅自而为的行为，是对股东权利和有限责任的滥用，具有违法性。为了防止股东滥用股东权利，并对滥用股东权利的股东予以制裁和进行责任追究，《公司法》第 20 条还规定："公司股东应当遵守法律、行政法规和公司章程，依法行使股东权利，不得滥用股东权利损害公司或者其他股东的利益；不得滥用公司法人独立地位和股东有限责任损害公司债权人的利益。公司股东滥用股东权利给公司或者其他股东造成损失的，应当依法承担赔偿责任。公司股东滥用公司法人独立地位和股东有限责任，逃避债务，严重损害公司债权人利益的，应当对公司债务承担连带责任。"同时，还要注意区分股东抽逃出资与公司合法减资。虽然二者都呈现公司资本的减少，但合法减资是在法定条件下，按照法定程序减少公司资本的合法行为。

（三）股东抽逃出资的行为具有隐蔽性、欺诈性③

这里的隐蔽性是指股东抽逃出资多采取隐蔽、秘密的手段，通过制造虚假的财务报表，虚构债权债务关系或虚增利润进行分配，从而将出资全部或部分据为己有。在公司财务账册上，关于实收资本的记载是真实的，股东在公司成立时足额将股款存于公司或将财产转移给公司，而后再以常提、撤回、转移、混同、抵销等违反公司章程或财务会计准则的手段将股东出资从公司转移为股东个人所有，但财务上却以"应收账款""长期投资"的方式记录等。因此，不经调查、审计，只从财务记录上，很难发现抽逃出资的行为。

这里的欺诈性是指股东与公司往往无基础的交易关系，或交易关系虚假，股东所为是对公司的欺诈。如股东通过虚构债权债务关系，拆东补西、关联投资等欺诈

---

① 《公司法》第 74 条规定："有下列情形之一的，对股东会该项决议投反对票的股东可以请求公司按照合理的价格收购其股权：（一）公司连续五年不向股东分配利润，而公司该五年连续盈利，并且符合本法规定的分配利润条件的；（二）公司合并、分立、转让主要财产的；（三）公司章程规定的营业期限届满或者章程规定的其他解散事由出现，股东会会议通过决议修改章程使公司存续的。自股东会会议决议通过之日起六十日内，股东与公司不能达成股权收购协议的，股东可以自股东会会议决议通过之日起九十日内向人民法院提起诉讼。"

② 法律出版社法规中心编：《新编公司法全解》，法律出版社 2014 年版，第 88 页。

③ 最高人民法院民事审判第二庭编著：《最高人民法院关于公司法解释（三）、清算纪要理解与适用（注释版）》，人民法院出版社 2014 年版，第 202～203 页。

交易，将公司财产据为己有。有时则是股东和公司之间恶意串通，抽回出资，合谋欺诈公司的债权人。

（四）多为控股股东所为[①]

何为控股股东，我国《公司法》第216条第2项有明确的规定："控股股东，是指其出资额占有限责任公司资本总额百分之五十以上或者其持有的股份占股份有限公司股本总额百分之五十以上的股东；出资额或者持有股份的比例虽然不足百分之五十，但依其出资额或者持有股份所享有的表决权已足以对股东会、股东大会的决议产生重大影响的股东。"该条分别从形式上和实质上认定控股股东。形式上的标准是指股东持有的股份占公司股份总额的半数以上，实质上的标准是其表决权足以对股东产生重大影响。据此，判断公司的股东是否为控制股东的标准并非完全以其持股比例是否达到某一数额而论，而是以其实际拥有的控制权为标准，即"大股东与小股东是一组相对应的概念，这对概念是由具体公司股权结构反映出来的，它表明的是权力关系而不是单纯的固定的数字比例。"[②]"公司控制权实质上是权利主体对公司经济资源表现占据、把握和处分，并由之对公司事务作出决策的权能"，因而公司控制权是"从股东所有权中派生出来的经济性权利"。[③] 控制权为股东抽逃出资提供了可能，利用控制权是控股股东抽逃出资的主要手段。

控股股东享有控制权，而中小股东拥有的股权较为分散，因此，控股股东可以通过在公司股东大会中的投票权优势控制股东大会任免董事，进而在董事会中占据绝大部分席位，通过操纵董事会使公司的经营决策服从控股股东的意志；同时，在监督机制缺失的情况下，控股股东利用自己的强势地位，通过截留公司资金、直接扣划公司的现金、强令公司代偿债务等方式将公司的利益无对价地转移至控股股东手中；在信息披露制度不完善的情况下，控股投东利用股东间信息的严重失衡，通过虚假信息披露、内幕交易，"套牢"中小股东，从而将公司财产不合理的转移。在控股股东控制公司抽逃出资时，小股东只能被动地"用脚投票"。正是资本多数决话语中的股权的实质不平等，为股东的抽逃出资创造了可能性，因此，一般抽逃出资多为控股股东所为，中小股东往往处于被动受害的地位。

三、股东抽逃出资的实质

股东抽逃出资的实质是股东滥用股权和有限责任的行为，即利用股东特有的资

---

① 最高人民法院民事审判第二庭编著：《最高人民法院关于公司法解释（三）、清算纪要理解与适用（注释版）》，人民法院出版社2014年版，第203页。

② 齐斌："股份有限公司小股东权益的保障"，载王保树主编：《商事法论集（第3卷）》，法律出版社1999年版，第596页。

③ 甘培忠：《公司控制权的正当行使》，法律出版社2006年版，第1页、第284页。

格攫取公司财产的行为。[①] 从行为上看，股东抽逃出资的实质是股东实施了滥用股东权利的行为和实施了滥用有限责任的行为；从后果上看，股东抽逃出资的实质是股东利用其特有的资格攫取了公司财产，侵犯了公司以及其他股东的利益。

（一）股东滥用股东权利

1. 股东权利的范围与法律依据

股东权利，简称股权。有广义和狭义之分，广义的股东权利，泛指股东得以向公司主张的各种权利，故股东依据合同、侵权行为、不当得利和无因管理等权利关系享有的债权亦包括在内；狭义的股东权利，则仅指股东基于股权资格、依据公司法和公司章程规定而享有的、从公司获得经济利益并参与公司治理的权利。[②] 股权是一种股东对营利性法人享有的特殊的民事权利，是由财产性权利和非财产性权利构成的权利束。公司的营利性决定了股东享有直接从公司获得的经济利益的财产性权利；但是，为了确保此财产性权利，公司章程和法律赋予了股东参与公司治理的非财产性权利。

我国《公司法》第 4 条规定："公司股东依法享有资产收益、参与重大决策和选择管理者等权利。"股东作为公司的投资者，将其财产投入公司后，即以对公司投资享有对公司的股权。股东享有股权，主要体现为资产收益权及参与公司重大决策和选择管理者的权利：[③]

（1）资产收益权是指股东按照其对公司的投资份额通过公司盈余分配从公司获得红利的权利。获取红利是股东投资的主要目的。只要股东按照章程或股东协议的规定如期履行了出资义务，任何一个股东都有权向公司请求分配红利。一般而言. 有限责任公司的股东应当按照其出资比例分取红利。

（2）参与公司重大决策权是指股东对公司的重大行为通过在股东会或股东大会上表决，由股东会或股东大会作出决议的方式作出决定。公司的重大行为包括：公司资本的变化，如增加或者减少注册资本；公司的融资行为，如发行公司债券；公司的对外投资、向他人提供担保、购置或转让主要资产、变更公司主营业务等行为；公司合并、分立、变更组织形式、解散、清算等行为。上述有些权利，在不违背法律强制性规定的前提下，股东会或者股东大会可以授权董事会行使。

（3）选择管理者的权利是指股东通过股东会或股东大会作出决议的方式选举公

---

① 最高人民法院民事审判二庭编著：《最高人民法院关于公司法解释（三）、清算纪要理解与适用（注释版）》，人民法院出版社 2014 年版，第 198 页。

② 刘俊海：《现代公司法》（第二版），法律出版社 2011 年版，第 186 页。

③ 法律出版社法规中心编：《新编公司法全解》，法律出版社 2014 年版，第 62 页。

司的董事、监事的权利；选择管理者的权利也包括决定管理者的薪酬。公司的所有权和经营权相分离，投资者个人不必参与经营，是现代公司制度发展的趋势：特别是对股份有限公司而言，股东作为投资者，对公司重大决策和选择管理者的权利均应通过股东会来行使，股东个人没有决定权。为了提高公司的经营效率，股东会的权限应有所限制，对公司一般的经营决策，股东和股东会不应干预。

2.《公司法》认可的股东自益权和共益权

以其行使目的为准，2014 年《公司法》确认的股东权可分为自益权与共益权。顾名思义，自益权是股东主要为维护自身的经济利益而行使的权利，共益权是股东主要为维护包括自己经济利益在内的公司经济利益和全体股东经济利益而行使的权利。

股东的自益权主要包括：股利分配请求权（第 34 条、第 166 条第 4 款）、剩余财产分配请求权（186 条第 2 款）、新股认购优先权（第 34 条）、异议股东请求公司收购股权的请求权（第 74 条）、股份转让权（第 71 条）、股东名册变更请求权（第 73 条）等。可见，股东的自益权虽主要体现为经济利益，但不必限于直接接受金钱的形式。

股东的共益权包括：表决权（第 42 条和第 103 条）、代表诉讼提起权（第 151 条）、临时股东大会召集请求权（第 39 条、第 100 条）、临时股东大会自行召集权与主持权（第 39 条第 3 款、第 101 条第 2 款）、提案权（第 102 条第 2 款）、质询权（第 97 条、第 150 条第 1 款）、股东会和董事会决议无效确认诉权（第 22 条第 1 款）、股东会和董事会决议撤销诉权（第 22 条第 2 款）、累积投票权（第 105 条）、会计账簿查阅权（第 33 条第 2 款）、公司解散请求权（第 182 条）等。股东的共益权不仅表现为对公司治理中公司决策的积极参与，也表现为对公司高管的消极监督。

3. 股东违规行权的抽逃出资行为

抽逃出资的股东在行使自益权时，往往违反法律规定，不合理转移公司财产，在公司未盈利的情形下分配利润；在行使共益权时，利用其参与决策的权利和选择管理者的权利，为自己谋求私利，损害公司利益。股东抽逃出资实际上是股东不履行或只履行了部分的出资义务，却仍享有投资收益权、公司管理权等股东权利，且仍受到公司制度赋予股东有限责任制度的保护的不公平现象。股东之所以能够实现不合理地转移公司财产的目的，多因其利用股东的优势地位，在行使自益权和共益权时，将其权利的边界侵犯到别人的领域，这也是股东抽逃出资不同于不享有股权的出资人的出资违约行为和第三人侵害公司财产权行为的特点之一。

（二）股东滥用有限责任

1. 股东有限责任的含义与原则

股东有限责任是指股东以投资（出资额或者股份）为限对公司承担责任，并由所投资的公司这个中间物对外承担责任。股东有限责任制度是指“股东与公司法人相互独立，在法律上有各自独立的主体资格。公司法人应该以其全部资产承担清偿债务的责任，在公司资产不足以清偿全部债务的场合，公司不能将债务转换到股东身上，公司债权人也不得请求股东承担超过其出资义务范围的责任。”① 股东有限责任原则有两层含义：其一，股东以其出资额或所持股份为限对公司承担责任，这种责任属于法定的量的有限责任；其二，公司独立责任，股东责任与公司责任相互分离。股东对公司负责，不对公司债权人负责；公司的责任属于公司责任，原则上不能向股东进行追索。股东有限责任原则对公司的发展起到了巨大的推动作用。

2. 股东有限责任的适用条件

股东有限责任的适用即应以股东和公司人格的彼此独立和相互分离为前提，因为：

（1）公司法人人格须独立于股东而存在。公司要享有独立的财产所有权，具有完全的民事权利能力和民事行为能力，能够以自己的名义从事民事活动，并能够独立地承担民事责任。

（2）必须遵循公司与股东彻底分离的原则。这种分离首先表现在公司财产和股东财产的彻底分离，其次表现为股东远离公司的经营管理，股东财产权和公司经营权的彻底分离。我们认为，后一种适用条件更重要，因为它是前一种适用条件的基础和具体体现。其目的在于使公司债权人确信与之进行交易的对方当事人是公司，而不是公司中的股东，以此来保证交易的安全。如果没有公司和股东的彻底分离原则，而让公司财产仍由股东支配并按合伙方式或无限公司方式组织经营的实体登记为股份有限公司或有限责任公司，从而使股东只承担有限责任（即除出资或缴纳股款外不承担任何责任），是与法律的公平、正义理论相违背的，也难以让公司债权人接受。因此，股东有限责任的适用必须贯彻股东人格和公司人格彼此独立和分离，千万不可让二者人格混合。

3. 股东有限责任制度的价值取向

由于有限责任制度能够降低股东的投资风险，从社会上吸引更多的资金用于公司的运营，有了有限责任制度的保护，股东不用直接向债权人履行债务、承担责任。因此，股东有限责任成为现代公司法律的基石。可以说，现代公司法律制度的

---

① 李语湘、黄晓权：“股东有限责任原则与公司人格否认制度的法理整合”，载《法制与经济》2008 年第 6 期。

形成与建立以及各项具体制度的完善，皆与股东有限责任密切相关。抽去股东有限责任制度，现代公司法律的大厦将难以支撑，现代公司的法律体系就必然失去重心。具体而言，股东有限责任制度的价值取向主要表现为：

（1）减少和转移股东投资的风险

市场竞争充满了风险，而风险的大小通常与收益的大小成正比，因为对风险大小的补偿就是收益的高低。若实行无限责任制度，那么风险之大可能无法预测。例如，当公司欠下巨额债务时，债权人便可以对公司的股东直接追索，即使公司宣告破产，股东也须以其个人财产承担无限责任。相反，股东有限责任制度则将股东的责任风险限定在一定范围内，这种风险同不可预测的风险相比，无疑是减少了。

（2）鼓励更多的经济组织和自然人成为股东进行投资

社会经济的发展需要靠投资推动，而股东有限责任则能最有效地鼓励更多的人和法人以及其他经济组织进行投资，因为，股东有限责任的最大优点在于它能使投资者预先确定其投资风险，即该风险仅限于其出资的损失。这种最大投资风险的预测从另一个角度看也是对投资者利益的一种保障，它能够对鼓励投资起到积极的促进作用。

（3）促进社会资本进行流动

股东有限责任制度则将风险限定在一定货币金额和资本范围内，投资者对此范围外的个人财产可以自由支配，于是，在趋利避害动机推动下，人们就会最大效率地支配自己的资金，其结果必定会促进资本的流动。相对于无限责任制度下，在投资风险不可预测性情形下，人们不得不积累大量的资金在手中，以便能够随时承担巨大的风险责任，这些大量的闲置资本的存在，在一定程度上会抑制资本的流动。

（4）降低管理成本，减少交易费用

在无限责任制度下，投资者为尽量降低其可能承担的巨额风险，必然会不惜一切代价加大风险防范的力度，而在有限责任制度下，投资风险的分散化和可预见性可以使投资者减小防范风险的力度，从而可降低管理成本。同时，股东有限责任还避免了债权人直接针对单个股东提起诉讼的情况，也就是说，在公司不履行其义务时，债权人只需直接对公司提起诉讼，而不必对每个股东提起费用高昂、程序烦琐的诉讼，从而可减少交易费用。

4. 股东有限责任制度的缺陷

虽然股东有限责任制度促进了社会经济发展，但是依然存在局限性，其制度缺陷主要表现为：

（1）忽视了对外部债权人的保护，将股东的投资风险转移给外部债权人

在股东有限责任制度的语境中，股东仅以其出资额对公司债务负有限责任，而

股东的投资从公司获得的股息和红利以及在证券市场上从股价升值中得到回报，并且这种回报可能会远远超出其投资额，即股东从公司获得的利润可能是无限的。但是公司宣告破产时，公司的债权人却可能因为股东有限责任制度使自己在其公司破产时变得一无所有。故而，股东有限责任虽然减少了股东的投资风险，但减少的这些经营风险并没有消失，而是转移到外部债权人身上，从而容易使债权人的利益不能得到切实的保障。

（2）为股东滥用公司的法律人格提供了机会

股东作为公司的出资者，可依据股权享有管理公司的权利，当有关股东（包括一个股东或者几个关系密切的股东）持股比例达到控制整个公司的管理和经营时，由于有限责任降低了股东的投资风险，这就容易造成投资者不关心企业、管理层权力过盛的状况。特别是公司的大股东出于其自身利益的考虑，可以最大限度地利用其在公司的优势地位来决定公司的重大经营决策，将自己的意志直接体现为公司的意志，从而使公司成为股东实现其个人利益的工具。事实上，一些公司个别股东甚至非法操纵公司从事不正当活动，或将公司的资产和利润转移到股东个人账户上的情形并不少见。股东之所以敢如此滥用公司的法律人格，在一定程度上就是因为有限责任制度使股东只承担其出资内的风险，而对于公司经营不善的责任，即使是由于股东滥用权利造成的，股东也不负责任。因此，有限责任制度为股东滥用公司的法律人格提供了机会。

（三）股东滥用有限责任的情形

正是由于股东有限责任的局限性，为股东滥用有限责任提供了广阔天地。特别是一些大股东借机违反公司资本制度，在并未向公司支付公正、合理的对价的情况下，将有关股东出资资金或者相应的资产从公司转移给该股东，利用股东特有的资格攫取了公司财产。其具体表现为：在公司财务账册上，关于实收资本的记载是真实的，并且在公司成立当日足额存于公司，后又以撤回、转移、混同、冲抵等违反公司章程或财务会计准则的各种手段从公司转移为股东个人所有的行为。

这些行为，对内破坏了股东承担有限责任的公平性基础，损害了公司其他股东，特别是中、小股东的经济利益；对外给公司的债权人造成实际的经济损害或者可能的经济损害。

四、股东抽逃出资的构成要件与认定

（一）股东抽逃出资的构成要件

虽然现有的法律法规对如何认定“抽逃出资”并没有明确、具体的规定，但是，按照法学原理，一般认为抽逃出资的构成要件包括行为主体、主观方面、侵犯的客体、客观方面四要素：

1. 股东抽逃出资的行为主体

只有公司的股东和发起人才有机会抽逃已经投资到公司的出资，所以，该行为的主体是公司出资者和股东。而我国《公司法》第35条关于“公司成立后，股东不得抽逃出资”的规定，进一步将股东作为股东抽逃出资的行为主体法定化。

2. 股东抽逃出资的主观方面

抽逃出资的股东在主观方面是故意而为的状态，正如专家们所言：“在主观方面，看权利人有无可能导致权利滥用的故意或者过失。”① 考察公司股东有无“抽逃出资”的故意，主要针对转出的款项有无正常的业务往来、借贷关系或其他依据，如果不支付任何代价而长期占用股东出资不还的，就可能涉嫌抽逃出资。

3. 股东抽逃出资侵犯的客体

股东抽逃出资所侵犯的客体是公司的合法权益和公司的资本制度。股东出资以后，其出资财产的所有权归属于公司所有，相对于股东而言，“从某种意义上讲，资本一经注册，就变成了纯粹的账面数字，成了一个静止不动的符号”。② 但这里的不变不是绝对的不可改变，在符合法定条件的情况下或经过股东会决议后，公司可以依照法定程序增加或者减少资本，但必须修改公司章程，并在公司登记机关依法办理变更登记。而股东抽逃出资正是采用了非法手段侵犯了公司的财产权利。

为了维护公司股东、债权人及投资人的合法权益，从而促进整个社会经济秩序的稳定与发展，我国《公司法》确定了我国公司资本制度。股东抽逃出资正是违反了资本制必须遵循的“确定、维持、不变”三个原则——“资本确定原则是指在公司设立时，必须在章程中对公司的资本总额做出明确的规定，并须由股东全部认足或募足，否则公司不能成立。资本维持原则是指公司在其存续期间，应经常保持与资本额相应的财产，以防止公司资本实质性减少，保护债权人利益，同时也防止股东对盈利分配的不当要求，确保公司本身业务活动的正常开展。资本不变原则是指公司的资本一经确定，即不得随意改变，如需增减，必须严格按法定程序进行。资本不变原则的立法意图与资本维持原则是相同的，即防止资本总额的减少导致公司财产能力的降低和责任范围的减少。”③股东抽逃出资使法定的公司资本变得不确

---

① 徐国栋：《民法基本原则解释——以诚实信用原则的法理分析为中心》（增删本），中国政法大学出版社2004年版，第167页。

② 赵旭东主编：《公司法学》（第二版），高等教育出版社2006年版，第225~227页。

③ 赵旭东主编：《公司法学》（第二版），高等教育出版社2006年版，第225~227页。

定、甚至不能维持公司本身业务活动的正常开展。

4. 股东抽逃出资的客观方面

一方面表现为违反《公司法》的规定，在公司验资成立后又抽逃出资的行为。抽逃出资不同于一般的交易，一般的交易是有公正、合理的对价，但“抽逃”是指股东出资资金或者相应的资产从公司转移给股东时，股东并未向公司交付等值的资产或权益。股东抽逃出资虽然大多采取隐蔽、秘密的手段，但在财务记录上一般有迹可循。财务记录，如公司的资产负债表、长期投资账册、资产损益表、财务状况变动表、利润分配表及其工作底稿等，具体的抽逃出资的股东主要采取以下几种财务记录方式：（1）借方记录“银行存款”，贷方记录“其他应收账款”。（2）借方记录“银行存款”，贷方记录“长期投资”。（3）作混账。将应收账款、预付账款、其他应收款三个账户合并设置收款综合账户，而且债权、债务未按单位或个人分别设置分户明细账。（4）不做账或者做假账。公司成立后，股东强行转移公司资产，“银行存款”项下账面的公司注册资金并未减少，账面数额仅是一个虚假的夸大的数字。①

另一方面造成公司或者其他股东以及债权人的损害，正如专家们所言：“在客观方面，看权利人滥用权利的行为是否造成他人损害或者可能造成损害。”② 如果抽逃的数额巨大、造成的后果严重，就可能涉嫌构成抽逃注册资本罪。

（二）股东抽逃出资的认定

如何认定股东抽逃出资，《公司法》没有具体的规定，《公司法司法解释三》第12条作了明确的规定：“公司成立后，公司、股东或者公司债权人以相关股东的行为符合下列情形之一且损害公司权益为由，请求认定该股东抽逃出资的，人民法院应予支持：（一）制作虚假财务会计报表虚增利润进行分配；（二）通过虚构债权债务关系将其出资转出；（三）利用关联交易将出资转出；（四）其他未经法定程序将出资抽回的行为。”为了正确理解和适用该条款，应当认真理解该司法解释的立法意图。③

抽逃出资是严重侵蚀公司资本的行为，我国《公司法》第35条、第91条、第

---

① 最高人民法院民事审判第二庭编著：《最高人民法院关于公司法解释（三）、清算纪要理解与适用（注释版）》，人民法院出版社2014年版，第211～212页。

② 徐国栋：《民法基本原则解释——以诚实信用原则的法理分析为中心》（增删本），中国政法大学出版社2004年版，第167页。

③ 最高人民法院民事审判第二庭编著：《最高人民法院关于公司法解释（三）、清算纪要理解与适用（注释版）》，人民法院出版社2014年版，第193～194页。

200 条[①]均明确禁止股东抽逃出资。实践中，有的股东仍采取各种方式抽逃其出资。这些行为往往具有复杂性、模糊性和隐蔽性等特点，这使得对股东抽逃出资的认识也常常发生较大的分歧，认定和把握的难度较大。

从目前的实践情况看，股东抽逃出资采取的形式多种多样，包括直接将出资抽回、虚构合同等债权债务关系将出资抽回、公司在没有盈利时进行所谓的利润分配等。这些行为常常是故意、直接针对公司资本进行的侵害，但又囿于举证的困难使得其在个案中很难被认定，因此，需要对这些行为是否构成抽逃出资作出统一的规定。

《公司法司法解释三》第 12 条从广义上列举了抽逃出资的三种表现形式，同时根据该条规定，股东或公司实施上述行为时，只有在该行为对公司权益造成损害的情况下，才被认定为抽逃出资，从而追究行为人的责任。因此，损害公司权益是认定抽逃出资行为的必要条件。

《公司法司法解释三》第 12 条所列上述情形中，有的本身已经构成了对公司权益的损害，如第 1 项和第 2 项。第 1 项情形中，相关股东制作虚假财务会计报表虚增利润进行分配，违反了《公司法》第 166 条关于公司分配利润的法定条件的规定，即“没有盈利不得分配”的法律原则，侵害了公司的权益。第 2 项情形中，相关股东虚构债权债务关系将出资转出不同于股东借款，前者是恶意地将公司资本转出，一般无需支付对价和提供担保，也无返还期限的约定等，同时也违反了有关金融管理、财务制度的规定，而股东向公司借款时，有真实的债权债务关系且符合有关金融管理、财务制度等规定。

但上述规定其他两种情形中，有的行为本身并不足以构成抽逃出资，是否构成抽逃出资，应看该行为是否侵害公司权益。如第 3 项情形中，股东利用关联交易将出资转出，如果该交易行为符合法律规定，交易价格公平、合理，则该关联交易行为并未侵害公司权益，也不应认定为抽逃出资。

股东抽逃出资的认定问题比较复杂，抽逃出资的形式多种多样，很难通过过列举方式予以穷尽。鉴于此，《公司法司法解释三》第 12 条采取列举与界定相结合的方式，以期尽可能全面地涵盖各种形式的抽逃出资行为。除了明确列举的三

---

① 《公司法》第 35 条规定：“公司成立后，股东不得抽逃出资。”

第 91 条规定：“发起人、认股人缴纳股款或者交付抵作股款的出资后，除未按期募足股份、发起人未按期召开创立大会或者创立大会决议不设立公司的情形外，不得抽回其股本。”

第 200 条规定：“公司的发起人、股东在公司成立后，抽逃其出资的，由公司登记机关责令改正，处以抽逃出资金额百分之五以上百分之十五以下的罚款。”

种抽逃出资情形之外，凡是在公司成立后，股东未经法定程序而将其出资抽回并且损害公司权益的，人民法院都可根据该条的规定，认定该股东构成抽逃出资行为。

五、股东抽逃出资的法律责任

（一）抽逃出资股东对公司的民事侵权责任

由于股东履行出资义务之后，股东的出资财产转化为公司法人财产权的标的物，因此，股东抽逃出资是对公司财产的侵权行为。为预防公司资本和公司资产被不法侵害，确保股东出资的真实性、充分性，立法者有必要确认抽逃出资股东对公司的民事侵权责任。公司有权根据侵权法的基本法理追究抽逃出资股东的侵权责任，对其提起财产返还和损害赔偿之诉。股东的赔偿责任不以其抽逃出资的金额为上限。由于抽逃出资行为给公司造成的实际损失，亦应由抽逃出资股东承担赔偿责任。倘若抽逃出资股东兼任公司法定代表人（董事长、执行董事或者总经理），抽逃出资股东有可能既不积极清退财产，又拒绝或者怠于代表公司对自己提起诉讼。慑于控制股东的高压控制，公司董事会或者监事会也有可能大气不敢喘，头也不敢抬，更不敢对其提起诉讼。在这种情况下，其他股东有权根据《公司法》第151条之规定对抽逃出资股东提起代表诉讼，要求被告股东将抽逃出资财产完璧归赵。作为被告的抽逃出资股东亦无权以公司法定代表人的身份请求法院撤诉。

（二）抽逃出资股东对公司债权人的补充清偿责任

抽逃出资股东应否对公司债权人承担补充清偿责任，2014年《公司法》语焉不详。笔者对此认为，抽逃出资股东对公司债权人承担补充清偿责任的法理依据，源于《合同法》第73条规定的债权人的代位权。在公司的债权人面前，公司为债务人，抽逃出资的股东为次债务人（债务人的债务人）。倘若公司缺乏债务清偿能力，又怠于请求抽逃出资股东填补出资差额，公司的债权人可以将抽逃出资的股东列为共同被告，请求其在出资不足的金额及其同期银行贷款利息的范围内连带承担债务清偿责任。

（三）协助抽逃出资的其他股东、董事、高级管理人员或者实际控制人的连带责任

倘若其他股东与抽逃出资股东一道恶意串通实施了对公司的共同侵权行为（如为股东抽逃资金提供了协助、帮助），公司的债权人可以基于债权人的代位权理论，对作为共同侵权人的股东即提供协助、帮助的股东作为共同侵权行为人，请求其在股东抽逃出资股东的金额及其同期银行贷款利息的范围内承担连带责任。

倘若董事、经理或者其他公司雇员对于抽逃股东的抽逃出资行为疏于监督，怠于履行监护公司财产安全之责，违反了对公司应尽的忠诚义务和勤勉义务，公司的债权人也可以基于债权人的代位权理论，将该等董事、经理等公司代理人列为共同被告，请求其在股东抽逃出资股东的金额及其同期银行贷款利息的范围内承担连带责任。

抽逃出资股东之外的行为人对公司的债权人的补充清偿责任与抽逃出资股东对公司债权人的补充清偿责任不是并行不悖的。前者的存在目的在于强化后者。因此，抽逃出资股东之外的行为人对公司债权人的补充清偿责任既要连带于抽逃出资股东对公司的债权人的补充清偿责任，也要限定在抽逃出资股东对公司的债权人的补充清偿责任之内。当然，抽逃出资股东之外的行为人对公司的债权人承担补充清偿责任之后，有权向抽逃出资股东追偿。

（四）关于股东抽逃出资责任的司法解释及其理解

如何判定股东抽逃出资责任，《公司法》没有具体的规定，《公司法司法解释三》第 14 条作了明确的规定：“股东抽逃出资，公司或者其他股东请求其向公司返还出资本息、协助抽逃出资的其他股东、董事、高级管理人员或者实际控制人对此承担连带责任的，人民法院应予支持。公司债权人请求抽逃出资的股东在抽逃出资本息范围内对公司债务不能清偿的部分承担补充赔偿责任、协助抽逃出资的其他股东、董事、高级管理人员或者实际控制人对此承担连带责任的，人民法院应予支持；抽逃出资的股东已经承担上述责任，其他债权人提此相同请求的，人民法院不予支持。”为了正确理解和适用该条款，应当认真理解司法解释的立法意图。[①]

《公司法司法解释三》第 12 条规定了公司股东抽逃出资行为的认定，第 14 条则是对公司股东抽逃出资行为法律责任的具体规定。股东抽逃出资与股东未履行或未全面履行出资义务，在事实及对相关主体利益的影响上基本相同，所以，在法律效果上前者与后者也不应有差别。关于股东未履行或未全面履行出资义务的法律效果，在《公司法司法解释三》第 13 条中进行了规定，第 14 条对股东抽逃出资时的法律效果和责任承担作出了与该条类似的规定。

根据《公司法司法解释三》第 14 条的规定，股东出资后又抽逃出资的，公司和其他股东有权请求其返还出资本息。此处需要注意的是，其他股东享有的诉权是

---

① 最高人民法院民事审判第二庭编著：《最高人民法院关于公司法解释（三）、清算纪要理解与适用（注释版）》，人民法院出版社 2014 年版，第 230～231 页。

直接诉权，这种诉权与《公司法》第151条①规定的股东代表诉讼中的诉权有所不同，主要区别有：（1）依本条规定提起的诉讼中，原告股东没有资格上的限制，而可以提起股东代表诉讼的股份有限公司股东必须连续180日以上单独或者合计持有公司1%以上股份；（2）依本条规定提起诉讼无需前置程序，而提起股东代表诉讼则存在前置程序。这类案件，提起诉讼的其他股东为原告，抽逃股东和协助抽逃的其他股东、董事、高级管理人员和实际控制人为被告，公司为第三人，诉请成立时应当判决被告直接向第三人公司返还抽逃的出资本息，利息一般按照中国人民银行同期贷款利率计算。抽逃出资本息的返还亦为一次性责任。

股东出资后，该出资的财产权就属于公司所有，股东抽逃出资实质上是侵犯公司财产权，就行为性质而言，属于侵权行为。因此，如果其他股东、董事、高级管理人员或实际控制人协助股东抽逃出资，按照《侵权责任法》第9条第1款"教唆、帮助他人实施侵权行为的，应当与行为人承担连带责任"的规定，构成共同侵权行为，这些人员应当与该股东一起承担连带责任。

其他股东、董事、高级管理人员、实际控制人承担连带责任后，是否可向抽逃出资者进行追偿，《公司法司法解释三》第14条未作规定，但依据一般法理，法律并不当然承认和保护其追偿的权利。原因在于，其他股东、董事、高级管理人员、实际控制人对抽逃出资一般存在直接协助的故意严重违法行为，其对公司财产损失存在直接的侵害关系，若允许连带责任人向抽逃出资者进行追偿，恐有降低其违法成本的风险。对连带责任人追偿权的否定，意在科以协助抽逃出资人更加严格的责任，以取得预防此类行为频繁发生的效果。

关于公司债权人的赔偿请求权问题，需要特别指出的是，债权人依据《公司法

---

① 《公司法》第151条规定："董事、高级管理人员有本法第一百四十九条规定的情形的，有限责任公司的股东、股份有限公司连续一百八十日以上单独或者合计持有公司百分之一以上股份的股东，可以书面请求监事会或者不设监事会的有限责任公司的监事向人民法院提起诉讼；监事有本法第一百四十九条规定的情形的，前述股东可以书面请求董事会或者不设董事会的有限责任公司的执行董事向人民法院提起诉讼。

监事会、不设监事会的有限责任公司的监事，或者董事会、执行董事收到前款规定的股东书面请求后拒绝提起诉讼，或者自收到请求之日起三十日内未提起诉讼，或者情况紧急、不立即提起诉讼将会使公司利益受到难以弥补的损害的，前款规定的股东有权为了公司的利益以自己的名义直接向人民法院提起诉讼。

他人侵犯公司合法权益，给公司造成损失的，本条第一款规定的股东可以依照前两款的规定向人民法院提起诉讼。"

第149条规定："董事、监事、高级管理人员执行公司职务时违反法律、行政法规或者公司章程的规定，给公司造成损失的，应当承担赔偿责任。"

司法解释三》第14条的规定请求赔偿时，因协助股东抽逃出资而承担责任的主体，不仅包括公司董事、高级管理人员，还包括公司实际控制人。根据《公司法》第216条的规定，实际控制人是指虽不是公司的股东，但通过投资关系、协议或者其他安排，能够实际支配公司行为的人。实际控制人对公司不负有勤勉义务，因而不负有向抽逃出资股东追缴出资的法定义务，但是，当实际控制人协助股东抽逃出资时，构成共同侵权行为，应当承担连带赔偿责任。

【拓展适用】

一、《公司法》修改对股东抽逃出资的影响

（一）《公司法》修改的重点内容

为了我国《公司法》能够更好地适应经济全球化的背景和促进我国市场经济的健康发展，在全球对公司资本要求放松的语境下，我国需要对公司的设立与资本要求等制度进行再次审视、改革与完善，以便改变原《公司法》对注册资本的强制性要求，释放更多的资金到社会正常流通环节，使得市场经济朝向活性化方向发展，2013年12月28日第十二届全国人民代表大会常务委员会对《公司法》进行了12点修订。修订后的新《公司法》自2014年3月1日起施行。其修订重点体现在三个大的方面：

1. 公司成立时的注册资本实缴、出资比例等条件放宽。除对公司注册资本最低限额有另行规定的以外，取消了有限责任公司、一人有限责任公司、股份有限公司最低注册资本分别应达3万元、10万元、500万元的限制；公司设立时股东（发起人）的首次出资比例以及货币出资比例不再限定。

2. 公司设立时的一些强制性程序规定被取消。实行公司股东（发起人）自主约定认缴出资额、出资方式、出资期限等，并记载于公司章程的方式。简化公司设立时的繁琐程序转而一定程度上实行公司成立准则主义。取消了有限责任公司与股份有限公司关于公司股东（发起人）应自公司成立之日起2年内缴足出资，投资公司在5年内缴足出资的规定；取消了一人有限责任公司股东应一次足额缴纳出资的规定。

3. 简化登记事项和登记文件的要求。有限责任公司股东的认缴出资额、公司实收资本不再作为登记事项。公司登记时，不需要提交验资报告。

（二）2014年《公司法》确定的资本制度

1. 资本缴纳制度的变化与不变的有限责任

在资本缴纳制度上，我国《公司法》从1993年开始颁布到2013年最近的一次修改，经历了从资本实缴制到有限制的资本认缴制，再到完全的资本认缴制的三步发展。如果说在2005年《公司法》有限制的资本认缴制下，因法定的2年或5年出资期限的限定，对出资额理解上的歧义还不被重视的话，到2014年《公司法》采取完全的资本认缴制后，在一些人声称注册资本对投资者已没有什么约束、可以无所顾虑地设定任何数额的注册资本、十亿甚至百亿资本的公司也可以随意设立时，直接决定股东有限责任范围的“出资额”究竟涵义如何，就变得异常突出和至关重要了。因为，它会直接决定股东最终对公司或公司债权人承担财产责任的范围，会决定股东是否需要为其设定的巨额注册资本买单。其实，稍加用心就会观察到，我国公司立法早就清晰地意识到这一重大问题，并在立法条款上早已对此给予了明确的规定，这特别反映在《公司法》三次制定和修改的条款变化上。1993年《公司法》第3条本来规定“股东以其出资额为限对公司承担责任”，到2005年《公司法》将第3条改为“股东以其认缴的出资额为限对公司承担责任”，这句话虽然只是在“出资额”前增加了“认缴的”3个字，但却意义深远，它鲜明地表达了立法者对资本从实缴制改为有限制的认缴制后如何界定“出资额”和“股东有限责任”的明确意旨。之后，2014年《公司法》虽然采取完全的认缴资本制，有关资本方面的一系列法律规范被修改，但上述界定股东有限责任的第3条却没有任何改变，这意味着完全认缴资本制度的采用对股东有限责任的范围并不发生任何影响，股东依然要以其认缴的出资额而非以实缴的出资额为限对公司负责。有限责任的这一具体范围在《企业破产法》中得到了实际的体现和落实，该法第35条规定：“人民法院受理破产申请后，债务人的出资人尚未完全履行出资义务的，管理人应当要求该出资人缴纳所认缴的出资，而不受出资期限的限制。”依此，当公司进入破产程序，“不论它的成员或股东的出资期限是否已到期，凡承诺缴纳出资的法人成员或股东，只要其尚未完全向债务人企业全额缴纳出资的，均应当缴纳；债务人企业同时享有要求缴纳出资的请求权。”[①] 其实，无论资本的认缴还是实缴，都不会改变股东出资义务的存在。资本实缴制是股东在资本确定和注册之时承担将出资财产给付公司的出资义务，资本认缴制不要求股东注册时给付出资财产，但出资义务，尤其是出资数额却同样是确定的，从实缴资本制到认缴资本制并不导致股东出资义务和范围的任何改变，全体股东承担的依然是整个注册资本项下的出资义务，各个股东认缴出资的总和依然完全重合于注册资本的总额。所改变的只是股东具体出资义务的时间与期限，在实缴资本制下，股东的出资义务为公司成立时需当即履行的义务，改为认缴资本制之后，股东出资义务可能是即时履行的，也可以是定期

---

① 《中华人民共和国企业破产法》起草组编：《〈中华人民共和国企业破产法〉释义》，人民出版社2006年版，第128页。

或分期履行的，还可能是不定期限的。无论何种情形，万变不离的是股东的全额缴纳义务，只不过出资缴纳的时间有所不同而已。就此而言，认缴资本制只是赋予了公司资本更大的弹性和机动性，给予了股东投资安排更多的灵活性，而丝毫未改变或缩小股东有限责任的范围。①

2. 借鉴外国资本制度确定的折衷资本制和授权资本制②

大陆法系国家的公司资本制度主要是建立在资本确认原则、资本维持原则和资本不变原则基础上的法定资本制；而英美法系国家的公司资本制度则主要是建立在资本授权原则、资本充实原则、揭开公司面纱制度基础上的授权资本制。两大法系的公司资本制度最大的区别在于资本确认原则和资本授权原则的差异。授权资本制是相对于法定资本制的一种资本模式，盛行于英美法系国家，是其民主独立自由精神在资本领域的体现。在公司设立时，只需在公司章程中记载公司资本总额，并不要求发行人全部发行，认缴其中一部分即可成立公司；未发行和认缴的部分，董事会可以根据公司发展状况和实际需要，在公司成立后随时募集。未发行和认缴的部分尚未超出资本总额，因此，再次募集时无须修改公司章程或增资，节省公司成本。在授权资本制环境下，设立公司没有资金要求，理论上而言“一元钱也可以成立公司”，突破了实收资本对公司的限制；公司运作时可随时发行股份，突破了出资比例和出资时间对公司的限制，赋予公司极大的灵活性，保障其适应瞬息万变的市场环境。但在看到授权资本制有利方面的同时，应当看到债权人选择公司的风险增大，受偿风险更大；由于缺乏完善的会计审计制度，公司信用评估机制尚未建立，债权人的保护更是雪上加霜。

基于立法理念的不同，传统大陆法系各国多以事先审查、防患于未然为出发点，实行法定资本制，强调资本确定原则，即公司设立时必须确定资本总额，在公司章程中如实记载，股东必须认足和实缴所有股份，此后公司运营过程中的增减资行为都必须经过严格的程序，有效保证公司设立时最低限度资本额的适格性、真实性以及公司运行过程中资本的真实性，以防止公司设立和经营过程中的欺诈行为，维护债权人的利益和交易安全；英美法系国家则基于为投资者和公司提供便利条件、方便公司设立的指导思想，确立资本授权原则，即公司在设立时在公司章程中记载公司资本总额，股东只需认定并缴纳部分资本即可成立公司，未认定部分由董

---

① 赵旭东：“认缴资本制下的股东有限责任——兼论虚报资本、虚假出资和抽逃出资行为的认定”，载《法律适用》2014 年第 11 期。

② 肖中华、徐藩：“公司资本制度变革中的刑法保障”，载《国家检察官学院学报》2012 年 10 月第 20 卷第 5 期。

事会自行决定，随时发行新股募集，不需要进行严格的增减资程序。

虽然从形式上看，英美法系国家中的公司根据资本授权原则在公司设立初始实收资本微乎其微，且出资方式复杂，这种制度设计可能被不法分子实施欺诈行为所利用，而在公司经营过程中，董事会自行决定增减公司资本，随时发行新股募集，这些公司自治的权利也可能被意图侵犯公司资本的犯罪分子利用，会不利于公司债权人和市场交易安全的保护。但“揭开公司面纱”和“资本充实”原则的适用在极大程度上削减了授权资本制的种种弊端。比如，股东在设立时如果出现资本显著不足时，可以通过“揭开公司面纱”制度使利用公司独立人格侵害债权人权益的股东承担无限责任。正是因为有了“揭开公司面纱”和“资本充实”原则的制衡，授权资本制在赋予股东及公司更多私法自治权利的同时，能够有效维护债权人的合法权益。反观大陆法系国家，公司设立需要足额认缴公司资本，否则公司无法成立，经营过程中再进行新股发行也受到严格限制，这一规定极有可能造成公司资本的闲置，不利于公司成立的方便和满足快速集资的弹性需求。因此，越来越多的大陆法系国家发现法定资本制过度僵化的弊端后，吸收和借鉴授权资本制度的优点，采用折衷资本制度。折衷资本制既保留了资本确定原则的基本要求，即在公司初始财产形成规模及要求上的国家强制性，又缓和了法定资本制过度僵化的刚性特点，成为大多数大陆法系国家的制度选择。我国 2005 年《公司法》实行的是严格的资本确定原则，在《公司法》中，我们在保留资本确定原则的基础上也采用了部分折衷授权资本制。[①] 2014 年《公司法》实行了完全的认缴资本制。

（三）《公司法》修改后认缴资本制下的抽逃出资

虽然公司法确定了认缴资本制度，但是，抽逃出资仍然是实缴资本语境下的违法行为。

1. 实缴资本依然有着不能替代的法律价值。资本的真实既包括认缴资本的真实，更包括实缴资本的真实，它是股东向公司实际缴纳、公司已经实际获得的财产数额，实缴资本一经形成，既表明股东履行其出资义务的期限已到，也表明股东已经实际履行了其出资义务，它是认定虚假出资和抽逃出资行为的前提和基础。即使在认缴资本制之下，实缴资本依然有着不能替代的法律价值：其一，实缴资本是股东向公司实际移转的财产，它能够更为直接地反映公司当时或曾经实际拥有的财产和能力；其二，实缴资本是股东实际履行的出资数额，它是确定股东是否享有某些股东权益的直接依据，如我国《公司法》规定的股利分配权、新股认购权、公司剩

① 王建文、范健：“论公司财产独立的价值及其法律维护”，载《当代经济法学研究》2006 年第 5 期。

余财产分配权都是以股东实缴的出资比例行使，并允许公司章程规定股东的表决权按实缴的出资比例行使；其三，实缴资本具有特殊的公司财务会计意义，作为最基本的公司财务报告，公司资产负债表上记载的资本是实缴的资本，是公司实际拥有和可支配的现实资产，更具有财务核算包括资本盈亏计算的价值；其四，实缴资本是对股东出资义务的免责和对公司独立财产的界定。由于实缴资本一经形成，意味着相应金额的出资义务已由股东履行，从此也就免除了股东在该金额范围内的出资责任，此后即使公司资不抵债或不能支付到期债务，都不可要求股东对公司债务再承担责任，因为股东的有限责任已随实缴资本的形成而承担完成。同时，实缴资本的形成也界定了公司独立财产的范围，拥有独立财产即是公司的基本法律特征。

2. 抽逃出资则导致实缴资本的虚假，构成对公司财产的侵权。与实缴资本对应的行为之一是抽逃出资，如果股东履行出资后又将财产取回，导致实缴资本的虚假，背离了资本真实的法律要求，构成股东抽逃出资，也构成对公司财产的侵权。因此，抽逃出资是完全缺少法律正当性和现实合理性的行为，其与现行资本法律秩序的冲突和违法性显而易见。对抽逃出资行为的防范和遏制仍然是公司资本制度的重要目标和任务，对抽逃出资民事责任的追究依旧是公司、公司债权人及其他利害关系人维护和实现自身权益的有效途径和权利救济。

3. 刑事立法针对股东抽逃实缴出资进行制裁。我国《刑法》第 159 条规定："公司发起人、股东违反公司法的规定未交付货币、实物或者未转移财产权，虚假出资，或者在公司成立后又抽逃其出资，数额巨大、后果严重或者有其他严重情节的，处五年以下有期徒刑或者拘役，并处或者单处虚假出资金额或者抽逃出资金额百分之二以上百分之十以下罚金。单位犯前款罪的，对单位判处罚金，并对其直接负责的主管人员和其他直接责任人员，处五年以下有期徒刑或者拘役。"在公司法修订以后，全国人民代表大会常务委员会于 2014 年 4 月 24 日召开第十二届全国人民代表大会常务委员会第八次会议通过《关于〈中华人民共和国刑法〉第一百五十八条、第一百五十九条的解释》："全国人民代表大会常务委员会讨论了公司法修改后刑法第一百五十八条、第一百五十九条对实行注册资本实缴登记制、认缴登记制的公司的适用范围问题，解释如下：刑法第一百五十八条、第一百五十九条的规定，只适用于依法实行注册资本实缴登记制的公司。"从立法的高度再次确定对股东抽逃实缴出资进行制裁。

二、强化授权资本制下对债权人利益的保护

（一）司法解释对公司债权人的保护

为了强化公司债权人的保护，最高人民法院在《公司法司法解释二》第 22 条

规定债权人在公司财产不足以清偿债务时可以主张未缴出资股东以及公司设立时的其他股东或者发起人在未缴纳出资范围内对公司债务承担连带清偿责任。在2014年《公司法》施行前公司破产清算程序中，如果股东没有出资到位的，根据《公司法司法解释三》，可以要求股东履行出资到位的民事责任，如果抽逃出资的，甚至可以构成抽逃出资罪。在2014年《公司法》确定的注册资本认缴制下，如果公司是在2014年3月1日以前注册成立的公司，在申请破产清算时发现股东还没有出资到位，这时还可以继续适用《公司法司法解释三》，股东有履行出资到位的义务，其他发起人在一定条件要承担连带责任。如果股东抽逃出资、虚假出资或虚报注册资本的，还可以构成抽逃出资罪、虚假出资罪或虚报注册资本罪。

（二）完善我国授权资本制下债权人利益保护机制

1. 健全公司治理结构，防止侵犯债权人利益。对债权人利益保护的首要措施是规范公司行为，使其经营管理活动处于监督和管理之下。首先，赋予监事会、会计部门和审计部门独立的职权地位，使其充分发挥监督管理作用。其次，通过章程明确董事信义义务。通过规定信义义务的具体内容、监督考核方式及责任承担，使董事明确自身职责，做到忠实勤勉，保障公司健康发展。最后，要建立经理人市场和控制权市场，辅助公司治理结构的完善。

2. 扩大市场参与监督主体范围，充分发挥第三方监督作用。为了保障市场秩序，维护市场稳定，必须在市场内部建立起非行政化的独立的第三方机构，参与市场经济，监督公司行为。市场参与主体必须从原有的公司和国家的单一主体发展为公司、国家、律师事务所、会计事务所、审计事务所、信用评估机构等多元化主体。各主体之间相互联系，相互制约，形成稳定的市场经济环境。债权人在选择借贷对象时，不仅可以依据公司所提供的信息，还可以根据信用评估机构的评估意见、会计事务所和审计事务所出具的报告、公司纳税情况等多方材料进行核实，了解公司的真实经营状况，作出正确判断。增加市场经济参与主体，极大地丰富了债权人获取信息的渠道，减少信息不对称对债权人造成的不利影响，即使在授权资本制下，也可有效地保护债权人的利益。

3. 建立公司诚信机制，促进公司信息公开。严格的信息披露制度是支撑英美法系实施授权资本制的基础。首先，严格的信息披露要求公司所披露的信息必须真实、有效，在数量上和质量上都能够反映公司经营现状，对债权人提供帮助；其次，公司必须及时披露信息。当原有信息发生变更时，一定要及时披露，使债权人能够掌握公司经营的最新动态；最后，信息披露一定要全面彻底。不能刻意隐瞒公司信息或对公司信息进行筛选，选择有利信息进行披露。在公司进行虚假信息披露时降低其信用评估等级，使其在借贷、融资等方面均处于不利地位，除此之外还要对进行虚假信息披露的公司追究法律责任，使其承担巨额赔偿，并惩处主要负责人及直接责任人。如此一来，公司若进行不实的信息披露将会承担巨大的风险，甚至会因此而破产。严格的信息披露制度使公司经营处于阳光之下，增大债权人选择公司的安全性。

4. 细化“揭开公司面纱”制度，进一步完善举证责任。“揭开公司面纱”制度是指控制股东为逃避法律义务或责任而违反诚实信用原则，滥用法人资格或股东有限责任待遇致使债权人利益严重受损时，法院或仲裁机构有权责令控制股东直接向公司债权人履行法律义务、承担法律责任。① 通过设立“揭开公司面纱”制度，可以更加有效地规范公司的运作。一旦股东滥用公司人格和有限责任，打破公司、股东和债权人之间的平衡，侵犯债权人利益，债权人就可以通过适用“揭开公司面纱”制度以维护自己的合法权益。但是由于债权人不是公司的内部人员，获取关于公司内部经营或者管理的证据是相当困难的，甚至是不可能的。如果仍然采取一般的“谁主张，谁举证”的举证责任分配制度导致债权人在普通公司的“揭开公司面纱”之诉中处于不利地位。因此，可以在涉及认定股东是否抽逃出资案件中，实行“举证责任倒置”，要求股东对其未抽逃资金承担举证责任，举出相应的文件证明，否则股东就要承担因举证不能而产生的不利后果。并通过“举证责任倒置”起到加强和完善公司治理的作用，减少滥用公司人格和有限责任的现象。

三、完善涉及抽逃出资罪的刑法制度②

为了避免作为公司真正信用的公司资产与公司资本及实缴资本相脱节，使公司资本具有现实意义，切实保护债权人利益和交易安全，防止公司经营中的欺诈行为，各国在公司法的立法中，都越来越重视资本维持原则对具体规范设置的指导作用。抽逃出资罪在维护公司资本、联结公司形式与实质资本方面发挥了积极的作用，也契合公司资本制度的轻缓化变革，重视公司资本制度而又不盲目依赖公司资本制度的价值功能。然而，在罪名的设置上，抽逃出资罪仍与《公司法》的规范有一定的理念冲突，存在衔接不够的问题：首先，抽逃出资罪的立法宗旨是预防和制裁公司成立后违反公司资本维持原则的犯罪行为，规范的是公司设立之后的抽逃行为，但是，根据公司法的基本理论，在股东、发起人经过法定的程序合法出资，公司依法设立以后，就丧失了对其拥有的财产所有权，占有、使用、收益以及处分的

---

① 吴梦璐：“我国‘揭开公司面纱’制度的适用规则”，载《法制与社会》2012 年第 14 期。

② 参见肖中华、徐藩：“公司资本制度变革中的刑法保障”，载《国家检察官学院学报》2012 年第 5 期。

财产权利归公司所有，因而准确地来说，抽逃出资罪中使用“出资”这个词表达上存在问题，有违公司法的基本理念。其次，如前所述，股东、发起人出资后，对该财产不享有直接支配权、经营权和管理权能，能代表公司行使公司财产法定支配权的只能是公司的业务执行机关，股东无法实施“抽取”公司财产的行为。但在抽逃出资罪的主体设置中，作为在实践中能够实际实施抽逃出资犯罪行为的公司业务执行人并未被规定为犯罪主体，而依公司法基本原理和规定无权实际上也不可能实施该罪的“股东”和“发起人”却被涵盖其中，可见抽逃出资的犯罪主体的设定与公司法的基本原理与规定存在矛盾，需要进行调整。最后，抽逃出资的行为十分复杂，在司法实践中往往和民事违法行为难以区分，比如，抽逃出资与股东借款，抽逃出资与违规减资，以及抽逃出资与非法分配利润等行为的区分。

当然，股东强行从公司攫取财产的行为和股东兼具公司董事或经理身份的情形，并不属于实施“抽取”公司财产的行为，前者属于其他犯罪，比如挪用资金罪、盗窃罪，而不属于公司资本犯罪的范畴，并不属于抽逃行为；而后者之所以能实施“抽取”公司财产的行为是基于其公司董事或经理这一业务执行人的身份，而非其为股东。且举证十分困难，罪状的设置太过空泛，“两高”的司法解释也并未对“抽逃”进行明确解释和界定。这样既不符合罪刑规范实定化的要求，又造成司法操作的困惑，同时还可能因与民事违法行为区分不清而造成刑法对公司私法自治空间的侵噬，极易损害投资人的投资热情，危害公司制度的健康发展。因而对抽逃出资罪需要进行修改，使其既能发挥对公司资本维持原则的保护作用，又不会造成过度干预公司自治权利行使的后果。另外，对于复杂多样的公司资本犯罪行为，只规定抽逃出资罪并不能适应现实情况的需要，因此在完善抽逃出资罪的同时，还应当增设相关罪名，以达到维护公司资本制度的目的，实现对债权人利益和交易安全的保护。

通过对公司资本制度变革潮流的梳理发现，公司资本制度的变革建立在对公司资本制度的价值有限性上，一方面，不能完全否定资本制度的价值，财产独立必须借助于以资本制度为核心的若干具体制度的保障；另一方面，必须认识到公司资本制度价值的局限性，静态的公司资本注册数额与动态的公司资产之间的统一与分离的关系，必须在资本维持原则与资本不变原则的指导下，采取有效措施防止公司财产独立的虚化。

因此，专家们建议改抽逃出资罪为抽逃公司财产罪。对于抽逃出资罪的修改，首先必须对其罪状部分加以描述，明确对“抽逃”行为进行界定，区分犯罪行为与民事违法行为。根据公司法的基本理论，在实践中典型的抽逃行为应当体现为公司的董事、经理等公司业务执行人将与公司注册资本相适应的公司财产非法分配或转移给公司股东的行为。其次，抽逃“出资”的“出资”一词的使用存在问题，可以将其改为“公司财产”。最后，犯罪主体不应该是股东、发起人，应修改为公司的董事或经理。因此，抽逃出资罪应该改为“抽逃公司财产罪”，是指公司的董事、经理等公司业务执行人将与公司注册资本相适应的公司财产非法分配或转移给公司股东，造成公司注册资本减损，数额巨大，后果严重或者有其他严重情节的行为。本罪的主体应为公司业务执行人，在我国主要是指公司的董事和经理，如果股东兼任公司的董事和经理的，可以成为本罪的主体；主观方面应为故意，不以非法占有为目的；本罪行为主要是侵害公司资本制度中的资本维持原则，但抽逃行为并不必然导致债权人利益和社会经济秩序和交易安全的损害，因此本罪的客体应为单一客体，即公司资本制度；客观方面主要表现为非法分配或转移公司财产，造成公司与其注册资本相当的财产减少的行为，并且数额巨大，后果严重。

四、审判实务中需要注意的问题

（一）抽逃出资与借款行为的区分①

实践中，虽有股东明火执仗地抽逃出资，亦有狡猾股东以从公司借款的形式掩盖其抽逃出资的事实。鉴于股东的抽逃出资行为与股东从公司借款的行为有不同的构成要件与法律后果，股东抽逃出资不仅要对公司及其债权人承担民事责任，而且有可能承担刑事责任。如何区分股东的抽逃出资行为与借款行为便成为司法实践中的一个棘手难题。专家们认为，要甄别抽逃出资行为与借款行为的界限，应当综合考虑以下十大因素：

1. 金额。股东取得公司财产占其出资财产大部分的，抽逃出资的概率高；股东取得公司财产不占其出资财产大部分的，借款的概率高。该标准有一定合理性，美中不足是如何界定“出资财产大部”，以50%为准，抑或以60%为准，很难精确化。

2. 利息。以股东从公司取得财产金额有无对价为准，股东取得公司财产无利息约定的，抽选出资的概率高，因为股东抽逃出资之时根本不会想到还本付息之事，也就没有利息之约定；股东取得公司财产有利息约定的，借款的概率高，因为股东借款之时胸怀还款之意。该标准似乎符合借款行为双方当事人的主观心态，也合乎借款行为的商事习惯。当然，借款行为亦有无偿的，抽逃出资的股东也有可能打着利息约定的幌子。

3. 还本付息期限。以股东从公司取得财产金额有无偿还期限为准，股东取得

① 参见刘俊海：《现代公司法》（第二版），法律出版社2011年版，第179~180页。

公司财产无返还期限约定的，抽逃出资的概率高；股东取得公司财产有返还期限约定的，借款的概率高。该说似乎符合借款行为的商事习惯。倘若借款返还期限约定过长，甚至超过了自然人股东的寿命或者法人股东的存续期间，除非其提供了充分有效的担保手段，将其认定抽逃出资的行为亦无不可。

4. 担保。以股东从公司取得财产金额有无担保手段为准，股东取得公司财产无担保手段的，抽逃出资的概率高；股东取得公司财产有担保手段的，借款的概率高。该标准在通常情况下符合借款行为的商事习惯，能够检验股东返还借款的诚意。但仍不能绝对排除抽逃股东借用担保手段（包括虚假、无效的担保手段）掩人耳目的雕虫小技。

5. 程序。以股东从公司取得财产金额有无履行公司内部决策程序为准，股东取得公司财产没有履行公司内部决策程序（如股东会决议、董事会决议）的，抽逃出资的概率高；股东取得公司财产履行了公司内部的决策程序的，借款的概率高。该标准一般符合公司作为贷款人的审慎思维方式。但在控制股东一手遮天、能够操纵股东大会决议与董事会决议的情况下，即使公司内部的决策程序一应俱全，也不能确认控制股东监守自盗行为的合法性。

6. 主体。以从公司取得财产的股东有无控制地位为准，积极的控制股东、当权派股东取得公司财产的，抽逃出资的概率高；消极的非控制股东、小股东取得公司财产的，借款的概率高。“近水楼台先得月。”控制股东有可能滥用控制地位，因而在抽逃出资方面与小股东相比处于优势地位。该标准虽在多种情况下屡试不爽，但彻底排除小股东抽逃出资的可能性亦有不妥。

7. 会计处理方式。以公司对股东取得财产的财务会计处理方式为准，公司的财务会计报告将股东取得公司财产的行为作为应收款处理、确认公司对该股东债权事实的，借款的概率高；公司的财务会计报告对股东取得公司财产的行为未作应收款处理的，抽逃出资的概率高。该标准注意到了公司财务会计报告的重要性，也具有很强的可操作性。遗憾的是，公司财务会计报告时有虚假陈述行为发生，因此，不能以财务会计报告中的会计处理方式作为唯一的判断标准。

8. 透明度。以股东取得公司财产行为是否向其他股东公开为准，公开者，借款的概率高；不公开者，抽逃出资的概率高。倘若股东之间沆瀣一气，竞相抽逃出资，即使股东彼此之间互通报抽逃出资的事实，亦不能掩盖抽逃出资行为的性质。

9. 行为发生期限。以股东出资行为与股东取得公司财产行为之间的期限为准，股东出资行为与股东取得公司财产行为之间间隔较长的，借款的概率高；股东出资行为与股东取得公司财产行为之间间隔较短的（如在公司取得企业法人营业执照的第二天就将出资财产取回），抽逃出资的概率高。

10. 对公司经营能力和债务清偿能力的影响。股东从公司取得财产导致公司资不抵债或者者无法正常经营的，抽逃出资的概率高。

但上述因素没有一项完美无缺、绝对安全可靠，应当综合考量。专家们主张. 为避免盲人摸象之讥，稳、准、狠地识破抽逃出资和变相抽逃出资的行为，维护公司资产的完整性，确保交易伙伴的交易安全，只要发生了股东从公司无偿取得财产的行为，均应推定抽逃出资的行为；但有相反证据，可以推翻。法院在采信相反证据时，应当综合考虑上述十个因素的合理内核，审慎地行使自由裁量权。在借款行为与抽逃出资行为界限难以划清时，应当借鉴“疑罪从无”的现代刑事法治理念，将其作为借款行为处理。

（二）抽逃出资民事诉讼时效制度的适用问题

按照《民法通则》第135条、第137条的规定，公司或其债权人向人民法院请求保护民事权利的诉讼时效期间为2年；诉讼时效期间从知道或者应当知道权利被侵害时起计算；但从权利被侵害之日起超过20年的，人民法院不予保护。抽逃出资的股东对公司承担侵权责任、对公司的债权人承担债务的补充清偿责任时，应当适用民法中的诉讼时效制度。公司或其债权人通过仲裁途径寻求权利救济措施的，仲裁时效类同于诉讼时效。

控制股东实施抽逃出资的诉讼时效从为其他股东知道或者应当知道该抽逃事实之日。倘若其他股东在公司成立之后10年才知道抽逃股东在10年之前的抽逃事实，诉讼时效就从股东知道或者应当知道抽逃事实之日起算2年。

债权人诉请抽逃股东承担责任的诉讼时效的从债权人知道或者应当知道该抽逃事实之日起算，倘若债权人在公司成立之后10年才知道股东在10年之前的抽逃事实，诉讼时效就债权人知道或者应当知道该抽逃事实之日起算2年。

【典型案例】

源润控股集团股份有限公司与上海浦东发展银行股份有限公司天津分行 、天津港保税区国臣国际贸易有限公司、天津国信集团有限公司 、天津市通泰实业发展有限公司 、天津国臣投资集团有限公司 、孙建国借款合同纠纷案

申请再审人（一审被告、二审上诉人）：源润控股集团股份有限公司。

法定代表人：张梅，该公司董事长。

被申请人（一审原告、二审被上诉人）：上海浦东发展银行股份有限公司天津分行。

负责人：崔炳文，该分行行长。

一审被告：天津港保税区国臣国际贸易有限公司。

法定代表人：孙建国，该公司总经理。

一审被告：天津国信集团有限公司。

法定代表人：孙建国，该公司董事长。

一审被告：天津市通泰实业发展有限公司。

法定代表人：孙建国，该公司董事长。

一审被告：天津国臣投资集团有限公司。

法定代表人：沈铮，该公司董事长。

一审被告：孙建国。

〔基本案情〕

申请再审人源润控股集团股份有限公司（以下简称源润公司）为与被申请人上海浦东发展银行股份有限公司天津分行（以下简称浦发银行）、一审被告天津港保税区国臣国际贸易有限公司（以下简称国臣贸易公司）、天津国信集团有限公司（以下简称国信公司）、天津市通泰实业发展有限公司（以下简称通泰公司）、天津国臣投资集团有限公司（以下简称国臣投资公司）、孙建国借款合同纠纷一案，不服天津市高级人民法院（2009）津高民二终字第0060号民事判决，向最高人民法院申请再审。最高人民法院于2010年11月19日作出（2010）民申字第1063号民事裁定，裁定本案由最高人民法院提审。最高人民法院依法组成合议庭进行了审理。本案现已审理终结。

天津市第二中级人民法院一审查明：2008年6月19日，浦发银行与国臣贸易公司签订了编号为77052008280092的《短期贷款协议书》，约定国臣贸易公司向浦发银行贷款人民币3000万元，贷款期限自2008年6月19日至2009年6月15日，贷款执行年利率为8.964%，按季结息。该协议书第5条约定："……无需任何理由，融资行有权随时通知客户在本协议项下的融资提前到期，客户应当立即偿还贷款。"第16条还约定："客户任何违反本协议任何陈述和保证……均构成了客户对本协议的违约，融资行均有权宣布贷款提前到期，并要求客户赔偿融资行包括律师费在内的所有损失。"与此同时，浦发银行与国信公司、通泰公司、孙建国签订了编号为YB7705200828009201、YB7705200828009202、YB7705200828009203的《保证合同》，约定国信公司、通泰公司、孙建国为上述贷款提供连带责任保证担保；保证范围为贷款本金及利息、违约金、损害赔偿金以及债权人实现担保权利和债权所产生的费用。当日，浦发银行与国臣投资公司分别签订了编号为ZB7705200888012003、ZD7705200828004201的《最高额保证合同》、《土地使用权最高额抵押合同》，约定国臣投资公司为国臣贸易公司自2007年11月27日至2009年6月15日期间从浦发银行借得的最高额不超过人民币5000万元的贷款提供连带责任保证。被告国臣投资公司并以其所有的坐落于天津开发区西区、面积为32276.24平方米的土地使用权为被告国臣贸易公司自2008年4月3日至2009年6月15日期间从原告借得的最高额不超过人民币10000万元的贷款提供抵押担保。双方对该担保到土地管理部门进行了抵押登记，并办理了他项权证。

合同签订后，浦发银行于2008年6月19日依约向国臣贸易公司发放了贷款人民币3000万元。国臣贸易公司未按期偿还贷款利息。

“天津华泰集团股份有限公司”（以下简称华泰公司），于2001年11月变更为“天津华泰控股集团股份有限公司”，于2008年10月变更为“郑州华泰控股集团股份有限公司”，于2008年11月变更为源润公司。

2000年4月18日，通泰公司股东会决议：将公司原名称“天津开发区通泰实业发展有限公司”变更为通泰公司，增加华泰公司为公司股东，华泰公司增加注册资本5000万元，增资后公司注册资本增至1亿元。2000年4月18日，华泰公司董事会决议：向通泰公司投资5000万元，并接受原通泰公司股东刘洪亮转让的资本100万元，共计5100万元，占通泰公司注册资本的51%。2000年4月13日，华泰公司将人民币5000万元存入通泰公司在天津市商业银行天保支行中航大厦分理处开立的080－201020541487账户内。2000年4月14日，天津天瑞有限责任公司会计师事务所出具验资报告，证实2000年4月13日华泰公司向通泰公司增资5000万元全部缴足。2000年4月14日，通泰公司将660万元、1400万元、140万元分别划入到案外人杨连杰、国臣贸易公司、孙建国账户。同日，杨连杰、国臣贸易公司、孙建国将上述款项共计2200万元存入国信公司的账户。国信公司于2000年4月17日将2200万元划到华泰公司的账户。同日，通泰公司将人民币2800万元也划到华泰公司的账户。

2004年5月12日，华泰公司与刘洪亮签订股权转让协议，约定华泰公司将其持有的通泰公司51%的股权计5100万元转让给刘洪亮，刘洪亮又于2004年5月31日将股权转让给贾春凯，贾春凯于2009年将股权又转让给孙建国。上述转让均经工商登记变更。

浦发银行根据《短期贷款协议书》第16条的约定，向天津市第二中级人民法院提起诉讼，请求判令：一、国臣贸易公司提前偿还原告贷款本金人民币3000万元及截至2009年3月20日的利息501875.03元和自2009年3月21日起至判决确定给付之日止的利息（按照《短期贷款合同》的约定计算）；二、国信公司、通泰公司、孙建国、国臣投资公司对上述债务承担连带偿还责任；三、浦发银行就国臣投资公司的抵押物优先受偿；四、国臣贸易公司、国信公司、通泰公司、孙建国、国臣投资公司承担本案的律师费41万元及诉讼费、保全费。随后浦发银行追加源润公司为被告并增加诉讼请求：要求源润公司对国臣贸易公司所应给付原告的借款本金、利息、律师费、案件受理费、保全费在5000万元范围内承担连带偿还责任。

〔一审裁判理由与结果〕

天津市第二中级人民法院一审认为：浦发银行与国臣贸易公司签订的借款合同出于自愿，是当事人真实意思表示，内容不违反法律规定，合同合法有效。双方当事人均应按照合同的约定履行各自义务。浦发银行依约向国臣贸易公司发放了贷款，履行了合同约定的放款义务。国臣贸易公司收取贷款后，应按约定偿还原告贷款本息。国臣贸易公司没有按期偿还利息，浦发银行依约要求提前解除合同，符合法律规定，法院予以支持，国臣贸易公司应偿还原告借款本金及利息。国信公司、通泰公司、孙建国为国臣贸易公司的借款提供了连带保证，该保证合同合法有效，国信公司、通泰公司、孙建国应对国臣贸易公司的还款承担连带保证责任。国臣投资公司为国臣贸易公司的借款提供了《最高额保证合同》和《土地使用权最高额抵押合同》保证，该《最高额保证合同》和《土地使用权最高额抵押合同》合法有效，国臣投资公司应在国臣贸易公司不超过5000万元债务额范围内承担连带保证责任。浦发银行有权对国臣投资公司抵押的土地使用权享有优先受偿权。国信公司、通泰公司、孙建国、国臣投资公司对于其在保证范围内清偿的债务，依据《中华人民共和国担保法》第三十一条的规定，有权向国臣贸易公司追偿。

关于浦发银行要求国臣贸易公司、国信公司、通泰公司、孙建国、国臣投资公司承担律师费的问题，各方当事人在涉案合同中确有约定，且浦发银行提供了委托代理合同及发票，但没有提供证据证实该费用已经实际发生，故其要求国臣贸易公司、国信公司、通泰公司、孙建国、国臣投资公司给付律师费的请求法院不予支持。

关于源润公司是否抽逃出资并承担责任的问题。一审法院认为，源润公司前身华泰公司曾向通泰公司投资5000万元，成为通泰公司的股东，并经验资及工商登记变更，通泰公司注册资本从5000万元增至1亿元。而后通泰公司将2200万元转给案外人孙建国、杨连杰、国臣贸易公司，后孙建国、杨连杰、国臣贸易公司将该款转给国信公司，国信公司又转给华泰公司，且剩余2800万元经通泰公司直接转回华泰公司账户。对此转账行为，通泰公司及源润公司（前华泰公司）均不能提供证据证实系基于其他业务往来而形成的资金流转，亦不能对此转账行为作出合理解释，因此浦发银行主张源润公司即原华泰公司的此行为构成抽逃出资，此事实清楚，于法有据，一审法院予以支持。华泰公司的此增资行为使通泰公司的注册资本从5000万元增至1亿元，而后又将该出资抽回，该行为降低了通泰公司承担民事行为责任的能力，且违反了资本法定原则。从民商事外观主义原则和工商登记注册资本的公信力分析，债权人（银行）有理由在向借款人贷款前审查通泰公司担保能力时相信其财产保证能力是1亿元，而不是5000万元，故方同意其为借款人提供担保。现在借款人不能偿还债务时，通泰公司承担担保责任的能力必然从1亿元降至5000万元，由此华泰公司抽逃行为构成了对原告权益的侵害。源润公司抽逃资金行为虽发生在2000年（贷款担保行为发生在2008年），但作为国家行政机关的工商登记公示性决定了本案担保人通泰公司注册资本1亿元的公信力，故不应以时长或股权几次转让作为其不承担责任的理由。由于源润公司的抽逃出资行为损害了通泰公司在公司法规定意义上的独立性，滥用了通泰公司的法人独立地位，侵害了浦发银行的利益，故应当在本案其他被告不能承担贷款偿还责任部分，在其抽逃5000万元注册资金范围内对通泰公司的债务承担补充给付责任。一审法院依照《中华人民共和国合同法》第二百零五条、第二百零六条、第二百零七条，《中华人民共和国担保法》第十四条、第十八条、第二十一条、第三十一条，第五十九条，《中华人民共和国公司法》第二十条之规定，判决：一、国臣贸易公司偿还浦发银行贷款本金3000万元人民币，并支付截至2009年3月20日的利息501875.03元人民币及自2009年3月31日起至判决确定之日止的利息（按照《短期贷款协议书》的约定计算）；二、国信公司、通泰公司、孙建国对上述给付事项承担连带给付责任；国信公司、通泰公司、孙建国承担保证责任后，有权向国臣贸易公司追偿；三、国臣投资公司对上述第一项给付事项在不超过5000万元范围内承担连带给付责任；国臣公司承担保证责任后，有权向国臣贸易公司追偿；四、浦发银行对国臣投资公司所抵押的土地使用权享有优先受偿权；五、源润公司对其他被告不能承担贷款偿还责任部分，在其抽逃5000万元注册资金范围内对通泰公司的债务承担补充给付责任。六、驳回浦发银行其他诉讼请求。上列给付事项于本判决生效后十日内履行完毕，逾期履行按照《中华人民共和国民事诉讼法》第二百二十九条①的规定，加倍支付逾期履行期间的债务利息。案件受理费196359元，保全费5000元，由国臣贸易公司、国信公司、通泰公司、孙建国、国臣投资公司连带负担。

〔当事人上诉及答辩意见〕

源润公司不服一审判决，提起上诉称：一、一审判决认定源润公司抽逃资金没有事实依据。据中介机构出具的验资报告证实，源润公司已足额出资。通泰公司将公司资金2200万元转给杨连杰、国臣贸易公司、孙建国，用于上述三人在国信公司的增资，其后国信公司又将2200万元转给源润公司；国信公司向源润公司划转2800万元。一审判决在没有上述资金划转基础关系的证据情形下，亦未进行专业审计机构审计，仅凭资金转至源润公司名下这一表面现象认定源润公司抽逃资金，依据不足。二、源润公司不是适格被告。即使有充分证据证实或通过司法审计确定源润公司有抽逃行为，一审诉讼将源润公司列为被告没有法律依据。三、一审判决适用法律错误。即使源润公司抽逃行为成立，依法应当承担补充赔偿责任。但一审判决判令源润公司承担补充给付责任，与浦发银行的诉请不符，违背了不诉不理的原则。请求撤销一审判决，发回重审或径行改判驳回浦发银行对源润公司的诉请；上诉费由浦发银行承担。

为证明上述转款行为具有基础关系，源润公司作为新证据向二审法院提交2002年9月23日孙建国写给通泰公司原法定代表人函件，主要内容为："郑总：我已经按照我们商定的解决办法，由国信再次向您公司支付了购房款，并办理完相关手续已经几

① 对应2012年新《民事诉讼法》第253条。

个月了，我们找您的财务办理返还通泰的购房款时，财务说不知情。请您在这上面签批一下，我们好找他们转款。”由此证明通泰公司上述转款行为系支付购房款。

〔二审查明的事实〕

天津市高级人民法院对一审判决认定的事实予以确认。

〔二审裁判理由与结果〕

天津市高级人民法院二审认为，本案的争议焦点为：源润公司是否应在其抽逃出资的范围内承担补充赔偿责任。

在案证据表明：2000 年 4 月 13 日，源润公司将对通泰公司增资的人民币 5000 万元存入通泰公司验资账户内，验资后的次日，通泰公司将 660 万元、1400 万元、140 万元共计 2200 万元，分别划入案外人杨连杰、国臣贸易公司、孙建国的账户内；同日，杨连杰、国臣贸易公司、孙建国将上述款项转入国信公司的账户。2000 年 4 月 17 日，国信公司又将 2200 万元划回源润公司账户内；同日，通泰公司将人民币 2800 万元转回源润公司账户内。至此，源润公司 5000 万元增资全部收回。源润公司、通泰公司及国信公司，对上述资金划转未能做出合理的解释，故一审法院认定源润公司的行为构成抽逃出资，并无不妥。源润公司的抽逃出资行为降低了通泰公司承担民事行为责任的能力，违反了资本法定原则，影响了交易相对人对其偿债能力的正确判断和交易安全。虽然源润公司持有通泰公司的股权多次无偿转让，但在其足额补缴所抽逃出资之前，对债权人权益的侵害处于持续状态，不应以时间长短或股权是否转让作为其不承担相应民事责任的依据，故源润公司应当在其抽逃的 5000 万元注册资金范围内对通泰公司的债务承担补充赔偿责任。关于源润公司作为新证据向二审法院提交 2002 年 9 月 23 日孙建国写给源润公司原法定代表人函件，二审法院认为，该证据没有源润公司原法定代表人的确认，且购房时间、相应购房款数额均无法证实，且该函件距本案转款行为相差约两年半，因此与本案认定源润公司是否抽逃注册资金的事实，不具有关联性。

关于源润公司是否为本案适格被告的问题。通泰公司为国臣贸易公司向浦发银行的借款提供连带保证担保，但通泰公司未依约履行连带保证责任，源润公司抽逃其在通泰公司的出资，其应在抽逃出资的范围内向通泰公司的债权人浦发银行承担补充赔偿责任，一审法院将其列为本案被告，并无不当。

浦发银行请求判令源润公司对本案借款本息等承担连带偿还责任，一审法院判决源润公司在其抽逃 5000 万元注册资金范围内对通泰公司的债务承担补充给付责任，并不存在判决超出诉讼请求的情形。

另，源润公司在一审判决书送达后的 15 日内，向二审法院交付了二审诉讼费，不存在超过上诉期限的情形。

综上，源润公司的上诉理由没有事实及法律依据，二审法院不予支持。一审判决认定事实清楚，适用法律正确，应予维持。依据《中华人民共和国民事诉讼法》

第一百五十三条[①]第一款第（一）项之规定，判决：驳回上诉，维持原判。

〔当事人申请再审理由以及答辩意见〕

源润公司向最高人民法院申请再审称：一、本案一、二审判决认定的基本事实缺乏证据证明。一、二审法院仅凭资金的转账凭据即认定源润公司抽逃注册资本金，证据不足。源润公司与通泰公司商议由通泰公司向源润公司购买源润公司坐落于天津开发区二大街房产，并最终形成国信系公司与源润公司之间的交易成功（附证据《商品房买卖合同》两份）。二、二审法院未依源润公司申请向孙建国及国信公司、通泰公司调取基础交易证据，致本案法院认定事实不清。通泰公司向源润公司交付房款后，通泰公司及国信公司实际控制人孙建国向源润公司提出变更购房人，即由通泰公司变更为国信公司，并由国信公司向源润公司支付房款。2002 年孙建国曾代表通泰公司、国信公司向源润公司致函，请求源润公司退还通泰公司所付房款。因源润公司与通泰公司、国信公司有其他的业务往来，源润公司未向通泰公司退还房款。会计师事务所出具的通泰公司 2005 年的年检报告中也明确记载源润公司欠付通泰公司往来款 2800 万元。三、源润公司不是本案适格的当事人。源润公司不是通泰公司的原始股东也不是现任股东，因此，源润公司不是本案的适格当事人。如果将源润公司列为本案当事人，则法院亦应将通泰公司全部现任股东和曾任股东均列为本案的当事人。本案中一、二审法院只将源润公司列为当事人而遗漏了其他通泰公司现任股东和曾任股东作为当事人，属程序违法。四、一、二审判决超出了当事人的诉请范围。一审诉讼中浦发银行对源润公司的诉讼请求是与主债务人、担保人承担连带偿还责任，而一、二审法院判令源润公司承担补充给付责任，该判决超出了浦发银行的诉请范围，违背了不诉不理的法律原则。综上，请求：1. 撤销天津市第二中级人民法院（2009）二中民二初字第 54 号判决、天津市高级人民法院（2009）津高民二终字第 0060 号判决，驳回浦发银行对源润公司的诉请；2. 诉讼费用由浦发银行承担。

浦发银行辩称：一、本案一、二审判决认定事实清楚，证据充分。1. 本案中，浦发银行在一审阶段已举证证明了源润公司向通泰公司增资后三天内将通泰公司名下的 5000 万元划回其账户的事实，源润公司的这种行为已构成抽逃出资。一审中源润公司没有提供任何证据证明其有诸如公司与股东之间存在合理对价的交易等事实以否定抽逃出资的行为，也没有对有关 5000 万元资金的往来作出其他合理的解释。二审中，源润公司仅提交了 2002 年 9 月 23 日案外人孙建国写给源润公司原法定代表人的函件。该份证据并没有得到孙建国本人及源润公司原法定代表人郑介甫的确认，真伪难定，且函件中所提及的购房时间、相应购房款数额均无法证实，该函件距本案转款行为相差长达两年半之久。源润公司应当承担举证不能的不利后果。2. 关于

---

① 对应 2012 年新《民事诉讼法》第 170 条。

源润公司在再审中提交的孙建国出具的《情况说明》以及两份《商品房买卖合同》能否作为新证据的问题，关于《情况说明》，第一，孙建国是本案原审被告通泰公司的法定代表人，其与案件的审理结果有着直接的利害关系，故该份证据的真实性应受到质疑。第二，该份证据同样没有得到案外人孙建国的确认，是否为孙建国本人的签字有待证实，浦发银行对证据的真实性提出质疑。第三，该份证据本身内容前后矛盾：《情况说明》提到包括国信集团划转的2200万元在内的5000万元都是通泰公司向华泰公司（即源润公司）支付的购房款，但又说这2200万元的相关交易系基于其他交易关系，现由于年代久远已无法查证具体交易信息。第四，源润公司代理人在庭审中未能对通泰公司与国信公司先行支付5000万元款项购房，后国信公司再次以按揭形式购房的陈述提交任何证据予以佐证，且源润公司也未对其每次的付款时间、金额以及支付方式等诸多事项作出说明解释。此外，源润公司陈述中所涉及的交易时间、支付方式、转款用途也与浦发银行提交证据的关联性相差甚远。关于两份《商品房买卖合同》，源润公司作为合同的一方当事人，理应且必然拥有买卖合同原件，这并不属于人民法院调查取证的范围。目前源润公司在法庭规定的举证期限内没有提交两份证据的原件，人民法院不应认定其在再审阶段的证据效力，浦发银行对此无须发表质证意见，但为调查案件事实，对于两份《商品房买卖合同》提出如下意见：第一，合同主体与《再审申请书》中提到的事实自相矛盾，“天津国信电讯科技有限公司”不是国信公司的前身，两者是两个不同的法人主体。第二，从两份合同欲证明的事实来看，两份合同分别签署于2001年12月及2002年3月两个不同时点，如果是国信公司购买房产，不可能提早一年多就先行支付了2200万元然后再签署房屋买卖合同。第三，源润公司提出通泰公司2005年的年检报告中有关其欠通泰公司往来款2800万元的记载，不能证明其不存在抽逃出资行为。如果确实存在源润公司应该向通泰公司归还而实际没有归还2800万元的购房款，那么应该在企业财务报表中的相应科目以及报表明细中予以详实记载并说明资金的具体用途。此外，从证据角度分析，即使房屋买卖行为客观存在，源润公司作为出卖人与通泰公司签订的《商品房买卖合同》应当是其一直掌握和控制的证据，不属于法律规定的“新的证据”。二、源润公司在二审中并未申请法院调查取证。即使源润公司在法定期限内提交了书面的调查取证申请，因这些证据是其与其他公司的资金往来凭证，不属于当事人申请法院调查取证的范围。三、源润公司是本案的适格被告。第一，股东抽逃出资是对公司法人独立财产权的侵犯，是一种侵权行为，应当对公司承担返还所抽逃资金的责任；同时也侵犯了公司债权人的利益，应当在抽逃出资的范围内对公司债权人承担偿还责任。第二，是否追加通泰公司全部现任股东和曾任股东为本案当事人，是浦发银行作为原告的选择权，不属于人民法院依职权追加当事人的情形。四、一、二审判决没有违背不诉不理原则。本案当事人请求其为较重的“连带”形式，法院裁决调整为较轻的“补充赔偿”，未超出当事人诉请范围。综上所述，一、二审判决认定事实清楚、适用法律正确，源润公司的再审请求没有事实及法律依据，请求依法驳回源润公司的再审请求。

〔再审查明的事实〕

最高人民法院经再审审理，对一、二审法院查明的事实予以确认。

〔最高人民法院再审裁判理由与结果〕

最高人民法院认为：本案各方当事人对一、二审法院对本案借款担保纠纷作出的判决不持异议，源润公司仅对一、二审法院判令其承担补充给付责任不服，申请最高人民法院再审，故本案争议的主要问题是：一、源润公司是否本案适格当事人；二、源润公司是否应对通泰公司债务向浦发银行承担相应责任。

一、关于源润公司是否本案适格当事人的问题。浦发银行以源润公司抽逃出资为由请求人民法院判令其承担相应责任，根据《中华人民共和国公司法》第三十六条①之规定，股东不得抽逃出资。故公司债权人请求抽逃出资的股东在抽逃出资范围内对公司债务不能清偿的部分承担责任属于人民法院受理范围，源润公司关于应将通泰公司的现任与前任股东都列为当事人的主张无法律依据，本院不予支持。

二、关于源润公司是否应对通泰公司债务向浦发银行承担相应责任的问题，根据本案查明事实，源润公司先将5000万元存入通泰公司账户，在相关会计师事务所出具验资报告后于3日内又直接或间接地全部收回。该种将资金转入公司账户验资后又转出的行为，损害公司和债权人利益，为抽逃出资行为，应承担相应责任。在源润公司直接或间接收回出资的行为足以使债权人对其是否履行出资义务产生合理怀疑的情况下，源润公司应当就其已履行出资义务承担举证责任，但本案一、二审期间，源润公司未能合理解释其收回出资有合法原因。本案再审期间，源润公司提交了两份《商品房买卖合同》的复印件，但未在最高人民法院指定期限内提交相应原件，且浦发银行对该两份复印件不予质证，根据《最高人民法院关于民事诉讼证据的若干规定》第六十九条第（四）项之规定，最高人民法院对该两份《商品房买卖合同》的复印件不予采信。源润公司在本案再审期间还提交了孙建国出具的《情况说明》。孙建国系本案一、二审被告之一通泰公司的法定代表人，也是源润公司在通泰公司出资的最终受让人。因此，源润公司承担责任与否关系到孙建国的利益，故孙建国系源润公司与浦发银行法律关系的利害关系人，且源润公司也未提交该《情况说明》的其他辅助证据，故最高人民法院对该《情况说明》不予采信。另外，源润公司委托代理人在本案再审庭审中虽不认可源润公司抽逃出资，但表示本案所涉5000万元为源润公司对通泰公司的尚未偿还的欠款。该表示应视为源润公司对抽回上述5000万元的确认。因此，源润公司关于其行为不构成抽逃出资的申诉理

---

① 对应2014年新《公司法》第35条。

由无事实和法律依据，最高人民法院不予采纳。

股东抽逃出资，减少公司资本，损害公司和债权人利益，应当在其抽逃范围内对公司债务不能清偿部分承担补充赔偿责任。浦发银行在提起本案诉讼时请求判令源润公司承担连带偿还责任。一、二审判决判令源润公司对通泰公司债务承担的补充给付责任与连带偿还责任相比，补充赔偿责任的承担人享有在对主债务人进行强制执行之前拒绝承担责任的抗辩权，故其责任轻于连带偿还责任，故一、二审判决事项并未超出原告请求范围。源润公司的关于一、二审判决超出当事人请求范围的申诉理由无法律依据，最高人民法院不予采纳。综上，一、二审判决认定事实清楚，适用法律正确，应予维持。最高人民法院依照《中华人民共和国民事诉讼法》第一百八十六条①第一款、第一百五十三条②第一款第（一）项之规定，判决如下：

维持天津市高级人民法院（2009）津高民二终字第0060号民事判决。

---

① 对应2012年新《民事诉讼法》第207条。

② 对应2012年新《民事诉讼法》第170条。

第四章　公司人格混同

规则6：关联公司人格混同，严重损害债权人利益的，关联公司相互之间对外部债务承担连带责任

——徐工集团工程机械股份有限公司与成都川交工贸有限责任公司等买卖合同纠纷案[①]

【裁判规则】

关联公司的人员、业务、财务等方面交叉或混同，导致各自财产无法区分，丧失独立人格的，构成人格混同。

关联公司人格混同，严重损害债权人利益的，关联公司相互之间对外部债务承担连带责任。

【规则理解】

一、关联公司的界定

（一）关联交易的内涵及法律特征

公司法是以单一公司为原型设计的，对关联公司的概念未作规定，但随着规模经济的发展，公司之间出现多种形式的联合，涉及关联公司的法律问题越来越多，这就需要对相关问题进行法律规制。而对关联公司进行规制，实质上是对关联交易的规制。唯有先对关联交易进行界定方能更好地理解关联公司。

关联交易，亦称关联方交易、关联人交易，是指发生在关联人之间的有关移转资源或义务的事项安排行为。[②] 关联交易作为一种商业交易行为，既具有一般交易行为的共性，又具有独特的特征，概括而言，关联交易具有以下特征：1. 交易主体的关联性。其中至少有一方交易主体是商事经营者。2. 交易标的的多样性与交易

① 最高人民法院指导案例15号，最高人民法院审判委员会讨论通过2013年1月31日发布。

② 韦红花："公司关联交易的认定"，载《企业导报》2010年第12期。

行为的普遍性，关联交易是企业的一种营业行为，由于营业主体的多样性、经营范围的广泛性和交易方式的灵活性，企业的关联交易呈现出多样性与普遍性特点。3. 交易方式的简捷性，关联交易主体的关联性使得交易双方之间彼此了解，大大地节省了企业的缔约费用与履约费用，使交易成本降低，交易环节减少，从而简化了交易的外部手续，提高了经济效率。4. 交易内容是商事权利或义务在关联人之间的移转或连带共担。传统的交易是权利与义务的互换，资本与信息社会下的交易远远超越了权利与义务互换的范畴，而是朝权利与义务连带共担的合作方向发展。5. 企业集团关联交易的系统性与价值创造性，资源对不同的业务主体具有不同的价值，企业集团为了实现集团整体利益或长远利益的最大化，往往会调整集团内部资源，使某一资源发挥最大的效用。6. 交易地位容易失衡。大量的关联交易双方在法律上、形式上是平等的，而实质是不平等的。关联交易的关联人之间从交易的表象来看均是具有特定民事行为能力的主体，但事实上交易双方的地位不平等，由于资本多数决与公司被高管控制现象的普遍存在，使得一方交易主体极易对另一方进行控制或施加影响。7. 交易客观上存在不公平及滥用的巨大风险。①

（二）关联交易主体

关联交易发生在公司与关联方之间。公司的关联方包括关联自然人与关联组织，对此，各国公司法调整重点有所不同，有的偏重对关联自然人与公司之间关联关系的关注，如美国公司法；有的偏重对关联企业与公司之间关联关系的关注，如德国公司法和我国台湾地区公司法。关联交易的当事人是公司的关联方，构成关联交易独立于一般交易的核心特征，也是规制关联交易法律制度的原始出发点。

可以看出，关联交易的关联方并非泛指与公司存在资源、劳务或义务转移行为的当事人，因为公司作为一个社会实体存在，必然与其他各种社会主体发生多种多样的社会关系，宽泛的界定关联方并无实质意义。相反，各法域对关联方的界定多以对方当事人与公司存在“控制”和“重大影响力”作为存在关联关系的判断标准。对此，我国《公司法》第216条第4项规定，关联关系，是指公司控股股东、实际控制人、董事、监事、高级管理人员与其直接或者间接控制的企业之间的关系，以及可能导致公司利益转移的其他关系。但是，国家控股的企业之间不仅因为同受国家控股而具有关联关系。虽然该条仅指明了“控制”标准而未明确“重大影响力”标准，但是“可能导致公司利益转移的其他关系”完全可以涵盖“重大影响力”标准。财政部发布的《企业会计准则第36号——关联方披露》对此予以

---

① 参见赖华子、陈奇伟：“论关联交易的法律性质及监管原则”，载《求索》2009年第11期。

了进一步明确，根据该准则，一方控制、共同控制另一方或对另一方施加重大影响，以及两方或两方以上同受一方控制、共同控制或重大影响的，构成关联方。控制，是指有权决定一个企业的财务和经营政策，并能据以从该企业的经营活动中获取利益。共同控制，是指按照合同约定对某项经济活动所共有的控制，仅在与该项经济活动相关的重要财务和经营决策需要分享控制权的投资方一致同意时存在。重大影响，是指对一个企业的财务和经营政策有参与决策的权力，但并不能够控制或者与其他方一起共同控制这些政策的制定。此外，该准则还进一步明确，下列各方构成企业的关联方："（一）该企业的母公司。（二）该企业的子公司。（三）与该企业受同一母公司控制的其他企业。（四）对该企业实施共同控制的投资方。（五）对该企业施加重大影响的投资方。（六）该企业的合营企业。（七）该企业的联营企业。（八）该企业的主要投资者个人及与其关系密切的家庭成员。主要投资者个人，是指能够控制、共同控制一个企业或者对一个企业施加重大影响的个人投资者。（九）该企业或其母公司的关键管理人员及与其关系密切的家庭成员。关键管理人员，是指有权力并负责计划、指挥和控制企业活动的人员。与主要投资者个人或关键管理人员关系密切的家庭成员，是指在处理与企业的交易时可能影响该个人或受该个人影响的家庭成员。（十）该企业主要投资者个人、关键管理人员或与其关系密切的家庭成员控制、共同控制或施加重大影响的其他企业。"应当说，财政部的《准则》比《公司法》对关联方的规定更为明确：首先，明确了关联方的构成除"控制标准"外，尚包括"重大影响力标准"；其次，明确了关联方不但包括公司控股股东、实际控制人、董事、监事、高级管理人员，还包括与上述主体关系密切的家庭成员以及他们控制、共同控制或施加重大影响的其他企业。对此，应当对我国《公司法》第216条第4项规定的关联关系构成要件作实质理解，涵盖财政部《准则》规定的情形。事实上，我国沪深两市的《股票上市规则》对上市公司的关联人的认定也基本上采用了该种方法。

我国《公司法》虽未明确何为关联公司，但上述对关联交易、关联方的界定更具有可操作性。我们认为，在《公司法》尚未对关联公司作出明确法律界定的情况下，可以参考上述规定认定关联公司。

二、人格混同的认定

（一）法人人格混同的概念

人格，是指民事主体在法律上的地位。法人与自然人是具有独立人格的两大民事主体。公司作为法人，具有独立的人格，这是公司法人制度最基本的特征。公司的独立人格体现在公司有独立的权利能力和行为能力，有独立的财产，能独立承担民事责任。然而，在公司制度的具体运作中，出现法人人格混同，即在形式上具有法人资格的公司与股东之间，或公司与其他公司之间，在经营、财产、人员等方面出现实质上的混同，以达到实现转移公司财产及利润、规避公司债务的非法目的，从而在本质上导致公司丧失独立承担民事责任资格的情形。

（二）法人人格混同的主要表现形式

在我国现实生活中，法人人格混同现象主要有以下几种：

1. 母公司滥用对于子公司的控制关系而引起的母公司与子公司的人格混同。母子公司是指公司之间存在控股关系、控制关系而使各具法人地位的公司连为一体的公司集团。随着公司集团化趋势的加强，与设置不具有独立法人人格的分公司相比较，母子公司的投资模式因有利于降低经营风险而被广泛采用。但在经营过程中，母公司常会利用其控制地位，任意指挥子公司的经营活动，调动子公司的财产，调整子公司的经营利润，侵犯了子公司的独立法人人格，导致母子公司人格混同。

2. 控股股东滥用资本多数决导致公司与控股股东人格混同。由于我国缺乏相应的制衡法律制度，在公司的运作过程中，控股股东常常利用其资本占据表决优势，在关联交易中任意转移公司的财产、利润，使公司意志和股东意志化二为一，公司丧失其法人人格独立于股东的特性。这种不公平的关联交易，在公司内部损害少数股东的利益，在公司外部损害公司债权人利益。

3. 相互投资引起的人格混同。在相互持股的情况下，一方持有的对方的一部分股份，很可能是对方出资给自己的财产，若这部分股份达到了控股的程度，则表面上相互独立的两个公司，实际上是一个有机整体。

4. 法人组织机构等方面的混同导致不同公司的人格混同。相互之间不具有控股关系且均具有独立法人人格的公司，因具有某种程度上的关联关系，如同一投资者组成的数个公司，也有可能出现组织机构、财产、经营等方面的混同。“一套人马，两块牌子”是其典型代表。这种混同，使得不同的公司相互任意转移财产，逃避债务，损害了债权人的合法权益。

（三）出现法人人格混同的原因

公司法人人格独立和股东有限责任是公司法人制度的两大基石，对于推动投资增长和迅速积累资本起到巨大作用。但公司制度在具体的运作过程中常被滥用，成为法人股东、个人股东等民事主体逃避义务、牟取非法利益的工具，出现诸如公司资本不实而空壳运转、设立数个公司转移资产逃避债务等情况。法人人格混同是这些公司法人制度异化现象中的一种。其产生的原因主要是：

其一，在公司法人人格制度的框架内，股东与公司债权人相比处于优势地位，股东是否恪守分离原则，放弃对其投入到公司的财产的支配权，债权人作为公司外部人难以监督。

其二，在法人人格独立和股东有限责任的条件下，股东与公司、公司与公司之间的责任分离，常成为股东或公司滥用公司法人制度的诱因，这种诱因在缺乏法律规制的情况下会迅速膨胀，产生滥用法人人格的行为。

其三，公司法人人格制度与其他成文法一样，难以避免出现法律漏洞，无法形成完全有效的约束机制。

（四）认定法人人格混同的标准

从静态上讲，公司具有独立人格的前提是公司具有独立财产，所以，认定公司是否有独立财产是判断公司与股东或者关联公司之间是否会构成人格混同的标准。从动态上讲，公司法人人格独立是建立于公司在经营中严格贯彻分离原则的基础上，是否贯彻财产、利益、业务、组织机构等方面的分离，是判断是否构成法人人格混同的标准。所以，认定公司法人人格混同，可从以下几个方面进行判断：

首先，财产是否混同。若公司与股东或者关联公司之间拥有相同财产，相互之间的资产任意转移，或者公司财产没有记录或记录不实，公司账簿与股东或关联公司账簿混同使用，无法认定公司的财产，影响到公司对外承担债务责任的物质基础，则可认定法人格混同。

其次，业务和利益分配是否混同。若公司与股东或者公司的关联公司的业务不分离，从经营过程无法判断业务的真正归属，或者相互之间经营的收益不加区分、任意配置，也应认定为公司人格混同。

最后，公司的组织机构是否混同。若具有公司管理人员相同、工作人员相同或任意调动、同一场所办公等情形，可认定公司的组织机构混同。一般情形下，组织机构的混同会导致公司的财产、业务、利益分配的混同。

三、关联公司人格混同责任的承担

关联企业的出现是社会经济发展的必然，其积极进步意义是毋庸置疑的。不过，由于关联企业之间存在较一般企业更为紧密的联系，所以也就更容易滋生人格混同等弊端。最常见的是关联企业的法定代表人利用对各公司的控制权，无视公司独立人格，人员、财务等不作区分，并在各公司间随意移转、处置财产及债权债务关系，造成关联企业的人格混同。由于关联企业人格混同而严重侵害债权人合法权益的，可以将各关联企业视为同一主体，判令其承担连带清偿责任。但适用时必须把握好以下问题。

根据《公司法》第20条的规定，适用揭开公司面纱（法人人格否认）必须满足三个要件：第一，主体要件。只有公司的债权人能够提起法人人格否认之诉，其余股东、董事、监事、高级管理人员即便与公司存在债权债务关系也不得主张公司法人人格否认。第二，行为要件。须有股东实施滥用公司法人独立地位和股东有限责任的行为。第三，结果要件。股东滥用权利的行为严重损害了公司债权人的合法权益。相应地，对人格混同的关联企业适用揭开公司面纱（法人人格否认）也应当依循这几个要件：

（一）主体要件——唯有债权人可得诉请对关联企业进行人格否认

从《公司法》的立法表述来看，我国揭开公司面纱（法人人格否认）与国外的揭开公司面纱（法人人格否认）还是有所不同的。国外的揭开公司面纱（法人人格否认）一般从法院的角度表述，反映出其揭开公司面纱（法人人格否认）制度是作为在司法判例基础上形成的司法救济手段的特点，而我国的揭开公司面纱（法人人格否认）则是从股东的义务和责任的角度来表述的，反映出我国揭开公司面纱（法人人格否认）制度首先是作为债权人请求权构成内容的特点。既然是作为债权人的一项请求权，则法院只有在债权人积极主张的时候才能够依法适用人格否认，而不能依职权去主动地揭开公司的面纱。另外，债权人主张人格否认的诉请应是针对关联企业提起的，对于非关联企业则不宜轻易适用人格否认。一般说来，只有关联企业之间才有可能出现人格混同。不过，也不能完全排除非关联企业之间发生人格混同的可能。笔者认为，适用揭开公司面纱（法人人格否认）必须严守适度的底线，该原则是针对滥用法人主体资格的行为所作的否定性评价，而并不是为了给债权人提供更多的救济，不能因为企业之间出现了人格混同就动辄予以人格否认。非关联企业不存在共同的经济目的，其人格混同也很难说是滥用法人主体资格的行为所致，所以，对于非关联企业的人格混同没有必要适用人格否认予以规制。

（二）行为要件——关联企业之股东假借人格混同滥用法人独立地位

关联企业的人格混同主要表征为组织机构的混同、经营业务的混同和企业财产的混同。在组织机构混同的情况下，关联企业之间的董事会成员相互兼任，总经理和高级管理人员统一调配、统一聘任或统一任命，企业之间的雇员无甚差异，公司的重大决策不经过审慎的讨论和独立的审议，等等；在经营业务混同的情况下，关联企业从事大致相同的业务，相互之间的交易行为、交易方式、交易价格等都取决于握有最终控制权的股东，资金在企业之间随意流转，根本谈不上自由竞争，经常出现“舍己为人”的行为；在企业财产混同的情况下，公司的营业场所、机器设备以及办公用品难分彼此，一企业名下的财产可以被其他企业法人随意处分，公司的财会账簿稀里糊涂，资金流向不知所终。上述三种情况都表明关联企业已经出现了人格混同，特别是企业的财产混同，从根本上违反了资本维持原则和资本不变原则，有可能严重影响企业的偿债能力，因而也是认定关联企业人格混同最为重要的依据。不过，外人很难证明股东存在故意虚化公司治理结构的行为，要求债权人对企业经营管理的内部行为举证亦不现实。所以，笔者认为，在证明关联企业的股东存在假借人格混同而滥用法人独立地位的行为时，应当秉持客观滥用主义的标准，只要债权人举证证明关联企业构成人格混同，便可以认定控股股东假借人格混同滥用了法人的独立主体地位。倘若关联企业认为其虽然构成了人格混同，但并不存在滥用公司法人格的行为，则应由其举出相反的证据。

（三）结果要件——唯有否认关联企业的法人人格方能保护债权人利益

揭开公司面纱（法人人格否认）适用于关联企业人格混同的结果要件，要求债权人的利益由于关联企业的人格混同而受到了严重的侵害，不否认不足以保护债权人。该结果要件实际上包含了两方面的内容：其一，债权人的权益因为关联企业之人格混同而受到了严重的侵害。其二，如果不适用法人人格否认在关联企业之间揭开公司的面纱，将无从保障债权人的利益。如果债权人的债权之上已经设定了保证、质押等债的担保，债权人的债权基本上能够通过债的担保而获得救济，则没有必要适用法人人格否认。另外，如果作为债务人的企业对外还有未获清偿的债权，债权人可以通过行使代位权或撤销权使自己的债权受偿，同样没有必要适用法人人格否认。再者，如果能够对债务人企业的股东揭开公司面纱，也没有必要对整个关联企业适用法人人格否认。因为对关联企业适用人格否认将导致所有的关联企业都被视为同一主体，而无论其他关联企业与债务人企业之间是否存在控股或者参股关系。如果直刺债务人企业的控股股东就已经足以保障债权人的权益，就没有必要将与之存在关联关系的企业都牵涉其中。

总之，对于关联企业的人格混同可以适用揭开公司面纱（法人人格否认），《公司法》第20条关于股东承担连带责任的规定应当有所突破。但我们也必须清醒地认识到，揭开公司面纱（法人人格否认）理论是一把“双刃剑”，在审判实践中必须非常审慎地适用，以免滞碍企业的集约化和规模化发展。[①]

【拓展适用】

一、关联企业在债务人公司已经丧失清偿能力时抢先清偿自身债务情形的认定

司法实践中如何界定大量的关联企业在债务人公司已经丧失清偿能力时抢先清偿自身债务的情形？一般认为，我国《企业破产法》第31条、第32条规定了破产

---

① 裴莹硕、李晓云：“关联企业人格混同的法人人格否认”，载《人民司法·案例》2009年第2期。

程序中的偏颇清偿法律制度。第32条规定："人民法院受理破产申请前六个月内，债务人有本法第二条第一款规定的情形，仍对个别债权人进行清偿的，管理人有权请求人民法院予以撤销。但是，个别清偿使债务人财产受益的情形除外。"第31条第3项、第4项规定："人民法院受理申请前一年内，涉及债务人财产的下列行为，管理人有权请求人民法院予以撤销：……（三）对没有财产担保的债务提供财产担保的；（四）对未到期的债务提前清偿的。"上述规定填补了原《企业破产法》的法律漏洞，有利于遏制关系人抢先受偿的行为，在债务人丧失清偿能力时真正实现债权人之间的公平受偿，维护正常的市场秩序。但是，该条规定的适用仅限于债权人或者债务人已经申请破产的情况，对于债务人或者债权人都不申请破产的情况则不能适用。因此，司法实践中出现了大量的关联企业抢先清偿自身债务的情况，这时由于债务人已经丧失清偿能力，资产被抵偿给关联企业之后，造成其他外部债权人无法受偿，严重损害了社会信用。此类关联公司的债权优先受偿行为，虽然不符合偏颇性清偿行为的形式要件（因为没有进入破产程序），但在实质上则与偏颇性清偿行为无异，如果不赋予其相应的法律后果，将形成明显的法律漏洞，对于债权人利益的保护也显然不利。笔者认为，目前在法律对此还没有明确规范的情况下，解决这一问题，可以有以下几种选择。

1. 关联方恶意串通，优先清偿关联公司债权，造成外部债权人无法受偿的，可以适用《民法通则》以及《合同法》的相关规定，认定清偿行为无效。《民法通则》第58条规定，"下列民事行为无效……（四）恶意串通，损害国家、集体或者第三人利益的。"《合同法》第52条规定："有下列情形之一的，合同无效：……（二）恶意串通，损害国家、集体或者第三人利益。"在从属公司已经陷入偿债能力不足的情况下，控制公司利用自身的控制优势，抢先清偿自身债权，是明知债务人将因此而丧失清偿能力，从而损害其他债权人利益的，从属公司作为债务人，明知自身已满足破产条件，仍然对于控制公司优先清偿，也同样具有损害其他债权人的恶意，因此，双方之间存在共同侵害债权人利益的恶意，可认定为恶意串通。当然，如果控制公司能够证明自身并不明知债务人的财务状况，或者从属公司清偿债权时尚未陷入清偿不能的境地，则可排除责任，清偿行为也应认定为有效。

2. 控制公司抢先清偿自身债权，从而使债务人无力清偿其他债权的，应当认定为侵害债权的行为，适用《民法通则》第5条、第106条第2款，《侵权责任法》第2条、第6条予以解决，由控制公司承担侵权赔偿责任。根据通说，第三人恶意侵害他人债权，导致债权人无法实现期待利益的，构成侵害债权的侵权行为，应承担相应责任。控制公司明知从属公司存在其他债权人，却抢先清偿自身债权，导致其他债权人无法受偿，存在明显的恶意，属明知且放任或者追求外部债权人受害结果的行为。在外部债权人因此而丧失清偿利益之后，控制公司的行为与外部债权人的损害之间存在必然的因果联系，符合故意侵权行为的构成要件，应承担侵权赔偿责任。

3. 鉴于控制公司与从属公司之间的关联关系，且从属公司优先清偿控制公司的债权，往往与控制公司的控制行为有关，因此，在从属公司因此而无法清偿其他债权人的债权时，应适用揭开公司面纱原理，由控制公司承担连带清偿责任。《公司法》第20条第3款规定："公司股东滥用公司法人独立地位和股东有限责任，逃避债务，严重损害债权人利益的，应对公司债务承担连带责任。"控制股东明知从属公司存在多个债权人，且从属公司已经资不抵债，却仍然抢先从从属公司获得债务清偿，从而造成其他债权人失去受偿机会，属于对公司法人独立人格和股东有限责任的滥用，应对从属公司的债务承担连带责任。

二、《公司法》第20条的法律适用

揭开公司面纱（公司法人人格否认）适用中最为传统、最为典型的情形是股东滥用公司的独立人格和股东有限责任，此时的法律责任是从公司指向股东，由股东来承担公司的责任。随着社会经济生活的发展，法人人格被滥用的手段不断翻新，如母公司将自己的利益转移给子公司，将母公司空壳化，以使母公司逃避债务；又如姐妹公司之间人格混同，资产不当转移等。揭开公司面纱（法人人格否认）理论也随之进一步发展，法人人格否认已经突破了传统的适用范围，出现了某些扩张适用的情形，主要包括揭开公司面纱（法人人格否认）的反向适用和姐妹公司之间的揭开公司面纱（法人人格否认）。反向适用指否认公司独立人格后，由公司替股东承担责任，或母子公司场合下由子公司替母公司承担责任。姐妹公司之间的法人人格否认又称为揭开姐妹公司的面纱或三角刺破。在三角刺破中，责任以一种类似于三角形的路线流动，首先从被控制的公司流向控股股东，接着从该控股股东流向其他受制于该股东的具有关联性的企业。其实，这样一种三角刺破的提法只不过是一种形象的说法而已，表明责任的承担不是直线流动的，而是通过一定的媒介发生了转向，最终由同一股东控制下的其他公司承担了责任。[①]

《公司法》第20条第1款规定："公司股东应当遵守法律、行政法规和公司章程，依法行使股东权利，不得滥用股东权利损害公司或者其他股东的利益；不得滥用公司法人独立地位和股东有限责任损害公司债权人的利益。"第3款规定："公司

---

① 参见朱慈蕴：《公司法人格否认制度理论与实践》，人民法院出版社2009年版，第47~55页。

股东滥用公司法人独立地位和股东有限责任，逃避债务，严重损害公司债权人利益的，应当对公司债务承担连带责任。”关联公司人格混同的行为，能否适用《公司法》第20条予以解决？对此存在不同意见。有观点认为，本条款是对公司股东行为的规制，责任承担主体是实施滥用公司法人独立地位和股东有限责任行为的股东，责任承担形式是上述股东与公司共同对债权人承担连带责任。无论采取何种解释方式，都不能得出第20条可以适用于人格混同等情形，作为判令相关关联企业承担民事责任的法律依据。① 也有观点认为，《公司法》第20条第1款是针对公司揭开公司面纱（法人人格否认）法理的总括性规定，只要是股东有滥用法人人格和股东有限责任的情形，无论是传统情形，还是扩张情形，均在本款的规制范围之内。②

我们认为，在司法实践中，法官不可避免地需要对法律进行解释，在解释中应当遵循解释的基本原则，如忠实于法律文本的原则、忠实于立法目的和立法意图原则等。扩张解释作为一种解释方法，虽然对法律用语作比通常含义更广的解释，但不能超出法律用语可能具有的含义，只能在法律文义的“射程”范围内进行解释。从《公司法》第20条的文义来看，其规制的对象是股东，行为主体和责任主体都是股东，将股东扩张解释至关联公司，显然超出了扩张解释的范畴。但是，关联公司人格混同多是由于股东滥用了公司法人独立地位和股东有限责任，否认关联公司各自的独立人格，将关联公司视为一体，对其中特定公司的债权人承担连带责任，实质就是将滥用关联公司人格的股东责任延伸至完全由其控制的关联公司上，由此来救济利益受损的债权人。

三、《民法通则》第4条和《公司法》第3条的关系

《民法通则》第4条和《公司法》第3条的适用关系如何认定？《民法通则》第4条规定：“民事活动应当遵循自愿、公平、等价有偿、诚实信用的原则。”诚实信用是市场经济活动中形成的道德规则，要求人们在市场经济活动中讲究信用、恪守诺言、诚实不欺，在不损害他人利益和社会公共利益的前提下追求自己的利益。诚实信用原则是民法的基本原则，而关联公司人格混同、逃避债务的行为正是违反了诚实信用原则，因此，该条可以作为否认公司法人人格的法律依据。

《公司法》第3条第1款的规定是关于法人财产独立的法律条文，公司的独立财产是公司独立承担责任的物质保证，公司的独立人格也突出地表现在财产的独立上。只有在财产分离的情况下，公司才能以自己的财产独立地对其债务负责。当关

---

① 刘建功：“公司法第20条的适用空间”，载《法律适用》2008年Z1期。

② 朱慈蕴：《公司法人格否认制度理论与实践》，人民法院出版社2009年版，第211页。

联公司的财产无法区分、丧失独立人格时，就丧失了独立承担责任的基础。因此，该条款作为否认公司法人人格的适用条款，也是适当的。

四、适用揭开公司面纱（法人人格否认）需要注意事项

（一）应当审慎适用

公司人格独立、股东承担有限责任是基本原则，而揭开公司面纱（法人人格否认）原则是一种例外适用原则。维护公司法人独立地位是公司法的主要价值取向，只有在公司独立人格和股东有限责任原则被滥用，并严重损害债权人利益时，才能为保护债权人利益而例外地适用。因此，在否认公司的独立人格时，应当采取谨慎的态度，只有具有明确的人格混同的事实，并且严重损害债权人利益，无法通过其他途径救济时，才能否认公司的独立人格。

（二）判决的效力范围

揭开公司面纱（法人人格否认）理论只对特定个案中公司的独立人格予以否认，而不是对该公司法人人格的全面、彻底、永久地否认。也就是说，否认公司法人人格的判决效力不涉及该公司的其他法律关系，并且不影响该公司作为一个独立实体合法地继续存在。这与公司因解散、破产而注销，从而在制度上绝对、彻底丧失法人资格的情形完全不同，只是一时一事地否认公司法人人格，具有相对性和特定性，而不具有绝对性和对世性。

五、我国《公司法》体系下不可逆向否认公司法人人格

揭开公司面纱（法人人格否认）的典型表现是要求滥用公司独立人格的股东对公司债务承担连带责任，然而除此之外，国外公司法中还存在另外一种揭开公司面纱（法人人格否认）的表现形式，即逆向揭开公司面纱。所谓逆向揭开公司面纱具体包括两种情形：一是内部人反向刺破（insider reverse pierce），即公司股东主动要求刺破公司面纱，以使公司股东有资格直接起诉第三人或者使公司财产免于对第三方承担责任；二是外部人反向刺破（outsider reverse pierce），即公司股东的债权人要求公司对股东债务承担责任。内部人反向刺破实际上赋予了公司股东优先于公司债权人分配公司财产的权利，导致公司股东可以享有有限责任制度的庇护却无须支付对价，违反了公司法人制度和股东有限责任制度的最基本法理，并且与揭开公司面纱（法人人格否认）的制度价值相冲突；外部人反向刺破侵犯了公司的独立法人财产权，违反了法律逻辑并侵犯了公司债权人和其他股东的正当利益。此外，我国《公司法》第20条第3款对揭开公司面纱（法人人格否认）制度的权利主体和责任主体作了明确规定，反向刺破公司面纱制度与该条规定相冲突，因此，在我国公

司法体系下，不得逆向否认揭开公司面纱（公司法人人格）。①

六、司法实践中不宜轻易否认实质一人公司的法人人格

所谓实质上的一人公司，是指一个股东持有公司几乎全部股份，而其他股东只是象征性地持有公司股份的公司。实质上的一人公司的出现，主要是投资者规避一人公司严格规定的产物。对此，我国理论界和审判实务界倾向于否定该种公司的法人人格。实则，一个股东持有公司所有股份不足以构成否定公司法人人格的事由。

第一，揭开公司面纱（法人人格否认）制度适用的客观要件要求必须存在公司股东滥用公司法人独立地位和股东有限责任的行为，该种滥用行为的本质是侵害了公司债权人对于股东而言有限分配公司财产的权利。一个股东持有公司所有股份本身并不表明股东存在滥用公司法人独立地位和股东有限责任的行为。

第二，对于形式上的一人公司我国法律都予以认可，而不盲目否定其独立人格，举轻以明重，对实质上的公司更无理由仅因为股东持有公司几乎全部股份而否认其法人人格。

第三，在公司法的经典案例——萨洛蒙一案中，萨洛蒙持有公司的 20001 股股份，而萨洛蒙的妻子和 5 个子女各拥有 1 股，最后英国上议院毫不犹豫地肯定了公司的独立人格。在公司法高度发达的今天，更无理由仅因公司的几乎全部股份被一个股东持有，而肆意地否认其法人人格。

七、揭开公司面纱（法人人格否认）中不宜考虑股东的主观过错

法院在决定适用人格否认法理时，是否需要考虑股东滥用公司法人人格的行为，在主观上是否存在过错，一直存在争议。德国及澳大利亚的民法均要求以“对他人施加损害为目的”，而日本从举证责任的角度出发，自 20 世纪 50 年代末期司法判例中则不再强调主观故意，如日本学者我妻荣主张，要从客观的角度出发，而不应拘泥于权利滥用者的主观态度 。德国的司法判例中，也开始转变观念，形成了客观滥用学说占主导的局面。②

我国法院适用揭开公司面纱（法人人格否认）否认制度时，应当坚持客观滥用说，无须考虑公司股东是否具有主观过错。首先，我国《公司法》第 20 条第 3 款规定：“公司股东滥用公司法人独立地位和股东有限责任，逃避债务，严重损害公司债权人利益的，应当对公司债务承担连带责任。”该条并未要求股东须具有主观过错，与《民法通则》第 106 条第 2 款规定侵权行为的过错要件形成鲜明对比，法律既

① 参见廖凡博士的“美国反向刺破公司面纱的理论与实践”一文对反向刺破公司法面纱有详细的介绍，载《北大法律评论》第 8 卷第 2 辑，北京大学出版社 2007 年版。

② 吴剑平：“完善法人人格否认制度之我见”，载中国民商法律网。

无要求，法院自然不宜强加。其次，侵权责任以过错为构成要件，目的是调和个人自由与社会安全之间的紧张和冲突，也是伦理道德和公平正义的要求。公司制度下股东滥用公司法人独立地位和股东有限责任的行为本身就是对权利的滥用，侵害了交易安全，侵犯了债权人的优先受偿权，违反了公平正义，因此，无须再另外要求行为人的主观过错。

八、在执行程序中不应适用公司人格否认制度

司法实践中，经常发生在执行程序中直接追加股东为被执行人、追究股东的连带责任的情况。对此做法如何评价，是更有效率，值得提倡，还是侵害了股东的诉权，应予禁止，存有不同意见。

我们认为，不应允许在执行程序中适用公司人格否认制度。因为在民事诉讼中，应当平衡原告、被告双方的利益。在执行程序中直接追加股东为被执行人并强制执行，意味着股东未经审判程序便沦为被执行人，这无疑侵害了股东的诉权，显然有失公正。进入执行程序后，债权人发现股东出资不足或有抽逃出资、转移资产等行为时，究竟应当依据《最高人民法院关于人民法院执行工作若干问题的规定（试行）》（以下简称《执行规定》）第 80 条的规定，申请追加该股东为被执行人，还是依据《公司法》第 20 条的规定，主张揭开公司面纱？我们认为，《执行规定》第 80 条的原理在于出资不足或者抽逃出资、转移资产的股东对公司违反出资义务或者构成侵权，由此产生的债务并无履行期限的限制，属于到期债务。公司债权人对股东主张在此债务范围内承担清偿责任，是基于代位权制度原理，代公司之位向股东主张债权。而《公司法》第 20 条的原理在于股东出资不足的状态或者抽逃出资、转移资产的行为严重侵害了公司债权人的利益，从而有必要揭开公司面纱，追究股东与公司的连带责任。因此，这是两个不同的制度，各自的依据与功能、适用的法律效果、对债权人的救济并不相同。最高人民法院的司法解释规定股东仍然承担有限责任，而《公司法》规定股东承担无限责任。因此，在执行程序中，不能适用公司法人人格否认制度。①

九、公司人格否认之诉中的举证责任分配

一般情况下，根据谁主张、谁举证的原则，应由原告对股东是否滥用了公司法人人格进行举证。根据我国 2014 年《公司法》第 20 条第 3 款的立法精神，公司的债权人要主张揭开公司面纱，请求股东承担连带责任，必须就以下内容承担举证责

---

① 参见金剑锋：《公司诉讼的理论与实务问题研究》，人民法院出版社 2008 年版，第 567 页。

任：(1) 股东实施了滥用公司法人独立地位和股东有限责任的行为，而且具有逃避债务的目的。其中的“公司法人独立地位”和“股东有限责任”乃一体两面，法律并不苛求被告股东既滥用公司法人独立地位，又滥用股东有限责任。实际上，滥用公司法人独立地位的同时就滥用了股东有限责任；滥用了股东有限责任，就等于滥用了公司法人独立地位。(2) 债权人利益受到严重损害，而非一般损害。此处的“严重损害”，是指公司不能及时足额清偿全部或者大部分债务。不能简单地因为债务人公司暂时不能清偿债务，就视为债权人利益受到了严重损害。造成严重损害的原因不仅在于债务人公司拒绝或者怠于清偿债务，更在于债务人公司被公司股东滥用公司法人资格而无力偿还债务。为便于实际操作，笔者认为，在认定“严重”损害的标准时，应当考虑以下几个因素：第一，行为人的主观恶意；第二，公司的现实偿债能力；第三，债权人受损的程度等。(3) 股东的滥权行为与债权人的损失之间存在合理的因果关系。

但是，显而易见的是，滥用公司人格的公司控股股东对公司债权人利益的损害是间接的，是以公司作为中间主体完成的，也就是说股东既没有直接侵害公司债权人的利益，也不是公司与债权人之间基础债权债务关系的担保人，因此，隔着公司独立人格这道屏障，债权人根本无法掌握股东对公司控制的详细证据。而且，与公司的股东相比，债权人处于公司外部当事人的地位，被诉股东则处于公司内部，不仅控制着公司的经营，而且掌握着公司的相关信息，所以公司债权人与公司的股东相比，在相应证据的掌握方面处于弱势地位，如果要求公司债权人承担完全的举证责任，则对债权人相当不利，可能导致公司人格否认制度的虚设。[①] 因此，笔者认为，结合我国的实际情况，在举证责任的分配上，可以分两步：首先由原告承担基本举证的责任，即原告必须提出某些事实证明控制股东有“随时可行使之控制”存在，其举证责任即告完成；进一步的举证责任则移转给控制股东，由控制股东证明其行为系善意且符合公平原则，未给公司带来损失，否则，即推定该股东滥用了控制权而由其承担相应的责任。

【典型案例】

徐工集团工程机械股份有限公司与成都川交工贸有限责任公司等买卖合同纠纷案

〔基本案情〕

原告徐工集团工程机械股份有限公司（以下简称徐工机械公司）诉称：成都川交工贸有限责任公司（以下简称川交工贸公司）拖欠其货款未付，而成都川交工程

① 吴庆宝主编：《公司纠纷裁判标准规范》，人民法院出版社 2009 年版，第 264 页。

机械有限责任公司（以下简称川交机械公司）、四川瑞路建设工程有限公司（以下简称瑞路公司）与川交工贸公司人格混同，三个公司实际控制人王永礼以及川交工贸公司股东等人的个人资产与公司资产混同，均应承担连带清偿责任。请求判令：川交工贸公司支付所欠货款10916405.71元及利息；川交机械公司、瑞路公司及王永礼等个人对上述债务承担连带清偿责任。

被告川交工贸公司、川交机械公司、瑞路公司辩称：三个公司虽有关联，但并不混同，川交机械公司、瑞路公司不应对川交工贸公司的债务承担清偿责任。

王永礼等人辩称：王永礼等人的个人财产与川交工贸公司的财产并不混同，不应为川交工贸公司的债务承担清偿责任。

法院经审理查明：川交机械公司成立于1999年，股东为四川省公路桥梁工程总公司二公司、王永礼、倪刚、杨洪刚等。2001年，股东变更为王永礼、李智、倪刚。2008年，股东再次变更为王永礼、倪刚。瑞路公司成立于2004年，股东为王永礼、李智、倪刚。2007年，股东变更为王永礼、倪刚。川交工贸公司成立于2005年，股东为吴帆、张家蓉、凌欣、过胜利、汤维明、武竞、郭印，何万庆2007年入股。2008年，股东变更为张家蓉（占90%股份）、吴帆（占10%股份），其中张家蓉系王永礼之妻。在公司人员方面，三个公司经理均为王永礼，财务负责人均为凌欣，出纳会计均为卢鑫，工商手续经办人均为张梦；三个公司的管理人员存在交叉任职的情形，如过胜利兼任川交工贸公司副总经理和川交机械公司销售部经理的职务，且免去过胜利川交工贸公司副总经理职务的决定系由川交机械公司作出；吴帆既是川交工贸公司的法定代表人，又是川交机械公司的综合部行政经理。在公司业务方面，三个公司在工商行政管理部门登记的经营范围均涉及工程机械且部分重合，其中川交工贸公司的经营范围被川交机械公司的经营范围完全覆盖；川交机械公司系徐工机械公司在四川地区（攀枝花除外）的唯一经销商，但三个公司均从事相关业务，且相互之间存在共用统一格式的《销售部业务手册》、《二级经销协议》、结算账户的情形；三个公司在对外宣传中区分不明，2008年12月4日重庆市公证处出具的《公证书》记载：通过因特网查询，川交工贸公司、瑞路公司在相关网站上共同招聘员工，所留电话号码、传真号码等联系方式相同；川交工贸公司、瑞路公司的招聘信息，包括大量关于川交机械公司的发展历程、主营业务、企业精神的宣传内容；部分川交工贸公司的招聘信息中，公司简介全部为对瑞路公司的介绍。在公司财务方面，三个公司共用结算账户，凌欣、卢鑫、汤维明、过胜利的银行卡中曾发生高达亿元的往来，资金的来源包括三个公司的款项，对外支付的依据仅为王永礼的签字；在川交工贸公司向其客户开具的收据中，有的加盖其财务专用章，有的则加盖瑞路公司财务专用章；在与徐工机械公司均签订合同、均有业务往来的情况下，三个公司于2005年8月共同向徐工机械公司出具《说明》，称因川交机械公司业务扩张而注册了另两个公司，要求所有债权债务、销售量均计算在川交工贸公司名下，并表示今后尽量以川交工贸公司名义进行业务往来；2006年12月，川交工贸公司、瑞路公司共同向徐工机械公司出具《申请》，以统一核算为由要求将2006年度的业绩、账务均计算至川交工贸公司名下。

另查明，2009年5月26日，卢鑫在徐州市公安局经侦支队对其进行询问时陈述：川交工贸公司目前已经垮了，但未注销。又查明徐工机械公司未得到清偿的货款实为10511710.71元。

〔裁判结果〕

江苏省徐州市中级人民法院于2011年4月10日作出（2009）徐民二初字第0065号民事判决：一、川交工贸公司于判决生效后10日内向徐工机械公司支付货款10511710.71元及逾期付款利息；二、川交机械公司、瑞路公司对川交工贸公司的上述债务承担连带清偿责任；三、驳回徐工机械公司对王永礼、吴帆、张家蓉、凌欣、过胜利、汤维明、郭印、何万庆、卢鑫的诉讼请求。宣判后，川交机械公司、瑞路公司提起上诉，认为一审判决认定三个公司人格混同，属认定事实不清；认定川交机械公司、瑞路公司对川交工贸公司的债务承担连带责任，缺乏法律依据。徐工机械公司答辩请求维持一审判决。江苏省高级人民法院于2011年10月19日作出（2011）苏商终字第0107号民事判决：驳回上诉，维持原判。

〔裁判理由〕

法院生效裁判认为：针对上诉范围，二审争议焦点为川交机械公司、瑞路公司与川交工贸公司是否人格混同，应否对川交工贸公司的债务承担连带清偿责任。

川交工贸公司与川交机械公司、瑞路公司人格混同。一是三个公司人员混同。三个公司的经理、财务负责人、出纳会计、工商手续经办人均相同，其他管理人员亦存在交叉任职的情形，川交工贸公司的人事任免存在由川交机械公司决定的情形。二是三个公司业务混同。三个公司实际经营中均涉及工程机械相关业务，经销过程中存在共用销售手册、经销协议的情形；对外进行宣传时信息混同。三是三个公司财务混同。三个公司使用共同账户，以王永礼的签字作为具体用款依据，对其中的资金及支配无法证明已作区分；三个公司与徐工机械公司之间的债权债务、业绩、账务及返利均计算在川交工贸公司名下。因此，三个公司之间表征人格的因素（人员、业务、财务等）高度混同，导致各自财产无法区分，已丧失独立人格，构成人格混同。

川交机械公司、瑞路公司应当对川交工贸公司的债务承担连带清偿责任。公司人格独立是其作为法人独立承担责任的前提。《中华人民共和国公司法》（以下简称《公司法》）第三条第一款规定："公司是企业法人，有独立的法人财产，享有法人财产权。公司以其全部财产对公司的债务承担责任。"公司的独立财产是公司独立承担责任的物质保证，公司的独立人格也突出地表现在财产的独立上。当关联公司的财产无法区分，丧失独立人格时，就丧失了独立承担责任的基础。《公司法》第二十条第三款规定："公司股东滥用公司法人独立地位和股东有限责任，逃避债务，严重损害公司债权人利益的，应当对公司债务承担连带责任。"本案中，三个公司虽在工商登记部门登记为彼此独立的企业法人，但实际上相互之间界线模糊、人格混同，其中川交工贸公司承担所有关联公司的债务却无力清偿，又使其他关联公司逃避巨额债务，严重损害了债权人的利益。上述行为违背了法人制度设立的宗旨，违背了诚实信用原则，其行为本质和危害结果与《公司法》第二十条第三款规定的情形相当，故参照《公司法》第二十条第三款的规定，川交机械公司、瑞路公司对川交工贸公司的债务应当承担连带清偿责任。

第五章 股权转让

规则7：没有实际导致股权所有人权利变化的股权转让合同不能简单认定无效

——广东达宝物业管理有限公司与广东中岱企业集团有限公司、广东中岱电讯产业有限公司、广州市中珊实业有限公司股权转让合作纠纷案①

【裁判规则】

股权转让合同中，即使双方约定转让的股权系合同外的第三人所有，但只要双方的约定只是使一方负有向对方转让股权的义务，而没有实际导致股权所有人的权利发生变化，就不能以出让人对股权无处分权为由认定股权转让合同系无权处分合同进而无效。

【规则理解】

一、股权转让合同依法成立时生效

（一）股权转让合同的成立与生效

股权转让合同的成立是指当事人通过要约和承诺的方式对股权转让合同的内容达成合意。股权转让合同的生效，是指股权转让合同产生法律效力，具体来说，是指“已经成立的合同在当事人之间产生了一定的法律拘束力”。

（二）对股权转让合同成立与生效的评析

现有通说理论认为，合同的成立与合同的生效是两个不同的法律问题，一个已经成立的股权转让合同并不一定是已经生效的合同，更多地具有法定的生效要件或约定的生效条件，如中外合资企业的股权转让必须经过原批准机关的批准，获得批准就成为此种股权转让的法定生效要件。《合同法》也规定，法律、行政法规规定应当办理批准、登记等手续生效的，或当事人约定生效条件、生效期限的，在合同

① 《中华人民共和国最高人民法院公报》2012年第5期，最高人民法院（2010）民提字第153号民事判决书。

成立后还须办理批准、登记等手续，或条件成就、期限届至时才能生效。也有学者认为，对股权转让合同的效力应当采取成立生效主义为原则、批准生效主义或者登记生效主义为例外的立法态度。除法律、行政法规规定股权转让合同成立后，尚需报经有关行政机关批准、登记外，股权转让合同原则上自合同成立之日起生效。对此，我们尚存有不同的观点和看法。

其一，股权转让合同成立的效力与股权转让合同生效的效力具有同一性。因为《合同法》第 8 条第 1 款、第 44 条第 1 款分别规定："依法成立的合同，对当事人具有法律约束力。当事人应当按照约定履行自己的义务，不得擅自变更或者解除合同。""依法成立的合同，自成立时生效。"所以，合同成立的效力与合同生效的效力具有同一性，至于是否办理批准、登记等手续，以及约定的生效条件是否成就、生效期限是否届至，那是关于合同履行的问题，与合同的效力不是一回事儿。从合同生效与合同履行二者的逻辑关系上来看，应当是先有前者，才有后者，前者是原因和条件，后者是结果和目的，不能将二者混淆不清、混为一谈，甚至颠倒因果、本末倒置，误将合同履行反过来作为合同生效的原因和条件。前述《合同法》关于"法律、行政法规规定应当办理批准、登记等手续生效"等规定，似乎就是混淆、颠倒了二者的因果关系。此外，《合同法司法解释一》第 9 条规定："依照合同法第四十四条第二款的规定，法律、行政法规规定合同应当办理批准手续，或者办理批准、登记等手续才生效，在一审法庭辩论终结前当事人仍未办理批准手续的，或者仍未办理批准、登记等手续的，人民法院应当认定该合同未生效……"该条司法解释似乎同样也是没有很好地区分合同生效与合同履行二者的关系。

其二，股权转让合同的效力与股权转让的效力具有不同性质。从二者的逻辑关系上来看，前者是原因和条件，后者是结果和目的。我国现有立法关于国家授权投资的机构转让或者购买股份以及中外合资经营企业、中外合作经营企业转让出资等股权转让须经过批准的规定，笔者认为，应当理解为其并非针对股权转让合同的效力，而是针对股权转让的效力。如前述通说理论观点所述"中外合资企业的股权转让必须经过原批准机关的批准，获得批准就成为此种股权转让的法定生效要件"，但通说理论仍然还是忽视了股权转让合同的效力和股权转让的效力二者之间的界限和区别。总而言之，当事人之间的股权转让合同依法成立时即生效，当事人应当按照约定履行自己的义务，不得擅自变更或者解除合同。至于是否能够实现股权转让的目的和产生股权转让的效力，那要看股权转让合同能否按约得到履行，如果能够得到履行，即产生股权转让效力；否则，便不能产生。

二、涉他合同

合同是当事人间的法律，合同效力的范围仅限于当事人，对合同以外的其他人原则上不发生效力。从现代的法治理念来看，任何人只对自己的行为后果负责，而不对他人的行为后果负责。合同是当事人制定的体现双方当事人意志所设定的权利和义务，对合同当事人产生效力，对其他主体不发生效力。所以，将合同效力确定在合同当事人之间，使合同有相对性是法治精神的体现。根据合同相对性原理，涉他合同似乎并没有存在的理论依据。我们认为涉他合同是有其存在的理论基础的。

合同是意思自治原则下的产物，意思自治原则在合同中得到了最基本的体现。个人意志的表示是合同订立的前提条件，在合同确定的范围内，一切债权债务关系只有依当事人的意志而成立，即法律意义上的意思自治。意思自治决定合同的相对性。合同相对性原则，王利明先生给其下的定义是：合同相对性是指合同主要在特定的合同当事人之间发生法律拘束力，只有合同当事人一方能基于合同向对方提出请求或提起诉讼，而不能向与其无合同关系的第三人提出合同上的请求，也不能擅自为第三人设定合同上的义务，合同债权也主要受合同法的保护。如果说意思自治原则主要是为了保护合同当事人的合法权益，合同的相对性原则则是为保护第三人的合法权益而存在的，是对意思自治原则的限制：合同当事人不得无限制运用意思自治原则，不得将自己的意志强加于第三方。意思自治决定合同的相对性，要求主体相对、内容相对、责任相对。意思自治原则又是涉他合同产生的理论依据。

涉他合同包括为第三人利益的合同和为第三人设定义务的合同。

（一）为第三人利益的合同

为第三人利益的合同生效无须经过第三人同意，因为，为第三人利益的合同只能为第三人设定利益而不得约定义务，不会损害第三人的利益。一方面，为第三人利益订立的合同并不违背合同相对性保护第三人合法权益的要求，一旦有可能损害第三人利益时，法律也可对此作出限定。另一方面，为第三人利益的合同生效后，第三人可接受该合同权利，也可拒绝接受。即为第三人利益的合同无须经过该第三人的同意，只是合同在当事人之间的生效无须经过其同意，合同对该第三人产生法律上的效果还是该第三人意思自治下的结果。

（二）为第三人设定义务的合同

为第三人设定义务的合同，又称第三人负担合同或由第三人给付的合同、担保第三人给付合同，是指合同当事人约定由第三人向债权人履行债务的合同。第三人负担合同是债权人与债务人之间的合同，其当事人是债权人与债务人，第三人并非合同当事人，债权人与债务人之间明确让第三人负担义务的约定为第三人负担的条款，可以说，第三人负担合同实际上是附有第三人负担条款的债权人与债务人之间的合同。

第三人负担合同的成立要件较为简单，一般认为，第三人负担合同的成立需要具备以下两项要件：第一，债权人与债务人之间存在合法有效的合同关系。当事人之间存在有效的合同关系是第三人负担合同成立的前提和基础。第二，该合同附有第三人负担条款，即当事人在合同中为第三人设立义务。

（三）第三人负担合同效力的认定

对于第三人负担合同的效力认定，需要注意以下几方面的问题：

第一，第三人是否负担当事人为其所设定的义务从而作出给付，应由其自主决定。在合同法上存在一条重要的原则，即无论何人，未得他人承诺，不得以合同使其蒙受不利。为了防止合同当事人通过订立合同损害第三人的利益，法律严禁合同当事人在未取得他人同意的情况下随意为他人设定义务，因此，第三人负担合同成立以后，第三人并非必然对债权人负担给付义务。第三人是否给付完全由其自主决定，该第三人既可以作出同意给付的意思表示，也可以作出不同意给付的意思表示。

第二，债务人负有让第三人为给付的义务。若第三人不为给付，债务人即未完成其义务，从而应向债权人承担债务不履行责任。对此，我国《合同法》有明文规定，《合同法》第65条规定："当事人约定由第三人向债权人履行债务的，第三人不履行债务或者履行债务不符合约定，债务人应当向债权人承担违约责任。"这说明，第三人负担合同实际上并未违反合同相对性规则。当然，如果当事人约定债务人仅有义务促成第三人向债权人为给付的，如果债务人已尽合理努力，则其不承担违约责任。

第三，债务人的责任为损害赔偿责任，而非代为履行责任。无论债务人是否有清偿能力，债权人均不得请求其代为履行。但是，如果所约定的第三人给付非属于专属性债务，债务人于第三人不为给付时代为履行以免除赔偿责任的，债权人不得拒绝受领。

三、股权转让合同系无权处分合同的效力认定

公司股东以股权转让为目的，与他人就股份转让的数量、价格、付款期限、方式等主要内容达成一致意见并签订股权转让协议的行为，是股权转让过程债权行为的体现，其仅仅是股权转让的一个环节，这也是理论和实践中最常见的股权转让形式。但实践中还有一种特殊形式，那就是不是该公司的股东签订的该公司股权转让协议的效力如何认定。也就是说，虽然出让人对股权无处分权，但仍然以该公司股权为标的物签订了股权转让合同，此时，该股权转让合同的效力如何认定？对此，必然涉及对无权处分的理解和认识。

根据合同归《合同法》调整、物权变动归《物权法》规制的原则，在买卖合

同法律关系中，买卖合同是物权变动的原因行为，所有权转移是物权变动之结果。出卖人在缔约时对标的物没有所有权或者处分权，并不影响作为原因行为的买卖合同的效力，但能否发生所有权转移的物权变动效果，则取决于出卖人嗣后能否取得所有权或者处分权，物权变动属于效力待定状态。因无权处分致使标的物所有权不能转移的，出卖人应当承担违约赔偿责任。

对于无权处分合同之效力，我们认为，在思考民法理论、解决民法问题的过程中，跳出某些不合理的樊篱之束缚，从另外一个角度来分析问题，不仅相当必要，而且常使我们能有一个更加开阔的视野。将《合同法》第51条中的“处分”定位为处分行为，而不包括负担行为，可以使我们廓清当前理论上对该问题中的一些纠缠不清的纷争和误解，更正确地认识债权与物权之区别，更合理并更清晰地解释《合同法》第51条的真正含义，更有助于我们妥当地理顺出卖他人之物与无权处分之间的关系，采纳“完全有效说”更为妥当。具体阐释如下：

第一，尽管我国学界通说并未完全接受德国法上的物权行为独立性和无因性理论，但是已经接受了处分行为与负担行为的概念。《物权法》第15条关于“当事人之间订立有关设立、变更、转让和消灭不动产物权的合同，除法律另有规定或者合同另有约定外，自合同成立时生效；未办理物权登记的，不影响合同效力”的规定，明确地表明我国立法已经接受“区分物权变动的原因与结果”的原则；因此，在解释《合同法》第132条与第51条的关系时，应特别注意区分负担行为与处分行为，区分物权变动的原因与结果，区分合同的效力与合同的履行，区分买卖合同与无权处分。一言以蔽之，无权处分与合同效力并非必然有相同的结果。特别需要指出的是，我国学界否定物权行为理论是从否定其无因性开始的，进而连独立性也否定掉了，殊不知物权行为独立于债权行为而存在是区分对世权与对人权的逻辑使然，而物权行为的无因性却仅仅是立法政策的选择，与逻辑无关。

第二，从历史解释的角度观之，《合同法》各个草案关于无权处分的规定，虽然始终试图解决所有权的安全与交易安全的平衡，但却因在基本前提上没有区分负担行为与处分行为而难以遂愿。《合同法（专家建议稿）》第46条规定：“以处分他人财产权利为内容的合同，经权利人追认或者行为人于订约后取得处分权的，合同自始有效。行为人不能取得处分权，权利人又不追认的，无效。但其无效不得对抗善意第三人。”就该条规定内容而言，它一方面将合同的效力取决于合同之外的权利人的同意，另一方面又规定在合同无效时，不能对抗善意第三人（即包含合同的另一方当事人）。如果合同的无效不能对抗合同的当事人，那么，这种无效的效力又体现在什么地方呢？可见，该条未能很好地解决在合同无效后第三人善意取得的问题，未能较好地保护交易安全。其后，《合同法（征求意见稿）》第31条规定：“无处分权的人处分财产或者共有人未经过其他共有人同意处分共有财产，善意相对人因交付或者登记已经取得该财产的，合同视为有效，但该财产对处分权人具有特殊作用的除外。”该条规定虽然改变了专家稿的做法，将合同的效力取决于善意相对人是否已经构成善意取得，但如此一来，在无权处分合同的效力待定中，真正权利人的意思已经无足轻重；而且，假如善意取得不成立，真正权利人是否可以行使追认权或者拒绝追认而使合同无效呢？从该条规定中无法得出结论，未能周全地保护所有权安全。最后，《合同法（全民讨论稿）》第 51 条和现行《合同法》第 51 条规定：“无处分权的人处分他人财产，经权利人追认或者无处分权的人订立合同后取得处分权的，该合同有效。”从上述立法过程看，各草案之所以没有妥善地解决所有权安全与交易安全的平衡问题以及合同效力与善意取得问题，是因为这些规定都是建立在这样一个基本前提之上：合同的生效与被处分财产权利的转移是不分开的。而正是因为合同的效力与被处分财产的权利转移被纠缠在一起，正因为负担行为与处分行为未被区分，所以，就有了这个问题难以说清的感觉。

第三，《合同法》第 51 条后半段规定实际上应是：“……该处分行为有效。”《合同法》之所以作出这样的规定，是因为无权处分的表现形式是多样的，而《合同法》关注的却是以合同的形式处分他人财产的行为。也就是说，《合同法》第 51 条所指称的“合同”实际上是上文所说的“法律上的处分”的一种。鉴于我国立法没有采纳物权行为无因性理论，致使以合同方式所为的处分，既具有负担行为的特点，又有处分行为的特点，这从外部表征上看，就是无处分权人所缔结的合同效力未定。因此，根据民法理论对负担行为和处分行为的区分意义，以及我国立法采纳的“区分物权变动的原因与结果”的原则，我们应当将《合同法》第 51 条作如下限缩解释：《合同法》第 51 条规定中“处分”和“合同”，仅指处分行为即标的物之物权的转移变更，而不包括负担行为即处分合同在内。在出卖他人之物情形，处分合同的效力并非未定，而是确定有效的；真正效力未定的应当是处分人履行合同的行为以及履行合同的结果，即无权处分行为效力未定。如此解释，不仅能够使民法基本理论的演绎获得自足，而且能够妥当地平衡所有权安全与交易安全。

第四，从《合同法》的立法指导思想和第 51 条的立法目的看，亦可得出合同有效的结论。《合同法》立法指导思想第 4 项称：“本法在价值取向上应兼顾经济效率与社会公正、交易便捷与交易安全。”法律不允许出卖他人之物，是为了维护财产的静的安全。就维护财产的静的安全而言，基本上应依物权法规范。无处分权人将财产出卖给他人，所有权人可以依据《物权法》第 106 条第 1 款关于“无处分权人将不动产或者动产转让给受让人的，所有权人有权追回”之规定追回财产，该权利属于物权请求权，其效力强于普通债权。换言之，在出卖他人之物场合，真正的所有权人可以通过物权请求权保障自己财产的静态安全，根本无需过问买卖合同是否有效。只是在发生善意取得之场合，则另当别论。因此，无论《合同法》是否承认该买卖合同效力，均不会妨碍财产的静态安全之保障。就动态的交易安全而言，虽然《物权法》第106条已经确立善意取得制度，但其仅解决买卖合同相对人取得所有权的问题，而没有解决相对人取得有效债权问题。应当看到，交易安全不仅体现在使合同相对人有效取得物权，也可以体现在使相对人取得有效债权。

第五，现行司法解释已经进一步明确了《合同法》第51条之规定。《合同法司法解释二》第15条规定："出卖人就同一标的物订立多重买卖合同，合同均不具有《合同法》第五十二条规定的无效情形，买受人因不能按照合同约定取得标的物所有权，请求追究出卖人违约责任的，人民法院应予支持。"由于违约责任以存在有效合同为前提，该条规定实际上已经承认出卖他人之物的合同有效性，亦即承认了买卖等合同的效力不受处分权有无之影响。在审判实务中，许多法院都依据《合同法司法解释二》第15条之规定裁判此类案件，使买受人可追究出卖人的违约责任，从而比较周到地保护了善意买受人的权益。

基于以上考虑，《最高人民法院关于审理买卖合同纠纷案件适用法律问题的解释》第3条第1款明确规定："当事人一方以出卖人在缔约时对标的物没有所有权或者处分权为由主张合同无效的，人民法院不予支持。"据此，出卖他人之物的合同应当认定为有效；但该出卖之标的物所有权是否发生转移，则处于效力待定状态。同样，就股权转让合同而言，即使双方约定转让的股权系合同外的第三人所有，但只要双方的约定只是使一方负有向对方转让股权的义务，而没有实际导致股权所有人的权利发生变化，就不能以出让人对股权无处分权为由认定股权转让合同系无权处分合同进而无效。

【拓展适用】

一、股权转让协议与股权变动的效力

（一）股权变动模式的不同观点

关于股权的变动模式，基本存在两派对立的观点：一是形式主义的观点，即股权变动之效力的发生除股权变动合同生效外，还需要特定的形式如股东名册变更为要件，该说占有多数；二是意思主义的观点，即认为股权变动之效力发生于股权转让合同生效之时，股权转让合同生效直接发生股权变动效力，而不以形式要件为必要。

1. 形式主义的观点认为，股权变动之效力的发生除股权变动合同生效外，还需要特定的形式如股东名册变更为要件。通说认为，在股权转让行为中，实质上存在两种行为：一是股份转让的债权行为，二是股份转让的权利变动行为。前者是当事人之间关于股权转让合同的签订行为，后者则是合同生效后当事人之间为履行合同而实际交付股份的行为。依据《公司法》的规定，股份转让的权利变动行为涉及权能的移转和权属的变更，这种变更以股东名册的变更（生效效力）和工商登记（对抗效力）的变更为准。[①] 亦有认为如同物权行为独立于债权行为一样，生效的股权转让合同仅产生转让方将其股权交付给受让方的合同义务，而非导致股权的自动、当然的变动。[②] 公司将受让方载入股东名册之时或者公司向新股东签发出资证明书之时为股权变动之时。[③] 还有认为股权转让合同的生效，并不当然导致股权的变动，股权变动效果宜以股东名册变更记载为准，股东名册变动记载完成，受让人就现实地享有了股权。

2. 意思主义的观点认为，股权变动之效力发生于股权转让合同生效之时，股权转让合同生效直接发生股权变动效力，而不以形式要件为必要。意思主义者认为股东名册在处理各股东关系上具备三方面的效力：（1）确定的效力；（2）推定的效力；（3）免责的效力。股东名册未记载的股东，并不必然没有股东资格，因为公司拒不作股东登记或登记错误，属于履行义务不当，不能产生剥夺股东资格的效力。[④] 公司没有股东名册也并不妨碍股东资格的认定以及股东权利之行使，倘若公司出于恶意或者过失未把受让人载入股东名册，具有相应证据的受让人可以主张股权，诉请法院强制公司协助变更股东名册。亦有观点认为，在无特别约定的情况下，无论公司是否设有股东名册，股东转让出资未在股东名册上进行登记的，不影响股权转让的效力。凡是法律、行政法规没有明文规定以办理批准、登记等手续为合同生效条件的，当事人是否办理可能涉及的批准、登记等手续，不影响合同的效力，也不影响股权转让的效力。[⑤] 还有观点直接认为，有限公司股权变动采意思主义的，即股权转让合同（债权行为）一经生效，股权即转移给受让人，也即发生股

---

① 赵旭东主编：《公司法学》（第二版），高等教育出版社 2006 年版，第 326 页；赵旭东教授的观点还可参见赵旭东："股权转让与实际交付"，载《人民法院报》2002 年 1 月 25 日第 3 版。

② 刘俊海：《新公司法的制度创新：立法争点与解释难点》，法律出版社 2006 年版，第 301 页。

③ 刘俊海：《现代公司法》，法律出版社 2008 年版，第 321～323 页。

④ 范健："论股东资格认定的基本理念与原则"，载王保树主编：《实践中的公司法》，社会科学出版 2008 年版，第 26～32 页。

⑤ 王欣新、赵芬萍："有限责任公司的股权转让"，载《人民法院报》2001 年 8 月 10 日第 3 版。

权变动的效果。①

（二）股权转让协议与股权变动效力认定的把握

我们对股权转让协议与股权变动效力的认识如下：

1. 股权转让协议之内部效力——在当事人之间产生股权转让效力

股权转让在实质上是转让方与受让方双方当事人之间的民事法律行为。任何公司股权转让，无论是有限责任公司还是股份有限公司、上市公司还是非上市公司，也无论是股东之间相互转让还是向股东以外的人转让、记名股票的转让还是无记名股票的转让，等等，转让方与受让方双方当事人均必须首先签订股权转让合同，然后才能履行股权转让合同，最终实现股权转让的目的。所以，签订股权转让合同是实现股权转让最基本的前提条件，只是股权转让合同在不同情况下的表现形式有所不同罢了。与其他类型的合同一样，股权转让合同也同样可以采取书面形式、口头形式和其他形式。

当事人订立股权转让合同后，应当按照股权转让合同的约定交付股权，比如交付无记名股票、转移资产受益权、通知公司办理股东名册变更登记等，即使该股权转让未进行公司登记、工商登记，在双方当事人之间也已经产生了股权转让效力。当股权转让协议生效后，股权权能即发生了移转，由转让方移转至受让方，此时转让方应当按照股权转让协议之规定，协助受让方办理公司股东名册以及工商登记等事宜。正如有学者认为，“尽管公司没有给予实际所有人以所有权，但实际所有人是‘真正的’所有人，能够迫使名义所有人交出股利，或者签署适当的文件以使实际所有人能行使表决权或成为名义所有人。”② 这里的股权转让，其效力在于约束双方当事人，具体包括以下两层涵义：

其一，在转让方与受让方双方当事人之间产生股权转让效力。当事人双方签订协议并交付股权后，在双方当事人之间产生股权转让效力，任何一方都不得反悔，不得以未经过公司登记、工商登记等为由而提出异议，从而否认股权转让效力。比如《日本商法》第205条规定，“股份有限公司转让股份须交付股票。股票的占有者，推定为合法的持有人。”③

其二，仅在转让方与受让方双方当事人之间产生股权转让效力。当事人双方签订协议并交付股权后，如果未有经过公司登记、工商登记等，则该股权转让仅对双

---

① 李建伟：《公司法学》，中国人民大学出版社2008年版，第313页。

② ［美］罗伯特·W. 汉密斯顿：《公司法概要》，李存捧译，中国社会科学出版社1999年版，第149页。

③ 卞耀武：《当代外国公司法》，法律出版社1995年版，第616页。

方当事人产生效力，对公司、第三人未产生法律约束力，双方当事人均不能以已经签订协议并交付股权为由，向公司、第三人进行对抗。当然，当事人可以要求进行公司登记、工商登记。比如《日本有限公司法》第 20 条、《日本商法》第 206 条分别规定，“有限责任公司份额的转让，非在股东名簿上记载取得者之姓名、住所及转移的出资股数，不得以此对抗公司及其他第三人”。“股份有限公司股份的转移，若未将取得者的姓名及住所记载于股东名簿时，不得以此对抗公司”。①

2. 股东名册变更之对抗公司效力

股权转让虽然在实质上是转让方与受让方双方当事人之间的民事法律行为，但股权同时又是股东对公司而享有的各种权利，股权中的绝大部分权能包括重大决策、选择管理者等权利，不通过公司是根本无法实现的。所以，股权转让应当经由公司同意或认可（当然，公司的该种同意与否必须符合公司章程的规定）才能真正实现，而公司进行股东名册变更登记正是其具体表现形式。当事人股权转让协议生效，可以在当事人之间产生股权转让效力，但是如果未将受让人记载于股东名册，则此种内部转让效力不能对抗公司，不能对公司产生法律效力。

但是，股东名册之变更并非股权转让之要件，其效力仅仅在于受让方可以以此对抗公司，在公司中行使股东权利。股东名册变更亦常常被认为是处理股东与公司之间关系的优势证据。《公司法》第 32 条第 2 款有关“记载于股东名册的股东，可以依股东名册主张行使股东权利”的规定表明法律也认可“没有记载于股东名册”的股东，只不过他不能主张行使股东权利（自益权和共益权）。

3. 工商登记之对抗第三人效力

股权转让经由工商行政管理机关变更登记后，在双方当事人、公司、第三人之间产生股权转让效力，双方当事人、公司、第三人都不得提出异议，从而否认股权转让效力。②

但是对于股东的资格而言，工商登记对股东资格的确认没有设权性效果，而只是公示性登记，只产生对抗第三人的公示性效果。股权转让协议生效后，如果未将受让人进行工商登记，并不影响当事人股权转让之效力，只是无法对抗善意第三人。

4. 变更登记手续不完备对股权转让效力之影响

在股权转让事宜正常履行的情况下，股权的转让一般包括当事人合意转让——股权内部变更登记——股权外部变更登记三个步骤。但在股权转让的实践中，往往因为各种复杂情况，造成股权变更登记手续不完备，继而使股权归属在关系各方产

---

① 卞耀武：《当代外国公司法》，法律出版社 1995 年版，第 554 页、第 616 页。

② 张平：“股权转让效力层次论”，载《法学》2003 年第 12 期。

生争议。

在转让人与受让人内部，股权之转让应以意思主义为准，当双方当事人间就股权转让达成合意，则股权在双方当事人间移转。未进行股东名册变更与工商登记并不影响股权变动之效力。在涉及公司以及第三人时，则应当遵循形式主义规则，未进行股东名册变更以及工商登记则不得对抗公司及第三人，对公司以及第三人不发生股权转让之效力。

二、股权转让后原股东再次处分股权的效力

《公司法》第32条第3款规定，股东姓名或名称未在公司登记机关登记的，不得对抗第三人。当股权转让协议生效且受让股东支付了转让款时，尽管股权已经由原股东转移至受让股东，受让股东为实质权利所有者。但是由于没有办理公司登记机关的变更登记，根据商法之外观主义原则以及公示主义原则，第三人凭借对登记机关登记内容的信赖，一般可以合理地相信登记的股东（即原股东）就是真实的股权人，可以接受该股东对股权的处分，未登记的受让股东不能主张该处分行为无效。此种处理模式与上述问题“名义股东未经实际出资人同意对外转让股权的效力”的法理和救济途径相同。即原股东将股权转让后，由于未办理公司登记机关的变更登记而处分仍登记于其名下股权时，应参照《物权法》第106条规定的善意取得制度处理。也就是说，公司登记材料的内容构成了第三人的一般信赖，为保护第三人之信赖利益，第三人可以以登记的内容来主张其不知道股权归属于受让方并进而终局地取得该股权；但受让方可以举证证明第三人知道或者应当知道该股权属于受让方。一旦证明，该第三人就不构成善意取得，处分股权行为的效力就应当被否定，其也就不能终局地取得该股权。

在原股东擅自处分登记在其名下股权的情形中，当善意第三人通过善意取得制度终局地取得该股权时，受让股东的投资权益将不复存在。原股东违反股权转让协议再次处分股权的行为构成了对受让股东股权的侵犯，受让股东可以要求作出处分行为的原股东承担损害赔偿责任。这里还要注意，如果转让股东仅仅是与第三人签订了股权转让协议，甚至第三人亦支付了股权转让款，但第三人也未被变更登记为公司股东的，受让人如起诉要求确认其为公司股东的，人民法院应予支持，公司应当依法为其办理变更登记。对于没有任何过错的第三人，则可以通过违约责任追究转让股东的民事责任。

《公司法司法解释三》第27条对股权转让后原股东再次处分股权的效力和救济途径有更明确的规范，即“股权转让后尚未向公司登记机关办理变更登记，原股东将仍登记于其名下的股权转让、质押或者以其他方式处分，受让股东以其对于股权享有实际权利为由，请求认定处分股权行为无效的，人民法院可以参照物权法第一百零六条的规定处理。原股东处分股权造成受让股东损失，受让股东请求原股东承担赔偿责任、对于未及时办理变更登记有过错的董事、高级管理人员或者实际控制人承担相应责任的，人民法院应予支持；受让股东对于未及时办理变更登记也有过错的，可以适当减轻上述董事、高级管理人员或者实际控制人的责任。”

三、股权未发生变动，受让人即再转让股权的效力认定

原股权受让人在未实际取得股权的情况下，即将其未来会获取的股权对外进行再次转让，此时确定其具备何种法律主体身份，需要以其持有的权利状态为依据。原股权受让人在未实际取得股权的情况下，对于股权其并不具备现实的物权，但同时其已经与原出让股东就股权转让达成了合意，基于这一合同关系，原股权受让人具有获得股权的期待利益。在原股权受让人同意原出让股东再次转让时，应视为其放弃了此种期待利益，故原出让股东得行使其现实意义上的物权，而当原股权受让人自行再次对外转让股权时，其并未放弃上述期待利益，故其可将此种期待利益作为转让的标的。可见，原股权受让人此时具备的主体身份是期待利益的出让人，其转让的客体是基于期待利益而产生的权益，并非现实意义上的股权。有观点认为，原股权受让人未实际获得股权时，其对外再次转让的行为系《合同法》上的无权处分，行为效力取决于相对权利人的意思表示。我们认为，此说有相应合理的因素，但稍显不够准确，对于此类股权转让行为的效力问题，应从以下几个角度分析：

1. 从物权变动的角度而言，此种行为模式实质是物权尚未发生转移时，受让物权的民事主体将物再次对外进行转让，在现实经济生活中，此类行为屡见不鲜，若将转让的标的物转换成其他一般商品，对此种转让行为的效力仅应由物权是否最终转移而确定，即当物权最终转移至第三人或转化为相应债权时其合同为有效合同，当物权未能转移至第三人或相应债权未能产生时，因标的物的自始履行不能而归于无效，股权虽有其特殊性，但股权的转让同样系一物权性的变动，其效力并不应与其他物权变动有所区别；且此种行为并未违反法律强制性规定，《公司法》等特别法亦未明确不得进行此类股权转让行为，故依照《合同法》有关无效合同认定的规定，此类股权转让不应依相关当事人的意思表示而被认定为无效的民事法律行为。

2. 从股权的特殊性而言，应当看到，股权的确不同于一般的物权，其中兼有财产权和人身权的性质，且在我国的《公司法》框架下，此种财产权和人身权不可分离，因此《公司法》规定股权转让需征得公司其他股东的同意。而依照《公司法》的上述规定，亦应当认为，原股权受让人的再次转让行为亦需要得到其他相对权利人，即原出让股东和公司其他股东的同意。但原股权受让人在未征得原出让股东和公司其他股东同意的情况下，再次转让股权，其行为性质不能据此被认定为无权处分。因为公司其他股东同意与否，本身就不是股权转让合同生效的要件，公司其他股东的意思表示只能影响股权转让合同能否得以履行，对合同效力并不产生影响；且此时转让的标的物并非股权，而系针对特定股权的期待利益，此种期待利益系原股权受让人自身的权益，故其合同效力并不取决于相对权利人的同意与否。

因此，原股权受让人在尚未取得股权时再次对外转让股权，如果没有其他的法定无效事由，且最终股权完成了转移或转化为相应债权，则其行为应认定为有效，但此类转让行为欲得到实际履行，则需以完成相应的登记手续为必要前提。

【典型案例】

广东达宝物业管理有限公司与广东中岱企业集团有限公司、广东中岱电讯产业有限公司、广州市中珊实业有限公司股权转让合作纠纷案

申诉人（一审被告、二审上诉人）：广东中岱企业集团有限公司。

法定代表人：常建国，该公司董事长。

申诉人（一审被告）：广东中岱电讯产业有限公司。

法定代表人：常建国，该公司董事长。

申诉人（一审被告）：广州市中珊实业有限公司。

法定代表人：张伟山，该公司董事长。

被申诉人（一审原告、二审被上诉人）：广东达宝物业管理有限公司。

法定代表人：陈少欢，该公司执行董事。

〔基本案情〕

申诉人广东中岱企业集团有限公司（以下简称中岱集团公司）、广东中岱电讯产业有限公司（以下简称中岱电讯公司）、广州市中珊实业有限公司（以下简称中珊公司）为与被申诉人广东达宝物业管理有限公司（以下简称达宝公司）股权转让合作纠纷一案，不服广东省高级人民法院（2007）粤高法民二终字第165号判决，向最高人民法院提出申诉。最高人民法院于2009年12月16日作出（2008）民二监字第21－1号民事裁定，提审本案。最高人民法院依法组成由审判员王东敏担任审判长、代理审判员王富博、杜军参加的合议庭进行了审理。书记员商敏担任记录。本案现已审理终结。

2006年9月8日，达宝公司向广州市中级人民法院提起诉讼，请求：1. 解除达宝公司与中岱电讯公司、中珊公司签订的《广州市中珊实业有限公司股权转让合作协议书》（以下简称《合作协议书》）；2. 判令中岱电讯公司、中珊公司、中岱集团公司返还达宝公司3000万元，支付资金费用（损失赔偿）2285万元，支付逾期付款利息（按5285万元为本金，按逾期归还银行贷款利率计算，从2006年2月23日起计算至实际返还之日止，暂计至起诉之日止为2158000元），上述合计为55008000元。

广州市中级人民法院一审查明：2005年12月12日，达宝公司与中岱电讯公司、中珊公司签订《合作协议书》，约定：三方以重组后的中珊公司作为经营平台，共同对目标地块进行房地产开发；合作的前提和基础为中岱电讯公司承诺，中岱电讯公司有权处置中珊公司100%的股权，中岱电讯公司和中珊公司承诺，中珊公司对外没有任何债权债务。股东夏乘风、苏雄无条件将穗国地出合〔2005〕133号《广州市国有土地使用权出让合同》项下琶洲PZB1301地块（即目标地块）使用权转入中珊公司名下。中珊公司股权作价为49380万元（其中土地出让金46000万元，注册资本2000万元，契税1380万元）。中岱电讯公司将其持有的中珊公司100%股权中的10%股权转让给达宝公司。股权转让价款的支付方式为：2005年12月13日前，达宝公司支付首期受让款3000万元整，此款用于支付目标地块的土地出让金，余款在2005年12月30日付清。协议还约定，由于交纳该地块土地出让金的需要，中岱电讯公司希望达宝公司能尽快投入资金，虽然已办妥达宝公司10%的股权登记手续，但不等于双方已就双方合作事宜及公司章程等达成一致，因此，如双方未能在该协议签订后三个月内就合作事宜达成一致（合作各方就该目标地块的合作事宜正式签订协议），达宝公司有权退出合作，中岱电讯公司同意以5285万元受让达宝公司持有中珊公司的10%股份，并即全额付清款给达宝公司，如中岱电讯公司未能如期履行，中岱电讯公司同意向达宝公司支付违约金，违约金额按未履行金额每天0.2%计算。任何一方未能全面履行该协议，违约方应承担违约责任。违约方除须赔偿中珊公司损失外，还须向其他股东支付违约金，违约金额按违约金额每天0.2%计算。中珊公司为中岱电讯公司在该协议中的责任和义务提供全面担保，如中岱电讯公司未能全面履行该协议，中珊公司同意为中岱电讯公司该协议项下的全部责任和义务承担连带责任。同日，中岱集团公司向达宝公司出具一份《承诺书》，内容为：由于急需在2005年12月13日交纳该地块的土地出让金，中岱集团公司希望达宝公司在中岱集团公司、达宝公司双方未能谈妥有关合作事宜前，先行准备资金3000万元，以保证届时能按时向政府交纳土地出让金。如双方未能就合作事宜达成一致，达宝公司在准备该资金过程中的损失由中岱集团公司承担。2005年12月13日，达宝公司支付给中珊公司3000万元，中珊公司随即将该款用于支付夏乘风、苏雄交纳给政府的土地出让金。

之后，由于夏乘风、苏雄违反与广州市国土资源和房屋管理局（以下简称广州国土局）签订的合同没有按期支付土地出让金，广州国土局解除了与其签订的《广州市国有土地使用权出让合同》，收回出让给夏乘风、苏雄的琶洲PZB1301地块，并于2006年1月14日在广州市房地产交易登记中心重新公开挂牌转让。

2006年2月23日，达宝公司向中岱电讯公司、中珊公司发函称目标地块由于未按期交付土地出让金被政府收回，合作各方已无可能就合作事宜达成一致，故要求终止合作，并要求中岱电讯公司、中珊公司尽快退还达宝公司款项。

2006年6月9日，中岱集团公司向达宝公司出具一份《承诺函》，内容为：达宝公司原已交付国有土地出让金3000万元，由中岱集团公司负责偿还，包括原达宝公司与中岱电讯公司签订的资金费用。经多次交涉，中岱电讯公司、中岱集团公司、中珊公司未返还达宝公司款项，达宝公司遂提起诉讼。

〔一审裁判理由与结果〕

广州市中级人民法院一审认为：达宝公司与中岱电讯公司及中珊公司签订的《合作协议书》未违反法律规定，系合法有效，各方当事人应依约履行。达宝公司已依约履行了给付股权首期受让款的义务，用于支付涉案地块的土地出让金，而中岱电讯公司却未能依约提供目标地块，致使合作目的不能实现，实属违约，故达宝公司基于这一事实要求解除合作协议及请求中岱电讯公司、中珊公司、中岱集团公司退还3000万元的转让款，理由充分，具有合同及法律依据，应予以支持。中岱电讯公司、中珊公司、中岱集团公司称达宝公司在合同约定的三个月期限未届满前即向其发出解除合同的通知，属于达宝公司违约。虽然达宝公司提出解除合同时《合作协议书》约定的三个月期限尚未届满，但达宝公司的该行为具有充分的客观事实依据，属于依法行使权利，故中岱电讯公司、中珊公司、中岱集团公司这一主张与事实不符，该院不予采纳。关于损失赔偿金问题，因为合作协议约定如双方未能在协议签订后三个月内就合作有关事宜达成一致（合作各方就目标地块的合作事宜正式签订协议），达宝公司有权退出合作，中岱电讯公司同意以5285万元受让达宝公司持有的中珊公司的10%股份，并即全额付清转让款给达宝公司，所以根据该约定，在有关合作事宜已无可能正式签订协议予以履行的情形下，达宝公司要求中岱电讯公司依照上述约定赔偿3000万元转让款之外的预期利益损失2285万元，符合合同各方当事人的真实意思表示，该院予以支持。此外，合同还订明若中岱电讯公司违约还须就其承诺支付的款项按每日千分之二标准计付逾期付款违约金，但达宝公司放弃合同约定的较高利率标准，而主张按中国人民银行规定的同期逾期贷款利率计付利息，是其对自身权利的处分，应予准许。达宝公司请求从其行使正当权利提出解除合同的时间即2006年2月23日开始计算上述利息，符合法律的规定，该利息从其提出解除合同的次日起开始计算。中珊公司须按照合同的约定对中岱电讯公司的债务承担连带责任。中岱集团公司在其先后两次向达宝公司出具的承诺书中均表达了对中岱电讯公司的债务负责偿还的意愿，在第二次的承诺书（时间为2006年6月9日）中还明确其承担责任的范围为退还达宝公司交纳的土地出让金即上述转让款3000万元和达宝公司与中岱电讯公司签订的资金费用，又因达宝公司在接受中岱集团公司意愿的同时，并未放弃对中岱电讯公司、中珊公司责任的追究，故中岱集团公司的行为属于债务加入，其应依承诺内容向达宝公司承担退款3000万元及赔偿预期利益损失的责任。

关于诉讼主体问题。中岱电讯公司和中岱集团公司认为中珊公司的股东夏乘风和苏雄与该案有法律上的利害关系，申请将其追加为第三人以便查清事实。该院认为，合作协议是达宝公司与中岱电讯公司和中珊公司签订的，协议项下的有关权利义务仅与中岱电讯公司、中珊公司有关，夏乘风和苏雄不是协议的相对人，达宝公司亦不主张由其承担相应的责任，若中岱电讯公司、中珊公司认为夏乘风、苏雄的行为损害了其合法权益，应另行解决。故该两自然人并非必须成为该案当事人，中岱电讯公司、中珊公司的请求缺乏充分的法律和事实依据，该院不予支持。中珊公司认为广州国土局单方收回目标地块是造成该案合作协议不能履行及合同目的不能实现的事实原因，所以申请将该局追加为诉讼第三人。对此，因为即便是广州国土局的行为导致中岱电讯公司和中珊公司无法履行合同义务，依据《合同法》第一百二十一条的规定，中岱电讯公司和中珊公司也须就其与该局之间的纠纷依法另行解决，故中珊公司的申请不符合法律规定，该院予以驳回。该院于2007年6月1日作出（2006）穗中法民二初字第217号判决，判令：1. 解除达宝公司与中岱电讯公司、中珊公司签订的《合作协议书》。2. 中岱电讯公司在判决生效之日起十日内向达宝公司返还股权转让款3000万元、赔偿预期利益损失2285万元，并以5285万元为本金从2006年2月24日起至付清款项之日止按中国人民银行规定的同期同类逾期贷款利率计付逾期付款违约金。逾期履行，按照民事诉讼法第二百二十九条规定执行。3. 中珊公司和中岱集团公司对中岱电讯公司在判决第2项中所应承担的债务负连带清偿责任。4. 驳回达宝公司其他诉讼请求。案件受理费285050元，财产保全费222895元，由中岱电讯公司、中珊公司、中岱集团公司共同承担。

〔当事人上诉及答辩意见〕

中岱集团公司不服一审判决，向广东省高级人民法院提起上诉称：一、一审法院未通知与该案有法律上利害关系的第三人参加诉讼，遗漏诉讼主体，造成程序错误。该案纠纷系因中岱电讯公司处分中珊公司股权所引起，而中珊公司的股东并非中岱电讯公司，而是夏乘风和苏雄。不论是股权处分行为本身，还是案件的处理结果，都与股东夏乘风和苏雄有密切的利害关系。该案所涉的待开发地块，是夏乘风和苏雄通过挂牌竞拍向国土部门取得的，又因其未及时缴纳土地出让金而导致该地块被收回，致使达宝公司单方面解除股权转让协议。根据《民事诉讼法》的规定，该二股东应当以第三人身份参加诉讼，这也有利于查明事实及明辨是非，确定各方的过错及责任的分担。二、一审判决认定达宝公司2285万元的预期利益损失，没有事实和法律依据。股权转让协议约定：达宝公司受让中珊公司10%股权的转让价款为4931万元；2005年12月13日前，达宝公司向中岱电讯公司支付股权首期受让款3000万元，余款在2005年12月30日前付清；中珊公司可以接受股东借款，按照年利率25%计算利息；如双方未能在该协议签订后三个月内就合作事宜达成一致，达宝公司有权退出合作，中岱电讯公司同意以人民币5285万元受让达宝公司持有中珊公司的10%股份。可见，在双方合作不能完成的情况下，达宝公司取得5285万元退股款的前置条件是付清10%股权的受让款4931万元，其余354万元则是按照年利率25%计算的利息。而该案事实是，达宝公司在支付了首期受让款3000万元之后，没有如约支付第二期余款1931万元。这不仅说明达宝公司违约在先并造成拍卖竞得的土地使用权被政府收回，而且达宝公司根本没有付清股权受让款，其所谓"预期利益损失"没有合同及事实依据。中珊公司的股权转让合约本应由中珊公司的股东夏乘风和苏雄与股权受让方达宝公司之间签署，并办理股权转让的工商变更登记方可有效。而中岱电讯公司与达宝公司在未得到夏乘风和苏雄的授权委托及确认的情况下，擅自签署协议，应属非法处分他人权益的行为，该协议应当认定为无效，达宝公司依据无效合同索取所谓的预期利益损失没有法律依据。三、一审判决判令中岱集团公司承担连带清偿责任错误。中岱集团公司于2005年12月12日向达宝公司出具的《承诺书》，是中岱集团公司邀请达宝公司合作经营中珊公司及待取得地块，并希望达宝公司在双方未谈妥合作事宜前，先准备资金3000万元，以用于缴纳土地出让金。但之后达宝公司并未与中岱集团公司签订任何合约，而是与中岱电讯公司及中珊公司签订了协议，并依据该协议支付了3000万元股权首期受让款。可见中岱集团公司的该《承诺书》实质上是签约意向书，没有得到响应，不产生法律约束力。中岱集团公司于2006年6月9日出具的《承诺函》，是中岱集团公司提议，中岱电讯公司和中珊公司欠付达宝公司的3000万元及资金费用由中岱集团公司负责偿还。该提议的法律意义是债务的转移。但达宝公司没有响应，而是选择了诉讼。中岱集团公司与达宝公司对债务转移一事未达成一致意见。达宝公司要求中岱集团公司与中岱电讯公司、中珊公司承担连带清偿责任没有合同及法律依据。故请求：1. 撤销一审判决，裁定该案发回重审，或在查明事实的基础上依法改判，驳回达宝公司的诉讼请求。2. 该案一、二审诉讼费用全部由达宝公司承担。

达宝公司没有提交书面答辩状，二审法院调查时其口头答辩称：一、一审判决不存在遗漏诉讼主体的问题。中岱电讯公司与夏乘风、苏雄的关系不属该案调整的范围，夏乘风、苏雄无需参加该案诉讼。二、按《合作协议书》的约定，中岱电讯公司应以5285万元受让达宝公司持有的中珊公司10%股份，达宝公司以此计算预期利益的损失，有合同依据。三、中岱集团公司出具承诺书的行为是债务加入，并非债务转移。中岱集团公司认为达宝公司选择了向中岱电讯公司和中珊公司主张债权，就无权向中岱集团公司主张债权，没有依据。故请求驳回中岱集团公司上诉，维持原判。

〔二审查明的事实〕

中岱电讯公司、中珊公司没有参加二审法院法庭调查，亦未提交书面意见。

广东省高级人民法院二审查明以下事实：达宝公司、中岱电讯公司、中珊公司在《合作协议书》中约定三方同意中岱电讯公司所转让的中珊公司的10%股权转让价为4931万元。股权转让后，中岱电讯公司持有中珊公司90%股权，达宝公司持有10%股权。股权转让价款的支付方式为：2005年12月13日前，达宝公司向中岱电讯公司支付股权首期受让款3000万元整，此款用于支付目标地块的土地出让金，余款2005年12月30日前向中岱电讯公司付清。2005年12月13日，中珊公司向达宝公司出具一张《收据》，载明：收到达宝公司投资款人民币3000万元整。同日，中珊公司将3000万元汇入广州市土地出让金财政专户。2006年2月23日，达宝公司向中岱电讯公司、中珊公司发函称：目标地块由于未按期交付土地出让金被政府收回，达宝公司与中岱电讯公司、中珊公司已无可能就合作事宜达成一致，因此，达宝公司通过该函正式通知其终止与中岱电讯公司、中珊公司的合作，并请中岱电讯公司、中珊公司按照协议书尽快退回达宝公司的款项。2006年6月9日，中岱集团公司向达宝公司出具的《承诺函》内容为：达宝公司与中岱集团公司下属企业中岱电讯公司合作经营中珊公司（开发位于琶洲广交会新馆南面PZB1301地块），由于该地块已被广州国土局收回，达宝公司原已交付国有土地出让金3000万元，由中岱集团公司负责偿还，包括原达宝公司与中岱电讯公司签订的资金费用。

另查明：2005年10月14日，作为出让方的广州国土局与作为受让方的夏乘风、苏雄签订了《广州市国有土地使用权出让合同》，通过挂牌方式将琶洲PZB1301地块以46000万元出让给夏乘风、苏雄。2005年10月25日，夏乘风、苏雄签订了《广州市中珊实业有限公司章程》，出资设立中珊公司。2005年12月5日，中珊公司经广州市工商行政管理局登记成立，公司注册资本人民币2000万元，法定代表人为张伟山。

一审诉讼中，中珊公司提交一份《关于穗国房函〔2005〕1616号的复函》，主要内容为："广州市国土资源和房屋管理局，贵局于2005年12月29日邮递给我夏乘风、苏雄《关于解除琶洲PZB1301地块出让合同的函》（穗国房函〔2005〕1616号），我们不同意贵局单方解除琶洲PZB1301地块出让合同。自然人买地，我们需要时间注册项目公司等事宜，我们在合同约定时间12月14日前已交土地出让金：7380万元（一次性交清契税：1380万元）。在我们交款不到12个小时内，贵局就在12月15日作出单方解除合同，12月20日贵局又开具出土地出让金缴款单让我们交纳，贵局单方解除的公函我们却在15天后（12月29日）才收到。我们认为贵局对一个企业在12小时内所做出这么重大的决定有所欠妥……中珊公司、夏乘风、苏雄。2006年1月12日。"

广州国土局以夏乘风、苏雄违反合同约定，没有按期支付土地出让金为由，解除了与其签订的《广州市国有土地使用权出让合同》，收回出让给夏乘风、苏雄的琶洲 PZB1301 地块，并于2006 年 1 月 14 日在广州市房地产交易登记中心重新公开挂牌出让。

除以上事实外，广东省高级人民法院二审查明的事实与一审判决查明的事实相同。

〔二审裁判理由与结果〕

广东省高级人民法院二审认为：根据中岱集团公司提出的上诉请求，诉讼双方争议的焦点，一是应否追加夏乘风、苏雄为第三人参加诉讼的问题，二是《合作协议书》解除后中岱集团公司、中岱电讯公司、中珊公司的责任承担问题。

关于是否应当追加夏乘风、苏雄为该案第三人参加诉讼问题。该院认为，中岱电讯公司、中珊公司和达宝公司签订的《合作协议书》是各方当事人的真实意思表示，签订该合同的目的，是为了共同对琶洲 PZB1301 地块进行房地产开发。其实质是以股权转让的形式，达到合作开发房地产项目之目的。各方合作的基础是中珊公司取得该地块的土地使用权。根据已查明的事实，夏乘风、苏雄在与广州国土局签订《广州市国有土地使用权出让合同》后，出资设立了中珊公司，并以中珊公司名义向广州市土地出让金财政专户支付了部分款项。夏乘风、苏雄为中珊公司的股东、董事，中珊公司法定代表人张伟山亦系夏乘风、苏雄直接聘用，该案所涉 3000 万元亦是由中珊公司作为土地出让金支付。因此，中珊公司与达宝公司签订《合作协议书》，应认定为是受夏乘风、苏雄委托所为，合法有效。由于夏乘风、苏雄未按期缴纳土地出让金，广州国土局已收回琶洲 PZB1301 地块，并重新公开挂牌出让。中岱电讯公司、中珊公司、达宝公司合作开发该房地产项目已无基础，合同目的不能实现，其签订的《合作协议书》应予解除。《合作协议书》为中岱电讯公司、中珊公司与达宝公司签订，而该案仅涉及合同解除后相应的责任承担问题，达宝公司在该案中亦未向夏乘风、苏雄主张权利，因此，案件无追加夏乘风、苏雄为第三人参加诉讼之必要。中岱集团公司上诉认为一审法院未通知夏乘风、苏雄为第三人参加诉讼属遗漏诉讼主体、导致程序错误的主张，该院不予支持。

关于《合作协议书》解除后中岱集团公司、中岱电讯公司、中珊公司的责任承担问题。该院认为，达宝公司已依约支付股权首期受让款 3000 万元，而中岱电讯公司未能按承诺提供目标地块，致使合作目的落空，应承担相应的违约责任。达宝公司请求解除合同并返还 3000 万元及相应损失，应予支持。根据《合作协议书》的约定，达宝公司取得中珊公司 10% 的股权，应分两期支付 4931 万元给中岱电讯公司。因目标地块被收回，达宝公司实际仅支付股权首期受让款 3000 万元，并未支付第二期股权转让款 1931 万元给中岱电讯公司。因此，应以达宝公司已付 3000 万元所占应付款 4931 万元的比例，来确定达宝公司退出合作后中岱电讯公司实际应付的款项，即 $3000 \div 4931 \times 5285 = 3215.3721$ 万元。按《合作协议书》约定，从《合作协议书》

签订之日起满三个月之日，即从2006年3月13日起，中岱电讯公司即应付清该款。因此，按当事人的约定，应从该日至付清款项之日止，以3215.3721万元为本金，按每天0.2%计算违约金。按《合作协议书》约定的该计算方式，已超过达宝公司所主张的按5285万元为本金从2006年2月24日起至付清款项之日止按中国人民银行规定的同期同类逾期贷款利率计付逾期付款违约金的计算方式（达宝公司主张的此计算方式是以赔偿预期利益损失2285万元为前提）。达宝公司虽然只按约定支付了第一期股权转让款3000万元，但在第二期股权转让款支付之日即2005年12月30日之前，合作地块就已被收回，故达宝公司未支付股权转让款余款，应认定为是行使不安抗辩权。中岱电讯公司、中岱集团公司、中珊公司亦未提出或举证证明达宝公司无力支付该款项。因此，应认定达宝公司在该案合同解除中并无过错。考虑到达宝公司已放弃按合同约定的较高计算方式主张损失赔偿，因此，该案可按达宝公司的主张来计算预期利益损失及相应的损失赔偿，一审判决第2判项可予以维持。中岱集团公司关于协议无效、达宝公司依据无效合同索取的预期利益损失没有法律依据的上诉主张，该院不予支持。

中珊公司按《合作协议书》的约定应对中岱电讯公司的债务承担连带责任。中岱集团公司两次向达宝公司书面承诺对中岱电讯公司的债务负责偿还，属自愿对债务的承担行为，一审判决认定为债务的加入正确。一审法院判决后，中岱电讯公司、中珊公司亦未提出上诉。中岱集团公司上诉认为该案应属债务的转移，与事实不符，无法律依据，该院亦不予采信。该院认为一审判决认定事实清楚，判决结果正确，应予维持，该院于2007年12月3日作出（2007）粤高法民二终字第165号判决：驳回上诉，维持原判。二审案件受理费285050元，由中岱集团公司负担。

〔当事人申请再审及答辩意见〕

二审判决后，中岱集团公司不服该判决，向最高人民法院申请再审，最高人民法院于2008年3月4日将其申请材料批转广东省高级人民法院审查。中岱集团公司请求撤销二审判决，驳回达宝公司的诉讼请求。理由是：一、一、二审程序违法。一、二审法院明知广州国土局与中珊公司的纠纷将直接决定该案审理结果，却未将广州国土局追加为当事人。且未将中珊公司股东作为该案件的主体，程序错误。二、一、二审判决认定事实错误。股权转让应由股东来作为，该案中中珊公司在所有股东均不知情的情况下，股权发生了重大的变动，且被确认为有效，是错误的。《合作协议书》涉及的是重组之后的中珊公司股权的具体转让问题，但达宝公司始终未提交关于重组后中珊公司股权的相关证据，基于此重组之后股权的前提不存在，其所附条件根本不成立。根据公司法以及中珊公司章程，公司股权转让必须经过公司股东会决议且全体股东同意之后，方可进行，但案件中从未出现此类证据相佐证。上述股权转让合作协议中约定股权转让的保底条款是无效约定。“转让股权又不就公司章程达成一致”属无效的约定条款，实际损害股东权利。2005年12月13日，达宝公司与夏乘风、苏雄签订的《广州市中珊实业有限公司股权转让合作合同书》（以下简称《合作合同书》）将《合作协议书》否定，重新约定了双方的权利义务。夏乘风、苏雄为中珊公司的股东，拥有该公司的所有决定权，而中岱电讯公司与中珊公司无法律上的任何关系，更非中珊公司的股东。一、二审判决认定中岱电讯公司有权处置中珊公司100%的股权，是错误的。中珊公司法定代表人张伟山实际为聘用人员，无权决定涉及公司股权的任何事务，一、二审判决认定中珊公司与达宝公司签订合作协议，是受夏乘风、苏雄委托所为，没有证据证明。达宝公司也未在2005年12月30日之前将余款1931万元支付给中岱电讯公司，应承担违约责任。在合同履行中，达宝公司仅支付首期款3000万元，余款未付，且未办理股权转让变更登记，即未持有中珊公司10%股权，其要求中岱电讯公司以5285万元的价款受让根本就不存在的10%的股权，缺乏事实依据。二审判决以3215.3721万元作为本金，从2006年3月13日起按每天0.2%计算直至付清款项之日止，日0.2%相当于月6%或年72%的违约金，在当事人认为违约金过高而要求减少的情况下，二审判决仍予以支持，是不公平的。三、一、二审判决适用法律不当。由于一、二审判决程序违法，认定事实错误原因，故其不能够正确、准确地适用法律。

达宝公司答辩主要称：一、二审程序合法。达宝公司依据合同的约定，要求中岱电讯公司赔偿损失、中珊公司承担担保责任，具有充足的事实和法律依据。夏乘风、苏雄与该案无任何关系。广州国土局收回土地是否合法，不属于该案审理范围。达宝公司与中岱电讯公司、中珊公司签订的《合作协议书》合法有效。达宝公司并未与夏乘风、苏雄签订《合作合同书》。达宝公司要求中岱电讯公司赔偿损失的数额合理合法。

广东省高级人民法院审查查明的事实与二审判决查明的事实一致。中岱集团公司在申诉期间，提供了夏乘风、苏雄与达宝公司于2005年12月13日签订的《合作合同书》，约定：一、股东股权转让及中珊公司重组。1. 股东夏乘风在中珊公司持有股权85%，出资人民币1700万元整，其中将转让给达宝公司50%股权，即50%股权按原值转让金为人民币1000万元。2. 股东苏雄在中珊公司持有股权15%，出资人民币300万元整，全部转让给达宝公司，即15%股权按原值转让金为人民币300万元。3. 转让后的中珊公司股权比例：达宝公司占65%，夏乘风占35%。4. 重组后双方股东同意对中珊公司进行股权变更及管理，双方约定股权变更在目标地块（琶洲PZB1301地块）开发项目总建筑面积达到60%之时，即办理股权变更的工商登记手续，并对中珊公司的董事会进行调整，调整后中珊公司董事会由5名董事组成，其中达宝公司委派3人，夏乘风委派2人。5. 该合同签订之日起，达宝公司与中岱电讯公司签订的《合作协议书》自动失效，已支付的款项作为《合作合同书》的股权转让金，余额作为支付土地出让金的部分款。二、股权转让款支付方式。1. 2005年12月13日，受让方达宝公司需将夏乘风50%股权转让款，金额人民币1000万元转入中珊公司账上。2. 2005 年 12 月 13 日，受让方达宝公司需将苏雄 15% 股权转让款，金额人民币 300 万元转入中珊公司账上。3. 至 2005 年 12 月 12 日止，中珊公司已核算清楚，无债权债务，双方均已认可。自合同签订之日起，达宝公司成为中珊公司的股东，享有股东权益，并按《公司法》第三条规定承担义务及责任。三、土地出让金、契税的交付。1. 重组后的股东将中珊公司作为经营平台，共同对目标地块进行房地产开发，以期共同获益。目标地块于 2005 年 10 月 14 日以挂牌方式出让，地块名称为琶洲 PZB1301 地块，地块位于海珠区琶洲岛 B 区，面积 24862 平方米，总建筑面积≤73925 平方米。目标地块出让金为人民币 46000 万元，契税人民币 1380 万元。双方股东将根据穗国地出合〔2005〕133 号《广州市国有土地使用权出让合同》约定的付款期限交付土地出让金、契税。2. 双方股东按以下约定交付土地出让金、契税：第一期土地出让金 20000 万元人民币，在 2005 年 12 月 14 日前交付，其中股东达宝公司交付人民币 17000 万元，股东夏乘风交付人民币 3000 万元（含拍卖保证金人民币 1000 万元）。第二期土地出让金 26000 万元人民币，在 2006 年 4 月 14 日前交付，其中股东达宝公司交付人民币 12900 万元，股东夏乘风交付人民币13100 万元。土地契税 1380 万元，按政府通知期限缴付，其中股东达宝公司交付人民币 897 万元，股东夏乘风交付人民币 1483 万元。3. 土地出让金交付股东各方可直接划付到广州市土地出让金财政专户，开户银行为广州市商业银行总行，或转入中珊公司账上，由中珊公司统一转付给广州市土地出让金财政专户。4. 双方约定违约责任，股东双方必须确保于 2005 年 12 月 14 日前交付完第一期土地出让金，股东方若有一方不能交付或不能按时全额交付，根据合同应交第一期土地出让金全额的 50% 作为违约方赔偿守约方的经济赔偿，及承担由此造成的直接经济损失及法律责任。四、公司红利的收益按合同签订之日计算，转让方享有转让前的红利，受让方享有转让后的红利。五、苏雄自转让之日起，不再是公司股东，不得以公司的名义对外从事任何活动。合同一式伍份，交公司登记机关一份，股东各持一份，公司存档一份均具有同等法律效力。合同自转让方和受让方签字之日起生效。

达宝公司否认与夏乘风、苏雄签订了上述《合作合同书》。

广东省高级人民法院经审查认为：达宝公司依据其与中岱电讯公司、中珊公司签订的合作经营协议提起诉讼，请求判令中岱电讯公司赔偿损失，由中珊公司承担担保责任，并未向夏乘风、苏雄主张权利。一、二审判决认定无须追加夏乘风、苏雄参加诉讼，处理并无不当。夏乘风、苏雄是中珊公司的股东、董事，中珊公司依据《合作协议书》收取了达宝公司支付的 3000 万元款项，并用以支付了夏乘风、苏雄应当交纳的部分土地出让金，二审判决据此认定中珊公司签订《合作协议书》的行为是受股东夏乘风、苏雄委托签订的，与事实相符。达宝公司与中岱电讯公司、中珊公司签订的合同中，约定转让的是中珊公司 10% 的股权，转让款 3000 万元，而中岱集团公司在申诉期间提交的《合作合同书》，约定转让的是夏乘风、苏雄分别占有的中珊公司50%、15%的股权，价格分别为1000万元、300万元。依据查明的事实，达宝公司履行的是其与中岱电讯公司、中珊公司签订的《合作协议书》，中岱集团公司于2006年6月9日给达宝公司出具的承诺书中对此予以确认。因达宝公司否认与夏乘风、苏雄签订《合作合同书》，而中岱集团公司也未提供证据证明该合同已经实际履行如支付转让款、办理股权变更登记等，故其主张《合作合同书》已经取代《合作协议书》，证据不充分，不予采纳。二审判决对违约金的计算方法，未违反合同约定和法律规定。中岱集团公司的申请不符合《民事诉讼法》第一百七十九条①第一款的规定。广东省高级人民法院依照《民事诉讼法》第一百八十一条②第一款之规定，裁定驳回中岱集团公司的再审申请。

中岱集团公司不服一审判决、二审判决和广东省高级人民法院裁定书（以下简称广东高院裁定书），向最高人民法院申诉称：一、一审判决、二审判决和广东高院裁定书违反法定程序，没有追加夏乘风、苏雄是错误的。夏乘风、苏雄是中珊公司仅有的两名股东，《合作协议书》与《合作合同书》所转让的均是该二人所持股权，但上述两份合同的内容不一致，任何一份合同有效或无效均会对该二人利益产生重大影响。案件的处理结果与夏乘风、苏雄有法律上的利害关系。依照《民事诉讼法》第五十六条的规定，法院应当追加夏乘风、苏雄为第三人。也应追加广州国土局为案件当事人。二、《合作协议书》应属无效。其一，股权的转让应由股东进行，有权转让中珊公司股权的应是夏乘风、苏雄，但《合作协议书》却在其未授权的情况下由中岱电讯公司、达宝公司、中珊公司处分股权，属无权处分，应无效；其二，《合作协议书》为开发房地产项目，签约人均无开发资质；其三，广东高院裁定书以及二审判决根据夏乘风、苏雄是中珊公司股东、中珊公司依照《合作协议书》收取达宝公司3000万元款项并用以支付夏乘风、苏雄应缴的土地出让金，认定中珊公司签订《合作协议书》是受夏乘风、苏雄委托，是错误的。因为，《合作协议书》并未载明中珊公司受夏乘风、苏雄委托处分其股权，也无其他证据证明该两方存在委托关系。而且《合作协议书》第五条载明的股权出卖人是中岱电讯公司而不是中珊公司，所以认为中珊公司受夏乘风、苏雄委托转让股权也不能成立。另外，中珊公司受托转让股权与其收款、支付土地出让金并没有逻辑关系，广东高院裁定书依照该三者进行推理是错误的。事实上，中珊公司收款和达宝公司付款的行为并非履行《合作协议书》，而是履行《合作合同书》，因为《合作协议书》约定的是达宝公司向中岱电讯公司付款，案件中达宝公司实际是向中珊公司付的款，这符合《合作合同书》的约定。《合作合同书》约定的达宝公司支付的款项作为股权转让金、余额作为支付土地出让金的部分款，中珊公司缴纳土地出让金的3000万元是否是从达宝公司收取、

---

① 对应2012年新《民事诉讼法》第200条。

② 对应2012年新《民事诉讼法》第204条。

即使系从达宝公司收取，均与中珊公司是否接受其股东委托处置股权无关；其四，《合作协议书》违反了《公司法》第七十二条①第四款的强制性规定，应无效；其五，《合作协议书》第十一条的约定系保底条款，应无效。三、即使《合作协议书》有效，因其后的《合作合同书》有效，所以《合作协议书》已被《合作合同书》解除。其一，《合作合同书》是中珊公司股东夏乘风、苏雄与达宝公司签署，也是各方真实意思表示，应当合法有效。该《合作合同书》解除了《合作协议书》。达宝公司也是想利用《合作合同书》追求利益，所以对《合作合同书》应在案件中审查并认定；其二，广东高院裁定书根据达宝公司否认签订了《合作合同书》以及中岱集团公司未提供证据证明该合同已实际履行，进而认定《合作合同书》没有取代《合作协议书》，该认定是错误的。因为达宝公司并未提供证据证明《合作合同书》系虚假，也未申请鉴定，其真实性不因达宝公司的否认而被否定。《合作合同书》第一条第5款已约定《合作协议书》自动失效，《合作合同书》也已被实际履行，达宝公司向中珊公司支付3000万元就是履行《合作合同书》的体现。四、即使《合作协议书》未被解除，也应是达宝公司违约。其一，达宝公司签订《合作协议书》的次日即与夏乘风、苏雄签订内容与前者相对立《合作合同书》，且明确约定《合作协议书》自行失效，这导致了《合作协议书》不能履行，属于根本违约。该违约事由发生在涉案地块被国土部门收回之前，达宝公司违约在先；其二，《合作协议书》第六条约定达宝公司应在2005年12月13日前向中岱电讯公司支付股权首期受让款3000万元，同年12月30日前支付余款，而中岱电讯公司从未收到达宝公司的股权转让款，达宝公司构成违约。五、即使中岱集团公司、中岱电讯公司、中珊公司应承担违约责任，也应扣除达宝公司未支付的1931万元转让款及相应利息。《合作协议书》第五条约定股权转让价款为4931万元，第十一条约定中岱电讯公司同意以5285万元受让达宝公司持有的中珊公司10%股权，可见，达宝公司预期利益为354万元。达宝公司支付3000万元后，尚欠1931万元未付，所以即使中岱集团公司、中岱电讯公司、中珊公司以5285万元回购股权，也应扣除达宝公司未付的1931万元。同样，上述三公司所承担违约金的计算本金也应扣除1931万元，二审判决及广东高院裁定书认定达宝公司的预期利益为2285万元，是错误的。六、中岱集团公司不应承担责任，中岱集团公司不构成债务加入。其一，中岱集团公司出具的两份承诺均是针对《合作协议书》，由于该协议无效且未实际履行，该协议的当事人不存在返还责任，达宝公司在该合同中的损失应由其自行承担。所以中岱集团公司不必承担责任；其二，2006年6月9日的《承诺函》系达宝公司故意隐瞒《合作合同书》的存在而获得，其欺诈行为导致该承诺无效；其三，达宝公司所付3000万元是其履行《合作合同书》，其返还请求应向该合同当事人主张，应在另案中解决。综上，中岱集团公司请求撤销广

① 对应2014年新《公司法》第71条。

东高院裁定书，撤销一、二审判决，并驳回达宝公司的诉讼请求，诉讼费用由达宝公司承担。

中岱电讯公司不服一审判决、二审判决和广东高院裁定书，向最高人民法院申诉，其请求与中岱集团公司的请求相同。申诉理由除前述中岱集团公司提出的理由外，另认为：《合作协议书》名为合作实为借款，属于企业间的资金拆借行为，应当无效；达宝公司没有实际支付3000万元给中岱电讯公司；达宝公司在一审起诉时放弃了每天0.2%的违约金计算方式，二审判决不应据此再推算损失，而且达宝公司要求中岱电讯公司按照《合作协议书》第十一条支付股权转让款的条件也不具备，二审判决不应以此作为违约金的依据；《合作协议书》解除是在法院判决之后才确定的事实，利息及违约金应当从达宝公司起诉之日起计算。

中珊公司不服一审判决、二审判决和广东高院裁定书，向最高人民法院申诉，其请求与中岱集团公司的请求相同。申诉理由除前述中岱集团公司提出的理由外，另认为：《合作协议书》名为合作实为借款，属于企业间的资金拆借行为，应当无效。

达宝公司答辩称：一、一、二审审判程序合法。首先，《合作协议书》目的是以股权转让的方式对中珊公司进行重组，并以重组后的中珊公司作为经营平台，共同开发涉诉地块。《合作协议书》中约定的主要权利义务，是由中岱电讯公司与达宝公司承受，中珊公司是协助中岱电讯公司履行义务并对中岱电讯公司在《合作协议书》中的义务进行担保。达宝公司的诉求及其所依据的事实与夏乘风、苏雄没有直接的法律关系，《合作协议书》中约定的股权变动，虽涉及夏乘风、苏雄的股权转让行为，但这只是中岱电讯公司承诺的条件及在中珊公司重组中的执行步骤。中岱电讯公司不能履约时，达宝公司可以要求其赔偿损失，并要求中珊公司承担担保责任。夏乘风、苏雄对该法律责任的承担没有关系，没有必要追加该两人为当事人；其次，已有证据证明国土部门已收回涉诉地块，这已足够。至于国土部门收回地块是否合法，则属于另一法律关系，与该案无关。二、达宝公司没有与夏乘风、苏雄签订《合作合同书》，该合同系中岱集团公司变造，而且存在瑕疵。其一，达宝公司在广东省高级人民法院再审审查时就说明在《合作协议书》签订后，为履行该协议，达宝公司曾预留了签字盖章的股权转让文件，中岱集团公司对文件变造后形成了《合作合同书》，这种违法行为应当严惩。在形式上，如果要对《合作协议书》进行变更，也应该由该协议书中的各方协商一致。而《合作合同书》的签约各方与前述协议书的签约方并不一致，其却废除该协议书，这不合常理。《合作协议书》中各签约方均盖有骑缝章，而作为标的数额巨大的《合作合同书》却没有加盖骑缝章，也没有法定代表人的授权。《合作合同书》正文部分也没有任何签字盖章，最后一页的签字盖章页上只有提交工商局备案等简单内容，与前页正文部分无法形成联系。在内容上，《合作合同书》要求达宝公司在订约当天支付土地出让金1.7亿元，否则按第一期土地出让金2亿元的50%即1亿元承担违约责任。该合同书还记载在总建筑面积建设到60%的时候才办理股权变更手续。达宝公司不可能签署如此严厉违约条款的合同。而且即使签订，也不可能不立即办理股权变更；其二，案件中没有证据可以印证《合作合同书》存在并实际履行，且其与已经确认的证据内容矛盾。申诉人在原审中均对《合作协议书》真实性予以确认，《合作合同书》与前述协议书内容是矛盾的。中岱集团公司2006年6月9日出具的《承诺函》与《合作协议书》内容衔接一致，这也可说明并不存在《合作合同书》；其三，《合作合同书》不属于民事诉讼法规定的新证据。该合同如果属实，其作为关键证据，在案件的一、二审期间申诉人就应提交，但其均未提交，这不合情理。而且该《合作合同书》是原审庭审前就已经存在的证据，也不存在任何提交障碍。申诉人在原审没有提交，再审阶段不应采纳该证据。三、一、二审认定事实清楚、适用法律正确。从《合作协议书》内容可看出，有关中珊公司10%股权的转让只是协议各方合作的一个步骤，《合作协议书》本身并不是股权转让协议，《合作协议书》的完全履行还需要其他相关协议配合。不能将该协议简单作为有关中珊公司股权的转让协议，协议中所涉及股权变动的事宜仍需新的协议来实现，这也印证了达宝公司为股权转让事宜而预留所谓的《合作合同书》最后一页签署页的事实。因此《合作协议书》应当有效，一、二审判决认定准确。四、达宝公司自愿放弃过多的赔偿金额，并不违法。根据《合作协议书》第十一条，达宝公司终止合作协议后，中岱电讯公司须以5285万元受让达宝公司已支付款项的股权，并应即时付清全部款项，否则，应按未履行金额的每天0.2%的比例支付违约金。以该条所计算出的违约金数额，按一审判决的时间计算，违约金的金额为2985万元（违约天数460天）。而达宝公司所主张的损失赔偿2285万元加上逾期付款利息小于前述数额。这是达宝公司对自身权利的处分，并不违法。而且，达宝公司款项一直未收回，其损失大于申诉人。如果依照每天0.2%计算违约金至付清之日，这项违约金目前已经超过一亿元。达宝公司已减免了申诉人大量违约金，违约金的高低也不是再审的法定事由，再审阶段不应调整违约金数额。综上，达宝公司请求驳回申诉人的再审申请并追究其相应责任。

〔最高人民法院查明的事实〕

最高人民法院对广东省高级人民法院二审查明的事实予以确认。在最高人民法院再审审理期间，申诉人提交了《合作合同书》，该合同书的内容与广东省高级人民法院再审审查期间中岱集团公司提供的《合作合同书》内容一致。

〔最高人民法院裁判理由与结果〕

最高人民法院认为：达宝公司与中岱电讯公司、中珊公司签订的《合作协议书》约定三方共同对目标地块进行房地产开发，中岱电讯公司将其持有的中珊公司100%股权中的10%股权转让给达宝公司。虽然在该协议签订时中珊公司的股东是夏乘风、苏雄，中岱电讯公司不持有中珊公司的股权，但该协议只是使得中岱电讯公司负有向达宝公司转让股权的义务，而没有使得达宝公司实际获得股权从而导致中珊公司股权发生变化，该协议也没有为中珊公司的股东夏乘风、苏雄设定义务，没有侵害夏乘风、苏雄对中珊公司享有的股权，故《合作协议书》不因中岱电讯公司不是中珊公司股东这一事实而无效。因《合作协议书》没有导致夏乘风、苏雄持有的中珊公司的股权受到侵害，达宝公司也没有向夏乘风、苏雄主张权利，故夏乘风、苏雄与本案的处理没有法律上的利害关系。广州国土局解除其与夏乘风、苏雄签订的土地使用权出让合同属另外的法律关系，其并不影响达宝公司按照《合作协议书》向中岱电讯公司主张权利。故一、二审法院没有追加夏乘风、苏雄及广州国土局为案件当事人并无不当。《合作协议书》约定达宝公司向中岱电讯公司购买中珊公司的股权以共同对涉诉土地进行开发，并约定在不能就土地合作事宜正式签订协议时达宝公司有权退出合作。后来中珊公司没有取得涉诉土地的使用权，土地合作事宜无法达成协议，达宝公司要求退出合作，这可以表明签订《合作协议书》时达宝公司的目的是受让股权从而参与开发土地并获利，而不是向中岱电讯公司拆借资金。《合作协议书》第十一条关于中岱电讯公司以5285万元买回股权的约定是协议各方为达宝公司退出合作时设定的利益安排，其不违反法律法规的强制性规定。《合作协议书》没有导致中珊公司股权实际发生变化，该协议并不违反《公司法》第七十二条的规定。《合作协议书》的当事人有无房地产开发资质只是对该协议能否履行可能产生影响，并不影响该协议的效力。故申诉人以《合作协议书》属企业间拆借资金、《合作协议书》第十一条属保底条款、《合作协议书》违反《公司法》的相关规定以及《合作协议书》签约各方无房地产开发资质而主张其无效，缺乏事实及法律依据，对其主张最高人民法院不予支持。《合作协议书》属各方当事人真实意思表示，不违反法律法规的强制性规定，该协议应为有效。

中岱集团公司、中岱电讯公司、中珊公司提供的《合作合同书》载明该《合作合同书》系《合作协议书》签订后达宝公司又与中珊公司股东夏乘风、苏雄所签订，且《合作合同书》中载明该合同签订之日《合作协议书》自动失效。因《合作合同书》中载明的当事人达宝公司否认该合同书的真实性，且主张该合同书系申诉人利用《合作协议书》的相关签约文件变造而成，故该《合作合同书》系真伪不明。达宝公司要使其签订的《合作协议书》失效或者解除《合作协议书》，应当向《合作协议书》的当事人作出表示，但夏乘风、苏雄并不是《合作协议书》的当事人，所以即使《合作合同书》真实有效，该合同中有关《合作协议书》自动失效的约定也不能发生《合作协议书》解除的效果。申诉人主张《合作合同书》解除了《合作协议书》，不能成立，最高人民法院对其主张不予支持。达宝公司没有依据《合作合同书》向申诉人主张权利，该合同书是否真实及其是否实际履行也属另外的问题，与本案无关，最高人民法院对《合作合同书》不予审理。

《合作协议书》约定达宝公司向中岱电讯公司支付的股权首期受让款3000万元用于支付涉诉地块的土地出让金。中珊公司认可其实际收取了3000万元款项，并用于协议约定的用途。中岱集团公司于2006年6月9日作出的《承诺函》表明达宝公司与中岱电讯公司合作经营中珊公司，且达宝公司已交付土地出让金3000万元。中岱电讯公司也并未主张该3000万元用于缴纳土地出让金违反《合作协议书》约定的该笔款项的用途，故应当认定达宝公司已向中岱电讯公司支付了股权首期受让款3000万元。申诉人主张达宝公司没有向中岱电讯公司支付股权转让款，难以成立，最高人民法院不予支持。达宝公司主张其已支付《合作协议书》中约定的股权首期受让款3000万元，最高人民法院予以确认。

达宝公司与中岱电讯公司在《合作协议书》中约定如果双方未能在该协议签订后三个月内就涉诉土地的合作事宜正式签订协议，达宝公司有权退出合作。2005年12月广州国土局解除了与夏乘风、苏雄签订的土地使用权出让合同，之后中珊公司也未实际取得涉诉土地的使用权，达宝公司与中岱电讯公司也未就涉诉土地的合作事宜签订协议，故达宝公司退出合作符合双方约定。2006年2月23日达宝公司向中岱电讯公司、中珊公司发函要求终止与该两公司的合作，并无不当。《合作协议书》虽约定达宝公司退出合作后中岱电讯公司应以5285万元买回达宝公司持有的中珊公司10%的股权，但是该约定的前提是达宝公司之前应将其受让股权的4931万元款项向中岱电讯公司付清。本案中达宝公司并未将4931万元股权转让款向中岱电讯公司付清，而是仅支付了3000万元，所以达宝公司主张中岱电讯公司应以5285万元买回中岱电讯公司出让给达宝公司的股权，缺乏事实基础，最高人民法院不予采纳。二审判决以达宝公司已付3000万元所占应付款4931万元的比例认定中岱电讯公司在达宝公司退出合作后应返还其3215.3721万元，理由并不充分，最高人民法院予以纠正。《合作协议书》约定的每天按0.2%计算违约金的标准，是对中岱电讯公司应以5285万元向达宝公司买回涉诉股权这一义务而设定，因中岱电讯公司以5285万元买回该股权这一条件并未成就，故不能适用该每天0.2%的违约金标准来计算中岱电讯公司的违约责任。达宝公司将以该标准计算出的违约金数额作为其主张的参照标准，缺乏法律依据，最高人民法院亦不予采纳。二审判决以3215.3721万元为本金按照每天0.2%计算出的违约金作为达宝公司损失的参照，有失妥当，最高人民法院予以纠正。达宝公司主张其退出合作时损失为2285万元，缺乏事实依据，最高人民法院不予支持。2006年2月23日达宝公司退出合作后，《合作协议书》无法继续履行，达宝公司也主张该协议解除，故最高人民法院对该协议已经解除予以确认。《合作协议书》解除后，中岱电讯公司应当返还达宝公司支付的3000万元股权转让款，中岱电讯公司至今未返还达宝公司支付的该笔款项，应当赔偿达宝公司因此受到的损失，该损失应自2006年2月24日起按照中国人民银行同期贷款利率计算。

达宝公司2006年2月23日向中岱集团公司发函要求退出合作后，中岱集团公司于2006年6月9日向达宝公司出具《承诺函》同意偿还达宝公司已交付的3000万元款项，该《承诺函》的效力与是否存在《合作合同书》无关。达宝公司接受该《承诺函》后未表示异议，中岱集团公司即应受该《承诺函》约束。中岱集团公司提出其不应向达宝公司承担清偿责任的主张与《承诺函》不符，对其主张最高人民法院不予支持，中岱集团公司应当为中岱电讯公司向达宝公司承担连带清偿责任。中珊公司在《合作协议书》中承诺为中岱电讯公司的义务和责任提供担保并承担连带责任，达宝公司退出合作后，中珊公司仍应为中岱电讯公司的返还义务承担连带责任。中岱集团公司对广东高院裁定书驳回其再审申请提出异议，因本案已由最高人民法院提审，最高人民法院对中岱集团公司提出的异议不再考虑。

综上，《合作协议书》有效，达宝公司履行了该协议中约定的3000万元的付款义务。达宝公司退出合作后该协议解除，中岱电讯公司应当返还达宝公司支付的3000万元款项，并应当支付未及时返还时给达宝公司造成的利息损失。达宝公司主张《合作协议书》解除，请求中岱电讯公司返还3000万元款项及相应利息，最高人民法院予以支持。达宝公司请求中岱电讯公司支付2285万元的损失赔偿及相应利息，难以成立，最高人民法院不予支持。中岱集团公司、中珊公司应为中岱电讯公司的返还义务承担连带清偿责任。一、二审判决认定事实基本清楚，但适用法律错误，最高人民法院予以纠正。最高人民法院依照《中华人民共和国民事诉讼法》第一百五十三条①第一款第（二）项之规定，判决如下：

一、撤销广东省高级人民法院（2007）粤高法民二终字第165号民事判决；

二、变更广东省广州市中级人民法院（2006）穗中法民二初字第217号民事判决主文第二项为：广东中岱电讯产业有限公司向广东达宝物业管理有限公司返还3000万元股权转让款，并向广东达宝物业管理有限公司支付该3000万元产生的利息（利息从2006年2月24日起按照中国人民银行同期贷款利率计算至实际付清之日）；

三、维持广东省广州市中级人民法院（2006）穗中法民二初字第217号民事判决主文第一项、第三项、第四项。

上述给付义务应于该判决生效之日起十日内履行，逾期履行，依照《中华人民共和国民事诉讼法》第二百二十九条②的规定，加倍支付迟延履行期间的债务利息。

一审案件受理费507945元，广东达宝物业管理有限公司承担219612元，中岱集团公司、中岱电讯公司、中珊公司共同承担288333元。二审案件受理费285050元，广东达宝物业管理有限公司承担123242元，中岱集团公司、中岱电讯公司、中珊公司共同承担161808元。

本判决为终审判决。

---

① 对应2012年新《民事诉讼法》第170条。

② 对应2012年新《民事诉讼法》第253条。

第六章 股权回购

规则8：对股东会决议转让公司主要财产投反对票的股东有权请求公司以合理价格回购其股权

——袁朝晖与长江置业（湖南）发展有限公司请求公司收购股份纠纷案①

【裁判规则】

根据《公司法》第74条之规定，对股东会决议转让公司主要财产投反对票的股东有权请求公司以合理价格回购其股权。非因自身过错未能参加股东会的股东，虽未对股东会决议投反对票，但对公司转让主要财产明确提出反对意见的，其请求公司以公平价格收购其股权，法院应予支持。

【规则理解】

一、异议股东股权回购请求权的内涵及不同学说

（一）异议股东股权回购请求权的内涵

所谓异议股东股权回购请求权，又称估价权或退出权，是指当股东会作出对股东利益关系有重大影响的决议时，对该决议表明异议的股东享有请求公司依法以公平价格收买其所持股权，从而退出公司的权利。② 其含义通常有广义与狭义之分，狭义上的概念仅指股份有限公司中异议股东的股份回购请求权；而广义上的概念则还包括有限责任公司异议股东的股份回购请求权。我国现行《公司法》基本上坚持了广义说，以立法的形式认可了有限责任公司与股份有限公司的异议股东均享有请求公司回购其股份的权利。

（二）异议股东股权回购请求权的不同学说

异议股东回购请求权肇始于美国，其产生的根源是“股东具有可以拒绝自公司

① 《中华人民共和国最高人民法院公报》2016年第1期，最高人民法院（2014）民申字第2154号民事裁定书。

② 赵旭东主编：《公司法》（第二版），中国政法大学出版社2012年版，第168页。

设立时起已预期的公司功能的结构性变化的基本权利，作为这一权利的体现而被认定的就是股东收买请求权”。[①]“现在美国的大部分州的公司法在公司合并和事实上的全部财产的转让中认定反对股东的股份收买请求权。”[②] 此外，这一制度也被介绍到德国、日本、韩国、意大利、欧盟、中国台湾地区等国家和地区，形成了蔚为壮观的景象。《德国股份法》第320条、《日本商法典》第245条之二、《韩国商法典》第374条之二、《意大利民法典》第2437条、《欧盟公司法法指令》第3号第20条和第4号第28条、中国台湾地区“公司法”第186六条均对该制度有所规定。关于异议股东股份回购请求权的理论支持，比较典型的学说有：

1. 期望利益落空说。在各种学说中，期待利益落空说是较有影响力的学说。该理论是建立在期待权理论基础上的。期待权理论认为，公司是以公司章程这一契约化载体为中介组合而成的股东之间、股东与公司之间以及公司与政府之间的契约。有关公司的组织结构、股权结构、章程条款等重大事件均是该契约的当然内容。对于该契约的全面、实际履行是每一位股东都有权期待的权利和利益，即股东在加入公司时有权期待公司的人格和特定的经营特征保持一种持续性。正如在 Wright V. Orovile Sliver & Copper Mining corporation 一案中法官所主张的那样：“股东的权利不可侵犯的要求公司继续从事商业经营（如同公司在过去所做的那样）的权利。”换而言之，“一个特定的公司总有自己一系列特征，如果一个人在某公司购买了股份，他就有权期望自己作为这个公司的投资者的身份得以延续，无论谁都不能强迫他变成另一个完全不同的企业的投资者。”所以，根据期待权理论，如果公司的人格及特定的经营特征发生根本变化，股东的期待权就会落空，因此，持异议的股东有权请求退出公司。而对于公司而言，当公司考虑到经济因素而必须采取改变策略时，必须对享有期待权的股东给予适当的期待权落空的救济，异议股东股份回购请求权即是此种重要的救济手段。

2. 不公平待遇救济说。该学说认为，在公司结构发生合并、分立、主要资产出售等涉及公司重大变化的场合中，广大中小股东极有可能遭受不公平待遇，而异议股东股份回购请求权是反抗这种不公平的理想缓冲力量。赋予异议股东股份回购请求权的目的是防止不公正对待的风险。该学说的理由在于，现代公司的重大变更往往是由控股股东或经营管理层一手发起、策划和执行的，他们就极有可能利用其对公司的控制权和信息资金上的优势以牺牲中小股东的利益为代价来扩大和实现自己的利益，典型的情形是其安排与公司之间的不公平关联交易。这种利益的侵害，由

---

① 李哲松：《韩国公司法》，吴日焕译，中国政法大学出版社2000年版，第404页。

② 李哲松：《韩国公司法》，吴日焕译，中国政法大学出版社2000年版，第405页。

于证券市场中信息的不对称及股份公司中普遍存在的“搭便车”现象，很难得到有效的纠正。而异议股东股份回购请求权由于会使公司支付大量的现金用于回购股份从而影响到以后的营运，高额的成本使控股股东及经营管理层不得不有所顾忌，从而起到制约控股股东行为的作用。于是随着公司治理制度的演变，少数异议股东评价补偿权不仅保留了初始时的功能，而且对控股股东及董事会滥用公司支配权也起到了制衡作用。

3. 衡平理论说。衡平理论从异议股东股份回购请求权制度的历史渊源和价值出发，认为该制度建立的理论基础是权利的平衡和制约，即多数股东的决策权和少数股东的退出权的平衡与制约。在 19 世纪以前，各国（地区）对于公司重大事件的变化均采用“全体同意规则”，即凡系有关公司合并、分立、收购、章程的修改以及全体或重要资产的出售等重大变化，均须经全体股东一致同意方能行动。19 世纪下叶，随着产业革命的来临，公司结构性变化等重大事件也较为频繁地发生，而股权结构却不断扩散、股东人数日渐增多。这就使得强调公司的任何重大变化均需征得全体股东的同意“全体同意规则”实际上难以执行，从而阻碍了公司采取对其有利的改变其营业结构和营业政策的行动。因此，为使公司能灵活地经营决策，为多数股东谋求最大的利益，“全体一致同意规则”逐渐为“资本多数决原则”所取代。即有关公司重大事务的决策，仅需公司简单多数或 2/3 以上表决权同意即可。

如同一把双刃剑，“资本多数决原则”可以弥补“全体同意规则”过于僵化导致公司经营低效率的缺陷，但其最大的弊端在于可能衍生“多数资本的暴政”，也就是造成对少数异议股东进行排挤，有损公平。因此，出于利益平衡的考虑，为维护法律意义上的公平不致受损，异议股东股份回购请求权制度应运而生，使得不愿意接受多数股东决策的弱势投资者能获得公平补偿，以达到既满足了多数股东变革公司经营的愿望，又给异议股东提供了补偿，从非自愿改变的投资中及早脱身的目的。由此可见，异议股东股份回购请求权具有衡平法上的紧急救助的功能。正如德国学者所描述的那样：“法院不能以其对公司决策是否合理的评估代替股东会的决定，一旦大股东出于整体利益的需要作出采取必要措施的决议，而小股东因此承受不利益并提出异议，两者之间的冲突便只能有限度地解决。一方面，股东可以在确定的条件下支配公司的自由资产；另一方面。小股东保护不能走得如此之远，以至于任何重要的变化都要求有全体股东（公众）的同意。”

二、异议股东股权回购请求权的特征

异议股东股权回购请求权，具有以下特征：

（一）作为异议股东向公司请求回购的一种权利保护方法

请求权的权利人只能向特定的义务人提出作为或不作为的请求，而不能向义务人之外的其他第三人提出请求。因此，请求权法律关系具有相对性，它是发生在特定的权利人和义务人之间的法律关系。但是，权利保护请求权并不是一种权利类型，而是一种保护权利的方法，尽管请求权的权利人与所谓的义务人构成相对的关系，并且可以向特定的义务人提出作为或者不作为的请求，但是，这种特定的相对关系建立在权利被侵害或者被妨碍的基础之上，权利人向对方提出作为或者不作为的请求，并不是权利人原来享有的权利，而是保护权利的请求权，相对人承担的也不是单纯的义务，而是须为一定行为或者不为一定行为的责任。① 因此，异议股东股权请求权只能是异议股东向公司这个相对人请求回购的一种权利保护方法。

（二）公司向异议股东履行回购的行为是责任而不是一般性义务

请求权相对人的行为包括作为（积极的行为）和不作为（消极的不为一定行为）。在现代民法中，权利人不能直接对他人人身进行支配，所以，请求权人不能依赖自己单方的意思直接支配标的物从而实现权利，必须通过义务人的行为来进行。在义务人不履行义务时，权利人可以通过诉讼请求法院强制相对人承担责任。权利保护请求权对应的仍然是相对人的行为，但其不是作为请求权的义务人，而是请求权人的责任人，相对人的行为也不是义务，而是责任，请求权人向责任人提出请求，责任人向其履行作为或者不作为的责任，具有强制性，责任经过法院判决确定之后，如果责任人不予履行，则可以强制执行。② 因此，公司向异议股东回购其股权的行为是一种责任。

（三）异议股东股权回购请求权的行使方式受到一定限制

异议股东股权回购请求权的行使方式在向公司请求不能时，须在一定期限内向裁判机构主张回购请求权。异议股东股权回购请求权作为权利类型的请求权，其行使方式是异议股东向公司请求回购，公司未自觉履行回购时，异议股东在公司法规定的期限内，向人民法院提起诉讼请求。我国《公司法》第 74 条第 2 款规定："自股东会会议决议通过之日起六十日内，股东与公司不能达成股权收购协议的，股东可以自股东会会议决议通过之日起九十日内向人民法院提起诉讼。"我国台湾地区"公司法"也规定，股东在股东会对合并契约作出决议日起 60 日内未与公司就收买价格达成协议者，股东应在此期间经过后 30 日内申请法院裁定收买价格；否则，异议股东将丧失其股份收买请求权。

---

① 杨立新：《民法总论》，法律出版社 2013 年版，第 313 页。

② 杨立新：《民法总论》，法律出版社 2013 年版，第 313 页。

（四）作为赋予公司股东的权利，公司不得回购自己公司的股权

公司资本是公司成为独立法人主体的财产条件，也是公司进行日常经营活动所必需的物质基础，同时还是公司债权人债权的唯一担保。因此，我国《公司法》实行法定资本制，禁止公司收购本公司的股权。公司回购自己公司的股权相当于未能发行，从而导致资本的虚假，将风险转嫁给了债权人。此外，股东可以通过依照《公司法》规定转让其股权而退出公司，因此，《公司法》规定股东不得退股，也不得抽逃出资。这样规定虽然可以保护债权人的利益，却可能会导致不公平的现象：一方面，股东通过转让股权退出公司在理论上可行，现实中却可能因有限责任公司较强的“人合性”以及股权转让所假设的存在一个开放的交易市场对于有限责任公司并不存在，而使得股权转让实际无法实现。另一方面，在公司发生重大变故，直接关系到股东切身利益时，由于多数股东的意志通过“资本多数决原则”上升为公司的意志，在股东会决议时投反对票的少数股东的意志被淹没于多数股东意志之中，这有可能给其权益造成很大侵害。因此，应该对这些股东予以救济，允许其在获得补偿的基础上退出公司。

（五）异议股东只能是在股东会进行表决时的少数股东

异议股东股权回购请求权制度，旨在公司结构发生重大变化时赋予异议股东在获得合理的补偿后退出结构业已发生重大变化的公司的权利。该制度是对少数异议股东利益保护的一种有效机制。

（六）异议股东提出的回购价格和公司实际回购的价格应当合理公平

确立异议股东股份回购请求权制度的法律价值主要在于有利于中小股东利益的保护。由于公司股东（大会）会议决议采取的是“资本多数决”规则，严守“股权平等原则”，则可能带来这样的效果：在公司中，股东持股数额的不同将导致其利益实现的状况差异悬殊。大股东持股数额大，其在股东会议表决过程享有的表决权自然较多，最终通过的决议更容易与其利益相一致，其权利一般能够获得充分保障；而小股东则不同，其在公司召开股东（大会）会议时所持表决权的比例较小，对公司的决策往往无法左右，其利益更容易被忽视。尤其是决议严重背离其利益需求时，常常是要么坐以待毙，要么是牺牲自己的利益无奈“走开”。因此，现代各国都将股权平等作为公司立法的基本原则。惟其如此，才能使公司制度真正对投资者产生激励，确保社会的闲散资金能够源源不断地向企业汇聚，为社会财富积累与增进创造条件。

异议股东股份回购请求权制度作为一种矫正性的机制，能够促进公司在股东（大会）会议形成决议时，为了有效防止股东“用脚投票”而给公司带来损失，往往会尽可能多地考虑处于弱势地位的中小股东的利益，适当约束大股东的恣意行

为。其实质是赋予那些对公司股东（大会）会议决议持反对意见的股东要求公司以合理、公平的价格收回其股份的权利。该制度的创立，既使得异议股东选择“走开”而不再受“多数决”形成的决议的约束，同时又能够通过要求公司回购股份而获得合理而公平的补偿。

三、实现异议股东回购请求权的条件

我国2005年《公司法》增加了有限责任公司异议股东股权回购请求权制度。该制度已经成为公司法上的重要制度。当然，该权利行使的前提必须是公司将要作出重大决议而导致公司发生重大变故，异议股东将遭受巨大的利益损失，继续留在公司的理由丧失。如果在任何情况下都可以行使异议股东股权回购请求权的话，必定会影响公司的正常经营运转。因此，《公司法》严格限制了行使异议股东股权回购请求权的条件。实现异议股东回购请求权必须满足提出异议股东回购请求权的主体适格、股东对决议的异议意思表示、请求公司回购股份、于法定期限内行使请求权的条件。

（一）异议股东回购请求权的主体适格

异议股东股份回购请求权行使的主体当然是反对股东，即对股东（大）会作出的决议表示反对的股东。有资格作为异议股东行使股份收买请求权的仅为“股份持有人”，即公司股份的“登记持有者”，包括以下股东：

1. 登记股东。在公司登记机关进行登记了的股东。登记股东广泛地享有公司法中的一般权利。按照特拉华州公司法的规定，能够行使这一权利的股东是一家股份公司中或者一家非股份型公司中的登记股东。并且，根据特拉华州法院的判例，“登记持有者”的地位必须持续到公司合并之日。如果某一股东在对公司合并进行投票之日是登记股东，但在合并之日丧失了该种地位，则该股东不享有股份收买请求权。

2. 受益股东。美国《示范公司法修正本》13. 01. 6扩大了异议股东的范围，该法规定，登记股东或受益权股东均可行使持不同意见者的权利。

3. 继受股东。这里特指取得股份回购请求权的异议股东转让股份的继受股东。继受股东股份回购请求权的问题实质是异议股东股份回购请求权能否转让。对此，各国（地区）公司法多无明确规定，只有美国《示范公司法修正本》13. 27. （a）、（b）规定，对交易宣布之后购买股份的股东，在评估程序结束之前，公司可以拒绝向其支付股款，但公司采取了提议行动后，仍应支付该笔款项。对该问题学者亦多持否定看法。如韩国学者李哲松教授认为：在董事会通过合并决议，并将其计划公开发表后，对取得股份的股东赋予股份收买请求权并不妥当。这是因为，无须特别保护那些明知有此计划而取得股份的股东，而且也应防止那些为取得股份收买请求权而取得股份的不健全的投资。因此，前述继受股东（除因继承而取得该股份外）并非股份回购请求权制度所欲保障之人，并无权利行使股份回购请求权。

4. 无表决权股东。对于无表决权的股东的股份收买请求权，美国原则上系采否定主义的立法例，一般不承认无表决权股东的股份收买请求权，只将异议者权利给予了对合并享有表决权的股东。因此，在“大鱼吃小鱼”式合并或“简式”合并等不需要存续公司股东进行表决、批准的场合（公司董事会即可作出决议，而无须股东大会决议），对此无表决权的存续公司股东不享有股份回购请求权。加拿大安大略省《商业公司法》采取了与美国类似的做法，该法规定，唯有有权就合并决议表决的类别或系列股份持有人方可对合并提出异议，行使股份回购请求权。相反，韩国公司法以及我国台湾地区“公司法”承认无表决权股东的回购请求权。《韩国证券交易法》承认无表决权股东的股份收买请求权。无表决权股东对其加入的公司同样具有应当受到尊重的期待权（利益），在对公司结构失望而无他途的情况下，同样应当有权选择行使股份回购请求权退出公司。我国《公司法》第42条规定：“股东会决议由股东按照出资比例行使表决权；但是，公司章程另有规定的除外。”据此，在有限公司中出现无表决权股东的可能性是完全存在的；这种情形下，应当赋予其回购请求权。与此相反，韩国商法采取了肯定主义的立法例。

此外，值得注意的是，在公司决定解散的情况下，一般认为股东收购请求权将不再存在。

（二）股东对股东会决议有明确的异议意思表示

1. 一般情况下，股东为异议的意思表示分为两个阶段：

第一阶段是在股东（大）会决议之前，股东向公司提交书面异议通知。这一意思表示的前提是股东知晓自己享有异议股东股份回购请求权，若由于公司之原因未能为通知义务，则股东可以据此抗辩。

第二阶段是在股东（大）会决议时，即在股东（大）会上对决议表示异议。如果在股东（大）会上又赞成公司的决议，则以前为的异议通知失效。如果股东在第一阶段作出了异议的书面通知，但并没有参加股东（大）会，决议时应将其加算在异议票之中。

2. 提出异议的适用范围

我国《公司法》第74条规定：“有下列情形之一的，对股东会该项决议投反对票的股东可以请求公司按照合理的价格收购其股权：（一）公司连续五年不向股东分配利润，而公司该五年连续盈利，并且符合本法规定的分配利润条件的；（二）公司合并、分立、转让主要财产的；（三）公司章程规定的营业期限届满或者章程规定的其他解散事由出现，股东会会议通过决议修改章程使公司存续的。自股东会会议决议通过之日起六十日内，股东与公司不能达成股权收购协议的，股东可以自股东会会议决议通过之日起九十日内向人民法院提起诉讼。”可见，此条规定是公司法对异议股东请求公司收购股权情形的法律界定。对此条可作如下的理解，[①] 在特殊情况下，股东可以请求公司按照合理的价格收购其股权。公司收购股权是股东转让股权的一种特殊方式，但由于收购者是本公司，其性质就不单纯是股权的转让，而是股东撤回投资退出公司的行为；该条是在“资本多数决”的情况下，赋予中小股东或少数股东维护自身权益的救济措施的制度设计。当公司的控股股东或代表多数表决权的股东会决议的方式，客观上造成“绑架”或“裹挟”其他股东，使其合理期待的利益落空或者蒙受额外风险的威胁时，后者可以利用该条规定的救济措施，实现退出公司的目的。

实施《公司法》第74条规定有严格条件限制，即有下列三种情形之一，并且股东会在该股东投反对票的情况下依然作出了有效的决议，该投反对票的股东以请求公司按照合理的价格收购其股权。这三种情形分别是：

（1）公司连续5年不向股东分配利润，而公司该5年连续盈利，并且符合《公司法》规定的分配利润的条件。在该情形下，股东要求分配利润的主张是合法的，但持有公司多数表决权的其他股东却通过股东会决议的形式阻碍了前者分配利润的合理利益的实现。

（2）公司合并、分立、转让主要财产。在该情形下，公司现有赖以开展生产经营活动的主要财产出现变化，未来的发展充满不确定性，甚至可能产生风险。尽管股东会按照“资本多数决”原则形成了合法的决议，但与少数表决权股东的意愿相反，改变了其在设立公司时的合理利益期待，应允许其退出公司。

（3）公司章程规定的营业期限届满或章程规定的其他解散事由出现，股东会会议通过修改章程使公司存续。章程规定的营业期限届满或章程规定的其他解散事由出现时，公司本应解散，股东可以退出经营。持有公司多数表决权的其他股东通过股东会决议修改公司章程，决定公司存续，已与公司章程定立时规定的规定意愿发生重大差异，应允许对此决议投反对票的股东退出公司，不能要求少数表决权股东违背自己意愿被强迫面对公司继续经营的风险。

（三）股东向公司提出了明确的请求回购股份的意思表示

韩国、我国台湾地区、日本等公司法规定，异议股东应自股东大会决议日起20日内，向公司提交载明其股份种类及数量的书面文件。而美国《示范公司法》规定

---

① 法律出版社法规中心：《新编公司法全解》，法律出版社2014年版，第118～119条。

得更为详尽：异议股东应在法定期限内向公司提出收买请求权，并根据该通知规定的条件存放其股票证书。

如果股东的意思表示仅仅是请求公司收购其部分股份是否有效呢？按照李哲松教授的观点："在持有的股份中，对其中一部分提出收买请求权也可以。"[①] 笔者赞同这种做法，因为这有利于防止股份有限公司因回购请求权的行使而出现股东人数低于法定人数的现象，也能有效防止公司向一人公司转变。

（四）股东于法定期限内行使请求权

如果自股东会会议决议通过之日起60日内，股东与公司不能达成股权收购协议的，股东司以自股东会会议决议通过之日起90日内向人民法院提起诉讼。该90日期间属于除斥期间。如果股东未能在股东会决议通过60日内与公司达成股权收购协议，即应在此后的30日内向人民法院提起诉讼。如果在股东会决议通过90日内没有向人民法院提起诉讼，则股东将丧失其享有的回购请求权。

【拓展适用】

一、禁止收购本公司股份及其例外规定[②]

（一）禁止收购本公司股份

公司法一般禁止公司收购自己的股份，如果允许此种行为，将使公司成为自己的股东，混淆了公司与股东之间的法律关系，非常容易产生公司的董事或者经理等人员利用负责公司运营的权利，通过其所实际掌握的公司拥有的本公司股份影响公司决策，损害公司股东或者债权人利益的情况。同时，允许公司拥有自己的股份，就使公司可以方便地利用其所掌握的内部消息进行股票操作、操纵公司股票价格、扰乱证券市场秩序、损害其他投资者特别是公众投资者的利益。此外，公司拥有本公司股份，将使该股份所代表的资本实际上处于虚置的地位，违反了公司资本充实的原则。因此，各国公司法一般都对公司拥有本公司股份进行限制，原则上禁止，特殊情况下允许。

（二）禁止收购本公司股份的例外规定

我国《公司法》第142条规定："公司不得收购本公司股份。但是，有下列情形之一的除外：（一）减少公司注册资本；（二）与持有本公司股份的其他公司合并；（三）将股份奖励给本公司职工；（四）股东因对股东大会作出的公司合并、分立决议持异议，要求公司收购其股份的。公司因前款第（一）项至第（三）项

---

① 李哲松：《韩国公司法》，吴日焕译，中国政法大学出版社2000版，第404页。

② 法律出版社法规中心：《新编公司法全解》，法律出版社2014年版，第178～180页。

的原因收购本公司股份的，应当经股东大会决议。公司依照前款规定收购本公司股份后，属于第（一）项情形的，应当自收购之日起十日内注销；属于第（二）项、第（四）项情形的，应当在六个月内转让或者注销。公司依照第一款第（三）项规定收购的本公司股份，不得超过本公司已发行股份总额的百分之五；用于收购的资金应当从公司的税后利润中支出；所收购的股份应当在一年内转让给职工。公司不得接受本公司的股票作为质押权的标的。”可见，在下列情形下，公司可以收购本公司股份：

1. 减少公司注册资本。按照《公司法》有关条款的规定，公司成立以后股东是不得抽回出资的。因此，公司成立以后，要减少公司的注册资本，只能通过以公司的名义购买本公司股份、再将该部分股份注销的形式。因此，对于公司因减少注册资本的原因而收购本公司股份，法律是允许的。

2. 与持有本公司股份的其他公司合并。公司的股份可以为其他公司所持有，当公司与拥有本公司股份的其他公司进行吸收合并时，被合并的其他公司的所有资产都归公司所有，其他公司所募有的本公司股份自然也为本公司所有。

3. 将股份奖励给本公司职工。为了激励公司职工，很多股份有限公司都推行职工持股计划，即奖励职工部分本公司股份，从而把职工利益与公司利益联系在一起，激励职工更好地为公司工作。为了推行这一计划，公司就需要收购本公司的股份，再将其发放给职工。

4. 因股东行使回购请求权而收购本公司股份。《公司法》第74条规定了有限责任公司异议股东的回购请求权，即在公司出现法定情形时，股东可以请求公司以合理价格购买其所拥有的股权，从而达到离开公司的目的。这是针对有限责任公司股份流动性差而作出的规定，以防止出现在公司损害股东利益时，股东没有救济措施又不能通过向他人转让股权而离开公司的情况。股份有限公司的股份是可以自由转让的，股东对公司经营情况不满，可以直接转让其股权而离开公司。因此，该条对股份有限公司股东的股份回购请求权，只作了有限度的规定，即股东在对股东大会作出的公司合并、分立决议持异议时，可以要求公司收购其股份。与股东行使这项权利时，公司就会拥有本公司的股份。

公司因减少注册资本、与其他公司合并、推行职工持股计划而收购本公司股份的，按照《公司法》第142条第2款的规定，都应当由股东大会作出决议，这也是和股东大会的职权相吻合的。而股东的股份回购请求，属于股东的权利，股东依法提出这一要求时，公司就应收购其股份，不需要股东大会作出决议。

我国《公司法》虽然允许公司在特定情况下收购本公司股份，但按照有关条款规定，回购的股份不享有表决权、不得参加红利分配。实际上这部分股份是处于虚置状态的，因此，公司在依法回购本公司股份后，应当及时处理，防止股份长期虚置，影响公司运营。

根据《公司法》第142条第2款和第3款的规定，公司因减少注册资本而收购本公司股份的，应当自收购之日起10日内将该部分股份注销；公司因与其他公司合并以及因股东行使回购请求权而收购本公司股份的，应当自收购之日起6个月内转让或者注销；公司为推行职工持股计划而收购本公司股份的，应当在1年内转让给职工。

公司为奖励职工而收购本公司股份的，只是公司经营计划的一部分，不应对公司的股份构成情况以及公司运营情况产生大的影响。因此《公司法》第74条第3款规定，公司为将股份奖励给职工而收购本公司股份的，收购的股份数额不得超过已经发行股份总额的5%。同时，为了不影响公司的正常经营和资金使用，规定公司用于收购的资金应当从公司的税后利润中支出。

《公司法》第142条第4款是关于公司不得接受本公司的股票作为质押权标的的规定。质押属于担保的一种形式，即债务人或者第三人在不转移所有权的前提下，将某一动产或者权利转由债权人占有和控制，以保证债权人的权利的实现；在债务人不履行债务时，债权人有权以该动产或者权利折价或者以变卖、拍卖该动产或者权利的价款优先受偿。因此，质押权的设立是以债权人可以取得质押权标的物的所有权为前提的。而《公司法》规定，除了法定特殊情况外，公司是不得拥有本公司股份的。因此，本公司的股票是不能作为质押权标的和用来对公司债权进行担保的，即使设立了以本公司股票为质押权标的的担保，最后也无法实现。因此，《公司法》禁止公司接受本公司的股票作为质押权标的。

二、《公司法》第74条与第142条之比较

从我国异议股东股份回购请求权制度的构成分析来看，《公司法》在第74条与第142条分别规定了有限责任公司与股份有限公司的异议股东股份回购请求权。在立法的模式上，二者略有不同：对有限责任公司异议股东的股份回购请求权，法律采取的是直接规定的模式，即以明确的法律条文列举了可以要求回购股份的具体情形；而对于股份有限公司的异议股东回购请求权则采取了蕴涵规定的模式，即在列举公司可以收购自己股份的几种情形中涉及了异议股东可能提起回购请求的情形。为了更清楚地揭示异议股东股份回购请求权之制度构成，主要从以下三个方面展开：

其一，异议股东股份回购请求权行使的条件。这是整个制度的核心内容。对于该问题的分析，应包含以下几个层面：1. 主体条件。从法律的制度设计看，无论是有限责任公司的股东，还是股份有限公司的股东；无论是上市公司的股东，还是非上市公司的股东，均可以成为请求权主体，法律并未作特别限定。2. 法定事由。在我国立法中，发生了什么样的情形，股东才能行使股份回购请求权呢?《公司法》对有限责任公司与股份有限公司作了区别处理。根据第 74 条，有下列情形之一的，有限责任公司的异议股东可以请求公司按照合理的价格收购其股权：(1) 公司连续 5 年不向股东分配利润，而公司该 5 年连续盈利，并且符合《公司法》规定的分配利润条件的；(2) 公司合并、分立、转让主要财产的；(3) 公司章程规定的营业期限届满或者章程规定的其他解散事由出现，股东（大会）会议通过决议修改章程使公司存续的。而对股份有限公司，第 142 条则仅仅规定了股东因对股东大会作出的公司合并、分立决议持异议，才可以要求公司收购其股份。3. 行使请求权的股东必须已经对股东（大会）会议决议表示明确的反对。如果股东对决议并无异议，便不能行使回购股份的请求权。

从以上对行使条件的分析，我们可以比较明显地看出，法律对于有限责任公司股东行使股份回购请求权的条件规定得十分宽泛，对于股份有限公司股东则要求较为苛刻。之所以如此规定，主要是考虑到两种不同组织形式的公司特性上的差异。有限责任公司具有较强的封闭性与人合性，这些特性决定了其股东无法通过公开市场自由转让其股权，常常很难找到合适的买主，被迫低价转让其持有的股份。而股份有限公司所具有的高度资合性以及其发行股票本身的高度可流转性，决定了股份有限公司的股份转让较为自由，也更为容易通过公开的市场找到合适的买家；尤其是公开上市公司的异议股东更是可以随时通过证券市场卖出股份，用“脚”投票。两相比较，有限责任公司的股东更需要借助法律赋予股份回购请求权来维护其合法权益，而股份有限公司的股东只是在极其个别的情况下（公司合并、分立时）才需要行使股份回购的请求权。

其二，行使请求权受阻时的救济措施。仅仅通过正面地赋予权利，常常很难达到法律追求的效果。异议股东向公司提出请求时，如果公司百般刁难，不与其达成协议，则异议股东股份回购请求权制度的立法目的就无法顺利实现。对此，我国《公司法》第 74 条对有限责任公司异议股东无法与公司达成协议时应如何救济作了规定：自股东会会议决议通过之日起 60 日内，股东与公司不能达成股权收购协议的，股东可以自股东会会议决议通过之日起 90 日内向人民法院提起诉讼。

其三，行使请求权后公司收购股份后对股份的处理。根据公司法原理，法律一般不允许公司持有自己的股份。因而在收购股份后，应当及时地处理所收购的股份。《公司法》第 142 条规定，股份有限公司应在 6 个月内注销或者转让所收购的股份。

三、异议股东回购请求权与中小股东其他救济措施之间的互动关系[①]

异议股东回购请求权在救济中小股东的五大救济体系之中位于第四顺位。具体说来，异议股东回购请求权比查账权、分红权、转股权更加激进，引发的后遗症和负作用要大一些。这是由于异议股东回购请求权行使的结果是股东从公司获得其所持股份的财产价值，不仅导致股东资格丧失，而且导致公司净资产的减少。这对公司债权人的保护来说绝对不是一件好事。因此，在人民法院运用股东退股方法保护中小股东权益时，应当优选查账、强制分红与转让股份方案。

当然，退股权与其他权利之间存在互动关系。这是由于，股东的退股权仅是股东享有的诸多权利中的一个权利而已。除了这一权利，其他的股东权利尤其是中小股东救济措施可发挥替代性的权利维护和损害救济作用。例如，对控制股东和公司管理层心怀不满的异议股东可对前者损害公司利益的行为提起股东代表诉讼，也可对前者损害中小股东利益的行为（如虚假陈述、操纵市场、内幕交易）提起股东直接诉讼乃至于集团诉讼。股东究竟留在公司与不法控制股东或管理高层作斗争，还是行使异议股东回购请求权，都是自由选择，法律不宜干预。再如，退股权与查账权并非相互排斥，而是具有相容性与互补性。一方面，查账权的行使可避免与减少控制股东与管理层通过财务造假规避股东退股的道德风险。另一方面，查账权的行使可为股东退股探明道路，清除障碍。此外，退股权对公司股权结构与治理格局的冲击和影响比解散公司诉权要缓和。因为，股东退股后公司资产虽然减少，但公司的法律人格依然存在。

【典型案例】

袁朝晖与长江置业（湖南）发展有限公司请求公司收购股份纠纷案

再审申请人（一审被告、二审上诉人）：长江置业（湖南）发展有限公司。

法定代表人：沈良，该公司总经理。

被申请人（一审原告、二审上诉人）：袁朝晖。

〔当事人申请再审与答辩意见〕

再审申请人长江置业（湖南）发展有限公司（以下简称长江置业公司）因与被申请人袁朝晖请求公司收购股份纠纷一案，不服湖南省高级人民法院（2013）湘高法民二终字第91号民事判决，向最高人民法院申请再审。最高人民法院依法组成合议庭对本案进行了审查，现已审查终结。

长江置业公司申请再审称：一、长江置业公司提交《09年第4次股东会议纪

---

① 刘俊海：《现代公司法》（第二版），法律出版社2011年版，第274页。

要》、《2010年临时股东会决议》、公安机关出具的《说明》等六组新的证据，足以推翻原判决。二、原审判决认为袁朝晖有权要求长江置业公司回购股权，并依据《审计报告》确定股价，缺乏证据证明。三、袁朝晖提交的长江置业公司原财务人员杨凯、刘丹、严淑君三人出具的《证明》系伪造，不应作为认定事实的依据。四、袁朝晖逾期提交的证据材料均未经质证，法院不应采信。五、长江置业公司的财务档案被法院采取保全措施，长江置业公司无法自行收集，书面申请人民法院调查收集，人民法院未调查收集错误。六、原审判决适用《中华人民共和国公司法》（以下简称《公司法》）第七十五条（2013年修订后的《公司法》为第七十四条，以下均统一表述为“第七十四条”），认为袁朝晖有权行使股份回购请求权，适用法律错误。七、本案一审法官存在违法情形，应当回避而没有回避。八、沈良、钟继光作为公司财产共有权人，应当参加诉讼未参加诉讼。九、袁朝晖的诉讼请求为：请求判决长江置业公司根据《公司法》之规定收购袁朝晖20%股权，二审判决认为袁朝晖的请求符合《公司法》和《公司章程》的规定，超出袁朝晖的诉讼请求。长江置业公司依据《中华人民共和国民事诉讼法》第二百条第一项、第二项、第三项、第四项、第五项、第六项、第七项、第八项、第十一项之规定申请再审。

袁朝晖提交答辩意见称：长江置业公司的再审申请缺乏事实与法律依据，请求予以驳回。

〔最高人民法院裁判理由与结果〕

最高人民法院认为：一、关于袁朝晖是否有权请求长江置业公司回购股权的问题。2010年3月5日，长江置业公司形成股东会决议，明确由沈良、钟继光、袁朝晖三位股东共同主持工作，确认全部财务收支、经营活动和开支、对外经济行为必须通过申报并经全体股东共同联合批签才可执行，对重大资产转让要求以股东决议批准方式执行。但是，根据长江置业公司与袁朝晖的往来函件，在实行联合审批办公制度之后，长江置业公司对案涉二期资产进行了销售，该资产转让从定价到转让，均未取得股东袁朝晖的同意，也未通知其参加股东会。根据《公司法》第七十四条之规定，对股东会决议转让公司主要财产投反对票的股东有权请求公司以合理价格回购其股权。本案从形式上看，袁朝晖未参加股东会，未通过投反对票的方式表达对股东会决议的异议。但是，《公司法》第七十四条的立法精神在于保护异议股东的合法权益，之所以对投反对票作出规定，意在要求异议股东将反对意见向其他股东明示。本案中袁朝晖未被通知参加股东会，无从了解股东会决议，并针对股东会决议投反对票，况且，袁朝晖在2010年8月19日申请召开临时股东会时，明确表示反对二期资产转让，要求立即停止转让上述资产，长江置业公司驳回了袁朝晖的申请，并继续对二期资产进行转让，已经侵犯了袁朝晖的股东权益。因此，二审法院依照《公司法》第七十四条之规定，认定袁朝晖有权请求长江置业公司以公平价格收购其股权，并无不当。

同时，长江置业公司《公司章程》中规定，股东权利受到公司侵犯，股东可书面请求公司限期停止侵权活动，并补偿因被侵权导致的经济损失。如公司经法院或公司登记机关证实：公司未在所要求的期限内终止侵权活动，被侵权的股东可根据自己的意愿退股，其所拥有的股份由其他股东协议摊派或按持股比例由其他股东认购。本案中，长江置业公司在没有通知袁朝晖参与股东会的情况下，于2010年5月31日作出股东会决议，取消了袁朝晖的一切经费开支，长江置业公司和其股东会没有保障袁朝晖作为股东应享有的决策权和知情权，侵犯了袁朝晖的股东权益，符合长江置业公司《公司章程》所约定的"股东权利受到公司侵犯"的情形。因此，袁朝晖有权根据《公司章程》的规定，请求公司以回购股权的方式让其退出公司。

从本案实际处理效果看，长江置业公司股东之间因利益纠纷产生多次诉讼，有限公司人合性已不复存在，通过让股东袁朝晖退出公司的方式，有利于尽快解决公司股东之间的矛盾和冲突，从而保障公司利益和各股东利益。如果长江置业公司有证据证明袁朝晖存在侵占公司资产的行为，可以另行主张。综上，袁朝晖请求长江置业公司收购其20%股权符合《公司法》和长江置业公司《公司章程》的规定。长江置业公司提交的《09年第4次股东会议纪要》、《2010年临时股东会决议》、长沙市公安局岳麓分局经济犯罪侦查大队出具的《说明》、湖南省高级人民法院（2014）民二终字第29号《民事裁定书》以及股东钟继光、沈良的往来函件等证据材料，均不能构成推翻二审判决的新证据，本院不予采信。

二、关于股权回购价格应如何确定的问题。长江置业公司在二审中提交了九组证据，拟证明《审计报告》中长江置业公司净资产的结论可据此调整，二审法院组织双方当事人对该九组证据进行了质证。经审查，上述证据所证明的款项均已纳入审计范围，不能达到长江置业公司所要证明的目的，不属于《审计报告》第五项"如出现新的证据或资料，由法院经过司法程序查证属实后，可据实调整审计结果"的情形。

三、关于本案是否存在审判人员应当回避未予回避的情形。经向双方当事人核实，长江置业公司所称审判人员违规会见当事人，系一审法院审判人员组织双方当事人在长江置业公司调查取证时，长江置业公司工作人员利用监控设备录制的调查场景，并不存在审判人员私下会见一方当事人的情况。长江置业公司并无证据证明审判人员存在法律规定的其他回避情形，一审法院对其回避申请未予准许，并无不当。

四、关于本案是否存在认定事实的主要证据未经质证的问题。一审审理期间，为查明案件事实，一审法院在举证期限届满后，要求袁朝晖在原有证据基础上，继续提供相关补充证据，以证明股权价值，根据最高人民法院《关于适用〈关于民事诉讼证据的若干规定〉中有关举证时限规定的通知》第一条之规定，举证期限届满后，针对某一特定事实或特定证据或者基于特定原因，人民法院可以根据案件的具体情况，酌情指定当事人提供证据或者反证的期限，该期限不受"不得少于三十日"

的限制。一审法院对双方当事人提交的全部证据均组织了质证，长江置业公司对相关证据不予质证是对其诉讼权利的放弃，并不影响证据已经庭审质证的效力。

五、关于本案是否存在原审法院应当调取证据而未予调取的情形。本案双方当事人向法院提交了多份证据材料，法院均予以接收并组织质证。为了案件审理，一审法院到长沙市房产信息中心调取了案涉项目的全部销售资料，与双方当事人、审计部门到长江置业公司调取了财务资料，并将上述证据甄别对比，纳入审计范围。长江置业公司在二审中申请法院调取已经保全的证据，缺乏依据，二审法院未予准许并无不当。

六、关于原审判决是否超出袁朝晖诉讼请求的问题。袁朝晖诉请长江置业公司回购其持有的20%股权，一审法院亦作出由长江置业公司以合理价格回购上述股权的判决，并未超出诉讼请求。至于依据《公司法》的规定或《公司章程》约定系判决依据，并非诉讼请求。何况，袁朝晖在起诉书正文部分明确提出根据《公司法》第七十四条以及《公司章程》的约定提出诉请，并非仅依据《公司法》提出诉讼请求。长江置业公司认为原审判决超出诉讼请求的主张，本院不予支持。

七、关于钟继光、沈良是否应当参加诉讼的问题。本案系异议股东与公司协商不成，异议股东向公司提出退股请求的诉讼，原告被告明确。其他股东对于异议股东所持股权既无独立请求，也无法律上的利害关系，并非必须参加诉讼的当事人，原审法院未予追加并无不当。

至于长江置业公司称一审法院存在违规中止审理和延长审限的情形，缺乏证据证明，且不属《中华人民共和国民事诉讼法》规定的再审申请事由，本院不予支持。

综上，长江置业公司的再审申请不符合《中华人民共和国民事诉讼法》第二百条第一项、第二项、第三项、第四项、第五项、第六项、第七项、第八项、第十一项之规定的情形。最高人民法院依照《中华人民共和国民事诉讼法》第二百零四条之规定，裁定如下：

驳回长江置业（湖南）发展有限公司的再审申请。

第七章 股东优先购买权

规则9：股东对外转让股权，因其他股东在同等条件下购买而对其股权是否转让及转让条件做了多次反复处理的，可支持其他股东行使优先购买权

——楼国君与方樟荣、毛协财、王忠明、陈溪强、王芳满、张铨兴、徐玉梅、吴广灯股权转让与优先购买权纠纷案[①]

【裁判规则】

根据《公司法》第七十一条规定，股东对外转让股权时应当书面通知股权转让事项，在同等条件下，其他股东有优先购买权。这是对股东在转让股权时，为保证其他股东的利益而赋予其他股东的权利，但这项权利又因“同等条件”而有所限制。这里的同等条件，即是指本公司的其他股东所支付的股权转让价金与公司以外的受让人支付的股权转让价金应当相同。只有当其他股东购买出售股权的条件低于公司以外的受让人时，欲转让股权的股东才可以将股权转让给公司以外的其他人。

【规则理解】

一、股东优先购买权的理论追溯

（一）股权优先购买权的内涵

所谓“优先购买权”，是指与特定物有特定法律关系的特定人，依据法律规定或合同约定所享有的，当出卖人在出卖特定的标定物时，在同等的条件之下有优先于他人购买的权利。所谓股权优先购买权是指有限责任公司的股东对外转让其股权时，公司的其他股东在同等条件下享有的对该股权优先购买的权利。[②] 故股东的股权优先购买权只有在其他股东转让其股权时，基于公司本身的人合性要求，在“同等条件”下才能行使。因此，形成股东优先购买权的前提是股东之外的股权转让；产生股东优先购买权的基础是有限责任公司所具有的“人合性”；行使股权优先购买权的条件是“同等条件”。

① 最高人民法院（2011）民提字第113号民事判决书。
② 郝磊：《股东诉讼的实施问题研究》，中国法制出版社2012年版，第112页。

（二）形成股东优先购买权的前提

1. 股权转让的含义与功能。股权转让是指股东将自己所持股权让渡给他人的行为。以受让方是否付出对价为准，股权转让可分为有偿转让（买卖）与无偿转让（赠与）。在实践中，绝大多数股权转让是有偿转让。随着现代公司的发展壮大，股权已成社会财富的重要载体，股权流转日益频繁。股权转让具有四大功能：一是既能促成财富流转，又不妨碍公司的正常经营。股权转让只改变股权的归属，而不影响公司的法人资格、财产权利、资产状况以及公司对外已缔结的债权债务关系。二是既能确保老股东顺利退出公司，又能促成新股东平稳加盟。三是股权的交易成本要低于分项资产的交易成本。控制股东尤其是全资控制股东转让股权与转让公司资产虽具有异曲同工之妙，但整体出售股权的交易成本在通常情况下低于逐项转移公司资产或营业的交易成本。通过转让，受让方购买正常运营公司的股权有助于避免新设公司之累。买方入主公司以后，如果缺乏经营管理的兴趣与能力，大可沿袭公司原有营利模式和经营思路，甚至保留原班人马。四是股权转让可依法节税。①

2. 形成股东优先购买权的前提是股东之外的股权转让

公司内部的股东和股东之间的股权转让是不受限制的，而对未受让股权的股东是没有优先购买权约束的。这是因为股东的优先购买权是为了保证公司的人合性而限制了公司以外的第三人，而公司内部之间的股权转让，没有新的股东的加入，不会有新老股东之间的摩擦产生，这种内部的转让行为对于有限责任公司的稳定性不会产生过多的影响。股东的优先购买权不适用于公司内部的股东之间转让。

根据《公司法》的立法本意可知，法律设定股东优先购买权是为了控制股权对外转让对有限责任公司封闭性及人合性的影响；而股东内部转让股权，并未影响公司封闭性及人合性，且法律对股东之间可转让股权的规定亦未规定其他股东享有优先购买权。同时，公司在成立时制定的公司章程亦未规定股东内部间发生股权转让时，其他股东享有优先购买权。因此，公司股东转让股权的行为合法有效，其他股东无权要求在同等条件下按出资比例受让该转让股权。② 而《公司法》关于“自然人死亡后，其合法继承人可以继承股东资格”的规定对于在一般情况下发生股权继承的情形时，也排除了以股东优先购权进行救济的可能性。

（三）产生股东优先购买权的基础

1. 法律之所以将此种权利特别赋予有限责任公司的股东，是因为有限责任公司所具有的“人合性”。所谓人合性，就是指有限责任公司除了注重投资者之间的资金联合外，还特别强调投资者之间的信赖关系。也就是说作为有限责任公司设立

① 刘俊海：《现代公司法》（第二版），法律出版社 2011 年版，第 340 ~ 341 页。

② 王庆元主编：《股权转让纠纷裁判规则与适用标准》，法律出版社 2011 年版，第 170 页。

或运营基础的，不纯粹是一种金钱关系，而且包含着温情脉脉的人情关系。“人合性体现了股东与股东、股东与公司关系的依附性和相互信赖。”[①] 公司法对这种依附性和相互信赖关系维护，不仅仅体现在对股东优先购买权的制度设计上，还体现在允许公司章程另行规定股东资格继承办法等方面。正如《公司法》第75条规定：“自然人死亡后，其合法继承人可以继承股东资格；但是，公司另有章程的除外。”这种规定同样是考虑到有限责任公司具有人合性，股东之间的合作基于相互间的信任。而自然人股东死亡后，其继承人毕竟已不是原股东本人，股权实质上发生了转让。在此情况下，其他股东对原股东的信任并不能自然转变为对继承人的信任，不一定愿意与继承人合作，可能导致股东之间的纠纷，甚至形成公司僵局。为此，从实际出发，应当允许公司章程规定在不得违反《继承法》的基本原则、剥夺继承人获得与股权价值相适应的财产对价的权利的前提下，兼顾公司利益、其他股东利益、已死亡股东生前的意愿及其继承人的利益，合理制定股东认为切实可行的办法，解决股东资格继承问题。[②]

根据《公司法》第71条规定，有限公司的股东在向公司以外的第三人转让股权时，必须获得其他股东过半数的同意，以保障其他股东优先购买权的权利实现。这里优先购买权的价值主要体现在有限责任公司当中，是基于有限责任公司人合性和资合性的法律性质所产生的权利。与股份有限公司相比，有限责任公司的股东人数相对较少，[③] 股东之间的信赖关系对股东参与公司的经营管理有着极大的影响。目前，在我国大力支持推进中小民营企业发展和鼓励自主创业的大环境之下，股东人数仅为2—6人的小微公司大量注册成立，股东之间主要以亲朋关系为纽带，使有限责任公司的人合性更为突出。股东优先购买权的设置实质上是避免公司股东的频繁变更影响公司的稳定性，如果对股权对外转让的自由没有任何约束，肆意允许第三人加入到公司的控制经营中来，势必会影响到公司原有的且相对稳定的控制结构，削弱股东之间的信赖利益，破坏公司的人合性。

2. 有限责任公司所具有的“人合性”决定了股东优先购买权是一种相对请求权，而不是实体权利。按照民法原理，相对权是指义务人为特定人，权利人必须通过义务人实施一定行为才能实现的权利，如债权。由于相对权的权利人只能向特定的义务人主张权利，他对抗的是特定的义务人，因此，又称为对人权。[④] 请求权作为相对权的典范，则是指请求他人为一定行为或不为一定行为的权利。请求权人自

---

① 叶林：《公司法原理与案例教程》，中国人民大学出版社2010年版，第306页。

② 法律出版社法规中心编：《新编公司法全解》，法律出版社2014年版，第119页。

③ 《公司法》第24条规定：“有限责任公司由五十个以下股东出资设立。”

④ 佟柔主编：《中国民法》法律出版社1990年版，第39页；王利明主编《民法》，中国人民大学出版社2000年版，第46页。

己不能直接取得作为该权利内容的利益，而必须通过他人的特定行为实现自己的利益。[①] 在民法意义上，股东优先购买权“对于权利人而言，优先购买权只是一种购买机会上的优先待遇，而非购买条件上的优惠；对于义务人而言，只是自由选择出让对象的权利受限，而不承受实质上的交易损失”。[②] 设立股东优先购买权，就是基于有限责任公司所具有的“人合性”，通过公司原有股东对股东优先购买权的行使，实现对公司的控制权，以作为对这些原有股东对公司做出贡献和付出的利益回报。同时，基于有限责任公司股东之间的利益平衡和对股东权利的同等保护，股东优先购买权并没有完全限制股东的权利转让自由，以“同等条件”为前提而产生其他股东的优先购买权。在“同等条件”之下，股权转让人将股权对内转让给公司其他股东或是对外转让给第三人并不会对转让人利益产生很大的影响。而其他股东在主张优先购买权时，如若第三人提高自己的购买条件而获得股权，对股权转让人而言也能够实现利益最大化。

二、股东优先购买权“同等条件”标准的确定

（一）对“同等条件”的不同理解

基于人合性赋予其他股东的优先购买权并非是不受限制的。法律对于优先购买权的制度设计应当平衡好转让股东与其他股东之间的利益关系，不能以牺牲转让股东的股权转让权和股权利益为代价。根据《公司法》的规定，优先购买权的行使必须以与第三人“同等条件”为前提，不能损害股东的利益或者增加股权转让的难度。由于对《公司法》在“同等条件”确定的标准上没有涉及具体的、明确性的规定，这使得在法律实践过程当中对同等条件的确定引发不同的看法，进而引起股东优先购买权纠纷。股东的优先购买权以满足“同等条件”为要求，在同等条件之下，转让股权的股东不论是将股权转让给第三人还是转让给公司的其他股东，所得到的利益不会有很大的差别。即便其他股东主张优先购买权，第三人依旧可以通过提出超过“同等条件”的条件来保证自己的购买权。对于“同等条件”的标准问题，有三种不同的看法：

第一种看法认为同等条件要求的是相同的转让价格，以第三人购买股权与欲转让股东之间商定的价格为标准，公司的其他股东也应当出具相同的价格。这种对于价格的判断标准在实务中是易于操作的，但这样降低了同等条件的门槛，造成其他股东优先购买权的扩大，侵害了欲转让股权的股东意欲向第三人转让股权的权利。

第二种看法认为同等条件不仅包括相同的转让价格，还包括其他的利益承诺，包括为公司承担债务、向公司注资等。这是对欲出让股东要获得利益的一个全面的

---

① 王利明：“论债权请求权的若干问题”，载《法律适用》2008年第9期。

② 彭春莲：《股东权利救济机制研究》，法律出版社2010年版，第156页。

界定，对要求行使优先购买权的股东达到同等条件提出更多的要求，公司以外的第三人也因此有更多的机会获得股权。

第三种看法对同等条件提出了更高的标准和要求，应当将拟转让价格、付款条件、受让人的财产状况、资金来源、商业品格等全部考虑进去，虽然这样给欲转让股权的出让人有更多的考量，可以获得更多的利益，但这样的标准往往在实践过程中却难以操作。

笔者认为，对于同等条件的考量问题，应当考虑多种因素的存在，包括充分保护股权转让人最大限度的利益，保证公司的其他股东和第三人有公平竞争购买的机会，标准的内容应当容易简单操作。

（二）“同等条件”的具体标准

“同等条件”的具体标准就主要有四个方面的要素：转让价格、转让数量、价款支付、违约责任。

1. 转让价格

所谓股权的转让价格，即优先购买权人支付的价格应当与第三人支付的价款相同。由于立法中没有明确规定股权转让价格的确定方式，因此应当采取协商定价的方式。通过对价格进行量化的比较，最终确定最后购买人。其中，价格的考量除了明确的价款以外，还应但包括实物价值和劳务价值。对于实物价值和劳务价值的确定，可以寻求鉴定评估机构进行定价，争取形成一个合理的价格竞争。

2. 转让数量

所谓股权转让数量的问题，即优先购买权能否部分行使，若其他股东为了公司的稳定性，为了掌握公司的控股权，但又无力支付全部的价款，能否主张购买一部分股权。若转让股权的比例是确定的、可量化的，原则上要等同，部分行使原则上视为未达到同等条件。整体转让的股权占公司股权比例越高，受让人购买股权后控制公司决策的可能性越大，因此，期待利益就越高，导致股权转让的价格可能越高。若优先购买权的部分行使造成剩余股权难以转让或转让价格低，则违背了股权的“可转让性”，并损害了转让股东的权益，所以，原则上来说转让数量应等同。

3. 价款支付

所谓价款支付，包括支付时间、支付方式等涉及双方当事人切身利益的方面。股东转让股权，可能是单纯地不想再担任该公司股东，也可能是出于一定原因而急需用钱，或者是发现了更好的投资机会，想用转让股权的钱投资于其他方面谋取更大的利益。不管出于什么原因转让股权，股权转让金的获得时间对于转让股东来说极其重要，或者可救急，或者可获得更大利益等。那么，在时间确定和支付方式上面就应当明确同等的条件。规定时间内付清优于规定时间外付清，一次性付清优于分期式付清。若低于规定时间和一次性这样的条件，则视为没有达到同等条件。

4. 违约责任

除了转让价格、转让数量、转让价金交付时间及方式以外，违约责任也应构成同等条件的确定标准。原因在于，不仅在股权转让合同中，几乎所有合同中，当事人约定适当而严谨的违约责任条款可以起到很好的约束作用，增强合同双方的相互信任。有些时候，没有违约责任条款的合同，权利义务几乎形同虚设。要求其他股东在行使优先购买权时订立与非股东买受人购买股权时一样的违约责任条款，有利于防止其他股东恶意阻挠股权的对外转让。当转让股东与受让人达成违约责任条款后，其他股东以主张优先购买权为伎俩阻止股权对外转让，目的达到后又不真正受让股权，就应依据违约责任条款来承担违约责任，从而使得转让股东的利益得到更好的保护。

在实践中应进行综合考虑，充分考量价格外的因素并寻求一种公平合理、可操作性强的评判标准。优先购买权制度的设立和运行是以利益衡量为目标的，合理的“同等条件”认定标准应在实际中起到保证转让股东的经济利益不受实质损害的作用，同时又要确保其他股东的优先购买权得以正当行使，并且保障第三人能获得公平竞争的交易机会。

三、《公司法》第71条确立的四项原则与条文解读①

（一）股权转让自由原则的确立与第71条第1款规定的理解

《公司法》第71条第1款规定：“有限责任公司的股东之间可以相互转让其全部或者股东股权。”此款规定具有四层含义：

一是从实体法的角度赋予了股权财产权利的属性，使它具有价值并可转让。

二是确立了股权转让自由原则。通过允许股权的自由转让，形成了公司人格与股东人格的分离，断绝了公司与股东的人格关系，推动公司人格的完善。通过股权的自由转让，调整公司的治理结构，实现公司股东的意思自治，优化社会资源的配置。正如学者们所述，股权转让实际上就是一种双方以股权为交易对象或者双方进行股权买卖的民事法律行为，把股东这种资格或者股东的权利商品化，使其成为一种特殊的商品而进入流通领域，这也是公司制度的灵魂。②

三是原则上要求有限责任公司股权的转让应当在股东之间进行，股东之间可以自由转让股权。

四是保护公司的组建所依赖的股东之间的信任关系和共同利益关系。因此，在确认并保障有限责任公司的股东转让股份的权利的同时，也要维护股东间的相互信赖及其他股东的正当利益。

---

① 条文解读主要参考法律出版社法规中心编：《新编公司法全解》，法律出版社2014年版，第115~116页。

② 钱卫青：《公司诉讼——公司法救济方式新论》，人民法院出版社2004年版，第168页。

（二）股权转让同意原则的确立与第71条第2款规定的理解

《公司法》第71条第2款规定："股东向股东以外的人转让股权，应当经其他股东过半数同意。股东应就其股权转让事项书面通知其他股东征求同意，其他股东自接到书面通知之日起满三十日未答复的，视为同意转让。其他股东半数以上不同意转让的，不同意的股东应当购买该转让的股权；不购买的，视为同意转转让。"此款规定具有五层含义：

一是确立了股权转让同意制度。所谓股权转让同意制度是指股东转让其所持有的公司股权给公司股东之外的第三人时，应当征得公司、股东会或一定比例其他股东的同意，否则不能转让该股权。股权转让同意制度是有限责任公司股权对外转让限制的核心制度，对维护有限责任公司的人合性和保护未转让股东的既得利益具有重要意义。当今世界多数国家和地区公司立法采纳了该制度，如日本、法国和我国台湾地区等。①

二是股东与公司现有股东关于向股东以外的其他人转让股权的合意过程应以书面方式进行。欲出让股权的股东应当用书面通知的方式其他股东表达其意愿，其他股东也应当用书面答复的方式表达意愿。之所以要求采用书面方式：一是便于对股东间是否达成合意进行判断，从而具备证据效力：二是当由于股权出让导致股东身份变化时，也会引起后续的一系列法定程序启动（如修改公司章程、变更公司的注册登记事项、向原审批机关办理变更审批手续等），而这些程序都需要以书面材料作为事实依据。

三是规定了股东向公司现有股东以外的其他人转让股权应当经其他股东过半数同意。这里讲的"其他股东过半数同意"，是以股东人数为标准，而不以股东所代表的表决权的多少为标准。这是因为股权转让事宜是基于股东处分其财产权而在股东之间发生的合同性质的问题，而不是公司资本运营过程中的内部决策问题；它需要考虑的是每个股东的意愿，而非大股东的意志，是"股东多数决"而非"资本多数决"。这既可以避免因少数股东的反对而否定多数股东的意愿，也可以最大限度地降低股权转让的障碍，保障股东对其财产处分权的实现。为了保障股东行使股份转让权、避免其他股东的不当或消极阻挠，《公司法》第71条进一步规定了股东对股权转让的通知逾期未答复的视为同意转让；如果半数以上其他股东不同意转让，则应购买要求转让的股权，否则视为同意对外转让。

四是股东同意其他股东转让的期间为30天。股东应就其股权转让事项书面通知其他股东征求同意，其他股东自接到书面通知之日起满30日未答复的，视为同意转让。

---

① 白慧林：《股权转让热点问题：规则与实践的考量》，法律出版社2014年版，第38页。

五是过半股东不同意转让股权的法律后果。不同意的股东应当购买该转让的股权；不购买的，视为同意转转让。

（三）股权优先购买原则的确立与第71条第3款规定的理解

《公司法》第71条第3款规定："经股东同意转让的股权，在同等条件下，其他股东有优先购买权。两个以上股东主张行使优先购买权的，协商确定各自的购买比例；协商不成的，按照转让时各自的出资比例行使优先购买权。"此款规定具有三层含义：

一是确立了股权优先购买原则。股权优先购买原则是指有限责任公司股东依据《公司法》或协议（包括公司章程和股东协议）的规定，在股东对外转让股权时可以同等条件优先于他人而购买该股权的原则。股权优先购买制度弥补了股权转让同意制度的不足，保护了异议股东的权利，也降低了股东转让股权的交易成本。股权转让的同意规则是股权转让限制的第一道防线，属于形式规则。股东优先购买权制度则构成股权转让限制的第二道防线，确认了公司其他股东的优先受让权属于实质规则。①

二是确认了现有股东的"优先购买权"。即经股东同意转让的股权，在同等条件下，其他股东，包括同意该项转让的股东和不同意该项转让的股东都有优先购买权。相对于本条第2款规定的"不同意的股东应当购买该转让的股权；不购买的，视为同意转让"而言，本条第3款的规定不是义务而是权利。但是，这种权利是以"在同等条件下"为限制的。所谓"条件"，是指股权转让方索取的对价，主要是股权转让的价金，也包括其他的附加条件。只有本公司其他股东购买出售股权的条件低于公司以外的受让人所出条件时，才可以将股权转让给现有股东以外的人。

三是确认了现有股东同时行使优先购买权的规范。对于两个以上股东主张行使优先购买权的，先行协商确定各方的购买比例；在协商不成的情况下，按照转让时各自的出资比例行使优先购买权。其"转让时各自的出资比例"，可以理解为股权转让时主张行使优先购买权的股东已经认缴的出资份额。

（四）股权转让股东自治原则与第71条第4款规定的理解

《公司法》第71条第4款规定："公司章程对股权转让另有规定的，从其规定。"此款规定具有三层含义：

一是确立了股权转让股东自治原则。股权转让股东自治原则是股东可以在制定公司章程时，对股权转让的形式要件与实体要件提前进行约定和规范。本条规定了股东转让股权的一般原则，同时又赋予公司章程可以另行规定的权利，以体现股东的自治权。应当指出，在股东出资分期缴付的情况下，出让股权的股东认缴了出

① 白慧林：《股权转让热点问题：规则与实践的考量》，法律出版社2014年版，第38页。

资，但尚未缴足即出让股权的，该股东有义务将出资不实的情况告知受让方，受让方应当向公司承诺在成为公司股东后承担继续缴资的义务。①

二是该规定为商法中任意性规定，亦属授权性规定。股权优先权系法律为了维护公司的人合性而对股权自由处分权所作的必要限制，但法律允许公司内部通过自由协商的方式修改或排除第 71 条第 3 款关于股权优先购买权的规定。

三是认定章程的规定本身可排除法律的规定而具有优先适用的效力。当章程规定股东对外转让股权时，其他股东不行使优先购买权；或者规定其他股东多人均请求行使优先购买权时不按照转让时的出资比例行使，而是采取其他的比例行使，则法律的相关规定将不再适用，而是应按照章程的规定去行使优先购买权。② 对于该款的意义，王保树教授曾撰文指出："这表明，公司法将在这些领域中优先选择适用公司章程规则的权利赋予了公司。"

【拓展适用】

一、股东优先购买权比例的确定

根据我国《公司法》第 71 条第 2 款、第 3 款的规定，有限责任公司的股东向股东以外的人转让股权，应当经其他股东过半数同意。股东应就其股权转让事项书面通知其他股东征求同意，其他股东自接到书面通知之日起满 30 日未答复的，视为同意转让。其他股东半数以上不同意转让的，不同意的股东应当购买该转让的股权；不购买的，视为同意转让。经股东同意转让的股权，在同等条件下，其他股东有优先购买权。两个以上股东主张行使优先购买权的，协商确定各自的购买比例；协商不成的，按照转让时各自的出资比例行使优先购买权。也就是说，在有限责任公司的股东对外转让其股权过程中，该"其他股东"有两个以上，且都主张行使优先购买权时，依上述条款需要先由这些主张行使优先购买权的股东进行协商。如果他们能够达成协议，则各自可顺利地依协商所确定的比例行使优先购买权。但如果协商不成的话，这些股东就只能按照转让时各自的出资比例去行使，此时这些股东之间就极有可能会就该"出资比例"产生分歧和矛盾。

根据《公司法》第 26 条的规定："有限责任公司的注册资本为在公司登记机关登记的全体股东认缴的出资额。法律、行政法规以及国务院决定对有限责任公司注册资本实缴、注册资本最低限额另有规定的，从其规定。"由于有限责任公司存在认缴资本和实缴资本区分制度，一旦公司里面出现了某一股东对外转让股权，而公司里的其他股东（2 个以上）有的已经履行了全部出资义务，有的却只履行了一部

① 法律出版社法规中心编：《新编公司法全解》，法律出版社 2014 年版，第 115 ~ 116 页。

② 郝磊：《股东诉讼的实施问题研究》，中国法制出版社 2012 年版，第 114 页。

分出资（其余部分的出资尚在法定的分期缴纳期限内），且都主张行使优先购买权但又无法就各自的行使比例达成协议的情形时，这些股东就不得不依法律规定按股权转让时各自的出资比例去行使优先购买权。此时，若公司章程事先并未进行规定，则该“各自的出资比例”到底是股权转让时各股东“实缴”的出资比例，还是各股东在公司里所“认缴”的出资比例，现行《公司法》及其司法解释并没有给出一个明确的答复。我们认为应当从以下几个方面予以把握：

（一）公司章程有规定的从其规定

公司章程是在股东意思自治基础上形成的，是现代公司自治原则的一种体现。《公司法》第11条规定：“……公司章程对公司、股东、董事、监事、高级管理人员具有约束力。”《公司法》第71条第4款规定：“公司章程对股权转让另有规定的，从其规定。”如果有限责任公司的章程对两个以上股东因协商不成而按照转让时各自的出资比例行使优先购买权，该约定中的“出资比例”到底是认缴出资比例还是实缴出资比例进行了明确规定，则该规定对各股东具有约束力，各股东同时主张行使优先购买权时就必须依照该章程的规定来确定行使优先购买权的比例。

（二）公司章程没有规定的，应从维护原股东的公司地位和公司的人合性、稳定性角度出发来确定该“出资比例”

1. 股权转让时主张行使优先购买权的多个股东均已缴足了所认缴的出资额，即各自实缴的出资额等于认缴的出资额，则各股东在协商不成时既可以以认缴的出资比例也可以以实缴的出资比例来行使优先购买权。此时，无论采用哪种比例方式，主张优先购买权的各个股东在公司里所占的股权比例和股东地位并不会发生变化，股东间的控制权结构依然保持平衡，由此产生矛盾的几率较小，有限责任公司的人合性和稳定性都能得到较好的维护。

2. 股权转让时主张优先购买权的多个股东中有一部分人已经缴足所认缴的出资额，但还有一部分人未缴足所认缴的出资额。此时，在缴足出资和未缴足出资的股东之间该如何确定优先购买权的行使比例，可以分以下几种情形讨论。

(1) 若未缴足认缴出资额的股东并没有超过最后缴纳期限，仍然在法定分期缴付期限内的，则可以以其认缴的出资比例为准。因为这些未缴足认缴出资额的股东仍在缴付期限内，只是暂时未能缴足出资而已，其并未对已经缴足认缴出资额的股东和公司构成实际违约和损害。此时若采取实缴出资比例的方式来行使优先购买权，很有可能会造成那些暂时未缴足出资的股东所购得的股权比例变小，影响其原来的股东地位，削弱其对公司的控制力，进而引发股东矛盾，不利于维护有限责任公司的人合性和稳定性。

(2) 若未缴足认缴出资额的股东超过了法定的分期缴付期限仍然没有缴足出资的，则可以以其实缴的出资比例主张行使优先购买权。此时，对于未能缴足认缴出资额的股东来说，由于其在法定的分期缴付期限到来之时没能完全履行出资义务，已经客观说明了其不愿意或已经没有能力履行这种出资义务，由此而带来的法律后果应由其自己承担。

3. 股权转让时主张优先购买权的多个股东均未缴足所认缴的出资额时，这些股东之间就优先购买权行使比例协商不成时以何种出资比例为准，可以分以下几种情形讨论。

（1）若这些股东未缴足部分的出资都在法定的分期缴纳期限内的，可以以各自认缴的出资比例来行使优先购买权。原因在于以认缴出资比例行使优先购买权更能维系有限责任公司股东间的友好合作关系，更能保障公司的平稳发展。

（2）若这些股东未缴足部分的出资都超过了最后缴纳期限的，可以以各自实缴的出资比例行使优先购买权。首先，各股东均出现了到期仍有部分出资未能缴付的情况，各股东之间相互构成了出资违约，应各自就违约的部分承担责任。其次，此时的实缴出资更能够比较真实和确切地反映出各股东的出资情况和股权持有情况。所以，在这种情况下，股东之间协商不成的，以各自实缴的出资比例行使优先购买权更为合理。

（3）若这些股东中有一部分股东未缴足的出资超过了法定的最后缴付期限，而另一部分股东未缴足的出资尚在分期缴付期限内的，在这两部分股东之间若协商不成的，未缴足出资超过法定最后缴付期限的部分股东可按实缴出资，未缴足的出资尚在分期缴付期限内的，以认缴出资行使优先购买权。因为到期未缴足出资的那部分股东对于尚未到期的那部分股东已经构成了现实的出资违约，由此带来的不利后果理应由其承担。

二、优先购买权对股权转让协议的影响

（一）股权转让协议成立的独立性

从实务来看，公司股东向第三人转让股权只有两种形式：一是“先通知、后签约”，即转让方先在公司内部征求其他股东意见，获得其他股东同意后，再与第三人签订股权转让协议。二是“先签约、后通知”，即转让方先与第三人签订股权转让协议，再将所签股权转让协议的事实告知其他股东。在公司股东与第三人签订正式股权转让协议前，转让股权的诸多条件尚未最终确定，即使转让方将转让股权事实告知公司其他股东，通知的转让条件常非最终条件，公司其他股东很难据此决定是否行使优先购买权。因此，唯有“先签约、后通知”，才是有限责任公司股权转让的最典型情形。无论公司股东采取“先通知、后签约”或者“先签约、后通知”，均不影响股东向第三方转让股权协议的效力，而只能影响到股权转让协议的履行。因为，股权转让虽然是当事人通过订立股权转让合同来实现的，但股权转让合同仅仅是引起股权发生转移的原因行为，从本质上看，对其他股东发生不利影响的是股权转让本身，而非引起股权发生转移的原因行为，即股权转让合同。因此，

股权转让协议是否有效，应根据行为时法律和行政法规加以判断，而不能根据股权转让协议成立后的变动情况来确定股权转让协议的效力，股权转让协议成立后的变动情况，可能导致股权转让协议的违约后不能履行，而非导致协议的无效自始不能履行。

（二）股权转让协议的履行效力

法律赋予特定人以优先购买权，旨在保护特定人之特殊利益，这在客观上限制了转让人的权利。相对于股份有限公司，有限责任公司具有较强的人合性，公司股东相互信赖、稳定共存、和谐相处，于公司存续和发展有着极重要作用。因此，有限责任公司股东转让股权时，不似股份有限公司股东那般自由。法律设置优先购买权，自然限制了股权自由转让，这样，公司外部人进入公司，自然要受制于公司原有股东的决定，从而维护了有限责任公司的封闭性特征。

股权转让协议的成立具有独立性，但转让方能否向第三人转让股权，却有赖于优先权人放弃优先购买权。即使转让方未告知优先权人或者征得优先权人同意时，股权转让协议依然具有确定的约束力。一方面，优先权人只能在既有股权转让条件基础上决定行使优先购买权，所以，转让各方不得轻易变更已商定的转让条件。如果股权转让协议约定有效力保留条款，这种股权转让协议在性质上更接近于转让意向。对于股权转让协议已成立对协议双方有约束力，任何当事人违反股权转让协议的，要承担相应的法律后果。另一方面，股权转让协议的履行，有赖于优先权人放弃股权优先购买权。在股权转让协议签订后，转让方应将确定的转让条件告知优先权人，由优先权人决定是否行使优先权。唯有优先权人放弃行使优先权时，股权转让双方才能开始履行股权转让协议。

股权转让双方能否履行股权转让协议要受制于优先权人的单方决定，此系依《公司法》强制性规定得出的当然结论，至少应当推定转让双方均知晓既存优先权会对股权转让效力的形成法定限制，而不存在转让方隐瞒股权优先购买权的问题。

三、股东优先购买权制度的法律保护

（一）侵犯股东优先购买权的构成要件

侵犯股东优先购买权的行为应属于一般侵权行为，具体可以结合我国《民法通则》针对一般侵权问题的规定对其加以分析。

第一，行为的违法性。《公司法》明确规定股东转让股权时，在同等条件下，其他股东有优先购买权。所以任何损害其他股东行使优先购买权的行为都具有违法性，是为法律所禁止的。

第二，损害事实的存在。具体而言，可以包括没有向其他股东通知通报即与第三人签定股权转让合同，或者最终对外转让价格等条件低于向其他股东通报的条件，或者转让股东与第三人恶意串通虚抬转让价格损害其他股东的合法权益等。

第三，行为人主观上有过错。股东在向第三人转让股权时，违反法律和公司章程的禁止性或者限制性规定，造成其他股东无法知晓股权转让的价格、数量等条件性事项，而不能行使股东优先购买权。

第四，因果联系。行为人的主观过错与侵犯股东优先购买权的损害事实之间存在因果联系。

（二）侵犯股东优先购买权的股权转让合同效力认定

合同效力是法律赋予依法成立的合同所产生的约束力。《合同法》将合同的效力可分为四类，即有效合同，无效合同，效力待定合同，可变更、可撤销合同。而涉及股东优先购买权的股权转让合同的效力，学界主要有无效、可撤销、效力待定三种理论。关于无效论，持此观点的学者认为，侵犯股东优先购买权是违反法律强制性规定的行为，所签订的股权转让合同当属无效；关于可撤销论，认为有限责任公司股东未经其他股东过半数同意或者未向其他股东通报转让价格等主要条件而与非股东订立股权转让合同，或者与非股东订立股权转让合同，价格或者其他主要条件低于向其他股东告知的价格条件的，其他股东可以请求人民法院撤销该合同。

有观点认为，将所有侵犯股东优先购买权的股权转让合同一律认定为无效是不合时宜的，一方面有违商法鼓励交易的原则，根据鼓励交易的原则，在不严重违反法律规定的情况下，只要当事人双方达到同意其合同即为有效；另一方面，尽管将该股权转让合同认定为无效合同似乎最能保护其他股东的优先购买权，但同时也忽略了转让股东和第三人的合法权益的保护。同时，将所有侵犯股东优先购买权的股权转让合同认定为可撤销合同也是不适合的，可撤销合同的效力取决于当事人的意志，它是一种相对无效的合同，但又不同于绝对无效的无效合同。《合同法》关于合同可撤销的理由包括因重大误解、显失公平以及以欺诈、胁迫的手段或者乘人之危，使对方在违背真实意思的情况下订立的合同。可见，我国《合同法》规定的可撤销合同主要是指意思表示不真实的合同。而侵犯股东优先购买权所签订的股权转让合同，多数应该是出于真实的意思表示签订的，这显然与法律所规定的可撤销合同的性质不相符合。而且，合同具有相对性，撤销权的主体应为合同的双方当事人，即转让股东和受让第三人，而不是转让股东以外的其他股东。

有观点认为，可将侵犯股东优先购买权所签订的股权转让合同视为相对无效或效力待定合同。转让股东本来可以自由转让，但限于维护有限责任公司人合性的要求，对外转让时，要给予其他股东优先购买的权利，股东自由转让受到其他股东优先购买权的限制；股东将自己的资产投入公司，集合为公司的法人财产，法人财产为公司各股东共有，股东按股权比例享有公司财产，对外转让时，其他股东基于同一公司股东身份享有优先权，这类似于共同共有人的转让，在没有给予其他股东优先购买权的前提下，转让股东就像是无处分权人，其不经共有人同意的行为为效力待定行为。如其他股东认可，则与第三人的合同有效；如其他股东主张股东优先购买权，则与第三人的行为归于无效，从而对各方当事人的利益予以公平的保护。所以，相对无效或效力待定的股权转让合同可能会产生两种法律后果，可以是因为其他股东拒绝追认而使得股权转让合同归于无效，也可以是因为其他股东的追认转为有效合同。具体来说，一方面由于其他股东拒绝追认或者不予追认，转让合同自然不生效，也无法产生合同效力；另一方面是因其他股东的追认使效力待定合同转为有效合同，或者是因其他股东的默认行为或者经过一段时间而转为有效合同。当然，在转让股东与第三人恶意串通所签订的转让合同当属无效合同，这点实践中并无争议。

然而，2016 年 4 月 12 最高人民法院公布的《关于适用〈中华人民共和国公司法〉若干问题的规定（四）（征求意见稿）》第 27 条规定："有限责任公司的股东向股东以外的人转让股权，有下列损害其他股东优先购买权的情形之一，其他股东请求确认转让合同无效的，应予支持：（一）未履行公司法和司法解释规定的程序订立股权转让合同；（二）其他股东放弃优先购买权后，股东采取减少转让价款等方式实质改变公司法和司法解释规定的同等条件向股东以外的人转让股权；（三）股东与股东以外的人恶意串通，采取虚报高价等方式违反公司法和司法解释规定的同等条件，导致其他股东放弃优先购买权，但是双方的实际交易条件低于书面通知的条件。转让合同被认定无效后，其他股东同时请求按照实际交易条件购买该股权的，应予支持。受让人交易时善意无过失，请求股东承担赔偿责任的，应予支持。"没有区分股权转让协议与股权转让，而直接规定对股权转让协议效力的认定，笔者持不同看法。总之，我们认为，股权转让虽然是当事人通过订立股权转让合同来实现的，但股权转让合同仅仅是引起股权发生转移的原因行为，从本质上看，对其他股东发生不利影响的是股权转让本身，而非引起股权发生移转的原因行为，即股权转让合同。当事人之间的股权转让合同约束的是转让方与受让人，其并不直接引起股权发生变动，因此，不应认为股权转让合同的效力因侵害其他股东的利益产生不利影响。在区分股权转让合同和股权转让本身，股东优先购买权影响的应是股权转让，而非股权转让合同，即侵害股东优先购买权仅影响股权转让本身的有效性，虽然《公司法》并未作具体规定，理论界则越来越多倾向于有效说。但我们并不赞同。因为股权转让虽然主要是涉及双方当事人之间的利益关系安排的，但在某些情况下，当事人对自己所作的利益安排会产生某种外部性，影响到合同当事人以外特定第三人的利益，产生合同当事人与合同之外特定第三人的利益冲突。应赋予该第三人以某种权利，以干预股东转让的效力：如果股东仍强制行使优先购买权，则未经其他股东行使优先购买权的股权移转应归于无效；如不行使优先购买权则未经其他股东行使优先购买权的股权移转行为有效。有效说与无效说均不妥当。由于相对无效说与可撤销说并无本质区别，现行立法未采相对无效说，我们赞同可撤销说。撤销权只能由享有撤销权的其他股东行使，转让人与受让人及其他人均不享有撤销权，不得以侵害优先购买权为由撤销股权转让合同。

四、股权转让优先权诉讼中应当注意的问题

（一）股权转让优先权诉讼主体的确定问题

如何确定股权转让优先权诉讼的主体，是该诉讼首先应当解决的问题。《公司法》和《民事诉讼法》没有相关的明确规定，司法领域的认识不尽相同，如《江苏省高级人民法院关于审理适用公司法案件若干问题的意见》（2003）第5条第2款则规定："股东以优先购买权被侵害提起诉讼的，应列股权转让方为被告，股权受让方为第三人。"最高人民法院在2009年10月专家论证会发出的《关于中华人民共和国公司法若干问题的规定（四）（征求意见稿）》第27条拟规定："有限责任公司股东起诉请求购买其他股东拟对外转让的股权纠纷案件，应列转让股东、受让人为被告，公司为第三人。"从二者的规定看，内容未尽一致：其一，股权受让方究竟应作为被告还是第三人并不统一；其二，公司是否应列为第三人并不统一。有学者认为，请求行使优先购买权的股东作为诉讼的原告、转让股权的股东作为利益的相对方应列为诉讼的被告应无疑问。而对于公司与受让人究竟如何定位需要进一步斟酌。首先，关于受让人的地位，应当区分不同的情况具体进行分析：如果受让人与转让股权的股东恶意串通签订了股权转让合同侵害其他股东的优先购买权，将受让人与转让股东作为共同侵权人列为共同被告是合理的；如果受让人基于善意与转让股东签订了股权转让合同，此时由于其与其他股东的优先购买权行使存在着一定的利害关系，应将其列为无独立请求权的第三人；而如果转让股东尚未与受让人签订股权转让的协议，由于受让人并未对其他股东行使优先购买权构成实际的损害，亦无直接的利害关系，所以不能将其列为共同被告和第三人，只能将拟转让股权的股东作为诉讼的被告。其次，关于公司的地位，由于其与其他股东优先购买权的行使虽无直接的请求权，但却有一定的利害关系，故将其列为无独立请求权的第三人比较妥当。[①] 笔者赞同这种观点。

（二）股权转让优先购买权诉讼的管辖问题

有学者认为，有限责任公司股东对外转让股权时其他股东所提起的优先购买权诉讼与《民事诉讼法》中所规定的一般民事诉讼，在地域管辖的确定上并无特别之处，也应遵循"原告就被告"的一般管辖原则。由于在此类诉讼中有时会将转让股东、受让人列为共同被告，如果二者住所地不一致，则原告可以选择其中之一进行诉讼，最先受理的法院享有案件的管辖权。[②] 笔者认为这种观点有待商榷。

从我国的诉讼法立法历史来看，2007年《民事诉讼法》没有审理公司纠纷的

---

① 郝磊：《股东诉讼的实施问题研究》，中国法制出版社2012年版，第113页。
② 郝磊：《股东诉讼的实施问题研究》，中国法制出版社2012年版，第113页。

特别程序规定，法院只能依据普通民商事案件的相关规定确定管辖法院并适用普通审判程序进行审理。从审判实务来看，依据原《民事诉讼法》的规定来处理公司诉讼，往往导致管辖确定难和较易引发冲突。因为，公司诉讼案件法律关系复杂，涉及主体较多，许多案件没有财产标的，原告选择管辖法院的权利比较大，随意性比较大，常常导致多个法院管辖产生冲突，有时也会导致审理案件的法院实际与案件没有多少关联，从而不利于案件的审理。司法实践中，不时出现当事人滥用管辖权异议的情形，有些案件管辖权法院非常明确，但被告为拖延诉讼，仍会提出管辖权异议，甚至在一审法院依法裁定将其管辖异议申请驳回后，也要不惜成本对管辖权异议裁定提起上诉，影响了案件的审理进度，浪费了司法资源，造成其他当事人的诉累，不利于纠纷的化解。另外，许多公司诉讼案件没有财产标的，如果简单按照原《民事诉讼法》的一般原则确定管辖，会导致大部分难度较高的公司诉讼案件都集中到基层人民法院，与司法资源的配置不相称。①

同时，公司诉讼不是一类简单的民事诉讼，其内部发生的纠纷往往牵涉到股东、公司、董事、经理等高级管理人员、清算组成人员甚至公司外部债权人，不同的主体之间通过相互搭配后就会产生各种不同类型的公司纠纷，关系特别复杂。作为一类特殊民事诉讼，公司诉讼是指因现代公司制度下的特定主体违反有关公司具体法律制度的规定而引发的一类特殊民事诉讼。其在诉讼主体、诉讼程序、起诉期间、证明责任、诉讼结果归属和判决效力等方面与一般的民事诉讼都有所区别。法律经常针对这种特别类型案件的诉讼管辖作出特殊管辖的规定。相对于一般地域管辖而言，可以作出特殊地域管辖，又称特别地域管辖，以诉讼标的所在地或者引起民事法律关系发生、变更、消灭的法律事实所在地为标准确定其管辖。

为了克服实际中存在的问题和便利当事人诉讼、有利于人民法院正确行审判权，全国人民代表大会常务委员会在《民事诉讼法》修订顺应时代发展的需要，在利益平衡的基础上，对由公司产生的公司纠纷诉讼做出了特殊地域管辖规定。即2012年8月31日第十一届全国人民代表大会常务委员会第二十八次会议通过关于修改《中华人民共和国民事诉讼法》的决定，《民事诉讼法》增加一条作为第26条："因公司设立、确认股东资格、分配利润、解散等纠纷提起的诉讼，由公司住所地人民法院管辖。"2014年12月18日，最高人民法院审判委员会第1636次会议通过最高人民法院关于适用中《华人民共和国民事诉讼法》的解释（法释〔2015〕5号），在第22条中进一步明确了"因股东名册记载、请求变更公司登记、股东知情权、公司决议、公司合并、公司分立、公司减资、公司增资等纠纷提起的诉讼，依照民事诉讼法第二十六条规定确定管辖。"同时，最高人民法院在《新民事案由

① 江必新主编：《新民事诉讼法理解适用与实务指南（修订版）》，法律出版社2015年版，第105页。

规定》中，将与公司有关的纠纷细化为22类，23种，分别为：1. 股权确认纠纷；2. 股东名册变更纠纷；3. 股东出资纠纷；4. 公司章程或章程条款撤销纠纷；5. 公司盈余分配纠纷；6. 股东知情权纠纷；7. 股份收购请求权纠纷；8. 股权转让纠纷；9. 股东会或者股东大会、董事会决议效力纠纷（此类纠纷还包括：股东会或者股东大会、董事会决议效力确认纠纷，股东会或者股东大会、董事会决议撤销纠纷）；10. 发起人责任纠纷；11. 股东滥用股东权利赔偿纠纷；12. 股东滥用公司法人独立地位和股东有限责任赔偿纠纷；13. 董事、高级管理人员损害股东利益赔偿纠纷；14. 公司的控股股东、实际控制人、董事、监事、高级管理人员损害公司利益赔偿纠纷；15. 清算组成员责任纠纷；16. 公司合并纠纷；17. 公司分立纠纷；18. 公司减资纠纷；19. 公司增资纠纷；20. 公司解散纠纷；21. 公司清算纠纷；22. 上市公司收购纠纷。

关于股权转让优先购买权诉讼的级别管辖问题，需要根据个案基于行使优先购买权请求数额的大小确定其由哪一级别的法院进行管辖。

（三）章程规定与法律规定的合理对抗问题

对于优先购买权的行使，我国《公司法》第71条第3款规定了具体的法律规则，为司法裁判提供了可操作的规则依据。但是，《公司法》第71条第4款却进一步赋予了公司章程对优先购买权行使进行特别规定的权利："公司章程对股权转让另有规定的，从其规定。"根据此款规定，如果章程中对于优先购买权行使的规定与《公司法》的规定本身不相一致，可以按照公司章程规定的相关内容排除法律的规定而具有优先适用的效力。因为公司章程是公司设立时股东之间的协议，不但对发起人订约束力，而且对公司新加入的股东也有约束力，所以公司章程被誉为公司的宪章，对公司和股东具有自治法的效力。我国《公司法》允许公司章程对股权转让作出限制，即只要章程约定和法律规定不相抵触，即应优先承认其效力。但是，公司章程不得直接或变相进行禁止股权转让。

在实践中，有些公司章程规定的对股权转让的限制已构成了或实际造成了对股权转让的禁止，造成股东无法转让股权。这种规定因违反股权自由转让的基本原则，剥夺了股东的股份转让权，应是无效的。比如，公司章程规定"股东转让股权须经其他股东一致同意"。此类限制性规定在一定的情形下也会导致股权无法转让。比如，在美国Rafe诉Hindin案中，公司两位股东各拥有50%的股票，他们签订了一项限制协议，使得每个人的股票除了另一个人之外不可转让，并要求在任何一人转让其股票给第三人之前得到另一名股东的书面同意。纽约法院裁决该限制是对股东的不合理的抑制，公司章程的限制性规定应为无效。[①] 在大陆法系，同样注意防

① ［美］罗伯特·C. 克拉克：《公司法》，工商出版社1999年版，第636页。

止公司章程对股权转让相关权利的侵犯。如法国《公司法典》在第二章民事公司－第六节公司股份的转让的第1861条（1978年1月4日第78—9号法律）第2款规定，转让公司股份时，“公司章程中得约定，按照章程规定的多数即可取得认可，或者，经理管理人可以进行认可。公司章程亦可规定，向股东转让股份或者向他们的配偶转让股份，无需经过认可。除章程有相反规定外，向转让人的直系尊、卑亲属转让公司股份，无需经过认可。”①

（四）优先购买权的行使期限问题

为了维护公司的经济秩序，法律应当对其他股东行使优先购买权的期限施加必要的限制。从目前的立法来看，对司法机关强制执行程序中，其他股东的优先购买权的行使期间做了界定，《公司法》第72条明确规定：“人民法院依照法律规定的强制执行程序转让股东的股权时，应当通知公司及全体股东，其他股东在同等条件下有优先购买权。其他股东自人民法院通知之日起满二十日不行使优先购买权的，视为放弃优先购买权。”也就是说在强制执行程序中转让有限责任公司股东的股权时，为了既便于债权的执行又尽可能维护公司的人合性，本条规定人民法院应当通知公司及全体股东，并再次确认其他股东在同等条件下的优先购买权。通知公司是为了使其协助执行，通知其他股东则是为了保障其行使优先购买权。特别是明确规定了其他股东行使优先购买权的期限，即自人民法院通知之日起满20日，逾期不行使则视为放弃权利。该期限的起始日期应当理解为人民法院通知的送达日期。

但是，对于股东自由转让股权情形下其他股东的优先购买权是否应在合理的期限内行使，则未予明确。在部分高级法院或者民事审判庭在审判实践中进行了有益的尝试。如山东省高级人民法院2006年12月26日制定的《关于审理公司纠纷案件若干问题的意见（试行）》了规定：“股东告知其他股东转让价格等主要条件，并要求其他股东在限定期限内予以答复，其他股东未予答复的，视为放弃优先购买权。限定答复的期限不得少于三十日。”这样的处理思路有助于督促其他股东及时行使优先购买权，值得肯定。但是，由于其并未对股东根本未告知转让价格等主要条件情形下优先购买权行使的期限限制问题进行具体规定，使得其在适用范围上比较狭窄。2008年上海市高级人民法院民二庭《关于审理涉及有限责任公司股东优先购买权案件若干问题的意见》第5条也做了类似的规定：“股权转让之后，已经办理公司股东名册变更或者公司登记机关变更登记手续，其他股东起诉要求行使优先购买权的，人民法院不予支持。但转让股东未依法履行股东同意程序，办理变更登记时间不满一年且不损害他人利益的除外。”有的学者认为，其对于优先购买权行使进行时间限制的思路是合理的，但是限制的期限确定为一年或两年有些过长，

① 罗结珍译：《法国公司法典（上）》，中国法律出版社2007年版，第29～30页。

很难起到期限限制所应发挥的督促经济关系尽快稳定的作用，应适当缩短为半年或三个月为宜。2009 年 10 月，最高人民法院在专家论证会发出的《关于中华人民共和国公司法若干问题的规定（四）（征求意见稿）》第 30 条拟规定：“有限责任公司股东转让股权之前未依公司法或者公司章程规定书面通知其他股东，或者书面通知内容不符合本规定或与实际转让条件不符的，公司其他股东起诉主张依照评估确定的价格或者受让方实际购买的同等条件购买股权，且其主张符合公司法和公司章程特殊约定的，人民法院应予以支持。原告起诉符合前款规定条件，但受让人在公司登记机关办理股权变更登记时间已经超过一（或两）年的，人民法院应驳回原告起诉（或驳回诉讼请求）。”这些规定更能合理界定股权转让优先购买权的行使期间。

【典型案例】

楼国君与方樟荣、毛协财、王忠明、陈溪强、王芳满、张铨兴、徐玉梅、吴广灯股权转让与优先购买权纠纷案

申请再审人（一审被告、二审上诉人）：方樟荣、毛协财、王忠明、陈溪强、王芳满、张铨兴、徐玉梅、吴广灯。

被申请人（一审原告、二审被上诉人）：楼国君。

一、二审第三人：伍志红、劳文武、卢正文。

〔基本案情〕

金华中院一审查明：楼国君与方樟荣等八名股东均系湖南株洲天山房地产开发有限公司（简称天山公司）的股东，其中楼国君出资占天山公司注册资本的 6.91%，方樟荣等八名股东出资占注册资本的 93.09%。2008 年 10 月至 2009 年 10 月期间，方樟荣为天山公司的法定代表人。

2009 年 4 月 16 日方樟荣等八名股东与伍志红、劳文武、卢正文（简称伍志红等三人）签订《资产转让协议》一份，约定：一、方樟荣等八名股东将天山公司所有的资产转让给伍志红等三人；二、转让价格：总价 9480 万元，价款支付方式：（1）协议签订之日起三个工作日内支付定金 1000 万元。（2）协议签订之日起三十个工作日内支付 6000 万元。（3）待完成股份转让手续后五个工作日内支付余款 2480 万元；三、转让资产：天山公司所有的资产。协议对具体资产进行了约定。以上资产和债务经伍志红等三人确认后，伍志红等三人支付方樟荣等八名股东净收 9480 万元。一切过户及税收相关费用等由伍志红等三人自负；……五、伍志红等三人经三十个工作日调查，对天山公司资产及债务情况予以接受，则协议自签订之日起生效，若对天山公司资产及债务情况有异议，双方可以继续协商，若对天山公司资产及债务情况不能接受，伍志红等三人可以单方终止协议，无需承担违约责任，方樟荣等八名股东应于三个工作日内退还定金；六、自协议签订之日起，伍志红等三人经调查愿意继续履行合同，方樟荣等八名股东不能履行合同，视为违约，应向伍志红等三人支付违约金1000万元。如伍志红等三人在三十个工作日内不能给方樟荣等八名股东明确答复，视为自动放弃；七、未尽事宜，另行协商，协商不成，由资产所在地法院管辖。

2009年4月29日，方樟荣等八名股东与伍志红等三人签订《资产转让补充协议》一份，约定：为完善2009年4月16日双方签订的《资产转让协议》，经双方协商达成如下协议：一、双方同意以股份转让方式完成资产转让；二、双方确认的股权转让价格是以双方确认的天山公司现有资产为基础。除补充协议确认的伍志红等三人愿意承担的天山公司债务外，双方股权转让之前天山公司的债权债务由方樟荣等八名股东承担，股权转让之后天山公司的债权债务由伍志红等三人承担；协议第三条对方樟荣等八名股东应承担的天山公司应支付的相关费用作了约定，该款项经双方查实后，可从伍志红等三人支付给方樟荣等八名股东的款项中扣除；协议第四条对伍志红等三人应承担的天山公司债务作了约定；……五、若天山公司欠株洲天山实业有限公司（注：系另一企业）的1520万元是实，双方均有权单方终止2009年4月16日签订的《资产转让协议》及补充协议；六、双方签订的《资产转让协议》与本补充协议不一致的，以本协议为准。未尽事宜，另行协商，协商不成，由天山公司所在地法院管辖。

2009年5月25日，方樟荣等八名股东与伍志红等三人签订《天山公司股份转让补充协议》一份，约定：鉴于楼国君不同意股份转让，股权转让手续因楼国君不同意股份转让需时间以完善，双方就天山公司股份转让一事达成协议如下：一、双方同意对2009年4月16日签订的《资产转让协议》“第二条转让价格及价款支付方式”修改为：转让价格为8824万元。价款支付方式：1. 伍志红等三人已向方樟荣等八名股东支付定金1000万元；2. 待完成楼国君不同意股份转让手续后，双方办理股份转让手续时支付4000万元；3. 楼国君案结案后支付2000万元；4. 待完成股份转让手续后三个工作日内将余款1824万元转入双控账户。双方将天山公司交接完毕及4月29日双方签订补充协议履行后，再将余款支付给方樟荣等八名股东。二、双方之前签订的协议继续有效，与本协议不一致的，以本协议为准。未尽事宜，另行协商。经方樟荣等八名股东及伍志红等三人确认，协议中的“楼国君案”系指湖南株洲中院审理的楼国君与天山公司民间借贷纠纷一案，该案尚在审理中。

2009年6月3日，方樟荣等八名股东以天山公司名义在2009年6月4日的株洲日报上发布《通知》一份，内容为：楼国君先生：本公司书面通知你如下事项：一、经天山公司董事长方樟荣提议，由公司董事长方樟荣召集，决定召开公司股东会议。会议时间：2009年7月6日。会议地点：株洲市金都宾馆911房间。会议内容：1. 公司股东方樟荣等八名股东在天山公司的股份93.09%全部对外转让，转让价格为8824万元。请你准时参加临时股东会议，并请你于2009年7月6日前对是否受让其余八位股东的股权作出书面答复。

2009年6月23日，楼国君经浙江省义乌市公证处公证分别向方樟荣等八名股东邮寄了《通知》一份，载明：方樟荣等八名股东：你们于2009年6月3日在株洲日报上刊登了通知，向我告知你们将所持的天山公司的93.09%的股权对外转让，价格为8824万元，现答复如下：我以同等条件向你们购买天山公司的93.09%的股权，请你们收到本通知五日内与我办理股权转让有关的事宜。以上通知经特快邮递，王忠明由本人签收、陈溪强由其父代收、张铨兴由其房客代收，方樟荣等5人的邮件均未签收被退回。

2009年6月26日，楼国君又在株洲日报上刊登《通知》一则，内容与2009年6月23日的《通知》内容基本相同，同时还提出以后发类似通知时，请以你们个人名义发出。

2009年7月6日，天山公司召开临时股东会议，对方樟荣等八名股东持有的天山公司93.09%的股份对外转让事宜进行讨论。经表决，除楼国君外的其余八位股东即方樟荣等八名股东同意上述股权对外转让，转让价格为8824万元，付款方式为一次性付清。楼国君在股东会议上对该决议明确表示反对，并要求以方樟荣等八名股东与伍志红等三人于2009年4月16日签订的《资产转让协议》、2009年4月29日签订的《资产转让补充协议》、2009年5月25日签订的《天山公司股份转让补充协议》及《甲方应移交乙方的材料》中约定的条件行使优先购买权。湖南株洲市国信公证处对此次股东会议进行了现场监督，并出具了公证书。

2009年7月20日，方樟荣等八名股东与伍志红等三人签订《解除股权转让协议书》一份，约定：1. 双方同意解除2009年4月16日签订的《资产转让协议》、2009年4月29日签订的《资产转让补充协议》、2009年5月25日签订的《天山公司股份转让补充协议》；2. 本协议签订时伍志红等三人已收到方樟荣等八名股东退还的1000万元定金，鉴于伍志红等三人为股权转让协议的签订及履行做了较多准备，方樟荣等八名股东同意支付伍志红等三人赔偿金200万元；3。本协议经双方签字后生效。

2009年9月11日，天山公司召开股东会议，讨论方樟荣等八名股东所持该公司93.09%的股份不再对外转让的事宜。经表决，方樟荣等八名股东同意该议题，楼国君弃权，表决结果为方樟荣等八名股东所持有的公司93.09%的股权不再对外转让。浙江义乌市公证处对此次股东会会议进行了现场监督，并出具了公证书。

2009年7月1日，楼国君向金华中院提起诉讼，请求判令：第一，撤销方樟荣等八名股东与伍志红等三人签订的股权转让协议，即：2009年4月16日的《资产转让协议》，2009年4月29日的《资产转让补充协议》，2009年5月25日的《天山公司股份转让补充协议》，2005年5月25日的《甲方应移交乙方的资料》；第二，确认楼国君依法行使股东优先权，以同等条件与方樟荣等八名股东的股权转让协议成立并生效，即楼国君以方樟荣等八名股东与伍志红等三人签订的有关股权转让协议中的权利和义务为同等履行条件以88249320元价格受让方樟荣等八名股东在天山公司所占的93.09%股份；第三，判决方樟荣等八名股东履行与楼国君达成的股权转让协议，协议内容以方樟荣等八名股东与伍志红等三人签订的《资产转让协议》、《资产转让补充协议》、《天山公司股份转让补充协议》的同等条件为准；第四，由方樟荣等八名股东承担本案全部诉讼费用。

〔一审裁判理由与结果〕

金华中院一审判决认为：《公司法》第七十二条[①]规定了股东优先购买权，方樟荣等八名股东与伍志红等三人签订股权转让协议，后在株洲日报以天山公司名义刊登通知，告知方樟荣等八名股东持有的股份全部对外转让，转让价格8824万元，并要求楼国君于2009年7月6日前对是否受让八人的股权作出书面答复，楼国君收到该通知后在约定时间内作出答复，表示愿意以《资产转让协议》及补充协议同等条件受让股份，并向方樟荣等八名股东邮寄了答复内容，还于同年6月26日在株洲日报上刊登了其答复的内容。据此，楼国君对方樟荣等八名股东对外转让的股权依法享有优先购买权。虽然楼国君邮寄的答复通知方樟荣等八名股东未全部收到，但楼国君又在方樟荣等八名股东刊登转让股权通知的同一份报纸即株洲日报上刊登了通知，要求行使优先购买权，且在楼国君邮寄答复即刊登通知后，方樟荣等八名股东均未提出过异议，故方樟荣等八名股东以不知晓楼国君主张优先购买权来加以否认，不能成立。方樟荣等八名股东此后在天山公司召开的股东会会议上以其所占股份的绝对优势形成决议对股权转让款的支付方式作出新的约定以及股权不再对外转让的决议，均不能撤销楼国君的优先购买权。楼国君就本案起诉后，虽然方樟荣等八名股东与伍志红等三人解除了股权转让协议，但不影响楼国君的优先购买权。但因方樟荣等八名股东与伍志红等三人已解除了相关的股权转让协议及补充协议，故楼国君要求撤销上述协议的请求不予支持。据此，该院依照《民事诉讼法》第一百三十条、《公司法》第七十二条第一、三款、《合同法》第8条之规定，判决：一、楼国君对方樟荣等八名股东所持有的天山公司93.09%的股权享有优先购买权；二、就楼国君对上述第一项股权享有的优先购买权，楼国君与方樟荣等八名股东应承担的权利义务内容，按方樟荣等八名股东于2009年4月16日签订的《资产转让协议》、于同年4月29日签订的《资产转让补充协议》、于同年5月25日签订的《天山公司股份转让补充协议》约定的内容履行；三、驳回楼国君的其他诉讼请求。案件受理费483047元、财产保全费5000元，合计488047元，由方樟荣等八名股东承担。

〔二审查明的事实〕

方樟荣等八名股东不服一审判决，向浙江高院提起上诉。浙江高院二审除认定

---

① 对应2014年新《公司法》第71条。

一审法院查明的案件事实外，另查明：2009年4月16日，方樟荣等八名股东与伍志红等三人签订的《资产转让协议》中，落款处虽有楼国君名字。但二审庭审中，双方当事人均认可楼国君的名字非楼国君本人所签，方樟荣等八名股东亦未提供其他证据证明楼国君本人所签。

〔二审裁判理由与结果〕

浙江高院审理认为：（一）2009年6月4日《通知》发布时方樟荣是天山公司法定代表人，《通知》内容也与方樟荣等八名股东签订的相关协议内容相符，一审认定方樟荣等八名股东以天山公司名义发布通知并无不当。（二）楼国君向方樟荣等八名股东邮寄了对《通知》回复的函件，函件部分由同住人签收、部分由房客签收，其他均被退回，但楼国君在株洲日报上刊登了与函件内容相同的通知，故楼国君函件方樟荣等八名股东是否收悉，对本案无实质性影响。（三）方樟荣等八名股东刊登在株洲日报上的《通知》内容，符合合同法规定的要约的全部条件，是明确的要约行为，楼国君在该《通知》限定的期限内在株洲日报上以刊登通知的形式明确表示愿意以该价款受让方樟荣等八名股东的股份，应认定双方已达成合意。故在楼国君已明确表示在同等条件下行使股东优先购买权的情况下，方樟荣等八名股东在楼国君提起本案诉讼后，与伍志红等三人签订解除股权转让协议，重新召开股东会，有违诚信原则，不应得到支持。（四）优先购买权是《公司法》规定的有限责任公司股东享有的法定权利，一旦转让股东与股东以外的第三人达成股权转让协议，公司其他股东只要以转让的同等条件行使优先购买权，其将取代第三人的地位，成为股权转让协议的受让方当事人，股权转让股东与第三人签订的相关股权转让协议约定的权利义务继而约束转让股东与行使优先购买权的股东。方樟荣等八名股东与伍志红等三人签订的《资产转让协议》及《资产转让补充协议》约定的付款条件明确，一审判令方樟荣等八名股东及楼国君按上述协议内容履行，符合《公司法》的规定，应予支持。该院判决：驳回上诉、维持原判。二审案件受理费483047元由方樟荣等八名股东负担。

〔当事人申请再审及答辩意见〕

方樟荣等八名股东于2010年6月25日向本院申请再审称：请求根据《民事诉讼法》第一百七十八条①、第一百七十九条第一款第（二）、（三）项②的规定对本案提审，撤销一审、二审判决，驳回楼国君诉讼请求。

事实及理由：1. 原判认定的基本事实缺乏证据证明，认定事实错误。（1）原判认定天山公司2009年6月4日在株洲日报上刊登的通知为方樟荣等八名股东的行为，缺乏证据证明。（2）原判认定，楼国君2009年6月26日在株洲日报上刊登与函件相

① 对应2012年新《民事诉讼法》第199条。

② 对应2012年新《民事诉讼法》第200条。

同的通知，因此楼国君6月23日邮寄的函件方樟荣等八名股东是否收到对本案无实质性影响，该认定不能成立。2. 原判适用法律确有错误。（1）原判将天山公司2009年6月4日在株洲日报上刊登的通知认定为“要约”，将楼国君2009年6月26日在株洲日报上刊登的通知认定为“承诺”，据此认定“双方已达成合意”，显属适用法律确有错误。（2）生效判决认定本案属于“要约”与“承诺”的法律关系，属于适用的法律与案件性质明显不符，且违反法律适用的基本原则。同等条件下的股权优先购买权是其他股东的法定权利，与“要约”、“承诺”没有关联，本案不属于合同订立中“要约”与“承诺”的法律范畴。（3）原判的认定，违反优先购买权的法律属性，错误理解《公司法》第七十二条第三款对优先购买权作出的规定，与立法本意相悖。

楼国君答辩称：1.《民事诉讼法》规定申请再审的前提条件必须是已经发生法律效力的判决、裁定，本案于2010年7月10日向伍志红等三人公告送达，二审判决尚处于公告送达期间，方樟荣等八名股东对未生效的二审判决申请再审不符合法律规定，应当不予受理。2. 一、二审判决认定事实清楚，适用法律正确。一审认定方樟荣等八名股东在2009年6月4日以天山公司名义在株洲日报上刊登通知，与事实相符；认定楼国君的函件方樟荣等八名股东双方收悉，对本案无实质性影响，清楚无误。3. 一、二审判决认定方樟荣等八名股东刊登在株洲日报上的通知内容，符合合同法规定的要约的全部条件，是正确的。4. 根据《公司法》第七十二条的规定，股东优先购买权是形成权，行使权利即转让关系成立，无需转让合同另行承诺，而楼国君请求法院直接判令自己行使股东优先权实际上正是因为楼国君的优先购买权受到侵害，丧失了优先购买权时，由国家强制力确认楼国君的股东优先购买权，因此楼国君通过函件及2009年6月26日在株洲日报上又刊登了与函件内容相同的通知，数次明确了行使股东优先权，楼国君的股东优先权已成立，一、二审法院支持楼国君的诉请，适用《公司法》第七十二条的规定处理本案并无不当。

伍志红等三人未提交书面意见。

〔再审查明的事实〕

本院在再审期间查明：在2009年4月16日的《资产转让协议》中，合同首部列明的当事人中转让方一栏目中除方樟荣等八名股东外，还列有楼国君，并在括号中注明该九位在合同中简称甲方。在合同尾部当事人签名一栏甲方签名中载有楼国君的字样（在本案二审中，方樟荣等八名股东及楼国君均认可该名字非楼国君本人所签）。该合同中约定甲方将天山公司的资产转让给乙方，转让价格为9480万元等内容。

在2009年4月29日的《资产转让补充协议》中，合同首部列明的当事人中转让方一栏目中除方樟荣等八名股东外，还列有楼国君，并在括号中注明该九位在合同中简称甲方。在合同尾部当事人签名一栏甲方签名中没有楼国君的署名。在该合同中双方又进一步补充约定以股份转让方式完成资产转让，股权转让前后天山公司的债务承担等内容。

在2009年5月25日的《株洲天山房地产开发有限公司股份转让补充协议》中，合同首部列明的当事人中转让方一栏目中仅有方樟荣等八名股东，楼国君不再列为合同当事人，在合同尾部没有楼国君署名。该合同明确，鉴于楼国君不同意转让股份，股权转让手续因楼国君不同意股份转让需时间以完善，股权转让价格为88249320元等内容。

2009年4月18日，天山公司在2009年4月20日《株洲日报》上刊登的天山公司《清资核产公告》载明：天山公司与伍志红签订《资产转让协议》，现已进入清资核产程序。请与本公司有债权债务关系的企业和自然人，在2009年5月21日前向公司申报债权等。

2009年6月26日，楼国君在2009年6月26日的《义乌商报》上刊登《通知》载明：方樟荣等将93.09%的股权作价88249320元转让，并已经签订，根据《公司法》的规定，以方樟荣等八名股东拟转让给第三方的同等条件，楼国君购买天山公司93.09%的股权，请你们收到本通知五日与楼国君办理股权转让的有关事宜。

对原一、二审法院查明的其他案件事实本院予以确认。

〔最高人民法院再审裁判理由与结果〕

最高人民法院院认为，根据本案查明的事实，发生涉案合同关系时天山公司有九位股东，即方樟荣等八名股东和楼国君。2009年4月16日、29日，方樟荣等八名股东与伍志红等三人签订《资产转让协议》和《资产转让补充协议》，约定以转让天山公司股权的方式转让资产等内容。在该两份合同首部列明转让方栏目中除方樟荣等八名股东外，还列有楼国君，并将九名股东统称为甲方，合同内容涉及转让天山公司全部资产及股权，但楼国君未在上述两份合同上签字同意。2009年5月25日，方樟荣等八名股东与伍志红等三人又签订《天山公司股份转让补充协议》，约定了办理楼国君不同意转让股份的手续问题，并将转让价格由9480万元调整为88249320元。上述事实表明，伍志红等三人在签订《资产转让协议》及《资产转让补充协议》时，系准备整体收购天山公司股权及资产，在楼国君不同意转让股权的情形下，其才决定收购方樟荣等八名股东的股权，遂与方樟荣等八名股东签订了《天山公司股份转让补充协议》。在本院再审程序中，楼国君举证天山公司于2009年4月20日在株洲日报上刊登的《清资核产公告》，拟证明方樟荣等八名股东与伍志红等三人开始履行了其间的股权转让合同，但因伍志红等三人于同年的5月25日才与方樟荣等八名股东单独签订合同，确定收购八名股东的股权，该《清资核产公告》发布时其间的股权转让合同尚未成立，该证据材料与其间的股权转让合同无关，本院对楼国君的该主张不予支持。

2009年6月3日，天山公司在株洲日报上发布召开股东会通知及所议股权转让的事项。楼国君采取向方樟荣寄信、在报纸上刊登《通知》的方式明确表示要按同等条件行使优先购买权，并于同年7月1日以向法院提起诉讼的方式主张行使优先购买权，形成本案。同年7月6日，天山公司股东会如期召开，讨论方樟荣等八名股东转让股份事宜。方樟荣等八名股东将股权转让条件确认为转让价格88249320元，付款方式为一次性付清。楼国君主张购买，但要求按方樟荣等八名股东与伍志红等三人签订的合同行使优先购买权。各方未形成一致意见。上述事实表明，方樟荣等八名股东在与伍志红等三人签订股权转让合同后，楼国君主张按照方樟荣等八名股东对外签订的股权转让条件行使优先购买权时双方发生了纠纷。方樟荣等八名股东因转让股权于2009年4月至5月期间先后与伍志红等三人签订三份协议，明确表达了转让股权的意思及转让条件等，但在同年7月6日召开的股东会中其在履行征求其他股东是否同意转让及是否行使优先购买权时，隐瞒了对外转让的条件，仅保留了转让价格，对合同约定的履行方式及转让股权后公司债务的承担等予以变更。《公司法》第七十二条规定，股东对外转让股权时应当书面通知股权转让事项，在同等条件下，其他股东有优先购买权。方樟荣等八名股东在签订对外转让股权合同后，在公司股东会中公布转让股权事项时有所隐瞒，将其转让股权款的支付方式，由对伍志红等三人转让合同的先交付1000万元定金、交付4000万元的股权转款后办理股权过户，过户完毕后再交付余款等，变更为一次性支付股权转让款；对伍志红等三人转让合同中约定的债务由转让股东方樟荣等八名股东承担等内容不再涉及。方樟荣等八名股东在股东会中提出的股权转让条件与其对伍志红等三人签订股权转让合同约定的条件相比，虽然价格一致，但增加了股权受让方的合同义务和责任。方樟荣等八名股东的该行为，未如实向公司其他股东通报股权转让真实条件，采取内外有别的方式提高股权转让条件，不符合《公司法》相关规定，有违诚实信用原则。楼国君在自己获悉方樟荣等八名股东对伍志红等三人的股权转让合同后，坚持明确主张按方樟荣等八名股东对伍志红等三人转让合同的条件行使优先购买权，系合理主张共有权益人的权利，符合《公司法》的规定，楼国君的主张应获得支持。

在本案一审诉讼期间，7月20日，方樟荣等八名股东与伍志红等三人签订《解除股权转让协议》，约定解除其间涉及转让本案股权的三份合同，方樟荣等八名股东退还定金1000万元，赔偿损失200万元。9月11日，天山公司召开股东会，方樟荣等八名股东在会上明确表示不再对外转让。方樟荣等八名股东的上述行为表明其恶意撤销已经成就的他人行使优先权的条件，原一、二审法院判决认为方樟荣等八名股东与楼国君之间存在要约与承诺，合同应当成立的观点虽然理由欠妥，但结果并无不当。

在本案再审程序中，方樟荣等八名股东与楼国君协商，将楼国君与天山公司的其他债务及涉及本案转让的股权一并处理，双方又重新达成协议，方樟荣等八名股东又再次明确其转让股权的意思，且双方对股权转让的价格及公司债务的承担等达成一致意见并签署了协议，但双方关于股权转让款先支付到哪一个共管账户的问题未形成一致意见。在楼国君按照协议的约定备足股权转让款时，方樟荣等八名股东又提出反悔意见。其中，吴广灯、徐玉梅表示全面反悔协议内容，方樟荣表示在先支付股权转让款的情况下可以转让股权，其余五名股东表示在保证拿到股权转让款的情况下，履行约定的内容。

根据本案在一审、二审及再审程序中查明的事实，方樟荣等八名股东因转让股权，有两次签订合同的行为，第一次是在受理本案之前与伍志红等三人，第二次是在再审程序中与楼国君，又先后选择放弃合同，对其股权是否转让及转让条件作了多次反复的处理。方樟荣等八名股东虽然合法持有天山公司股权，但其不能滥用权利，损害相对人的合法民事权益。作为公司其他股东的楼国君为受让方樟荣等八名股东股权，继续经营公司，两次按照方樟荣等八名股东的合同行为准备价款，主张行使优先购买权，但方樟荣等八名股东均以各种理由予以拒绝。尤其是在本院再审期间，方樟荣等八名股东已经同意将股权转让给楼国君，并将公司与股东及公司以外的其他债务均一并进行了处理，但方樟荣等八名股东在签订协议后又反悔。在此情形下，本院如果支持了方樟荣等八名股东的再审主张，允许方樟荣等八名股东多次随意变更意思表示，不顾及对交易相对人合理利益的维护，对依法享有优先购买权的公司其他股东明显不公平，同时也纵容了不诚信的行为。

综上，原一、二审判决认定事实清楚，虽然适用法律的理由欠妥，但判决结果正确，对方樟荣等八股东的再审申请应予以驳回。本院依照《中华人民共和国公司法》第七十二条第三款、《中华人民共和国民法通则》第四条、《中华人民共和国民事诉讼法》第一百八十六条①、最高人民法院《关于适用〈中华人民共和国民事诉讼法〉审判监督程序若干问题的解释》第三十七条之规定，判决如下：

驳回再审申请，维持浙江省高级人民法院（2010）浙商终字第27号终审民事判决。

本判决为终审判决。

---

① 对应2012年新《民事诉讼法》第207条。

第八章　股东知情权

规则10：公司以股东查阅会计账簿的目的是为公司涉及的其他案件的对方当事人收集证据为由拒绝提供查阅的，不属于《中华人民共和国公司法》第33条第2款规定中股东具有不正当目的、可能损害公司合法利益的情形

——李淑君、吴湘、孙杰、王国兴与江苏佳德置业发展有限公司股东知情权纠纷案[①]

【裁判规则】

股东知情权是指股东享有了解和掌握公司经营管理等重要信息的权利，是股东依法行使资产收益、参与重大决策和选择管理者等权利的重要基础。账簿查阅权是股东知情权的重要内容。股东要求查阅公司会计账簿，但公司怀疑股东查阅会计账簿的目的是为公司涉及的其他案件的对方当事人收集证据，并以此为由拒绝提供查阅的，不属于《中华人民共和国公司法》第33条第2款规定中股东具有不正当目的、可能损害公司合法利益的情形。

【规则理解】

一、股东知情权的内涵

无论境外公司法抑或我国《公司法》对股东知情权鲜有明确定义者，其并非公司立法上的概念，乃为公司法学者的理论总结。我国学者对股东知情权的定义基本一致，大多认为股东知情权是指股东获取公司信息、了解公司情况的权利。[②] 虽然学者对股东知情权概念的界定基本一致，但是，关于股东知情权内容的认识却存在很大分歧。第一种观点认为，股东知情权主要表现为股东的查阅权。[③] 第二种观点

---

① 《中华人民共和国最高人民法院公报》2011年第8期。

② 邹杰："股东知情权法律问题研究"，载《法制与社会》2010年第5期。

③ 施天涛：《公司法论》，法律出版社2006年版，第246页。

认为，股东知情权包括股东的查阅权和公司的强制信息披露义务。① 第三种观点认为，股东知情权包括财务会计报告查阅权、账簿查询权和询问权。② 第四种观点认为，股东知情权包括公司的信息披露义务、股东的查阅权和股东通过司法救济强制获得公司信息的诉讼权。③ 笔者认为，股东知情权是股东获取公司信息、了解公司情况的诸多权利的概括和总结，理当包括股东实现该种目的的所有的公司法上的权利，具体而言，包括以下三个子权利：（一）公司信息接收权，从公司角度而言，即公司的强制信息披露义务。股东的该种权利主要体现在《公司法》第165条规定的公司送交、置备或公告财务会计报告制度和证券法上的诸多公司信息披露制度。（二）查阅权，即股东查阅公司文件的权利。股东的该种权利主要体现于《公司法》第33条和第97条的制度规范。（三）质询权，即公司股东就公司特定事项请求公司予以解释的权利。股东的该种权利主要体现于《公司法》第97条制度规范。由于查阅权在股东知情权中处于核心地位，因此，我们的论述主要围绕查阅权展开，并且暂不谈论证券法上的信息披露制度。

二、股东知情权的行使主体

股东知情权的行使主体当属公司股东，公司其他参与方，比如董事、监事等可以根据公司法和公司章程规定获得公司信息，但是并不属于股东知情权规范，这毫无疑问。股东知情权行使主体常引起争议的问题是原公司股东是否享有知情权以及公司的后续股东是否可以查阅加入公司前的公司信息。

（一）原公司股东丧失股东资格后的知情权

原公司股东丧失股东资格后是否享有股东知情权，对此主要有三种学说。

1. 绝对有权说认为，股东在转让股权后，仍有权查阅公司的一切财务会计资料，既包括股权转让前公司置备的财务会计资料，也包括股权转让后公司继续经营期间所置备的财务会计资料。

2. 绝对无权说认为，股东权是一种社员权，社员权的取得是基于社员资格的取得，获得社员资格是取得社员权的前提，失去社员资格即失去社员权，也就失去参与公司经营管理权（包括知情权）。

3. 相对有权说认为，股东在转让股权后，如有证据表明公司隐瞒利润，应有权查阅其作为股东期间公司的财务状况，因为在转让股权的过程中，可能由于公司的原因存在股权转让价格明显不公，公司也可能隐瞒利润而侵犯了股东盈余分配权。

---

① 周友苏著《新公司法论》，法律出版社2006年版，第235~238页。

② 刘永光、许先从主编：《公司法案例精解》，厦门大学出版社2004年版，第217页。

③ 蒋大兴："超越股东知情权诉讼的司法困境"，载《法学》2005年第2期。

而通常情况下，该股东在未查阅公司的财务资料前并不能确定是否由于公司的原因而存在股价明显不公或公司是否存在隐瞒利润以及隐瞒多少利润的事实，因此，为了更好地实现其股东的权利，应赋予此类原股东以知情权。①

对此，我们赞同绝对无权说。从法理逻辑上看，对于公司应主动向股东报告信息的情形，当然应以现任股东为限。如果要求公司对已退出股东承担此种义务，必然增加公司不必要的成本，同时也会危及公司的商业秘密，并且此种报告义务大多数情况下对于已退出股东并无效用，向其报告亦不具有意义。② 其次，从价值判断看，股东知情权的最大价值在于为股东行使其他权利提供便利，既然股东的其他股东权利已不存在，知情权存在价值亦不复存在。虽然公司或公司控制者侵害股东利益的情形很可能在股东失去股东资格后方被察觉，但是此时赋予失去股东资格的该主体知情权已无实际价值。因为，其已经无权行使利润分配请求权、代位诉讼权、表决权等等股东权利。否则，将导致法律体系和公司运营的彻底紊乱。再次，公司股东为了防止遭受公司或公司控制者的不当侵害，完全可以在转让股份前行使知情权，从而决定是否寻求法律救济以及如何决定股份转让价格等，实无必要打乱既有法律体系去赋予其额外的救济。

（二）公司后续股东的知情权

公司的后续股东是否可以查阅加入公司前的公司信息。对此，我们持肯定观点。首先，《公司法》规定股东享有对公司的知情权，有权查阅公司财务会计报告、会计账簿等公司文件，但是并未限制该文件的时间范围，既无限制，自是许可。其次，公司运营是个持续性过程，比如公司合同的履行、股东大会决议的执行等，如果拒绝公司的后续股东查阅加入公司前的公司信息，可能导致股东获得的相关信息残缺不全，从而减损股东知情权的制度价值。

三、股东知情权中的目的限制

（一）股东知情权的制度价值

股东知情权的制度价值在于保障公司股东特别是中小股东的正当利益，但是，任何权利皆有一定的边界，都必须接受一定的限制。公司虽然由股东投资形成并由股东终极控制，但是公司毕竟具有独立的法律人格，具有自己独立的经济利益。股东知情权在保障股东权利的同时，增加了公司负担，并且可能侵害公司的商业秘

---

① 任小兴：“我国股东知情权立法的不足与完善”，载《四川行政学院学报》2009 年第 1 期。

② 蔡元庆：“股东知情权制度之重构”，载《北方法学》2011 年第 3 期。

密，影响公司的运营效率。① 因此，各国公司法在确认股东知情权的同时，无不对其加以一定的限制，其中最常见、最主要的限制即是目的限制，即股东行使知情权必须出于正当目的。

（二）股东查阅权

股东查阅权是股东知情权的一项重要内容，派生于股东权。作为一种起点意义上的权利，股东查阅权是股东分享和利用公司信息资源的基础，更是实现科学决策、监督管理层等其他权利的前提和基础。同时，它又是一种固有权，未经权利人同意，公司章程或股东大会决议都不能将其剥夺。股东查阅权对股东权益的自我保障与公司治理结构的良性运行具有关键作用。因此，对股东查阅权进行保障是毋庸置疑的。然而，随着"社会本位主义"思想的产生，权利的绝对性不复存在。这意味着任何权利的行使都不是毫无约束的，尤其是当他人权利或公共利益面临被侵害的危险时。因此，对股东查阅权的保障不是绝对保障，而是一种有限制的保障。

（三）股东查阅权行使的限制

我们认为对股东查阅权的行使应该进行三个方面的限制：

第一，股东查阅权的行使不应泄露公司的商业秘密。由于所有权与经营权的分离以及公司法人财产权的独立性，公司内部形成了公司、股东、经营者三方相对独立的利益主体。这些主体在追求自身利益最大化的过程中，会不可避免地产生权利冲突。股东查阅权设立的初衷是为了使股东更好地实现自身利益。然而，该权利的行使在一定程度上会与公司的商业秘密保护形成紧张关系，因为股东查阅权的行使对象直接指向公司财务等信息，包括诸如利润、成本等大量商业秘密信息，股东经查阅而获得了这些信息并不能保证其不泄露公司的商业秘密，也就是说，股东查阅权的过度扩张可能导致公司商业秘密的泄露。因此，股东查阅权的行使应以不泄露公司商业秘密为限。

第二，股东查阅权的行使不应影响公司的运营效率。股东查阅权在一定程度上也与公司的经营权产生冲突，因为，公司为了保障股东行使查阅权，必然需要承担支持股东行使权利的附加成本。例如，整理、管理公司信息资料需要人力和物力，安排股东查阅账簿需要设置特定场所以及相关工作人员的配合，等等。这些非日常经营的成本耗费可能挤占公司经营成本。如果公司经营情况不佳或者财务运作存在不规范的情形，一旦这些管理信息、财务信息被非经常参与公司经营决策的股东掌握，即使不会影响公司的未来发展，也可能妨害公司管理层经营行为的自主性与独

① 彭真明、方妙："股东知情权的限制与保障——以股东查阅权为例"，载《法商研究》2010 年第 3 期。

立性，并引发控股股东与非控股股东之间的矛盾，从而给公司经营带来负面影响。换言之，股东查阅权的过度行使可能降低公司的运营效率。因此，股东查阅权的行使应以不影响公司的运营效率为限。

第三，股东查阅权的行使不应损害公共利益。权利的保障是有成本的，股东查阅权制度的设立、运行需要成本，解决权利冲突也会产生成本。制度经济学的一个基本命题就是制度能够降低交易成本，从而促进经济增长。因此，一项制度的设立或者变迁，其合理性与正当性在于预期收益大于成本。股东查阅权保障制度的建构也受限于成本与收益的衡量，即保障股东行使查阅权的成本付出能够促进社会资源的有效配置，实现经济利益的最大化，这些公共利益的获得正是股东查阅权外部制约的目的。因此，股东查阅权的行使止于公共利益，以不损害公共利益为限。虽然股东查阅权的过度扩张会带来诸多负面效应，对其进行限制非常必要，但对股东查阅权进行保障也是必不可少的。这是因为，如果仅仅着眼于公司利益的保护而过分限缩股东查阅权，则可能严重影响股东财产性或身份性权利的行使，对股东的合法权益造成侵害，也可能对公司治理结构的均衡造成破坏。如此一来，就产生了保障股东行使查阅权与公司商业秘密保护、公司运营效率以及公共利益保护之间的冲突。这种冲突构成了股东查阅权内在制约的基础，也就是说，保障股东行使查阅权应当不会使商业秘密招致泄露，不会影响公司的运营效率，也不会损害社会公共利益。为达致这一限制目的，法律规范的制定与适用必须往返于冲突的权利两极之间，寻求权利保护的最佳平衡点。

（四）股东行使知情权的正当目的

如何界定股东行使知情权的正当目的，综合各国立法例，主要有两种立法模式，《日本公司法》采用列举式，我国与美国都采用了概括式，即立法只提出正当目的的要求，具体标准由司法实践把握。[①] 我国《公司法》采用的是概括式，《公司法》第33条第2款规定“公司有合理根据认为股东查阅会计账簿有不正当目的，可能损害公司合法利益的，可以拒绝提供查阅”。学界通说认为，正当性目的是与维护善意股东的利益直接联系的合理目的，指股东提出查询要求时怀有善意、正当目的，其所要检查的资料与其目的有直接联系，并在查询前应详细阐述该目的。[②] 股东行使知情权的目的是否正当，极具弹性，应当结合具体案情具体分析。不过，日本公司法列举的具体事由，可作一定参考。日本《公司法》第433条规定下列情

---

① 吕苓西：“股东知情权制度中的利益冲突及平衡”，载《黑龙江省政法管理干部学院学报》2011年第1期。

② 王敏：“股东知情权制度创新的若干思考”，载《中国经贸导刊》2011年第8期。

形下公司可以拒绝股东查阅请求：（1）股东以有关为确保或行使其权利的调查之外的目的提出请求时；（2）股东以妨碍公司业务的完成，损害股东的共同利益为目的提出请求时；（3）股东经营实质上与该公司业务处于竞争关系或为该事业从业者；（4）股东为向第三人通报通过阅览或誊写公司资料所得知的事实而获利时；（5）股东在过去两年内，向第三人通报通过阅览或誊写公司资料所得知的事实而获利的。[①]

【拓展适用】

一、审理股东知情权案件的宏观把握

股东知情权是股东分享和利用公司信息资源，实现科学决策、监督管理层等其他权利的前提和基础，对股东权益的自我保障与公司治理结构的良性运行具有关键作用。新《公司法》有关股东知情权制度设计使股东知情权不再停留于模糊与抽象的概念层面，但另一方面，“知情止于何处”、正当性目的的限制如何认定与适用等司法难题折射出新《公司法》的相关规定仍须进一步完善，因此，在审理此类案件中应作宏观性把握，以期取得案件审理法律效果、社会效果的统一。

（一）以公司内部主体的利益均衡为起点

利益是经济的表现，在公司内部，存在不同的利益冲突。其一，股东自我利益之间的冲突。主要表现为大股东往往滥用在公司中的优势地位压迫、欺诈、排挤小股东，隐瞒对己不利的信息、虚构对己有利的信息，任意操纵公司事务，侵占中小股东利益。其二，股东自我利益与股东整体利益之间的冲突。股东在公司里并不是孤立存在的，他们为着一个共同目的而联结为一个整体。各个股东基于各自的立场而有不同的利益要求，作为投机股东，更关注证券市场上股价的一时涨跌；作为控股股东，更在意公司的控制权是否被削弱；作为少数股东，更关心个人利益是否受到损害。因此，在审理有关股东知情权案件中，应首先对股东之间利益关系予以均衡，注重公司股东对公司经营信息关注的角度和程度，做到既维护股东的知情权利，又保证公司的商业秘密等其他利益，否则，公司内部的利益关系必将处于无序状态进而影响公司的正常运转，损害案件审理的效果。

（二）以实现公司良性治理结构为目标

公司良性治理结构是保证公司经济健康发展的基础。在奉行“股东会中心主义”时代，股东可直接参与公司的经营和管理，对公司事务享有最终的决定权，一般并不存在侵害股东知情权利的必要性。随着股权的不断分散，出现所谓的“董事会中心主义”，公司出现了所有与经营分离的趋势，股东不能直接参与公司的经营

---

① 崔延花译：《日本公司法典》，中国政法大学出版社2006年版，第204页。

和管理，对有关公司的重大经营事件和信息，董事会和经理是第一获取人和掌控者，由于股东知情权在股东权利体系中的辅助、前提性作用，如何保证公司董事和其他经营管理人员不滥用权利，保护股东知情权进而保证其他股东权利的实现，是实现公司良性治理的关键。所以，在审理股东知情权案件中，应时刻以实现公司良性治理为目标。

二、有限责任公司股东不宜查阅公司会计原始凭证

（一）两种不同的观点

对于有限责任公司股东能否查阅公司会计原始凭证，《公司法》并无明确规定，由此导致理论上争议较大，实务中做法不一。[①] 对此，存在截然不同的两种观点。赞成说从法的价值判断出发，认为从有效监督管理机构的行为、切实保障股东权益需要和立法目的出发，应当尽量对《公司法》第33条第2款扩张解释，扩大账簿查阅权可以延及至原始凭证，只要股东查阅目的正当，司法实践中人民法院应当支持股东要求查阅原始凭证的请求。最高人民法院2006年公布的《关于适用〈中华人民共和国公司法〉若干问题的规定（二）》（征求意见稿）第27条规定即采纳该种意见。反对说认为，公司会计账簿具有严格的法律意义，在会计法上，会计账簿只包括总账、明细账、日记账和其他辅助性账簿，并不包括原始凭证，因此，股东无权查阅公司的会计原始凭证[②]。

（二）不宜查阅公司会计原始凭证的理由

对于有限责任公司股东是否可以查阅公司会计原始凭证，我们认为，股东无权依据《公司法》第33条规定查阅公司的会计原始凭证。首先，从文义解释角度看，会计账簿具有严格的法律意义，在会计法上，会计账簿并不包括原始凭证。其次，从目的解释角度看，一旦允许查阅公司会计原始凭证，其工作量将会很庞大，很可能完全打乱公司的正常经营秩序。这是一项复杂的耗时费力的工作，主张查阅权的股东和公司都将付出很高的成本。同时，因为会计凭证资料涉及公司经营和管理的秘密，具有保密性，如果允许股东查阅，一旦泄漏，将极大地损害公司、股东的利益，这与查阅权的目的相违背。[③] 最后，从体系解释角度看，我国《公司法》除第

---

① 卫国平："股东知情权法律问题探析"，载《河南公安高等专科学校学报》2010年第5期。

② 参见上海市浦东新区人民法院审理的丽莎女士诉恒塑生物科技有限公一案，该案例来源于中国法院网的案件库，网址 http：//www. chinacourt. org/html/ajk/，于2011年12月23日访问。

③ 卫国平："股东知情权法律问题探析"，载《河南公安高等专科学校学报》2010年第5期。

33 条外，第 170 条亦规定了公司的会计账簿，并且该条同时规定了公司会计账簿与会计凭证，因此《公司法》第 33 条规定的会计账簿并不包括公司原始会计凭证。

不过，笔者对此要特别指出的是，《公司法》第 33 条不能作为股东查阅公司原始会计凭证请求权基础并不代表公司股东就不享有该种请求权。首先，从规范性质看，《公司法》第 33 条是授权规范，该条第 2 款赋予了公司股东查阅公司会计账簿的权利，但是并未否认公司股东有权查阅公司原始会计凭证，就好比该条第 1 款并未规定股东有权查阅公司股东名册，可是从未有人质疑股东享有该项权利。公司法规范是个系统的体系，并不只是体现公司法的某条具体规则。某条规范不能成为股东一项权利的请求权基础，并不否认其他规范可以成为股东该项权利的请求权基础。其次，调整公司和股东关系的主要规范是公司法和公司章程，然而公司法规范不仅包括公司法规则，还包括公司法原则；公司章程不仅包括当事人约定的明示条款，尚包括一般法律原则和商业原则蕴含的默示条款。根据公司法原则和公司章程的默示条款调整公司和股东关系的在实际经济生活中屡见不鲜，比如原《公司法》并未赋予股东的解散公司请求权，可是 2005 年《公司法》修订前，实践中就已经出现了法院受理股东解散公司请求的判例；原《公司法》并未规定股东代位诉讼，2005 年《公司法》修订前，实践中同样出现了法院受理股东该种诉讼请求的案例。《公司法》第 5 条规定了公司从事经营活动应当遵守诚实信用原则，公司控制者对公司股东拒绝陈述、虚假陈述的行为明显违反了该项原则，股东完全可以以该项原则作为请求权基础请求查阅公司文件包括公司原始会计凭证。公司章程的默示条款不一而足，需要具体案情具体分析。从商业常识看，任何股东皆希望知悉公司运营信息，无论是控股股东抑或中小股东。虽然基于风险收益一致原则和资本多数决原则，公司控股股东获得更多的公司信息无可厚非，但是，在不损害公司利益前提下，公司中小股东请求查阅公司信息同样天经地义。因此，公司章程的默示条款也足以作为公司股东请求查阅公司原始会计凭证的请求权基础。

三、股东查阅公司董事会、监事会决议的正当目的

《公司法》第 33 条第 2 款要求股东查阅公司会计账簿应当具备正当目的，但是第 33 条第 1 款和第 97 条规定对股东查阅公司董事会、监事会决议并无此等限制。从立法角度而言，公司董事会、监事会决议与公司会计账簿一样关涉公司的商业秘密，应当接受同样的规制。从司法角度而言，由于《公司法》并未限定股东查阅公司董事会、监事会决议以正当目的为必要，因此，不得对股东加以该项限制。不过，对于股份公司中的上市公司而言，可作例外理解，因为上市公司的董事会、监事会决议特别是尚未公开的会议决议，不但关涉公司的商业秘密，而且归属于公司内幕信息，应当予以目的限制、防止内幕信息泄露，符合证券交易和证券法最基本的公平原则。

四、股东要求查阅公司会计账簿的限制

对于股东要求查阅公司会计账簿的应当向公司提出书面要求，说明目的是否属于查阅会计账簿知情权诉讼的前置程序，实践中有三种不同的意见：第一种意见认为，第 33 条的规定是诉前必经程序，股东在诉前如果未向公司提出书面申请，未用尽公司内部救济，不能直接向法院起诉，应当裁定驳回原告股东的起诉。第二种意见认为，股东没有依照法律规定向公司提出书面申请，没有履行法律规定的权利受保护的条件，其权利得不到保护，应当判决驳回原告股东的诉讼请求。第三种意见认为，股东提起诉讼就视为向公司提出了申请，如果公司答辩不同意查阅又没有合法的理由，应当判决支持原告股东的诉讼请求。

我们认为，《公司法》属于实体法，而非程序法，将第 33 条的规定视为此类诉讼的前置程序不符合法理，第一种意见是不正确的。第三种意见超越了法律规定的限制条件，过分强调对申请查阅的股东的利益保护，而忽视了公司及其他股东的利益保护，有失偏颇。由于股东知情权是股东所享有的固有权利，而从公司的立场看，股东要求查阅记录和会计账簿的行为总是被视为一种敌对的威胁行为，尽管如此，公司无法通过章程或者决议予以取消或限制。同时，不受约束的查阅公司记录和会计账簿的权利不仅可能会给公司带来极大的负担，而且可能发生股东滥用权利。有鉴于此，有必要从法律上对股东知情权的行使给予一定限制。因此，笔者赞同第二种意见，股东在行使权利的同时也要受到必要的限制，没有满足法律规定的客观条件，就不能得到法律的支持。此外，笔者认为应当采取具体问题具体分析的方式，分不同的情况处理此类纠纷：

第一，如果股东在起诉前没有向公司提出书面申请，法院可以受理此案，但在审理中应当依照《公司法》第 33 条规定，判决驳回原告的诉讼请求。因为《公司法》第 33 条的规定，并不是股东提起公司知情权之诉的条件，仅仅是说股东只有在符合这些条件时，其主张才能得到法律的支持。该规定是对实体权利的规定，而不是对程序权利的规定。起诉的条件审查还是要依照《民事诉讼法》第 119 条的规定进行，而不能额外为原告起诉设置门槛。

第二，如果股东在起诉前向公司提出了书面查阅申请，但未等公司在 15 天内书面答复期满就起诉，视为股东未完全按照《公司法》第 33 条的规定主张权利，其主张存有瑕疵。但为了诉讼经济和方便当事人，可以在审判阶段先行组织双方当事人进行和解。如果双方同意调解，即公司同意股东查阅会计账簿，则不需给公司留足15天的书面答复期，因为，15天的规定仅适用于公司拒绝查阅的情形。法院只需确定查阅的时间、地点、内容、方式即可。如果双方不同意调解或者达不成调解意见，即公司不同意股东查阅会计账簿，则应当在诉讼中给公司留足15天的书面答复期，给其充分的时间说明理由，然后法院再审查公司拒绝的理由是否充分，根据审查的情况，依法作出相应的判决。

五、财务账簿查阅权行使之正当目的界定

如何界定财务账簿查阅权行使之“正当目的”与“不正当目的”，我们认为，正当性目的是指股东查阅公司会计账簿时应当首先是善意的，以其所要查阅的资料和他的意图有直接联系。一般地，下列情形发生时可推定股东行使知情权系基于正当目的：（1）为确定公司的财务状况、经营状况而查阅会计账簿；（2）为确定公司董事、监事、经理及其他高级管理人员的薪金、履行职务等情况而查阅会计账簿；（3）为获悉其他股东的姓名、名称和住址以与其他股东共商公司经营事务而查阅会计账簿。与正当性目的相对的是非正当性目的，下列情形，可以推定股东行使股东知情权具有非正当目的：（1）为公司的竞争对手攫取有关信息；（2）索取公司股东名单后出售；（3）为自己兼职的其他公司获取商业信息或秘密。[①] 总之，股东查阅行为一旦构成对公司合法利益的侵害即为滥用权利。

六、股东会计账簿查阅权受侵害时的司法救济

《公司法》第33条第2款规定；“公司拒绝提供查阅的，股东可以请求人民法院要求公司提供查阅。”这一规定成为股东会计账簿查阅权受侵害时要求司法救济的唯一条款，笔者认为，这过于简单笼统，不利于股东权利的全面保护。笔者完全赞同刘俊海学者的观点，他认为当公司无正当理由拒绝股东行使账簿查阅权时，股东的救济途径有：一是向法院提起查阅请求之诉，由法院责令公司为股东提供特定的公司账簿；二是向公司账簿管理的负责人请求赔偿损失（含股东的诉讼费用）；三是在遇到重大、紧急事由时，可以申请法院对公司的账簿采取诉前或诉讼保全措施，法院认为确有必要的，应当准许股东之请求。[②]

在上述三条救济途径中，第二条途径笔者认为股东应当在其第一条救济途径即主张账簿查阅权的诉讼获得胜诉后再提出，并且应区别账簿管理的负责人拒绝股东查阅账簿的行为有无损害股东利益的过错的不同情形来选择被告。因为，负责管理账簿的负责人的职务行为是公司的行为，其后果一般应由公司承担。在其行为具有

---

① 马强：“股东知情权的民法保护”，载《判解研究》2007年第3期。

② 刘俊海：《新公司法的制度创新：立法争点与解释难点》，法律出版社2006年版，第205页。

造成受害人损失的过错的情况下，也可以依据我国《公司法》第152条“董事、高级管理人员违反法律、行政法规或者公司章程的规定，损害股东利益的，股东可以向人民法院提起诉讼”的规定，直接追究公司账簿管理的负责人对受害股东的损害赔偿责任。

而对第三条途径中股东提出的诉讼保全申请，到底是民事诉讼法中的证据保全还是财产保全？笔者认为，这种保全应当属于财产保全的范畴，因为在股东账簿查阅权诉讼中，账簿本身不可能成为证据，而是给付之诉中的一个标的物。现实中，对账簿等进行保全主要不是因为可能要灭失或今后难以取得，而是预防公司届时仍拒不提供或不完整提供，目的在于一旦胜诉，即可查阅完整的账簿。法院对于股东的诉讼保全申请，应当予以严格审查，既要注意确有必要的特殊情形，又要考虑少数人利用知情权诉讼达到排挤竞争对手的目的，避免可能给公司带来难以弥补的损失。另外，法院如果采取保全措施的，还应当规定在一定条件下（如法院监督下），以变通方式如复印件代替原件，使公司维持正常的经营。

七、股东知情权案件举证责任的分配

从某种意义上说，知情方式对案件双方当事人举证责任的分配与承担具有重要的影响。在《公司法》未作明确而细致规定的情况下，实践中有必要加以分析和研讨。

（一）请求查阅、复制章程、记录和决议案件的举证责任分配

对于公司章程、股东会会议记录、董事会会议决议和监事会会议决议，《公司法》仅规定股东有权查阅和复制，并未规定公司正常运作中的股东知情方式，故只要股东认为有必要查阅这些材料并遭公司拒绝，即可提起此类诉讼。此时股东所承担的举证责任较为简单，即其只需证明系被告公司的股东以及知情权行使要求遭公司拒绝。

（二）请求查阅、复制财务会计报告案件的举证责任分配

由于《公司法》规定有限责任公司应当将财务会计报告送交各股东，即使公司章程中未规定送交财务会计报告的期限，亦不影响公司的上述义务。此类案件中，原告股东应当证明以下两项事实：一是原告系公司的股东；二是公司侵犯了股东的知情权。这里需要注意的是，实践中有些法官认为原告股东必须证明公司拒绝了其查阅财务会计报告的要求，笔者认为，这种理解有失偏颇。因为《公司法》已规定公司具有向股东主动送交财务会计报告的义务，故只要原告股东认为其未收到会计报告，即可提起知情权之诉，而无需加以证明，股东是否曾向公司提出过知情权要求，在所不论。如果公司认为已向股东送交会计报告，则应承担举证责任。

（三）行使财务账簿查阅权案件的举证责任分配

对于财务账簿查阅权，我国现行《公司法》明确规定了其行使方式，故原告股东在诉讼中应当举证证明：(1) 原告系被告公司的股东；(2) 原告已向公司提出要求查阅财务账簿的书面请求，其在该书面请求中已说明了查阅财务账簿的目的；(3) 公司拒绝了原告的查阅请求或者公司未在法律规定的15日内给予股东书面答复。在此类案件中，作为被告的公司，则应当对其拒绝的理由承担举证责任。其原因在于，公司及其董事会拥有远大于股东的人、财、物社会资源，且在信息获取上居于明显的优势地位，故从保护股东利益的角度出发，由公司来承担举证责任更为合理，即通过举证责任倒置，由公司举出"非正当目的"的证据来否决股东的权利主张。值得注意的是，从现行《公司法》的规定来看，立法并未要求股东必须对其查阅财务账簿的目的的正当性进行举证，只需证明其在书面请求中说明了目的。至于股东查阅会计账簿是否必要，笔者认为，并不属于目的正当性的审查范围，法院在审理此类案件中亦无需依职权进行主动审查。

（四）请求查阅原始会计凭证案件的举证责任分配

会计凭证包括原始凭证和记账凭证，而记账凭证系根据原始凭证而制作，故在整个会计资料系统中，会计原始凭证处于最基础的层面。从立法对财务会计报告和财务账簿的知情权行使的规定来看，对股东查阅财务账簿设置了比查阅财务会计报告更严格的限制条件，既包括程序方面，也包括实体方面。这显然体现了立法对公司财务制度运作规律的尊重，即对不同层面的财务资料，规定了不同的知情权行使条件，层面越高，条件越宽，层面越低，条件越严格。虽然现行《公司法》未对股东查阅会计凭证作出规定，但根据"举轻以明重"的法律适用原则，对会计凭证的查阅条件显然应当较财务账簿更为严格。这是因为会计凭证对公司经营状况的反映是最直接的，也是最真实的，其所包括的公司经营秘密和经营信息，决定了对股东要求查阅时应设定更严格的要求。故从举证责任的角度来说，原告股东请求查阅被告公司的会计凭证或者直接要求查阅原始凭证，应当由股东举证证明其请求查阅的正当目的。①

（五）股东具有"正当目的"的举证责任分配

如果对股东的知情权不加限制，股东出于不当目的行使知情权，公司的合法利益就会受到损害，因而，提起知情权诉讼的股东必须出于正当目的。所谓"正当目的"，一般认为是指与股东享有的利益有直接联系的目的。只要原告能提供合理怀疑，或者说有证据表明其知情权受损或可能受损，即可以提起该类诉讼，对公司的

① 杨路："股东知情权案件若干问题研究"，载《法律适用》2007年第4期。

合理怀疑或有证据证明的其知情权受侵害方面有当然的举证责任。[1] 所以，股东对其提出的知情权诉讼的正当目的有举证的义务。而公司应对股东行使知情权存有不当目的承担举证责任。如果公司没有相反的足以推翻股东正当目的的证据，法院就应该做出有利于作为原告的股东的裁决，保护股东的知情权。

【典型案例】

李淑君、吴湘、孙杰、王国兴与江苏佳德置业发展有限公司股东知情权纠纷案

原告：李淑君、吴湘、孙杰、王国兴。

被告：江苏佳德置业发展有限公司。

法定代表人：施允生，该公司董事长。

〔基本案情〕

原告李淑君、吴湘、孙杰、王国兴因与被告江苏佳德置业发展有限公司（以下简称佳德公司）发生股东知情权纠纷，向江苏省宿迁市宿城区人民法院提起诉讼。

原告李淑君、吴湘、孙杰、王国兴诉称：四人为被告佳德公司合法股东。因佳德公司在经营形势大好的情况下却拖欠大量债务，四人作为股东对佳德公司情况无法知悉，故依法要求行使股东知情权，了解公司的实际情况，但佳德公司对此非法阻挠，严重侵犯了四人作为股东的合法权益。请求判令四人对佳德公司依法行使知情权，查阅、复制佳德公司的会计账簿、议事录、契约书、通信、纳税申报书等（含会计原始凭证、传票、电传、书信、电话记录、电文等）所有公司资料。

被告佳德公司辩称：佳德公司从未不同意四原告查阅、复制公司章程、股东会会议记录和财务会计报告，但鉴于四原告具有不正当目的，请求驳回其要求查阅、复制佳德公司会计账簿的诉讼请求。

江苏省宿迁市宿城区人民法院一审查明：

被告佳德公司是成立于2003年10月15日的从事房地产开发的有限责任公司。截至2004年8月7日，该公司的股东持股情况为：施允生460万元、王国兴250万元、张育林160万元、孙杰65万元、吴湘65万元。2007年9月7日，张育林将其持有的全部股份转让给李淑君。

2009年4月8日，四原告向被告佳德公司递交申请书，称："申请人李淑君、吴湘、孙杰、王国兴作为江苏佳德置业发展有限公司（以下简称公司）股东，对公司经营现状一无所知。公司经营至今没有发过一次红利，并对外拖欠大量债务，使四申请人的股东权益受到了严重侵害。四申请人为了解公司实际情况，维护自己合法权益，现依据《中华人民共和国公司法》（以下简称《公司法》），依法行使股东对公司的知情权。现四申请人准备于2009年4月23日前，在公司住所地依据《公司

---

① 蒋大兴："超越股东知情权诉讼的司法困境"，载《法学》2005年第2期。

法》的规定查阅或复制公司的所有资料（含公司所有会计账簿、原始凭证、契约、通信、传票、通知等），特对公司提出书面申请。望公司准备好所有资料，以书面形式答复四申请人的委托代理人江苏联创伟业律师事务所方昉律师。申请人：王国兴、孙杰、吴湘、张育林（代）”。

2009年4月20日，被告佳德公司函复四原告：“本公司已于2009年4月8日收到……《申请书》以及《授权委托书》。对于《申请书》以及《授权委托书》中所述事项，因涉及较多法律问题，我公司已授权委托江苏世纪同仁律师事务所王凡律师、万巍律师，代表我公司依法予以处理。请你直接与王凡、万巍律师联系。”

被告佳德公司复函之前，2009年4月14日，四原告诉至法院，并提出上述诉求。同日，法院受理该案。2009年4月27日，法院向佳德公司送达应诉材料。

另查明：被告佳德公司和广厦建设集团有限责任公司（以下简称广厦公司）于2005年5月26日签订《宿迁市“颐景华庭”住宅工程建设工程施工合同》，广厦公司派驻管理工程的项目经理为张育林。2009年2月18日，广厦公司以佳德公司拖欠其19 954 940.05元工程款为由，向宿迁仲裁委员会提请裁决。

本案一审争议的争议焦点是：一、四原告行使知情权的范围是否有法律依据，二、四原告要求查阅、复制公司会计账簿是否具有不正当目的。

〔一审裁判理由与结果〕

宿迁市宿城区人民法院一审认为：

《公司法》第三十四条①规定：“股东有权查阅、复制公司章程、股东会会议记录、董事会会议决议、监事会会议决议和财务会计报告。股东可以要求查阅公司会计账簿。……”。因此，除会计账簿及用于制作会计账簿的相关原始凭证之外，四原告的诉讼请求已超出法律规定的股东行使知情权的范围，对超出范围的部分不予审理。

根据《公司法》第三十四条第二款的规定，股东可以要求查阅公司会计账簿。股东要求查阅公司会计账簿的，应当向公司提出书面请求，说明目的。公司有合理根据认为股东查阅会计账簿有不正当目的，可能损害公司合法利益的，可以拒绝提供查阅，并应当自提出书面请求之日起十五日内答复股东并说明理由。公司拒绝提供查阅的，股东可以请求人民法院要求公司提供查阅。该条规定明确股东对公司会计账簿行使知情权的范围仅为查阅，且不能有不正当目的。但被告佳德公司原股东张育林现为“颐景华庭”工程承包人广厦公司派驻管理工程的项目经理，因佳德公司和广厦公司之间涉及巨额工程款的仲裁案件未决，与佳德公司之间存在重大利害关系。申请书和四原告的民事起诉状及授权委托书上均有张育林签字，四原告对此不能做出合理解释，证明张育林与本案知情权纠纷的发动具有直接的关联性，也证

① 对应2014年新《公司法》第33条。

明四原告在诉讼前后与张育林之间一直保持密切交往，其提起知情权诉讼程序不能排除受人利用，为公司的重大利害关系人刺探公司秘密，进而图谋自己或第三人的不正当利益的重大嫌疑。

固然股东调查公司的财务状况是其正当权利，然而一方面从被告佳德公司的工商登记材料来看，四原告声称"对公司经营现状一无所知"显然不属实；另一方面，即便四名原告查阅会计账簿具有了解公司经营状况的正当目的，但同时四名原告的查阅很可能具有放任损害公司正当利益的主观故意，而目前正在审理的佳德公司的仲裁案件，标的额巨大，对比四名股东的知情权，在二者发生冲突时，两者相害取其轻，应优先保护公司的权益。四名原告可以在仲裁案件结案后或者在证明已经排除查阅会计账簿与张育林的关联性之后，再行主张自己对会计账簿的知情权。

此外，《公司法》第三十四条第二款还规定股东提起知情权诉讼的前置程序，即股东必须有证据证明公司在其提出书面请求并说明目的后，公司明确拒绝其查询会计账簿，或在法定的期间内（15日）未予答复，方能提起知情权诉讼。具体到本案而言，四原告在2009年4月8日递交公司的《申请书》中称"四申请人准备于2009年4月23日前"至公司行使知情权，但2009年4月14日四名原告即至法院起诉，期间仅六天时间，因此，四原告的起诉不符合法定的前置要件。

综上所述，四原告要求行使知情权不仅超出法定范围，且其关于查阅会计账簿的起诉违反法定前置程序，同时被告佳德公司有合理根据表明四名原告行使该权利可能损害公司合法利益，故对四名原告的诉讼请求不予支持。据此，宿迁市宿城区人民法院依照公司法第三十四条之规定，于2009年7月28日判决：

驳回原告李淑君、吴湘、孙杰、王国兴的诉讼请求。

案件受理费减半收取40元，由四原告负担。

〔当事人上诉及答辩意见〕

李淑君、吴湘、孙杰、王国兴不服一审判决，向江苏省宿迁市中级人民法院提起上诉，请求撤销一审判决，判令四名上诉人依法查阅或复制被上诉人佳德公司的所有资料（含公司所有会计账簿、原始凭证、契约、通信、传票、通知等）。其主要理由是：

第一，一审判决认定四名上诉人的诉讼请求超出法律规定的股东行使知情权的范围是错误的。1. 一审法院没有明确"相关原始凭证"的具体内容。2. 会计账簿必须全面、真实、客观、合法，才能真实反映公司资产经营状况。股东行使知情权不是只知道一个数额，而是要知道这些数额的真实性。因此上诉人请求查阅公司的全部资料没有超出法律规定的范围。

第二，一审判决认定四名上诉人提起知情权诉讼具有不正当目的及可能存在放任损害公司正当利益的主观故意，无合法合理根据。1. 被上诉人佳德公司对外拖欠巨额债务，房产销售巨额资金不知去向，从未分过红利，股东会和董事会无法正常召开等等，上诉人对此存在怀疑并要求行使股东知情权目的完全正当。2. 一审判决仅通过张育林在申请书及授权委托书上签名、而张育林是广厦公司项目经理、广厦公司和佳德公司正在进行关于工程款的仲裁，就认定四名上诉人具有不正当目的或可能具有放任损害公司正当利益的主观故意，没有充分证据证明，只是法官的主观臆想，不能成为剥夺股东最基本权利的理由。3. 上诉人在一审庭审中明确说明，因李淑君不能及时赶回南京，故临时紧急委托张育林代其签署相关文件，对张育林签名一事做出了充分合理的解释。李淑君虽委托他人签字，但行使知情权的主体只能是其个人。且张育林只是受李淑君一人委托，并不是四上诉人共同委托，一审也没有证据证明四名上诉人和张育林有紧密联系。4. 广厦公司和佳德公司目前虽是利益冲突方，但不存在竞争关系。工程款是依据工程承包合同和工程资料，严格依照法律规定进行审计决算的，四上诉人行使知情权而需要查阅的公司资料即使泄露出去也不可能使得施工方因此多获取利益。5. 一审判决认定四名上诉人可以在仲裁案件结案后或者在证明已经排除查阅会计账簿与张育林的关联性之后再行主张自己对会计账簿的知情权。但仲裁案件结案是不确定的概念，一审判决也没有明确指出与张育林关联性指的是什么。要求上诉人举证证明排除以上关联性违反了民事诉讼的举证规则，应由被上诉人举证证明和张育林有关联性且会损害公司利益。6. 一审判决通过工商登记资料认定上诉人对公司经营状况知悉，从而成为剥夺上诉人知情权的理由之一。但工商登记资料是公司对社会公众应尽的披露义务，不能以此认定股东知悉公司的经营状况。

第三，一审法院把诉讼前置程序和公司法规定的股东行使知情权的内部程序混为一谈。《公司法》第三十四条规定的是股东在公司内部行使知情权要经过的程序和期限。“十五天”是规定公司对股东应当履行答复义务的期限。被上诉人佳德公司在一审法院开庭审理之日已经超过十五天没有做出任何答复，依照一审法院的说法，是否要上诉人撤诉再行起诉。如是诉讼前置程序，则在立案阶段应作出不予受理的裁定，在审判阶段也应作出驳回起诉的裁定，而不是作出实体审理并作出实体判决。

被上诉人佳德公司答辩称，一审判决认定事实清楚，适用法律正确，请求驳回上诉，维持原判。其理由是：

第一，关于股东行使知情权的范围，一审判决认定正确。本案中，不论四名上诉人申请书所要求查阅、复制的内容还是民事起诉状所诉请查阅、复制的内容和范围均不符合法律规定。1. 申请书及诉状中均有张育林签名，而张育林早已不是公司股东，无权行使知情权。2. 根据公司法及司法解释规定，股东可以要求查阅、复制的资料包括公司章程、股东会议记录、董事会会议决议、监事会会议决议和财务会计报告。但是法律和司法解释并未规定可以复制会计账簿及相关原始凭证，也未规定可以查阅并复制“契约、通信、传票、通知”以及“议事录、契约书、通信、纳税申报书”等公司“所有资料”。3. 四上诉人在起诉状中声称要查阅、复制的是“会计原始凭证”，而不是所谓其他凭证。据此，一审判决认定“除会计账簿及用于制作会计账簿的相关原始凭证之外，原告的诉讼请求已超出法律规定的股东行使知情权的范围”正确。4. 被上诉人佳德公司已全面履行配合股东行使知情权的法定义务，向四上诉人提交了公司重大经营事项有关的必要资料，足以说明佳德公司自成立至今有关经营数据的真实性、合法性、合理性。

第二，一审判决认定四名上诉人行使知情权具有不正当目的，认定事实清楚，适用法律正确。1. 四上诉人行使知情权无正当理由，被上诉人佳德公司在经营中遇到的银行拍卖土地、房产被保全等问题均是四上诉人配合张育林不正当目的而损害公司合法利益的后果。2. 张育林与广厦公司具有一致的利益关系，与佳德公司具有对立的利益关系。张育林在四上诉人的申请书及诉状中提出“查阅并复制佳德公司所有资料”的要求显然是为广厦公司服务，意在收集对佳德公司不利的证据。四上诉人在明知的情况下仍配合并放任张育林签字、起诉，目的明显不正当。3. 四上诉人对诉状中出现张育林签名的解释缺乏事实依据。知情权诉讼具有特定身份性，任何人均不得代替股东行使这一权利。4. 仲裁案中，张育林方面罔顾事实，提出了超额的诉讼主张。为证明其合法性，便穷尽一切方式收集有力证据。5. 佳德公司已提交充分证据证明四名上诉人具有不正当目的，则举证责任已转移至四名上诉人。若四名上诉人不能举证排除其查阅会计账簿与张育林的关联性，只要仲裁案件未结案，其就不能查阅公司会计账簿。6. 佳德公司已向四上诉人提交了公司全部工商设立、变更、年检登记文件及审计报告，全面履行了配合股东行使知情权的法定义务。

第三，关于诉讼前置程序。1. 佳德公司不存在“拒绝提供查阅”的情形，在一审中还向四上诉人提供了公司经营过程中形成的重要资料。因此，四上诉人无权依据公司法请求人民法院要求公司提供查阅。2. 四上诉人在申请书中将2009年4月23日设定为佳德公司承诺的最后期限，而其起诉时尚处于其设定的承诺期限内，佳德公司4月17日还向四上诉人发出通知书，特别提示了有关事项。据此，四上诉人的起诉不符合法律规定的条件，相关主张不具备法定成立要件，一审判决将其驳回并无不当。

〔二审查明的事实〕

江苏省宿迁市中级人民法院经二审，确认了一审查明的事实。

〔二审裁判理由与结果〕

宿迁市中级人民法院二审认为，本案二审的争议焦点是：一、四上诉人提起知情权诉讼是否符合法律规定的前置条件，二、四上诉人要求行使知情权是否具有不正当目的，三、四上诉人主张行使知情权的范围是否符合法律规定。

关于四上诉人起诉要求行使知情权是否符合公司法规定的前置条件。股东知情权是指法律赋予股东通过查阅公司的财务会计报告、会计账簿等有关公司经营、管理、决策的相关资料，实现了解公司的经营状况和监督公司高管人员活动的权利。股东知情权分为查阅权、检查人选任请求权和质询权。本案中，四上诉人诉请的性质为查阅权。

《公司法》第三十四条第二款规定："股东可以要求查阅公司会计账簿。股东要求查阅公司会计账簿的，应当向公司提出书面请求，说明目的。公司有合理根据认为股东查阅会计账簿有不正当目的的，可能损害公司合法利益的，可以拒绝提供查阅，并应当自股东提出书面请求之日起十五日内书面答复股东并说明理由。公司拒绝提供查阅的，股东可以请求人民法院要求公司提供查阅。"依据上述法律规定，股东提起账簿查阅权诉讼的前置条件是股东向公司提出了查阅的书面请求且公司拒绝提供查阅。这一前置条件设定的目的在于既保障股东在其查阅权受侵犯时有相应的救济途径，也防止股东滥用诉权，维护公司正常的经营。本案中，四上诉人于2009年4月8日向佳德公司提出要求查阅或复制公司的所有资料（含公司会计账簿、原始凭证、契约、通信、传票、通知等）以了解公司实际财务状况的书面请求，虽然4月14日四名上诉人至一审法院起诉时佳德公司尚未作出书面回复，但佳德公司在4月20日的复函中并未对四名上诉人的申请事项予以准许，且在庭审答辩中亦明确表明拒绝四名上诉人查阅、复制申请书及诉状中所列明的各项资料。至此，四上诉人有理由认为其查阅权受到侵犯进而寻求相应的法律救济途径，此时不宜再以四上诉人起诉时十五天答复期未满而裁定驳回其起诉，而应对本案做出实体处理，以免增加当事人不必要的讼累。

关于四上诉人要求行使知情权是否具有不正当目的。由于股东的知情权涉及股东和公司之间的利益冲突，在保护股东利益的同时也应适当照顾公司的利益，使双方利益平衡，故知情权的行使应当符合一定的条件并受有一定的限制。本案中，四上诉人向被上诉人佳德公司提出书面请求说明其行使知情权的目的是了解公司实际经营现状，显属其作为有限责任公司股东应享有的知情权。佳德公司以四上诉人具有不正当目的为由拒绝其查阅，则应对四名上诉人是否具有不正当目的并可能损害其合法利益承担举证责任。

被上诉人佳德公司认为四上诉人查阅会计账簿的目的是为了收集并向广厦公司提供工程款纠纷仲裁一案中对佳德公司不利的证据，损害佳德公司及其他股东的合法利益，其主要证据是四上诉人提交的申请书、诉状及授权委托书中均有张育林代李淑君签名，而张育林的身份系广厦公司派驻佳德公司工程的项目经理，且直接参与了广厦公司与佳德公司的仲裁一案。佳德公司所举证据不足以证明四名上诉人查阅公司会计账簿具有不正当的目的，且可能损害佳德公司合法利益。理由如下：1.因李淑君的股份系受让自张育林，故其临时委托张育林代为签名也在情理之中。其后李淑君本人在诉状及授权委托书上亲自签名，表明提起知情权诉讼系其真实意思表示。张育林之前受李淑君委托在诉状及授权委托书中代为签名，其法律效力及法律后果应由李淑君承担，张育林本身不是本案主张行使知情权的主体，并非如佳德公司所主张的系代替李淑君行使知情权。最终能够实际行使知情权的也只能是佳德公司股东李淑君，而非张育林。2. 四上诉人合计持有佳德公司 54% 的股权，其与佳德公司的利益从根本上是一致的。佳德公司如在与广厦公司仲裁一案中失利，客观上将对四名上诉人的股东收益权造成不利影响。且提起本案诉讼的系上诉人李淑君、吴湘、孙杰、王国兴四名股东，而非李淑君一名股东，佳德公司仅以张育林代李淑君签名，而认为四上诉人提起本案诉讼的目的在于为其利益冲突方广厦公司收集仲裁一案的不利证据，显然依据不足。3. 佳德公司主张四名上诉人在查阅公司会计账簿后可能会为广厦公司收集到直接导致佳德公司在仲裁一案中多支付工程款的相关证据，但未明确证据的具体指向。法院认为，公司法第三十四条规定的公司拒绝查阅权所保护的是公司的合法利益，而不是一切利益。基于诚实信用原则，案件当事人理应对法庭或仲裁庭如实陈述，并按法庭或仲裁庭要求提供自己掌握的真实证据，以拒不出示不利于己的证据为手段而获得不当利益为法律所禁止。如佳德公司持有在仲裁一案中应当提供而未提供相关证据，则不能认定股东查阅公司账簿可能损害其合法利益。综上，股东知情权是股东固有的、法定的基础性权利，无合理根据证明股东具有不正当目的，则不应限制其行使。佳德公司拒绝四名上诉人对公司会计账簿行使查阅权的理由和依据不足，不予采信。

关于四上诉人主张行使知情权的范围是否符合法律规定。四上诉人请求查阅、复制被上诉人佳德公司的会计账簿、议事录、契约书、通信、纳税申报书等（含会计原始凭证、传票、电传、书信、电话记录、电文等）所有公司资料。被上诉人佳德公司辩称其已向四上诉人提交了自公司成立起的全部工商设立、变更、年检登记文件及审计报告等资料，履行了配合股东行使知情权的法定义务。对此，法院认为，股东知情权是股东享有对公司经营管理等重要情况或信息真实了解和掌握的权利，是股东依法行使资产收益、参与重大决策和选择管理者等权利的基础性权利。从立法价值取向上看，其关键在于保护中小股东合法权益。公司法第三十四条第二款规定，“股东可以要求查阅公司会计账簿。”账簿查阅权是股东知情权的重要内容。股东对公司经营状况的知悉，最重要的内容之一就是通过查阅公司账簿了解公司财务状况。《中华人民共和国会计法》第九条规定：“各单位必须根据实际发生的经济业务事项进行会计核算，填制会计凭证，登记会计账簿，编制财务会计报告。”第十四条规定：“会计凭证包括原始凭证和记账凭证。办理本法第十条所列的各项经济业务事务，必须填制或者取得原始凭证并及时送交会计机构。……记账凭证应当根据经过审核的原始凭证及有关资料编制。”第十五条第一款规定：“会计账簿登记，必须以经过审核的会计凭证为依据，并符合有关法律、行政法规和国家统一的会计制度的规定。”因此，公司的具体经营活动只有通过查阅原始凭证才能知晓，不查阅原始凭证，中小股东可能无法准确了解公司真正的经营状况。根据会计准则，相关契约等有关资料也是编制记账凭证的依据，应当作为原始凭证的附件入账备查。据此，四上诉人查阅权行使的范围应当包括会计账簿（含总账、明细账、日记账和其他辅助性账簿）和会计凭证（含记账凭证、相关原始凭证及作为原始凭证附件入账备查的有关资料）。对于四上诉人要求查阅其他公司资料的诉请，因超出了公司法第三十四条规定的股东行使知情权的查阅范围，不予支持。关于查阅时间和地点，公司法赋予股东知情权的目的和价值在于保障股东权利的充分行使，但这一权利的行使也应在权利平衡的机制下进行，即对于经营效率、经营秩序等公司权益未形成不利影响。因此，四上诉人查阅的应当是和其欲知情的事项相互关联的材料，而并非对公司财务的全面审计，故查阅应当在公司正常的业务时间内且不超过10个工作日，查阅的方便地点应在佳德公司。

关于四上诉人要求复制被上诉人佳德公司会计账簿及其他公司资料的诉讼请求，法院认为，公司法赋予了股东获知公司运营状况、经营信息的权利，但同时也规定了股东行使知情权的范围。《公司法》第三十四条第一款将股东有权复制的文件限定于公司章程、股东会会议记录、董事会会议决议、监事会会议决议和财务会计报告。第二款仅规定股东可以要求查阅公司财务会计账簿，但并未规定可以复制，而佳德公司章程亦无相关规定，因此四上诉人要求复制佳德公司会计账簿及其他公司资料的诉讼请求既无法律上的规定，又超出了公司章程的约定，不予支持。

综上，一审判决认定四上诉人行使股东知情权具有不正当目的错误，导致实体处理不当，依法应予纠正。江苏省宿迁市中级人民法院依照公司法第三十四条、《中华人民共和国民事诉讼法》第一百五十三条第一款第（三）项①之规定，于2010年1月6日判决：

一、撤销宿迁市宿城区人民法院（2009）宿城民二初字第00448号民事判决；

二、被上诉人佳德公司于本判决生效之日起十日内提供自公司成立以来的公司会计账簿（含总账、明细账、日记账、其他辅助性账簿）和会计凭证（含记账凭证、相关原始凭证及作为原始凭证附件入账备查的有关资料）供上诉人李淑君、吴湘、孙杰、王国兴查阅。上述材料由四上诉人在佳德公司正常营业时间内查阅，查阅时间不得超过十个工作日；

三、驳回上诉人李淑君、吴湘、孙杰、王国兴的其他诉讼请求。

一审案件受理费40元、二审案件受理费80元，合计120元，由被上诉人佳德公司承担。

本判决为终审判决。

---

① 对应2012年新《民事诉讼法》第170条。

第九章 公司法定代表人

规则 11：工商登记的法定代表人对外具有公示效力，涉及公司以外的第三人因公司代表权而产生的争议以工商登记为准

——大拇指环保科技集团（福建）有限公司与中华环保科技集团有限公司股东出资纠纷案①

【裁判规则】

《公司法》第 13 条规定，公司法定代表人变更应当办理变更登记。对法定代表人变更事项进行登记，其意义在于向社会公示公司意志代表权的基本状态。工商登记的法定代表人对外具有公示效力，如果涉及公司以外的第三人因公司代表权而产生的外部争议，应以工商登记为准。而对于公司与股东之间因法定代表人任免产生的内部争议，则应以有效的股东会任免决议为准，并在公司内部产生法定代表人变更的法律效果。

【规则理解】

一、公司法定代表人的内涵及特征

（一）公司法定代表人的内涵

法定代表人指依法律或法人章程规定代表法人行使职权的负责人。我国实行单一法定代表人制，一般认为法人的正职行政负责人为其惟一法定代表人。就法定代表人与法人的内部关系而言，法定代表人属于公司的高级管理人员，与公司之间建立的劳动合同关系。在对外关系上，法定代表人对外以法人名义进行民事活动时，其与法人之间并非代理关系，而是代表关系，且其代表职权来自法律的明确授权和公司章程的明确规定，故不另需法人的另外授权。公司法定代表人是指依公司章程规定代表公司行使职权的公司负责人。

① 《中华人民共和国最高人民法院公报》2014 年第 8 期，最高人民法院（2014）民四终字第 20 号民事裁定书。

（二）公司法定代表人的特征

按照《公司法》第 13 条关于“公司法定代表人依照公司章程的规定，由董事长、执行董事或者经理担任，并依法登记。公司法定代表人变更，应当办理变更登记”的规定，公司法定代表人具有以下特点：

1. 公司法定代表人是公司章程规定的。这里说明公司的法定代表人不是由法律直接规定，而是由公司章程来规定。

2. 公司法定代表人是代表公司行使职权的负责人。法定代表人属于公司的高级管理人员，由股东在董事长、执行董事或者经理选定。股东选定后在公司章程里明确究竟是董事长、执行董事还是经理担任法定代表人。

3. 公司法定代表人是代表公司进行民事活动的自然人。法人是一个组织体，其本身享有的民事权利以及承担的民事义务，需要通过具有完全行为能力的自然人的行为来实现。无行为能力人和限制行为能力人，不能独立进行民事活动，需要由他的法定代理人代理，因此，不能担任公司的法定代表人。作为公司的法定代表人的自然人，只有代表公司从事民事活动和民事诉讼活动时才具有这种身份。

4. 公司法定代表人对外的职务行为即为法人行为，其后果由法人承担。公司不得以对法定代表人的内部职权限制对抗善意第三人。作为法定代表人的自然人的行为，将直接对其所代表的法人产生法律后果。其法律依据源于我国《民法通则》第 43 条关于“企业法人对它的法定代表人和其他工作人员的经营活动，承担民事责任”的规定和《合同法》第 50 条关于“法人或者其他组织的法定代表人、负责人超越权限订立的合同，除相对人知道或者应当知道其超越权限的以外，该代表行为有效”的规定。

5. 公司法定代表人必须依法登记；如果法定代表人变更，应当办理变更登记。

（三）担任公司法定代表人应当具备的条件

担任公司法定代表人的条件应当从两个方面来把握，一是担任公司法定代表人应当具备的基本条件；二是担任公司法定代表人不得违反的内容。

1. 担任公司法定代表人必须符合下列条件：（1）具有完全民事行为能力；（2）有企业所在地正式户口或临时户口；（3）具有管理企业的能力和有关的专业知识；（4）从事企业的生产经营管理活动；（5）产生的程序符合国家法律和企业章程的规定；（6）符合其他有关规定的文件。

2. 担任公司法定代表人的禁止性规定。按照国家工商行政管理局颁布的《企业法人法定代表人登记管理规定》的规定，有下列情形之一的，不得担任企业法定代表人，企业登记机关不予核准登记：（1）无民事行为能力或者限制民事行为能力的；（2）正在被执行刑罚或者正在被执行刑事强制措施的；（3）正在被公安机关或者国家安全机关通缉的；（4）因犯有贪污贿赂罪、侵犯财产或者破坏社会主义市场经济秩序罪，被判处刑罚，执行期满未逾5年的；因犯有其他罪，被判处刑罚，执行期满未逾3年的；或者因犯罪被判处剥夺政治权利，执行期满未逾5年的；（5）担任因经营不善破产清算的企业的法定代表人或者董事、经理，并对该企业的破产负有个人责任，自该企业破产清算完结之日起未逾3年的；（6）担任因违法被吊销营业执照的企业的法定代表人，并对该企业违法行为负有个人责任，自该企业被吊销营业执照之日起未逾3年的。（7）个人负债数额较大，到期未清偿的。（8）法律和国务院规定的其他不能担任企业法定代表人的。

二、公司法定代表人的代表行为及其构成要件①

（一）法定代表人的代表行为的一般构成要件

法定代表人的行为构成公司的代表行为，一般应具备以下构成要件：

1. 具有代表人的身份。一个自然人经过《公司法》和公司章程规定的程序被选举为董事长，并经工商登记而公示，即具有法定代表人的身份。

2. 以法人的名义进行民事活动。董事长必须以公司法定代表人的名义进行活动，如果不以公司法定代表人的名义而以个人的名义进行活动，如董事长以个人名义购买家具，则必然为个人行为，而非代表行为。

3. 在权限范围内，没有超越权限。对公司法定代表人权力的限制一般有以下三种情形：（1）法律法规的直接限制。《公司法》中没有专门的条款直接对董事长的对外权力作限制性规定，但是，《公司法》对股东会和董事会的权力授予，实际上就可以视为《公司法》对董事长的权力的限制。如《公司法》第37条规定，股东会享有对发行公司债券、公司的合并和分立等事项作出决议的职权。此条即表明董事长未经股东会同意，无权签订发行公司债券的合同和公司合并、分立的合同。由于在这种情形下，董事长越权行为违反法律法规的规定，所以，任何相对人都应当知道董事长越权，因此，董事长的代表行为无效。（2）公司章程的限制。很多公司在章程中对董事长的权力进行限制，并且公司章程一般在公司登记机关备案并公示，但是，为保护交易安全和第三人的利益，章程的备案和公开本身也不足以构成“相对人知道或者应当知道”的证据。如欧盟第1号公司法指令第二节第9条第2款明确规定：“公司章程或者有决策权的公司机关对于公司机关权力的限制，不得被公司利用对抗第三人，即使这些限制已经公告也是如此。”《德国民法典》第26条、第64条、第68条规定：法人得依章程限制董事代表权，经登记而得对抗第三

---

① 主要参见赵旭东主编：《公司法学》（第二版），高等教育出版社2006年版，第203～204页。

人。但《德国股份有限公司法》第82条、《德国有限责任公司法》第31条则规定：对于董事代表权所加章程限制，不得对抗第三人。从我国的实践来看，有些地方查阅公司章程手续烦琐，受到限制，并且，在交易中，相对人认真查阅对方章程的情形也不普遍，所以，我们认为，在我国的司法实践中，章程的备案公开本身也不足以构成"相对人知道或应当知道"的证据。(3) 股东会或董事会决议的限制。股东会和董事会直接以决议的形式限制董事长的权力，但决议一般也不具有公示性，所以，相对方一般是不知道或不应当知道的，是善意的；即使股东会或董事会决议在媒体上公开，也不足以构成"相对人知道或应当知道"的证据。因此，如果公司法定代表人的行为超越权限，其代表行为无效，除非其行为构成表见代表，即相对人不知道也不应该知道公司的法定代表人的行为超越权限，则法定代表人的代表行为有效。如我国《合同法》第50条规定，法人或其他组织的法定代表人、负责人超越权限订立的合同，除相对人知道或者应当知道其超越权限以外，该代表行为有效。

(二) 公司意思表示外在推定形式的把握

如果一项意思表示具备以下的表现形式，即可以推定为公司的意思表示，除非有相反的证据可以推翻该推定：

1. 有董事长签章。董事长为公司的法定代表人，董事长以公司法定代表人名义的签章当然构成公司意思表示的外在推定形式。但须注意的是，根据上述的代表行为的构成要件理论，如有证据证明董事长签约行为越权，且相对人知道或应当知道，则可以推翻推定，而确认代表行为无效，该合同则非公司的合同。

2. 有公司印章。在《公司法》中，公司印章的性质并没有明确规定，但是，《合同法》第32条规定，"当事人采用合同书形式订立合同的，自双方当事人签字或者盖章时合同成立"，可以表明我国法律承认印章是公司的意思表示的外在推定形式。其实，在交易习惯中，人们也普遍认定印章就是公司意思表示的推定形式。

(三) 判定公司法定代表人与公司的代表行为应当注意的问题

1. 注意代表行为与个人行为的区分。公司法定代表人是由自然人担任，但是作为公司法定代表人的自然人在生活中具有多重身份，他所实施的行为既可能是个人行为，也可能是公司的代表行为。如果一种行为被认定为个人行为，则行为的法律后果必然由其个人承担，与公司无关；如果一种行为被认定为代表行为，则行为的后果由公司承担。所以，如何认定公司法定代表人的某一项具体行为是个人行为还是代表行为，是司法实践中的一个重要问题。

2. 注意区分代表行为有效与公司的意思表示有效之间的差别。代表行为有效表明董事长的意思表示构成公司的意思表示，而公司的意思表示有效以代表行为有效为前提，并且符合意思表示（法律行为）的生效要件而产生法律效力。所以，董事长代表行为有效并不表明董事长代表公司所为的意思表示如合同就一定有效，后者是否有效还要看其是否符合意思表示（法律行为）的生效要件。但在司法实践中容易出现这样的问题：将董事长的代表行为无效和董事长代表公司签订的合同无效混为一谈，从而错误地适用责任规则，将本应由董事个人来承担的责任却认定由公司来承担合同无效的过错责任。

三、公司登记制度的内涵及法律特征

公司登记制度是国家登记主管机关依法对公司设立、变更、终止等有关事项进行核准登记的法律制度。该项制度的功能在于维护社会交易安全和市场主体的合法权益。①

（一）公司登记的内涵

所谓公司登记，是指为了设立、变更或终止公司，依照法定内容和程序，由当事人将登记事项向主管机关提出申请，经登记机关审查核准，将登记事项记载于登记簿的综合法律行为。它属于企业登记管理的一种形式。所谓企业登记管理，是指国家主管机关依法对企业及其有关事项进行核准登记注册，以登记为基础对企业进行监管的一种工商管理法律制度。企业登记分为两类：一类是企业法人登记；另一类是营业登记。企业法人登记的目的是设立法人，对企业设立事项进行审查核准，授予企业法人资格并颁发《企业法人营业执照》，继而对其组织和存续加以监管。企业法人登记制度在历史上出现较晚，它是与企业设立普遍实行准则主义相伴而生的。营业登记是指登记主管机关对从事经营活动，但不具备法人条件的经营单位进行审查核准并颁发《营业执照》，确认其合法经营权的登记行为；是政府承认某项营业及某一商号、行号的合法性，并对其营业活动进行监督的制度。

（二）公司登记的法律特征

尽管各国公司登记立法并不完全统一，但根据各主要国家公司登记立法的规定，可以认为，公司登记法律制度主要有以下法律特征：

1. 公司登记是以申请人提出申请为前提。公司登记是产生公司设立、变更或终止后果的法律行为，它以申请人提出申请为前提，登记机关不主动、不强制进行登记。当代在世界绝大多数的国家和地区，公司登记都是公司取得合法主体资格的必要和唯一的途径，公司权利能力和行为能力的起始取决于公司登记行为的生效时间。只有少数国家允许公司依其制定章程的私法行为而自行设立公司，但大多要求

① 参见李东方：《公司法学》，中国政法大学出版社2011年版，第81~83页。

在设立后的一定期间内补办登记手续。

2. 公司登记是一种要式法律行为。登记事项的公开性和可靠性作为公司登记基础。公司登记向公众表明公司的营业状态，因此，各国的公司登记立法都要求公司登记必须按照法定要求将法定事项在法定主管机关办理，其行为的内容与方式都必须符合法定要求。公司登记注册的内容与事项往往由商事登记法或公司法以强制性条款的形式规定并具体列明。公司登记必须严格按照法律规定的有关条件与程序办理，否则不能产生相应的法律效力。在具体形式上，公司登记必须采取规范的书面形式。登记机关不会受理单纯的口头登记申请。公司登记的申请人则必须依照法定程序并采取法定的格式，向法定公司登记主管机关提出申请。

3. 公司登记在本质上是一种带有公法性质的私法行为。与一般私法以平等主体之间的财产关系和人身关系为调整对象不同，公司登记法的多数规范并不以平等主体间的权利义务关系为其调整对象。虽然公司登记主管机关表现为多种形式，但绝大多数国家的公司登记主管机关都属于国家机关。从公司登记申请人角度来看，其权利和义务并不以平等当事人为相对人，而是以属于国家机关的登记机关作为相对人。对于违反登记义务的公司来说，其违法行为的法律后果并非损害赔偿，而是主要表现为以行政罚款之类的强制措施为主。对公司登记的法律性质，学术界观点不一，有的学者认为公司登记是公法行为，[①] 也有的学者认为其属于私法行为。[②] 由于公司登记由申请人的申请登记行为与登记机关的核准登记行为共同构成，由此决定了：

首先，公司登记具有鲜明的公法性，理由如下：（1）从公司登记法律关系的主体来看，一方是登记申请人，另一方是公司登记机关。在绝大多数国家，公司登记主管机关都属于国家机关。登记机关根据法律设定的行政职责从事受理、审查、核准和公示等行政公法行为。（2）从公司登记的内容来看，其登记的事项、必备的文件、必经的程序、登记机关的职责、应履行的义务、违反法定义务的处罚等均不允许相关当事人自行排除。对申请人的违法行为，并非主要表现为损害赔偿，而是以行政罚款等强制措施为主。（3）从国家介入公司登记的目的来看，公司登记借助国家公权力的介入，用以更好地保障交易安全，维护社会公共利益，这是国家干预市场经济的直接表现。（4）从公司登记法的调整对象来看，多以国家主管机关和申请人之间的非平等主体的权利义务关系为其调整对象，其法律规范主要是公法性规范。

---

① 参见范健、王建文：《公司法》，法律出版社2006年版，第117页。

② 参见蒋大兴：《公司法的展开与评判——方法·判例·制度》，法律出版社2001年版，第373～376页。

其次，公司登记同样具有明显的私法属性，理由如下：（1）从公司登记的目的与效果来看，公司登记是申请人为了设立、变更或终止公司的主体资格，是否提出该项申请完全取决于私法主体的意志，而非国家的主动行为。公司登记只是国家对公司资格的确认。（2）从公司登记的内容来看，体现公司资格并记载于登记簿的重要登记事项，如组织形式、营业部类、投资方式与数额、营业期限、营业地点、技术投入、人员配备等，均由申请人按照自身条件和意志确定。公司登记是私权主体意思自治的结果，并非登记机关意志的体现。（3）从公司登记法产生的基础来看，公司登记规则是公司基于营利目的的需要而逐渐发展并完善起来的。众多公司对营利的共同愿望，决定了交易活动必须在追求效率的同时兼顾安全。公权机关的介入，使公司可以凭借登记彰显自身的人格和信用，便于交易对方和公众识别和选择，从而提高交易机会和营利的可能性。

四、公司法定代表人登记及其变更要件

（一）有关公司法定代表人登记的规定及理解

《公司法》第13条规定："公司法定代表人依照公司章程的规定，由董事长、执行董事或者经理担任，并依法登记。公司法定代表人变更，应当办理变更登记。"对于该条可理解为：从我国《民法通则》规定来看，依照法律或法人组织章程的规定，代表法人使职权的负责人，是公司的法定代表人。一个自然人按照公司法和公司章程的程序被确定为法定代表人，并经工商登记后，即具有了公司法定代表人的身份。公司法定代表人的行为构成公司的代表行为。法定代表人虽然由自然人担任，但应当以公司的名义，并在法律、法规规定和公司章程规定的权限之内从事活动。法律、法规规定公司的某些行为必须由法定代表人作出的，由法定代表人作出。公司的法定代表人为一人，可以依照公司章程的规定，由董事长、不设董事会的有限责任公司的执行董事或者经理担任。法定代表人应当在登记机关登记。经登记的法定代表人，其行使职权具有法律效力，同时具有公示力。公司变更法定代表人，应当到公司登记机关办理变更手续；公司擅自变更法定代表人，而不到登记机关变更的，不得对抗第三人。①

《公司登记管理条例》第20条规定："设立有限责任公司，应当由全体股东指定的代表或者共同委托的代理人向公司登记机关申请设立登记。设立国有独资公司，应当由国务院或者地方人民政府授权的本级人民政府国有资产监督管理机构作为申请人，申请设立登记。法律、行政法规或者国务院决定规定设立有限责任公司

---

① 法律出版社法规中心：《新编公司法全解》，法律出版社2014年版，第68～69页。

必须报经批准的，应当自批准之日起 90 日内向公司登记机关申请设立登记；逾期申请设立登记的，申请人应当报批准机关确认原批准文件的效力或者另行报批。申请设立有限责任公司，应当向公司登记机关提交下列文件：（一）公司法定代表人签署的设立登记申请书……”第 21 条规定：“设立股份有限公司，应当由董事会向公司登记机关申请设立登记。以募集方式设立股份有限公司的，应当于创立大会结束后 30 日内向公司登记机关申请设立登记。申请设立股份有限公司，应当向公司登记机关提交下列文件：（一）公司法定代表人签署的设立登记申请书……”第 27 条规定：“公司申请变更登记，应当向公司登记机关提交下列文件：（一）公司法定代表人签署的变更登记申请书……”从上述规定来看，我们可以认为：法定代表人是公司营业执照载明事项和公司章程的记载事项，也是公司登记事项。法定代表人在公司控管结构中占据重要地位，许多权限是法定的。申请设立公司，必须有法定代表人签署的登记申请书，法定代表人的任职文件和身份证明；公司申请变更登记，法定代表人签署的变更登记申请书是应向公司登记机关提交的申请文件之一。公司变更登记事项涉及修改公司章程的，应当提交公司法定代表人签署的修改后的公司章程或者公司章程修正案。同时，经过登记的法定代表人和具有以下法律意义：一是诉讼意义，在公司诉讼中占据了重要位置，公司由法定代表人进行诉讼，起诉状和上诉状要载明法定代表人姓名（根据《民事诉讼法》第 48 条、第 121 条、第 165 条的规定）。二是经济意义。股份有限公司发行股票的，股票要由法定代表人签名、公司盖章。公司以实物券方式发行公司债券的，必须由法定代表人在债券上签名、公司盖章。（根据《公司法》第 128 条、第 155 条的规定）

（二）公司法定代表人变更的生效要件和对抗要件

公司作为一种组织体，其行为能力需要通过法定代表人来实现，无论是对公司还是对交易相对人，何人代表公司意义重大。法定代表人于公司设立之后并非一成不变，基于公司人事调整、股权变动、控制权争夺以及其他不可预见因素都可能导致公司需要变更法定代表人。《公司法》只规定了法定代表人变更应当办理登记，对于登记的效力却未作规定。这就导致了包括工商登记机关工作人员在内的很多人都想当然地认为：既然公司法规定法定代表人变更应当登记，那么登记就是法定代表人变更的生效要件。这种认识在理论上错误的，在实践中更是有害的。

法定代表人是公司唯一的对外代表机关，公司面对瞬息万变的市场需要及时交易，并且需要由最能代表自己意志的人来完成这些交易。依照《公司法》规定，法定代表人由公司股东会或董事会选举产生，其权力来源于公司内部权力机构或决策机构的授权。一旦公司基于各种考虑和现实需求依合法程序解聘原法定代表人并同时选任新的法定代表人时，原法定代表人的代表权就丧失了合法的权源，而新的代表人基于公司权力机关或决策机关的选任即产生代表权，因此，法定代表人的变更生效于公司的选任程序，一旦新的法定代表人产生，他就有权代表公司对外进行交易。

选任程序是法定代表人在公司内部变更的生效要件，但是对于第三人而言，尚未变更的工商登记仍然具有公信力，他们基于对登记的信赖而与公司原法定代表人签订的合同有效。工商登记是法定的公示程序，法定代表人变更只有经过工商变更登记以后才能对第三人产生对抗效力。公司是不能以内部法定代表人变动有效而主张原法定代表人的代表行为无效的。公司在股东会或董事会决议法定代表人变动以后，应当及时向工商登记机关办理变更登记手续，以尽快消除公司代表权公示内容与公司自身意志的错位，维护公司正常交易的安全有序。

【拓展适用】

一、公司登记立法概述

（一）公司登记法的内涵

公司登记法是指规范公司登记行为，确定公司登记主管机关、登记内容、登记程序等事项，调整公司登记关系的法律规范的总称。

公司登记法理论上可分为形式意义上的公司登记法与实质意义上的公司登记法。所谓形式意义上的公司登记法，是指以公司登记而命名的统一成文法。例如，《企业法人登记管理条例》《公司登记管理条例》《企业名称登记管理规定》《企业法人法定代表人登记管理规定》等均属此类。所谓实质意义上的公司登记法，是指一切调整公司登记行为的法律规范的总称。它不仅包括以公司登记为名的专门成文法，而且包括散见于其他各种法律、法规之中的与公司登记相关的法律规范，甚至还包括关于公司登记的法律解释、判例、习惯法等。在我国，除前面列举的形式意义上的公司登记专门法外，在《民法通则》《全民所有制工业企业法》《公司法》《保险法》《商业银行法》《证券法》等法律法规中关于各类公司登记的规定，也被视为我国实质意义上的公司登记法的组成部分。

（二）公司登记立法的主要沿革

早在18世纪初叶，德国就设立了公司登记簿、代表人登记簿、商号登记簿，以维护商人的道德与信用，确认公司的内外关系。1794年《普鲁士邦法》首次规定了公开的、每个人都可查阅的登记簿，其相关条款被视为商事登记簿规则的前身。自19世纪中叶，发达国家对股份公司开始实施公司设立的准则主义。当时资本主义国家又正由夜警国家向行政国家过渡，在社会经济生活中开始扮演积极角色，对于维护社会经济秩序日益肩负起责任。这样，对各类经营或企业一并予以监管的一项制度，即企业法人登记和商事登记制度就应运而生了。英国在1844年颁布的《公司法》中规定了公司注册制度。而具有现代意义的公司登记是从 1861 年《普通德意志商法典》开始的，该法典首次对适用于一般商主体和公司的登记规则作出了系统规定，涉及登记机关、登记事项、登记程序、登记簿等方面。1897 年《德国商法典》使公司登记制度得以进一步健全。德国创制的公司登记制度很快被欧洲各国和日本仿效，成为公司登记法的典范。

在我国，现行的《企业法人登记管理条例》、《公司登记管理条例》（2016 年修改）、《合伙企业登记管理办法》（2014 年修订）、《个人独资企业登记管理办法》和《企业名称登记管理规定》等企业与公司登记法规体系的形成，标志着我国企业与公司登记管理法制已基本得到确立。

（三）公司登记立法的体例

目前世界各国或地区的公司登记立法体例主要有以下四种：

1. 由商法典规定统一商事登记制度，并由公司法就公司登记特殊事项作专门规定。以德国、韩国为此立法例的代表。

2. 由商事登记专门法规定统一的商事登记制度，另外在公司法中就公司登记作出特殊规定。如日本于 1963 年制定了专门的《商业登记法》，对商事登记制度作出详细规定，同时《公司法》中也规定公司登记的专门规范。

3. 由公司法规定。在英、美等国家，未就商事登记制度作统一的专门立法，而是在相关的公司法中予以规范。

4. 按照企业与公司的不同类型分别立法的多足鼎立的模式。在我国，企业与公司登记立法中，《企业法人登记管理条例》调整法人登记，《合伙企业登记管理办法》调整合伙企业的登记，《个人独资企业登记管理办法》调整个人独资企业的登记，而在法人登记中，公司的登记又由《公司登记管理条例》调整。

（四）公司登记立法的类型

以公司登记行为的强制程度不同为依据，可以将公司登记法律分为任意登记主义与强制登记主义。

任意登记主义形成于 19 世纪末 20 世纪初，是自由贸易时代的产物。该立法原则上将公司的设立登记视为公司成立后依法须进行的行为，奉行先设立后登记原则，也就是在履行公证和其他一些手续后，公司即被视为自动成立，其后再将公司设立文件提交登记机关注册登记。目前，采取任意登记主义的国家或地区日益减少，主要有荷兰、比利时、意大利、葡萄牙及我国澳门地区等少数国家和地区。这种做法在理论上被称为公司成立非要件主义，其法律效力则表现为公司登记的公示性。

随着市场经济的发展和国家对公司干预的加强，为维护市场经济的正常秩序，防止虚设公司实施欺诈行为，现代国家公司登记立法都已基本上采取了强制登记主义。在采取强制登记主义的国家中，只有依法履行了公司登记程序才能取得公司法律人格。未经公司登记者则不具有权利能力和行为能力，不得从事任何种类的经营活动，否则将受到法律的制裁。这种做法在理论上被称为公司成立要件主义，其法律效力则表现为公司登记的创设性。

我国采取的也是强制登记主义的立法模式。我国《企业法人登记管理条例》第3条第2款规定："依法需要办理企业法人登记的，未经企业法人登记主管机关核准登记注册，不得从事经营活动。"《公司登记管理条例》则规定，公司"设立、变更、终止，应当依照本条例办理公司登记""公司经公司登记机关依法登记，领取《企业法人营业执照》，方取得企业法人资格""设立公司，未经公司登记机关登记的，不得以公司名义从事经营活动"。

二、公司代表人制度①

（一）现代公司代表人制度内涵

公司代表人制度是世界各国所普遍实行的公司法人制度之一，根据公司代表人选任的依据和来源，具体分为意定代表人和法定代表人。所谓意定代表人，是指根据公司内部约定的程序，由公司自己决定的代表公司的负责人，其人选和代表权限范围完全交由公司自己决定。所谓法定代表人，是指选任依照法律或法人章程的规定确定的代表公司行使职权的负责人，公司代表人的选定在很大程度上取决于法律的规定。因此，可以认定公司代表人的外延要比公司法定代表人的外延广泛，公司法定代表人是公司代表人中的一种特殊情况。综观世界各国对公司代表人的规定，具体可以分为法定、意定、法定和意定相结合三种方式。

公司代表人与公司是代表关系。因为代表说符合法人的性质，承认法人的独立人格更合理。代理说中的公司如同是未成年人或者有精神缺陷的人，不能进行独立的意思表示和法律行为，贬损了法人独立的制度价值，不符合团体活动和交易频繁的现代发展潮流。其次，代表说符合实践需要，更利于保护交易相对人的利益。代理制度涉及代理人、被代理人、第三人三方关系，代理后果不能直接归属于公司，而是需要通过代理人转致方能对公司生效，代表行为后果可以直接归属于公司。

（二）公司代表人的确定模式

1. 境外公司代表人的确定模式

境外对公司代表人的确定采取多种模式，尽管模式多样，但是大多都赋予了公司在选定代表人时较大的自治权。

---

① 主要参见赵万一：《公司治理的法律设计与制度创新》，法律出版社2015年版，第212~215页。

以德国为代表的共同代表制。《德国股份法》肯定了公司的董事会享有诉讼上和诉讼外代表公司的权力，并且明确这种权力的行使方式为董事会全体成员以共同的方式来行使。

以日本为代表的可选择的代表制。《日本商法典》明确规定公司的代表权可以确定为数名董事来共同行使，但是这些董事的确定必须董事会决议的行使来确定。

美国、奥地利、意大利、瑞典、瑞士等国家，对公司代表人的确定采取了非常灵活的方式，法律对公司代表人的任职资格和人数的多少基本不作规定，完全由公司自己来决定。

2. 我国公司代表人的确定模式

我国公司法定代表人概念的形成并不是与企业同步出现，而是在经济体制改革之后，才开始形成了“法定代表人”的概念和学说，具体体现在三部主要法律的规定中：第一，1986 年《民法通则》中概括性地定义公司法定代表人为代表法人行使职权的负责人，且规定这种代表权的来源为法律或者法人组织章程。第二，1991 年《民事诉讼法》中规定了法定代表人享有的代表法人进行诉讼方面的代表权。第三，1993 年《公司法》规定了公司的法定代表人由公司董事长担任。2005 年《公司法》将公司的法定代表人的人选范围限定为公司的董事长、执行董事或者经理。2014 年《公司法》延续了 2005 年《公司法》的规定通过归纳整理可以发现，对“公司法定代表人”这一概念进行法律层面的解释源于《民法通则》中的规定，在此之后，“公司法定代表人”这一词语继续出现在《公司法》《民事诉讼法》中，成为我国具有中国特色的一项公司制度。目前，我国公司法定代表人的确定视公司所处的阶段和具体情况而有所不同。一般情况下，法定代表人是由公司董事长、执行董事或者经理担任。特定情况下，如公司成立阶段由公司发起人代表公司对外从事公司设立相关的行为；在公司清算阶段，由清算组代表公司从事与清算有关的行为；在公司利益受到公司董事、高级管理人员的侵害时，由监事或者监事会代表公司提起诉讼。

（三）我国现行公司代表人的特点

一是有所突破的唯一性。相较于之前的企业厂长（经理）负责制，2005 年《公司法》在公司法定代表人的规定上虽然继续沿用了唯一代表制，但是却能明显看出其中的突破之处。首先，从公司代表人的范围上来看，较 1993 年《公司法》有了明显的改变，公司法定代表人一改以前的董事长代表制为董事长、执行董事或者经理代表制，增强了公司在确定法定代表人时的选择范围，增强了选择的自主性和自治性。其次，从公司代表人的人数上来看，2005 年《公司法》仍然只允许董事长、执行董事或者经理中的某一个人担任，在本质上仍然未能摆脱人数的限制，仍然是延续着公司代表人的唯一性。这在公司实践当中，对公司代表人的确定往往因公司性质不同而有所区别，具体表现为：在设立董事会的公司，公司的法定代表权被赋予公司的经理或者董事长；在不设董事会的公司，公司的法定代表权则被赋予公司的执行董事或者经理。因此，可以说，2005 年《公司法》中的唯一代表制是有所突破的。

二是有所创新的法定性。如果说公司法定代表人制度是我国公司法律制度的一大特色的话，由经理担任公司法定代表人也是具有中国特色的公司制度。

（四）公司代表人制度体现公司治理的理念

理想的公司治理是法定性与自治性相结合的治理。公司代表人制度仿佛是公司法律制度的一面镜子，折射出公司法律制度的自治性和法定性程度。公司代表人的选择范围、享有的职权、应履行的义务、应承担的责任等方面的问题，无一不体现着公司的自治程度。赋予公司更大的自治权是市场经济发展的必然结果，也是构建现代企业的必然要求。公司章程作为公司的宪法，是公司实现自治的有效手段和方法，立法理应将公司代表人制度的设计权力交回给公司的章程，最大限度地体现章程自治。

三、法定代表人代表公司从事非法活动时代表行为的效力

虽然公司法定代表人的行为得到了董事会或股东会的授权，但是，董事会或股东会的授权并非都是合法授权，如果公司法定代表人按照董事会或股东会的授权非法行事，其代表行为的法律效力主要分两种情形进行分析：

1. 如果所授的权力合法，则法定代表人的行为在权限范围内，公司法定代表人的代表行为具有正效应的法律效力。

2. 如果所授的权力违反法律法规，如法定代表人在董事会甚至股东会的非法授权进行非法代表行为，如贩卖毒品、签订有关走私合同等，只要法定代表人的行为直接违反法律禁止性规定，法定代表人的行为依法无效。

四、法定代表人工商变更登记的效力

股东会作出决议更换法定代表人，使新法定代表人在公司内部产生效力，办理工商变更登记则是新法定代表人对外产生效力，并不影响公司内部对法定代表人变更的效力。

1. 从法定代表人变更必须办理登记的立法目的来看，是为了维护商业交易安全和当事人合法利益。一方面，公司（或企业）作为一个法人具有独立的法律地位，对其法定代表人的变更应该具有决定权，这是公司作为私法人不可剥夺的私权利。只要法定代表人变更决定是严格按照公司章程作出的，这一决定就当然产生法律效力，而无须工商机关进行授权。如果由是否进行登记来决定法定代表人变更是否有效，实际上是公权力侵入了私权利的领地。另一方面，由于公司法定代表人的行为被视为公司的行为，直接影响到商业交易安全和当事人合法的利益，因而法律规定公司法定代表人的变更必须进行变更登记，由国家将公司法定代表人的信息公之于众，政府以其公信力保证登记信息的真实性、合法性。法定代表人变更经过登记，公司即可以该登记事项对抗第三人而寻求法律对其经营活动的保障，从而得以有效地维护社会交易安全和当事人合法利益。如果变更未经登记，则公司不得以法定代表人已实际变更为由对抗善意第三人。第三人如果基于对登记的信赖而与原法定代表人发生民事法律行为，仍对公司产生效力。进而考虑，如果公司未办理变更登记的新法定代表人代表公司与第三人发生民事法律行为，其行为是否对公司产生效力呢？如果认为变更登记是公司法定代表人变更的生效要件，显然该“法定代表人”无权代表公司实施法律行为，该行为就属于无权代理。这对保护市场交易秩序和第三人的利益来说是极为不利的。因为在实际的市场活动中，很少会有人交易前先查阅公司法定代表人的工商登记再进行交易。公司确定的法定代表人往往会持有公司相关的文件来证明自己的法定代表人身份，这就足以让第三人相信其代表公司的资格。如果工商部门认定法定代表人的变更未经登记而一律无效，无疑将置第三人于两难境地：要么在每次交易前查阅公司的工商登记，要么自行承担交易风险。这样一来，市场的安全、高效、顺利运作将无法得到保证。因此，承认公司未办理变更登记而实际变更法定代表人行为的有效性，不但不会危害交易秩序的安全和当事人的合法权益，反而是更为有利的。

2. 从工商登记的作用来分析，法定代表人变更登记的过程实际上就是工商部门代表国家对公司的法定代表人变更事项进行合法性审查并将其公开的过程。这里的合法性审查是一种事后审查，是一种代表国家认可其效力的行政性审查，而不是主管部门或审批机关的批准程序，所以，它不是法定代表人变更的生效要件。逾期未登记的，只能由工商部门通过行政处罚的方式来促使其进行登记，而不能产生变更无效的后果。

3. 不按法律程序进行法定代表人变更登记的不利后果主要在于不能对抗第三人和接受处罚。

（1）不能对抗第三人，公司承担不利后果。公司的法定代表人变更而未进行变更登记，如果在公司登记机关登记的原法定代表人以公司的名义对外从事民事活动，所产生的不利后果将由公司承担。公司不能以已经选举产生新的法定代表人为由对抗第三人。

（2）接受处罚。由于可能扰乱市场交易秩序，危及市场交易安全和第三人的利益，公司将受到登记机关的处罚。如果出现这种情况，当事人应当按照《企业法人法定代表人登记管理规定》第12条“应当申请办理法定代表人变更登记而未办理的，由企业登记机关责令限期办理；逾期未办理的，处1万元以上10万元以下的罚款；情节严重的，撤销企业登记，吊销企业法人营业执照”的规定接受处罚

五、企业法定代表人签订的民间借贷合同的效力认定

法人毕竟不同于有血有肉的自然人，其为法律拟制的人，但并无自然人的意思表达器官，其意思的表达终究要依赖于自然人。企业在社会经济生活中的一切活动均通过其法定代表人来实施。一般而言，法定代表人的行为就是企业的行为。但是法定代表人具有双重身份，一是作为自然人，二是作为企业的法定代表人。在借贷关系中，既可以作为自然人进行借贷，也可以代表企业进行借贷，在此情况下，如何区分所欠债务是个人债务，还是企业的债务，是司法审判中的难题。在经济社会，通常奉行的基本原则是“谁欠的债务谁来偿还”，人民法院审查的基本原则也是重点审查借款人的名义。一般情况下，根据合同相对性的原理，以谁的名义进行借款，就应当由谁来偿还，但这一基本原则是否存在一定的例外？审判实践中，由于企业法定代表人的特殊身份，既可能以自然人即个人的名义借款，也可能代表企业以企业的名义借款。如果以自然人个人名义借款的，当然由其个人来偿还，无论从事实上还是法律上都是没有问题的。但是，如果所借款项用于企业或者企业同意还款的情形下，是否还由其个人来偿还？应当分别不同情况进行讨论，1. 企业法定代表人以个人名义借款，但企业同意还款的，此种情形下应为债务的加入，应予允许企业还款；2. 企业法定代表人以个人名义借款，但所借款项用于企业的，从理论上讲，法定代表人的行为应当认定为职务行为，由于是以个人名义签订合同，按照合同相对性原则，企业法定代表人仍然应当作为合同一方，其对债权人的责任不能免除，应与企业一起承担连带责任。3. 还存在企业法定代表人以企业名义借款却用于个人生活和消费的情形。此种情形下，不能突破合同相对性原理，仍应列企业法人为当事人。对于企业法定代表人的上述行为，可以参照《公司法》第20条第3款有关法人人格否认的理论和规定，属于滥用企业法人独立地位，逃避债务，严重侵害企业债权人利益。可以根据当事人的申请，将法定代表人追加为共同被告或者第三人。4. 还存在双方串通的情形。企业法定代表人虽以企业名义签订借款合同，企业成为合同一方，但出借人知道或者应当知道法定代表人为其本人借款，或者双方恶意串通，损害企业合法权益，企业法定代表人是以名义上的职务行为达到个人目的，其本人的责任不能免除，应当由其本人承担民事责任。因此，最高人民法院在制定《关于审理民间借贷案件适用法律若干问题的规定》时，依据

《民法通则》第 38 条[①]关于法定代表人的规定与《合同法》第 52 条[②]关于合同无效的规定，在《关于审理民间借贷案件适用法律若干问题的规定》第 23 条中明确规定："企业法定代表人或负责人以企业名义与出借人签订民间借贷合同，出借人、企业或者其股东能够证明所借款项用于企业法定代表人或负责人个人使用，出借人请求将企业法定代表人或负责人列为共同被告或者第三人的，人民法院应予准许。企业法定代表人或负责人以个人名义与出借人签订民间借贷合同，所借款项用于企业生产经营，出借人请求企业与个人共同承担责任的，人民法院应予支持。"

六、企业不能以其对法定代表人的任命不符合企业章程规定为由对抗善意第三人

司法实践中，经常会遇到这样的问题，即虽然企业法定代表人签订了合同，但企业以其法定代表人的任命不符合企业章程规定为由进行抗辩。公司章程是作为社团的公司的自治性法规。依我国《公司法》的相关规定，设立公司必须依法制定公司章程。公司章程对公司、股东、董事、监事、高级管理人员具有约束力。也就是说，通常而言，公司章程只对公司内部人员具有约束力，而不能对抗善意第三人。由于公司是一个高度集中的巨额资本的集合体，涉及社会的许多行业和国家的重要经济命脉，国家从保护社会利益、国家利益和善意第三人合法权益的角度，对于公司的发展不可能采取放任的态度，而是加强了国家的经济干预，《公司法》对此有明确的规定。所谓善意第三人是指与公司进行正常业务交往的个人和经济组织。而"善意"作为民法意义上抽象概念，通常指行为人在从事民事行为时，认为其行为合法，或者认为相对方具有合法权利、行为合法的一种心理状态。《物权法司法解释一》第 15 条第 1 款明确规定："受让人受让不动产或动产时，不知道转让人无处分权，且无重大过失的，应当认定受让人为善意。"可见，善意第三人的"善意"，是指受让人不知道，且不应当知道转让人无处分权。保护善意第三人的合法权益，是为了防止犯罪分子利用公司制度进行欺诈、胁迫活动，维护社会正常商业交往的安全。对于恶意的第三人、没有合法正常的业务交往的违法者，则要予以严惩，这样才能保障整个社会经济秩序的稳定。世界各国的普遍做法是，公司不能以其对法定代表人或者其他负责人的任命不符合公司章程规定的程序和条件为由对抗善意第三人。如在英国，只要代表公司进行交易的人是实际上有权或者应当有权的公司机关或负责人任命的，则无论该职员的任命是否符合公司章程规定的条件和程序，善

---

① 《民法通则》第 38 条规定："依照法律或者法人组织章程规定，代表法人行使职权的负责人，是法人的法定代表人。"

② 《合同法》第 52 条规定："有下列情形之一的，合同无效：……（二）恶意串通，损害国家、集体或者第三人利益；……"

意第三人有权要求公司对该职员的行为负责。[①] 法律之所以这样规定，主要是为了增进交易的速度，减少交易的成本。如果不作这样规定，从反面来理解，则可能是要求第三人在与公司进行交易时，都必须调查代表公司进行交易的人其手续是否是通过正常程序任命，对于第三人而言，一是这种调查很困难，极大地增加了交易成本和工作量；二是影响交易的速度，不利于交易的迅速进行。对于法定代表人的任命违背了公司章程的规定，只是违背了公司的内部规定，对于善意第三人而言，其与第三人的交易属于越权代表。对此，我国《合同法》第50条规定："法人或者其他组织的法定代表人、负责人超越权限订立的合同，除相对人知道或者应当知道其超越权限的以外，该代表行为有效。"由此可见，因代表行为超越法律或者章程的规定而订立的合同，原则上为有效合同。同理，由于法定代表人的任命不符合公司章程的规定，但相对人如果是善意的，其无从得知这一事实，由此与法定代表人进行的交易，也应当认定为有效。[②]

七、仅有法定代表人签字并无公司印章的合同效力认定

在我国，民事主体包括自然人、法人、其他组织和国家等。[③] 合同当事人签字应包括自然人的签字或法人的法定代表人以及其他组织的负责人的签字，盖章则包括自然人的姓名章及法人或其他组织的印章。我国《合同法》第32条规定："当事人采用合同书形式订立合同的，自双方当事人签字或者盖章时合同成立。"因此，当事人签字或盖章即表明要约与承诺的完成，当事人对合同书所证明的合同内容予以认可，双方就合同的权利义务达成合意，其直接法律效力即为确定合同的成立。在我国，自然人姓名章的使用在订立合同时尚不普遍，自然人从事法律行为主要通过签名的形式进行。而法人或其他组织作为拟制主体，不具备自然人的物理特征，无法进行自然人所进行的签字，因此，法人或其他组织同意订立合同的意思表示通过盖章予以确定。公章即是法人或其他组织的标志，法人或其他组织的盖章即等同于法人或其他组织的意思表示，具备和自然人签字一样的法律效力。此外，《民法通则》第34条第2款规定："合伙人可以推举负责人。合伙负责人和其他人员的经营活动，由全体合伙人承担民事责任。"第38条规定："依照法律或者法人组织章程规定，代表法人行使职权的负责人，是法人的法定代表……"第43条规

---

① 江平、李国光主编：《最新〈公司法〉案例评析》，人民法院出版社2006年版，第97页。

② 参见最高人民法院民事审判第一庭：《最高人民法院民间借贷审判实务指导与疑难解答》，中国法制出版社2015年版，第259页。

③ 王利明主编：《民法》，中国人民大学出版社2000年版，第42页。

定:“企业法人对它的法定代表人和其他工作人员的经营活动,承担民事责任。”据此,可以认定,法人的法定代表人和其他组织的负责人的签字可代表单位或其他组织的意思表示,具备和盖章同等的法律效力。

公司印章在我国经济生活中的使用非常普遍,对此,学界存在不同认识。有的认为在现代社会中,公司的印章比法定代表人的签名更容易伪造,而且我国独特的印章商业文化和国际惯例不符,容易在国际商业往来中造成不便。[1] 有的认为公司印章与物权的公示制度有异曲同工之妙,免去了交易相对人的调查成本,有利于促进交易发生,并且与法定代表人同时作用于公司意思表示,可以产生相互制约的效果,防止法定代表人滥用其法律地位进行有损于公司的意思表示。[2] 无论公司印章的褒贬功过如何,对于经济生活中的印章崇拜,有必要对公司文件是否一律加盖公司印章才有效予以澄清。我国《公司法》对涉及公司印章的规定共有 6 条,分别是第 25 条第 2 款规定:“股东应当在公司章程上签名、盖章。”第 31 条第 2 款规定:“出资证明书由公司盖章。”第 37 条第 2 款规定:“对前款所列事项股东以书面形式一致表示同意的,可以不召开股东会会议,直接作出决定,并由全体股东在决定文件上签名、盖章。”第 85 条规定:“发起人向社会公开募集股份,必须公告招股说明书,并制作认股书。认股书应当载明本法第八十六条所列事项,由认股人填写认购股数、金额、住所,并签名、盖章。认股人按照所认购股数缴纳股款。”第 128 第 3 款规定:“股票由法定代表人签名,公司盖章。”第 155 条规定“公司以实物券方式发行公司债券的,必须在债券上载明公司名称、债券票面金额、利率、偿还期限等事项,并由法定代表人签名,公司盖章。”同时,《公司登记管理条例》亦有三个条文对公司印章予以规范,即第 25 条规定:“依法设立的公司,由公司登记机关发给《企业法人营业执照》。公司营业执照签发日期为公司成立日期。公司凭公司登记机关核发的《企业法人营业执照》刻制印章,开立银行账户,申请纳税登记。”第 47 条第 2 款规定:“设立分公司,应当向公司登记机关提交下列文件:(一)公司法定代表人签署的设立分公司的登记申请书;(二)公司章程以及加盖公司印章的《企业法人营业执照》复印件;……”第 48 条规定:“分公司变更登记事项的,应当向公司登记机关申请变更登记。申请变更登记,应当提交公司法定代表人签署的变更登记申请书。变更名称、经营范围的,应当提交加盖公司印章的《企业法人营业执照》复印件,分公司经营范围中属于法律、行政法规或者国务院决定规定在登记前须经批准的项目的,还应当提交有关批准文件。变更营业场所

---

① 杨继:“中国股份公司法定代表人制度的存废”,载《现代法学》2014 年第 6 期。

② 王倩雯:“公司印章法律问题研究”,中国政法大学 2005 年硕士毕业论文。

的，应当提交新的营业场所使用证明。变更负责人的，应当提交公司的任免文件以及其身份证明。公司登记机关准予变更登记的，换发《营业执照》。”此外，《合同法》第32条规定：“当事人采用合同书形式订立合同的，自双方当事人签字或者盖章时合同成立。”而关于公司印章规定最为明确的莫过于《票据法》，该法第4条第1款规定：“票据出票人制作票据，应当按照法定条件在票据上签章，并按照所记载的事项承担票据责任。”第7条规定：“票据上的签章，为签名、盖章或者签名加盖章。法人和其他使用票据的单位在票据上的签章，为该法人或者该单位的盖章加其法定代表人或者其授权的代理人的签章。在票据上的签名，应当为该当事人的本名。”从法律基本原理和我国整个法律体系看，公司印章与公司法定代表人的签字都是表达公司意思的一种方式，两者之间并没有实质上的区别，可以认为公司印章是公司法定代表人选择表达意思的一种方式，与公司法定代表人的签字具有同等的效果。但是，我国有的法律规范对公司印章作了强制规定，此时公司印章就不再是公司法定代表人表达意思的一种选择方式，而是公司表达意思的必备形式和必备条件，比如上述《公司法》第25条、第31条、第37条、第85条、第128条、第155条，《公司登记管理条例》第47条、第48条以及《票据法》第7条。因此，通常加盖公司印章不是公司文件生效的必要条件，但是如果法律作出了特别的强制规定，则未加盖公司印章的公司文件不能发生法律效力。我国经济生活中，很多行政机关乃至法院要求公司文件必须加盖公司印章，这显然是对公司印章本质的误解，且其并无法律规定，应当予以纠正。①

【典型案例】

大拇指环保科技集团（福建）有限公司与中华环保科技集团有限公司股东出资纠纷案

上诉人（原审被告）：中华环保科技集团有限公司（SINO-ENVIRONMENT TECHNOLOGY GROUP LIMITED）。

法定代表人：Hamish Alexander Christie，该公司清盘人。

被上诉人（原审原告）：大拇指环保科技集团（福建）有限公司。

法定代表人：洪臻，该公司董事长。

〔基本案情〕

上诉人中华环保科技集团有限公司（以下简称环保科技公司）因与被上诉人大拇指环保科技集团（福建）有限公司（以下简称大拇指公司）股东出资纠纷一案，

---

① 参见最高人民法院民事审判第一庭：《最高人民法院民间借贷审判实务指导与疑难解答》，中国法制出版社2015年版，第262页。

不服福建省高级人民法院（以下简称福建高院）于2013年12月18日作出的（2013）闽民初字第43号民事判决，向最高人民法院提起上诉。最高人民法院受理后，依法组成合议庭于2014年6月11日公开开庭对本案进行了审理，环保科技公司的委托代理人丹平原、邓慧琼，大拇指公司的委托代理人邓志煌、夏小莉到庭参加诉讼。本案现已审理终结。

大拇指公司于2012年4月27日向福州市中级人民法院（以下简称福州中院）起诉称：大拇指公司系由注册于新加坡的环保科技公司在中国设立的外商独资企业，于2000年6月30日取得营业执照，注册资本1.3亿元人民币（以下币种同）。2008年6月30日，大拇指公司经批准注册资本增至3.8亿元，增资部分分期至2010年8月3日缴清。至2009年5月19日，实收注册资本为185221300元，此后环保科技公司未再缴纳。2010年8月18日，大拇指公司向福州中院提起另案诉讼，要求环保科技公司先行支付增资款4900万元，该案判决生效后，环保科技公司于2011年10月31日支付了49395110.4元，至此，环保科技公司实际缴付的出资额为234616431.4元，仍欠缴增资款45383568.6元。据此，请求判令环保科技公司履行股东出资义务，缴付增资款4500万元。福州中院受理后，环保科技公司提出管辖权异议，福州中院裁定驳回其异议，环保科技公司不服，提起上诉，福建高院作出（2013）闽民终字第357号民事裁定，本案由该院管辖。

福建高院经审理查明：

大拇指公司于2004年经福建省人民政府商外资字〔2004〕0009号文件批准，取得了《中华人民共和国外商投资企业批准证书》，企业类型为外国法人独资的有限责任公司。该公司自成立始，公司的名称、住所、法定代表人、股东名称、投资总额与注册资本等进行了数次变更。2005年9月起至今，该公司股东为环保科技公司。2012年12月18日，大拇指公司的法定代表人变更登记为洪臻。

2008年6月30日，福建省对外贸易经济合作厅作出闽外经贸资〔2008〕251号《关于大拇指环保科技集团（福建）有限公司增加投资的批复》，同意大拇指公司投资总额由2.3亿元增至5亿元，注册资本由1.3亿元增至3.8亿元，增资部分应按公司修订章程规定的期限到资，并核准了大拇指公司就上述变更事项签订的《补充章程》。《补充章程》就增资款及缴纳时间载明：增资部分全部由环保科技公司以等值外汇现金投入，首期缴付不低于20%的新增注册资本，余额在变更营业执照签发之日起两年内缴清。

2008年7月16日，环保科技公司向大拇指公司缴纳了首期增资款50560381元；2009年5月19日，环保科技公司向大拇指公司缴纳了第二期增资款4660940元，至此，大拇指公司实收注册资本为185221300元。2010年8月18日，大拇指公司向福州中院提起另案诉讼，请求判令环保科技公司先行支付增资款4900万元，福州中院判决支持了大拇指公司的诉讼请求，环保科技公司不服提起上诉后，福建高院于

2011年8月31日作出（2011）闽民终字第446号（以下简称446号案）民事判决，驳回上诉，维持原判。环保科技公司于2011年10月31日按照生效判决支付了增资款49395110.4元。大拇指公司于2012年3月12日办理了营业执照变更登记，变更后，大拇指公司的注册资本为3.8亿元，实收资本234616431.4元。至2013年7月25日，环保科技公司对大拇指公司尚有145383568.6元的出资款未到位。

2012年5月31日，福州中院根据大拇指公司的申请，作出（2012）榕民初字第252-1号民事裁定，对环保科技公司的银行存款4500万元进行了保全。2013年11月22日，福建高院应大拇指公司的请求，作出（2013）闽民初字第43-1号民事裁定，继续保全环保科技公司名下总价值不超过4500万元的财产。

该院另查明：

环保科技公司于2001年在新加坡注册成立，公司类别为有限股份上市公司。2010年6月4日，新加坡高等法院作出法庭命令，应环保科技公司的申请，裁定环保科技公司进入司法管理程序，委任Seshadri Rajogpalan先生和余明缘（Ee Meng Yen Angela）女士为环保科技公司的共同及个别司法管理人，主管公司的日常事务、业务及财产，以便对公司进行整顿或者保留其全部或部分业务以便公司可持续经营，及（或）取得比解散企业更有利的企业资产变现等。

2012年3月1日，新加坡高等法院作出法庭命令，根据环保科技公司的司法管理人Seshadri Rajogpalan和余明缘的申请，裁定将2010年6月4日作出的司法管理命令延期至2012年5月2日，批准Seshadri Rajogpalan和余明缘辞任环保科技公司的司法管理人之职，并委任Hamish Alexander Christie自本命令之日起担任环保科技公司的司法管理人，其中包含了继续进行由前司法管理人在原诉传票中提起的任何诉讼或法律程序等。

环保科技公司在446号案提供的新加坡腾福律师事务所对新加坡公司法所规定的司法管理制度的《法律意见》表明：1. 新加坡公司法所规定的司法管理程序系有关人士向新加坡高等法院提出申请以将一家公司置于司法管理程序。设计司法管理制度的目的是为了使那些无法按时偿还到期债务的公司获得一定的喘息空间，以便其在该制度的监管下获得一定的机会以重新恢复其财务实力或者更好地实现其资产的价值，而不是直接被置于清盘情形。2. 如果新加坡高等法院认为公司确实已经或者将要无法偿还到期债务，且发布有关法庭命令将有机会使得如下三个目的中的一个或者多个得到实现，那么高等法院会针对有关公司发布司法管理命令，使公司存续，或者使公司的部分或全部业务持续经营；根据新加坡公司法而许可有关公司与其债权人达成妥协方案；或与清盘相比较，有关公司资产的价值能够得到更好的实现。3. 当法庭发布司法管理的命令且在该命令持续有效的期间，不得通过决议或者命令的方式使得公司进行清盘。

2012年5月16日，环保科技公司向福州中院起诉大拇指公司、田垣、陈斌和潘成土与公司有关的纠纷，提出了确认环保科技公司任免大拇指公司董事、监事、法定代表人的决议合法有效等诉讼请求。福州中院就该案已于2013年9月17日作出（2012）榕民初字第268号（以下简称268号案）一审判决：一、确认环保科技公司于2012年3月30日作出的《书面决议》和《任免书》有效；二、大拇指公司应于判决生效之日起十日内办理法定代表人、董事长、董事的变更登记和备案手续，将大拇指公司的法定代表人、董事长变更为保国武（Cosimo Borrelli），董事变更为保国武、徐丽雯、宋宽；三、驳回环保科技公司的其他诉讼请求。

2013年5月7日，环保科技公司向福州市鼓楼区人民法院（以下简称鼓楼区法院）起诉福建省工商行政管理局和大拇指公司，请求撤销大拇指公司法定代表人由田垣变更为洪臻的行为及相关行政登记，案号为（2013）鼓行初字第167号（以下简称167号案）。鼓楼区法院于2014年3月20日裁定中止诉讼，理由是该案需以（2012）榕民初字第268号案的审理结果为依据。

2013年6月26日，环保科技公司向福州中院起诉孙江榕、洪臻，请求判令两人就擅自将大拇指公司法定代表人由田垣变更为洪臻等行为停止侵权、赔礼道歉、消除影响和赔偿损失，案号为（2013）榕民初字第753号（以下简称753号案）。

2012年11月28日和2013年7月10日，保国武以环保科技公司法定代表人名义分别向福建省工商行政管理局、福州市鼓楼区对外贸易经济合作局递交《关于大拇指环保科技集团（福建）有限公司减资事宜的申请》。

2013年12月5日，环保科技公司向鼓楼区法院起诉福州市鼓楼区对外贸易经济合作局不履行行政批准法定职责，该案已由鼓楼区法院受理。

〔一审裁判理由与结果〕

福建高院认为：

本案是股东出资纠纷，环保科技公司是在新加坡注册成立的外国法人，故本案为涉外民商事案件。本案纠纷发生地在福州市，根据最高人民法院《关于涉外民商事案件诉讼管辖若干问题的规定》第一条第五项、第三条第一项的规定及福建高院《关于全省法院涉外民商事案件诉讼管辖若干问题的规定》，该院对本案有管辖权。关于本案的法律适用，主要涉及两个方面，一是环保科技公司的民事权利能力及民事行为能力事项，环保科技公司系在新加坡登记的法人，根据《中华人民共和国涉外民事关系法律适用法》第十四条第一款“法人及其分支机构的民事权利能力、民事行为能力、组织机构、股东权利义务等事项，适用登记地法律”的规定，应适用新加坡法律；二是大拇指公司系在中国注册的外商独资企业，属于中国法人，环保科技公司作为大拇指公司的唯一股东，对大拇指公司行使包含出资在内的相关权利义务应适用中国法律。

一、关于大拇指公司起诉的意思表示是否真实的问题

大拇指公司系中国法人，其起诉状及其委托律师参加诉讼的授权委托书均加盖

了该公司的公章，环保科技公司对大拇指公司公章的真实性没有提出异议，仅以环保科技公司作为唯一股东已经就大拇指公司包括法定代表人、董事在内的管理层进行更换，新任的大拇指公司"法定代表人"向法庭作出撤诉的意思表示，因大拇指公司实际控制人拒不交出公章，导致新"法定代表人"无法就撤诉申请盖章等为由，否定大拇指公司提起本案诉讼的意思表示。该院认为，在适用中国法律的前提下，工商登记的信息具有公示公信的效力。认定大拇指公司的法定代表人仍应以工商登记为准，在无证据证明保国武被登记为大拇指公司的法定代表人前，其代表大拇指公司作出撤诉的意思表示不具有法律效力，故不予认可。大拇指公司提起诉讼的目的在于请求其唯一股东履行增资所确定的出资义务，环保科技公司不予主动履行，反而向有关部门提出减资申请，以抵销大拇指公司的请求，环保科技公司与大拇指公司显然存在利益冲突。在此情况下，大拇指公司起诉主张权利，起诉状及授权委托书盖有公司公章，并不违反中国法律规定，亦不能就此否认大拇指公司提起本案诉讼系真实意思。因此，环保科技公司关于大拇指公司起诉没有法律效力的抗辩主张不成立，不予采纳。

二、关于本案是否违反"一事不再理"原则的问题

2008年6月30日福建省对外贸易经济合作厅闽外经贸资〔2008〕251号批复对大拇指公司增资的申请予以核准后，增资财产权利归属于大拇指公司。在没有证据显示大拇指公司未就增资款项全额、一次性提出请求将损害该公司及其债权人利益的情况下，大拇指公司作为独立法人，有独立的民事权利能力，有权在可增资范围内合法、善意地主张民事权利，自主决定诉讼金额。大拇指公司虽于2010年8月18日起诉提出4900万元的出资请求，且经生效的民事判决支持该诉讼请求，但其在本案另行提起的4500万元的出资请求，据以起诉的事实基础即未到位的增资款数额已经改变，并且4900万元的诉讼请求与本案4500万元的诉讼请求，分属于上述批复项下的增资款的不同组成部分，前者不能替代或涵盖后者。因此，本案大拇指公司的起诉不违反"一事不再理"原则。

三、关于本案是否应中止审理的问题

环保科技公司主张本案应中止诉讼，主要理由是本案的审理需要以前述268号案、167号案、753号案的审理结果为依据，环保科技公司还主张本案审理应等待环保科技公司通过大拇指公司名义申请减资的结果。一审庭审后，环保科技公司补充提交了其起诉福州市鼓楼区对外贸易经济合作局不履行行政批准法定职责，请求行政机关立即履行大拇指公司减资行政初审法定职责的诉讼资料作为证据，坚持主张本案诉讼应中止。该院认为，环保科技公司在上述四个案件中的诉讼请求，前三案请求指向的是大拇指公司董事、监事、法定代表人委派、变更登记及是否有侵权行为等事项，与环保科技公司的减资请求无直接、实质的关联；第四个案件是环保科技公司起诉减资审批机关不作为的行政诉讼，请求是责令行政机关立即履行减资的

行政初审法定职责，并非要求行政机关履行减资审批手续。即使环保科技公司的诉讼请求获得支持，行政机关履行的也只是初审的法定职责，并不必然引起大拇指公司减资申请得以核准的结果。换言之，大拇指公司的减资申请仍需行政机关依法审查后决定是否核准。目前，在没有证据显示行政机关已经就大拇指公司减资事项作出有效核准的情况下，福建省对外贸易经济合作厅于2008年6月30日作出的闽外经贸资〔2008〕251号批复仍具有法律效力，应以此作为定案的依据。因此，环保科技公司提出的四个诉讼案件，其结果如何并不当然影响本案环保科技公司的出资义务，亦不影响本案出资纠纷的审理。本案的审理也无须等待环保科技公司通过大拇指公司名义申请减资的结果。本案不具有《中华人民共和国民事诉讼法》第一百五十条规定的中止诉讼的情形，对环保科技公司中止本案诉讼的抗辩主张不予支持。

四、关于本案的出资责任问题

环保科技公司系新加坡法人，在中国境内设立外商独资企业大拇指公司，其作为股东对大拇指公司的出资应适用中国法律。大拇指公司于2008年经报外商投资企业审批机关福建省对外贸易经济合作厅批准增资，增资的程序合法有效，环保科技公司应遵守中国法律按时、足额履行对大拇指公司的出资义务。根据查明的事实，环保科技公司对大拇指公司尚有145383568.6元的出资款未到位。环保科技公司未履行股东足额缴纳出资的法定义务，侵害了大拇指公司的法人财产权，大拇指公司有权要求环保科技公司履行出资义务，补足出资。就环保科技公司出资不足全额，大拇指公司在本案中仅主张环保科技公司缴纳4500万元，并不违反法律规定，应予支持。

综上，该院依照《中华人民共和国公司法》第二十八条第一款、第一百七十九条第一款①、第二百一十八条②，《中华人民共和国外资企业法》第四条第二款，《中华人民共和国外资企业法实施细则》第二十二条及最高人民法院《关于适用〈中华人民共和国公司法〉若干问题的规定（三）》第十三条第一款之规定，判决：环保科技公司应于判决生效之日起十日内向大拇指公司缴纳出资款4500万元。一审案件受理费266800元、财产保全费5000元由环保科技公司负担。

〔当事人上诉及答辩理由〕

环保科技公司不服原审判决，向最高人民法院提起上诉称：一、保国武为大拇指公司合法的现任董事长。大拇指公司的起诉状和授权委托书是无权人员盗用公司公章而为，未经合法的法定代表人同意，不能代表大拇指公司的真实意思，起诉无效。保国武签署的撤诉申请是大拇指公司的真实意思，应予准许。二、本案处理需要以其他案件的审理结果和减资申请的结果为依据，故本案应当中止审理，在查明

① 对应2014年新《公司法》第178条第1款。
② 对应2014年新《公司法》第217条。

相关事实后再恢复审理。三、大拇指公司再次请求环保科技公司履行出资义务，此次起诉构成重复起诉，违反了“一事不再理”原则，应当驳回其起诉。四、因孙江榕等大拇指公司的实际控制人恶意阻挠，导致减资申请未获准许，但减资是环保科技公司的真实意思，大拇指公司作为环保科技公司的全资子公司应服从母公司的减资决议，其阻挠行为侵犯了中国公司法赋予股东的相关权利。故请求撤销原判，驳回大拇指公司的起诉或准许保国武代表大拇指公司撤回起诉；如不能支持前述请求，则中止审理本案或驳回大拇指公司的全部诉讼请求。

大拇指公司答辩称：一、工商登记载明的大拇指公司法定代表人洪臻有权代表大拇指公司提起本案诉讼。按照中国现行法律规定，大拇指公司新任的法定代表人须经合法登记后，方可行使法定代表人职权，环保科技公司司法管理人任命的所谓法定代表人保国武未依法进行变更登记，故不能行使法定代表人职权，亦无权申请撤诉。二、大拇指公司在环保科技公司前次出资之后，根据经营需要与公司章程，再行要求环保科技公司履行出资义务，不违反法律规定，故本案诉讼不违反“一事不再理”原则。三、环保科技公司提出的中止诉讼的理由不能成立，本案不应中止审理，反而应尽快审理以保护大拇指公司的合法财产权。四、环保科技公司的减资申请应履行相应的核准程序，在未获得核准前，环保科技公司仍应履行其法定的出资义务。故请求驳回上诉，维持原判。

〔最高人民法院查明的事实〕

二审庭审中，本案双方当事人对原审查明的事实明确表示没有异议，最高人民法院予以确认。

最高人民法院另查明：2011 年 1 月 20 日，环保科技公司的司法管理人作出书面决议，将大拇指公司的法定代表人田垣变更为何昱均（Ho Yuk Kwan），将董事田垣、潘成土、陈斌变更为 Seshadri Rajagopalan、余明缘、何昱均。2012 年 3 月 30 日，环保科技公司的司法管理人再次作出书面决议和任免书，免去何昱均大拇指公司董事长及法定代表人职务，委派保国武为大拇指公司董事长和法定代表人，免去 Seshadri Rajagopalan、余明缘、何昱均三人的大拇指公司董事职务，委派保国武、徐丽雯、宋宽三人为大拇指公司董事，任期均为三年。

2013 年 1 月 11 日，新加坡高等法院作出 ORC 336/2013 清盘令，任命 Hamish Alexander Christie 等三人为环保科技公司的共同及个别清盘人。清盘令规定，清盘人被授权行使新加坡公司法 272（1）（a）至 272（1）（e）中规定的任何权力。

新加坡公司法 227G（2）规定，在司法管理命令生效期间内，由本法或公司组织章程大纲或组织章程细则赋予董事的所有权力及赋予董事的所有职责，均由司法管理人而非董事行使及履行，但本款并未规定司法管理人须召开任何公司会议。

新加坡公司法 272（2）（a）规定，清盘人可以公司名义代表公司提起或抗辩任何诉讼或其他法律程序。

最高人民法院另查明的上述事实所对应的证据已经在一审庭审时进行质证，原审法院进行了确认，但并未作为查明的事实予以认定。

最高人民法院还查明：Hamish Alexander Christie 在担任环保科技公司司法管理人期间，于 2012 年 7 月 19 日签署授权委托书，委托丹平原、邓慧琼律师作为环保科技公司的委托代理人参加本案一审、二审、执行等所有程序。

二审庭审时，大拇指公司对环保科技公司的诉讼代表权及委托代理人资格提出了异议，认为清盘人权力仅限于法院清盘令授权范围，并不包括新加坡公司法 272（2）（a）规定的权力，故清盘人无权代表环保科技公司参加本案诉讼。

〔最高人民法院的裁判理由与结果〕

最高人民法院认为：

本案为涉外股东出资纠纷。根据《中华人民共和国涉外民事关系法律适用法》第十四条第一款"法人及其分支机构的民事权利能力、民事行为能力、组织机构、股东权利义务等事项，适用登记地法律"的规定，环保科技公司的司法管理人和清盘人的民事权利能力及民事行为能力等事项，应当适用环保科技公司的登记地即新加坡法律；大拇指公司提起本案诉讼的意思表示是否真实以及股东出资义务等事项，应当适用中国法律。

根据本案双方当事人的上诉及答辩意见并经双方当事人共同确认，本案二审审理的争议焦点为：一、双方当事人的诉讼代表权以及代理人的代理资格是否有效；二、本案是否应当中止审理；三、大拇指公司提起本案诉讼的意思表示是否真实，即工商登记的法定代表人与股东任命的法定代表人谁能代表大拇指公司的意志；四、本案是否违反"一事不再理"原则；五、环保科技公司是否应当履行出资义务。

一、关于本案双方当事人的诉讼代表权以及代理人的代理资格是否有效的问题

《中华人民共和国民事诉讼法》第四十八条第二款规定，"法人由其法定代表人进行诉讼"。环保科技公司系新加坡法人，其已经按照新加坡法律先后进入司法管理以及清盘程序，环保科技公司的司法管理人以及清盘人是否有权代表公司参加本案诉讼，应当按照新加坡法律的有关规定进行认定。根据新加坡公司法 227G（2）以及 272（2）（a）的规定，环保科技公司的司法管理人以及清盘人均有权代表公司进行相关诉讼，亦有权委托代理人参加诉讼。因此，大拇指公司就环保科技公司诉讼代表权及其代理人资格提出的异议不能成立。

大拇指公司系中国法人，其提供了中国工商行政管理机关登记的法定代表人的身份证明，并提供了加盖大拇指公司公章的授权委托书，符合中国民事诉讼法的有关规定，大拇指公司的代理人有权参加本案诉讼。环保科技公司就大拇指公司的代理人资格提出的异议亦不能成立。

二、关于本案是否应当中止审理的问题

环保科技公司在本案一审受理后另行提起了数个关联诉讼，虽然部分案件涉及

大拇指公司法定代表人是否适格的问题，但本案的争议焦点之一就是工商登记的法定代表人与股东任命的法定代表人谁能代表大拇指公司意志的问题。鉴于环保科技公司在本案中已经就该问题提出了实质性抗辩，本案审理范围当然包括大拇指公司法定代表人是否适格的问题，本案应当对该问题作出认定，无需以其他案件的审理结果为依据。因此，本案不存在中国民事诉讼法规定的中止审理的情形，环保科技公司关于本案应中止审理的上诉理由不能成立，对其该项主张不予支持。

三、关于大拇指公司提起本案诉讼的意思表示是否真实的问题

大拇指公司是环保科技公司在中国境内设立的外商独资企业，按照2005年修订的《中华人民共和国公司法》和《中华人民共和国外资企业法》及其实施细则的有关规定，大拇指公司属于一人公司，其内部组织机构包括董事和法定代表人的任免权均由其唯一股东环保科技公司享有。

环保科技公司进入司法管理程序后，司法管理人作出了变更大拇指公司董事及法定代表人的任免决议。根据新加坡公司法227G的相关规定，在司法管理期间，公司董事基于公司法及公司章程而获得的权力及职责均由司法管理人行使及履行。因此，本案中应当对环保科技公司的司法管理人作出的上述决议予以认可。

根据《中华人民共和国公司法》第四十七条第二项①的规定，公司董事会作为股东会的执行机关，有义务执行股东会或公司唯一股东的决议。大拇指公司董事会应当根据其唯一股东环保科技公司的决议，办理董事及法定代表人的变更登记。由于大拇指公司董事会未执行股东决议，造成了工商登记的法定代表人与股东任命的法定代表人不一致的情形，进而引发了争议。

《中华人民共和国公司法》第十三条规定，公司法定代表人变更应当办理变更登记。本院认为，法律规定对法定代表人变更事项进行登记，其意义在于向社会公示公司意志代表权的基本状态。工商登记的法定代表人对外具有公示效力，如果涉及公司以外的第三人因公司代表权而产生的外部争议，应以工商登记为准。而对于公司与股东之间因法定代表人任免产生的内部争议，则应以有效的股东会任免决议为准，并在公司内部产生法定代表人变更的法律效果。因此，环保科技公司作为大拇指公司的唯一股东，其作出的任命大拇指公司法定代表人的决议对大拇指公司具有拘束力。

本案起诉时，环保科技公司已经对大拇指公司的法定代表人进行了更换，其新任命的大拇指公司法定代表人明确表示反对大拇指公司提起本案诉讼。因此，本案起诉不能代表大拇指公司的真实意思，应予驳回。环保科技公司关于本案诉讼的提起并非大拇指公司真实意思的上诉理由成立。

鉴于大拇指公司的起诉应予驳回，对于保国武代表大拇指公司申请撤诉是否应

① 对应2014年新《公司法》第46条第2项。

予准许、本案是否违反“一事不再理”原则以及环保科技公司是否应当履行出资义务等问题，均无需再行审理。

综上所述，环保科技公司的上诉理由成立，对其上诉请求本院予以支持。原审判决适用法律错误，应予撤销。最高人民法院依照《中华人民共和国民事诉讼法》第一百七十条第一款第二项，最高人民法院《关于适用〈中华人民共和国民事诉讼法〉若干问题的意见》第一百八十六条之规定，裁定如下：

一、撤销福建省高级人民法院（2013）闽民初字第43号民事判决；

二、驳回大拇指环保科技集团（福建）有限公司的起诉。

一审案件受理费266800元，退回大拇指环保科技集团（福建）有限公司，财产保全费5000元，由大拇指环保科技集团（福建）有限公司负担；二审案件受理费266800元，退回中华环保科技集团有限公司。

该裁定为终审裁定。

第十章 股东会

规则12：未经公司有效的股东会决议通过的虚假增资行为应认定为无效，公司原有股东股权比例应保持不变

——黄伟忠与陈强庆等股东资格确认纠纷案①

【裁判规则】

未经公司有效的股东会决议通过，他人虚假向公司增资以“稀释”公司原有股东股份，该行为损害原有股东的合法权益，即使该出资行为已被工商行政机关备案登记，仍应认定为无效，公司原有股东股权比例应保持不变。

【规则理解】

一、股东会的概念以及法律意义

（一）股东会的概念

股东会，也称为股东大会，是指依法由全体股东组成的公司权力机构。

（二）股东会的法律意义

按照公司法和公司法学原理，股东会具有以下法律意义：

1. 股东会是公司的最高权力机关，并在法定范围内行使职权

我国《公司法》第36条规定：“有限责任公司股东会由全体股东组成，股东会是公司的权力机构，依照本法行使职权。”第98条规定：“股份有限公司股东大会由全体股东组成，股东大会是公司的权力机构，依照本法行使职权。”股东会作为公司的组织机构之一，在公司组织机构中的地位中，是公司的最高权力机关。公司法赋予股东会较大的职权：权选举和罢免董事、监事，有权修改公司章程，有权决定公司的经营方针和投资计划，董事会和监事会都需要对其负责。但股东会也并非能够对公司所有重要决策大权独揽，各国公司法对股东会与董事会的职权进行了不同的分配，股东会亦需要在法定范围内行使职权。

---

① 《中华人民共和国最高人民法院公报》2015年第5期。

2. 股东会是依公司法必须设立的公司组织机构，但不是常设机构

作为公司法规定的组织机构，股东会的设立受法律强制性的约束。但是，针对特殊类型的公司，公司法有时也会灵活地作出特殊规定，如我国规定外商投资设立的有限责任公司只设立董事会，由董事会代行股东会的权力；国有独资公司不设股东会，而由国有资产监督管理机构行使股东会职权或授权董事会行使股东会的部分职权。但是，关于股东会是否是常设机构，我国学者有不同意见。[①]。更多的学者认为，由于股东会权力行使必须以召集会议方式方可进行，因而其并非常设机构。[②]

3. 股东会须由全体股东组成，不区分股东的股资多少

股东会由公司的每一位股东组成，不应排除任何一个股东，哪怕是仅仅持有一股的股东。但作为公司机关的股东会与作为股东会议的股东会两者内涵并不相同，前者由全体股东组成，是公司的权力机关；而后者则是股东行使权力并形成统一意志的方式，分为年会和临时会议，它并不要求全体股东必须出席。

二、股东会的职权

股东会作为公司最高权力机构，其职权有法定职权和章程规定职权两类：

（一）法定职权

关于法定职权，各国公司法规定较为相似。我国《公司法》第37条和第99条规定，在我国《公司法》中，关于有限责任公司股东会的职权规定如下：1. 决定公司的经营方针和投资计划；2. 选举和更换非由职工代表担任的董事、监事，决定有关董事、监事的报酬事项；3. 审议批准董事会的报告；4. 审议批准监事会或者监事的报告；5. 审议批准公司的年度财务预算方案、决算方案；6. 审议批准公司的利润分配方案和弥补亏损方案；7. 对公司增加或者减少注册资本作出决议；8. 对发行公司债券作出决议；9. 对公司合并、分立、解散、清算或者变更公司形式作出决议；10. 修改公司章程；11. 公司章程规定的其他职权。对前款所列事项股东以书面形式一致表示同意的，可以不召开股东会会议，直接作出决定，并由全体股东在决定文件上签名、盖章。上述职权归纳起来有以下五个方面自内容：[③]

1. 投资经营决定权。它是指股东会有权对公司的投资计划和经营方针作出决定。公司的投资计划和经营方针是公司经营的目标方向和资金运用的长期计划，这样的计划和方针是否可行，是否给公司带来盈利并给股东带来盈利，影响股东的收

---

① 参见柯芳枝：《公司法论》，中国政法大学出版社2004年版，第206页。

② 范健、王建文：《公司法》（第四版），法律出版社2015年版，第330页。

③ 法律出版社法规中心：《新编公司法全解》，法律出版社2014年版，第68～69条。

益预期，决定公司的命运与未来，是公司的重大问题，应由公司股东会来作出决定。

2. 人事权。股东会有权选任和决定本公司的非由职工代表担任的董事、监事。对于不合格的董事、监事可以予以更换。在现代社会竞争日益加剧的情况下，股东会拥有用人权是必需的。董事、监事受公司股东会委托或委任，为公司服务，参与公司日常经营管理活动，当然应当给予其相应的报酬。报酬事项包括报酬数额、支付方式、支付时间等都应由股东会决定。公司高级管理人员的任免及报酬无须由股东会决定。

3. 审批权。该条规定的审批权包括两个方面：一是审批工作报告权，即股东会有权对公司的董事会、监事会或监事向股东会提出的工作报告进行审议、批准。这体现了工作责任制和股东的投资者权益。二是审批相关的经营管理方面的方案权，即公司的股东会有权对公司的董事会或执行董事向股东会提出的年度财务预算方案、决算方案、利润分配方案和弥补亏损方案进行审议，股东会认为符合要求的予以批准；反之则不予批准，而责成董事会或者执行董事重新拟定有关方案，根据《公司法》的规定，董事会有权利，也有义务根据公司的经营情况，拟定上述文件，并提交股东会。董事会违反法律和章程的规定，擅自决定应由股东会决定的事宜，隐瞒不报，越权经营，给公司造成损失的，应当承担相应的法律责任。

4. 决议权。即股东会有权对公司增加或者减少注册资本，发行公司债券，公司合并、分立、变更公司形式、解散、清算等事项进行决议。这里列举的几项事项都是有关公司股东的投资者权益，应由公司股东会议决。其中有的事项的决议还有公司法规定的程序上的限制。如增加或减少注册资本，公司分立、合并、解散或者变更公司形式应以代表2/3以上表决权的股东同意作出决议。

5. 修改公司章程权。公司章程是由公司股东会在设立公司时制定的，所以由公司股东会来修改。并需要由代表2/3以上表决权的股东赞成通过方为有效。

（二）章程规定职权

公司可以以章程的形式规定股东会拥有除法定职权以外的其他职权。我国《公司法》关于股份有限公司股东大会的职权的规定与有限责任公司的规定是相同的。2014年修改后的《公司法》允许公司章程规定股东会拥有上述法定职权之外的其他职权，但这些职权的规定不得与《公司法》规定的法定职权相矛盾，不得违反相关法律、法规的规定，不得剥夺股东的权利，否则无效。

另外，在上述股东会第9项职权中所述的变更公司形式，从理论上讲，股份有限公司也可以变更为有限责任公司，但这种情况在公司运行的实践中不为多见，公司法上对其作出规定的价值甚微。在英国、美国、法国、德国的公司法上由股份有限公司（股票上市公司）变更为有限责任公司（封闭式公司）在法律上是认可的，实践中也不乏相关案例的发生。①

三、股东会意志的产生

股东行使对公司的控制权，是通过参加股东会议反映自己对公司经营的意志。由于股东会是由人数众多的全体股东组成，股东会作为组织机构要形成自己统一的意志，只能采取会议的方式来形成决议。因此，召开股东会成为产生股东会意志的唯一渠道。

（一）股东会的会议方式

召开股东会的方式一般分为定期会议和临时会议两类。1. 定期会议。所谓定期会议（也称普通会议、股东常会、股东年会），是指公司依据法律和公司章程的规定在一定时间内必须召开的股东会议。定期会议主要用于决定股东会职权范围内的例行重大事项。股东会定期会议每两次会议之间的最长间隔期限，各国规定有所不同。美国许多州公司法规定的间隔为不超过 13 个月；英国公司法规定两次会议之间的间隔自上一年度大会举行之日起不得超过 15 个月。我国《公司法》规定每年召开一次，具体的定期会议召开时间由公司章程规定，一般有限责任公司股东会年会于每个会计年度结束之后即行召开；股份有限公司的股东大会年会一般于会计年度终了后 6 个月内召开。2. 临时会议。所谓股东会临时会议，也称特别会议，是指在定期会议以外必要的时候，由于发生法定事由或者根据法定人员、机构的提议而召开的股东会议。各国公司法一般规定以下情况下可以召开临时会议：

（1）持有一定比例股份的股东申请时。我国《公司法》规定有限责任公司代表 1/10 以上表决权的股东可以提议召开股东会临时会议；股份有限公司单独或者合计持有公司 10% 以上股份的股东请求时，应当在 2 个月内召开临时股东大会。

（2）根据董事提议或在董事会认为必要时。我国公司法规定，有限责任公司 1/3 以上的董事可以提议召开股东会临时会议；股份有限公司董事会认为必要时，应当在 2 个月内召开临时股东大会。

（3）根据监事提议或在监事会认为必要时。我国《公司法》规定，有限责任公司监事会或者不设监事会的公司的监事可以提议召开股东会临时会议；股份有限公司当监事会提议召开时，应当在 2 个月内召开临时股东大会。

（4）发生法定事由时。我国《公司法》规定，股份有限公司当董事人数不足本法规定的人数或者公司章程，或者当公司未弥补的亏损达实收股本总额 1/3 时，

① 赵旭东主编：《公司法学》（第二版），高等教育出版社 2006 年版，第 372 页。

应当在2个月内召开临时股东大会。我国《公司法》对有限责任公司则无此规定。

（5）英国公司法规定，法院可以责令当事人以适当方式和时间召集会议。我国公司法规定股份有限公司章程可以规定其他召开临时股东大会的情形，但是对于有限责任公司则无此规定。另外，我国《公司法》还规定，当《公司法》和公司章程规定公司转让、受让重大资产或者对外提供担保等事项必须经股东大会作出决议的，董事会应当及时召集股东大会会议。

（二）股东会的召集

1. 召集人。董事会召集股东会议（定期会议、临时会议）是各国公司法的一般规定。一些国家也允许其他主体在特殊情况下也可以召集股东会。我国《公司法》规定有限责任公司首次股东会会议由出资最多的股东召集和主持，依照《公司法》规定行使职权。如遇董事长不能履行职务或者不履行职务的，由副董事长主持；如遇副董事长不能履行职务或者不履行职务的，由半数以上董事共同推举一名董事主持。董事会或者执行董事不能履行或者不履行召集股东会会议职责的，由监事会或者不设监事会的公司的监事召集和主持；监事会或者监事不召集和主持的，代表1/10以上表决权的股东可以自行召集和主持。

股份有限公司则要求发起人应当在股款缴足后30日内主持召开由发起人、认股人组成的公司创立大会；公司成立后股东大会会议亦由董事会负责召集。董事长如果不能履行职务或者不履行职务的，由副董事长主持；副董事长不能履行职务或者不履行职务的，由半数以上董事共同推举一名董事主持。董事会不能履行或者不履行召集股东大会会议职责的，监事会应当及时召集和主持；监事会不召集和主持的，连续90日以上单独或者合计持有公司10%以上股份的股东可以自行召集和主持。

2. 召集时间。我国规定有限责任公司股东会定期会议按章程规定时间召集；临时会议应法定人员提议而召集，但未规定具体时间。股份有限公司定期会议亦按章程规定时间召集，但是临时会议需要在法律规定情形发生后2个月内召集。

3. 召集通知。我国《公司法》规定有限责任公司召开股东会会议，应于会议召开15日以前通知全体股东，但公司章程另有规定或者全体股东另有约定的除外。股份有限公司召开股东大会，应将会议审议的事项于会议召开20日以前通知各股东，临时会议应于会议召开15日前通知各股东；发行无记名股票的，应于会议召开30日前公告会议召开的时间、地点和审议事项。单独或者合计持有公司3%以上股份的股东，可在股东大会召开10日前提出临时提案并书面提交董事会；董事会应在收到提案后2日内通知其他股东，并将该临时提案提交股东大会审议。临时提案的内容应属于股东大会职权范围，并有明确议题和具体决议事项。股东大会不得对前两款通知中未列明的事项作出决议。无记名股票持有人出席股东大会会议的，应于会议召开 5 日前至股东大会闭会时将股票交存于公司。由于股东会并非公司常设机构，股东也非公司工作人员，因此，股东们对公司需要审议的事项并不是很熟悉，为了提高股东会开会的效率和股东的出席率，也为了防止董事会或控股股东在股东会上利用突袭手段控制股东会决议，各国公司法均规定了股东会召集的通知程序。

四、股东会形成有效决议的条件

股东会会议程序包括通知、登记、提案的审议、投票、计票、表决结果的宣布、会议决议的形成、会议记录及其签署、公告等程序。其中最重要的是表决程序。为了使股东会形成公平、有效率的决议，提高中小股东参与公司治理的积极性，同时防止大股东利用控股地位侵害中小股东的权利，各国公司法均很重视对表决程序的规范。一个有效的股东会会议决议必须达到以下条件：

（一）出席股东会股东达到法定比例

出席股东会法定比例是指召开合法有效的股东会，出席会议的股东们代表的公司有表决权的股份数量应满足法定标准。因为公司一般是股东们合作投资组建的商业经营组织，股东依法行使公司的若干重要权力的方式就是参加股东会，若参加股东会议的股东很少，则不利于公司集思广益地决策，还可能出现少数股东操纵股东会甚至损害其他股东利益的情形，公司成立的根基就会动摇。所以，相互合作和相互监督构成了公司企业健康运行的双轨，规定股东法定出席比例对维持这种平衡不无意义。

（二）股东的投票方式符合法律规定

我国 2005 年修订的《公司法》确立了累积投票制度，2014 年《公司法》延续了这一规定。2014 年《公司法》第 105 条规定“股东大会选举董事、监事，可以根据公司章程的规定或者股东大会的决议，实行累积投票制。本法所称累积投票制，是指股东大会选举董事或者监事时，每一股份拥有与应选董事或者监事人数相同的表决权，股东拥有的表决权可以集中使用。”累积投票制首先创设形成于 19 世纪的美国，20 世纪为其他发达国家的公司法普遍采用。该制度一般仅适用于董事的选举，有利于保证中小股东能将其代言人选进董事会。

（三）股东会决议的通过必须达到符合法定比例要求的支持率

股东会的决议均采用多数决原则，即决议必须由出席股东会的代表表决权多数的股东通过方为有效。但是，对于不同的决议事项，各国公司法规定了不同的多数标准。

一是普通决议的简单多数标准。即股东会会议经合法召集，且经出席会议的代表1/2以上表决权的股东通过即为有效的决议为普通决议。除特别决议事项外，股东会决议均适用简单多数原则。

二是特别决议的绝对多数标准。股东会会议合法召集，必须经出席会议的代表绝对多数表决权的股东通过方为有效的决议为特别决议。在我国该绝对多数为2/3以上。我国《公司法》规定适用特别决议的事项主要有：（1）修改公司章程；（2）增加或减少注册资本；（3）公司的分立、合并或者变更公司形式；（4）公司的解散。

（四）股东会决议的内容符合法律规定

公司的经营运行和管理决策必须在法律与行政法规的允许范围内进行，股东会决议的内容内容不得违反法律、行政法规的规定。因为，这种违法性常常不仅仅对股东的权益会产生较为不利的影响，还由于其违法性程度较为严重，一般也会对社会公益等其他利益产生消极影响，因而各国立法均将这种决议的效力规定为无效。

五、股东会决议瑕疵引发法律后果的诉讼类型

股东会决议是按照少数股份服从多数股份的“资本多数决”原则作出的结果，因此要求决议内容和程序必须合法、公正。如果决议内容或程序上有瑕疵，其效力就会受到影响。根据各国公司法的规定，如果决议存在瑕疵只能提起诉讼程序来解决决议的效力，根据决议瑕疵的原因，可分为决议无效之诉、决议撤销之诉，有些国家还规定了决议不存在之诉和变更不当决议之诉，我国《公司法》只规定了股东会决议的无效与股东会决议的撤销两种诉讼方式。

（一）股东会决议的无效之诉

我国《公司法》第22条规定，公司股东会决议内容违反法律、行政法规的无效。此处的违反法律、行政法规，是指违反法律、行政法规的强制性规定，因为法律、法规的强制性规定必须得到遵守，否则行为即告无效，违反法律、行政法规规定的股东会决议从决议作出之时即为无效。人民法院在股东请求认定股东会决议无效时，应当注意以下问题：

1. 注意区别内容违反公司章程的决议的不同法律后果。关于股东会决议违反公司章程的效力问题，日本商法、韩国商法及我国台湾地区的以前的“公司法”曾把决议违反章程作为决议无效的理由，现行法则将其修正为决议撤销的事由。这主要是从法律规定决议撤销与无效的效力来考虑的。决议撤销之诉的起诉期间的限制是在法律规定的期间内，没有提起决议撤销之诉，不得再提起决议撤销之诉，以维护决议所涉及的法律关系的稳定性。决议无效之诉则没有起诉时间的限制，使得决议所涉及的法律关系长期处于不稳定的状态，因此，只有严重的瑕疵才能成为决议无效的事由，决议内容违反章程比决议内容违反法律自然要轻微得多，因此，将违反章程改为撤销事由是与瑕疵的严重程度相符的。如果决议内容违反章程的同时，又违反了法律、行政法规，当然成为无效的事由。我国《公司法》同样将决议内容违反公司章程规定作为可撤销之诉的理由。

2. 注意现在提起股东会决议无效之诉的要求发生了变化。我国1993年的《公司法》规定提起无效之诉，除了决议内容违反法律、行政法规的规定外，还要求必须侵犯了股东的合法权益，否则不给予救济。应当说1993年《公司法》的规定在现实中很难真正地对股东进行救济，因为存在权益受侵犯这一要件的要求，那么股东就必须向法院证明其权益受侵犯的事实，而作为中小股东来说，其要举证证明这一事实的存在并不容易，而且不论这一诉讼的结果如何，其自身的成本付出可能是巨大的，但实际的受益者则是其他的诸多股东，因而股东在行事时都会存在“搭便车”的心理，这样最终导致了救济的落空。我国2014年《公司法》则取消了决议必须侵害股东合法权益这一要求，不论股东会决议是否导致股东利益受到侵害，只要决议内容违反法律和行政法规的规定，股东就有权提起无效之诉。①

3. 提起无效之诉的主体。我国《公司法》规定股东有权提起决议无效之诉，这一规定显然是不够的。监事会是公司的监督机构，对于股东会决议的无效之诉，监事会当然有权提起诉讼，这不仅与监事会的监督职责相适应，同时也是维护公司和股东利益的需要。因此，从公司法理论而言，对于股东会决议违反法律、行政法规的，公司股东既可以要求监事会提起诉讼，也可以自己的名义起诉。

4. 决议无效的法律后果。股东会决议无效，意味着股东会决议自始不发生法律效力，因而，股东会决议无效的确认之诉的判决效力具有对世性，即其效力及于第三人，且具有绝对的溯及力。

股东会决议内容全部无效的，整个决议当然无效，但是，倘若股东会决议中的部分内容无效，是否导致整个股东会决议无效？我们认为，倘若决议各项内容不具有可分性，则部分决议事项无效导致整个决议当然无效；倘若决议各项内容具有可分性，则部分决议事项无效并不必然导致决议中的其他事项无效，换言之，除去无效决议事项，股东会决议亦可成立的，则其他决议事项仍然有效。

另外，公司根据股东会决议已办理变更登记的，人民法院宣告决议无效后，公司应当向公司登记机关申请撤销变更登记。

---

① 主要参考赵旭东主编：《公司法学》（第二版），高等教育出版社2006年版，第378～381页。

（二）股东会决议的撤销之诉

我国《公司法》第22条还规定了股东会决议的撤销。股东会会议召集程序、表决方式违反法律、行政法规或者公司章程，或者决议内容违反公司章程的，股东可以自决议作出之日起60日内，请求人民法院撤销。而人民法院在股东请求认定股东会决议无效时，应当注意以下问题：①

1. 决议撤销的事由。关于股东会决议撤销的事由或原因，各国和地区的公司立法颇不一致。我国台湾地区“公司法”将召集程序或决议方法违反法律或公司章程作为可撤销的原因，日本、意大利则规定不仅召集程序或决议方法违反法律或章程为可撤销，决议内容违反章程亦可撤销。按照我国《公司法》的规定，决议可撤销的事由主要有：

一是股东会的召集程序违反法律、行政法规或公司章程，如由没有召集权人的召集；未向部分股东召集，或通知时间、通知方法不合法，或通知内容不齐全。

二是股东会的表决方式违反法律、行政法规或公司章程，如决议通过的股份数不足法定要求的，或表决权计算违法的，或将特别决议事项以普通决议来表决的。

三是决议内容违反公司章程，如控制股东滥用表决权，侵害了公司章程赋予公司和小股东的利益，即为可撤销的原因。另外，如果决议内容不具有可分性，部分决议事项被撤销当然导致整个决议被撤销；若决议各项内容具有可分性，则部分决议事项被撤销并不必然导致决议中的其他事项被撤销，换言之，股东提起股东会决议撤销之诉时，可以选择只申请撤销部分决议事项，而保留其他决议事项的效力。

2. 撤销之诉的提起主体。我国《公司法》规定股东可以提起股东会决议的撤销之诉，未参加股东会的股东当然享有撤销诉权。但如果股东会召集程序或表决方法有瑕疵，参加股东会的股东一致通过了股东会决议，那么参加股东会的股东是否仍享有股东会决议的撤销诉权？我国《公司法》并未明确规定。我们认为，应当允许其提起撤销之诉，这可以保护那些尽管在表决中同意议案但并不知道召集程序或表决方法有瑕疵的股东的利益，并且也能起到督促公司股东会在召集和表决中严格按照规定进行的作用。

3. 提起撤销之诉的时间。由于引起决议撤销之诉的事由并非很严重，所以，在法律规定的期间内，没有提起决议撤销之诉的，不得再提起决议撤销之诉，以维护决议的稳定性。各国或地区通常都对决议撤销之诉的期间加以规定，如日本规定为3个月。我国《公司法》规定为60日，自决议作出之日起计算。从公司法理论的

---

① 主要参考赵旭东主编：《公司法学》（第二版），高等教育出版社2006年版，第378～381页。

角度看，这个60日应为除斥期间，不存在中止、中断和延长的情形，如果在此期间无人提起股东会决议撤销之诉，则股东会决议成为具有确定法律效力的决议。

4. 提起撤销之诉的担保。为防止股东滥用决议撤销之诉，图谋不当利益，我国《公司法》就决议撤销之诉规定了原告股东的提供担保的义务，即如果公司提出请求，人民法院可以要求股东提供相应担保。立法这一规定，加大了那些没有正当理由而滥用诉权的成本，若原告出于恶意或重大过失而败诉，应对公司负损害赔偿的责任。

5. 提起撤销之诉的法律后果。按照一般法律行为制度，被撤销的法律行为自行为开始起无效，因此，决议撤销判决的效力应当溯及于决议之时无效，当被撤销的股东会决议仅涉及公司内部关系时尤为如此。但对基于撤销前的股东会决议而产生交易关系的善意第三人，从维护法律的稳定和交易的安全角度出发，有必要否定撤销之诉判决的溯及力，以保护善意第三人。

此外，《公司法》第22条第3款规定："公司根据股东会或者股东大会、董事会决议已办理变更登记的，人民法院宣告该决议无效或者撤销该决议后，公司应当向公司登记机关申请撤销变更登记。"因此，公司对基于无效和被撤销的股东会决议而实施的变更登记事项，在法院撤销决议之诉生效后，公司应当及时向公司登记机关申请撤销变更登记。

（三）我国《公司法》所确立的股东会决议的无效和撤销制度的特点[①]

1. 我国《公司法》将股东会决议瑕疵与董事会决议瑕疵作一并规定，并赋予完全相同的法律效力与救济措施。其他国家和地区则一般仅确立股东会决议的无效与撤销制度，而未规定董事会决议的无效与撤销制度。对董事会决议瑕疵作出了特别规定的台湾地区"公司法"，也仅于第194条规定："董事会决议，为违反法令或章程之行为时，继续一年以上持有股份之股东，得请求董事会停止其行为。"显然，董事会决议即便构成实体违法也不能提起无效与撤销之诉，而只能请求停止其行为。其他国家则大多不作任何规定。究其原因，便在于董事会决议瑕疵可通过股东代表诉讼制度寻求救济。我国明确规定了董事会决议的无效与撤销制度，倒也能使董事会决议瑕疵获得更为坚实的救济制度。

2. 我国《公司法》根据决议瑕疵的不同性质确定决议为无效或可撤销的不同法律效力。股东会决议内容违反法律、行政法规的，系违反实体性规范，属于决议实质瑕疵，被赋予无效的法律后果；决议内容违反公司章程的，系对公司内部自治规则的违背，未被纳入决议实质瑕疵范畴，被赋予可撤销的法律后果；会议召集程序、表决方式违反法律、行政法规或者公司章程，系违反程序性规范，属于决议程

① 范健、王建文：《公司法》（第四版），法律出版社2015年版，第341页。

序瑕疵，被赋予可撤销的法律后果。由此可见，我国《公司法》将决议内容违反公司章程与法律、行政法规作了绝对化的区分处理。这一立法模式与《韩国商法》第376条、第380条关于股东会决议撤销、无效和不存在制度的规定基本相同。[①] 2005年《日本公司法典》第830条、第831条也对此作了类似但更为细致的规定。[②] 我国台湾地区“公司法”第189条、第191条则分别规定：“股东会之召集程序或其决议方法，违反法令或章程时，股东得自决议之日起三十日内，诉请法院撤销其决议。”“股东会决议之内容，违反法令或章程者无效。”显然，我国台湾地区“公司法”将决议内容违反公司章程赋予违反法令相同的效力，而未予区分。

【拓展适用】

一、股东会决议无效和撤销之诉适格主体的确定

（一）原告主体的确定

英美法系国家及我国台湾地区均将股东会决议无效和撤销之诉的原告限定为股东，德国、日本、韩国等大陆法系国家则大多将原告规定为股东、董事及监事。我国《公司法》将提起股东会决议撤销之诉的主体限定为股东，但未对提起股东会决议无效之诉的主体作出规定。对此，2013年版《公司法司法解释（四）（征求意见稿）》第1条明确规定：“与股东会或者股东大会、董事会决议内容有直接利害关系的公司股东、董事、监事、高级管理人员等，起诉请求确认股东会或者股东大会、董事会决议无效的，人民法院可以依法受理。”该解释征求意见稿第2条规定：“依据公司法第二十二条提起股东会或者股东大会、董事会决议撤销之诉的原告，应在会议决议形成时至起诉时持续具有公司股东身份。”2016年4月12日最高人民法院公布的《公司法司法解释（四）（征求意见稿）》第1条“公司股东、董事、监事及与股东会或者股东大会、董事会决议内容有直接利害关系的公司高级管理人员、职工、债权人等，依据公司法第二十二条第一款起诉请求确认决议无效或者有效的，应当依法受理。”第2条规定，“依据公司法第二十二条第二款起诉请求撤销股东会或者股东大会、董事会决议的原告，应当在起诉时具有公司股东身份。案件受理后不再具有公司股东身份的，应当驳回起诉。”依此可见，股东会决议无效之诉的原告包括与股东会或者股东大会决议内容有利害关系的公司股东、董事、监事、公司职员公司高级管理人是债权人；股东会决议撤销之诉的原告则仅限于股东，并且该股东应在会议决议形成并至起诉时持续具有公司股东身份。

---

① 《韩国商法》，吴日焕译，中国政法大学出版社1999年版，第82页、第83页。

② 《日本公司法典》，吴建斌、刘惠明、李涛译，中国法制出版社2006年版，第434～435页。

关于何种股东得为适格原告，在股东会决议无效之诉中，因其无效事由是违反法律、行政法规，属于绝对无效、确定无效，故理论与司法实践中对此都不存在异议，即认为所有股东皆适格。但在撤销之诉中，则在各国立法、学说、判例上均对原告股东的资格存在分歧。通说认为，缺席股东大会的股东、无表决权的股东、决议后取得股东资格的股东均不妨碍其为适格原告。关于出席股东会会议但未对股东会的瑕疵决议提出异议的股东是否享有撤销请求权则存在较大的分歧。对此，《德国股份法》第245条第1项规定，出席股东会会议的股东享有撤销权须“以其已对决议表示异议并作成笔录为限”[①]。《美国商事公司示范法》(2002年)第7.06条[②]及我国台湾地区“民法”第56条第1款也有类似规定。理论界认为，该类股东的默示行为可以被推定为放弃撤销请求权。在作出股东会决议时尚不具有股东资格的股东，其前手（即出让该股份的股东）在股东会决议时具有股东资格且未放弃撤销请求权，其诉权不因股份的转让而消灭；但如果前手默示放弃撤销请求权，则继受该股份的股东也不能享有撤销请求权。[③] 我国《公司法》及《公司法司法解释（四）（征求意见稿）》均未对此作明确规定，故仍有待司法解释或通过司法实践确定。对此，我们认为，应借鉴德国法的规定，作如下处理：只要存在股东会决议撤销的事由，则所有未出席股东会会议的股东均得为适格原告；但若股东出席了股东会会议，则只有其已对决议表示异议并作成笔录才得为适格原告。

另外，就公司法理论而言，公司的监事会同样有权提起股东会决议的撤销之诉。那么，决议撤销之诉的被告是造成该决议通过的股东，还是公司？通说认为被告应当是公司。这是由于资本多数决原则将股东的意思拟制为公司的意思，既然决议体现了公司的意思，自然应将公司列为决议撤销之诉的被告。

（二）被告主体的确定

各国（地区）公司法大多不对股东会决议的无效和撤销之诉的被告作明确规定，我国《公司法》亦然；但也有一些国家对此作了明确规定。例如，2005年《日本公司法典》第834条明确规定，股东大会等决议无效、不存在和撤销之诉，其被告为公司。《德国股份法》第246条第2款规定：“诉讼应指向公司。公司由董事会和监事会代表。由董事会或一名董事会成员起诉的，公司由监事会代表；由一名监事会成员起诉的，公司由董事会代表。”不过，在未对股东会决议的无效和撤

① 《德国股份法·德国有限责任公司法·德国公司改组法·德国参与决定法》，杜景林、卢谌译，中国政法大学出版社2000年版，第110页。

② 《最新美国标准公司法》，沈四宝编译，法律出版社2006年版，第68页。

③ 钱玉林：《股东大会决议瑕疵研究》，法律出版社2005年版，第296～301页。

销之诉的被告作明确规定的国家和地区，在司法实践中及解释中，均将被告确定为公司。有学者认为，从理论上来说，被提起无效或撤销之诉的决议系公司股东会所为，而股东会乃公司的权力机关，故只有公司才能成为股东会决议的无效和撤销之诉的适格被告。为明确该类诉讼的被告，2013 年版《公司法司法解释（四）（征求意见稿）》第 3 条第 1 款明确规定："原告起诉请求确认股东会或者股东大会、董事会决议无效或者撤销上述决议案件，应当列公司为被告，对决议涉及的相关利害关系人，可以列为第三人。"2016 年版《公司法司法解释（四）（征求意见稿）》第 3 条第 1 款规定，"原告起诉请求确认本规定第四条规定的决议不存在、本规定第五条规定的未形成有效决议，以及确认决议无效、有效或者撤销决议案件，应当列公司为被告。"依此，股东会决议无效和撤销之诉的被告原则上为公司，但决议涉及的相对利害关系人，可以被列为共同被告或者第三人。

二、股东会决议无效和撤销之诉的诉讼费用担保及提起诉讼期间制度

（一）诉讼费用担保制度

为防止股东恶意提起股东会决议的无效和撤销之诉，有些国家公司法确立了诉讼费用担保制度。例如，依《韩国商法》第 377 条第 1 款及第 380 条之规定，股东提起股东会决议的无效和撤销之诉时，根据公司的请求，法院可以命令其提供相应的担保；但是，该股东为董事或者监事时除外。依 2005 年《日本公司法典》第 836 条第 1 款、第 3 款之规定，公司认为股东提起股东会决议的无效和撤销之诉为恶意行为时，法院可依其请求，命令原告股东提供相应的担保；但该股东为董事、监事、执行官或清算人的，或该设立时股东为设立时董事或设立时监事的除外。此处所谓恶意，是指明知不存在股东会决议无效、撤销和不存在的事由而提起诉讼。通过设定诉讼费用担保，可以使被恶意提起股东会决议的无效、撤销和不存在之诉的公司因此所受损害获得赔偿保障。各国均未对诉讼费用担保的金额作明确规定，实践中以公司可能受到的损害为标准，由法院具体裁决。①

美国、德国、法国的公司法及我国台湾地区"公司法"均未规定股东会决议的无效和撤销之诉的诉讼费用担保制度。对此，德国学者认为，股东提起股东会决议的无效和撤销之诉，是其基本股东权，不应受到过高限制。如果股东存在滥用诉权的问题，则将导致其诉讼请求被驳回的法律后果。②

---

① ［韩］李哲松：《韩国公司法》，吴日焕译，中国政法大学出版社 2000 年版，第 428 页。

② ［德］托马斯·莱塞尔、吕笛格·法伊尔：《德国资合公司法（第三版）》，高旭军等译，法律出版社 2005 年版，第 282 页。

我国《公司法》对股东会决议无效和撤销之诉的诉讼费用担保制度作了明确规定。该法第22条第3款规定："股东依照前款规定提起诉讼的，人民法院可以应公司的请求，要求股东提供相应担保。"2013年版《公司法司法解释（四）（征求意见稿）》还对此作了详细规定。其第6条分两款规定："人民法院审理确认股东会或者股东大会、董事会决议无效或者撤销上述决议案件，原告可以申请人民法院裁定被告或者第三人中止执行决议涉及的相关内容。"（第1款）"被告或者第三人认为中止执行决议可能造成其损失的，可以请求人民法院责令原告提供相应的财产担保。"（第2款）2016年版《公司法司法解释（四）（征求意见稿）》第10条规定"股东会或者股东大会、董事会决议存在实施后不能恢复原状或者使当事人、利害关系人的合法权益受到难以弥补的损害等情形的，可以依据原告的申请禁止实施有关决议。人民法院采取前款规定的行为保全措施，可以根据公司的申请或者依职权责令原告提供相应担保。原告提供相应担保的，应当禁止实施有关决议。人民法院经审查认为，原告的申请存在恶意干扰或拖延决议实施情形的，应当驳回申请。"

（二）股东会决议无效和撤销之诉的提起诉讼期间

各国公司法大多不对股东会决议无效诉权的行使作特别限制，也不设置提起诉权的期限，故应适用民法一般诉讼时效，我国亦然。不过，也有国家对股东会决议无效之诉的起诉期间作了明确规定。例如，《意大利民法典》第2379条第1款即将该期间规定为3年。[①] 但各国大多对股东会决议撤销之诉规定了明确的提诉期间，该期间的性质为除斥期间。在立法例上，该期限一般为1~3个月，如日本规定为3个月，韩国、瑞士规定为2个月，意大利规定为90天，我国台湾地区规定为30天。我国《公司法》第22条第2款将股东会决议撤销之诉的除斥期间明确规定为60天。

三、股东会决议效力的可诉性判断与裁决[②]

（一）股东会决议效力的可诉性判断

关于法院是否应当受理确认股东会决议有效的诉讼，存在相互对立的两种观点。该问题的实质是股东会决议有效纠纷的可诉性判断。我国《民事诉讼法》仅从原告角度对纠纷的可诉范围作了规定，且规定模糊、不全面，未对诉的必要性作明确规定，导致司法实践中操作困难。事实上，判断民事纠纷是否具有可诉性，除应考察法律确定的起诉条件外，还应结合原告是否具有诉的利益加以分析。诉的利益是民事诉讼理论上的重要概念，它是能够获得法院裁判的前提，即"无利益即无诉

---

① 《意大利民法典》，费安玲等译，中国政法大学出版社2004年版，第568页。

② 参见范健、王建文：《公司法》（第四版），法律出版社2015年版，第341页。

权”。诉的利益需要根据具体诉讼的状况结合请求的内容作出判断，属于法官自由裁量的范畴。诉的利益的判断标准主要包括两个方面：第一，必要性标准，即原告存在权益被侵害的事实或与他人的民事纠纷有必要通过法院的裁判来解决；第二，实效性标准，即法院能够通过裁判实际解决纠纷，若法院作出的裁判不能实际解决争议，则该请求不具有诉的利益。

确认股东会决议有效的诉讼属于确认之诉，具体属于积极确认之诉。所谓积极确认之诉，是指当事人请求法院确认法律关系或权利存在的诉讼。股东会决议对全体股东均具有拘束力，若部分股东对股东会决议的效力有异议且无法通过协商解决时，可通过股东会决议的相关诉讼来寻求救济。一般来说，对股东会决议无异议的股东要求公司或股东执行股东会决议即可，不必提起确认股东会决议有效的诉讼。例如，股东会作出分配利润的决议，但公司不予实际分配。股东可直接提起要求分配盈余的诉讼，而无须要求确认股东会决议有效。尽管对该项诉请的支持客观上具有间接确认股东会决议有效的法律效果，但实际上与单纯诉请确认股东会决议有效存在本质区别，因为前者有基于股东会决议所确认的利润分配请求权，需要通过诉讼获得救济。正因为如此，司法实践中，法院普遍对确认股东会决议有效诉讼的可诉性持否定态度。

（二）股东会决议无效和撤销之诉的裁决

关于股东会决议无效和撤销之诉的法律效力，各国（地区）公司法的规定不尽相同，有的作了明确规定，有的则未予规定。例如，依《德国股份法》第 248 条第 1 款及第 249 条第 1 款之规定，股东会决议无效和撤销之诉的判决，对全体股东及董事会、监事会的成员均发生效力，即使其为非当事人也不例外。[《法国商事公司法》、《日本公司法典》、《美国商事公司示范法》及我国台湾地区“公司法”均对此未作明确规定，而将该问题留待法院具体裁决。] 对此，我国《公司法》第 22 条第 4 款规定：“公司根据股东会或者股东大会、董事会决议已办理变更登记的，人民法院宣告该决议无效或者撤销该决议后，公司应当向公司登记机关申请撤销变更登记。”依此，我国《公司法》未对股东会决议无效和撤销之诉的法律效力作直接规定，但该规定实际上隐含了涉及公司变更登记事项的股东会决议，其无效和撤销裁决具有溯及力。另外，2013 年版《公司法司法解释（四）（征求意见稿）》第 9 条第 1 款规定：“人民法院判决股东会或者股东大会、董事会决议无效或者撤销上述决议时，该决议自始没有法律约束力。但公司依据该决议设立的对外法律关系，不当然失去法律效力。”同条第 2 款规定：“当事人因股东会或者股东大会、董事会决议而设立的其他法律关系发生争议，请求与决议无效或者撤销之诉案件合并审理的，人民法院可以根据诉讼请求的具体内容决定合并审理，或者告知当事人另行提起诉讼。”2016 年《公司法司法解释（四）（征求意见稿）》第 9 条规定，“ 原告起诉请求确认股东会或者股东大会、董事会决议不存在、未形成有效决议、决议无效或者撤销决议，与人民法院根据案件事实作出的认定不一致的，应当直接作出判决。”第 11 条规定“人民法院判决股东会或者股东大会、董事会决议不存在、未形成有效决议、决议无效或者撤销决议的，该决议自始没有法律约束力。”可见最高人民法院是对此类判断保持一贯的观点，只是对对诉讼权利的行使上更加保护当事人的诉权。

四、公司登记的效力与意义

（一）公司登记的效力

公司登记的效力在法的理论和司法实践中主要涉及两个方面的内容：[①] 其一，未履行公司登记之事项在法律上对第三人具有何种效力；其二，已履行公司登记之事项在法律上对第三人具有何种效力。具体来说，可以从以下两个方面分析其效力。

1. 消极效力。如上所述，当今世界绝大多数国家都已经将公司登记制度确立为一项强制性规定，因此，在商事经营中应登记的事项，如果未经登记或公告，则不能发生使公司设立、变更的法律效果，或者不能以之对抗善意第三人。其应在分公司所在地登记的事项而未经登记或公告者，同样不得对抗善意第三人。对此，我国《公司法》第 32 条第 3 款规定：“公司应当将股东的姓名或者名称向公司登记机关登记；登记事项发生变更的，应当办理变更登记。未经登记或者变更登记的，不得对抗第三人。”《德国商法典》第 15 条第 1 款规定：“在应登入商业登记簿的事实尚未登记和公告期间，在其事务上应对此种事实进行登记的人，不得以此种事实对抗第三人，但此种事实为第三人所知的，不在此限。”德国法学界将这种登记效力称为消极公示主义。事实上，在多数国家都有这样的规定。尤其是在德国，“注册的权利存在，不注册的权利不存在”的原则早已确立起来。因此，在绝大多数国家，已登记注册事项有对抗善意第三人的效力，不允许援引应登记而未登记的事项来对抗善意第三人。

2. 积极效力。凡公司登记应登记的事项业已登记或公告后，第三人除基于不可抗力等正当理由而对此尚不知悉外，不论其出于善意还是恶意，均能对其产生对抗效力。学者称之为积极效力，即德国所称之积极公示主义。一般来说，对已经登记、公告的事项，法律就可以推定第三人对此已经知悉。尤其是在采取登记强制主义和对登记事项采取实质审查主义的立法模式下，凡已登记的事项即具有对抗第三

---

① 范健、王建文：《公司法》（第四版），法律出版社 2015 年版，第 168 页。

人的普遍效力。就积极效力而言，《德国商法典》第15条第2款第1句明确规定："已将此种事实进行登记和公告的，第三人必须承受事实的效力。"《瑞士债务法》第933条第1款也有类似规定。我国和日本等国公司法虽未作明确规定，但从其关于公司登记消极效力的规定，可以推定出积极效力的规定。

（二）公司登记的意义

1. 公司登记是国家介入[①]公司领域最重要的方式之一。公司登记使公司得以成立和存续，获得合法资格，从而取得进入市场的"户籍"。通过科学的公司登记管理，政府得以了解国民经济各部门、各行业的发展趋势和比例，借以制定适当的产业政策和竞争政策，从而控制、引导社会资金流向，使资源的配置更加合理。公司登记制度作为现代市场经济的"户籍制度"，也是实施市场准入控制的基本手段。

2. 公司登记是公司交易相对人和社会公众获取公司信息最重要的方式之一。公司登记可以使其交易相对人或社会公众通过合法途径在登记机关查阅到公司的实际状况，对与公司经营相关的信息，如公司的类型、名称、资金状况等有较为可靠和清晰的了解，从而更加理智地选择和决定自己的交易行为，进而保护交易相对人和社会公众的利益，维护社会交易的安全。

3. 公司登记是公司彰显自身最重要的渠道之一。公司登记有利于公司公示自己的经营身份、经营状况，确立经营信誉，从而可能获得更多的交易机会。

【典型案例】

黄伟忠与陈强庆等股东资格确认纠纷案

上诉人（原审被告）：上海新宝建筑安装工程有限公司。

法定代表人：张洋，该公司董事长。

被上诉人（原审原告）：黄伟忠。

原审被告：陈强庆。

原审被告：陈琳。

原审被告：张洋。

原审被告：顾惠平。

原审被告：王秀英。

原审被告：江苏恩纳斯重工机械有限公司，

法定代表人：王雷鸣，该公司董事长。

---

① "国家介入"是较"国家干预""国家协调"更为中性的提法，这种提法既能体现经济法以公权为主的公法属性，又能体现经济法在一定程度上和一定范围内的私法性。参见李东方主编：《经济法案例教程》，知识产权出版社2006年版，第4页。

〔基本案情〕

上海市虹口区人民法院一审查明：

2004年4月21日，原告黄伟忠与被告陈强庆、陈琳、张洋、顾惠平、王秀英共同设立了太仓宏冠钢结构制品有限公司（以下简称宏冠公司），注册资本为400万元，其中：张洋出资120万元，持股30%；黄伟忠、顾惠平各出资80万元，各持股20%；陈琳、陈强庆、王秀英各出资40万元，各持股10%。

2006年10月20日，苏州市太仓工商行政管理局根据宏冠公司的申请，将宏冠公司登记的注册资本由400万元变更登记为1500万元，同时将股东及持股比例变更登记为：张洋出资120万元，持股8.00%；黄伟忠、顾惠平各出资80万元，各持股5.33%；陈琳、陈强庆、王秀英各出资40万元，各持股2.67%；新宝公司出资1100万元，持股73.33%。申请上述变更登记的主要依据为落款日期均为2006年10月16日的《太仓宏冠钢结构制品有限公司章程》、《太仓宏冠钢结构制品有限公司股东会决议》。其中章程内容的主要变更为：宏冠公司的注册资本由原来的400万元增加至1500万元；增加上海新宝建筑安装工程有限公司（以下简称新宝公司）为股东，等等。股东会决议载明的主要内容为：同意修改后的公司章程；增加公司注册资本，由原来的400万元增加到1500万元，新宝公司增加投资1100万元，等等。

一审审理中，被告新宝公司等出示了落款日期为2006年9月26日的《上海新宝建筑安装工程有限公司股东大会决议》及落款日期为2006年9月28日的《太仓宏冠钢结构制品有限公司章程》，分别载明"2006年9月26日在上海新宝建筑安装工程有限公司会议室召开全体股东大会。经全体股东讨论同意以现金人民币1100万元入股太仓宏冠钢结构制品有限公司"、"2006年9月28日在太仓宏冠钢结构制品有限公司筹备处会议室召开了全体股东会议，全体股东均表示同意上海新宝建筑安装工程有限公司入股"。

2009年5月21日，被告陈强庆作为宏冠公司股东代表与江苏恩纳斯重工机械有限公司（以下简称江苏恩纳斯公司）签订股权转让合同，苏州恩纳斯公司以8 248 500元价格受让了宏冠公司的全部股权，受让方苏州恩纳斯公司暂定为一个公司，在正式办理股权转让前提供最终的股东名单。2009年6月24日，苏州市太仓工商行政管理局出具《公司准予变更登记通知书》，载明：江苏恩纳斯公司原股东已由原告黄伟忠、被告陈强庆、陈琳、张洋、顾惠平、王秀英、新宝公司变更为苏州恩纳斯公司、南通远华贸易有限公司，上述变更事项已经工商备案，等等。

庭审中，由于原告黄伟忠及被告王秀英均否认上述公司章程和股东会决议的真实性，为此，被告新宝公司提出申请，要求对2006年9月26日的新宝公司的股东大会决议及2006年9月28日宏冠公司的股东会决议上"黄伟忠"的字迹是否系黄伟忠的笔迹进行鉴定。经鉴定，鉴定意见为，上述两份决议上"黄伟忠"的签名字迹与对比样本上的"黄伟忠"签名字迹不是同一人书写形成。

另查明，根据宏冠公司章程的规定，公司增加注册资本，应由公司股东会作出决议，并经代表三分之二以上表决权的股东通过。被告新宝公司用于所谓增资宏冠公司的1100万元，于2006年10月18日完成验资后，就以“借款”的形式归还给新宝公司。

原告黄伟忠向上海市虹口区人民法院提起诉讼，请求确认黄伟忠在2004年4月1日宏冠公司设立之日起至2009年6月6日股权转让期间持有宏冠公司20%的股权。

〔一审裁判理由与结果〕

上海市虹口区人民法院一审认为：在原告黄伟忠没有依公司章程对其股权作出处分的前提下，除非宏冠公司进行了合法的增资，否则原告的持股比例不应当降低。新宝公司等被告辩称宏冠公司曾于2006年10月20日完成增资1100万元，并为此提供了所谓股东会的决议，但在原告及被告王秀英否认的情况下，新宝公司等被告却没有提供足以证明该些书面材料系真实的证据材料。相反，有关“黄伟忠”的笔迹鉴定意见却进一步证实了黄伟忠并没有在相关股东会决议上签名的事实。由此可推知，黄伟忠、陈强庆、陈琳、张洋、顾惠平、王秀英作为宏冠公司的前股东未就宏冠公司增资1100万元事宜召开过股东会。在未召开股东会的情况下，所谓宏冠公司增资1100万元的行为，违反了宏冠公司的章程及法律的规定，是无效的行为。此外，从结果上来看，宏冠公司用于所谓增资的1100万元，在完成验资后，就以“借款”的形式归还给新宝公司，此种情形不能认定新宝公司已经履行了出资的义务。因此法院认定，宏冠公司并未在2006年10月20日完成实质上增资，宏冠公司以增资为名，降低原告的持股比例，侵犯了原告的合法权益。

综上，上海市虹口区人民法院依据《中华人民共和国公司法》第三十八条第一款第七项、《中华人民共和国民事诉讼法》第六十四条第一款、第一百三十条①、最高人民法院《关于民事诉讼证据的若干规定》第二条之规定，于2012年12月31日判决如下：确认原告黄伟忠自2004年4月21日起至2009年6月24日止期间持有太仓宏冠钢结构制品有限公司（已变更名称为江苏恩纳斯重工机械有限公司）20%的股权。

〔当事人上诉及答辩意见〕

新宝公司不服一审判决，向上海市第二中级人民法院提出上诉称：黄伟忠明知其未出资，而是借用了新宝公司的资金与他人共同注册成立了宏冠公司。当时黄伟忠为新宝公司股东，并担任经理一职。宏冠公司注册完毕后，注册资金归还给了新宝公司，且宏冠公司未实际经营。在注册登记的股东及案外人的筹资下，拟购买工业园区土地。因当地政策限制，宏冠公司需增资后方能购买。黄伟忠陈述其也出资

---

① 对应2012年新《民事诉讼法》第144条。

购买土地，显然其对需要增资是明知的。黄伟忠在股权转让过程中全权委托他人办理，现其以未在相关增资文件中签名来否认其知情显然不符合常理。

〔二审查明的事实〕

上海市第二中级人民法院经二审，确认了一审查明的事实。

〔二审裁判理由与结果〕

上海市第二中级人民法院二审认为：宏冠公司系被上诉人黄伟忠与一审被告陈强庆、陈琳、张洋、顾惠平、王秀英共同出资设立，设立时原告依法持有宏冠公司20%股权。在黄伟忠没有对其股权作出处分的前提下，除非宏冠公司进行了合法的增资，否则原告的持股比例不应当降低。宏冠公司的章程明确约定公司增资应由股东会作出决议。现经过笔迹鉴定，宏冠公司和新宝公司的股东会决议上均非黄伟忠本人签名，不能依据书面的股东会决议来认定黄伟忠知道增资的情况。出资买地与公司增资之间不具有必然的关联性。因此，在没有证据证明黄伟忠明知且在股东会上签名同意宏冠公司增资至1500万元的情况下，对宏冠公司设立时的股东内部而言，该增资行为无效，且对于黄伟忠没有法律约束力，不应以工商变更登记后的1500万元注册资本金额来降低黄伟忠在宏冠公司的持股比例，而仍旧应当依照20%的股权比例在股东内部进行股权分配。原审适用法律正确，审判程序合法，判决黄伟忠自设立后至股权转让前持有宏冠公司20%的股权并无不当。

综上，上海市第二中级人民法院依照《中华人民共和国民事诉讼法》第一百七十条第一款第（一）项之规定，于2013年4月11日判决如下：

驳回上诉，维持原判。

该判决为终审判决。

第十一章　董事会

规则 13：公司未设立董事会情形下产生的董事会纪要并非公司董事会决议，不能代表公司的决定

——任帅与马成、藏梅股权转让侵权纠纷案[①]

【裁判规则】

在公司未设立董事会的情形下产生的董事会纪要并非公司董事会决议。

在没有证据证明公司成立了董事会的情况下形成的《董事会纪要》，不能代表公司的决定，应为拟制文件，为参与制作者的个人行为，其发生的法律后果由个人承担。

【规则理解】

一、董事会的概念、特点、职权与法律地位

（一）董事会的概念与特点

董事会是指依法由股东会选举产生，代表公司并行使经营决策权的公司常设机关。从以上定义可见董事会具有以下特点：

1. 董事会成员是由股东会选举产生，董事会对股东会负责，执行股东会的决议。

2. 董事会是公司法定的常设机关。董事会自公司成立之日起一直存在。虽然它的成员可依法随时更换，但董事会本身作为一个组织始终存在，不能更换和撤销。

3. 董事会是公司对外代表机关。董事会的活动具有对外效力，董事长、执行董事或者经理可担任公司的法定代表人。

4. 董事会是公司的经营决策机关。董事会执行股东会决议，负责公司的经营决策。它有自己独立的职权，在法律和章程规定的范围内对公司的经营管理行使决策权力，并通过任命经理来执行公司的日常经营事务，经理对董事会负责。

---

① 中华人民共和国最高人民法院（2011）民提字第 225 号民事判决书。

5. 由于董事会决策公司事务得由全体董事按一人一票的表决权设定，因而公司的董事会其组成人数应当是单数。我国《公司法》规定，有限责任公司的董事会，由 3～13 人组成，规模较小的有限责任公司或者一人有限责任公司，可以选择不设董事会，但设一人担任执行董事，其职权与董事会相当，执行董事为公司的法人代表，股份有限公司的董事会由 5～19 人组成。

（二）董事会的职权

各国立法关于董事会职权的规定方式有所不同，有的国家采取列举式明确授予董事会各项职权；有的国家则采取排除式规定必须由股东会行使的重要权力，除此之外的权力则由董事会行使；而有的国家立法未对董事会职权作出具体规定，而将其赋予公司章程去规定。通常，为了提高公司经营运作效率，各国公司法均赋予了董事会比较广泛的职权。①

我国《公司法》采取了列举式的方式对董事会的职权予以规定。根据《公司法》第 46 条和第 108 条规定，董事会对股东会负责，行使下列职权：（1）负责召集股东会，并向股东会报告工作；（2）执行股东会的决议；（3）决定公司的经营计划和投资方案；（4）制订公司的年度财务预算方案、决算方案；（5）制订公司的利润分配方案和弥补亏损方案；（6）制订公司增加或者减少注册资本以及发行公司债券的方案；（7）制订公司合并、分立、变更公司形式、解散的方案；（8）决定公司内部管理机构的设置；（9）决定聘任或者解聘公司经理及其报酬事项，并根据经理的提名，决定聘任或者解聘公司副经理、财务负责人，决定其报酬事项；（10）制定公司的基本管理制度；（11）公司章程规定的其他职权。上述董事会的 11 项职权，包括了以下 5 个方面的内容：②

一是负责召集股东大会会议，并向股东大会报告工作，执行股东会的决议。董事会的这些职权，体现了董事会与股东大会的实质关系。董事会作为公司的经营决策机构，对公司的权力机构——股东大会负责，有权召集股东大会，并向股东会报告工作，执行股东大会的决议。这既是董事会的职权，也是其法定职责。

二是细化公司股东会的经营计划和投资方案。在股东大会决定了公司的经营方针和投资计划后，董事会据此决定公司的经营计划和投资方案，并组织实施，是董事会经营决策权最重要的体现。

三是制订有关股东大会决议的重大事项的方案。包括年度财务预算方案、决算方案、利润分配方案和弥补亏损方案，增加或者减少注册资本以及发行公司债券的方案，公司合并、分立、变更公司形式、解散的方案。对于这些事项，股东会具有

---

① 赵旭东主编：《公司法学》（第二版），高等教育出版社 2006 年版，第 384 页。

② 主要参考法律出版社法规中心编：《新编公司法全解》，法律出版社 2014 年版，第 97 页、第 149 页。

最终决定权，但公司董事会可以通过制订方案，并提交股东大会审议、表决来施加影响，参与公司重大事项的决策。

四是决定公司内部管理和重大人事任免。内部管理机构、基本管理制度和重要管理人员，包括决定公司内部管理机构的设置，聘任或者解聘公司经理，根据经理的提名，聘任或者解聘公司副经理、财务负责人，决定其报酬事项，制定公司的基本管理制度。这些职权也是董事会经营决策权的重要体现，是董事会执行股东大会决议、实施公司经营计划和投资方案，保障公司良好运行的基础。

五是行使公司章程规定的其他职权。公司股东可以根据公司的具体情况，通过公司章程授权董事会其他职权，如规定由董事会决定承办公司审计业务的会计师事务所的聘任或者解聘等。

（三）董事会的法律地位①

董事会是公司治理架构中承上启下的经营意思决定机构。依据我国《公司法》第 2 章第 2 节与第 4 章第 3 节之规定，董事会是由董事组成的、就公司经营的一般事项作出意思决定的公司必备的常设的合议制业务执行机构。在公司的治理架构中，董事会位于股东会与经理层的中间层，处于承上启下的地位。由于董事会是一个合议制集体决策机构，董事会权限的行使方式应当以会议方式为之。做实做强董事会对于上市公司抑或非上市公司都具有重要意义。董事会是一个意思决定机关，而非公司的代表机关，因此，董事会决议的对外法律效力需要法定代表人或代理人的意思表示行为。将董事会称为公司的“大脑”亦不为过。董事会与法定代表人或代理人的关系有如“脑”与“口”的关系。

二、董事会决议的源头

董事会决议的源自董事会会议的召开以及形成的决定。

（一）有限责任公司董事会议事的法律规定及解读

1. 董事会会议的召集和主持。《公司法》第 47 条规定：“董事会会议由董事长召集和主持；董事长不能履行职务或者不履行职务的，由副董事长召集和主持；副董事长不能履行职务或者不履行职务的，由半数以上董事共同推举一名董事召集和主持”。此条规定包括三层意思：首先，明确的是董事会会议由董事长召集和主持；第二，明确了在董事长不能履行职务或者不履行职务的，由副董事长召集和主持；第三，针对实践中出现的董事长和副董事长因各种原因都不能履行或者不履行召集董事会会议的职责，公司董事会无法召开，公司陷入僵局任的情形下，公司法授权半数以上的董事共同推举一名董事履行董事长的职责，召集和主持董事会会议。

2. 董事会的议事方式和表决程序。《公司法》第 48 条规定：“董事会的议事方

① 刘俊海：《现代公司法（第二版）》，法律出版社 2011 年版，第 483 页

式和表决程序，除本法有规定的外，由公司章程规定；董事会应当对所议事项的决定作成会议记录，出席会议的董事应当在会议记录上签名；董事会决议的表决，实行一人一票。”此条规定包括三层意思：一是根据公司自治原则，董事会的议事方式和表决程序主要由公司章程规定。股东可以在公司章程中规定：出席董事会的董事应达到多少比例会议方为有效，可以作出决议；通过决议是按全体董事还是按出席董事来计算票数；哪些决议案需要按全体董事的绝对多数通过；哪些决议案可以按出席董事的简单多数予以通过。二是明确了董事会会议记录的性质。即董事会会议记录是记明董事会会议对决议事项作出决定的书面文件。要求董事会在举行会议时，会议的召集人和主持人应当安排人员完整记录会议举行的时间、地点、召集人、主持人、出席人、会议的主要内容等会议进行情况；董事会作出决议的，应当对所决议的事项、出席会议董事及表决情况、决议结果等作成董事会会议记录。三是董事会会议记录的形式要求。董事会会议记录应当是书面的，包括上述内容，并由出席会议的每一个董事签名，以保障董事会会议记录及董事会决议的真实性和效力。因为，要求董事在会议记录上签名具有重要法律意义：（1）通过董事的签名，能够看到出席董事会会议的董事人数是否符合法律规定；（2）股东有权查阅董事会会议记录，通过签名，能够使股东了解董事履行职务的情况；（3）董事要对董事会的决议承担责任，董事会的决议违反法律、行政法规或者公司章程、股东大会决议，致使公司遭受严重损失的，参与决议的董事对公司负赔偿责任，但经证明在表决时曾表明异议并记载于会议记录的，该董事可以免除责任。通过签名，能够确认董事在表决时的意见，从而有利于确定其责任的范围。

3. 董事会的特殊形式——执行董事的相关规定。《公司法》第50条规定：“股东人数较少或者规模较小的有限责任公司，可以设一名执行董事，不设董事会。执行董事可以兼任公司经理。执行董事的职权由公司章程规定。”此条规定包括四层意思：一是设立执行董事是为确保所有权与经营权的分离。现代公司，强调所有权与经营权的分离，即公司的股东组成股东会，只负责决定公司的经营方针、投资计划以及公司的其他重大事项，公司的具体经营管理工作由业务执行机构负责。在实践中一般由董事会作为公司的业务执行机构。之所以设立董事会，实行集体决策，主要是出于保护公司股东利益的考虑，让所有股东都能够通过代表其利益的董事参加董事会，参与公司的经营决策。二是执行董事和董事会的性质一样，属于公司的业务决策机构[①]。该条规定针对公司股东人数较少或者规模较小的有限责任公司，因地制宜地允许其可以不设立董事会，而是设立一名执行董事，由执行董事负责公司的业务执行，很重要的一个原因是为了精简公司业务执行机构，提高运营效率。

---

① 法律出版社法规中心编：《新编公司法全解》，法律出版社2014年版，第100页。

三是本条规定在一定程度上将决策机构和执行机构合并。因为允许执行董事可以兼任经理，即让执行董事直接负责公司的日常经营管理。当然，公司也可以不设立经理，只设执行董事。四是实际上赋予了公司章程更大的权利。公司章程可以把执行董事职权可以等同于董事会，也可以超出或者不及董事会的职权。

（二）董事会会议的种类

董事会作为一个机构是通过召开会议并形成决议的方式行使职权的。董事会会议一般可以分为普通会议和临时会议两类。这两类董事会会议的议事方式和表决程序，除法律有规定的以外，均应由公司章程规定。

1. 普通会议。普通会议是在公司章程规定的固定时间召开的例会。我国公司法未对有限责任公司董事会会议召开的次数予以规定，但规定股份有限公司每年度至少召开两次董事会会议。

2. 临时会议。当公司经营中遇到需要董事会及时决策的必要事项时，董事会可以召开临时会议。对于股份有限公司，《公司法》规定，代表1/10以上表决权的股东、1/3以上董事或者监事会，可以提议召开董事会临时会议。对于有限责任公司，《公司法》未规定如何提议召开董事会会议，其原因在于有限责任公司具有更强的人合性特点，可以根据需要随时召开董事会临时会议，不需要立法作出明确具体的规定。

（三）董事会的决议

达到法定比例的董事出席并经法定比例的董事表决通过而作出的决议方为有效的董事会决议。各国公司法一般都规定了董事会的法定最低出席比例、出席的方式（是本人出席还是委托代理人出席）、作出决议要求的通过比例等事项。

我国《公司法》将具体的董事会议事规则赋予公司章程进行规定，而只规定了某些必需的、基本的法定议事程序。譬如，在股份有限公司中，规定：（1）董事会会议应由过半数的董事出席方可举行；（2）董事会会议，应由董事本人出席，董事因故不能出席，可以书面委托其他董事代为出席董事会，委托书中应载明授权范围；（3）董事会作出决议，必须经全体董事的过半数通过；（4）董事会应当对会议所议事项的决定作成会议记录，出席会议的董事应当在会议记录上签名。

对于有限责任公司董事会的议事方式和表决程序，我国公司法则未作具体规定，而是留给公司章程根据具体情况去规定。这主要是考虑到有限责任公司本身规模小于股份有限公司，社会关注度不强，企业的情况差别很大，千篇一律的强制性规定，如果不能有效地适应各个公司的具体情况，反而会对公司法的权威造成损害。因此，立法在其董事会的活动方式上留有必要的空间，让公司的投资者通过章程予以规定，不仅是必要的，而且还会收到对投资者培养权利意识和规则意识的效用。

【拓展适用】

一、公司治理基本原则的理解与把握①

所谓公司治理的基本原则，是指在公司法和公司章程的框架下构造公司的组织机构，明确其各自的职权范围，协调相互运作关系，以期实现良好的公司治理所应贯彻的基本精神和规则性要求。目前，世界各国公司立法的修改无不以公司治理的基本原则为指导来建立更有效的公司组织机构。例如，1999 年 5 月，由 29 个发达国家组成的经济合作和发展组织通过了《OECD 公司治理结构原则》，作为各国政府制定有关公司治理结构法律和监管制度框架的参考。虽然不同的国家因为公司发展的历史不同而形成了不尽相同的公司组织机构，但是，由于公司治理问题产生的基础相同，公司治理的基本原则具有相通性。

（一）股东权力原则

股东权力原则，是指公司组织机构的设置应当确认股东作为公司出资人或所有者的地位，使之确保股东能够充分行使相应权利。具体包括三个方面的内容：第一，确立股东会为最高权力机构。各国公司法均规定股东会为公司组织机构中的最高权力机构，公司的一切重大事项，如公司章程的变更、董事的任免、公司的合并与解散、公司重大经营方案的批准等，都必须由股东会作出决议。第二，全体股东平等对待的前提下，倾斜保护中小股东的权利。公司组织机构的设置应确保所有股东享有平等的权利，并承担相应的义务。与此同时，由于中小股东的弱势地位，法律应当倾斜保护中小股东的权利，以求得全体股东的实质平等。公司法中的同股同权原则、保护中小股东的累积投票制、大股东对关联交易的投票回避制等均体现了上述精神。第三，在股东权利受到侵害时，应当及时得到法律救济。为了切实保护股东的权利，各国公司法均规定股东权利受到侵害时应当及时得到法律救济。虽然股东诉讼的具体制度各不相同，但各国公司法均确认了当股东大会、董事会的决议违反法律规定，或者董事、监事、经理执行职务时违反法律或公司章程，造成股东或公司利益损害的，股东有提起直接诉讼或者派生诉讼的权利。

（二）权力制衡原则

权力制衡原则，是指不同的公司组织机构行使不同的权力，相互之间既配合又制约，从而提高公司治理效益，实现股东利益最大化。依据分权的要求，公司中的各组织机构只能行使特定的权力，任何一个机构都不能享有全部权力，同时也不能代替其他机构行使权力。就公司组织机构的具体设置而言，现代公司治理的基本构架一般为股东会、董事会和监事会并存，从而实现决策权、执行权和监督权的“三权”分立。其中由全体股东组成的股东会是公司的最高权力机构，行使最重要的决

---

① 参见李东方：《公司法学》，中国政法大学出版社 2012 年版，第 319～321 页。

策权；董事会则是业务执行机构，负责公司的经营管理；监事会作为监督机构，代表股东对董事及经理进行监督。权力分立提高了公司的运营效率，同时也形成了权力制衡的基础。在分权的基础上，公司各组织机构的权力配置形成相互制衡的格局，在公司的各组织机构之间形成一个相互依赖、相互作用并相互制衡的组织系统，通过权力之间的相互制衡约束大股东、董事（会）以及经理的权力的滥用，平衡公司内部不同利益相关者的利益，实现经济利益的最大化。

（三）信息公开原则

信息不对称是公司治理出现问题的根源之一，公司的股东作为出资人，无法全面掌握董事、监事、经理的履职行为，不可能对其进行及时准确的绩效评价和监督。而董事、监事、经理等则可以利用职权优势为其自身谋利。因此，为了提高公司组织机构运营效率，提高公司信息透明度，更有效地保护股东权益，就必须加强信息公开制度建设，建立完善的信息披露机制，尽可能地确保股东能够以最简便的方式获得真实、准确、有效的公司经营信息，从而形成对董事、监事及经理的有效监督，使其能够勤勉、忠实地为公司的利益服务。

（四）利益相关者参与公司治理原则

根据利益相关者理论，公司的利益相关主体与公司治理密切相关。随着现代公司治理的不断发展，股东以外的利益相关者也逐渐被纳入公司治理主体，即公司组织机构的设置应考虑利益相关者的参与，为其保留相应比例的席位，从而提高其对公司的关注程度和对公司尽力的热情。尽管各国对利益相关者参与公司治理作出了不同的规定，利益相关者参与公司治理逐渐成为各国公司治理的发展趋势。例如，德国公司法规定在雇员超过一定人数的企业中，公司监事会成员应有一半的比例为职工或雇员监事。我国《公司法》也规定，公司监事会中应有适当比例的公司职工代表，并将职工代表比例的下限设为1/3。

（五）责权利相统一原则

责权利相统一原则，是指在公司组织机构的设置中，公司各利益相关主体的权利、义务和责任必须相一致，既不应当存在只有权利没有义务和责任的现象，也不应当存在有权无责或有责无权的现象。其中，“责”即法律责任，是国家对违反法定义务、超越法定权力或滥用权（力）利的违法行为所作的法律上的否定性评价和谴责，使侵犯主体对受侵害的合法权益承担补救责任；“权”指权利和权力；“利”指利益。将行为人的利益，同其在公司中所扮演的角色及工作成效有机地结合起来，一方面能够起到激励行为人更好地履行职责和义务的作用，另一方面可以为行为人承担责任提供物质基础。公司组织机构中的各方利益主体均为理性的“经济人”，其行为都是利益主体为追求自身利益最大化，在权衡成本与收益之后而作出的决定。如果收益与付出不成正比，即使课以经营者再重的义务和责任，也不能保证经营者忠实地不损害公司和股东的利益，更不能保证其有动力勤勉地追求公司和股东的利益。因此，良好的公司治理还应充分利用激励机制。

就一般而言，责权利成同比关系。责权利相统一原则要求权责相当，权利义务相称。责权不统一，就会导致有权无责或有责无权的局面。有权无责，意味着决策者不必对自己的决策失误付出代价，会导致权（力）利的滥用；有责无权或无利，则会使决策者因缺乏动力而怠于履行义务和承担责任，这二者均会直接导致权利行使不畅和权利救济不力。公司组织机构的有效运行应该建立在责权利相统一的基础之上。

二、我国大陆与香港、澳门特区及台湾地区的董事会制度比较①

（一）召集董事会会议之比较

1. 我国大陆董事会会议的召集。据我国大陆《公司法》第 47 条和第 109 条的规定，有权召集有限责任公司和股份有限公司董事会会议的是董事长，这是董事长的职权之一。然而，当有限责任公司的股东会和股份有限公司的创立大会选举出全部董事，而董事长尚未产生时，由谁来召集第一次董事会，对此，《公司法》未作规定。实践中的一般做法是，由所得票数最多的董事召集。另外，按照副董事长协助董事长工作的规定，当董事长不能履行职权或不履行职务时，由副董事长履行职权，在这种场合，副董事长也可以成为董事会会议的召集人。

2. 香港特区董事会会议的召集。在香港特区，董事会会议可由任何董事直接通知或由秘书通知召集。如某董事因未接到通知而缺席，董事会会议通过的决议仍为合法。但是，该缺席的董事可在合理期间内，另行召集董事会会议，重新审议有关决议。

3. 澳门特区董事会会议的召集。在澳门特区，股份有限公司董事会分为平常会议和特别会议。平常会议由董事长召集，特别会议由谁召集，澳门特区《商法典》未作具体规定。在这种场合，公司章程就应载明召集人。

4. 台湾地区董事会会议的召集。在台湾地区，董事会会议也由董事长召集。但每届第一次董事会，由所得选票最多的董事召集。

（二）董事会会议召集程序之比较

1. 我国大陆董事会会议的召集程序。在我国大陆，董事会会议有董事会例会和董事会临时会议之分。董事会例会即董事会的定期会议，这种会议每年至少召集两次。其召集程序是应当于会议召开 10 日以前通知全体董事，且应以书面形式通知，并应载明召开事由。

董事会临时会议是指因紧急事项的出现而随时召集的董事会会议。就一般来

---

① 主要参见黄来纪：《公司法律制度比较研究》，法律出版社 2012 年版，第 124～130 页。

说，董事会临时会议是经董事会或者经理提议而召开的。这种会议的通知方式和通知期限，《公司法》没有具体的规定，均由公司章程予以规定。

2. 香港特区董事会会议的召集程序。在香港特区，公司的董事会无定期会议和临时会议之分，董事认为必要即可随时举行董事会会议处理公司事务，且可将会议延期。所以，香港特区《公司条例》没有就董事会会议的召集程序作出具体规定。

3. 澳门特区董事会会议的召集程序。在澳门特区，有限责任公司的行政管理机关会议有两种：一种为正式会议；另一种为非正式会议，即应任何行政管理机关成员的召集而召开的会议。在澳门特区，股份有限公司的行政管理机关会议有平常会议和特别会议之分。平常会议由董事长召集且每月至少召开一次。澳门特区《商法典》第467条第2款还规定："特别会议得随时由董事长召集而举行；如董事的数目为五名以下，亦得随时由一名董事召集而举行；如董事之数目超过五名，则亦得随时由两名董事召集而举行。"

4. 台湾地区董事会会议的召集程序。台湾地区"公司法"关于董事会会议的召集程序的规定，与香港特区《公司条例》的规定较为相似。"公司法"第204条规定："董事会之召集，应载明事由，于七日前通知各董事及监事人。但有紧急情事时，得随时召集之。"从上述规定来看，召集董事会的通知方式应为书面形式，因只有书面形式才能"载明事由"；在有紧急情事时召集的董事会的通知方式，法律没有具体规定时，既可以用书面方式通知，也可以用电话等迅捷的方式通知。

（三）出席董事会会议的主体之比较

1. 我国大陆关于董事会会议出席的规定。为了保证董事会会议的顺利进行，我国大陆《公司法》对董事出席董事会会议作了两种规定：一种是本人出席，即董事会会议，应当由董事本人出席。《公司法》之所以如此规定，这不仅是为了保证董事会能顺利地按照"多数决定原则"，对应作出决议的事项作出决定，而且也是为了集思广益，使作出的决议更符合公司的客观实际。另一种是委托出席，即当董事因故不能出席，可以委托其他董事代为出席董事会会议。当然，委托出席只是一种补充，且以"董事因故不能出席"为要件。这里要注意的是，董事会会议的委托代理出席与股东会会议的委托代理出席是有所不同的。一是前者只能以特定的董事为代理人，后者没有这种特定人为代理人的要求；二是前者只有出现"董事因故不能出席"的事由时方可采用，限制较严，后者没有什么限制的要件，任何股东均可采用。两者的共同点是：委托均必须是书面的，且在委托书中应载明授权范围。

2. 香港特区关于董事会会议出席的规定。香港特区对出席董事会会议的人数通常由公司章程细则规定。因董事会会议须由董事本人出席，故会议期间不在香港的董事，董事会无须向其发出出席董事会会议的通知。

3. 澳门特区关于董事会会议出席的规定。在澳门特区，董事也可委托另一位董事代其参加董事会会议，但不得由他人代理执行其职务。

4. 台湾地区关于董事会会议出席的规定。就一般来说，台湾地区“公司法”规定董事须亲自出席董事会会议，但公司章程规定可由其他董事代理时，不在此限。董事委托其他董事代理出席董事会时，宜每次出具委托书，并在列举召集事由的授权范围内进行代理。代理人以接受一人的委托为限。在董事居住台湾地区之外的情况下，可以书面委托居住在台湾地区的其他股东代理其出席董事会。当然，在进行这种代理时，应向主管机关申请登记，变更代理时亦然。

（四）董事会会议议事方式和表决程序之比较

1. 我国大陆《公司法》对董事会会议的决议和表决未作规定，而是授权在公司章程中加以规定的。有限责任公司董事会的决议分为普通决议和特别决议。普通决议应当以简单多数董事同意通过，特别决议应当以 2/3 以上董事同意才能通过。有限责任公司董事会特别决议的事项范围，大体与股东会的特别决议事项相同。例如，制定公司增加或者减少注册资本的方案；制定公司的分立或合并、变更公司形式、解散公司的方案等，应采用特别决议方式。

我国大陆《公司法》对股份有限公司董事会的决议方式，无普通决议和特别决议之分。据《公司法》第 111 条的规定，董事会应过半数的董事的出席方可举行。董事会会议作出决议，必须经全体董事的过半数通过。这就说明，股份有限公司董事会会议只采用简单多数通过的普通决议方式，而无须采用 2/3 董事通过的特别决议方式

2. 香港特区对董事会议决议和表决的规定。据香港特区《公司条例》附表 1A 表第 100 条的规定，香港董事会会议的所有决议，均适用简单多数通过的普通决议方式。在表决票数相等的场合，董事会主席有权投第二票或决定票。

3. 澳门特区对董事会会议决议和表决的规定。在澳门特区，董事会会议的决议和表决方式，也采用简单多数通过的普通决议方式，在某种场合，也可采用书面表决的方式。

4. 台湾地区对董事会会议决议和表决的规定。台湾地区“公司法”也把董事会的决议分为普通决议与特别决议。普通决议应有过半数董事的出席，且须经出席董事过半数的同意方为有效。特别决议适用于特别规定的事项。这些事项主要有：互选董事长、副董事长或常务董事；募集公司债；发行新股等。特别决议应由 2/3 以上的董事出席，且经出席董事过半数的同意方为有效（台湾地区“公司法”第 208 条）。

（五）董事会会议记录之比较

1. 我国大陆对董事会记录的规定。“董事会应当对会议所议事项的决定作成会议记录，出席会议的董事和记录员在会议记录上签名”。这是我国大陆《公司法》第 112 条所作的强制性规定。上述规定所揭示的记录范围为“对会议所议事项的决

定”，而不是对所有事项都要做记录，因为，董事会会议还讨论一些不需要作决定的事项。

2. 澳门特区对董事会会议记录的规定。在澳门特区，每次会议均应由公司秘书做好会议记录，有关会议记录在秘书不在时，应有出席的行政管理机关成员签名，以示记录内容的真实性。

3. 台湾地区对董事会会议记录的规定。台湾地区“公司法”第207条规定，董事会之议事，应做好记录，会议主席（董事长）不仅应在记录上签名、盖章，而且还应于会后20日内将会议记录分发给各董事。这种议事和分发可以用电子方式为之。公开发行股票之公司得以公告方式为之。记录的内容主要为：召集会议的时间、地点、主席姓名及决议方法，并应记录议事经过的要领及其结果。会议记录应与出席董事的签名簿及代理出席的委托书一起保存。如果代表公司的董事，违反前述规定，处新台币1万元以上5万元以下的罚锾。这些规定，比我国大陆严格得多。

（六）董事对董事会决议承担责任之比较

1. 我国大陆关于董事对董事会决议责任的规定。董事对董事会决议承担责任，这是董事应承担的法定义务。我国大陆《公司法》第112条第3款规定：“董事应当对董事会的决议承担责任。董事会的决议违反法律、行政法规或者公司章程，致使公司遭受严重损失的，参与决议的董事对公司负赔偿责任。但经证明在表决时曾表明异议并记载于公司会议记录的，该董事可以免除责任。”这样规定，是为了维护公司、股东和债权人的合法权益。

2. 香港特区关于董事对董事会决议责任的规定。在香港特区，董事与公司的关系为“信托关系”，故法律要求董事必须“诚实、勤奋”地履行其职责，为整个公司的最大利益忠诚而善意地工作，并运用授予的权力，以达到公司最大利益的目的。董事绝不能利用自己处于的地位牟取私利，否则，他们将对渎职、背信或疏忽行为承担责任。

3. 台湾地区关于董事对董事会决议责任的规定。台湾地区“公司法”就董事须对董事会决议承担责任的规定与我国大陆完全一样。据台湾地区“公司法”第193条的规定，董事会决议违反法令、公司章程及股东会决议，使公司遭受损失时，参与决议的董事对公司负赔偿责任。但经表示异议之董事，且有记录或书面声明可证明的，可免除责任。此外，如果董事会的决议，属公司登记业务范围以外的行为或其他违反法令或章程的行为时，继续1年以上持有该公司股份的股东，可以请求董事会停止其行为。

三、对英美法系董事会秘书制度的借鉴

我国现行《公司法》只规定了董事会秘书负责会议的筹备、文件保管事宜，对于对外代表权未作任何说明。《上市公司章程指引》《上海证券交易所股票上市规则》对其对外代表权也未作明确规定。学术界对于董事会秘书的研究尚未充分展开，对其对外代表权的研究更少有关注。然而，是否赋予其以对外代表权，其代表的法律效力如何，与公司其他代表人如何协调等问题是不容忽视的问题，有待于深入研究。

从法理上言，董事会的秘书在公司经营中享有广泛的权利与重要职责，其作用并不亚于董事等高级管理人员，其职务履行对于公司治理与经营会产生重要影响，因而依据权责相适应的原则，有必要对其课以严格的义务与责任。依据我国现行公司法与证监会相关规定，董事会秘书属于公司高级管理人员范围，因此，也应适用《公司法》第147、148、149条的规定，董事会秘书依法应当承担忠实义务和勤勉义务。但是，在我国实际情况看，董事会秘书的权利非常广泛，而且缺乏相应的制约机制，这样的权责状况对于公司治理和经营非常不利。因此，董事会秘书权力需要相应的约束机制对其进行规制。国外有学者主张董事会秘书对公司负有与董事类似的忠实义务与勤勉义务。具体的讲，忠实义务包含为与公司利益冲突的交易时的忠实义务、竞业禁止义务、夺取公司机会禁止之义务等。勤勉义务指董事会秘书应当以一个合理、谨慎的人在相似情形下所应表现的谨慎、勤勉和技能来履行其职责。

英美法系的董事会秘书制度是英美法国家特有的一种较完善的法律制度，这一制度在英美国家的公司治理与经营管理中发挥着重要作用。董事会秘书具有公司高级管理人员的身份。在公司组织机构中，董事会秘书隶属于董事会，是协助董事会执行业务的助理机构。在早期，董事会秘书职责主要局限于管理公司内部性事务，如完成并签署公司周年报告、签署公司年度会计报告等。后来董事会秘书的权力呈现扩大的趋势，取得了一定条件下的公司对外代表权。在英国，董事会秘书作为公司代理人时具有与其他公司代理人相同的法律地位。其代表权主要体现在两方面，一是有权就日常经营管理方面的事务代表公司；二是作为公司代表与公司登记机关和监管机关进行沟通，行使对外行政事务代表权。

【典型案例】

任帅与马成、藏梅股权转让侵权纠纷案

申请再审人（一审第三人、二审被上诉人、原再审被申请人）：任帅。

被申请人：（一审原告、二审上诉人、原再审申请人）：马成。

被申请人（一审被告、二审被上诉人、原再审被申请人）：藏梅。

〔基本案情〕

任帅对山西省高级人民法院（以下简称山西高院）（2009）晋民再终字第55号民事判决申请再审一案，系基于马成起诉藏梅侵权纠纷形成的。2006年7月31日，马成向山西省大同市城区人民法院（以下简称大同市城区法院）提起诉讼认为：藏梅在未召开大同市北方铸石工业有限责任公司（以下简称北方铸石公司）股东会的情况下作出所谓的“董事会会议纪要”，擅自决定将铸石公司的全部股权进行转让，并成立清欠组对公司财产进行清欠，藏梅违反《公司法》和《公司章程》，侵害了马成的合法权益，依据《公司法》第一百五十三条①提起诉讼，请求判决北方铸石公司2006年6月30日的董事会决议无效；判令藏梅停止擅自处分公司财产的行为；诉讼费用由藏梅承担。因检察院以遗漏案件第三人为由抗诉，大同市城区法院提起再审后追加任帅为第三人。在再审一审程序中，马成增加一项诉讼请求，请求判令任帅返还其占有的北方铸石公司全部财产，并立即退出公司。

大同市城区法院于2006年8月22日作出（2006）城民初字第1155号民事判决：董事会决议无效，藏梅停止侵权。判决生效后，大同市人民检察院以同检民抗（2006）第42号民事抗诉书对该判决提起抗诉，任帅提起申诉。2007年1月8日，大同市城区法院以（2007）城民监字第4号民事裁定决定再审，并于2007年9月29日作出（2007）城民再字第4号民事判决：驳回马成诉讼请求。马成不服，向山西省大同市中级人民法院（以下简称大同中院）提出上诉。大同中院于2008年1月28日作出（2007）同民终字第469号民事判决：驳回上诉，维持原判。马成不服，向山西高院提出申诉，该院于2009年3月23日以（2008）晋民申字第401号民事裁定提审本案，并于2009年12月12日作出（2009）晋民再终字第55号民事判决：董事会决议无效，恢复马成股东地位。任帅不服，向本院提出申诉。本院于2011年5月26日以（2010）民再申字第31号民事裁定提审本案。本院依法组成由审判员王东敏担任审判长、代理审判员刘崇理、曾宏伟参加的合议庭对案件进行了审理。书记员白雪担任记录。本案现已审理终结。

大同市城区法院原一审查明，藏梅系北方铸石公司经理，于2006年6月30日组织召开董事会，并形成决议将公司全部股份转让给任帅。北方铸石公司由马宏出资120万元，马成出资168万元开办。2005年11月6日，马宏将其在该公司股权转让于藏梅，马成任该公司执行监事，藏梅任执行董事、法定代表人（经理），公司不设立董事会，公司的分立、合并、终止和清算、股东转让出资等重大事项均由股东会决议。

〔一审裁判理由与结果〕

大同市城区法院原一审认为：公民在有限公司的投资属于其合法财产，禁止他人侵占，有限公司股东对外转让其股权，应经过其他股东过半数同意。藏梅未经马成同意召开董事会并决议转让公司全部股权，侵犯了马成的合法权益，董事会决议无效。该院判决：一、北方铸石公司2006年6月30日由藏梅主持召开的董事会决议无效，二、藏梅立即停止由上述决议而实施的相关侵犯马成合法股东权益的行为。

大同市人民检察院以该判决程序违法为由提出抗诉，大同市城区法院再审时，

① 对应2014年新《公司法》第152条。

任帅以第三人的身份参加诉讼。

大同市城区法院再审一审时查明：2004 年 2 月 18 日马成与马宏兄弟二人共同出资 288 万元（其中马宏出资 120 万元，马成出资 168 万元）设立了北方铸石公司，法定代表人为马宏，马成为该公司股东。成立之日该公司与大同市宣武耐磨有限公司（以下简称宣武公司）签订了《合作（投资）协议书》，吸收宣武公司为合伙人。

2005 年 7 月 6 日北方铸石公司召开第一届第三次定期股东会决议，决定将公司转让并更换公司营业执照。当日该公司的法定代表人马宏与宣武公司签订了《合伙企业退伙转让合同》。该合同成立之后，即日，马宏、马成、马源兄弟三人便从受让方以北方铸石公司归还借款的名义收取了退伙转让款 299 万元（其中马宏领取了 150 万元，马成领取了 50 万元，马源领取了 99 万元），此后，以同样的方式，马宏又领取退伙款 123 万元，董华领取了 7 万元（董华系马宏司机），以上共计 429 万元。按该合同约定以铸石板抵顶 65 万元（其中马宏 150 吨，计 19.5 万元，马成 350 吨，计 45.5 万元），余款 225 万元按合同约定将 2005 年 7 月 5 日前发生的销售应收款（除安徽顾桥，韩城桑树坪）约 200 万元左右以原合同的名义，由原业务员与出让方共同催款，收回的货款全部归出让方所有。现马宏已收取应收账款 112.6680 万元。

宣武公司与马宏签订了《合伙企业退伙转让合同》之后，仍沿用北方铸石公司的营业执照，2005 年 11 月 17 日将该公司的法定代表人变更为藏梅。

2006 年 6 月 30 日该公司的法定代表人藏梅召开董事会，决定将北方铸石公司的全部股权转让给任帅，任帅付款 450 万元，接收该公司一直经营至今。

〔再审一审裁判理由及结果〕

大同市城区法院再审一审认为：马成和马宏共同设立了北方铸石公司，该公司成立之日吸收了宣武公司为合伙人，马宏，马成兄弟二人在股东会决议上决定将北方铸石公司转让，同日，由该公司的法定代表人马宏与宣武公司签订了《合伙企业退伙转让合同》并已经实际履行，且将营业执照法定代表人马宏变更为藏梅，后由藏梅召开了董事会，将该公司转让第三人任帅。该合同的签订是双方当事人真实意思表示，且已实际履行，该合同合法有效，应予确认。马成所诉，侵犯其合法权益证据不足，因马宏、马成在股东会所作出转让北方铸石公司的决定是其二人共同的意愿，并亲笔签署了自己的名字，说明将该公司转让，马成认可同意，并实际领取了转让款，故其所诉理由不当，不予支持。此外，马成起诉藏梅的主体不适格，因藏梅作出的董事会决议的行为是公司行为，并非个人行为，故对其诉讼请求不予支持。该院判决：一，撤销原一审判决。二，驳回马成的诉讼请求。

马成不服上述民事判决，向大同中院提起上诉。

〔再审二审裁判理由及结果〕

大同中院二审认为：马宏和马成共同设立了北方铸石公司，从工商登记看，北方铸石公司的两个原始股东是马成、马宏兄弟二人，但马成在公司成立时并未出资，现金和实物均是马宏投资的，马成仅是名义股东。该公司成立之日即与宣武公司签订了《合作（投资）协议书》，尽管任帅没有提供原件，但从后来签订的《合伙企业退股转让合同》的内容，可以看出合伙事实是存在的，即北方铸石公司吸收了宣武公司为合伙人。马宏、马成兄弟二人在2005年7月6日股东会决议上决定将北方铸石公司转让，并亲笔签署了自己的名字，说明马成同意将该公司转让，并实际领取了转让款，马成知道或者应当知道企业已经转让的事实。既然马宏能代表马成出资，也能代表马成签订转让协议，同日，由该公司的法定代表人马宏与宣武公司签订了《合伙企业退伙转让合同》，该合同系双方的真实意思的表示，为有效的合同。马宏等人作为出让方已从北方铸石公司领取了现金、实物以及接收了应收账款，北方铸石公司已实际转移给宣武公司（藏梅一方）。马宏将整个北方铸石公司转让给了宣武公司，且将营业执照法定代表人马宏变更为藏梅，虽然企业转让后股东登记为藏梅和马成，但马成并未参加公司的实际经营管理和利润分配，将其名字虚挂是为了企业登记需要，实际上已和北方铸石公司没有关系。藏梅接受北方铸石公司以后，其有了自主经营权，可以吸收其他股东经营，也有权决定将自己的股份转让给他人，所以其转让给任帅的行为应该视为有效行为，故并未对马成构成侵权。股权转让合同并不受工商登记变更的影响，工商登记只有证明效力，并无设权性，只能对外起对抗作用，内部转让应该以合同法的原则确立。马成以登记未作变更为由对抗企业整体转让行为的理由不能成立，判决：驳回上诉，维持原判。

马成不服大同中院上述民事判决，向山西高院申请再审。

〔高院提审查明的事实〕

山西高院提审后查明：2004年2月18日马成与马宏兄弟二人共同出资288万元（其中马宏出资120万元，马成出资168万元）设立了北方铸石公司，法定代表人为马宏，马成为该公司股东。成立之日该公司与宣武公司签订了《合作（投资）协议书》吸收宣武公司为合伙人。2005年7月6日马宏代表北方铸石公司与宣武公司签订了《合伙企业退伙转让合同》，合同虽然签订，但未履行。2005年11月1日马宏与藏梅签订了出资转让合同，2005年11月6日，马宏、马成签订了北铸字2005第13号文件，决定将马宏出资的120万元全部转让于藏梅。任帅提供的北铸字2005第13号文件是复印件，提供不出原件，不予认可。2006年6月，藏梅主持召开董事会，马成未参加，决定将北方铸石公司的全部股权转让给任帅。2006年7月31日，马成提起本案诉讼。

〔高院提审裁判理由及结果〕

山西高院认为，马成入股有投资评估和验资报告，并与工商登记一致，原审认定为虚挂股东证据不足。原审认为马宏能代表马成出资，也能代表马成签订转让协议，其观点难以成立。其虽为兄弟二人，但在经营管理中应按照《公司法》处置，而不应以亲情认定，马成虽与转让后的公司有些经济往来，但从票据看均为借款等事由，借款纠纷可另案处理。北方铸石公司章程所记载的公司股东人数与工商行政机关备案的股东人数一致，均是藏梅与马成，说明马成是北方铸石公司的股东。藏梅未经马成同意，擅自将北方铸石公司的全部股权转让给任帅，侵犯了马成的股东权益。且藏梅也认为马成的股权没有转让。该院判决：一、撤销大同中院二审判决；二、北方铸石公司2006年6月30日的董事会决议无效；三、恢复马成的股东地位。

〔当事人向最高人民法院申请再审的理由及答辩意见〕

任帅向最高人民法院申请再审，请求撤销山西高院（2009）晋民再终字第55号民事判决，维持大同中院（2007）同民终字第469号民事判决。主要理由如下：

（一）终审判决认定事实存在错误，《合伙企业退伙转让合同》有效并已经履行。

北方铸石公司成立于2004年2月18日，同日北方铸石公司与宣武公司签订了《合作投资协议书》，吸收了宣武公司为合伙人。2005年7月6日马宏与宣武公司签订了《合伙企业退伙转让合同》，根据这份合同，马宏向宣武公司转让全部股份，包括马宏及马成、马源等的全部股本金719万元。在此协议签订后，在2005年7月6日当天，马宏便以收到公司借款为由经宣武公司的殷维钧批准，领取了股权转让款为壹佰伍拾万元，马成也以收到以北方铸石公司借款为由经宣武公司的殷维钧批准，领取了股权转让款为伍拾万。在整个转让协议执行中，公司共向马成支付现金50万，向马宏（包括马源、董华部分）支付现金379万元。以铸石板抵账（每吨1300元计算）共向马宏支付150吨，计195万元。向马成支付350吨，计455万元。同时根据协议规定，将2005年7月6日前北方铸石公司应收欠款2660071元交由马宏收取。总之，宣武公司通过上述行为共向原北方铸石公司的股东马宏、马成等人支付共计720万元，履行了《合伙企业退伙转让合同》约定的719万价款支付义务。

需要说明的是，依据协议第六条约定，本转让属非盈利性退伙，受让方以宣武公司财产及本转让企业北方铸石公司的全部财产为合同转让金给付作为履行担保，因此，转让价款的支付部分从北方铸石公司直接以还借款的名义履行。

综合以上事实可以合理得出：1. 马宏与马成的原北方铸石公司与宣武公司存在合伙的关系。2. 马宏作为原北方铸石公司的法定代表人与宣武公司签订的股权转让协议有效。3. 北方铸石公司原股东马宏、马成已经按照转让协议获得了合同规定的全部转让款，即此转让合同已经履行完毕。4. 马成知道或者应当知道马宏将原北方铸石公司的全部股权向宣武公司转让的行为。5. 马成对转让行为是认可的，并且取得了股权转让款。6. 马成与马宏在取得转让合同的股权转让款后，在事实上已经不是原北方铸石公司的合法股东或者是所有权人。而原终审判决一方确认2005年7月6日的合伙企业退伙转让合同存在，另一方面却认为是没有履行。结合上述事实，我们认为终审法院无视宣武公司在合同签订当日及后期的多次支付行为，认为合同没有履行是严重的认定事实错误。

（二）马成在多次领取宣武公司支付的转让款物后及宣武公司已经向马成、马宏等人支付720万元转让款物后，已经丧失法律上对于原北方铸石公司的股权及所有权。《北铸字［2005］（13）号文件》是合理合法存在的。

根据双方履行《合伙企业退伙转让合同》的实际情况看，马宏虽然在以收到公司还借款的名义取得宣武公司支付的款物后，退出了自己的股份，并将自己的法定代表人的身份变更为藏梅。基于上述事实，我们可以客观得出：虽然当日马宏、马成以收到公司借款的名义收到转让款物，但是他们知道或者应当知道这些款物是转让其在北方铸石公司股权的对价，对此，我们合理确定马成也是知道上述行为及其法律后果。而终审判决一方面确认马成曾从宣武公司领取款物事项，另一方面却认为这是与股权转让无关的“借款纠纷”。违背了客观事实，也违背了一般的合理推理逻辑。据此也可以合理推断出《北铸字［2005］（13）号文件》是合理合法存在的。申请人在此试问：为什么马宏的行为是股权转让，马成的同样行为却是与股权转让无关的“借款纠纷”呢？终审判决对上述事实认定存在严重错误。

（三）马成在《合伙企业退伙转让合同》履行后，虽然仍然在北方铸石公司的股东名册中，但其对内业已丧失股东权益。

根据《工商变更登记申请书》，马宏、马成在获得北方铸石公司股权转让款物后申请将北方铸石公司股东变更为藏梅、焦致军。虽然在工商变更过程中，由于工商部门认为有倒卖营业执照的嫌疑未能成功，但结合以上众多材料来判断：马成虽然仍在变更后的公司股东名册中，但由于其已经认可整个转让行为，并且已经取得转让款物，但在变更后的公司中业已丧失实际股东的全部所有权益，只是虚假的挂名股东而已。结合变更后的公司章程显示：马成并未在新的公司章程上签字，及马成也未参与过变更后的公司经营决策和利润分配。这充分说明，马成不是变更后的北方铸石公司的真正合法股东，其股东的权益在股东内部已经丧失所以权益。而终审判决却以工商登记为依据，确认马成仍然为变更后的股东，实属认定事实严重错误。

（四）马成不是变更后的北方铸石公司股东，藏梅将股权转让给申请人的行为没有侵害其任何的“股东权益”。

股权转让作为民事法律行为，双方的行为只要符合《民法通则》及《合同法》有关合同成立和生效的规范要求，就为有效。马成不是变更后的北方铸石公司股东，其无权对藏梅向任帅转让股权提出任何异议。藏梅向任帅转让股权不可能侵害马成的所谓的“股东权益”，更何况申请人已经向藏梅支付了全部的转让款项，北方铸石公司股东已经取得所有转让款，转让合同已经履行完毕，更无权起诉确认董事会协议无效。终审判决确认“2006年6月30日的董事会决议无效”及“恢复马成股东地位的判决”缺乏事实依据，存在严重错误。

马成答辩认为，第一，任帅的再审理由只能说明其取得北方铸石公司股权的行为是无效和非法的。任帅作为案件第三人本应围绕自己的权益是否受到侵害向最高人民法院提出申诉并提供依据，但现在其申请的理由却是北方铸石公司的全部股权已转让给了宣武公司，主张2005年7月6日马宏代表北方铸石公司与宣武公司签订的《合伙企业退伙转让合同》有效。按照任帅的理由推论，那就意味着后来马宏与藏梅之间的股权转让行为以及任帅从藏梅手中受让股权的行为都是无效甚至是非法的，再审申请人实际控制北方铸石公司也是非法的。

第二，马宏于2005年7月6日代表北方铸石公司与宣武公司签订的《合伙企业退伙转让合同》无效。

1. 北方铸石公司是由马宏与马成兄弟二人共同出资成立，其中马宏出资120万元，答辩人出资168万元。马宏个人于2005年7月6日与宣武公司签订的《合伙企业退伙转让合同》，其内容涉及公司全部股权转让问题，应按照《公司章程》及《公司法》有关股权转让的规定办理。马宏虽为该公司法定代表人，但无权个人决定和代表马成转让公司全部股权。上述《合伙企业退伙转让合同》违反《公司法》有关股权转让的强制性规定，且其内容违背作为公司股东的马成的真实意思表示，因而该合同无效。

2. 任帅主张《合伙企业退伙转让合同》有效的主要依据无非是其向法院提供的2004年2月18日北方铸石公司与宣武公司的《合作投资协议书》及2005年7月6日北铸字2005第13号文件。试图证明马成"知道或应该知道马宏将北方铸石公司的全部股权向宣武公司转让事实"。但是，任帅仅提供了《合作投资协议书》复印件，其真实性无法确认。更何况，即使北方铸石公司与宣武公司有投资合作关系，也与公司股权转让无关联性。而2005年7月6日北铸字2005第13号文件任帅也同样提供不出原件，而且该文件伪造迹象明显，其内容与马成提供的同样文号的北铸字2005第13号文件内容完全不同。因而，任帅提供的该文件真实性、合法性、关联性均无法认定。

第三，马宏与宣武公司签订的上述《合伙企业退伙转让合同》未实际履行。

1. 马宏及签署合同的宣武公司的委托人藏梅在法庭上均明确表示，《合伙企业退伙转让合同》虽有签订但未实际履行。事实上，宣武公司也从未向马宏、马成或北方铸石公司支付过股权转让款。

2. 在《合伙企业退伙转让合同》签订后的2005年11月1日马宏与藏梅签订了《出资转让协议》，马宏将其在北方铸石公司的120万元出资全部转让给藏梅；2005年11月6日马宏、马成签署了同意马宏将其在北方铸石公司的120万元出资全部转让给藏梅的北铸字2005第13号文件。根据上述协议和文件，藏梅支付了股权转让款并办理了工商变更登记手续，公司股东变更为藏梅和马成。

3. 任帅出具的所谓宣武公司履行《合伙企业退伙转让合同》的凭证，均属于北方铸石公司的相关归还借款等财务凭据，属北方铸石公司与股东之间内部经济往来凭证，与宣武公司没有关系。部分归还借款凭证上签名的殷维钧其人，是北方铸石公司的财务审监而非宣武公司人员。原再审法院对上述事实已有明确的认定。

第四，马成自始至终是北方铸石公司股东，在北方铸石公司享受应有的股东权利，任何人无权代为行使或剥夺该权利。

1. 如前所述，北方铸石公司系由马宏与答辩人兄弟二人共同出资成立，其中马宏出资120万元，马成出资168万元，马成的出资有投资评估和验资报告证实并与工商登记一致。2005年11月后北方铸石公司股东变更为藏梅和答辩人，马成依然是该公司股东。

2. 2006年6月，藏梅在未通知马成参加的情况下擅自召开所谓董事会，决定将北方铸石公司的全部股权转让给任帅，其行为严重违反《公司章程》和公司法有关股东转让股权的规定，严重侵犯了马成的股东权利。

3. 任帅所谓马成丧失北方铸石公司股东权利的主张完全没有事实和法律依据。而且，其至今霸占北方铸石公司经营权、收益权的行为本身是对马成股东权利的严重侵犯。

综上所述，马成认为任帅再审申请请求没有事实依据和法律依据，原再审判决事实清楚，适用法律准确。请求驳回再审申请。

〔最高人民法院再审查明的事实〕

最高人民法院确认山西高院（2009）晋民再终字第35号民事判决查明的事实。

最高人民法院提审期间还查明，北方铸石公司公司章程第十九条规定，本公司不设董事会，只设一名执行董事，执行董事是公司的决策者。北方铸石公司于2005年11月6日召开的第二届第一次定期股东会决议载明，公司股东会由自然人股东藏梅与马成组成，藏梅为执行董事，马成为监事。2006年6月30日形成的《董事会纪要》载明：主持人藏梅；参会人员：任帅、殷维钧、焦志军、姜克彩、范志斌、王悦、李建忠……为保证全体股东已经取得的成功，公司董事会经过认真思考和反复酝酿，决定将北方铸石公司的全部股权向任帅进行转让。任帅在诉讼中曾向大同城区法院提供2005年10月7日宣武公司《股东会纪要》，该文件载明，主持人为藏梅，参加人为焦志军、任帅等，会议议事事项为接收北方铸石公司及成立北方铸石公司董事会等内容，任帅与藏梅均为董事会成员。

〔最高人民法院裁判理由及结果〕

最高人民法院认为：根据本院查明的事实可以认定，北方铸石公司由马成与马宏出资设立，北方铸石公司设立时的工商行政管理机关登记载明马成为北方铸石公司股东，出资168万元。北方铸石公司在成立之日，即与宣武公司签订了《合作（投资）协议书》，藏梅为宣武公司法定代表人。2005年藏梅因受让而取得北方铸石公司股权。2005年11月6日北方铸石公司股东会决议载明，公司股东会由自然人股东藏梅与马成组成，藏梅为执行董事，马成为监事。2006年6月30日形成北方铸石公司《董事会纪要》时，工商行政管理机关关于北方铸石公司的登记仍然登记马成为该公司股东。上述事实表明，马成为北方铸石公司设立时的原始股东，在藏梅以股东身份进入北方铸石公司后，马成仍保留公司股东登记并以股东身份参与公司的经营管理。藏梅在大同市城区法院第一次一审时曾经主张其受让了马成的股权并提出了2005年7月6日由马宏和藏梅签订的《合伙企业退伙转让合同》，欲证明其一并受让了马宏与马成的股权，但该合同为复印件，且系藏梅与马宏签订的，马成并未在该合同上签名，大同城区法院对该事实未予认定。在随后的几次审理中，藏梅陈述确认其未受让过马成股权，马成仍为北方铸石公司股东。任帅在诉讼中主张藏梅已经实际受让了马成的股权，马成已经取得了股权转让款，但其提交的马宏、马成、马源及董华等人领款的收据载明的是归还借款、货款、应收账款等内容，并未写明股权转让款，其提交的其他证据材料均为间接证据或者复印件等，不能证明马成与藏梅之间成立了股权转让合同关系。任帅提供的2005年10月7日宣武公司《股东会纪要》载明，收购北方铸石公司并成立的北方铸石公司董事会，任帅为董事会成员之一。任帅在2006年6月30日《董事会纪要》上签字受让北方铸石公司股权时马成仍为该公司在工商行政管理机关登记的股东。任帅提供的上述文件表明其参与了收购北方铸石公司的全部过程，对北方铸石公司的股东情况应当是完全知情的，按常理其应当与马成核实并确认股权的归属，任帅当时未直接与马成核实，在事后主张马成名下的股权实际为藏梅所有，而藏梅又否认其受让了马成的股权，认可了其行为构成了对马成的侵权，任帅与藏梅签订协议受让马成股权，系对马成民事权利的侵害。

2006年6月30日，藏梅主持召开会议并形成《董事会纪要》，决定将北方铸石公司全部股权转让给任帅，该《董事会纪要》属于拟制文件。根据本案查明的案件事实，北方铸石公司2005年11月6日修改的《公司章程》第十九条规定，北方铸石公司不设董事会，只设一名执行董事，执行董事是公司的决策者。北方铸石公司2005年11月6日召开的第二届第一次定期《股东会决议》载明，公司股东会由自然人股东藏梅与马成组成，藏梅为执行董事，马成为监事。上述事实表明，北方铸石公司未设董事会。任帅提供的2005年10月7日由藏梅主持，焦志军、任帅、殷维钧等人参加的会议形成《股东会纪要》，该《股东会纪要》载明了成立北方铸石公司董事会等内容，但在随后的时间11月6日发生的北方铸石公司修改《公司章程》及《股东会决议》上并未体现上述《股东会纪要》内容，藏梅参加了10月7日和11月6的两次会议，并在11月6日修改的《公司章程》上签名，对两次会议内容和《公司章程》应是知情和明确的，但在11月6日修改的《公司章程》及《股东会决议》上并未确认成立北方铸石公司董事会的内容，因此，很难认定北方铸石公司成立了董事会。在没有证据证明北方铸石公司成立了董事会的情况下形成的《董事会纪要》，不能代表北方铸石公司的决定，应为藏梅等个人行为。藏梅为北方铸石公司的执行董事，在公司授权范围内有权处置公司经营管理事务，但无权处分公司股东名下的股份，公司股份属于股东个人财产。藏梅以召开会议形成《董事会纪要》，未经马成同意转让马成股份，构成对马成股东权利的侵犯。马成依据《公司法》第一百五十三条①之规定请求藏梅停止侵权的主张应当予以支持，原大同市城区法院（2006）城民初字第1155号民事判决确认藏梅主持召开的董事会决议无效，藏梅立即停止侵权行为，依法保护了当事人的合法权益。山西高院（2009）晋民终再字第55号民事判决书根据马成增加诉讼请求和其股权被一审第三人任帅变更权属登记的情况，在认定董事会决议无效的同时，又对停止侵权进一步明确为恢复马成股东地位，判决结果正确，应予以维持。

综上，马成在北方铸石公司设立时以出资人身份成为公司股东，公司设立时的其他股东并未否定其股东身份。藏梅与任帅之间关于转让马成股份的行为侵害了马成的民事权益。大同市城区法院作出的（2007）城民再字第4号民事判决驳回马成诉讼请求，及大同中院（2008）晋民终再字第55号民事判决维持上述判决，均有认定事实及适用法律错误的问题，应予以纠正。本院依照《中华人民共和国民事诉讼法》第一百八十六条②、最高人民法院《关于适用〈中华人民共和国民事诉讼法〉审判监督程序若干问题的解释》第三十七条之规定，判决如下：

驳回再审申请，维持山西省高级人民法院（2009）晋民再终字第55号民事判决。

本判决为终审判决。

---

① 对应2014年新《公司法》第152条。

② 对应2012年新《民事诉讼法》第207条。

第十二章 企业改制

规则 14：企业改制只是转换企业的组织形式和变更企业的经济性质，原企业的债权债务并不因改制而消灭

——成都市国土资源局武侯分局与招商（蛇口）成都房地产开发有限责任公司、第三人成都港招实业开发有限责任公司、第三人海南民丰科技实业开发总公司债权人代位权纠纷案①

【裁判规则】

企业改制只是转换企业的组织形式和变更企业的经济性质，原企业的债权债务并不因改制而消灭。根据《最高人民法院关于审理与企业改制相关的民事纠纷案件若干问题的规定》第 5 条的规定，企业通过增资扩股或者转让部分产权，实现他人对企业的参股，将企业整体改造为有限责任公司或者股份有限公司的，原企业债务由改造后的新设公司承担。故债权人代位行使对次债务人的债权，次债务人改制的，由改制后的企业向债权人履行清偿义务。

【规则理解】

一、企业改制内涵界定

企业改制并不是一个法律概念，它是一个经济学术语，指企业的产权制度改革。企业改制始于改革开放之初，当时是针对转变企业经营机制而言的，包括国有企业和集体企业的承包、租赁等形式，同现在我们所称改制的内涵有所不同，当前企业改制以建立现代企业制度为目标，形式上按照西方国家的独资、合伙、公司三类企业形态来构造。因此，企业改制形式上看是企业性质的变更，本质上是传统的企业形式向现代企业形式的转变。现在有些观点往往把改制的手段混同于改制本身，例如，把企业分立、债转股、企业出售、企业兼并等形式混同于改制本身，实

① 《中华人民共和国最高人民法院公报》2012 年第 6 期，最高人民法院（2011）民提字第 210 号民事判决书。

际上它只是建立新型企业制度的一种手段，只有完成向独资、合伙、公司等现代企业形式的设立和变更，才是真正意义上的改制过程。

企业改制是针对企业的主体身份而言的，实际上改制前后企业的性质已经发生了变化，在投资主体、组织形式、名称商号上都发生了变更，甚至在法律上的主体地位已经改变，此企业已经不是原来的企业了。但是，如果以资产为中心考察的话，企业实际上并没有多大改变。有的观点认为，“从民商事法律关系角度看，企业改制实际上是将企业作为商法中可以流转的一种特殊客体，即企业作为所有权的交易对象。”① 其实这体现了企业在民事法律关系中的双重特征，既是民事主体，又是民事行为的客体。如果把企业作为交易客体来研究，实质上就是考察企业中各种财产权利的变动过程。在这种意义上，也可以说企业改制的过程也是企业中财产权的变动过程。

二、企业改制方式

我国企业改制的方式主要有以下几种：

（一）企业公司制改造

所谓企业公司制改造，是指依据《公司法》的有关规定，将企业改造为有限责任公司或者股份有限公司的法律行为。它是国家对国有大、中型企业进行产权制度改革，建立现代企业制度的一项重要措施。目前，企业公司制改造客观存在着两种改制方式：一是企业依据《公司法》整体改造为公司（通常称作企业公司制整体改造）；二是企业依据《公司法》部分改造为公司（通常称作企业公司制部分改造）。

（二）企业股份合作制改造

所谓企业股份合作制改造，是指创建一种集股份制和合作制优点于一体的新型经济生产组织形式，它体现了劳动者劳动联合和资本联合相结合的特点。目前，企业实行股份合作制改造主要存在着三种形式：一是由企业职工出资买断企业产权，将企业改造为股份合作制企业（通常所称企业职工买断式）；二是企业向企业职工转让部分产权，由企业与职工共同组建股份合作制企业（通常所称企业与职工共建式）；三是企业通过职工增资扩股，将原企业改造为股份合作制企业（通常所称企业增资扩股式）。

（三）企业分立

所谓企业分立，是指企业依法和合同约定，将企业变更为两个或者两个以上企

① 钱卫清：“企业改制及其法律性质”，载《人民司法》1998年第12期。

业的法律行为。企业分立包括新设分立和派生分立两种形式。

（四）企业债权转股权

所谓企业债权转股权，是指债权人与企业债务人之间，就两者之间的债权债务，平等协商，双方同意并将债权人之合法债权转变为对企业债务人的投资，增加企业的注册资本。目前，我国并存着两种债权转股权形式，一是国有企业政策性债权转股权；二是非政策性企业债权转股权。

（五）企业出售

所谓企业出售，是指企业的所有权人出卖企业的产权给买受人的一种买卖行为。企业出售一般包括两个部分：一是企业股权整体转让；二是企业资产整体出售。

（六）企业兼并

所谓企业兼并，是指一方企业、公司通过购买产权、股权或吸收入股的方式使另一方企业、公司失去独立主体资格或改变其实体的现象。

三、企业改制中逃避债务、损害债权人利益行为的主要表现形式

1. 利用企业分立式公司化改造，将其优质财产剥离出去移转到与他人组建的新公司（包括全资、控股或参股公司），而将债务留在原企业（实属于破产企业或称为“空壳企业”），原企业除了债务以外，无其他任何资产或者仅存一些不良资产，宣告破产后，债权人得不到足额清偿，以此方式逃废、悬空债务。

2. 利用产权交易，只转让权利（包括财产或债权），不转让义务（或债务负担），或不支付“对价”，即放弃其到期债权，无偿转让或以明显不合理低价转让财产，逃废、悬空原企业债务。

3. 控股公司或母公司虚设公司，该公司设立时，资本不实，或者在该公司设立后抽逃资金，以该公司名义与第三人交易，而该公司并无财产偿还第三人债务，所有的收益及资产均在控股公司或母公司，以该公司破产来应付债权人，逃避债务。

4. 以收购方式实现对企业控股的，又称为控股式合并改制或吸收分立式改制，但因控股方在“控股合并”后抽逃资金、逃避债务，导致被控股企业无力偿还债务，损害原债权人利益。

5. 企业或公司在改制中将财产私分给股东，而股东只以出资额为限对公司承担责任，即以少量的资产对债权人进行清偿，逃避主要债务。

6. 在企业改制重组中隐匿、低估资产，特别是隐瞒、虚报或者不报无形资产，减少企业的责任财产，损害债权人利益。

7. 利用企业股份合作制改造（企业职工买断企业产权）、企业出售或企业吸收合并改制，遗漏或隐瞒债务（包括遗漏被改制企业曾经担保所形成的债务），不仅损害了债权人利益，而且也损害了兼并方或购买者的利益。

8. 因改制并非短时间内所能完成，有的需持续半年或一、两年时间，故借改制拖延债务偿还，使承担债务的责任主体长时间处于不确定状态，损害债权人及时收回债权的期待利益。

四、企业改制后债务承担的基本法律原则

企业改制是一个理论和实务上都很复杂的过程，它要考量各个方面的利益，企业改制后债务如何承担则直接关系到企业的出资人和债权人的根本利益，是人民法院在审理与企业改制相关民事纠纷案件中，遇到的最为常见的问题。企业改制后，原企业的债务应当依据什么原则来处理。目前，对企业改制后债务承担的基本法律原则，比较权威的归纳和评价为，一是尊重当事人约定原则，二是企业法人财产原则。我们认为，企业法人财产原则，是企业法人对外承担民事责任的基本原则。企业改制后原企业的债务，应当根据企业法人财产原则处理。此外，当事人意思自治原则也是企业改制后债务承担的一项重要原则。当事人意思自治原则，则指当事人对企业改制后的债务可以自行约定。但在适用该项原则时应当注意，在企业改制当事人意志之外，客观上还存在着债权人的意志。当事人关于企业改制后债务承担的约定，只有经过债权人的认可，才能对债权人产生约束力。因为，企业改制给企业资产带来的变化，必然牵涉到债权人的利益。债权人为了保护自身的合法权益，有权就企业改制合同当事人作出的债务承担约定行使异议权，以阻止不利于债权人行为的发生。这就决定了当事人关于债务承担的约定，不仅内容应当符合法律、行政法规的规定，还应当受债权人意志的制约。企业改制合同当事人依法对债务承担作出的约定，只有被债权人认可后，才能作为人民法院处理纠纷的依据。当事人对企业改制后的债务承担没有约定或者约定不明的，或者债权人不认可当事人有关债务承担约定的，则按照企业法人财产原则处理。基于此，根据企业法人财产原则、当事人意思自治原则、公平原则以及诚实信用原则等民法的基本原则，《若干规定》确立了企业改制后债务承担的一般原则。

（一）尊重当事人约定原则。对被改制企业的债务承担，当事人有约定，并经债权人认可，且其内容不违反法律、法规强制性和禁止性规定的，按照当事人的约定处理。

（二）企业法人财产原则。企业法人应当以其所有的财产独立对外承担民事责任。这是企业法人财产原则的核心。企业债权、债务承继原则和企业债务随企业财产变动原则，是企业法人财产原则派生出来的原则。上述原则体现在本规定的具体条文中，大致可以归纳为：凡改制后被改制企业没有消灭的，被改制企业的债务，原则由其自行承担；凡改制后被改制企业消灭的，被改制企业的债务，则由被改制企业的承继者承担。若企业改制时，被改制企业债务随着企业资产变动而发生变化的，因企业资产负有对企业债务的一般担保性质，因此，可按照债务随企业财产变动原则，视不同情况确定债务承担者。

五、与企业改制相关案件的处理

这些年，一直困扰人民法院立案工作的主要问题是，对企业改制中因企业资产变化而引发的民事纠纷与因政府行政性调整、划转国有企业资产引起的纠纷应当如何区分。存在上述问题的原因，不仅仅是法学理论上对与企业改制相关的民事纠纷案件的内涵和外延一直没有明确的界定，更主要的原因是，地方政府依据行政职权对企业改制进行的指导，与政府行政性调整、划转国有企业资产，两者之间有时很难区分是政府行为还是企业行为，从而导致一些法院在受理案件上把握不住哪些纠纷属于人民法院受理，哪些不属于人民法院受理。

（一）与企业改制相关民事纠纷案件的处理

什么是与企业改制相关的民事纠纷案件？《最高人民法院关于审理与企业改制相关的民事纠纷案件若干问题的规定》（以下简称《若干规定》）第1条明确规定：“人民法院受理以下平等民事主体间在企业产权制度改造中发生的民事纠纷案件：（一）企业公司制改造中发生的民事纠纷；（二）企业股份合作制改造中发生的民事纠纷；（三）企业分立中发生的民事纠纷；（四）企业债权转股权纠纷；（五）企业出售合同纠纷；（六）企业兼并合同纠纷；（七）与企业改制相关的其他民事纠纷。”该条有两层意思：一是给予企业改制相关的民事纠纷案件下个定义；二是明确了与企业改制相关的民事纠纷案件的受理范围。

根据第1条规定，与企业改制相关的民事纠纷案件，是指平等民事主体间在企业产权制度改造过程中发生的民事纠纷案件。它是由两个构成要件组成的，即一是纠纷发生在平等主体之间，而非上下级之间；二是纠纷发生在企业产权制度改造过程中。诸如企业出售中因价格不公平发生的纠纷，企业兼并中因一方当事人原因导致合同无法履行而发生的纠纷，等等。两个要件必须同时具备，才能构成与企业改制相关的民事纠纷案件。由于企业改制形式多样，反映在人民法院受理案件上，必然以多种案由出现，但其案件类型均属于与企业改制相关的民事纠纷案件。基于此，该条对人民法院受理的与企业改制相关的民事纠纷案件范围，采取列举方式，共列举了七种类型。其中第（七）项属于兜底条款，目的在于应对今后审判工作中出现的新情况、新问题时可能会增加的案件类别。对当事人起诉符合第1条所列情形，并符合《民事诉讼法》第119条规定的起诉条件的，根据《若干规定》第2条规定，人民法院应当立案受理。这也是人民法院受理与企业改制相关的民事纠纷案件的基本原则。

与企业改制相关的民事纠纷案件同政府主管部门在对企业国有资产进行行政性调整、划转中发生的纠纷有着本质的不同。企业改制是根据《公司法》《民法通则》《合同法》等有关法律、行政法规及相关政策，对企业产权制度进行改造，是在政府指导下进行。尤其是国有企业改制，需经有审批权的地方人民政府审批后才能进行。政府对企业改制的指导与审批，不是政府对企业行为的非法干预，而是国家为了保证国有企业改制的正常进行，而赋予政府的行政职权。政府对企业改制的指导与审批，并不改变企业改制行为的本质。企业改制行为本质上仍是民事法律行为。因为企业改制必须出自当事人的自愿，是当事人的真实意思表示，而非政府干预的结果；改制行为是发生在平等民事主体之间，而非行政部门与被改制企业之间；企业改制带来的企业自身资产的调整，企业债权债务的归属以及到当事人权利义务的行使等，均受民事法律调整，受当事人签订的民事合同制约。因此，在企业改制中发生的民事纠纷，属于人民法院受理民事纠纷案件的范围。

（二）与企业改制相关行政纠纷案件的处理

政府主管部门对企业国有资产进行行政性调整、划转，指的是在国有企业之间，因管理体制和组织机构调整，政府主管部门依据行政命令将属于一家国有企业的资产划转到另一家国有企业中。这种调整和划转，不是企业自身意志所能决定的，而是政府意志的体现，是政府对国有企业实施的行政管理行为。在调整和划转中，政府主管部门与被调整的企业不处于平等地位，所调整和划转的企业资产也是无偿的，不是等价交换的市场交易。因此，在政府主管部门对企业国有资产进行行政性调整和划转中发生的纠纷不能适用民事诉讼程序获得司法救济。如企业认为政府主管部门的行政行为侵害了企业的合法权益，可以通过行政诉讼来解决。

综上所述，两者之间的区别是显而易见的。前者属于民事法律行为，由此发生的民事纠纷，属于人民法院受理民事纠纷案件的范围。后者则属于行政行为，当事人以民事纠纷诉至人民法院的，人民法院不予受理。这也是《若干规定》第3条规定的精神。

（三）处理与企业改制相关案件应当注意的问题

另外，需要说明两点：1.《若干规定》主要解决的是企业改制后民事责任承担的问题，因此，也就决定了《若干规定》的适用范围，不仅仅局限于与企业改制相关的民事纠纷案件，那些与企业改制后果密切相关的民事纠纷案件，也同样受《若干规定》调整。如借款合同，当出借人向借款人行使债权时，原借款人因整体资产已经出售致其主体资格被消灭的，如何确认责任主体，原借款人的债务由谁承担等问题，就属于《若干规定》调整的范围。2. 中外合资、合作、外国企业在中国的投资行为，不受《若干规定》调整。因为，上述行为不属于企业改制的范围，且有专门的法律、法规来调整。何况制订《若干规定》的初衷也不含有涉外因素。但从审判实践看，一些地方法院在审理中外合资、合作合同纠纷案件或者涉及外国人投资纠纷的案件时，恰恰是在适用《若干规定》中有关规定处理。这是应当予以纠正的。

【拓展适用】

一、企业依《公司法》整体改造为公司后的债务承担

企业依《公司法》整体改造为公司，是指在原企业法人资产基础上调整原有的资本结构，由国家授权投资的机构（或部门）对企业实施全资控股，将原企业改造为国有独资有限责任公司，或者通过对企业的增资扩股或转让部分产权，实现他人对企业的参股，将企业整体改造为有限责任公司或股份有限公司。国有企业公司制改造，改造的是企业原有的产权制度，改变国有企业原有的投资结构、资本结构和组织形式。由于新设公司是在改造原企业的基础上设立，所以，国有企业公司制改造后，国有企业的法律主体地位应当说没有发生实质性变化。对于国有企业改造为国有独资公司的，国有企业的全部资产投入到国有独资公司中，原国有企业的法人资格终止，改造后的国有独资公司应当是原国有企业的延续，改制前的国有企业与改制后的新设公司在法律上实为一个法人。因此，《若干规定》第 4 条规定，被改制企业的债务，由改造后的新设公司承担。对于国有企业整体改造为有限责任公司或者股份有限公司的，企业整体改造的结果是，原企业财产及债权、债务整体被新设公司接收，原企业法人消灭，新设公司与原企业在财产和债权债务上属于一种承继关系。尽管公司制改造带来新股东的加入，但新股东受让股权时，是在对原企业资产评估，清理债权债务，财产与债务折抵后，作价折股的基础上进行的。新股东在参股时，对改制企业的债务是明知并已经接收。因此，《若干规定》第 5 条规定，被改制企业的债务，由改制后的新设公司承担。

二、企业依《公司法》部分改造为公司后的债务承担

企业依《公司法》部分改造为公司，是指企业将其部分财产和相应债务从企业总资产中分离出去，在此基础上通过增资扩股，与他人组建新公司，原企业保留。企业部分改造为公司，在公司法理论上通常被称为派生分立重组。根据企业分立和公司设立的理论，《若干规定》第 6 条规定：“企业以其部分财产和相应债务与他人组建新公司，对所转移的债务债权人认可的，由新组建的公司承担民事责任；对所转移的债务未通知债权人或者虽通知债权人，而债权人不予认可的，由原企业承担民事责任。原企业无力偿还债务，债权人就此向新设公司主张债权的，新设公司在所接收的财产范围内与原企业承担连带民事责任。”该条中提到的“新设公司所接收的财产”，是指新设公司接收时的财产。接收时的财产值应以当事人双方交接时确认的财产值为准，不包括接收后增值的部分。

第6条有三层意思，一是企业实施公司制改造后，原企业的债务是由其自行承担还是新设公司承担，当事人可以自行约定，但该约定只有经过债权人认可后，才对债权人产生约束力。债权人行使债权时，应当受该约定的约束。二是对当事人关于债务承担的约定，债权人不予认可或者债权人不知情的，原企业的债务应当由其自行承担。三是由原企业承担的债务，在原企业无力偿还债务时，债权人仍然可以向新设公司主张债权，新设公司在所接收的财产范围内与原企业承担连带民事责任。

在原企业无力偿还债务时，债权人之所以可以向新设公司主张债权，是因为企业部分改造为公司通常是在企业分立基础上进行的。企业部分改造为公司时，因企业部分财产已经转移到新设公司中，导致原企业资产价值下降，其对外偿债能力也相应降低。而企业财产作为企业法人的物质基础，是其对外债务的一般担保。因此，当原企业无力偿还债务时，根据企业法人财产原则，债权人仍然可以向新设公司主张债权，但新设公司仅在所接收的财产范围内与原企业承担连带责任。

三、企业公司制改造后原企业应当承担担保责任的处理

企业公司制改造以评估后的全部经营性净资产作为股本投入到有限责任公司或者股份有限公司，但未将担保债务纳入资产评估。企业公司化改制后，债权人起诉要求有限责任公司或者股份有限公司承担担保责任的如何处理，司法实践中有两种不同的意见：一种意见认为，应由改制后的新设公司承担担保责任。理由是：（1）《股份有限公司规范意见》第11条规定，原有企业改组为公司，其债权债务由改组后的公司承担。担保债务属于债务的范畴。（2）公司承担担保责任后，可以对债务人行使追偿权。另一种意见认为，应由原企业资产的管理人承担担保责任。理由是：（1）新设公司的财产来源于全体股东的投人，原有企业的资产作为股份投入新设公司，如果由新设公司承担原企业的担保责任，必将损害其他股东的利益；（2）企业资产管理人持有原企业资产所折股份，行使股东权，是原企业权利的承受者，自应承担担保债务，也可以转让股份所得承担担保责任。

我们认为，担保债务虽然有别于一般债务，但仍属于债务的范畴。企业以其全部资产组建公司，新设公司承继原企业的权利义务，应当承担担保责任。对于企业改制时公司的股东明知原企业存在担保债务且未列入资产评估的，视为新设公司接受的资产中包括担保债务，新设公司承担担保责任后，可以向债务人追偿。在向债务人追偿后，未能实现的部分，由新设公司承担；对于改制时未将原企业存在的担保债务纳入评估范围，原企业的资产管理人存在过错，因此，新设公司未得到追偿的部分，应由原企业资产管理人以其在新设公司中的股份为限承担清偿责任。

四、企业公司制改造后保证人继续承担保证的责任

企业公司制改造后，保证人以未经保证人同意，债务主体及其资产状况发生变更，加重保证人的保证责任为由，根据《担保法》和担保法的司法解释进行免责抗辩。人民法院能否支持保证人免责的抗辩。

我国《担保法》第23条规定，“保证期间，债权人许可债务人转让债务的，应当取得保证人书面同意，保证人对未经其同意转让的债务，不再承担保证责任”。《担保法》第24条规定，“债权人与债务人协议变更主合同的，应当取得保证人书面同意，未经保证人书面同意的，保证人不再承担保证责任。保证合同另有约定，按照约定”。根据《担保法》的上述规定，债权转让在一般情况下无须经过保证人的同意，保证人仍应在原有的范围内继续承担保证责任。而债务转让则须经过保证人的同意，因为债务转让可能加重保证人的义务。债务转让意味着履行债务的人的信用可能发生变化，保证人有可能承担更大的风险。所以债务转让，应当取得保证人的书面同意。同样，主合同的变更也会加重保证人承担保证责任的风险，所以应当取得保证人的书面同意。

企业改制是否属于债务人变更，是否属于主合同变更，保证人能否进行免责的抗辩。我们认为，企业改制不同于债务人变更或者主合同变更。因为，企业改制是单方发生的行为，不属于债权人和债务人协议的变更债务人或者主合同。这种单方的行为，只要取得了登记，就应当视为取得了合法的地位。法律也规定了这种情况下债务应当由变更后的企业继续承担。因此，可以视为法定意义上的债务人的变更。保证人能否免责的判断依据，在于企业改制是否导致股权结构的变化，是否加重保证人承担保证责任的风险。企业改制如果参入新的股份，改制为有限责任公司或者股份有限公司的，其股权结构发生了变化，有限责任公司的股东是2至50名，而股份有限公司的股份不仅有发起人认购的股份，而且有向社会公开募集的股份。所以，在法律形式上企业已经发生了变更，其偿债能力也发生了变化，视为债务发生了转移，从改制登记公示之日起保证人不再承担保证责任。因此，如果要求保证人继续承担保证责任，债权人应当取得保证人的书面同意，否则，保证人免除保证责任。

国有企业按照《公司法》改制为国有独资公司，其投资主体仍然是单一主体，股权结构也未发生变化，只是形成了公司管理机关的变化，对于这种情况，保证人应当继续承担保证责任，无权提出免除保证责任的抗辩。

实践中债权人可以通过主张改制规避债权而请求法院宣布改制无效，从而要求保证人继续承担责任保证。一旦企业组织形式的变更被认定为无效，那么债务人就没有发生变更，保证人当然要在原有范围内继续承担保证责任。

五、债务人借企业公司制改造逃债的处理

从上我们不难看出，国有企业整体改造为公司，是一种最为规范的企业改制形式，一般不会发生逃债问题。而国有企业部分改造为公司则不同。因国有企业部分改造为公司，是在企业分立基础上进行的。在分立重组新设公司时，原企业仍旧保留，当企业内部划分、转移财产及债权债务时，如被改制企业存在着逃债恶意，在债权人监督机制和保护机制不够完善的情况下，是完全可以实现逃债的。实践中，借企业公司制改造逃债集中表现为，债务人利用企业改制机会，故意将原企业中的优质财产剥离出去转移到新组建的公司中，而将债务留在原企业，致使已基本丧失财产责任能力的原企业偿债不能。企业法人财产作为其从事经营活动和对外偿债的物质基础，决定了在企业法人存续期间，其财产不得随意支配、转移和抽逃。债务人将企业财产与债务相剥离的行为，本质上属于一种恶意逃债，与企业法人财产原则相悖。其行为后果是，以牺牲债权人的合法权益为代价，非法减轻或者免除债务人的责任。

针对债务人借企业公司制改造逃债的情况，《若干规定》第7条明确规定："企业以其优质财产与他人组建新公司，而将债务留在原企业，债权人以新设公司和原企业作为共同被告提起诉讼主张债权的，新设公司应在所接收的财产范围内与原企业共同承担连带责任。"该条所说的优质财产，是指在企业生产经营活动中占据重要地位、起决定作用的财产。企业优质财产又称企业良性财产。

新设公司在所接收的财产范围内与原企业共同承担连带责任，符合企业法人财产原则。新设公司与原企业承担连带责任的目的，就是从财产责任上杜绝债务人逃债，使债务人借企业改制逃债不能。既然是恶意逃债，新设公司即应以其全部财产承担连带责任。为什么这里要限定新设公司在所接收的财产范围内与原企业承担连带责任。这样限定的理由是，新设公司中的其他股东在组建公司时没有逃债之意，也没有义务为逃债企业承担原有债务。如以新设公司的所有财产承担逃债企业的债务，势必波及新设公司中的其他股东，损害其他股东的合法权益。这与企业法人财产原则相违背。因此，新设公司的民事责任应当仅限于所接收的财产范围内。

《若干规定》第6条和第7条的条文看似没什么区别，新设公司均是在所接受的财产范围内与原企业共同承担连带责任。但实质上它们承担责任的基础不同。第6条连带责任的基础是企业分立；而第7条连带责任的基础是当事人恶意逃债。因此，第6条仅适用于企业部分公司制改造后债务承担的情况。而第7条则适用于债务人借企业公司制改造逃债后责任承担的情况。第7条是一个严格条款。只有充分证据证明当事人是借企业公司制改造逃废债务时，才适用该条款。《若干规定》第7条在什么情况下可以适用，审判实践中是一个比较难掌握的问题。对此，我们认为，适用第7条规定，至少应当具备以下三个条件，即：第一，第7条中提到的“企业以其优质的财产与他人组建新公司”，它不是一种正常的出资行为，是属于一种掏空企业的行为。这种行为的实施，将使原企业丧失进行正常生产经营活动的能力。第二，借企业公司制改造，不是真正的企业公司制改造。它只是假借改制之名，转移优质财产，甩掉企业自身债务。财产与负债不成比例，属于一种将债务与资产剥离的行为。第三，债务人企业存在着逃废债务的主观故意。只有同时具备以上三个条件时，才能适用《若干规定》第7条，否则不得适用该条款。

对于企业投资入股的，出资企业偿债发生问题时，能否适用《若干规定》第6条或者第7条规定，即由新设公司在所接收的财产范围内与出资企业承担连带责任的问题。我们认为，对企业出资入股的情况，不能适用第6条和第7条处理。因为，企业投资入股，仅是企业的一种出资行为。企业对外投资入股后，原企业资产价值并不减少，资本金也不发生变化，只是企业部分资产改变了原有形态，以企业在新设公司中的股权形式表现出来。因此，企业投资入股后，如出资企业发生偿债问题时，可以考虑执行出资企业在新设公司中的股权。但在诉讼中，不能将新设公司与出资企业列为共同被告承担连带责任。

【典型案例】

成都市国土资源局武侯分局与招商（蛇口）成都房地产开发有限责任公司、第三人成都港招实业开发有限责任公司、第三人海南民丰科技实业开发总公司债权人代位权纠纷案

申请再审人（一审原告、二审上诉人）：成都市国土资源局武侯分局。

法定代表人：高斗，该局局长。

被申请人：（一审被告、二审被上诉人）：招商（蛇口）成都房地产开发有限责任公司。

法定代表人：王云，该公司董事长。

原审第三人：成都港招实业开发有限责任公司。

法定代表人：何汉光，该公司总经理。

原审第三人：海南民丰科技实业开发总公司。

法定代表人：龙运涛，该公司总经理。

〔基本案情〕

申请再审人成都市国土资源局武侯分局因与被申请人招商（蛇口）成都房地产开发有限责任公司、第三人成都港招实业开发有限责任公司、第三人海南民丰科技实业开发总公司债权人代位权纠纷一案，不服四川省高级人民法院（2008）川民终字第90号民事判决，向本院申请再审，本院于2010年12月10日作出民申字第989号民事裁定，提审本案。本院依法组成合议庭进行了审理，本案现已审理终结。

四川省成都市中级人民法院经审理查明：2002年6月28日，成都市武侯区人民法院针对成都市国土资源局武侯分局（以下简称武侯国土局）与四川港招实业股份有限公司（以下简称四川港招公司）拖欠征用土地费两案，分别作出（2001）武侯民初字第1924号、1925号民事判决。该两份判决均认定：1999年7月20日由武侯国土局、四川港招公司、招商局（蛇口）成都房地产开发公司（以下简称招商局公司）三方共同签订的《债务关系转移合同》系各方当事人真实意思表示，其内容合法，应受法律保护。根据《债务关系转移合同》约定，招商局公司欠武侯国土局土地征用费21833446.50元债务全部由四川港招公司承担。后四川港招公司与武侯国土局先后于2000年7月20日、2001年3月29日签订两份《交款合同》，分别约定：四川港招公司应于2000年9月30日前、2001年12月20日前各向武侯国土局支付800万元、1000万元，但四川港招公司并未履行付款义务，故成都市武侯区人民法院在上述两份判决书中分别判决四川港招公司支付武侯国土局1000万元、800万元。该两份民事判决书生效后，成都市武侯区人民法院于2003年5月28日发出（2003）武侯民一再字第3号、4号民事裁定，对该两案进行再审，并于2003年10月15日作出（2003）武侯民一再字第3号、4号民事判决，撤销了该院（2001）武侯民初字第1924号、1925号民事判决，确认武侯国土局与招商局公司、四川港招公司于1997年7月20日签订的《债务关系转移合同》无效。宣判后，招商局公司不服，向成都市中级人民法院提出上诉，该院于2004年12月1日作出（2004）成民再字第42号、43号民事判决，驳回上诉，维持原判。之后，招商局公司继续向四川省高级人民法院提起申诉，该院于2006年7月5日分别作出（2005）川民再终字第41号、42号民事判决，依法撤销了（2003）武侯民一再字第3号、4号及（2004）成民再字第42号、43号民事判决，维持了（2001）武侯民初字第1924号、1925号两份判决。四川省高级人民法院在两份再审判决中，确认了武侯国土局、四川港招公司与招商局公司三方签订的《债务关系转移合同》以及武侯国土局与四川港招公司签订的《交款合同》均为有效合同，同时认定四川港招公司为成都港招实业开发有限责任公司（以下简称成都港招公司）投资开办的公司，而成都港招公司未按规定将注册资本金注入四川港招公司，应承担投资不实的责任。2006年9月1日，成都市武侯区人民法院在执行前述两案过程中，分别作出（2006）武侯执裁字第69号、70号民事裁定，认定成都港招公司在向其开办的四川港招公司投入注册资金时，未将其应当投入四川港招公司的价值21441941元的泰丰国际商贸中心项目用地土地使用权转移到四川港招公司，构成投资不实，故裁定追加第三人成都港招公司为被执行人，成都港招公司应在注册资金不实的21441941元范围内对武侯国土局承担责任。

另查明：1. 招商（蛇口）进出口贸易公司于1993年在成都投资设立招商局（蛇口）成都实业开发总公司，又由招商局（蛇口）成都实业开发公司投资成立了全民所有制的招商局公司。1995年，招商局（蛇口）成都实业开发总公司改制为成都港招公司。1999年2月，成都港招公司投资开办了四川港招公司。1999年8月，招商局公司改制为有限责任公司，并更名为招商（蛇口）成都房地产开发有限责任公司（以下简称招商房地产公司）。在改制过程中，成都港招公司与招商局公司协商，改制更名后的招商房地产公司保留原招商局公司在成都市武侯区桂溪乡长寿村七组、桐梓林村一组的13241.4平方米的土地使用权（该土地与泰丰国际商务中心项目用地为同一地块），同时承担原招商局公司230万美元债务，其余资产、债权、债务由成都港招公司承担，注册资金由800万元增加为1000万元。1999年8月11日，成都港招公司将其所有的招商房地产公司的全部股权1000万元转让给四川奇峰房地开发有限责任公司及另两位自然人。同年8月23日，招商房地产公司成立并开始营业。2004年1月30日，成都市工商行政管理局以《成工商处字（2003）第06133号处罚决定书》，吊销了成都港招公司的营业执照。

2. 1998年4月12日，成都港招公司曾与招商局公司签订《债权债务清算协议书》，约定招商局公司将占地13241.4平方米的泰丰国际商贸中心项目用地的土地使用权以评估价34441941元抵偿给成都港招公司，用以抵偿招商局公司欠成都港招公司的3481.55万元欠款，双方之间债权债务全面结清；招商局公司应于协议生效之日起第二日将土地交成都港招公司开发使用。但该土地使用权至今未转移至成都港招公司名下。

3. 2004年11月17日，海南民丰科技实业开发总公司（以下简称海南民丰公司）与成都鑫达房地产开发有限公司（以下简称鑫达公司）签订了《招商（蛇口）成都房地产开发有限公司股份转让协议书》，约定海南民丰公司将其持有的招商房地产公司49%的股份转让给鑫达公司，并约定招商房地产公司在2003年4月前的债权债务由海南民丰公司负担。

因成都港招公司既不向武侯国土局承担注册资金不实的赔偿责任，也不以诉讼或者仲裁方式向招商房地产公司主张到期债权，已造成武侯国土局债权受损，故武侯国土局于2006年11月29日向成都市中级人民法院提起代位权诉讼，请求判令由招商房地产公司履行成都港招公司对武侯国土局负有的21441941元债务，并承担本案诉讼费、保全费。

〔一审裁判理由与结果〕

四川省成都市中级人民法院经审理认为：根据四川省高级人民法院（2005）川民再终字第41号、42号民事判决，本案武侯国土局与招商局公司、四川港招公司于1999年7月20日签订的《债务关系转移合同》为合法有效。根据该合同，招商局公司欠武侯国土局征地费21833446.50元的债务应由四川港招公司承担。其次，根据前述四川省高级人民法院民事判决、成都市武侯区人民法院（2001）武侯民初字1924号、1925民事判决以及成都市武侯区人民法院（2006）武侯执裁字第69号、70号民事裁定，武侯国土局对四川港招公司享有本金1800万元及利息的债权，成都港招公司因出资不实，在21441941元范围内对武侯国土局承担责任。成都港招公司与招商局公司于1998年4月12日签订的《债权债务清算协议书》为双方当事人真实意思表示，不违反法律规定，应属合法有效。根据该协议约定，招商局公司对成都港招公司负有给付占地13241.40平方米的泰丰国际商贸中心项目用地的土地使用权之义务，但未履行。招商局公司经改制更名后，变更为招商房地产公司，故招商局公司所负给付成都港招公司土地使用权的义务由改制更名后的招商房地产公司承担。最高人民法院《关于适用〈中华人民共和国合同法〉若干问题的解释（一）》（以下简称《合同法解释（一）》）第十三条规定："合同法第七十三条规定的'债务人怠于行使其到期债权，对债权人造成损害的'，是指债务人不履行对债权人的到期债务，又不以诉讼方式或者仲裁方式向其债务人主张其享有的具有金钱给付内容的到期债权，致使债权人的到期债权未能实现。"根据此规定，债权人行使代位权的前提条件之一是债权人怠于行使具有金钱给付内容到期债权，从而导致债权人的到期债权未能实现。而在本案中，武侯国土局所主张的成都港招公司对招商房地产公司享有的债权为土地使用权给付之债，并非具有金钱给付内容的债权，故武侯国土局提出的其有权代位行使成都港招公司对招商房地产公司的享有债权的主张，不符合最高人民法院《合同法解释（一）》有关代位权构成要件之规定，对其诉讼请求不予支持。根据最高人民法院《关于审理与企业改制相关的民事纠纷案件若干问题的规定》第五条"企业通过增资扩股或者转让部分产权，实现他人对企业的参股，将企业整体改造为有限责任公司或者股份有限公司的，原企业债务由改造后的新设公司承担"之规定，招商局公司在改制为招商房地产公司后，其所负债务应全部由招商房地产公司负担，对于海南民丰公司提出的招商房地产公司不是本案适格被告的答辩意见不予支持。对于海南民丰公司提出的成都港招公司对招商房地产公司享有之债权已超过诉讼时效的问题，因海南民丰公司并非该债权债务关系之当事人，无权提出债权超过诉讼时效的主张。招商房地产公司、成都港招公司经依法传唤无正当理由未到庭，在本案一审中放弃了对武侯国土局起诉事实和诉讼请求的抗辩、陈述权利，因放弃上述权利所引起的诉讼后果，应由招商房地产公司、成都港招公司自行承担。该院判决：驳回武侯国土局的诉讼请求；第一审案件受理费117220元，诉讼保全费

110520 元，合计 227740 元，由武侯国土局负担。

〔当事人上诉及答辩意见〕

武侯国土局不服上述民事判决，向四川省高级人民法院提起上诉称：案涉 1998 年 4 月 12 日的《债权债务清算协议书》约定“以物抵债”的条款因违反国家强制性规定而属无效协议。依照《中华人民共和国合同法》（以下简称合同法）第五十八条关于“合同无效后因该合同取得的财产，应当予以返还”的规定，成都港招公司与招商房地产公司之间的债权仍为金钱给付内容的债权。根据现有证据证明，到期债权已由“土地过户”转化为返还借款、赔偿的金钱债权，原审判决驳回武侯国土局的诉讼请求属法律适用不当。招商局公司系全民所有制公司，其在改制过程中未经国资委审批，事后又未补办审批手续，故其与成都港招公司签订的《债权债务及资产处置协议》无效，不应作为证据使用。《债权债务及资产处置协议》约定的土地资产总地价 29448874 元系依据无效的《资产评估价格书》，该评估价格不具有合法性，且与同一土地评估之间差了 500 多万元，具有故意低价评估国有资产之嫌。招商局公司注销工商档案资料、《土地估价报告》不具有真实性、合法性以及与本案的关联性；招商（蛇口）成都实业公司改制成为成都港招公司没有事实依据。综上，请求二审法院撤销原判，依法改判。

招商房地产公司答辩称：招商房地产公司不是本案适格被告。案涉清算协议的债务人是招商局公司，招商房地产公司与招商局公司是两个不同的法人主体，招商房地产公司对招商局公司的债务不负有清偿责任。武侯国土局的代位权主张无法律依据和合同依据。一方面，清算协议中成都港招公司享有的权利是获得土地使用权，武侯国土局对非金钱给付内容的债权无权主张代位权。另一方面，武侯国土局的债务人是四川港招公司，该局只能对四川港招公司的债务人行使代位权，而无权对成都港招公司的债权人行使代位权。武侯国土局主张的清算协议中对招商局公司约定的合同义务是向成都港招公司交付土地，其只能诉请交付土地，而无权要求给付金钱。成都港招公司与招商房地产公司和招商局公司没有合法、确定的债权债务关系，该两公司不负有清偿债务的义务。案涉清算协议载明的债务金额不具有真实性，从招商局公司和成都港招公司同期的资产负债表显示，招商局公司的资产负债为 1079 万元，成都港招公司债权合计为 619 万元，与清算协议约定的差距太大，证明该协议属虚假协议；即使该协议真实，也因成都港招公司与招商局公司签订的《债权债务及资产处置协议》致双方的债权债务关系归于消灭。武侯国土局提起诉讼已过诉讼时效，已丧失胜诉权。请求二审法院驳回上诉，维持原判。

海南民丰公司的答辩理由和请求与招商房地产公司的理由和请求相同。

〔二审查明的事实〕

四川省高级人民法院经审理查明的事实，除招商局公司与招商房地产公司的关系外，其余发生纠纷的原因、过程等主要事实与原审判决认定一致，该院予以确认。

该院另查明：

1. 1999年8月22日，招商局公司办理了《企业申请注销登记注册书》主要载明：注销理由为由全民所有制改为有限责任公司；在企业人员安置、债权债务处理情况栏中，明确除招商房地产公司保留涉土地外，其余资产及债权、债务均由成都港招公司承担；招商局公司在招商银行贷款230万美元（折合人民币19125309.82元）及该贷款在1999年6月30日后产生的利息，由招商房地产公司承担，招商局公司其余自开业至1999年8月9日的全部债权、债务由成都港招公司承担，另注明招商局公司人员由成都港招公司安置。

2. 1999年8月10日，成都港招公司与招商局公司签订《债权、债务及资产处置协议》，该协议约定的主要内容与上述工商企业注销注册书内容相同。

3. 招商局公司系经成都市城乡建设管理委员会于1993年7月3日批准，并经工商机关核定的招商局（蛇口）成都实业开发公司投资注册资金800万元设立的全民所有制企业。该公司因改制于1999年8月23日注销。

4. 成都港招公司1997年12月31日的《资产负债表》载明其他应收款期末数为6197415.85元。招商局公司1997年12月31日《资产负债表》载明其期末数合计为1079万元。

5. 2002年10月30日，招商房地产公司将19056597.56元人民币汇至中国外汇交易中心。同年11月1日，该款解汇兑换230万美元偿还给了招商银行成都市分行。

6. 1999年8月23日，招商房地产公司的《公司设立登记申请书》，载明其股东发起人为四川奇峰房地产开发有限责任公司、叶文金、刘宗明。

〔二审裁判理由与结果〕

四川省高级人民法院经审理认为，本案诉争主要问题是武侯国土局能否对招商房地产公司行使代位权。

根据合同法第七十三条关于“因债务人怠于行使其到期债权，对债权人造成损害的，债权人可以向人民法院请求以自己的名义代位行使债务人的债权，但该债权专属于债务人的除外。代位权行使的范围以债权人的债权为限”的规定原则，代位权的构成要件，一是债务人需对第三人享有权利，二是债务人怠于行使权利，三是债务人已陷入迟延，四是已对债权人造成损害，债权人有保全债权的必要。

武侯国土局因土地征用费问题与招商局公司、四川港招公司签订《债务关系转移合同》以及武侯国土局与招商局公司签订的《交款合同》，已被前述生效判决确认为有效。之后，在该案执行过程中，成都市武侯区人民法院裁定追加成都港招公司为被执行人，认定其在四川港招公司注册资金不实的21441941元范围内承担责任。据此可以确认，成都港招公司是武侯国土局的债务人。

武侯国土局在本案中主张行使代位权，其主要依据是成都港招公司与招商局公司签订的《债权债务清算协议》，该协议确定由招商局公司将其泰丰国际商贸中心项目用地使用权以评估价34441941元抵偿其所欠成都港招公司的3481.55万元，双方债权债务结清，招商局公司应于协议生效第二天将土地交成都港招公司使用。现招商地产公司辩称该清算协议是成都港招公司为设立四川港招公司签订的虚假协议，该协议确定的欠款数额没有基础证据证明，但其并未提交充足证据；依据该协议，可以确定协议双方存在债权债务关系，即招商局公司对成都港招公司负有债务，且为金钱债务；至于协议关于以土地作价清偿的约定，只是双方选择的了结债权债务的方式，其是否合法有效，不影响这一基本事实认定。

招商局公司若按清算协议约定履行，其即不再对成都港招公司负有债务，但其实际并未将土地使用权转移过户至成都港招公司名下，清算协议未得到实际履行，协议双方的债权债务仍然存在。此时，武侯国土局可以以招商局公司为次债务人，依法行使代位权。但综合本案现有证据，其后招商局公司确有改制的事实存在，且因改制而注销；招商局公司改制注销时，就其债权、债务及资产与成都招商实业开发有限公司签订了《债权、债务及资产处置协议》并记载于工商机关的相关登记档案中，明确除由招商房地产公司代招商局公司偿还230万美元外，其他债权、债务和资产均由成都港招公司承担。该230万美元业已偿还。据此，依照《债权、债务及资产处置协议》，招商房地产公司承受的仅是招商局公司原欠相关银行的金融债务，且已实际履行，其他债权债务及资产，由成都港招公司自行承担；而成都港招公司本系武侯国土局的债务人，不存在行使代位权的问题。现武侯国土局虽对招商局公司改制行为及相关协议持有异议，但其并未提交充足证据，其主张不能成立。

招商房地产公司是工商管理机关核准，以新公司设立标准设立的股份制公司，无论是注册资金数额、股东构成、企业性质等，均有别于招商局公司，两者并非简单更名关系。换言之，原招商局公司所欠成都港招公司的债务，不能等同于现招商房地产公司所欠成都港招公司债务。现有证据表明，招商房地产公司只是保留了原招商局公司的案涉土地，并以代其偿还230万美元作为对价，除此之外，未承受招商局公司的其他债务，包括所欠成都港招公司的债务，其没有为招商局公司代偿其他债务的依据。因此，武侯国土局将招商房地产公司作为次债务人，要求由承担原招商局公司所欠成都港招公司的债务，不符合合同法第七十三条以及最高人民法院前述司法解释的规定，其上诉请求的事实及法律依据不足，不能成立，该院不予支持。该院依照《中华人民共和国民事诉讼法》第一百五十三条①第一款第（一）项之规定，判决：驳回上诉，维持原判。二审案件受理费117220元，由武侯国土局承担。

〔当事人申请再审与答辩意见〕

武侯国土局不服四川省高级人民法院上述民事判决，向本院申请再审称：第一，原二审法院采信招商房地产公司改制前与成都港招公司签订的《债权、债务及资产

---

① 对应2012年新《民事诉讼法》第170条。

处置协议》证据是错误的。招商房地产公司由招商局公司改制设立，不论是招商局公司注销工商档案，还是招商房地产公司设立工商档案，都无国资行政部门合法审批手续，且评估单位无国资行政单位颁发的《资产评估资格书》，其改制行为因违法而应无效。1999年招商局公司改制时签订的《债权、债务及资产处置协议》约定土地评估总地价为29448874元，而1997年12月该宗土地评估价34441941元，二者相差500多万元。前后两次评估价格相差500多万元，说明改制时故意低估国有资产，导致国有资产的流失。招商局公司改制时将优良资产土地交由改制后招商房地产公司承继，却把全部债务交由成都港招公司承担，其行为本身就是利用企业改制之机，悬空、逃废债务的行为表现，属恶意串通，损害国家、申请人及其他债权人利益。根据最高人民法院《关于人民法院在审理企业破产和改制案件中切实防止债务人逃废债务的紧急通知》第8条"当事人双方恶意串通，损害国家或债权人利益的，应当依法确认有关协议无效"规定，应当认定《债权、债务及资产处置协议》无效。第二，原二审法院认为招商房地产公司不应当承继改制前招商局房地产公司债务，缺乏法律依据和事实依据。招商局房地产公司是通过增资扩股的方式（由800万元注册资金增资1000万元注册资金）实现他人（四川奇峰房地产开发有限责任公司、叶文金、刘宗明）对企业的参股并将企业改造为有限责任公司的。根据最高人民法院《关于审理与企业改制相关的民事纠纷案件若干问题的规定》第5条"企业通过增资扩股，实现他人对企业的参股，将企业整体改造为有限责任公司的，原企业债务由改造后的新设公司承担"之规定，招商局公司原债务应由招商房地产公司来承担，但二审法院却未适用该司法解释。招商房地产公司通过承担并偿还招商银行贷款230万美元即人民币19056597.56元债务的方式，取得招商局公司改制前价值3400多万元的土地，就算按改制评估价值2900余万元计算也有1000多万元盈利。原审法院以"招商房地产公司只是保留了原招商局公司的涉案土地并以代其偿还230万美元作为对价"为由认为其不再承担债务，违背了债务承继原则和企业债务随企业财产变动原则。第三，原二审法院单以"注册资金、股东构成、企业性质"作为判断招商局公司与招商房地产公司之间关系，从而得出"并非简单更名关系，原招商局公司欠成都港招公司债务，不能等同于现招商房地产公司所欠成都港招公司债务"的结论，违背企业变更债务承继的法定原则。1999年8月6日，成都市工商行政管理向武侯工商行政管理局出具《企业名称变更核准通知书》载明："招商局蛇口房地产公司"企业名称变更登记材料收悉。经审查，核准该企业名称变更为"招商蛇口房地产公司"，可以证明招商蛇口房地产公司仅是企业改制名称的变更。招商房地产公司为变更《国有土地使用证》均以"名称变更"为由向成都市国土资源局报送材料，并经成都市国土资源局审查"该宗地使用者名称原为招商局蛇口房地产公司，该公司名称变为招商房地产公司"。原二审法院简单从企业注册资金、股东构成、企业性质方面对两企业进行对比，从而得出两企业并非简单"更名关系"的结论，过于草率。既然是国有企业改制，两个企业前后在性质、股东构成肯定不同。法律并未规定企业注册资金、股东构成、企业性质发生了工商变更，变更后的企业不承担企业变更前的债务。综上，请求本院依法撤销本案一、二审判决，依法改判支持其一审诉讼请求，并判令招商房地产公司承担诉讼费和保全费。

招商房地产公司辩称：第一，《再审请求书》所陈述的再审申请理由不能成立。原《债权、债务及资产处置协议》是双方当事人真实意思的表示，并记载于工商登记资料中，原一审法院和二审法院均确认其有效，再审申请人至今并未提供足以推翻原判决的新证据，二审法院采信《债权、债务及资产处置协议》作为证据，不构成法律适用错误。招商房地产公司的设立过程合法，不存在恶意串通、逃废债务的行为。招商房地产公司与招商局公司为两个独立法人，彼此的债权债务关系早已消灭，不存在所谓的债务承继问题，自应独立承担民事责任。第二，原审法院的判决理由认定事实清楚，证据充分确实。原判决认定的主要事实是“招商房地产公司是在承接了招商局公司的土地和相应的230万美元的债务、向原招商局公司出资人支付了1000万元货币资金的基础上，以新公司设立标准设立的股份制公司”。原判决据此认为原招商局公司所欠成都港招公司债务，不能等同于现招商房地产公司所欠成都港招公司债务，判决驳回了再审申请人的诉讼请求，原判决认定主要事实的证据充分确实。第三，原判决适用法律正确，企业改制司法解释不适用本案。武侯国土局引用2002年《关于人民法院审理企业破产和改制案件中切实防止债务人逃废债务的紧急通知》（以下简称《通知》）第8条规定，以招商局公司的改制未经批准为由，认为《资产处置协议》无效，从而认为原判决适用法律错误。武侯国土局的上述观点违背法律事实，故意曲解法律。《通知》第8条是针对国有企业改制作出的规定，而招商局公司在1999年前已经不属于国有企业，不适用《通知》第8条的规定，不存在所谓的改制审批问题。再审申请人故意曲解企业改制司法解释，把企业设立公司的合法行为认定为企业借改制逃避债务的违法行为。本案招商房地产公司的设立行为，完全符合《公司法》和《公司登记管理条例》的相关规定，不存在把优质资产转移出去，进而导致企业丧失基本生产经营能力和对外偿债能力的现象，不属于逃废企业债务的违法行为。综上，武侯国土局的再审申请理由不能成立，请求本院驳回其再审申请。

第三人海南民丰公司的答辩理由与招商房地产公司的答辩理由相同。

第三人成都港招公司经公告送达开庭通知，未到庭参加诉讼。

〔最高人民法院查明的事实〕

本院经再审审理，对一、二审法院查明的基本事实予以确认。

〔最高人民法院裁判理由与结果〕

最高人民法院认为，本案的诉讼焦点是：武侯国土局能否对招商房地产公司行使代位权。该焦点问题可以分解为两个具体问题：其一，武侯国土局能否对改制前的招商局公司行使代位权？其二，改制后的招商房地产公司应否对原招商局公司的债务承担责任？

关于第一个问题，即武侯国土局能否对改制前的招商局公司行使代位权问题。本院认为，根据合同法第73条关于“因债务人怠于行使其到期债权，对债权人造成损害的，债权人可以向人民法院请求以自己的名义代位行使债务人的债权，但该债权专属于债务人自身的除外”之规定，债权人代位权是债权人为了保全其债权不受损害而以自己的名义代债务人行使权利。本案中，武侯国土局因土地征地费问题与招商局公司、四川港招公司签订《债权债务转移合同》以及武侯国土局与四川港招公司签订的《交款合同》已为人民法院生效法律文书确认为有效，武侯国土局对四川港招公司的债权合法确定，因此四川港招公司是武侯国土局的债务人。成都港招公司因在开办四川港招公司过程中出资不实而被生效的裁判文书认定应在注册资金不实的21441941元范围内对武侯国土局承担责任，故成都港招公司亦是武侯国土局的债务人，武侯国土局对成都港招公司的债权亦属合法且已确定。成都港招公司与招商局公司于1998年4月12日签订《债权债务清算协议书》，约定招商局公司应将其泰丰国际商贸中心项目用地土地使用权以评估价34441941元抵偿其所欠成都港招公司的3481.55万元的债务。该协议书系双方当事人真实意思表示，不违反法律、行政法规强制性规定，应属有效。根据该协议，招商局公司对成都港招公司负有3481.55万元的金钱债务，招商局公司对成都港招公司负有给付泰丰国际商贸中心项目用地土地使用权的义务。本院认为，成都港招公司与招商局公司双方协议以土地作价清偿的约定构成了代物清偿法律关系。依据民法基本原理，代物清偿作为清偿债务的方法之一，是以他种给付代替原定给付的清偿，以债权人等有受领权的人现实地受领给付为生效条件，在新债务未履行前，原债务并不消灭，当新债务履行后，原债务同时消灭。本案中，成都港招公司与招商局公司虽然签订了《债权债务清算协议书》并约定“以地抵债”的代物清偿方式了结双方债务，但由于该代物清偿协议并未实际履行，因此双方原来的3481.55万元的金钱债务并未消灭，招商局公司仍对成都港招公司负有3481.55万元的金钱债务。据此，招商局公司是成都港招公司的债务人，进而是武侯国土局的次债务人。根据合同法第73条以及本院《合同法解释（一）》第11条、第13条之规定，因为成都港招公司既未向武侯国土局承担注册资金不实的赔偿责任，又未以诉讼或者仲裁方式向招商局公司主张已到期债权，致使债权人武侯国土局的债权未能实现，已经构成合同法第73条规定的“债务人怠于行使其到期债权，对债权人造成损害”，因此，武侯国土局有权代位行使成都港招公司基于《债权债务清算协议书》而对招商局公司享有的合法金钱债权，但该代位权的行使范围应以其对成都港招公司的债权即注册资金不实的21441941元范围为限。

关于第二个问题，即改制后的招商房地产公司应否对原招商局公司的债务承担责任。本院认为，本案现已查明的事实表明，成都港招公司本来就对四川港招公司出资不实，未将其应当投入四川港招公司价值21441941元的泰丰国际商贸中心项目用地土地使用权投入到四川港招公司，却于1999年7月20日与武侯国土局、四川港招公司签订《债务关系转移合同》将其欠武侯国土局的征地费21833446.5元转移给其出资不实设立的四川港招公司。在该《债务关系转移合同》签订后尚不到一个月，成都港招公司便于同年8月10日与招商局公司签订《债权、债务以及资产处置协议》，将招商局公司改制为招商房地产公司，将本应投入四川港招公司的泰丰国际商贸中心项目用地土地使用权留给了改制后的招商房地产公司并由其负责偿还招商局公司欠招商银行230万美元贷款，其余资产及其债权、债务以及职工安置均由成都港招公司承担；同年8月22日，招商局公司办理了《企业申请注销登记注册书》，并于8月23日因改制而注销。该改制系采取增资扩股的方式进行，即招商局公司在由800万元注册资金增资1000万元注册资金的同时，将其对增资后更名的招商房地产公司享有的1000万元股权转让给四川奇峰房地产开发有限责任公司、叶文金、刘宗明，从而实现他人对企业的参股并将企业改造为有限责任公司。招商局公司与成都港招公司的上述出资不实、债务转移、债权债务和资产处置以及采增资扩股方式的企业改制等一系列行为，暂且不论其是否真正存在恶意逃债、损害债权人利益的动机和目的，但实际结果的确导致武侯国土局不能实现对四川港招公司和成都港招公司的债权，令本院不得不对其上述系列行为的动机产生怀疑。为了更好地审理企业改制相关的民事纠纷案件，最高人民法院专门制定了《关于审理与企业改制相关的民事纠纷案件若干问题的规定》，该规定所确立的法人财产原则、企业债务承继原则以及企业债务随企业财产变动原则，旨在防止企业在改制过程中造成企业财产流失，避免损害债权人的利益。本院认为，企业改制或者改造只是企业变更的一种形式，根据法人财产原则和企业债务承继原则，变更设立后的公司应当承继原企业的债权债务。虽然招商局公司在改制时与成都港招公司签订了《债权、债务及资产处置协议》，但无论是招商局公司对成都港招公司负有的3481.55万元的债务，还是招商局公司欠招商银行的230万美元的贷款，均是招商局公司改制前的对外负债，根据法人财产原则以及企业债务承继原则，改制后的招商房地产公司均应负责偿还改制前的招商局公司的债务。尽管改制后的招商房地产公司在注册资金数额、股东构成、企业性质等方面均有别于原招商局公司，但企业改制只是转换企业的组织形式和变更企业的经济性质，原企业的债权债务并不因改制而消灭。根据法人财产原则和企业债务承继原则以及本院《关于审理与企业改制相关的民事纠纷案件若干问题的规定》第五条关于“企业通过增资扩股，实现他人对企业的参股，将企业整体改造为有限责任公司或者股份有限公司的，原企业债务由改造后的新设公司承担”之规定，原招商局公司对成都港招公司的债务应由改制后的招商房地产公司承担。故武侯国土局将招商房地产公司作为次债务人，要求其承担原招商局公司所欠成都港招公司的债务，不仅符合合同法第七十三条和本院《合同法解释（一）》关于债权人代位权制度及其构成要件之规定，而且符合本院《关于审理与企业改制相关的民事纠纷案件若干问题的规定》的原则和规定。因此，武侯国土局关于要求招商房地产公司承担原招商局公司所欠成都港招公司债务的请求，于法有据，应予支持，招商房地产公司应在21441941元范围内向武侯国土局承担清偿责任。根据本院《合同法解释（一）》第二十条关于"债权人向次债务人提起的代位权诉讼经人民法院审理后认定代位权成立的，由次债务人向债权人履行清偿义务，债权人与债务人、债务人与次债务人之间相应的债权债务关系即予消灭"之规定，招商房地产公司向武侯国土局履行21441941元的清偿责任后，武侯国土局与成都港招公司、武侯国土局与四川港招公司、成都港招公司与招商房地产公司（原招商局公司）之间相应的债权债务关系即予消灭。

综上，本院认为，武侯国土局对成都港招公司所享有的债权合法有效，成都港招公司对原招商局公司所享的债权亦经生效法律文书所确定，合法有效并已到期；成都港招公司既未向武侯国土局承担注册资金不实的赔偿责任，又怠于行使其对招商局公司或者改制后的招商房地产公司的到期债权，致使武侯国土局的债权未能实现，故武侯国土局关于要求招商房地产公司承担原招商局公司所欠成都港招公司债务的再审请求和理由成立，本院予以支持。原一、二审判决认定事实基本清楚，但适用法律不当，本院予以纠正。依照《中华人民共和国合同法》第七十三条、本院《关于适用〈中华人民共和国合同法〉若干问题的解释（一）》第十三条、第十九条、第二十条、《关于审理与企业改制相关的民事纠纷案件若干问题的规定》第五条以及《中华人民共和国民事诉讼法》第一百五十三条①第一款第（二）项、第一百八十六条②第一款之规定，判决如下：

一、撤销四川省高级人民法院（2008）川民终字第90号、四川省成都市中级人民法院（2007）成民初字第19号民事判决；

二、招商（蛇口）成都房地产开发有限责任公司向成都市国土资源局武侯分局支付21441941元；

三、上述给付义务履行后，成都市国土资源局武侯分局与成都港招实业开发有限责任公司、成都市国土资源局武侯分局与四川港招实业股份有限公司、成都港招实业开发有限责任公司与招商（蛇口）成都房地产开发有限责任公司之间相应的债权债务关系即予消灭。

一审、二审案件诉讼费各117220元，诉讼保全费110520元，由招商（蛇口）成都房地产开发有限责任公司负担。

本判决为终审判决。

---

① 对应2012年新《民事诉讼法》第170条。

② 对应2012年新《民事诉讼法》第207条。

第十三章 公司利润分配

规则 15：在公司董事会、股东会未就公司利润分配方案进行决议之前，法院不得径行判决

——河南思维自动化设备有限公司与胡克公司盈余分配纠纷案

【裁判规则】

在公司董事会、股东会未就公司利润分配方案进行决议之前，公司股东直接向人民法院起诉请求判令公司向股东分配利润缺乏法律依据，其诉讼请求人民法院不予支持。由于公司是否分配利润以及分配多少利润属公司董事会、股东会决策权范围，法院判决认定公司有巨额利润而长期拒不向股东分配损害了占股比例较小的股东的利益，并据此径行判决公司向股东分配利润，不符合公司利润分配的法律规定，应当予以纠正。

【规则理解】

一、公司利润分配原则

（一）有“纯利润”才分股利的分配原则

公司作为营利法人，以追求利益最大化为目的，才能满足公司股东进行投资入股的目的。因此，公司应在每个营业年度将税后所得盈余用于弥补亏损和提取公积金之后的利润分配给其股东。如果公司当年无盈利，公司没有可供分配给股东的股利；即使公司当年有盈利，但是公司上一年度有亏损还须先行弥补亏损，不得将亏损递延；弥补亏损后还须先行提取法定公积金，才能就剩余的纯利润向股东分配股利。这说明，股利的分配来源于公司弥补亏损和提取公积金之后的盈余，而并非可就所有盈余进行分配。由此可见，在我国，股利的分配实行的是“纯利润”分配原则，即“无盈利不分配”。由于公司的盈利、纯利或者净利润是反映在损益表上的，因此，这一标准又称为“损益表”标准（Balance sheet test）。这一原则的目的在于贯彻资本充实原则，维护公司财产基础及信用能力以保护公司和债权人的利益。[①]

（二）股份有限公司主要实行同股同权、同股同利的分配原则

股东作为公司的投资人，其投资目的就是获得利润。公司在缴纳各种税款及依法提取法定公积金之后的利润，是可以向股东分配的红利。股东在依法履行出资义务后，其依据自己的出资享有分取红利的权利受法律保护，任何人都不得非法限制或者剥夺股东的这项权利。因此，同股同权、同股同利是股份有限公司发行股份时应遵循的原则之一，也是公司向股东分配股利时应遵循的原则之一。依此原则，股份有限公司应当给予所有持有相同性质股权的股东以同一顺序的分配机会，并对所有股东按其持股比例决定其可分得股利的具体数额。

（三）有限责任公司主要按实缴出资比例分红的分配原则

有限责任公司股东按照实缴的出资比例分取红利是按照权利与义务对等的原则而确定的，根据公司法的一般原则，股东领取红利的比例应当与股东实缴的出资比例一致，也就是股东应当按照实缴的出资比例分取红利。所谓实缴的出资比例，是指按股东实际缴纳的出资占公资本总额的比例。股东在实际履行出资义务后，依据自己的出资享有分取红利的权利，既受法律保护，也保护了其他股东的出资利益，任何人都不得非法限制或者剥夺股东的这项权利。在有限责任公司中，允许股东分期缴纳出资额，规定股东按照实际缴付的出资比例分取红利的原则，有助于明晰股东的权利、义务，减少纠纷。

（四）尊重全体股东约定和公司章程规定的分配原则

按照《公司法》第34条和第166条的规定，在有限责任公司中，经全体股东约定不按出资比例分取红利的，公司可以不按股东实缴出资比例分红。法律作出这样的规定是考虑到有限责任公司的人合因素，而允许股东之间可以经过协商，由全体股东约定不按照出资比例分取红利或者不按照出资比例优先认缴出资。但程序上较为严格，公司作出这样的决定，要经过全体股东的同意。[②] 同时，在股份有限公司中，公司章程规定不按持股比例分配红利的，公司可以不按股东持有股份比例分红。

二、公司利润分配的顺序

公司利润分配必须按照《公司法》《企业财务通则》明确规定的顺序进行。公司利润分配按如下顺序进行：

---

① 参见李东方：《公司法学》，中国政法大学出版社2012年版，第249页。

② 法律出版社法规中心编：《新编公司法全解》，法律出版社2014年版，第87页。

（一）纳税优先

公司应当首先按《税法》的规定将年终结算的收入总额乘以税率向国家纳税，在完成纳税之前不得向股东分配股利。我国法律规定公司所得税率为25%，纳税完成之后的利润才是公司的净利润。分配出去的股利只能从公司净利润中支付。

（二）亏损弥补

公司亏损是指在一个会计年度内，公司的盈利低于公司的全部成本、费用及其亏损的总和。在公司持续经营期间，必须经常保持与其资本相当的实有财产。当公司有利润时，在公司已有的法定公积金不足以弥补上一年度公司亏损时，先用当年利润弥补亏损，使公司持续发展。当税后利润不足以弥补公司亏损的时候，不得进行利润分配。

（三）提取法定公积金

公司的法定公积金应当提取税后利润的10%列入。公司法定公积金累计额为公司注册资本的50%以上的，可以不再提取。公司不得随便变更法定公积金的提取比例。法定公积金转为公司资本时，所留存的该项公积金不得少于转增前公司注册资本的25%。

（四）提取任意公积金

公司除了提取法定公积金以外，可以根据公司发展的实际需要，在提取了法定公积金后，由股东会或者股东大会决定另外再从税后利润中提取一定的公积金。此部分是公司自行决定提取的，不是法律强制要求，被称为任意公积金。是否提取任意公积金以及提取比例不是法定的，需要由股东会或股东大会决定是否提取和提取多少。

（五）向股东支付股利

即在公司弥补亏损和提取公积金后，所余利润应分配给股东，即向股东支付股息，但这包括三个层面的内容：一是按照股东实际出资额支付股利。在有限责任公司中，由于实行资本的分期缴纳，在股东全部缴纳其出资之前公司分配股利的，或由于出资人没有及时或足额出资的情形下公司分配股利的，应当按照《公司法》第34条规定的“股东按实缴的出资比例分取红利”的原则支付股利。股份有限公司根据《公司法》第166条第4款规定，按照股东持有的股份比例分配。二是按照全体股东约定的比例或者公司章程的规定支付股利。按照《公司法》第34条规定，在有限责任公司中，经全体股东约定不按出资比例分取红利的，公司可以不按股东实缴出资比例分红。《公司法》第166条第4款关于“股份有限公司章程规定不按持股比例分配的除外”的规定，说明在股份有限公司，可以按照章程的规定比例支付股利。三是公司持有的本公司的股份不得分配股利。《公司法》第166条第6款明确规定："公司持有的本公司的股份不得分配股利"。因为，公司一般不是自己的股东，在特殊情况下，公司才可以自己持有自己公司的股份，但是这时其即使持有股份，也不可以分配利润，这样规定的目的是避免公司作为股东分配利润后还是需要把自己的利润再分配给自己的股东。

（六）违反分配顺序分配利润的处理

《公司法》第 166 条第 5 款还规定了股东大会、股东会或者董事会在公司弥补亏损和提取法定公积金之前向股东分配利润的，股东必须将违反规定分配的利润退还公司。

三、股利分配形式

股利分配形式在全世界通行四种形式：现金分配、财产分配、股份分配和负债分配。①

（一）现金分配

现金分配是指公司以现金形式向股东派发股利。这是最通常、最受股东欢迎的一种股利分配形式。现金股利主要是上市公司所采取的一种股利分配形式。这种分红方式可以使股东获得直接的现金收益，方法简便，在西方国家是最普遍的一种分红形式。但是在确定派现比例时，公司与股东之间往往存在矛盾。派现过多，股东当然高兴，但是公司用于扩大再生产的资金就会减少，不利于公司的长远发展。而派现过少，虽然公司扩大再生产的资金增加，但是股东的眼前利益受到影响，从而影响公司股票的价格。

（二）财产分配

财产分配是指公司以其持有或者所有的财产代替现金向股东分配股利的一种形式。公司通常以所持有的其他公司的有价证券（如股票、债券等）、公司享有的第三人债权、公司自己生产的产品等实物为股利发放。这样做既扩大了产品销路又保留了现金，这是公司所乐意采取的分配方式。

（三）股份分配

股份分配包括股票股利和股份分割两种形式：

1. 股票股利是指上市公司以本公司的股票代替现金作为股利向股东分红的一种形式，它是公司以发行新股的方式实现的。股票股利俗称"送股"、"送红股"或者"派股"。送股是由股利转增资本或盈余公积金转增资本形式的，属于无偿增资发行股票，其实质是以盈余转作资本。由于所送股票是按股东所持有股份的比例

---

① 参见李东方：《公司法学》，中国政法大学出版社 2012 年版，第 251～252 页。

分派的，每位股东在公司拥有的权益不发生变化。同时，这种股利分配方式只是公司账户上的一部分留存收益转化为股本，公司的资产及负债并未受到影响。送股的好处有二：（1）现金可保留在公司内部，防止其流出公司，既增加了公司的资本，又为公司扩大生产经营保存了资金；（2）股东对分派的股票不需要支付现金，而且，在一些发达国家获得股票股利可以不缴纳所得税。由于股票股利须通过发行新股的方式去实现，所以，需要遵守公司或者证券法上关于发行新的程序。根据我国《公司法》的规定，发行新股需要经过股东特别会议做出决议。

2. 股份分割指通过成比例地降低股票面值而增加股份的数量，亦称为股份拆细。股票股利与股份分割在经济效果上并无差异，但二者在会计上的处理则是不同的。在股票股利的情况下，股票的面值不发生变化，但是在股票拆细时，股票的面值减少了。例如，在2∶1 的股票拆细时，普通股，追加实缴资本以及留存收益账户余额都保持不变，唯一变化的是普通股的每股面值比原来降低了一半。股份拆细与股票股利一样，均不消耗公司资产。采用这种方式的直接目的在于解决现金分配的困难。由于股票的票面价值记载在公司章程之中，因此，在采用股票分割方式分配股利时，须修改公司章程。在修改公司章程时，须经股东大会特别会议作出决议。

（四）负债分配

负债分配是指公司以发行债券或者应付票据代替现金的形式向股东支付股利的一种分配形式，亦称负债股利。在此情形下，获得债券或者应付票据的股东对公司享有债权。通过这种分配形式，股东虽然没有得到现金收益，但是股东对公司所享有的债权，股东通过获得利息和到期收回本金来达到投资目的。

目前，我国的上市公司主要采取现金股利和股票股利两种股利分配方式。

四、公司侵害股东股利分配请求权的主要情形

（一）股利分配请求权的界定

股利分配请求权是指公司股东基于其公司股东的资格和地位依法享有的请求公司向自己分配股利的权利。我国《公司法》第 4 条明确规定：“公司股东依法享有资产收益、参与重大决策和选择管理者的权利。”资产收益权就是股东按照其对公司的投资份额通过公司盈余分配从公司取得红利的权利，这种权利属于典型的股东自益权。

股利分配请求权，按性质可分为抽象的股利分配请求权与具体的股利分配请求权。

抽象的股利分配请求权，指股东基于其公司股东的资格和地位而享有的一种股东权权能。获取股利是股东投资的主要目的，也是公司作为营利法人的本质要求。因此，抽象的股利分配请求权是股东所享有的一种固有权，不容公司章程或公司治理机构予以剥夺或限制。这种股利分配请求权能否实现，即能否转化为具体的股利分配请求权，取决于公司是否盈利、股东会是否依法作出分配股利的决议等多重因素。由于公司的经营具有风险性，股东能否分得股利，能够分得多少，均为未知数。故抽象的股利分配请求权为一种期待权。

具体的股利分配请求权，又称为股利金额给付请求权，指当公司存在可供分配的利润时，股东根据股东会决议而享有的请求公司按其持股类别和比例作出股利分配的决议，并向其支付特定股利的权利。具体的股利分配请求权具有债权性质，它实质是股东对经决议认可的实实在在的可分配金额享有的给付请求权。

（二）公司侵害股东股利分配请求权的主要情形

股东将自己的财产投资给公司，便失去对该财产的支配权而拥有对应价值的股权。股东因此获得只以投资额为限承担民事责任的权利；参与制定和修改公司章程的权利；自己出任公司管理者或决定公司管理者人选的权利；参与股东大会，决定公司重大事宜的权利；有从公司分取红利的权利；依法转让股权的权利；在法人终止后收回剩余财产等权利。但是，依据我国公司法，公司利润分配方案拟订和审议批准的权力分别由董事会和股东会行使，股东会应当在董事会拟订分配方案的基础上及时作出分配股利的决议，董事会也应当严格按照决议向每一股东分配股利。股东不能直接决定股利的分配。当公司存在盈利，且符合分配利润的条件时，股东享有股利分配请求权。如果董事会和股东会怠于行使公司利润分配权，就可能侵害股东所享有的股利分配请求权。在实践中，公司侵害股利分配请求权的情形主要有以下三种：

1. 董事会未履行利润分配方案拟定和提交职责。公司的董事会对已经达到分配股利条件的情形下，未拟订盈余分配的方案，或者已经拟订盈余分配方案，但是未提交股东会会议进行讨论。

2. 股东会未履行决定利润分配职责。公司的董事会将分配利润的方案提交股东会会议进行讨论以后，股东会会议对符合分配股利条件，无正当理由而最终作出不分配股利的决议。

3. 董事会未履行执行利润分配职责。当公司股东会会议已经做出分配股利的决议，而董事会却拒不执行分配股利的决议向股东分配股利。此种情形下，又存在着不同的情况：有的是董事会不按照股东会决议向所有股东分配股利；有的则仅仅是董事会不按股东会决议向部分股东分红。

在以上几种类型中，前两种情形的共同特点是股东会没有依法作出向公司股东分配股利的决议；而第三种情形则属于股东会会议已经作出分配股利决议的情形。尽管它们均使得股东的股利分配请求权受到侵害，但是其所侵害的股利分配请求权的性质是截然不同的。在前两种情形下，公司所侵害的股利分配请求权属于抽象意义上的股利分配请求权，即投资者基于其股东资格所享有的一种请求公司分配股利的权利。由于并不存在分配股利的决议，所以，在行使股利分配请求权时尚缺乏明确、直接的依据，带有很强的消极性特征。而第三种情形下，公司所侵害的乃是一种具体的股利分配请求权，即股东可以依据决议直接请求公司按其持股类别和比例向其支付特定股利金额的权利。由于已经存在分配股利的股东会决议，所以，该请求权在行使时已经是一种现实的、确定的权利，可以由每一个股东积极行使。①

由于以上诸种情形下公司所侵害的股利分配请求权在性质上存在的差异性，使得股东在寻求司法救济时在路径的选择以及法律的适用上也存在不同。

五、公司股东股利分配请求权司法救济的合理性

（一）认识与做法的差异

在实践中，经常存在公司虽有良好的盈利，但是却不依法向股东分配股利的现象，严重地侵害了股东的合法权益，受到侵害的股东，特别是在股东会不占优势地位的少数中小股东往往选择向法院起诉来寻求法律救济。然而，对于此种情形下能否对股东的股利分配请求权进行司法救济、如何进行司法救济，实践中的认识未尽一致②。在处理同类案件时，各个法院的做法亦大相径庭。如，针对公司不依法召开股东会议作出分配股利决议时股东向法院提起诉讼的案件，有的法院认为，公司成立并盈利后，应当按照股东的出资比例向其分配股利。公司未能及时向股东分配红利，违反我国法律规定。股东要求公司按照其出资比例给付股利，法院应予准许③。而有的法院则认为，股东的主张缺乏法律依据。公司按期分配利润的权力在股东会，而非个别股东。《公司法》第 34 条仅规定股东有权按照实缴的出资比例分取股利，在股东会通过利润分配方案之前，并未赋予股东越过股东会直接提起分配

① 郝磊：《股东诉讼的实施问题研究》，中国法制出版社 2012 年版，第 70 页。

② 《最高人民法院有关公司纠纷的司法解释征求意见稿（二）》第 28 条规定："股东以公司为被告起诉请求分配利润，法院应当受理。公司提供证据证明股东会、股东大会未决议分配利润．决议的分配方案不符合法律规定或者被依法撤销的，法院应当驳回原告的诉讼请求。"但是，在讨论的过程中，也有人表达了相反的意见：股东因为公司被大股东控制，长期不分配利润，其以公司为被告起诉分配利润，人民法院应予支持。参引自吴越：《公司法先例初探》，法律出版社 2008 年版，第 159 页。

③ 北京市第二中级人民法院民事判决书［（2006）二中民终字第 16770 号］，参见甘培忠、刘兰芳主编：《新类型公司诉讼疑难问题研究》，北京大学出版社 2009 年版，第 194 页。

利润诉讼的请求权。股东的诉讼不符合民诉法及其解释的规定，不符合受理条件，应不予受理①。

（二）合理性分析

第一，按照股利分配请求权性质区别对待。对于具体的股利分配请求权，其权利基础在于公司的股东会议已经决定了股利的分配方案，只是董事会不按照股东会决议向所有股东分配股利；或者是不按照股东会决议向部分股东分红；或者是不按照股东会决议的比例向股东分配红利。在此语境中，股东行使具体的股利分配请求权具有债权性质，股东能够对经决议认可的实实在在的可分配金额诉请公司据实给付。第二，由于抽象的股利分配请求权为一种期待权，不具有可操作的可诉性。如前面所提到的董事会未履行利润分配方案拟定和提交的职责与股东会未履行决定利润分配的职责。股东无法依此提出具体的应当得到多少具体数额的股利的证据，以支持其请求公司支付其股利的诉讼请求。

六、公司股东行使股利分配请求权的条件

股东行使股利分配请求权必须具备如下条件：

（一）公司必须有实际可供分配的利润

为贯彻资本维持原则，保护公司债权人，不能用公司资本向股东分配红利，否则便意味着向股东返还了出资，从而损害了资本维持原则。因此，股利分配的资金来源只能求诸公司的利润。依《公司法》166 条之规定，股利分配的资金来源为当年税后利润扣除法定公积金、法定公益金与任意公积金之余额。只有当公司符合法定的股利分配要件，当年有可供分配的利润时，方能分配股利。

（二）公司的利润分配方案得到股东会或股东大会的通过

股利分配与否，除了取决于公司是否有可资分配的利润，还取决于公司的意思。只有当公司宣布分配股利时，股东的具体股利分配请求权才得以产生。股东根据《公司法》第 42 条、第 43 条、第 103 规定，通过召开定期会议或临时会议，在股东会或股东大会通过利润分配方案，使股东享有的利润处于确定状态，使股东的抽象层面的股利分配请求权转化为具体层面的股利分配给付请求权，股东才能行使请求权。根据我国《公司法》第 37 条第 1 款第 6 项和第 46 条第 1 款第 5 项的规定，董事会和股东会分别行使制订公司利润分配方案和审议批准公司利润分配方案的权力。因而，不经过股东会的表决，股东一般不能擅自分配公司的股利；而一旦股东会作出分配股利的决议，公司全体股东应当遵守，一般不能随意违反公司的决

① 广东省高级人民法院（2008）粤高法民二终字第 110 号民事裁定书，参见《人民法院案例选编（月版）》（2009 年第 6 辑），中国法制出版社 2009 年版，第 102 页。

议，也不能通过诉讼等方式寻求法律救济。

（三）公司存在侵权行为

在公司股利分配请求权纠纷案件中，侵权行为一般表现为：公司拒绝支付股利、公司少分股利；公司未按股东的出资比例或股份比例分配股利等。

公司必须有实际可供分配的利润和公司存在侵权行为是股东行使股利分配请求权的实质条件，公司的利润分配方案得到股东会或股东大会的通过，是股东行使股利分配请求权的程序条件。

上述三个条件必须同时具备，并且缺一不可。只有具备了这些条件之后，股东的股利分配诉求才能得到法院的支持。因此，当股东请求对股利分配请求权进行司法救济时，应将通过是否寻求过内部救济作为前置条件。如果股东没有向公司董事会、股东会请求分配公司利润，或者公司董事会、股东会未就公司利润分配方案进行决议之前，公司股东直接向人民法院起诉请求判令公司向股东分配利润的，因为公司自治的限制，人民法院不能够支持其诉讼请求。由于公司是否分配利润以及分配多少利润属公司股东会、董事会决策权范畴，法院判决认定公司有巨额利润而长期拒不向股东分配损害了占股比例较小的股东的利益，并据此径行判决公司向股东分配利润，不符合公司利润分配的法律规定，应当予以纠正。

【拓展适用】

一、股利给付请求权与股利分配请求权的关系

（一）股利分配请求权与股利给付请求权的区别

主要表现为：

1. 权利性质不同。股东分配请求权是一种期待权，是一项抽象的权利而无法具体实现；股利给付请求权是一项具体的权利，是债权。

2. 实现的前提不同。股东分配请求权的实现有两个前提：一是公司有盈利，二是股东会作出分配决定。在实践中，股东行使股利分配请求权往往是因为公司内部出现如下情况：公司董事会迟迟不制订和提交股利分配方案、股东会使用各种手段迟迟不通过股利分配方案、股利分配方案违反公司章程、董事会及股东会的决议违反公司章程制订的规则等等；股利给付请求权，实现的前提是公司股东会已经通过了股利分配方案。当股东会通过了股利分配方案之后，便在股东和公司之间形成具体的债权债务关系，股东就可以要求公司直接给付股利。

（二）股利分配请求权与股利给付请求权的保护

鉴于两者之间上述区别。公司股东要正确厘清二者之间的实质条件，从而选择正确的策略与思路来维护自己的权益。如果是股东的股利分配请求权受到侵害。股东可以要求董事会或股东会履行自己的职责，股利分配请求权主要在公司内部行使。但公司是否宣布分配股利、如何分配股利实际上是一件极为复杂的事实，此种公司决策取决于公司的类别、经营状况、发展前景、国内外同一类型公司的现状以及税法的影响等诸多因素。[①] 因而，不经过股东会的表决，股东、董事和董事会不能擅自分配公司的股利；而经过股东会作出分配股利的决议，公司全体股东就应当遵守，不能随意违反公司的决议。这是由公司自治性和其独立人格决定的。

对于股利分配方案违反法律、法规及公司章程，可以提起无效确认之诉或撤销之诉，要求人民法院对董事会决议或股东会决议确认无效或予以撤销；对于公司连续五年有盈利且连续五年不分配股利，股东还可以要求退股而行使退股权。如果是股利给付请求权受到侵害，股东可以直接提起诉讼，要求公司支付股利。

需要注意的是，股利分配请求权是一项股东权益，如果丧失了股东身份，也就丧失了股利分配请求权。而股利给付就不同，一旦公司股东会通过股利分配方案，就在公司和股东之间形成一项独立的债权，这项债权不依附与股权或股东身份而独立存在，因此，即使股东丧失股东身份，在诉讼时效内，依然可以要求公司予以支付。

二、公司股利分配的公司自治与司法救济

所谓公司自治是指公司治理主体依照公司法和公司章程，自主安排公司治理机构，配置公司权力（利）、义务和责任的活动。从制度经济学的角度看，公司治理是公司参与各方不断博弈、学习、调整而逐渐形成的一般均衡，它不仅仅是静态的制度安排，同时也是动态的发展过程。公司参与人的博弈是公司自治的内在动力，如果通过博弈，公司参与人能达成妥协与合作，那么他们之间就形成了一般均衡，实现公司内部关系的有序化和各方利益的均衡。随着公司的发展，公司参与人还需适时调整相互关系，补充或修改原来的约定，以适应变化的情况，从而不断在动态中寻找平衡。从法学上讲，公司自治是内生制度与外部干预共同作用的产物，是股东、董事、监事、经理等公司参与人，在公司目标、利己动机和外在环境等因素的共同作用下，所进行的权力（利）、义务、责任等资源的安排。因此，公司自治并非完完全全的自行其是，在内生制度不能完全满足股东利益实现的时候，股东为了保护自己的合法权利，有权寻找公权力的救济，而司法救济是公权力救济的最后一道防线。

（一）公司的自治特性要求司法救济谨慎干预公司利润分配

在纷繁复杂的市场经济运行中，公司利益最大化要求公司享有广泛的自主决策

---

① 刘俊海：《股份有限公司股东权的保护》，法律出版社2004年版，第203页。

权。而公司自主决策权的重要权项之一就是股利分配权。股利分配不仅取决于公司的盈利状况，还取决公司的股利分配政策。也就是说，股利分配与否，不仅取决于公司是否有可资分配的利润，还取决于公司人格独立的独立意思表示。这种独立意思表示要受股东近期财富最大化或者远期财富最大化的理念的影响。究竟选择何种理念，要看不同股东理念在股东大会表决时的角逐状况而定，是公司各个股东真实意思表示之后，少数意见服从多数意见的资本多数决结果，本身无合法与违法之别。

一般说来，公司在税后利润中提取法定公积金后，还可以从税后利润中提取任意公积金，但是是否提取和提取多少必须经股东会或者股东大会决议。任意公积金与法定公积金一样，有利于扩大公司的生产和经营规模、应对公司在未来所面临的经营风险、奠定公司未来发展的坚强基础，股东亦可博取水涨船高之利。因此，一般公司都愿意奉行放水养鱼的经营策略，提取数额较多的任意公积金，适当压缩对股东分配的股利总额。

无论公司采取何种股利分配政策，都要考虑投资机会、融资成本、债务合同、法律限制等多种因素变化的影响。公司究竟选择何种股利政策，采用哪种利润分配形式，只要符合股利分配的实体和程序条件，原则上都属于公司正常的商业决策，不受公司之外的非法干预。

在司法救济中，鉴于法官在商业知识方面的局限性及利润分配的技术性，为了保障董事积极决策需要，法院介入公司的商业判断必须谨慎。如果法院允许代替公司做出商业判断，必定要牺牲商事交易的可预见性和确定性，如果轻易对公司商业判断做出干预，将会严重束缚公司在瞬息万变的市场经济中做出独立的意思表示，从而干扰公司自治。还会因为股利分配的复杂性和举证证明的复杂性造成大量案件久悬不决，既影响交易安全，又增加诉讼成本。

（二）公司自治的非绝化与司法救济的必要性

一般而言，董事比股东对公司的经营和财务可更了解，对公司的未来发展更为关注。而股东可能更注重自身权益和眼前利益，希望自己的投资能够尽快得到回报或者尽快实现利益最大化。较少考虑公司的未来发展；特别是股东人数众多时，往往难以形成一致而合理的分配方案。而董事更能够考虑公司的整体发展和长远利益。因此，由董事会提出股利分配方案，股东会或股东大会决定是否通过，双方相互制约，从而兼顾公司和股东双方的权益。为了保护公司的自主权和更好的发展，许多国家和地区的公司立法都将股利分配的意思决定机构规定为公司的董事会和股东会或者股东大会，由其自主决定公司的股利分配。

但是由于有限公司本身所具有的人合性与封闭性特征，当有限公司的大股东控制公司机关操纵公司时，中小股东的利益容易受到严重的损害，公司的自治性并非绝对，而是有其也带来了天然的、内在的局限性。正如有学者所言，“公司自治局限性的实质在于：如果公司自治完全裸露于法治之外，任由自治所形成的摧毁力冲击公司当事方的利益格局，部分当事方必然因利益被无情践踏，而不敢参与公司游戏，公司的包容性将因之摧毁，最终公司自治将被自己毁灭。”①为此，当公司决议成为大股东侵夺小股东利益的工具而显失公平时，采取一定的措施对股东的股利分配请求权进行及时的法律救济是必要和合理的。在所有的救济措施中，司法救济最为有效的和不可或缺的。允许受害的中小股东通过诉讼寻求救济，有助于他们借助司法强制的手段恢复其受控制股东侵夺的利益，确保法律所应彰显的平等理念和公平精神得到充分的实现。

当然，在采取司法手段对股利分配请求权进行救济时，基于公司作为一个独立法人的特殊性，“公司自治下的多数原则，即控制股东自由行使控制权仍然是公司运行机制的基本逻辑。”② 对于公司自我决定股利分配的适当干预，是对公司纯粹自治的必要限制，而并不是要完全打破作为公司制度基础的公司自治。在司法救济的过程中，应对司法救济本身给予必要的限制。既要保护股东基于股权平等所享有的股利分配上的平等权利，又要合理维护公司的资合性质所衍生的公司控制权；既要通过司法救济确保股利分配请求权的公平实现，又要注意发挥公司这一在现代社会中占据主导地位的组织形式所应有的效率优势。

（三）司法介入公司股利分配纠纷的原则性要求

公司自治特性决定了公司大股东相对于小股东的决策优势，为了防止公司大股东侵犯小股东的合法权利，在给予小股东维权的司法救济中，法院在介入公司股利分配纠纷时，要遵循以下原则性要求：

1. 坚持尊重公司自治，实施必要救济。公司内部纠纷首先应按照“私力解决程序优先”原则处理，法院应当尊重公司自治的内部决定。法官首先应当尊重公司、股东、董事依法作出的选择，尊重他们的意思表示自由和民事行为自由。只有在当事人提供了证据证明公司自治被滥用、导致公司法律关系中当事人的权利和义务受到损害、公司法律秩序被扭曲或者破坏时，法官才能基于维护社会公平正义、保护股东的合法权利，依法以自己的司法判断取代商业判断，实施必要的司法救济。

2. 坚持内部救济优先，司法救济断后。对公司内部纠纷实施司法干预的底线

① 蔡立东：《公司自治论》，北京大学出版社2006年版，第162页。

② 蔡立东：《公司自治论》，北京大学出版社2006年版，第187页。

是：纷争当事人是否穷尽了内部救济？如果没有穷尽内部救济，法院的任务是告知或帮助当事人启动该项内部救济程序，而非直接帮助当事人安排权利义务，这是防止当事人滥用诉权的要求。法院进行实体性干预应先寻求公司内部救济的方式，只有公司内部救济用尽，当事人仍无法通过私人协议解决纠纷时，司法才能进行实体性的公力救济，以更好地维护当事人的权益。

3. 坚持形式审查为主，实质审查为辅。这里的形式审查主要是指法院对该公司决议形式上和内容上是否具有合法性的审查。这里的实质审查主要是指法院对该公司决议实体上是否具有合理性的审查。在两者的平衡上，法院首先应当要考虑的是形式审查的问题，仅对公司决议程序和内容的合法性进行审查并作出裁判，而不对公司决议的合理性进行裁判。公司决议的合理性是公司权利范围内的自主判断，司法对这种意思自治应予以尊重。只是在公司决议内容显失公正或决策人员有过错的情况下，法院才会介入进行实质的合理性审查。

三、相关国家与地区的制度借鉴

（一）美国强制股利分派制度

在美国，有限责任公司分派股利的权力属于董事会。大多数董事会关于是否分派股利的决定受商业判断规则的保护，享有免于被诉的权利。美国的股利政策分为强制性股利与裁量性股利两种：强制性股利是指公司章程所规定的、只要公司存有可资分配的利润即应向特定种类股东支付的股利。强制性股利之外的比率不特定的股利为裁量性股利。①

但如果董事会不合理地作为，恶意独断且滥用自由裁量权，扣留红利，法院将使用衡平法上的权利，要求董事会宣告红利。著名的 Dodge v. Ford Motor Co. 案即为一典型案例。Ford Motor Co. 成立于 1903 年，最初，福特汽车的卖价超过 900 美元，除每季度正常的分红外，公司还经常有额外的分红。随着价格一次又一次下跌，为了能够留足资金用于将来的投资和扩展，公司宣布 1915 年 10 月后，将不再分发额外股利，致 1916 年公司的过剩资本已超过 1.1 亿美元，占公司股本总额 10% 的少数股东请求法院强令公司董事宣布分发股利。法院审理后判决要求 Ford Motor Co. 向 Dodge 兄弟支付 19275386 美元的股利。法院认为，考虑到公司的巨额过剩资本，拒绝分配股利违反了董事对股东的义务，与使股东财富最大化的公司目的相悖。②

寻求强制分配股利的股东须先穷尽公司补救方法，即先要求董事会作出股利支

---

① 参见刘俊海：《股份有限公司股东权的保护》，法律出版社 2004 年版，第 198 页。

② 参见刘俊海：《股份有限公司股东权的保护》，法律出版社 2004 年版，第 217 页。

付方案，这一规定利于董事会有机会更正自己的不当行为，避免进行司法诉讼。强制分配股利前提是公司存在足够的合法盈余，董事会滥用裁量权不给予分红。仅具有足够的收入或盈余可供分红的事实，法院是不会强迫董事会分红的。只有当证明董事会滥用裁量权时，法院方可代替董事会的判断，命令分配股利，而裁量权之滥用须有诈欺或恶意之证明或者明显的不公正情形。股东如能够证明控股股东为了享有更多股份和股利存在逼走少数股东的意图，则可以认定存在“恶意”；如果存在利益冲突，如董事会成员享有过分的任职福利和薪金而拒绝分红等情形，则可进一步认定存在“恶意”。

（二）英国授权机构的宣告制度

英国公司股利的支付须取得公司授权的机构来宣告。公司章程通常规定，公司股利的宣告应当由公司普通股东会会议来决定，但是公司章程有时也规定公司董事会有权来宣告公司股利的分配，此时董事会即享有排他性权利。①

在英国，法院有权结合所有证据（包括作为持续经营公司的要求），对决定的作出程序是否公正予以裁判。Re Landie Brothers Ltd 一案中，公司从未支付过任何股利，其惯例是以报酬的形式向众董事分配利润。原告被免去执行董事之职后，便不能继续分享利润。普楼曼大法官指出：“该公司事实上并未支付任何股利。其政策实质上在于向董事分配公司利润……但原告在其诉讼请求中未提出公司未分配股利侵害了原告作为股东的利益，而且公司未分配股利也许有其充分的商事理由。”可见，若原告提出适当的诉讼请求，普楼曼有可能认为该案中被告对原告的侵害，采取了没有充分的商业理由而保留股利不予分配的形式。英国 1985 年《公司法》第 459 条则明确规定允许股东以公司事务执行构成不公正侵害为由，向法院提起诉讼、取得法院令状。而法院的令状当然包括强制公司向股东分派股利在内。②

（三）大陆法系国家股东会决议制度

大陆法系国家，公司股利的分配通常由公司股东会来决议。德国股份法规定：章程得以规定其他形式之盈余分配。

在法国，只要从公司利益角度看，股东大会决议具有正当性，股东大会就有权作出不分或少分股利的决议。在夏博耐尔一案中，最高法院在适用“权利滥用规则”检讨股东大会的权力行使时，认为股东大会提取的 8500 万法郎公积金是在虑及公司有义务以外币支付股利而产生的风险之后，根据公司利益而为的。该法院宣称，法院作为最终裁判者，对于那些基于公司利益而作出的股东大会决议，一概宣

① 刘俊海：《股份有限公司股东权的保护》，法律出版社 2004 年版，第 216 ~ 217 页。
② 刘俊海：《股份有限公司股东权的保护》，法律出版社 2004 年版，第 218 ~ 219 页。

布有效；否则，以权利滥用为由，作出无效判决。法国最高法院将法院的作用表述为："在涉及公司财产管理事宜时，法院并不能取代股东大会的自主决策，但法院对于此种决策负有监督与控制之责，尤其在大股东玩弄权力、牺牲小股东利益、图利自己的情形下更是如此。"①

这些国家均将股利分配作为公司股东会或董事会的商业判断范畴，一旦股东会决定了股利分配方案之后，股利就成为公司对股东的债务。本着民事行为由当事人意思自治的原则，法院一般不干预、强制分配股利。只有当大股东滥用其控制地位损害小股东利益时，而小股东需要司法救济时，法律才有必要对此进行干预，保护股东的股利分配请求权免受不法侵害。

（四）我国大陆与港澳台对公司法盈余分配规定的区别

我国大陆与香门特区公司立法及台湾地区"公司法"对分配的规定，大体相同，但也有下列三点不同：②

1. 公积金提取比例不同。这包括每年提取比例和累积提取限度两方面不同。我国大陆《公司法》规定，公司每年应提取公积金的比例为税后利润的10%，但累积提取的比例达公司注册资本的50%时，可不再提取。澳门特区《商法典》规定每年提取公积金的比例为税后利润的25%（比我国大陆高15%），但累税提取的比例也以资本额的半数为限。台湾地区累积提取公积金的比例则要达到资本总额，其提取比例更高。

2. 将公积金转增为公司资本的决议不同。这里所说的决议不同，是指决议类别不同。就一般来说，决议有普通决议和特别决议之分。前者为只需经出席会议的股东所持表决权的1/2通过的决议，后者则须经出席会议表决权的2/3股东通过的决议。就将公积金转增资本的决议来说，台湾地区采用的是普通决议，我国大陆则采用的是特别决议，香港特区采用的则是特别决议，即应须所持表决权的3/4股东通过。其对公积金转增为公司资本的决议的规定较为严格。

3. 分配股息的规定不同。就一般来说，公司有盈余才可分配股息，我国大陆《公司法》就是这么规定的。但香港特区及台湾地区则不然。对于矿产、水利和电力等建设周期较长的基础性公司，其在建设期间也可发放特别股息即建议股息。当然，其股息只能从已缴足股款的股本中支付，作为建设该项工程的成本。但利率不得超超过年息8厘。

---

① 刘俊海：《股份有限公司股东权的保护》，法律出版社2004年版，第218～219页。

② 黄来纪：《公司法律制度比较研究》，法律出版社2012年版，第213～214页。

四、建立我国强制公司分配股利之诉的探讨

强制公司分配股利之诉是指当公司因过分提取任意公积金或以其他方式侵害股东的股利分配权时，股东向法院请求强制公司按照公司章程或法律规定向其分配公司利润，保障其股东权利的诉讼。由于《公司法》没有对强制公司分配股利之诉明确规定，只是《公司法》第22条、第33条、第74条、第152条、第182条分别规定了撤销决议之诉、不能行使查阅权之诉、异议股东股份回购请求权之诉、损害赔偿之诉、解散公司之诉。因此，有必要建立强制公司分配股利之诉。

（一）建立强制公司分配股利之诉理论及法律依据

强制公司分配股利之诉属于股东直接诉讼。所谓股东直接诉讼是指股东为了维护自己的利益而提起的诉讼，胜诉以后，判决后果属于股东自己。[①] 公司股东的财产收益权利得到了公司法的确定，《公司法》第4条明确规定："公司股东依法享有财产收益、参与重大决策和选择管理者等权利。"这说明股东是公司的投资者。股东将其财产投入公司后，即以对公司的投资享有对公司的股权。股东享有股权，主要体现为资产收益权及参与公司重大决策和选择管理者的权利。资产收益权是指，股东按照其对公司的投资份额通过公司盈余分配从公司获得红利的权利。获取红利是股东投资的主要目的；只要股东按照章程或者股东协议的规定如期履行了出资义务，任何一个股东都有权向公司请求分配红利。[②]

（二）强制公司分配股利的前提——以公司章程为依据

章程中明确约定，在具有一定合法资金的会计年度，公司应该分配一定数额或比例的股利。如果公司没有按照章程中明确约定分配股利，股东就可以据此请求法院给予司法救济。因为，公司章程中关于利润分配的约定，对公司内部人员具有约束力，公司、股东、董事、监事及经理都应当遵守，非经法定程序不得修改。公司只要在符合该条件的会计年度就应该按约定做出股利分配。

（二）建立强制公司分配股利之诉——制裁公司过分提取任意公积金的机制

如果要赋予股东强制公司分配股利之诉的诉权，就必须对公司过分提取任意公积金作出十分严格的限制条件，以便法院对公司利润分配进行合理性审查。参酌外国的判例和学说，本着公司利益与股东利益相兼顾、股东长期利益与短期利益相平衡的原则，只有当公司过分提取任意公积金，滥用私法自治导致股东的权益严重受损时，股东才有权向法院提起诉讼，要求法院强制公司向其分配一定数额的股利。

---

① 法律出版社法规中心：《新编公司法全解》，法律出版社2014年版，第20~21页。

② 法律出版社法规中心：《新编公司法全解》，法律出版社2014年版，第60~61页。

制裁公司过分提取任意公积金，必须在公司行为同时具备以下条件时进行：

1. 提取任意公积金对公司利益缺乏相当的必要性。考量其必要性应综合考虑公司的经营状况、财务状况、证券市场和金融市场状况、产品或服务市场状况和国民经济总体形势等因素，判断公司提取一定数额的公积金是否为公司的存在与发展所必需。

2. 提取任意公积金对股东利益缺乏合理性。考量其合理性应以普通股东为标准进行衡量。如果公司多年（如 3 年以上）连续提取巨额任意公积金，而不分或少分股利，即对股东利益之实现不具有合理性。

3. 提取任意公积金违反股东平等原则。提取任意公积金的行为损害了小股东的利益。如公司不分股利，大股东却通过为自己开高薪获利，就构成对股东平等原则的违反。

法院如果要做出强制分配股利的判决，为了真正实现公平正义，可借助专业的审计机构做出具体的分配方案作为裁判的参考依据。

4. 法律明确授权给法院。股东若要提起强制分配股利之诉，必须依靠法律的明确授权，现行公司法对此未作规定，股东若要请求法院强制公司分配股利就缺乏法律依据。因而，借鉴外国的学说和判例，赋予股东特定情况下强制公司分配股利的诉权，殊有必要。

【典型案例】

河南思维自动化设备有限公司与胡克公司盈余分配纠纷案

上诉人：河南思维自动化设备有限公司。

法定代表人：李欣，该公司董事长。

被上诉人：胡克。

〔基本案情〕

河南省高级人民法院查明：1998 年 4 月 29 日，胡克、王卫平、李立、李欣作为发起人，在河南省工商行政管理局注册成立了思维公司，公司性质为有限责任，注册资本金为 300 万元，胡克、王卫平、李立、李欣四个自然人股东出资额均为 75 万元，胡克为董事长。思维公司章程载明：第 8 条，股东享有的权利是股东按照出资比例分取红利；第 28 条、公司分配当年税后利润时，应当提取利润的 10% 列入公司法定公积金，并提取利润的 5% -10% 列入公司法定公益金，公司法定公积金累计额为公司注册资本金的 15% 以上的，可不再提取，公司提取公积金、法定公益金后所余利润，公司按照股东的出资比例分配。思维公司 2004 年度企业财务会计报表载明，截止 2004 年 12 月底思维公司未分配利润（历年）期末数为 103812679. 64 元，资本公积金期末数为 34803668. 26 元，盈余公积金期末数为 65351871. 29 元。本案在审理中，思维公司申请对2000年7月20日董事会决议上胡克的签名进行鉴定，鉴定结论为，该董事会决议上的签名系胡克所写。胡克对鉴定结论未再提出异议。

2005年3月3日，胡克以思维公司自成立以来长期拒不向股东分红、损害股东利益为由，向原审法院提起诉讼，请求判令思维公司向其分红4000万元。

原审法院另查明：

1. 该院2003年6月12日作出的（2001）豫法民二终字第230号民事判决认定：1996年11月23日，河南思达自动化设备有限公司（以下简称思达公司）向河南省工商行政管理局提交《公司设立登记申请表》和《关于申请有限责任公司规范的报告》。《公司设立登记申请表》中载明公司注册资本金为300万元，由胡克、王卫平、李立、李欣等4人平均持有。1996年12月20日，思达公司成立。思维公司成立时，利用了思达公司的部分资产和设备，思维公司成立时的注册资本金是从思达公司未分配利润中提取的，胡克、王卫平、李立、李欣等4人平均各占25%。目前，思达公司处于歇业状态，但未办理注销手续。2000年6月16日，思维公司股东胡克、王卫平、李立、李欣召开股东会一致同意由李欣出任该公司董事长，免去胡克的董事长职务，并报工商机关核准办理了变更登记。该判决已生效执行。

2. 1997年2月14日，思达公司董事会作出《关于合作开发〈横沥自建代建别墅区〉项目的决议》，同意胡克投资此项目的意向，项目投资总额500万元，投资回收期为7年，自资金从公司账户汇出至资金回收到公司账号止，投资回报率以月息3分为下限，高出部分为胡克的风险回报，投资回收期最多延长半年。延长期内，本金、利润同时计息，月息6分，延长期止未能收回本金、利润，胡克承担损失，以本金、利润总额冲抵其个人在公司的资产，不足部分胡克筹集。1997年2月14日思达公司与海南省经济发展咨询公司签订了合作开发横沥自建代建别墅区合同，约定双方合作开发东莞横沥房地产项目。1997年2月21日、5月7日思达公司分别向海南省经济发展咨询公司电汇400万元、100万元，共计500万元。1997年4月24日，胡克向思达公司董事会出具函件，认为公司董事会1997年2月14日的决议当中确定的500万元投资距实际需要差距较大，尚需以公司名义向银行贷款150万元，期限5个月，胡克向公司交纳利息，按月息3分计算。1997年5月29日，思达公司向海南省经济发展咨询公司电汇150万元。思达公司共向东莞横沥项目投入650万元。1997年10月9日胡克向思达公司董事会出具函件，申请将思达公司150万元贷款转为公司投资，如董事会不同意，可以扣除其个人在公司按股份占有的资产以冲抵此项贷款。2000年3月14日，思达公司作出《关于胡克先生东莞横沥项目的投资到期未收回的决议》，该决议载明：鉴于东莞项目投资实际状况，根据胡克先生申请，董事会对1997年2月14日的决议，做出如下复议决定：胡克投资东莞横沥项目的本金和应收回的利润经商议截止1998年8月定为人民币1000万元，根据实际投资状况，决定不再考虑利润回报，其他董事利益以人民币1000万元银行同期定期利息以分红形式分配（分配期自1998年8月至2001年3月）。投资回报期延至2001年3月1日。在2001年3月1日前本金650万元收回，利润部分350万元可延至2002年3月1日。到期不能收回投资（2001年3月1日650万元，2002年3月1日350万元）按公司1998年8月的财务报表及其他资金（其他资金总值2400万元）冲抵胡克股份。

〔一审裁判理由与结果〕

河南省高级人民法院经审理认为，思维公司是1998年4月29日由胡克、李欣、李立、王卫平四人共同出资设立的有限责任公司，注册资本金300万元，四个股东每人出资75万元，胡克作为思维公司的股东之一，对思维公司拥有75万元的出资，占思维公司股本总额的25%。思维公司成立以来，盈利丰厚，截止2004年底，思维公司未分配利润已有1亿元以上，但公司成立以来至今没有向股东分红。思维公司有巨额利润而长期拒不向股东分配，违反了《公司法》规定，特别是在股东之间发生纠纷时，长期不分配利润损害了占股比例小的股东的利益。故胡克可以通过诉讼要求公司分配利润。思维公司依法应向胡克分红。按照《中华人民共和国公司法》第三十三条和思维公司的章程规定，胡克按照其出资比例对思维公司的盈余享有25%的分配权。依思维公司2004年度企业财务会计报表载明，截止2004年12月底思维公司未分配利润（历年）期末数为103812679.64元，胡克按25%的出资比例应分配到25953169.91元。胡克请求分红的主张有相应的事实及法律依据，应受法律保护。

对于胡克要求对资本公积金和超出百分之十五比例的盈余公积金也作为公司盈余分配的主张，因按照思维公司的章程规定的公司法定公积金累计额为公司注册资本金的50%以上的，可不再提取，该规定不属于禁止性的规定。《中华人民共和国公司法》第一百七十七条①规定的“公司法定公积金累计额为公司注册资本金的百分之五十以上的，可不再提取。”也属于倡导性规定，而不是强制性的规定。思维公司盈余分配范围依法限于提取完法定公积金、法定公益金和任意公积金后所剩余的利润。鉴于提取多少公积金属于公司的商事自主权，并不违反前述法律规定，思维公司的该项商事行为也有利于公司后续生产经营，因此，胡克要求对资本公积金和盈余公积金作为公司盈余分配的主张，缺乏法律依据，该院不予支持。

关于思维公司辩称的思达公司与思维公司的关系问题，由于思达公司和思维公司均是分别在工商机关注册登记的有限责任公司，思达公司虽歇业并没有办理公司合并所要求的变更登记及注销登记，思达公司和思维公司之间无论是否存在事实上的合并，均不影响对胡克在思维公司的股东身份的认定。对思维公司辩称的胡克的股份已冲抵欠款，胡克已不具备思维公司的股东资格问题，从本案查明事实看，胡克作为股东从思达公司借出的款项，胡克与思达公司之间是债权债务关系，思维公

---

① 对应2014年新《公司法》第176条。

司提交的思达公司的几次董事会决议内容均是如果胡克到期不能偿还公司欠款，将其在公司的股份用以抵债，其实质是股东用股份担保自己对公司的债务，根据《公司法》的规定，如果胡克不能清偿债务，就将出现公司回购自己的股份的情况，这将造成公司注册资本的减少，在法律上是被禁止的，故胡克与思达公司的约定及思达公司董事会的决议内容因违反法律规定而应认定无效。思维公司以董事会决议主张胡克已经不是思达公司的股东既无事实依据又无法律依据，该院不予采信。该院依据《中华人民共和国公司法》第三十三条①，第三十八条②第（七）、（八）项，第四十六条，第一百七十七条，第一七十九条③及《中华人民共和国民事诉讼法》第一百二十条④，第一百三十八条⑤之规定，判决：一、思维公司于本判决生效后十日内支付胡克盈余分红款25953169.91元。二、驳回胡克的其他诉讼请求。案件受理费210010元，由胡克负担10万元，思维公司负担110010元，证据保全费2万元，由胡克和思维公司各负担1万元，鉴定费2000元，由胡克负担。

〔当事人上诉及答辩意见〕

思维公司不服原审法院上述民事判决，向本院提起上诉称：1. 公司是否分配利润，分配的具体方案等是公司内部决策的事务，原审直接判令思维公司对胡克分红，侵害了公司的自主经营权。2. 胡克是与其他三位股东出资比例相同，原审判决将被上诉人认定为小股东有违本案事实。3. 一审判决对思维公司和思达公司的关系认定不清，思维公司已充分的证明了思维公司和思达公司事实上的合并和法律上的承继关系，直接导致思达公司的权利和义务由思维公司承担的法律后果。因此，思维公司董事会关于折抵胡克股份的决议形式上是否合法有效，这完全取决于思达、思维两公司之间是否合并和承继。4. 思维公司以董事会决议的形式将胡克的欠款冲抵股份后，已将胡克相应的股份由出资清偿其欠款的股东受让了股份。公司不会因为股份的转让而减少注册资本。原审判决认定胡克不能清偿债务，就将出现公司回购自己的股份的情况，并将造成公司注册资本的减少，没有事实和法律依据。5. 对胡克股东身份的认定违背了《民事诉讼法》的规定，超越了审理权限。思维公司在一审中不仅提交证据证明被上诉人已不具备思维公司的股东资格，并且在庭审中也说明了上诉人已在郑州市中级人民法院立案，诉请法院依照思维公司董事会的决议依法判令被上诉人胡克不具备思维公司的股东资格。在此确权之诉没有结果的情况下，本案一审法院在审理被上诉人请求分红的给付之诉中，在双方当事人均无确权之诉

---

① 对应2014年新《公司法》第34条。

② 对应2014年新《公司法》第37条。

③ 对应2014年新《公司法》第178条。

④ 对应2012年新《民事诉讼法》第134条。

⑤ 对应2012年新《民事诉讼法》第152条。

的情况下，就简单的直接判定上诉人向被上诉人支付盈余分红，超越了审理权限。据此，请求二审法院依法改判，驳回胡克的起诉。

胡克对思维公司的上诉答辩称：1. 由于思维公司陷入股东之间的僵局，胡克作为少数股东丧失对股东会决议分配股利的信赖，胡克请求人民法院强制分配股利，并不违反法律的禁止性规定；2. 胡克持有思维公司 25% 的股权，相对于其他三名多数股东持有的 75% 的股权而言，胡克属于少数股东。由于多数股东控制公司，长期不分配利润，原审判决依法保护少数股东利益，符合公司法立法精神；3. 思维公司和思达公司分别在工商管理部门注册登记，思达公司虽然歇业，但并未注销，思维公司和思达公司是两个独立的企业法人；4. 思维公司以行使抵押权的名义处置胡克在思维公司的股权的行为无效。广东东莞横沥房地产项目的投资主体是思达公司，胡克于 1997 年 2 月 14 日作出风险承诺时思维公司尚未成立，处置胡克在思维公司的股权没有根据。思达公司作出的董事会决议规定东莞横沥房地产项目的投资损失直接冲抵胡克在思达公司的股份，其结果是股东以此手段抽回出资，违反了《公司法》的禁止性规定，而且以质押股权直接冲抵债务也违反了《担保法》的禁止性规定。思维公司以股东会决议的形式处置胡克的股权，将胡克的股权强行转让给其他三名股东，侵犯了股东的自益权。据此，请求驳回上诉，维持原判。

〔最高人民法院查明的事实〕

对原审法院查明的事实，二审中各方当事人无异议，最高人民法院予以确认。

〔最高人民法院裁判理由与结果〕

最高人民法院认为，根据《最高人民法院关于适用〈中华人民共和国公司法〉若干问题的规定（一）》第一条的规定，本案应适用 2005 年 10 月 27 日修订前公司法（以下简称修订前公司法）的规定。根据修订前公司法第三十八条和第四十六条的规定，有限责任公司利润分配方案应由公司董事会制订并由公司股东会审议批准。2005 年 10 月 27 日修订后的公司法亦保留了上述内容。据此，在公司董事会、股东会未就公司利润分配方案进行决议之前，公司股东直接向人民法院起诉请求判令公司向股东分配利润缺乏法律依据。因此，本案中在思维公司董事会、股东会未就公司利润分配作出决议之前，胡克以股东身份直接向人民法院起诉请求分配公司利润，其诉讼请求本院不予支持。由于公司是否分配利润以及分配多少利润属公司董事会、股东会决策权范畴，原审判决认定思维公司有巨额利润而长期拒不向股东分配损害了占股比例较小的股东的利益，并据此径行判决公司向股东分配利润，不符合公司利润分配的法律规定，应当予以纠正。本院根据《中华人民共和国民事诉讼法》第一百五十三条第一款第（二）项①之规定，判决：一、撤销河南省高级人民法院

① 对应 2012 年新《民事诉讼法》第 170 条。

（2005）豫法民二初字第15号民事判决；二、驳回胡克的诉讼请求；一审案件受理费210010元、证据保全费2万元、鉴定费2000元，二审案件受理费210010元，均由胡克承担。

规则16：不按实际出资比例持有股权、分取红利的公司股东内部约定，不损害他人的利益，不违反法律和行政法规规定的，应属有效

——深圳市启迪信息技术有限公司与郑州国华投资有限公司、开封市豫信企业管理咨询有限公司、珠海科美教育投资有限公司股权确认纠纷案①

【裁判规则】

在公司注册资本符合法定要求的情况下，各股东的实际出资数额和持有股权比例包括分红比例应属于公司股东意思自治的范围。股东持有股权的比例、分红比例一般与其实际出资比例一致，但有限责任公司的全体股东内部也可以约定不按实际出资比例持有股权和分取红利，这样的约定并不影响公司资本对公司债权担保等对外基本功能实现。如该约定是各方当事人的真实意思表示，且未损害他人的利益，不违反法律和行政法规的规定，应属有效，股东按照约定持有的股权和分取的红利应当受到法律的保护。

【规则理解】

一、《公司法》与公司自治精神

公司虽冠以“公”字，但绝非公法主体，而系私法主体，天然需要弘扬公司自治与股东自治精神。我们既然选择了社会主义市场经济的康庄大道，就应当相信市场，就不能一味迷信行政权的智慧，就应相信公司和股东的智慧和自律自治能力。

近年来修订的《公司法》进一步扩张了公司自治空间，尊重股东自治、股东自由、股东民主和股东权利，进一步大幅减少了行政权和国家意志对公司生活的不必要干预。《公司法》在公司的设立、经营、治理乃至公司解散清算等环节大胆放手鼓励公司与股东自治，大大扩张了公司的商事权利能力与行为能力。为落实公司自治理念，进一步扩张公司的权利能力与行为能力，除专属于自然人的权利外，公司享有自然人根据宪法、实体法和程序法享有的一切权利。进一步鼓励公司及其股东

---

① 《中华人民共和国最高人民法院公报》2012年第1期，最高人民法院（2011）民提字第6号民事判决书。

的行为自由，包括单方行为自由、双方行为自由（契约自由、合同自由）、多方行为自由、企业章程自由和企业决议自由。换言之，凡法无禁止者，公司皆可实施。当然，公司自治有可能被滥用，甚至于出现公司违法、公司犯罪现象。在划清公司罪与非罪的界限时，应当严格恪守疑罪从无、罪刑法定和无罪推定的现代刑事法治理念。

从规范形式上看，近年来修订的《公司法》大幅提高了民事规范、任意规范、促成规范、赋权规范、倡导规范和保护规范的比重，审慎拟定了强制规范，适度减少了禁止规范。

二、股东协议对调整股东相互关系的作用

股东协议有广狭二义。广义的股东协议泛指股东之间签署的各类协议；而狭义的股东协议仅指股东之间签署的、与股东资格相关的协议。股东协议不同于公司章程，不在公司登记机关登记注册。在实践中，基于股东之间的特别关系、特别承诺或者特别信任，常有股东通过协议界定彼此的权利义务关系。但总体而言，当前我国公司和投资者对股东协议的重视程度不高。2014 年前《公司法》对股东协议的效力更是语焉不详。

新修订的《公司法》虽未在专章中对股东协议作出全面系统的规定，但在分散于各章的若干制度设计中仍然极其重视股东的契约自由，重视通过股东协议界定相互之间的权利、义务、责任、利益、风险。例如，《公司法》第 34 条允许有限责任公司的全体股东约定不按照出资比例分取红利或优先认缴出资；第 71 条将有限责任公司股东向第三人转让股权的行为，由股东会批准扭转为由其他股东分别作出股东个人的意思表示（而非公司的意思表示）；第 74 条鼓励退股股东与公司达成退股协议。

基于《公司法》弘扬的股东自治精神，公司、股东和中介机构应当更加重视股东协议的签署工作。除了适用《公司法》的特别规定外，股东协议还要遵守《合同法》的一般规定。其实，《合同法》与《公司法》一样，千方百计地把维护合同自由和交易安全作为自己的历史使命。当然，公司与股东签署协议时，应当尊重股东平等原则，确保一碗水端平，力戒厚此薄彼。

三、出资比例、股权比例与分红比例之间的关系

出资既是股东的义务，也是其取得股权的事实根据和法律根据。根据民商法权利义务相一致的原则，股东享有权利，就应承担义务，股东既享有股权，就应承担出资的义务，出资实质上是股权的对价，任何人欲取得公司股东的身份和资格，必以对公司的出资承诺为前提。而要获得实际的股东权益，则应以出资义务的实际履行为前提。同时，股东享有股权的大小取决于其出资的比例或数额，一般情况下，有限公司股东通常按出资比例享有股权，股份有限公司则按股东出资的金额享有股份。

1993年《公司法》硬性要求按股东出资比例（持股比例）分配股利和剩余资产的立法态度毫无变通余地。1993年《公司法》第33条规定：“股东按照出资比例分取红利”。第177条第4款规定：“公司弥补亏损和提取公积金、法定公益金后所余利润，有限责任公司按照股东的出资比例分配，股份有限公司按照股东持有的股份比例分配。”第195条第3款亦规定：“公司财产按前款规定清偿后的剩余财产，有限责任公司按照股东的出资比例分配，股份有限公司按照股东持有的股份比例分配”。

实践中，经常存在股东间不按照出资比例分红的合理性和必要性。其中的一个存在理由是，有些对公司具有商业价值的资源（如名片、关系网络）无法或者很难量化为具体的出资形式。例如，甲乙二股东共同设立一家电脑销售公司。其中，甲股东货币出资80%，乙股东货币出资20%，由于乙股东广结善缘，具有广泛的客户资源，能为公司带来市场份额。甲股东对于乙股东的客户资源也愿予以额外的报偿。但苦于《公司法》并不允许股东以名片或者客户资源作价出资，甲乙二股东遂在公司章程中载明甲股东按照70%分红，乙股东按照30%分红。由于1993年《公司法》第33条苛求股东按照出资比例分红的僵硬态度，即使股东之间愿意作出相反的分红比例约定，公司登记机关对此类公司章程条款的效力也不予认同，甚至拒绝为此类公司办理设立登记。

于是，有些公司登记机关建议股东在公司章程中规定按照出资比例分取红利，同时在股东之间另签一份内部的股东协议（赠与合同）约定，某股东每年将分红若干赠与小股东。但由于赠与双方有权在交付赠与财产之前随时撤销赠与合同，致使作为受赠人的股东即使拿着赠与合同也战战兢兢、如履薄冰。

为体现股东自治精神，《公司法》第34条明确允许有限责任公司股东的出资比例与分红比例的脱钩：“股东按照实缴的出资比例分取红利；公司新增资本时，股东有权优先按照实缴的出资比例认缴出资。但是，全体股东约定不按照出资比例分取红利或者不按照出资比例优先认缴出资的除外。”因此，股东之间可以按认缴的出资比例分红，也可以按实缴的出资比例分红，也可以由股东另行约定其他分红比例（如对半开）等。

需要留意的是，在股东之间没有相反约定的情况下，股东按照实缴的出资比例分红，而非认缴的出资比例分红。假定甲乙两股东共同设立一家公司，甲股东认缴的出资比例为60%（60万元人民币），乙股东认缴的出资比例为40%（40万元人民币））。但由于《公司法》允许分期缴纳出资，第一年甲股东实际缴纳出资30万元，乙股东实际缴纳出资10万元。因此，双方在第一年的实际缴纳出资共计40万元人民币，其中甲股东占75%，乙股东占25%。倘若公司成立后第一年盈利甚丰，有税后利润可资分配，则在公司章程缺乏相反约定的情况下，甲股东的分红比例为75%（而非认缴的出资比例60%），乙股东的分红比例为25%（而非认缴的出资比例40%）。倘若第二年甲股东的实际缴纳出资达到50万元人民币，乙股东的实际缴纳出资达到25万元人民币，则在第二年分配税后利润时，甲股东有权分取的分红比例为2/3（而非认缴的出资比例60%），乙股东的分红比例为1/3（而非认缴的出资比例40%）。因此，在全体股东实际缴纳出资到位之前，股东的各自分红比例并非一成不变。

在该案例中，倘若甲股东认缴出资以后，不出分文，则公司的税后可分配利润只能由乙股东独享。倘若在该案例中，甲、乙股东均属于“空手套白狼”之辈，在其认缴出资以后，均未出资分文，则在甲、乙股东履行资本充实责任之前，甲乙股东均无权染指公司的税后可分配利润，换言之，对公司及时足额地承担瑕疵出资的资本充实责任是此类股东分取红的先决条件。

立法者之所以将实缴的出资比例确定为默示的分红比例，目的有两个：一是为了体现按资分红的公平理念，确保老实人不吃亏；二是通过多缴纳出资、多分红的利益传导机制，激励股东们争先恐后地缴纳出资，这在客观上有利于预防瑕疵出资现象，巩固公司资本，维护公司的交易安全，提高公司的信用度。

股东要想排除股东按照实缴出资比例分红的法定默示比例，只能通过全体股东签署的股东协议为之，而不能通过资本多数决的公司章程为之，否则不产生排除默示分红比例的效力。这是由于，分取红利是股东投资的首要目的，要对按照实缴出资比例分红的默示比例作出排除，必须取得全体股东（包括持股比例较少的股东）的同意。倘若全体股东在公司章程中排除了股东按照实缴出资比例分红的法定默示比例，而且公司章程获得了全体股东的同意，并有全体股东签名为证，即使在公司章程之外没有股东协议对此作出规定，此种章程条款在实质上就应被视为《公司法》第34条要求的股东协议。

与《公司法》第34条有关有限责任公司股东分红比例的规定，该法第166条第4款亦允许股份有限公司的股东分红比例与股东出资比例之间脱钩。但鉴于股份有限公司人数众多的股东之间很难甚至不可能就分红比例与出资比例的脱钩问题达成一致决议，该条款允许股份有限公司通过章程规定不按持股比例向股东分配股利：“股份有限公司按照股东持有的股份比例分配，但股份有限公司章程规定不按持股比例分配的除外。”

但要警惕股份有限公司的控制股东为了压榨、剥削和排挤小股东而恶意滥用控制地位，修改公司章程，作出对自己有利的分红比例安排。我们认为，在此种情况下，如果小股东的分红比例被降至低于其持股比例的程度，则对公司章程修改持反对意见的该股东有权参照《公司法》第142条第4项之规定，要求公司退股。倘若公司股东均未实际缴纳出资，则全体股东均无权分取红利，否则即构成不当得利。只有如此，才能督促股东及时足额地履行缴纳出资的义务。

总之，股东认缴的注册资本是构成公司资本的基础，但公司的有效经营有时还需要其他条件或资源，因此，在注册资本符合法定要求的情况下，我国法律并未禁止股东内部对各自的实际出资数额和占有股权比例以及红利分配比例做出约定，这样的约定并不影响公司资本对公司债权担保等对外基本功能实现，并非规避法律的行为，应属于公司股东意思自治的范畴，属有效约定，当事人应按照约定履行。

四、公司利润的分配

股东投资公司的目的在于获得投资收益，而公司的利润分配正是股东获得投资收益的基本形式，对股东权益影响巨大，事关股东根本利益。

（一）公司分配利润的程序

尽管有的境外公司法如美国公司法规定公司利润分配方案由公司董事会决定，我国公司法采纳了股东会中心主义，公司董事会负责制定公司的利润分配方案，但是必须经由公司股东会审议方可生效。至于股东会通过利润分配方案后的具体实施时间，法律未作规定。对此，证监会发布的《上市公司章程指引》第154条规定上市公司股东大会对利润分配方案作出决议后，公司董事会须在股东大会召开后2个月内完成股利（或股份）的派发事项。

公司利润的分配必须符合下列程序：如果公司以前年度亏损的，首先用本年利润弥补以前年度亏损；然后提取利润的10%列入公司法定公积金。公司法定公积金累计额为公司注册资本的50%以上的，可以不再提取；提取法定公积金后，经股东会或者股东大会决议，还可以从税后利润中提取任意公积金；公司弥补亏损和提取公积金后所余税后利润，有限责任公司除全体股东另有约定外，依照股东实缴的出资比例分配，股份有限公司除公司章程另有规定外，按照股东持有的股份比例分配，但是公司持有的本公司股份不得参与分配。公司违反上述顺序，在公司弥补亏损和提取法定公积金之前向股东分配利润的，股东必须将违反规定分配的利润退还公司。

对于公司利润的分配方法，公司法规定有限责任公司依照股东实缴的出资比例分配，全体股东另有约定除外；股份有限公司按照股东持有的股份比例分配，公司章程另有规定除外。必须注意，有限责任公司不按照法定标准分配股利，必须经全体股东达成一致协议。有限公司是否可以通过章程规定其他标准，值得讨论。对此，应当区分公司原始章程与变更后的章程确定。公司的原始章程需要经全体股东一致同意方可形成，任何持有异议的股东均可以拒绝参与公司章程，因此，公司章程体现了全体股东的一致约定，公司章程如果规定不按照股东的实缴出资比例分配股利，实质上就是全体股东另有约定。公司章程的变更只需经持有公司2/3以上表决权股东同意即可实现，未必反映全体股东意志，除非公司全体股东都会公司章程修正案投票赞成，公司章程无权剥夺股东既有的法定权利和期待利益。对于股份公司规定法定标准之外的股利分配办法，只需公司章程另行规定而无须全体股东一致同意。《公司法》之所以许可股份公司章程做出除外规定，是考虑到股份公司通常股东较多，全体股东很难形成一致意见，为了维护公司和股东的意思自治，只能由公司章程另行规定。《公司法》的该种规定有失公允，因为股份公司通过修改章程改变原先的股利分配方案，剥夺了公司已经明示赋予股东的权利，而且该种权利事关股东根本利益，这一点股份公司与有限公司并无区别。当然，基于股份公司特别是上市的股份公司股东众多和分散，赋予公司章程另行规定股利分配办法也确实具有一定合理性，但是至少应当同时赋予利益受损股东救济途径，比如股份回购请求权等。

（二）公司利润分配方式

公司利润分配可以通过多种方式实现，常见的有现金股利、财产股利、负债股利、股票股利以及股份回购。

1. 现金股利，即公司分配利润时向股东派发现金。对于公司而言，现金股利减少了公司可以支配的资源，削弱了公司的现金流，因此，可能影响公司未来盈利能力，但是只要公司将现金股利的额度控制在公司财务允许范围内，该种缺陷即可以有效避免。对于股东而言，现金股利方式直接将现金发放到股东手中，杜绝了公司控制者掠夺该部分资源的可能，实现了“落袋为安”。因为，在股票股利形式下，股东接受的股利继续留在公司，而公司的控制权掌握在个别人手中，公司控制者可能借机掠夺中小股东。因此，现金股利最为中小股东欢迎，而可能受到公司控制股东的排斥。在我国，该种现象尤其明显，很多上市公司不派发现金，即使派发现金的上市公司也只是派发很低的比例。除了减少被掠夺风险外，现金股利还有助于监督公司控制者，因为，发放现金股利会迫使公司更频繁地寻求外部筹资，而公司寻求新的外部筹资时，会受到投资人的专门检查，从而促使公司控制者诚信、勤勉。

2. 股票股利，即公司以本公司股票代替现金作为股利向股东分配，又称送股。由于没有资产流出公司，公司资产并不减少，因此，股票股利不影响公司的净值，也不影响所有者权益。只是在所有者权益范围内发生相关科目之间的调整，减少未分配利润余额，增加股本余额。这对于现金流匮乏的公司和正处于资本扩张的公司有利，这也是成长型公司多采用股票股利的原因所在。此外，股票股利一方面增加了流通在外的股票数量，另一方面降低了公司股价，使公司股价可以被更多投资者接受，因而有助于增加其交易量，改善公司股份的流动性。股票股利与现金股利相比，费用相对较高，因为涉及公司股本和章程的变更。但是，由于该种方式保证了经济资源留在公司继续接受公司控制者的支配，因而成为我国证券市场中最常见的股利分配方式。

3. 财产股利，指当公司虽有盈余，但无现金可供分配时，以现金以外的资产作为股利向股东发放。作为股利的财产通常是以公司所持有的其他公司的股票、债券等有价证券，或本公司的产品、服务、商品存货、及本公司拥有的流动资产、其他财产等向股东分配。该种分配方式由于存在财产价值的确定以及分割方面的困难以及分配程序繁琐、成本高昂，因此，在实践中很少被上市公司采用。

4. 负债股利，指公司用指向本公司的债券或票据作为股利向股东发放。简单地说，负债股利就是公司向股东打欠条。负债股利最终支付形式仍然是现金，只是起到了推迟或顺延公司支付现金股利的功能。负债股利方式通常只在公司已经承诺发放股利但是其后现金流困难情形下采用，实践中较少发生。

5. 股票回购，即公司向股东购回已发行的公司股份。股票回购被很多学者认为是变相的股利分配，其实，股票回购虽然与股利分配一样导致公司资产流向股东，但是与股利分配存在很大区别：首先，公司回购的股份可能来源于全体股东，也可能只来源于部分股东，与股利分配的对象是全体股东明显不同。其次，公司回购股份的价格可能偏离公司股票的合理价值，因此，在公司回购完成后存在大幅上涨或下跌的可能，股东是否向公司出售股份存在很大的风险，这与股利分配明显不同。因此，只有在公司以合理的价格从全体股东手中按比例回购股份时，股票回购才与股利分配具有一致性。当然，对于公司和公司债权人而言，股票回购与股利分配一样导致公司资产流向股东，因而应接受同样的财源限制。

【拓展适用】

一、司法对公司利润分配的介入

股东投资开办公司的主要目的在于获取回报，对于有限责任公司的小股东而言，公司的人合性因素使得股权转让受到诸多限制甚至被章程禁止，加之缺乏公开的股权交易市场，小股东获取回报的主要方式就是分配股利。然而，现实生活中公司多年有利不分的情形较为常见，大股东往往通过担任公司董事、高级管理人员的高额报酬，或者通过关联交易从公司获取收益等方式变相分取公司利润，但小股东分享不到公司的任何好处，其投资目的无法实现。受压榨的小股东若向法院提起强制分配股利诉讼，法院应否受理？关于此问题有两种学说。一种是肯定说。该说认为法院不应介入公司利润分配。主要理由，其一，股利分配请求权有抽象与具体之分。股东投资于公司即享有抽象的股利分配请求权，而具体的股利分配请求权指股东依据股东会依法做出的分配股利的决议而享有请求公司支付特定数额股利的权利。只有具体的股利分配请求权才可诉。其二，《公司法》第74条规定了，公司连续五年盈利但没有分配利润的情况下，小股东可以选择向第三人转让股权或者请求公司收购股份，可见小股东的救济渠道是显而易见的。另一种是肯定说。其主要理由是，抽象的股利分配请求权并非完全不可诉，否则，只要股东会不对分配股利做出决议，股东则无法形成具体意义上的股利分配请求权。其三，我国《公司法》第74条只是给小股东一个选择退出的权利，并非限制小股东只能选择退出。我们赞同肯定说。司法介入是公司治理的特殊部分，如果不介入，小股东的投资目的无法得到实现，当然司法介入不一定非得通过判决的方式，可以通过调解来促使双方和解。司法介入应当遵循公司自治优先，兼顾小股东利益保护，平衡保护公司内外各相关利益主体，强调对公司的利益保护，有效审慎介入的原则。

在公司章程就公司分配利润的时间和方法有明确规定时，法院应当根据小股东的请求介入公司利润分配。此司法介入是依据章程而为，体现了尊重公司自治与保护小股东利益的统一。在公司章程就公司分配利润的时间和方法无明确规定时，法院应满足以下五项条件作为司法介入的前提：（1）大股东滥用股东权利，使小股东事实上受到了压榨。（2）公司连续多年盈利，符合公司法规定的利润分配条件，但公司未分配利润。（3）小股东按约定履行了出资义务。（4）小股东已经穷尽内部救济程序。（5）公司未能就不分配利润作出合理解释。司法介入后应当尊重公司自治，将通过股东会决议安排利润分配事宜作为启动强制分配具体利润的前置程序。公司拒不执行法院关于召开股东会讨论并做出股利分配决议命令的，法院应当代替公司意志，做出强制分配股利的判决。①

二、股东会对某些股东分配红利的暂缓决议

对于股东会是否有权作出暂缓向某些股东分配红利的决议，第一种观点认为，根据《公司法》规定，股东会有权审议批准公司利润分配方案，股东按照实缴出资比例分取红利，全体股东约定不按照出资比例分取红利的除外。故股东会决议暂缓向某些股东分配红利并无不妥，股东应当服从决议内容。第二种观点认为，公司作出暂缓向某些股东进行分红的决议，侵犯了股东按照出资比例分取红利的权利，公司应当向这些股东支付分红。我们同意第二种意见。理由是，公司股东又系公司劳

---

① 刘振："有限责任公司股东强制分配股利诉讼的司法应对"，载《人民司法·应用》2008年第9期。

动者的情形十分常见，实践中往往存在公司与劳动者产生争议后，公司利润分配方案为又系劳动者的股东设立义务的情形。实际上，我国《公司法》规定，“公司股东作为出资者按投入公司的资本……享有所有者的资产权益”。公司利润系所有者资产权益的重要内容，而用于分红的利润又是公司存续期间所有者资产权益中唯一脱离于公司经营资产之外，归于股东个人的财产权益。因此，股东投入公司的资本系股东分红权的根本基础和唯一基础。鉴于此，对《公司法》关于“股东按照实缴出资比例分取红利，全体股东约定不按照出资比例分取红利的除外”的理解应当是：一旦股东身份得以确认，那么分红权则系股东的固有权利，任何个人或组织不得以任何形式加以剥夺、损害或者限制。尽管股东会具有审批公司利润分配方案的权利，但其作出以股东义务为分红前置的利润分配方案，实际上否定了所有者资产权益以股东实缴资本为前提，系限制所有者资产权益，损害股东分红权之行为，则该前置性条件对股东不发生效力，股东仍可按照公司利润分配方案分红。

三、在公司不召开股东会议对股利分配问题进行表决的情形下，司法对股东权利的救济

在公司不召开股东会议对股利分配问题进行表决的情形下，是否应当运用司法手段对股东进行救济，对此，首先面临的问题是：不分配股利是企业正常的商业判断行为还是侵害股东权利的行为？公司合理的商业判断是公司作为独立的法人意思自治的应有内涵。在判断是否属于合理的商业判断时，通常要考虑以下标准：1. 判断者与所进行的商业决策事项不存在利害关系。2. 判断者对所进行的商业决策是了解的，并合理地相信在该种情况下是适当的。3. 判断者理性地相信其商业决策符合公司的最佳利益。

在公司不召开会议就股利分配作出决议的情况下，如果董事会不拟定利润分配方案或者不将方案提交股东会会议讨论是为了公司的最佳利益，而且其董事自身与不分配股利本身不存在利害关系，董事会也有合理的理由信赖不分配股利的决策本身是适当的，公司不分配股利的做法应属于合理的商业判断，法院不应进行司法干预。如，为了公司长远发展的考虑，公司从税后利润中提取法定公积金后，经股东会或股东大会决议，提取适当的任意公积金，结果导致公司不分配股利。此种情况下，虽然可能在一定程度上影响到股东的分配利益，但是由于不分配股利本身有利于公司更好地运营，法院一般不宜进行司法干预，强制要求公司分配股利。

而在公司不分配股利不属于合理的商业判断，并且严重侵害股东的股利分配权时，对股东的权利进行司法救济就是必要的，尤其是在公司不分配股利本身成为大股东压榨小股东的手段或者攫取和侵占公司利润的工具时，更需要引入一定的司法干预。与小股东往往将股权的实现系于从公司中分取红利不同，大股东通过行使其控制权，往往会有更多获取利益的渠道。在实践中，除了股利、资本利得外，还包括股东通过与公司进行关联交易而获利，也包括公司对购买自己的股票者给予财务资助。其中，股东与公司之间的关联交易包括股东从公司取得贷款、无偿获得公司的担保、从公司赊购商品和服务、以低价从公司购得产品、免费使用公司的销售网络、信息技术等资源、获得在公司任职的机会及相应的报酬等方式从公司中牟取利益。

如在公司不召开股东会议情形下，董事会不制订或不提交利润分配方案并非正常的商业判断，而是为了实现具有控制权的股东的利益，将会造成股东之间利益的严重失衡，有违股东平等的基本原则，司法机关应当为受到损害的股东维护利益提供合理的渠道。①

四、公司无可分配利润而通过决议把分配给股东的利润份额以借据的形式载明的效力认定

对于公司无可分配利润而通过决议把分配给股东的利润份额以借据的形式载明的效力认定，我们认为，第一，公司的意思自治不得违反法律和行政法规，损害公司债权人的利益。为了保证公司正常运转，维护公司债权人利益，《公司法》在坚持公司意思自治原则时，对公司和股东的行为进行了强行性规范。首先，公司必须以符合《公司法》规定的依法经过会计师事务所审计的财务会计报告作为利润分配的依据，不能仅凭公司股东意思表示一致就分配公司资产。其次，公司作出分配利润决议时，必须坚持资本维持原则，保护公司债权人的利益。公司分配的利润必须是在弥补了上年度亏损、扣除税款、提取法定公积金，或提取任意公积金之后的利润。第二，公司股东行使股东权不得损害公司或其他股东、公司债权人的利益。股东行使股东权应当遵守法律、行政法规和公司章程，依法行使股东权利，不得滥用股东权利损害公司的利益。在公司无可供分配利润时，股东要求分配，其实质是分配公司资本，非法向股东返还出资或股东抽回出资，如此则会导致公司资本减少，影响到公司的正常运行，而公司债权人基于对公司的信赖而发生了与其资本实力相应的交易量，现在公司资本发生不利于债权人的变化，一旦其遭遇商业风险，必然影响到债权人的利益实现。第三，公司向股东出具的借据无合法性基础，应属无效。公司无可供分配利润而通过决议把分配给股东的利润份额以借据的形式载明，

---

① 郝磊："公司股东股利分配请求权的司法救济"，载《人民司法·应用》2011年第1期。

看似形成普通的债权债务关系，其实不然。依据《合同法》第52条之规定，该借款合同违反了公司资本维持原则，损害了公司和公司债权人的利益，违法了法律和行政法规的强制性规定，应属无效。

【典型案例】

深圳市启迪信息技术有限公司与郑州国华投资有限公司、开封市豫信企业管理咨询有限公司、珠海科美教育投资有限公司股权确认纠纷案

申请再审人（一审被告、二审上诉人）：深圳市启迪信息技术有限公司。

法定代表人：曹碧琼，该公司董事长。

被申请人（一审原告、二审被上诉人）：郑州国华投资有限公司。

法定代表人：张军，该公司董事长。

原审被告：开封市豫信企业管理咨询有限公司。

法定代表人：连启胜，该公司总经理。

原审第三人：珠海科美教育投资有限公司。

法定代表人：张军，该公司董事长。

〔基本案情〕

申请再审人深圳市启迪信息技术有限公司（以下简称启迪公司）为与被申请人郑州国华投资有限公司（以下简称国华公司）、原审被告开封市豫信企业管理咨询有限公司（以下简称豫信公司）、原审第三人珠海科美教育投资有限公司（以下简称科美投资公司）股权确认纠纷一案，不服河南省高级人民法院（2009）豫法民二终字第20号民事判决，向本院申请再审。本院于2010年9月26日作出（2010）民申字第866号民事裁定，提审本案，并依法组成合议庭进行了审理，本案现已审理终结。

2007年7月18日，国华公司向河南省开封市中级人民法院提起诉讼称，2006年10月26日，国华公司与启迪公司、豫信公司签订了《关于组建珠海科美教育投资有限公司投资协议》（以下简称《10.26协议》），约定三方组建科美投资公司，并约定了三方的出资额、股份比例等事项。《10.26协议》签订后，国华公司履行了出资义务，启迪公司与豫信公司未出资却滥用股东权利，损害了国华公司的权益。故请求判令：1. 科美投资公司的全部股权归国华公司所有。2. 如果国华公司的第一项请求不能得到支持，请依法判决解散科美投资公司，并进行清算。豫信公司提出管辖异议，经审理，一审法院驳回了豫信公司的异议申请，豫信公司上诉后，二审法院维持一审的驳回裁定。启迪公司答辩称：国华公司经过充分考察决定与启迪公司进行合作，三方约定启迪公司和豫信公司的出资均由国华公司支付的意思表示是真实的，符合公司法的规定，启迪公司所享有科美投资公司55%的股权是合法的。国华公司请求解散公司也缺乏事实和法律依据。应驳回国华公司的诉讼请求。豫信公司答辩意见与启迪公司相同。

开封市中级人民法院一审查明，2006年9月18日，刘继军为甲方，张军为乙方签订《合作建设北京师范大学珠海分校工程技术学院协议书》（以下简称《9.18协议》），约定：双方合作成立珠海市科美教育咨询有限公司（以下简称科美咨询公司），并以公司名义与北京师范大学珠海分校（以下简称珠海分校）签署合作协议，合作建设和运作珠海分校工程技术学院（以下简称珠海分校工程学院）。甲方以教育资本（包括教育理论与理念，教育资源整合与引入、教育经营与管理团队、教育项目的策划与实施）占科美咨询公司70%的股份，乙方以7000万元的资金投入珠海分校工程学院的建设和运作，占科美咨询公司30%的股份，本协议签署后10日内乙方将500万元保证金打入科美咨询公司账户，本协议生效。科美咨询公司与珠海分校协议签署协议之前，该保证金不能使用。科美咨询公司与珠海分校协议签署之后的15日内，乙方将1500万元打入科美咨询公司与珠海分校合作的共管账户，同时乙方将已经打入科美咨询公司的500万元保证金打入珠海分校作为履约保证金。科美咨询公司与珠海分校签署协议后90日内，乙方将1000万打入共管账户，余款4000万随工程进度及时打入共管账户。在乙方投入的7000万回收完毕之前，双方在科美咨询公司的分配比例按照20%对80%。7000万元回收完毕之后按股份比例分配。2006年9月30日，国华公司将500万元保证金打入科美咨询公司账户。2006年10月24日，500万保证金被从科美咨询公司账户上打入启迪公司账户。2006年10月26日，国华公司与启迪公司、豫信公司签订《10.26协议》约定：（1）国华公司以现金出资人民币300万元，占公司注册资本30%；豫信公司以现金出资人民币150万元，占公司注册资本15%；启迪公司以现金出资人民币550万元，占公司注册资本55%。并约定三方应及时将缴纳的出资打入新设立公司筹委会账户。（2）对拟与珠海分校的办学合作项目的运作及利润的分配等事项作出了约定。（3）约定了科美投资公司的工商登记手续由启迪公司负责办理。（4）国华公司方张军出任科美投资公司董事长、法定代表人。（5）公司注册资金1000万元和投资6000万元全部由国华公司负责筹集投入。同日，通过了《珠海科美教育投资有限公司章程》。约定：公司注册资本1000万元人民币。启迪公司认缴出资额550万元、比例55%，国华公司认缴出资额300万元、比例30%，豫信公司认缴出资额150万元、比例15%。各股东应当于公司注册登记前足额缴纳各自所认缴的出资额。董事长由国华公司一方担任，副董事长由启迪公司一方担任。章程与《10.26协议》冲突的，均以《10.26协议》为准。2006年10月25日，应豫信公司和启迪公司要求，国华公司汇入豫信公司150万元，汇入启迪公司50万元。豫信公司将上述150万元汇入科美咨询公司账户（该账户同时为科美投资公司筹委会账户）作为其认缴出资。启迪公司将国华公司转来的50万元和10月24日从科美咨询公司账户转入的500万元保证金汇入科美咨询公司账户作为其认缴出资。国华公司将300万元汇入科美咨询公司账户作为其认缴出资。2006年10月31日，经珠海市工商局核准，科美咨询公司变更为科美投资公司。注册资金由50万元变更为1000万元，股东由娄宏涛、刘继军、赵升云变更为国华公司、启迪公司和豫信公司。同日，科美投资公司与珠海分校签订了《合作兴办北京师范大学珠海分校工程技术学院协议书》，约定了合作办学项目的具体事项。2006年11月28日刘继军与张军签订《合作备忘》约定：（1）双方同意将科美咨询公司更名为科美投资公司。（2）公司股东由法人组成，启迪公司和豫信公司代表甲方，国华公司代表乙方，注册资金全部由乙方支付。其后，国华公司陆续投入1750万元，连同1000万元出资共计投入2750万元。启迪公司认可2006年11月2日以后国华公司才接管科美投资公司账户。在科美投资公司与珠海分校合作办学的过程中，双方产生矛盾，在是否与珠海分校继续合作上也发生争议，国华公司遂提起诉讼。

〔一审裁判理由与结果〕

开封市中级人民法院一审认为，《公司法》第27条规定：股东可以用货币出资，也可以用实物、知识产权、土地使用权等可以用货币估价并可以依法转让的非货币财产作价出资。对作为出资的非货币财产应当评估作价。根据该条规定，非货币财产作为出资须具备两个条件，一是可以用货币估价，一是可以依法转让，同时还应履行评估作价程序。刘继军为甲方，张军为乙方的《9.18协议》关于甲方以教育资本出资，占科美咨询公司70%股份的约定显然不符合该条规定的非货币出资的条件，也没有进行评估作价。该约定对当事人不具有法律约束力。国华公司与启迪公司、豫信公司签订的《10.26协议》与《9.18协议》相比较，发生了以下变化：一是当事人以启迪公司和豫信公司替代了刘继军，国华公司替代了张军。但实际上前后两份协议的当事人身份具有高度关联性，并无质的改变，对此，各方当事人亦不持异议，二是刘继军70%的股份变更为启迪公司和豫信公司合计占70%的股份，刘继军以教育资本形式出资变为国华公司代替启迪公司和豫信公司筹集出资资金。依此约定，启迪公司和豫信公司仍无须履行出资义务，与以教育资本出资的约定并无质的区别，但规避了相关法律法规。国华公司代替启迪公司和豫信公司筹集出资资金的结果是作为真实投资者的国华公司仅占公司30%的股份，而未出资的启迪公司和豫信公司却占了公司70%的股份，国华公司作为真实投资者，要求确认与其出资相应的股份于法有据，于情相合。科美投资公司所有股东签署的《公司章程》系公司全体股东的真实意思表示，且无法律禁止性内容，对公司及所有股东具有法律约束力，所有股东应缴纳其认缴的出资额，即国华公司出资300万元，豫信公司出资150万元，启迪公司出资550万元。豫信公司已将150万元汇入了科美投资公司（筹委会）账户，应视为已足额履行了出资义务，至于该150万元系国华公司汇给豫信公司属于另一个法律关系，本案不予审理。国华公司也已将300万元汇入科美投资公司账户，足额履行了出资义务，从《9.18协议》作出的关于协议签署后10日内张军应将500万元保证金打入科美咨询公司账户的约定看，刘继军控制着科美咨询公司账户，而张军任董事长的国华公司直到2006年11月2日以后才接管变更后的科美投资公司账户，据此足以认定将500万元保证金从科美咨询公司账户打入启迪公司账户系启迪公司所为，然后启迪公司又将该500万元打入科美投资公司账户作为验资资金，这种资金倒流再流回的做法有悖诚信，该500万元依法不应作为启迪公司的出资，由于该500万元系国华公司的投资款，国华公司又主张应认定为其出资，依法应将该500万元认定为国华公司的出资，据此，国华公司实际出资800万元，占科美投资公司80%的股份，豫信公司出资150万元，占科美投资公司15%的股份，启迪公司出资50万元，占科美投资公司5%的股份。国华公司要求变更股权的诉讼请求成立，该院予以支持。国华公司第二项诉讼请求，即关于依法判决解散科美投资公司并进行清算的诉讼请求系选择性请求。由于其第一项诉讼请求已获支持，对于第二项请求已无审理必要，该院不予审理。该院依照《中华人民共和国公司法》第27条、第28条之规定，作出（2007）汴民初字第69号民事判决：一、确认国华公司出资800万元，占科美投资公司80%的股份；豫信公司出资150万元，占科美投资公司15%的股份；启迪公司出资50万元，占科美投资公司5%的股份。二、驳回国华公司其他诉讼请求。案件受理费188190元，由启迪公司承担。

〔当事人上诉及答辩意见〕

启迪公司不服一审判决，向河南省高级人民法院提起上诉称：1. 根据科美投资公司章程约定，启迪公司、豫信公司、国华公司分别出资550万元、150万元、300万元，分别占科美投资公司股份的55%、15%、30%，出资方式为货币出资，2006年10月25日，三公司分别将出资汇入科美投资公司账户，并经会计师事务所出具了验资报告，2006年10月31日，珠海市工商行政管理局核准并进行了工商变更登记，启迪公司获得了合法有效的股东身份。以上程序完全符合公司法的规定，启迪公司的股东身份和依法持有的股权真实、合法，应当得到保护。2. 启迪公司经过多年辛苦运作，促使成立了珠海分校工程学院，启迪公司并获得了与珠海分校合作办学的权利，国华公司是多年从事教育投资的专业机构，深知该项目的价值所在。经双方多次协商，达成了《9.18协议》及《10.26协议》，约定由国华公司出资1000万元改组科美咨询公司，其中启迪公司所占的55%股份、豫信公司所占15%股份应缴出资共700万元均由国华公司投入。这种约定是各方真实意思的表示，是一种合法的商业交易行为，不违反法律法规禁止性规定，应认定合法有效。各方当事人履行了约定，完成了出资。由于验资机构要求出资必须从股东账户汇入科美投资公司账户，而国华公司没有严格按照验资机构的要求进行汇款操作，故2006年10月26日启迪公司将国华公司汇入科美投资公司账户的300万元又返还国华公司，再由国华公司以出资款名义汇入科美投资公司账户，同样启迪公司不得不将500万元从科美投资公司账户转至启迪公司账户，又在次日从启迪公司账户转回科美投资公司账户，这种方式并非一审法院所认为的有悖诚信，也没有侵犯任何一方的权利和利益。国华公司接管科美投资公司账户后，也从未对此提出任何异议。2006年11月28日，刘继军与张军签订的《合作备忘》再次对由国华公司支付全部注册资金以及各股东所占股份比例进行了确认。3. 一审判决既然认定豫信公司出资150万元和启迪公司出资中的50万元是履行了出资义务，等于是认定了当事人关于由国华公司替启迪公司和豫信公司出资的约定是合法有效的约定，却对启迪公司出资中的500万元不予认定，存在明显的矛盾和逻辑错误。4. 启迪公司完全履行了股东的义务。在一审中，启迪公司向法庭提交了大量的证据，证明在科美投资公司与珠海分校的合作中，启迪公司积极履行自己的股东义务和合同义务。综上，一审判决认定事实和适用法律存在明显的矛盾和错误，请求二审法院查明事实后依法改判。

国华公司辩称：1. 一审判决认定事实清楚、适用法律正确。启迪公司并没有按约定及公司章程以货币认缴变更注册资本550万元。只向科美投资公司验资账户打入50万元，另外500万元是利用其控制科美咨询公司账户的便利，擅自将国华公司打入科美咨询公司账户的500万元保证金转入自己的账户，又在次日转入科美投资公司的验资账户作为对科美投资公司的出资。启迪公司的行为明显违背了诚信原则和公司资本真实性原则，一审判决认定500万元不能作为启迪公司出资事实清楚、适用法律正确。2. 2006年的《9.18协议》及《10.26协议》约定科美咨询公司变更登记的注册资金1000万元由国华公司负责筹集，规避公司法律法规有关出资方式的强制性规定，是无效的，启迪公司依此无效约定要求不出资而享有科美投资公司股权的理由不能成立，请求维持原判。豫信公司辩称：对于一审对于豫信公司的认定没有意见，国华公司代为出资是自愿的，出资方式是货币出资，请求依法认定启迪公司的权利。

〔二审查明的事实〕

河南省高级人民法院对一审查明的事实予以确认。

〔二审裁判理由与结果〕

河南省高级人民法院二审认为：启迪公司与国华公司之间争议的焦点问题是双方签订的《9.18协议》及《10.26协议》中科美咨询公司变更登记的注册资金1000万元等由国华公司负责筹集的约定是否有效，启迪公司依此约定没有实际出资是否享有科美投资公司的股权。上述协议的效力决定了各方享有的股权是否合法。《9.18协议》是刘继军代表珠海分校工程学院项目策划和运营方与张军签订的，刘继军用以出资的是教育资源，实际出资的是张军。在签订《9.18协议》后，刘继军等通过股权转让的方式将科美咨询公司的股东由刘继军等三位个人变更为启迪公司、国华公司及豫信公司。同日，启迪公司与国华公司及豫信公司达成《10.26协议》，并且签署了科美投资公司的公司章程，对各方出资及所占股权比例进行了约定，在《10.26协议》中，由《9.18协议》中约定的教育资源出资转换为现金。上述协议的签订过程实质上是刘继军将其掌握的教育资源转换为启迪公司的资源作为出资，国华公司负责实质上的现金出资。按照教育部的相关规定，普通高等学校主要利用学校名称、知识产权、管理资源、教育教学等参与办学。社会组织或者个人主要利用资金、实物、土地使用权等参与办学。本案中刘继军等名义上是以现金出资，实质上是以教育资源作为出资。双方实际上是通过签订协议的方式规避了我国相关法律的禁止性规定，《9.18 协议》应属无效协议。在此协议的基础上，启迪公司与国华公司及豫信公司达成《10.26 协议》也违反了法律的规定，国华公司代启迪公司出资的行为因违反法律规定而无效。原审判决确认的启迪公司占科美投资公司5%股份、豫信公司占科美投资公司15%股份该院予以确认。启迪公司上诉称按照公司法的规定完成出资，《9.18 协议》及《10.26 协议》是合法的商业交易行为等理由，缺乏证据予以证明，该院不予支持。该院经审判委员会讨论，按照《中华人民共和国民事诉讼法》第一百五十三条①第一款第（一）项之规定，于2010年3月24日作出（2009）豫法民二终字第20号民事判决：驳回上诉，维持原判。二审案件受理费46800元，由启迪公司负担。

〔当事人申请再审与答辩意见〕

启迪公司不服上述民事判决，向本院申请再审称：（一）原审法院对本案的基本法律事实的认定和判决自相矛盾，错误严重。本案的主要焦点就是启迪公司500万元出资是否有效，50%的股权是否有效。1. 原审法院按照《独立学院设置与管理办法》（中华人民共和国教育部令第26号令）的相关规定认定《9.18 协议》属无效协议是错误的。《9.18 协议》是设立科美咨询公司的协议，并非合作办学协议，不能适用教育部的相关规定。而且，《9.18 协议》签订于2006年，而教育部第26号令自2008年4月1日起施行，原审法院违反了法不溯及既往的原则。2. 原审法院认定《9.18 协议》无效，《10.26 协议》违反法律规定，并进而认定国华公司代启迪公司出资的行为无效，国华公司代启迪公司出资的500万元对应的50%股份属国华公司所有，却又认定了同样是国华公司代出资的50万元和150万元对应的5%和15%的股份属启迪公司和豫信公司所有，前后矛盾。3. 启迪公司注册资金的来源并不能构成判定其注册资金到位与否的根据。启迪公司已提供银行进账单和会计师事务所的验资报告及工商局依法核准的注册资金登记证明，证明了启迪公司的注册资金已完全合法到位并已经法定程序确认。500万元保证金无论启迪公司该不该动用，法院都不应作为判定50%股份归谁所有的依据。按照《10.26 协议》约定，公司注册资金1000万元全部由国华公司负责投入。国华公司向豫信公司足额汇款150万元，但仅向启迪公司汇款50万元，表明国华公司对于启迪公司将国华公司此前汇入科美咨询公司账户上的500万元转入启迪公司账户上，并准备用于变更后的科美投资公司注册资金的验资的事实，不仅是知道的，也是完全同意的，与三方签订的投资协议约定的内容也完全一致，不存在违反国华公司真实意思的问题，也不存在一审法院认定的“这

---

① 对应2012年新《民事诉讼法》第170条。

种资金倒流再流回的做法有悖诚信”的问题。（二）公司股东的出资状况与公司章程约定的所占股权比例不存在任何关系。股权比例经公司章程确定后不能擅自改变。公司章程确定和工商部门确认的股权比例，对各位股东均具有约束力，具有法定性。原审法院漠视当事人真实意思表示及合同约定，错误地根据资金来源修改了公司章程明确约定的股东出资和股权比例。《9.18 协议》与《10.26 协议》是各方当事人真实意思表示，并不违反任何国家法律规定。国华公司支付给启迪公司和豫信公司用于科美咨询公司的增资注册的资金亦不违反任何现有公司法律规定。更何况本案中科美投资公司的注册资金1000 万元全都是货币资金，并不存在以非货币出资的问题，也没有任何法律规定注册资金的来源必须是股东本人的自有资金。（三）原审法院地域管辖错误。公司股东之间因出资、权益分配等问题出现纠纷，均是由公司住所地人民法院受理。本案公司注册地、合同签订地、合同履行地均在珠海市，原审法院对本案没有管辖权。本案应提审或指定管辖再审。综上，请求：1. 撤销河南省高级人民法院（2009）豫法民二终字第 20 号民事判决和河南省开封市中级人民法院（2007）汴民初字第 69 号民事判决；2. 由最高人民法院提审或者将该案移送到珠海市中级人民法院进行再审；3. 驳回被申请人原一审全部诉讼请求；4. 本案一审、二审、申请再审诉讼费用由被申请人承担。

被申请人国华公司答辩称：（一）在设立科美投资公司过程中，启迪公司规避法律，依法不具有科美投资公司股东法定资格。2006 年 10 月 31 日，科美投资公司成立，该公司章程第七条规定的启迪公司、豫信公司、国华公司“货币出资之规定”条款是用合法形式掩盖非法目的，规避了法律，应该认定无效，启迪公司依法不具有科美投资公司股东法定资格。1. 科美投资公司成立意向表明其有规避动机。刘继军代表北京师范大学珠海分校工程技术学院项目策划和运营方（甲方）与张军等（乙方）签订的《9.18 协议》第 1.3 款述明：甲方以教育资本（包括教育理论与理念、教育资源整合与引入、教育经营与管理团队、教育项目的策划与实施）占科美70%的股份，乙方以7000 万人民币的资金投入学院的建设和运作，占科美 30%的股份。上述协议表明：刘继军的本意是以其教育资本出资占科美投资公司 70%之股份，且其没有以人民币或其他法定的非货币财产出资科美投资公司的意思表示。2. 启迪公司在科美投资公司成立过程中规避法律。①2006 年 10 月 26 日，三方签订的投资协议第十二条“经营与投资”条款述明：公司变更登记注册资金 1000 万元和投资缺口 6000 万元全部由乙方负责筹集投入。该投资协议第十七条述明：公司章程与本协议有冲突的，以本协议为准。上述资料表明：启迪公司、豫信公司所占科美投资公司 70%之股份事实上仍是教育资本出资。只是形式上国华公司代替了张军，启迪公司、豫信公司代替了刘继军。②科美投资公司章程第九条述明：股东可以以非货币出资，但必须按照法律法规的规定办理有关手续。该章程第五十二条述明：本章程与股东三方《10.26 协议》的约定内容冲突的，均以股东三方《10.26 协议》为准。

既然启迪公司明知可以用非货币出资，但该章程中第七条却以“货币出资之形式”掩盖了“教育资本出资”之实质，显然启迪公司是在规避法律，以合法形式掩盖非法目的。公司章程对股东具有最高效力，但该章程与《10.26协议》均约定《10.26协议》效力高于章程。很显然，启迪公司在科美投资公司成立过程中规避法律。3.《合作备忘》印证了启迪公司在科美投资公司成立过程中规避法律。2006年11月28日，刘继军与张军签订《合作备忘》，其第1条述明：为了满足法律上的需要，双方同意将“珠海市科美教育咨询有限公司”更名为“珠海科美教育投资有限公司”，注册资金定为1000万元。第2条述明：科美投资公司的股东由法人组成，其中启迪公司（占科美投资公司55%股份）和豫信公司（占科美投资公司15%股份）代表甲方，国华公司（占科美投资公司30%股份）代表乙方。注册资金全部由乙方支付，并包括在双方约定的总投资当中。上述材料表明：启迪公司没有以人民币或其他法定的非货币财产进行出资，也没有以人民币或其他法定的非货币财产进行出资的本意。科美投资公司章程第七条关于“股东货币出资”的约定，其实质就是以合法形式掩盖非法目的，规避法律。（二）教育资本出资违反法律、行政法规的强制性规定。根据《公司法》第27条第1款的规定，法律、行政法规规定不得作为出资的财产不得作为出资。《中华人民共和国公司登记管理条例》第十四条第二款之规定：股东不得以劳务、信用、自然人姓名、商誉、特许经营权或者设定担保的财产等作价出资。启迪公司的教育资本出资本质是劳务出资，其显然违反了行政法规的禁止性规定。如果将教育资本归入人力资本的范畴，同样不符合法定出资形式。科美投资公司注册资金1000万元全部由国华公司出资，故科美投资公司全部股权应由国华公司所有。综上，启迪公司的再审申请理由不能成立，请求驳回启迪公司的再审申请，维持原判决。

原审被告豫信公司陈述称，国华公司是科美投资公司的实际出资人，豫信公司和启迪公司未向科美投资公司实际出资，豫信公司不愿享有科美投资公司的股权，也不愿为科美投资公司的任何债务承担责任。

原审第三人科美投资公司陈述称，科美投资公司实质为一人公司，股东为国华公司。启迪公司挪用的500万元资金的所有权归国华公司，故启迪公司注资到科美投资公司500万元的行为无效。应维持原判。

再审中，各方当事人均未提交新证据。

〔最高人民法院查明的事实〕

最高人民法院再审查明：（一）《10.26协议》第十四条约定：“利润分配：1. 在上述乙方（即国华公司）7000万元资金没有收回完毕之前，公司交纳所得税并依法提取公积金、公益金后的利润，三方股东按照约定分配，即甲方（即启迪公司）享有分配公司利润的16%，乙方享有80%，丙方（即豫信公司）享有4%。2. 在上述乙方7000万元资金收回完毕后，公司交纳所得税并依法提取公积金、公益金后的利润，三方股东按照三方出资比例予以分配，即甲方享有分配公司利润的55%，乙方享有30%，丙方享有15%。”（二）《9.18协议》列明：协议的甲方为珠海分校工程学院项目策划和运营方，乙方为张军等。本院对原审查明的其他事实予以确认。

再审中，国华公司明确表示，放弃原审第二项即解散并清算科美投资公司的诉讼请求。

〔最高人民法院裁判理由与结果〕

最高人民法院认为，本案当事人争议的焦点是，以启迪公司名义对科美投资公司500万元出资形成的股权应属于国华公司还是启迪公司。

根据再审查明的事实，《9.18协议》是珠海分校工程学院项目策划和运营方为甲方，张军等人为乙方，刘继军、张军分别代表甲乙方签订的双方成立科美咨询公司以合作建设珠海分校工程学院的协议书，而《10.26协议》是启迪公司、国华公司、豫信公司三方以各自名义签订的关于组建科美投资公司的协议书，两个协议在签订动机上确有一定的联系，但是，两个协议的签订主体和合作内容完全不同，两个协议彼此独立，其间并不存在从属关系，即使《9.18协议》无效，也不影响《10.26协议》的效力，原审以《9.18协议》的效力否定《10.26协议》的效力系适用法律错误。本案是启迪公司、国华公司、豫信公司因履行《10.26协议》组建科美投资公司发生的纠纷。科美投资公司系由科美咨询公司变更而来：公司名称变更，股东由娄宏涛、刘继军、赵升云变更为国华公司、启迪公司和豫信公司，公司注册资金由50万元变更为1000万元。《10.26协议》约定该1000万元以货币出资，是各方当事人真实意思的表示，符合《公司法》第二十七条关于股东可以用货币出资的规定，故该约定有效。

股东认缴的注册资本是构成公司资本的基础，但公司的有效经营有时还需要其他条件或资源，因此，在注册资本符合法定要求的情况下，我国法律并未禁止股东内部对各自的实际出资数额和占有股权比例做出约定，这样的约定并不影响公司资本对公司债权担保等对外基本功能实现，并非规避法律的行为，应属于公司股东意思自治的范畴。《10.26协议》约定科美投资公司1000万元的注册资本全部由国华公司负责投入，而该协议和科美投资公司的章程均约定股权按照启迪公司55%、国华公司35%、豫信公司15%的比例持有。《10.26协议》第十四条约定，国华公司7000万元资金收回完毕之前，公司利润按照启迪公司16%，国华公司80%，豫信公司4%分配，国华公司7000万元资金收回完毕之后，公司利润按照启迪公司55%，国华公司30%，豫信公司15%分配。根据上述内容，启迪公司、国华公司、豫信公司约定对科美投资公司的全部注册资本由国华公司投入，而各股东分别占有科美投资公司约定份额的股权，对公司盈利分配也做出特别约定。这是各方对各自掌握的经营资源、投入成本及预期收入进行综合判断的结果，是各方当事人的真实意思表示，并未损害他人的利益，不违反法律和行政法规的规定，属有效约定，当事人应按照约定履行。该1000万元已经根据《10.26协议》约定足额出资，依法进行了验资，且与其他变更事项一并经工商行政机关核准登记，故该1000万元系有效出资。以启迪公司名义对科美投资公司的500万元出资最初是作为保证金打入科美咨询公司账户，并非注册资金，后转入启迪公司账户，又作为投资进入科美投资公司账户完成增资，当时各股东均未提出任何异议，该500万元作为1000万元有效出资的组成部分，也属有效出资。按照《10.26协议》的约定，该500万元出资形成的股权应属于启迪公司。启迪公司作为科美投资公司的股东按照《10.26协议》和科美投资公司章程的约定持有的科美投资公司55%股权应当受到法律的保护。

启迪公司认为公司股东之间因出资、权益分配等问题出现纠纷均应由公司住所地人民法院受理，但启迪公司在原审中并未提出管辖异议。启迪公司也未申请对二审法院关于管辖的裁定进行再审，故本院对启迪公司认为原审地域管辖错误的理由不再审查。

股权确认之诉与公司解散、清算之诉是相互独立的诉讼，不具有诉讼关联性，不应合并审理，且国华公司在再审中明确表示放弃解散并清算科美投资公司的诉讼请求，故本院对该诉讼请求不予审理。

综上，原审判决认定以启迪公司名义对科美投资公司的500万元出资违反法律禁止性规定缺乏法律依据，启迪公司申请再审的主要理由成立，本院予以支持。本院依照《中华人民共和国民事诉讼法》第一百八十六条①、第一百五十三条②第一款第（三）项之规定，判决如下：

一、撤销河南省高级人民法院（2009）豫法民二终字第20号民事判决，撤销河南省开封市中级人民法院（2007）汴民初字第69号民事判决；

二、驳回郑州国华投资有限公司的诉讼请求。

一审案件受理费188190.00元，二审案件受理费46800.00元，均由郑州国华投资有限公司负担。

本判决为终审判决。

---

① 对应2012年新《民事诉讼法》第207条。

② 对应2012年新《民事诉讼法》第170条。

第十四章　公司决议撤销之诉

规则17：解聘总经理职务的决议所依据的事实是否属实，理由是否成立，不属于司法审查范围

——李建军与上海佳动力环保科技有限公司公司决议撤销纠纷案[①]

【裁判规则】

人民法院在审理公司决议撤销纠纷案件中应当审查：会议召集程序、表决方式是否违反法律、行政法规或者公司章程，以及决议内容是否违反公司章程。在未违反上述规定的前提下，解聘总经理职务的决议所依据的事实是否属实，理由是否成立，不属于司法审查范围。

【规则理解】

一、我国公司决议撤销之诉的确立

（一）公司决议撤销之诉的内涵

人们一般认为，股份公司和有限公司，由于受到三权分立的政治思想影响，而有意思机关、执行机关和监督机关之分立。其中意思决定机关为股东会。股东会是由全体股东所组成的会议体，是依据股东的合意在公司内部决定公司意思的法定必备最高机关。股东会之分类，依据召集时期的不同可区分为股东例会（或定期股东会议）和股东临时会，依据组成股东会的股东范围的广狭可分为股东会和特别股东会。[②] 基于股东民主的考虑，应召到会的享有表决权的股东对决议事项按照多数决原理、法定及章定程序作出可决或否决，从而形成股东会的意思表示，进而形成公司的意志，这就是股东会决议制度。看来这是一种将多数出资者的意思吸收为单一的团体意思的制度，因此，其内容和程序必须合法、公正。反之，如果决议程序或

---

① 《最高人民法院指导案例10号》，最高人民法院审判委员会讨论通过2012年9月18日发布。

② 柯芳枝：《公司法论》，中国政法大学出版社2004年版，第206页。

者内容上存有瑕疵，就不能认为是正当的团体意思，应当否认其效力。如果适用有关民事法律行为瑕疵的一般原则，那么当股东会决议有无效原因时，即使不特别主张，该决议的效力亦视为自始就不发生，而当股东会决议有撤销原因时，依撤销权人的单方面的撤销，决议亦应溯及既往地丧失效力。但是股东会决议是社团性法律行为，因此，在其形成过程中必然要介入多数人的意思和利害关系，并且决议一经形成，就以决议有效为前提形成各种后续行为。倘若依据无效、撤销的一般法理来解决，将会导致团体法律关系的不稳定，从而将损害多数人的利益。现代法治国家将之作为公司法上特别地否定决议效力原因的瑕疵类型规定出来，要求原则上只能以起诉的方式来主张。

通常域外立法例将股东会决议的程序或者内容违反法令、章程时，或者程序显著不公正时出现的问题，称为股东会决议的瑕疵，进而依据瑕疵的种类，把为救济这些不同瑕疵而提起的诉的类型分为撤销之诉、确认无效之诉等，并分别规定对其判决之效力。① 其中，前一类型，大陆法系国家（地区）公司法中几乎都有规定，它是一种主要适用于股份公司，并在有些法域亦适用于有限公司的救济方式。

参考综合有关国家的立法表述，所谓股东会决议撤销之诉，指的是股东会的召集程序或者决议方法违反法令或者章程，或者显著不公正，或者决议内容违反章程时，股东、董事或者监事等利害关系者自决议之日起法定期间内得请求法院撤销股东会决议的诉讼救济制度。股东会决议撤销之诉只适用于积极决议（可决），消极决议（否决）即使在其召集程序、决议方法上有瑕疵也不能转为可决，因此不可能进行撤销诉讼。

（二）我国构建股东会决议撤销之诉制度的历程

我国构建完善股东会决议撤销之诉制度经历了相当漫长的时间。1993 年《公司法》颁布实施后，实践上公司内部围绕股东会决议的瑕疵问题及其效力而引起的纷争时有所见。虽然学界不少人主张，该法第 111 条规定可以作为我国提起决议撤销之诉的请求权法律依据，② 但是司法实务上长期以来，人民法院对《公司法》上的纠纷案件倾向于采取不受理或不支持的消极裁判思维，能够实际进入审判程序的股东会决议撤销案件少之又少。2000 年最高人民法院下发《民事案件案由规定（试行)》，明列“公司决议侵害股东权纠纷”、“股东会议召集权纠纷”两种案由，③ 才

---

① 依有关国家或地区实定法上规定研判，德国、我国及我国台湾地区，规定了撤销之诉和确认无效之诉；日本规定有撤销之诉、确认无效之诉、确认决议不存在之诉，而韩国公司法在日本规定基础上还增加了一种撤销、变更不当决议之诉的类型。

② 刘俊海：《股份有限公司股东权的保护》，法律出版社 1997 年版，第 300 页。

③ “案由规定”列举的这两种案件类型是否可严格解读为股东会决议撤销诉讼也是有争议的。

使法院受理这一类型案件情况稍有好转。除原《公司法》第111条之外，我国关于股东会决议效力争议解决的更为明了的具有规范效力的文件是中国证券监督管理委员会2000年5月18日发布的《上市公司股东大会规范意见》，其中第42条规定："对股东大会的召集、召开、表决程序及决议的合法有效性发生争议又无法协调的，有关当事人可以向人民法院提起诉讼。"这赋予了股东对股东会决议瑕疵直接诉讼的权利。自此可以认为我国已经基本确立了决议撤销之诉救济制度，法院受理这类纠纷应无问题。然而股东会意思决定瑕疵的复杂性、多变性及深层性的矛盾，却不是上述规定所能涵盖的。伴随我国公司法实施，社会上对于"公司法欠缺可诉性"的批评声音始终不绝于耳，立法者似乎也发现了问题所在。紧跟着有两项促进立法再造的准备工作需要交代：一是最高人民法院为维护司法统一，正确审理公司法上的纠纷案件，满足审判实践的需要，2003年11月份向社会公布《关于审理公司纠纷案件若干问题的规定（一）》（征求意见稿），其中于第39、41条规定了股东会决议撤销之诉制度。二是以王保树先生为代表的"公司法修改"研究小组，推出"中国公司法修改草案建议稿"第120、121、122、123条也对此作了规定。① 之后，水到渠成，2005年修订《公司法》第22条第2、3款，就股东会决议撤销诉讼救济制度重新作了规制，立法语言表述也渐趋清晰明确了。

2005年修订的《公司法》第22条对公司决议的不同瑕疵进行了区分，分为公司决议无效和可撤销两类。第一款规定公司决议内容违反法律、行政法规的无效，第二款规定了公司决议可撤销的情形。《公司法》第22条第2款规定："股东会或者股东大会、董事会的会议召集程序、表决方式违反法律、行政法规或者公司章程，或者决议内容违反公司章程的，股东可以自决议作出之日起60日内，请求人民法院撤销。"相应地，最高人民法院《关于印发民事案件案由规定的通知》（法发〔2008〕11号）中第249种案由规定为"股东会或者股东大会、董事会决议效力纠纷"，又细分为：第一，股东会或者股东大会、董事会决议效力确认纠纷。第二，股东会或者股东大会、董事会决议撤销纠纷。2011年2月18日，最高人民法院印发《关于修改民事案件案由规定的决定》的通知（法〔2011〕41号），对上述案由进行了修订，修改后的第250种案由规定为公司决议纠纷，又细分为：第一，公司决议效力确认纠纷。第二，公司决议撤销纠纷。2016年4月12日最高人民法院公布的《关于适用〈中华人民共和国公司法〉若干问题的规定（四）（征求意见稿）》第七条规定"公司法第二十二条第二款所称的'召集程序'和'表决方式'，

① 王保树主编：《中国公司法修改草案建议稿》，社会科学文献出版社2004年版，第26页。

包括股东会或者股东大会、董事会会议的通知、股权登记、提案和议程的确定、主持、投票、计票、表决结果的宣布、决议的形成、会议记录及签署等事项。修改公司章程的有效决议不属于公司法第二十二条第二款所规定的‘决议内容违反公司章程’。”

二、公司决议撤销原因的认定

相对诉讼程序上议题而言，撤销原因的认定是股东会决议撤销之诉的实体法律问题。在决议撤销之诉的事由认定上，德国、日本规定的理由大致为：股东会召集程序或者表决方法违反法令、章程或者明显不公正，股东会决议的内容违反章程，或者因对股东会决议有特别利害关系的股东行使表决权而形成明显不当的决议等。台湾地区公司法第 189 条规定的决议撤销之原因：一是为股东会的召集程序违反法令或章程；二是股东会的决议方法违反法令或章程。我国公司法所规定的决议撤销事由有三：一是股东会的召集程序违反法律、行政法规或者公司章程；二是股东会的表决方式违反法律、行政法规或者公司章程；三是股东会决议内容违反公司章程。

股东会应由有召集权人依法定程序进行召集。各国法律上的召集程序大体上分为董事会的召集决定和对股东的通知。前者在所有和经营相分离的原则下将股东会召集权归属于董事会，从而起排除股东的无秩序的经营干涉的功能，后者则起着向股东赋予出席股东会，并改进意思的机会的功能。决议方法，即指在股东会场所中引出公正的决议而进行的程序和形式，包括议事方式和表决程序。因此，召集程序和决议方法的合法、公正与决议内容的如何无关，如果违反它，就成为撤销事由。依据我国法律规定，可以认定的撤销原因大致包括：

（一）召集程序上的瑕疵

1. 董事会的召集决议的瑕疵。存在召集股东会的董事会决议，但就其效力有争执可能性时，这将成为股东会决议撤销事由。

2. 由无召集权人召集。根据监事会（或不设监事会的有限责任公司的监事）或少数股东或有限责任公司少数董事的提议召集股东会时也应由正当的召集权人召集。若由《公司法》上规定之董事会（或不设董事会的有限责任公司的执行董事）、监事会（或不设监事会的有限责任公司的监事）、少数股东以外的主体，或章程上的非召集权人进行召集时，[①] 均视为无召集权之人召集的情形。

3. 通知的瑕疵。公司法为保护股东出席会议的权利，要求召集人在一定期限

---

① 参见我国《公司法》第 40 条、第 101 条。

内对记名股东寄发会议通知，对无记名股东发出公告。[①] 未向部分股东进行召集通知时或不遵守通知期间时或通知方法不正确时（例如口头联系，因为通知应采取发信主义）等构成通知方面的瑕疵。还有，通知事项不齐全（例如未记载目的、漏掉时间、场所等）也相当于召集程序违法的情形。除了这些外，比如选择股东很难出席的场所、时间时，也属于通知的瑕疵，成为召集程序显著不公正的情形，应作为撤销事由，然而我国撤销事由中未包括明显有失公正的情形，看来只有留待以后公司法修改时再作进一步完善。

4. 目的事项（审议事项和临时提案[②]）以外的决议。例如就股东会召集目的之外的事项进行决议，即使是紧急事件也是撤销事由。

5. 在外国公司法制上，一人公司的股东会，即使召集程序中有瑕疵，该瑕疵亦被视为治愈。[③] 而我国《公司法》规定，一人有限责任公司不设股东会，国有独资公司不设股东会由国有资产监督管理机构行使股东会职权。因此，在一人有限责任公司和国有独资公司不致发生股东会召集、出席等适法性问题。[④]

（二）决议方法的瑕疵

1. 不具有股东身份的人参加决议。股东会由全体股东组成，只有身份确为本公司社员的自然人或组织方可出席股东会议、参与议事及进行表决。既不是股东（例如，有限公司股东向他人转让股权后，凭未及注销的出资证明书而参加股东会的，其身份已非股东）又不是股东代理人的人出席股东会并参加决议的，视为决议方法有瑕疵。

2. 表决权受限制股东行使表决权。这样的情形有：一是对决议有特别利害关系者行使表决权时，例如公司股东或者受实际控制人支配的股东违反我国《公司

---

① 参见我国《公司法》第 41 条、第 102 条。国外公司法有关股东会出席的规定也都会要求召集人在一定期限内对记名股东寄发会议通知书，对无记名股东发出公告。例如美国《示范公司法》第 7·05 条规定公司必须于股东例会及特别会议召集 10 天前但不超过 60 天内，将会议的日期、时间及地点通知股东。德国《股份公司法》第 123 条第 1 款规定股东会至迟应于大会召开一个月前召集，《有限公司法》第 51 条第 1 款规定股东会的召集通知至少须于开会日一周前以挂号信通知股东。日本《商法》第 232 条规定召开大会时，要在开会日两周前通知股东。

② 根据我国《公司法》第 102 条规定，临时提案满足如下条件始得作为目的事项：(1) 临时提案由单独或者合计持有公司 3% 以上股份的股东以书面形式提出；(2) 于股东会召开 10 日前提出并交董事会；(3) 董事会应当在收到提案后 2 日内通知其他股东，并将该临时提案提交股东会审议；(4) 临时提案的内容应当属于股东会职权范围，并有明确议题和具体决议事项。

③ 赵德枢：《一人公司详论》，中国人民大学出版社 2004 年版，第 250 ~ 254 页。

④ 参见我国《公司法》第 61 条、第 63 条。

法》第16条规定，参加就公司为该股东或者实际控制人提供担保之事项的股东会或者股东大会决议的表决的；二是无表决权的股东行使表决权时；三是公司持自己股份或者子公司持母公司股份行使表决权时，例如我国《公司法》第103条的规定。

3. 违反决议要件。定足数[①]、表决权计算违法时即属于违反决议要件。诸如将特别决议事项以普通决议来决议时，赞成股份数不足于发行股份总数的一定比例而召集人宣布决议时等。上市公司股东大会把公司在一年内购买、出售重大资产的问题作为普通决议事项，经出席会议的股东所持表决权的不足三分之二以上通过的，就是其例。[②]

4. 种类股东会的欠缺。在要求有种类股东会决议的事件中，未经其决议，只以股东会决议来进行了章程变更、合并契约承认时，由于是否要求有种类股东会决议上也会产生争论，以未经种类股东会决议为由将股东会决议视为当然无效是不恰当的。这时，应视为缺少股东会决议发生效力的程序要件，成为决议撤销事由。

5. 对于不公正的议事进行，例如不当地限制股东的发言或使股东退场时，或者动员股东会专业户造成不安全的气氛而决议时，或者蓄意指使他人利用威胁或利诱手段干扰股东表决权及相关权利的行使等，应属于决议方法显著不公正的问题。上述问题我国现实中有实际发生，但修订《公司法》未能汲取“公司法修改”研究小组建议稿的有益尝试，[③] 把显著不公正情形排除在外，乃一憾事。

一人公司（包括国有独资公司）股东仅为一人，适用通常以复数股东为基础的决议程序时，则有事实上的困难，故一般而言对一人公司股东会之决议方法，大多在《公司法》相关规定之解释上另作不同于一般公司的考量。[④] 然就我国而言，如前所述，一人有限责任公司和国有独资公司不设股东会，有关股东会之职权法律明文概有一人股东或国有资产监督管理机构行使，故在此情形下，将不致发生诸如外国一人公司议决事项及程序问题。

（三）决议内容违反章程

大陆法系的通说认为：章程对已经成为其成员者，不管其意思如何都具有普遍的约束力；章程不管其成员的个别意见如何，都可根据成员的一般意思而变更；因

---

① 包括或者分为成立定足数和决议定足数，我国仅规定有决议定足数，没有规定出席会议的股东最低法定人数。参见我国《公司法》第43条、第103条规定。

② 参见我国《公司法》第121条规定。

③ 王保树主编：《中国公司法修改草案建议稿》，社会科学文献出版社2004年版，第266页。

④ 赵德枢：《一人公司详论》，中国人民大学出版社2004年版，第257页。

制定章程或股东转让其股份而发生人员结构的变化时，仍不影响章程的效力等，这一切都是基于章程的法规性质。从我国《公司法》规定来看，我国亦将章程视为具有自治法规的性质。股东会的决议一旦违反章程，也就破坏了公司的自治法规，违反了股东自决的行为规范。例如，多数派股东利用决议违反其对公司和少数派股东所负之诚信义务，滥用表决权，则侵害了章程赋予公司和少数派股东的利益。再如，章程规定公司的董事在7名以内，监事在3名以内，但股东会决议超过这些名额选任董事、监事，章程规定只能选任中国公民担任董事长，决议却选任外国公民出任董事长，以及其他决议内容或方法侵害了章程规定的少数派股东的共益权和自益权等，均属于决议违反章程。章程具有如此重要的性质、效力及地位，如果将其排斥于决议瑕疵的原因范围之外，公司章程的严肃性及其部分价值便无从体现。因此，股东会决议违反公司章程当属决议撤销的事由。但是应注意的是，决议内容违反章程的同时，又违反法律、行政法规时，则当然成为无效事由。

三、公司决议解聘经理不属于公司决议撤销事由的认定

《公司法》第22条第2款对可撤销公司决议的司法审查内容已有规定，但实践中仍然存在一些困惑，比如公司决议解聘经理的事由是否属于公司决议撤销的事由。对此，我们认为，人民法院在审理公司决议撤销纠纷案件中应当审查的是会议召集程序、表决方式是否违反法律、行政法规或者公司章程，以及决议内容是否违反公司章程。在未违反上述规定的前提下，解聘总经理职务的决议所依据的事实是否属实，理由是否成立，不属于司法审查的范围。我们的理由主要有以下三个方面。

（一）公司自治原则

公司自治是现代公司法的灵魂，也是私法自治和市场经济的要求。公司自治精神的核心是尊重公司的商业判断，尊重公司、股东、董事依法作出的自主选择。只有当公司自治机制被滥用或失灵时，才能启动司法程序。从《公司法》的规定看，对公司行为的规制着重体现在程序上，原则上不介入公司内部事务，以最大限度赋予公司内部自治的权力。总经理的聘任和解聘关涉到公司日常经营决策的核心和关键，公司董事会基于公司发展需要而调整公司高级管理人员，是行使公司的自治权。

（二）尊重公司章程的规定

公司章程是公司的自治规章，对公司及其股东、董事、监事和其他高级管理人员均具有约束力。如果公司章程对经理的聘任和解聘有特殊规定，只要没有违反法律和行政法规的强制性规定，就应当按照章程规定处理。公司法中规定聘任和解聘经理是董事会的职权，未作其他特殊规定。公司董事会可以行使公司章程赋予的权力作出解聘公司经理的决定。至于解聘经理是出于什么原因、基于何种理由，以及解聘的理由是否真实存在、是否合理，均属公司自治的范畴，法院不应予以审查。

（三）董事会与经理之间委托代理关系的法律性质

现代公司运营的专业化、技术性和市场化，需要具有专业技能和管理能力的专门人才从事公司的日常经营工作。因此，董事会需要聘任经理人专门从事公司的经营管理。关于董事会与经理之间的关系，法学界一般认为是委托代理关系。经理之所以能够参与公司的经营管理，能够对外进行交易行为，是源于董事会的聘任，董事会聘任合同的法律性质即是委托合同，基于该委托而使经理人拥有经理的身份，授权其行使各种职权。委托合同是以当事人之间的信任关系为基础的，而信任关系属于主观信念的范畴，具有主观任意性，没有严格的判断标准。如果当事人在信任问题上产生疑问或者动摇，即使强行维持双方之间的委托关系，也势必会影响委托合同目的的实现，故委托合同中当事人具有任意解除权。《合同法》第 410 条规定，委托人或者受托人可以随时解除委托合同。根据委托代理关系的法律性质，董事会可以随时解聘经理，法院也无须审查其解聘事由。

此外，公司法对于解除董事职务的规定，对于董事会解聘经理的问题具有参照作用。尽管学界对董事与股东之间的法律关系是信托关系还是代理关系尚有争议，但董事与股东之间的关系也是以信任关系为基础的，这与董事会和经理之间的委托代理关系是基于信任关系具有共通性。公司法曾对解除董事职务有所限制，1993 年《公司法》第 115 条第 2 款规定："董事在任职届满前，股东大会不得无故解除其职务。"在 2005 年修订时，删除了不得无故解除董事职务的规定，这表明公司法放弃了对股东罢免董事的强制约束。从国外的相关立法看，多数国家和地区的公司法对于董事的解除是否需要理由采取了公司在章程中自行选择的办法。如美国示范公司法 §8.08（a）规定，股东可以免除一个或多个董事的职务，可以说明原因，也可以不说明原因，除非在公司组织章程中规定董事的被免除一定要有原因。日本公司法典第 339 条规定，公司负责人及会计监察人，可随时依股东大会的决议而解任。依前款规定而被解任者，除对其解任有正当理由的情形外，可向股份公司请求因解任所生损害的赔偿。我国台湾地区"公司法"第 199 条规定，"董事得由股东之决议，随时解任；如于任期中无正当理由解任时，董事得以向公司请求赔偿因此所受之损害。"① 上述关于股东会解除董事职务的规定，对董事会解聘经理具有参照意义，董事会解聘经理是否需要理由，也应由公司在章程中自主选择规定。如果章程中没有规定，法院不必审查解聘事由。

---

① 朱慈蕴：《公司法原论》，清华大学出版社 2011 年版，第 291 页。

【拓展适用】

一、提起决议撤销之诉超过法定期限的处理

我国《公司法》第22条第2款规定，股东会或者股东大会、董事会的会议召集程序、表决方式违反法律、行政法规或者公司章程，或者决议内容违反公司章程的，股东可以自决议作出之日起60日内，请求人民法院撤销。可见，《公司法》明确规定“决议作出之日”为决议撤销之诉60日期限的开始，此处的决议作出之日意味着决议于这一日生效。《公司法》将决议生效这一客观事实作为法定期限的起算日期，而并不对股东知道与否或应当知道与否的主观状态进行考量，这不但易于当事人确定股东起诉时是否超过了公司法规定的期限，也方便了人民法院作出接受起诉或者裁定不予受理的选择。决议通过的日期可以分为两种情形进行确定：其一，以会议（股东会、股东大会、董事会）形式通过决议。此时可能出现两个日期：召开会议通过决议之日和与会人员在决议文件上签名之日。通常情况下，这两个日期是统一的，即与会人员表决通过决议并同时在会议记录等决议文件上签名。但实践中也可能出现两个日期不一致的情况：决议通过时间与参会人员在文件上的署名日期不同，此时应当以会议通过决议的日期为准，作为期限的起算日。除非公司无法证明会议通过决议的时间，并因此与股东所认定的在文件上签章的日期有争议，则认定股东在决议上签章之日为决议通过之日。其二，传签书面文件通过决议。此时最后一个应当参加表决的股东或者董事在传签的决议上签章的日期，为该决议通过之日。

依照《公司法解释一》第3条，“原告以公司法第二十二条第二款、第七十四条第二款规定事由，向人民法院提起诉讼时，超过公司法规定期限的，人民法院不予受理”的规定，原告提起决议撤销之诉超过60日的法定期限，人民法院不予受理，此时股东消灭的是诉权，是进入到诉讼程序的权利，而不是胜诉权利的消灭，或实体权利的消灭，因此，该期间既区别于诉讼时效，也不同于除斥期间。为了反映其具有的这种起诉唯一性的特征，应当将其性质确定为商法上特殊的起诉期限。根据其性质的认定，此期间不适用诉讼时效中的中止、中断和延长制度。

不予受理是指人民法院对原告起诉进行审查时，认为不符合起诉条件，依法裁定不予接受的诉讼行为。裁定不予受理发生在人民法院审查起诉阶段，它不同于裁定驳回起诉。

由于决议撤销之诉法定期间的起算之日比较明确，人民法院在审查起诉阶段无须对当事人是否知道或应当知道决议的通过日期、起诉期间有没有中止、中断或者延长事由等事实因素进行审查和认定，更无需通过原、被告间的抗辩来确认期间是否已经经过，因此，当事人在进入诉讼程序前即可确定是否超过60日（决议撤销之诉）的法定期限。同时，基于平衡各方利益、节省当事人的时间精力和节约司法成本的考虑，本条司法解释明确规定原告向人民法院提起此类诉讼，但超过公司法规定期限的，人民法院不予受理。此时对决议撤销之诉意味着：已生效的股东会或者股东大会、董事会的决议继续具有法律效力。可见，一旦法定期间届满股东就丧失了通过诉讼途径保护其利益的权利，即使其向法院提起诉讼，法院也将裁定不予受理。当然，对于法院认定期间错误时，当事人可以依据我国《民事诉讼法》规定提起上诉或申请再审。

二、公司决议未当场表示异议股东的提起决议撤销之诉

为了尽量缩小具有撤销决议诉权的股东范围，维护股东大会决议的效力和社会关系的稳定，许多国家和地区的公司法引入了股东异议制度，即只有出席股东大会并在决议的当时明确表示异议的股东，方可提起股东大会决议撤销之诉，如《德国股份法》第245条第1项对于受合法通知而出席股东大会的股东规定了享有撤销权的前提，即提起撤销之诉的股东资格限于“出席股东大会，并在议事录中记载反对决议”的异议股东；美国《示范公司法修订本》第7.06节规定，当股东出席会议时，除非股东在会议开始时反对开会或反对作出决议，否则便是该股东虽未收到会议通知，或会议通知有缺陷却放弃提出反对会议召开的权利；除非股东反对讨论该议题，否则便是该股东对会上讨论的目的事项外的议案放弃反对讨论的权利；我国台湾地区“民法”第56条第1项规定：“总会之召集程序或决议方法，违反法令或章程，社员得于决议后3个月内请求法院撤销其决议，但出席社员对召集程序或决议方法，未当场表示异议者，不在此限。”

在此问题上，我国《公司法》对作为提诉主体的股东资格未加任何限制，这是否意味着股东异议制度在我国不适用，未当场表示异议的股东当然的具备合法的提诉主体资格呢?

分析股东异议制度，各国引入该制度的法理性基础在于诚实信用，美国法依照弃权、允诺禁反言等衡平法上的原则禁止未当场表示异议的股东提起撤销权之诉。所谓“允诺禁反言”，又称允诺后不得翻供或不得自食其言，是指根据诚信原则，允诺人所作的赠与、无偿或不等价的允诺具有法律拘束力，应当强制执行。作为一项起源于英美衡平法的制度，允诺禁反言是以英美法中的对价理论为前提，为避免不公平现象的发生，在特定情况下，旨在维护当事人之间的既存法律关系的制度，它与我国的诚实信用原则存在较大差异。

所谓诚实信用原则，是指任何当事人对他方不得隐瞒欺诈，都必须善意地、全面地履行自己的义务，作为民法中的“帝王条款”，诚实信用原则对作为民法特别法的公司法当然适用，一般而言基于诚实信用原则的考虑，投赞成票的股东不得任意撤销其同意的表示，提起股东大会决议撤销之诉。但是投赞成票的股东行使决议撤销权并不必然违背诚实信用原则，这是因为：首先，未当场表示异议的股东既包括对股东大会决议内容投赞成票的股东，也包括对于自己程序上的瑕疵，股东出席股东大会进行表决时未表示异议。当股东对决议内容投赞成票时，其赞同的仅仅是股东大会决议的实质内容，而对实体的赞同并非等同于对于股东大会决议程序违法行为的认同。由于股东是一般投资者，在信息不对称现象普遍存在的现代公司，股东对股东大会程序违法的事项，尤其是对部分股东漏发通知等召集程序或表决方法的瑕疵很难当场发现。如果完全否认这部分股东的撤销诉权，当其事后发现程序违法事由，希望通过撤销诉讼维护程序正义以维护公司长期发展时，就会因为其在实体上的事由阻却了程序上权利的行使，这是不合理的；让对实体问题投赞成票的股东承担程序违法带来的风险不符合风险与控制相一致的规则。其次，在现代社会，股东对股东大会决议的同意具有很多不同的表现形式，如名义上的同意、混合利益冲突的同意、被胁迫的同意、无可奈何的同意等，在这些同意的表现形式中，很多情况下的同意并非处于股东的真实意愿。由于股东不是专业的经营管理者，不精通公司事务的经营，对于一些隐含的决议很难做出准确的判断，当其事后发现因受欺诈而做出了错误的意思表示时，有权基于欺诈的理论撤销自己的意思表示，这并不违背诚实信用的原则，当股东撤销自身的意思表示致使股东大会决议形成的要件欠缺时，该决议的正当性就会受到质疑，此时股东可以通过行使撤销权的方式进行救济。当对于自己程序上的瑕疵，股东出席大会并在决议时未当场表示异议的，适用瑕疵治愈的理论，该股东不得反悔而于事后提出撤销主张。

因此，对于未当场表示异议股东的提诉主体资格问题，我们不能一概而论，而应该区分股东同意的类型和瑕疵事由分别探讨。对于自己程序上的瑕疵，股东出席大会并在决议时未当场表示异议的，基于诚实信用原则的考虑，该股东不得反悔而于事后就该瑕疵事由提出撤销主张；但是对于有证据证明自身的意思表示并非出于自愿的股东，应当允许其撤销意思表示，当其撤销行为导致股东大会决议要件缺失时，应当允许其提起股东大会决议撤销之诉；对于有证据证明本人只是对股东大会决议的内容表示赞同，但不知决议程序存在瑕疵的股东，应当允许其在发现股东大会存在程序瑕疵时提起撤销之诉，对股东大会决议的撤销瑕疵进行救济，以维护公司的长远利益和资本市场的正常秩序。

三、股东会决议撤销效力的溯及力问题

（一）决议撤销判决的溯及力内涵

所谓决议撤销判决的溯及力，即股东大会决议撤销的效力能否溯及到股东大会决议成立之时，还是只能向将来发生法律效力的问题。按照民事法律行为的一般理论，被撤销的民事行为从行为开始起无效。因此，决议作为一种特殊的民事法行为，原则上其撤销的效力应当溯及于决议产生之时。

综合判决既判力的原理，股东大会决议撤销的判决效力可以溯及性的约束诉讼当事人之外的公司成员，那么公司成员以外的第三人是否亦应受到决议撤销判决溯及性的约束呢?

“为求得法律关系的确定性和画一性，撤销股东大会决议的判决效力不仅应当及于原告股东与公司之间，而且原则上及于当事人之外的所有人，此即撤销决议判决的对世效力。”① “如果决议撤销的效力在部分人的法律关系上有效，而在其他人的法律关系上视为无效则会引起团体法上法律关系的混乱。”② 因此，包括公司成员之外的第三人在内的所有人原则上均应受到决议撤销判决的约束。对于纯粹的内部决议而言，由于其不涉及任何公司以外其他人的利益，承认决议撤销的对世效力不会对公司成员之外的第三人产生影响，因此，承认撤销纯粹内部决议之判决的对世效力不会带来任何非议。但是，对涉外性内部决议和外部决议而言，承认决议的对世效力将会“带来以决议的有效为前提积累的过去的法律关系一时崩溃的严重的问题”。③ 它必将对第三人的利益造成严重的损害。

（二）域外和台湾地区有关股东会决议撤销效力的溯及力立法经验

如何衡平股东大会决议撤销的效力与善意第三人的保护之间的关系便成了公司法的一大课题。在这一问题上，日本公司法通过一方面承认决议撤销判决的溯及力；一方面通过类推适用限制代表权、表见代理的法则的方式来保护善意第三人的利益，如根据《日本公司法典》第839条规定，不具有溯及力的涉及公司诉讼的生效判决，并不适用于决议撤销之诉，决议撤销后，发生决议自始不生效的后果。而对于代表董事基于撤销的决议而代表公司与第三人成立的法律行为，依照公司对于代表董事代表权所加的限制不能对抗善意第三人的法理，来保护善意第三人。如果

---

① 刘俊海：《股份有限公司股东权的保护》，法律出版社2004年版，第306页。

② 张闽、刘宵：“浅析《公司法（2005修订版）》对少数股东权益保护——从股东大会决议瑕疵救济角度”，载《金融经济》2006年第2期。

③ ［韩］李哲松：《韩国公司法》，吴日焕译，中国政法大学出版社2000年版，第430页。

选任董事的决议被撤销后，该董事作为代表董事行使的行为可以通过表见代理、表见代表董事、虚假登记等规定来保护第三人利益。《韩国商法典》虽然没有直接规定限制撤销判决的溯及力，但是在司法实践中，也是通过援引限制不真实登记的对抗力以及表见代理等法理来保护善意第三人的利益，[①] 此外韩国商法还通过对部分后续性法律关系限制溯及效力来解决防止法律关系一时崩溃的问题，如关于新股发行、合并等的无效判决，限制其溯及力。[②]

我国台湾地区“最高法院”认为，当法院判决撤销董事选任的股东大会决议时，董事在判决撤销前根据该决议内容或根据董事会惯常的代理权限而从事的各种交易行为、签订的各类合同，应适用表见董事、表见代表或表见代理的法理保护善意第三人的主要理由在于，主管机关之公司登记有公信力，公司董事之选任虽无效，但既经公司主管机关登记，其代表公司所签发之票据、从事之行为，除持票人恶意外，对公司均应发生法律效力。[③] 从实现利益平衡、维护法律稳定和交易安全的角度看，日本、韩国和我国台湾地区的经验是值得借鉴的。

（三）股东会决议撤销效力的溯及力分析

1. 对于选举董事、监事、授予董事监事权限等涉外性内部决议而言，该决议要发生法律效力需要经过公司登记机关的登记确认。而决议的内容一经登记即产生公示公信力。善意第三人基于信任公司登记的效力而与公司之代表人员所为之合法行为不因公司股东大会决议的撤销而受影响，这是公示公信力的具体要求和体现。公司涉外性内部决议被撤销后，该决议所涉及的公司登记代表人之代理权即自始失去正当性基础，但是公司登记机关之登记足以看成是客观上存在的使第三人相信行为人具有代理权的外表现象，公司不得以公司内部的事由对抗第三人权利的行使，此时由公司对该行为承担法律责任符合表见代理的基本法理。综上，对于涉外性内部决议而言，一方面应当承认股东大会决议撤销的溯及力以维护法律关系的画一性；另一方面应当通过登记公示公信力和表见代理等理论维护公司对外行为的效力对善意第三人进行保护，以衡平股东大会决议撤销的效力与善意第三人的保护之间的利益，维护社会关系的稳定。

2. 对于外部决议而言，由于外部决议在董事会对外表示之前只是公司对外行为的意思要素（效果意思），并不直接对公司以外的第三人产生拘束力，因此，从理论上讲，股东大会决议被撤销之后原则上并不必然造成第三人利益的损害。但是

---

① 钱玉林：“论可撤销的股东大会决议”，载《法学》2006 年第 11 期。

② 参见《韩国商法典》第 431 条 1 款、第 530 条 2 款之规定。

③ 参见刘俊海：《股份有限公司股东权的保护》，法律出版社 2004 年版，第 307 页。

作为意思表示中的重要的效果意思因素，外部决议被撤销后，公司对外所做的意思表示将会因为欠缺主要要件而不成立，进而影响到公司与第三人之间行为的效力，使双方行为不成立或者无效，从而产生缔约过失责任的问题。根据民法中有关缔约过失的基本理论，为衡平社会各方的利益，公司应当对第三人信赖利益的损失进行赔偿。所谓信赖利益的损失，是指缔约人信赖合同有效成立，但是由于法定事由致使合同不成立、无效或被撤销等所造成的损失，具体而言，信赖利益的损失既包括缔约费用和准备履行合同所支出的费用等直接损失，也包括其他合理的间接损失，以此弥补第三人的损失，达到保护第三人的目的。但是当公司的行为涉及重大公共利益时，为维护社会关系的稳定和社会公共秩序，应当禁止股东大会决议撤销判决既判力的发生，维持公司行为的效力。

因此，决议撤销的法律效力原则上应当溯及到股东大会决议成立之时，但是公司行为涉及重大公共利益的除外。至于对第三人利益的保护保护问题，可以通过表见代理、缔约过失等现有民法制度进行救济。

【典型案例】

李建军与上海佳动力环保科技有限公司公司决议撤销纠纷案

〔基本案情〕

原告李建军诉称：被告上海佳动力环保科技有限公司（以下简称佳动力公司）免除其总经理职务的决议所依据的事实和理由不成立，且董事会的召集程序、表决方式及决议内容均违反了公司法的规定，请求法院依法撤销该董事会决议。

被告佳动力公司辩称：董事会的召集程序、表决方式及决议内容均符合法律和章程的规定，故董事会决议有效。

法院经审理查明：原告李建军系被告佳动力公司的股东，并担任总经理。佳动力公司股权结构为：葛永乐持股40%，李建军持股46%，王泰胜持股14%。三位股东共同组成董事会，由葛永乐担任董事长，另两人为董事。公司章程规定：董事会行使包括聘任或者解聘公司经理等职权；董事会须由三分之二以上的董事出席方才有效；董事会对所议事项作出的决定应由占全体股东三分之二以上的董事表决通过方才有效。2009年7月18日，佳动力公司董事长葛永乐召集并主持董事会，三位董事均出席，会议形成了“鉴于总经理李建军不经董事会同意私自动用公司资金在二级市场炒股，造成巨大损失，现免去其总经理职务，即日生效”等内容的决议。该决议由葛永乐、王泰胜及监事签名，李建军未在该决议上签名。

〔裁判结果〕

上海市黄浦区人民法院于2010年2月5日作出（2009）黄民二（商）初字第4569号民事判决：撤销被告佳动力公司于2009年7月18日形成的董事会决议。宣判后，佳动力公司提出上诉。上海市第二中级人民法院于2010年6月4日作出（2010）沪二中民四（商）终字第436号民事判决：一、撤销上海市黄浦区人民法院（2009）黄民二（商）初字第4569号民事判决；二、驳回李建军的诉讼请求。

〔裁判理由〕

法院生效裁判认为：根据《中华人民共和国公司法》第22条第2款的规定，董事会决议可撤销的事由包括：一、召集程序违反法律、行政法规或公司章程；二、表决方式违反法律、行政法规或公司章程；三、决议内容违反公司章程。从召集程序看，佳动力公司于2009年7月18日召开的董事会由董事长葛永乐召集，三位董事均出席董事会，该次董事会的召集程序未违反法律、行政法规或公司章程的规定。从表决方式看，根据佳动力公司章程规定，对所议事项作出的决定应由占全体股东三分之二以上的董事表决通过方才有效，上述董事会决议由三位股东（兼董事）中的两名表决通过，故在表决方式上未违反法律、行政法规或公司章程的规定。从决议内容看，佳动力公司章程规定董事会有权解聘公司经理，董事会决议内容中“总经理李建军不经董事会同意私自动用公司资金在二级市场炒股，造成巨大损失”的陈述，仅是董事会解聘李建军总经理职务的原因，而解聘李建军总经理职务的决议内容本身并不违反公司章程。

董事会决议解聘李建军总经理职务的原因如果不存在，并不导致董事会决议撤销。首先，公司法尊重公司自治，公司内部法律关系原则上由公司自治机制调整，司法机关原则上不介入公司内部事务；其次，佳动力公司的章程中未对董事会解聘公司经理的职权作出限制，并未规定董事会解聘公司经理必须要有一定原因，该章程内容未违反公司法的强制性规定，应认定有效，因此佳动力公司董事会可以行使公司章程赋予的权力作出解聘公司经理的决定。故法院应当尊重公司自治，无需审查佳动力公司董事会解聘公司经理的原因是否存在，即无需审查决议所依据的事实是否属实，理由是否成立。综上，原告李建军请求撤销董事会决议的诉讼请求不成立，依法予以驳回。

第十五章 公司解散

规则 18：公司股东会机制长期失灵，内部管理严重障碍，已陷入僵局状态，可以认定公司经营管理发生严重困难

——林方清与常熟市凯莱实业有限公司、戴小明公司解散纠纷案①、仕丰科技有限公司与富钧新型复合材料（太仓）有限公司、第三人永利集团有限公司解散纠纷案②

【裁判规则】

《公司法》第182条将“公司经营管理发生严重困难”作为股东提起解散公司之诉的条件之一。判断“公司经营管理是否发生严重困难”，应从公司组织机构的运行状态进行综合分析。公司虽处于盈利状态，但其股东会机制长期失灵，内部管理有严重障碍，已陷入僵局状态，可以认定为公司经营管理发生严重困难。对于符合《公司法》及相关司法解释规定的其他条件的，人民法院可以依法判决公司解散。

【规则理解】

一、公司僵局的内涵

所谓“公司僵局”就应该是公司中出现的一种相持不下的局面。因为公司僵局本身就是“僵局”一词在公司领域的借用，既然是借用，当然应该遵循“僵局”本身的含义，而不能随意扩张。因而，将公司僵局理解为公司中一种相持不下的局面，不仅在语法和逻辑上经得起推敲，在情理上也是完全讲得通的。它虽然不是对公司僵局的严格定义，却是界定公司僵局不能不依照的；公司僵局的内涵必须以此

---

① 《最高人民法院指导案例8号》，最高人民法院审判委员会讨论通过，2012年4月9日发布，载《中华人民共和国最高人民法院公报》2012年第12期。

② 《最高人民法院公报》2014年第2期，最高人民法院（2011）民四终字第29号民事判决书。

为基础，在这一基本框架内展开。由此，公司僵局的定义就转换为对公司中相持不下的局面的界定问题。

粗略来看，公司中很多主体都可能造成相持不下的局面。比如，一个部门内部成员之间，由于某一问题争执不下、互不相让，就会在该部门内部形成相持不下的局面；同理，两个部门或多个部门之间也可能因为意见不一致、各执己见，而导致这些部门之间的相持不下；甚至公司的劳资双方也可能因为工资待遇、工作时间等问题难以达成一致，而出现相持不下的局面。但站在公司法的立场，上面提到的一般性的公司部门成员或公司部门，以及公司雇员，都不属于公司僵局中所说的相持不下的主体，因为所谓的公司僵局应该是着眼于整个公司的，其反映的是一种公司整体的运营和存在样态。也就是说，公司僵局中相持不下的主体，只能是那些足以对公司运营产生实质作用和影响的主体。在这个意义上看，满足公司僵局主体条件的只能是公司的决策层和执行层，即公司的股东和董事。

相持不下最直接的含义就是双方势力对等，反映到股东或董事间的关系上，就是股东或董事间的势力均等。对于股东而言，由于现代公司奉行资本民主，股东的影响力主要取决于其所拥有的股份或出资在公司中所占的比例。当股东间的股份或出资相同时，就有可能出现势力均等、相持不下的局面。对于董事而言，由于董事会的决议要由董事会的多数成员作出，此时如果两派在董事会中的人数相等，同样会出现势力均等的对峙局面。

但在公司这种特定的组织结构中，即使势力不均等，仍有可能出现相持不下的局面。一方面，在公司为少数或个别股东、董事保留某种否决权时，“实力”较弱的股东或董事如果频频行使否决权，也会造成“相持不下”的局面。另一方面，即使不存在这种否决权，如果公司章程规定了股东（大）会或董事会召开的法定人数或持股比例，有关股东或董事多次不出席会议，使得会议根本无法召开、有关事项根本无法提交表决，同样可能造成另一种“相持”的景象。

关于公司中相持不下的局面，还有这样一个问题需要解决：公司股东或董事之间的严重分歧或冲突是否属于其必要组成部分，从而纳入公司僵局的整体内涵？显而易见，股东或董事间即使存在严重分歧，也不一定导致各方的相持不下，自愿解散或分立公司同样是有可能的。反过来，公司股东或董事间相持不下的局面，也未必全都是严重分歧或冲突作用的结果。比如，某一股东与其他股东一直相处甚好，后来突然对经营公司心生倦意，或者发现了其他机会而意欲撤回投资自己“单干”，但碍于情面加之个人的性格等关系，从未明确提出；而是采取了消极回避的做法，使股东会和董事会长时间无法正常召集和表决，同样会形成相持不下的局面。很显然，这里不存在我们通常所说的严重分歧或冲突，但僵持不下的局面却是实实在在存在的。尽管这种事例发生几率不大、不具普遍性，但它至少表明，用严重分歧来限定公司僵局，在逻辑上有失周延。落实到司法实践，所谓的“严重分歧”，主观色彩浓重，可行性更值得怀疑。对当事人而言，要对其进行充分举证，即使不是不可能，也是十分困难的；对法官而言，则会产生过大的自由裁量权，不利于案件的公正、合理审判。因而，我们不主张将股东或董事间的严重分歧或冲突作为公司僵局内涵的要素。

综合以上的分析，我们倾向于对公司僵局做出这样的理解：公司僵局是股东或董事间由于某种原因而产生的一种相持不下或对峙的局面，它使得公司股东（大）会或董事会无法有效运作或达成有效决议，打破了各方原本存在的动态平衡，造成公司整体运营的停滞甚至瘫痪。

当然，在股份有限公司特别是上市公司中，股东“与企业只具有一种松散和暂时的关系。他的利益就像债权人的利益一样，是一种金融利益而不是一种管理利益。……股东并不管理或‘控制’他们的公司，正如债券持有人也不管理或控制公司、信托受益人不管理或控制受托人一样”。[①] 股东之间的这种格局也影响到董事之间的关系，从而使得其发生公司僵局的可能性大大降低。而有限责任公司由于兼具人合性与封闭性，缺乏有效的流动和退出机制，更容易形成公司股东或董事间的对峙，从而成为公司僵局滋生的温床。

二、公司僵局司法救济的合理性——公司自治的内在要求

李国光和王闯先生指出，“考量司法是否介入公司僵局的问题，其实质是公司法上国家强制与私人自治的深层次关系问题。”[②] 正是由于担心司法的强制干预会破坏公司自治，许多法院在僵局案件中才表现出了消极和退缩，不敢或不愿意对公司僵局有所作为。这其实是对司法干预的一种误读。从公司法的规定来看，“公司自治与国家强制、司法干预是矛盾的统一体”[③]，司法介入公司僵局，实质上是对公司自治内在要求的一种回应，两者在根本上具有一致性。

公司自治是公司法的基本理念，是公司制度的灵魂。它既是历史上重商主义的产物，也寄托着人们对自治状态的理想憧憬。人们对公司自治的尊崇，是建立在一些假设基础之上的，它们至少包括“理性经济人”、“信息的完备性”、“非外部性”

---

① ［美］理查德·A. 波斯纳：《法律的经济分析》，蒋兆康译，中国大百科全书出版社1997版，第535页。

② 李国光、王闯：“审理公司诉讼案件的若干问题（下）——贯彻实施修订后的公司法的司法思考”，载《人民法院报》2005年12月5日，第5版。

③ 王亚平、马金平：“论公司自治与司法适度干预”，载《人民法院报》2007年11月26日，第6版。

等三个方面。从“理性经济人”的假设出发，它相信通过自治，“每个人会做出最有利于己的决定，而经由自由交易，有限资源即可在最低成本下产生最大效益。”①根据“信息的完备性”，它预先假定经营者拥有与公司经营有关的所有信息，而没有任何遗漏和缺失。“非外部性”的假设则主张，公司自治是一个自给自足的体系，在促进公司和股东利益最大化的同时，不会对公司以外的第三方造成不应有的损害。现实情况则是，这三个基本假设总是或多或少地存在着缺憾，很难真正得到满足。

首先，“理性经济人”的假设与现实中的公司经营者存在很大差距。任何人的理性都是有限的，公司经营者虽然较普通人更加精于算计，但仍然无法达到完全的理性。柴芬斯指出，“在商业环境中从事交易的各方几乎不可能处理与他们关系有关的所有的事项并达成协议”。② 这种情况下，公司的自治性安排存在缺陷是必然的。

其次，鉴于商事经营的复杂性，要获得所有的信息是不可能的。公司合同是一种长期性的关系，当事人即使掌握了合同订立时的所有信息，也不可能对将来事件的发展作出准确预测，信息的不足是无法克服的。在这个意义上，假定信息的不完备似乎更接近真实状况。肯尼思·阿罗就曾得出结论：“对于未来将会出现的无数意外，个人无法完全认知，这是一个值得赞赏的假定。”③

最后，完全的“非外部性”只是一种幻想，公司自治的外部效应普遍存在。为了追求利益的最大化，公司经营者普遍存在着搭便车的现象，公司不得不因此接受外部效应。与此同时，公司作为一个经济体，其自身也存在着搭便车的现象，此时造成的外部效应则只能由社会来承受。更为严重的是，如果公司和公司经营者一味从不当的动机出发，不仅无法实现公司自治，而且会走向民法和商事法所维护的竞争秩序的反面。

综上，我们可以发现，现实中的公司自治不可能自给自足，公司僵局就是公司自治内在缺陷的一种典型反映，是“公司自治机制的阶段性失效”。④ 为了弥补自

---

① 苏永钦：“私法自治中的国家强制”，载苏永钦等：《民法七十年之回顾与展望纪念论文集（一）：总则·债编》，中国政法大学出版社2002年版，第10页。

② ［加拿大］布莱恩R. 柴芬斯：《公司法：理论、结构和运作》，林华伟、魏旻译，法律出版社2001年版，第356页。

③ Kenneth Arrow，Risk Perception in Psychology and Economics，20 Economic Inquiry 1，5（1982）. 转引自罗培新：“填补公司合同‘缝隙’——司法介入公司运作的一个分析框架”，载《北京大学学报（哲学社会科学版）》2007年第1期，第127页。

④ 李劲华：“‘强制’，还是‘自治’？——有限责任公司治理的应然性解读”，载《国家行政学院学报》2008年第1期，第88页。

治的不足和局限，还原公司自治的本来面目，必须由国家从社会的角度进行必要的调节。有学者甚至指出，现代公司自治的实质就是“以社会为本位，法律合理干预下的以真正意义上股东自治为基础的法人自治。”①

三、公司僵局的认定

《公司法》第 182 条专门规定了股东申请人民法院解散公司的内容。该条规定：“公司因经营管理发生严重困难继续存续会使股东遭受重大损失又通过其他途径不能解决的，持有公司全部股东表决权百分之十以上的股东，可以请求人民法院解散公司。”但该条规定较为原则，“公司经营管理发生严重困难”、“继续存续会使股东利益受到重大损失”等表述在司法实践中不好把握。为适应审判实践的需要，《公司法司法解释二》第 1 条第 1 款对于股东申请人民法院解散公司的问题作了细化。依据该款规定，单独或者合计持有公司全部股东表决权百分之十以上的股东在符合公司法第一百八十二条规定的前提下，可以申请人民法院解散公司的情形为：其一，公司持续两年以上无法召开股东会或者股东大会，公司经营管理发生严重困难的；其二，股东表决时无法达到法定或者公司章程规定的比例，持续两年以上不能做出有效的股东会或者股东大会决议，公司经营管理发生严重困难的；其三，公司董事长期冲突，且无法通过股东会或者股东大会解决，公司经营管理发生严重困难的；其四，经营管理发生其他严重困难，公司继续存续会使股东利益受到重大损失的情形。《公司法司法解释二》通过上述规定，对公司僵局状态的认定提出了具体标准，对于指导各地法院妥善处理此类案件，具有重要意义。

（一）公司股东会和董事会等机构运行出现持续性的严重困难

“公司经营管理出现严重困难”的一个重要情形就是公司的股东（大）会和董事会等公司机构的运行状况出现严重困难。因为，公司作为一个法律拟制的法人机构，其实际管理和经营主要依靠股东（大）会、董事会等意思机构和执行机构的有效运行，股东（大）会和董事会等机构就像公司的大脑和四肢，如果这些大脑和四肢发生了瘫痪，公司这个组织体的经营管理往往就会出现严重困难。

公司的运行机制完全失灵，股东（大）会、董事会包括监事会等权力机构和管理机构无法正常运行、对公司的任何事项作出任何决议，公司的一切事务处于瘫痪的这种经营管理困难状况，在学理上被称之为“公司僵局”。这种持续性的僵局会

---

① 王红一：“论公司自治的实质”，《中山大学学报（社会科学版）》2002 年第 5 期，第 104 页。对于此处所说的“社会本位”，我们持保留态度。社会本位所追求的是公司的“他治”，而不是“自治”。无论公司自治如何变迁，本位都应是公司及其股东，社会利益只是公司自治的存在背景和限制性因素。

让股东的利益在僵持中逐渐耗竭，在公司不能形成解散决议的情况下，当事人只能寻求司法或仲裁的救济，向人民法院或仲裁机构提出解散公司的诉讼请求，公司僵局成为股东请求解散公司的重要理由。如有学者定义公司解散纠纷时指出：公司解散纠纷，是指公司僵局出现时，公司股东提起解散公司申请而发生的纠纷。在我国目前情况下，“公司经营管理出现严重困难”主要是指公司股东僵局和董事僵局两种情形。司法解释分别就股东（大）会僵局和董事会僵局的具体情形进行了具体规定：

1. 股东（大）会僵局

股东（大）会是公司的权力机构，具有非常广泛的职能，如果公司的股东（大）会陷入僵局即意味着一些重大的事项不能形成决议，而且因为股东之间的纷争而引起的股东（大）僵局会直接影响到董事会的运行。一般情况下，只有因股东冲突导致股东会或者股东大会无法召开或者无法达成有效决议时，才构成请求公司解散的事由。司法解释关于股东（大）会的僵局主要从“无法召开”和“无法达成有效决议”两种情形予以规定：

（1）公司持续两年以上无法召开股东会或者股东大会。首先，“无法召开”是指应当召开而不能召开，因我国《公司法》对股东（大）会出席的股东人数和持股数没有特殊要求，这一“无法召开”主要表现为“无人召集”或者“召集之后没有一个股东出席会议”等两种情形；另外，这种“无法召开”的状态要持续“两年以上”，在持续两年以上的时间里，“应该召开”的股东（大）会定期会议和临时会议都没有召开，公司经营管理发生严重困难的情况下，适格股东可以依照《公司法》第182条的规定提起解散公司的诉讼。

（2）公司持续两年以上不能作出有效的股东会或者股东大会决议。这是股东（大）会表决僵局的表现，也是最常见的一种股东（大）会僵局情形。这种股东会僵局主要包括三种情况：第一，不同意见的两派股东各拥有50%的表决权，在相互不配合的情况下，使得每次表决都不能达到出席的“过半数”，从而不能形成有效决议；第二，尽管意见不同的两派持有股份的数量不是相等的50%对峙局面，甚至有超过50%持股份额的大股东，但根据法律或章程的要求，特别决议的通过必须取得表决权的绝对多数同意，如2/3等，而仅依靠大股东一派的表决权还不足以通过该特别决议，此时，小股东一派实际享有否决权，也可以造成无法作出特别决议的僵局；第三，股东之间形成多派意见，且持股较为分散，各派之间互相不配合，使得每次表决的赞成数都达不到出席的过半数，从而不能形成有效决议。这种股东（大）会的普通决议和特别决议不能有效作出的情形持续两年以上，公司经营管理发生严重困难的情况下，适格股东可以依照《公司法》第182条的规定提起解散公司的诉讼。

值得注意的是，司法解释对于股东（大）会僵局的认定有一个持续时间的要求，“股东（大）会无法召开”和“有效的股东（大）会决议不能作出”的状态必须“持续两年以上”，此处包含两个意思：第一，时间间隔为“两年以上”，公司股东（大）会是各方股东利益交流的平台，由于其审议事项的重要性、利益代表的广泛性等原因，短时间或偶尔的无法正常召开和不能作出有效决议的情形是难免的，这种短时间的或偶然性的运行困境应该属于公司的正常状态，不能因为公司股东（大）会短时间内无法召开会议或者不能作出有效决议而认定其构成僵局，但是，如果股东（大）会长时间的无法召开会议或者不能作出有效决议则显然构成僵局状态。如何具体衡量这种“短时间”和“长时间”？本条司法解释确定了“两年以上”的时间间隔标准，两年内的无法召开会议或者不能作出有效决议在法律上不视为股东（大）会僵局。第二，状态必须是“持续”的，即在“两年以上”的期间内应召开而无法召开任何一次股东（大）会或者没有作出任何一项有效的股东（大）会决议，如果期间内召开了股东会或者通过了有效的决议，哪怕是一次不重要会议或是一项不重要的决议，均会使这一期间中断，而不能构成本条司法解释所要求的僵局认定条件。

2. 董事会僵局

董事会是公司的权力执行机关，在公司治理中具有至关重要的作用。类似于股东（大）会，董事会也是一个集体决策机构，也会涉及会议的召集和表决机制，所以，也会出现运行机制困境的情形。如果董事长期冲突，使得董事会陷入困境，公司往往就会无法正常运行，从而出现经营管理严重困难的情形。

“董事长期冲突”的表现形式是多种多样的，其中，突出表现为因董事的冲突而使董事会无法正常运行，陷入董事会僵局，主要有以下几种情形：(1）董事会无法召开的情形，表现为无法按照法律或公司章程规定合法有效地召集董事会，或者无法达到法定的召开董事会的人数要求；(2）无法作出有效决议的情形，表现为多派董事冲突导致每项决议都不能获得过半数的董事同意，或者董事人数为偶数而形成的两派对抗。

不过，董事长期冲突导致董事会陷入僵局，并不必然导致股东解散公司诉权的产生。因为，董事之间的冲突往往是可以通过股东（大）会来化解的，在很多情况下，董事会的僵局往往与股东的意志有关，尤其在有限公司中，由于股东人数较少，很多股东（尤其是一些大股东）本身就是董事会成员，与公众公司不同，封闭公司的股份常由董事会成员所持有。作为一种结果，一项董事会的决议很少能够摆脱其股东成员个人动机的影响。股东的意志往往能够影响董事会的运转，股东能够通过股东（大）会的途径化解董事会的僵局状态，如股东（大）会可以修改公司章程、将董事人数变为单数等。司法机关在受理股东请求解散公司诉讼之前，应该允许、甚至要求股东做出这样的努力。只有当董事会处于长期的僵局状态，且无法通过股东（大）会解决的情况下，导致公司经营管理出现严重困难的，司法机关才能受理解散公司的诉讼。

值得注意的是，实践中可能会有“股东（大）会发生瘫痪，而董事会运行正常”或者“董事会发生瘫痪，而股东（大）会运行正常”的状况，我们应该认识到：首先，司法解释在列举司法解散受理事由时采用了并列式的逻辑表达形式，也就是说，股东在起诉时只要能够证明公司现状符合其中的一项事由即可。具体到股东（大）会和董事会的状况，股东起诉时只要能够证明公司出现了本条司法解释第（一）、（二）、（三）项三种形态中的一种，即符合该诉受理时的事由要求；其次，要特别注意的是，本条司法解释在表述三种机构运行困境时，都规定了“公司经营管理发生严重困难的”的条件，也就是说，公司出现了股东（大）会持续两年以上无法召开、股东（大）会持续两年以上无法作出有效决议、董事长期冲突不能通过股东（大）会解决等三种状况时，只有同时发生“公司经营管理发生严重困难”时才真正符合起诉事由的要求。如果发生“股东（大）会发生瘫痪，而董事会运行正常”或者“董事会发生瘫痪，而股东（大）会运行正常”的情形，人民法院在受理和审理时要特别注意审查公司的经营管理状况是否发生严重困难，继续存续是否会使股东利益受到重大损失，只有同时满足的情况下才符合该诉的法定要求。

（二）经营管理发生其他严重困难

《公司法司法解释二》除了对公司僵局的三种情形予以特别列举之外，还根据《公司法》第182条的立法主旨，规定了一个弹性条款——“经营管理发生其他严重困难，公司继续存续会使股东利益受到重大损失的情形。”从立法技术上讲，这是一个防患于未然的兜底性条款。

从目前我国的审判实践来讲，上述三种“公司僵局”情形是人民法院受理股东请求解散公司诉讼的主要理由。这三种僵局情形在实践中相对比较容易确认，我国的理论界和实务界对把这三种公司僵局作为解散公司的理由基本是持肯定意见，其他国家的立法和审判也普遍确认这三种解散公司的理由。

不过，从我国《公司法》第182条的文字表达来看，不排除还有其他的情形，公司法理论研究、境外的立法及审判实践等表明，法院受理解散公司诉讼确实包含上述三种公司僵局以外的其他解散公司事由，如股东压迫；公司的业务经营或者是财产处分被明显不当的滥用、掠夺和浪费时；公司丧失经营条件等。我国的一些学者根据《公司法》的规定认为股东请求解散公司之诉的事由应该包括更大范围，如“经营管理的严重困难，包括两种情况，一是公司权力运行发生严重困难，即所谓的公司僵局。二是公司的业务经营发生严重困难。”①

从目前的情况来看，对于“其他经营管理发生严重困难”情形的理解，在《公司法》及本条司法解释的内容框架下，在把握须同时满足“经营管理严重困难”和“公司继续存续会使股东利益受到重大损失”的原则条件下，还有待于理论研究和审判实践的进一步研究和总结。

需要注意的是，《公司法司法解释二》第1条虽列举了四种“公司经营管理发生严重困难”的情形，但是司法实践中对如何具体认定“公司经营管理发生严重困难”仍存在不同认识。一种意见认为，公司持续两年以上无法召开股东会或者股东大会、公司董事长期冲突且无法通过股东会或者股东大会解决等情形本身就是公司经营管理发生严重困难的表现形式，公司存在这些情形，就可以认定公司经营管理发生严重困难。另一种意见认为，上述公司持续两年以上无法召开股东会或者股东大会等情形仅是公司经营管理发生严重困难的原因，认定公司经营管理发生严重困难还需要从公司经营状况本身进行判断。

该指导性案例的裁判要点确认了判断公司的经营管理是否出现严重困难，应当从公司的股东会、董事会或执行董事及监事会或监事的运行现状进行综合分析的规则。公司是否处于盈利状况并非判断公司经营管理发生严重困难的必要条件。“公司经营管理发生严重困难”的侧重点在于公司管理方面存有严重内部障碍，如股东会机制失灵、无法就公司的经营管理进行决策等，不应片面理解为公司资金缺乏、严重亏损等经营性困难。在此需要强调的是，通过股东申请人民法院解散公司的做法来处理有关公司僵局案件，必须慎重。解散公司必然要面临着公司财产的清算、债权债务的清理以及职工妥善安置等问题，案件处理稍有不慎，可能会有负面影响甚至连锁反应。因此，人民法院在处理公司僵局案件时，不宜简单机械地采取解散公司的做法。在参照该指导性案例处理类似案件时，必须准确把握公司法及有关司法解释规定的原则和精神，切实把握“为大局服务，为人民司法”的工作主题，按照能动司法的要求，充分发挥审判职能作用，以真正实现法律效果与社会效果的有机统一为目标，做到对案件的妥善处理。当然，对于确属必须通过解散公司的方式来处理公司僵局状态的案件，人民法院可以依据公司法及《公司法司法解释二》的有关规定，参照该指导性案例裁判要点所确认的规则进行裁判，以切实保护股东合法权益，合理规范公司治理结构，维护社会和谐稳定，促进经济健康发展。

---

① 参见赵旭东：《公司法学》，高等教育出版社2006年版，第501页。

【拓展适用】

一、对公司僵局的形成负有责任股东的诉讼主体资格

《公司法》第182条规定，公司司法解散请求权的主体为持有公司全部股东表决权百分之十以上的股东。《公司法》并没有规定原告股东对公司僵局的形成如果负有责任则会影响其诉讼主体资格。虽然其并不能影响诉讼主体资格，但人民法院可以考虑将其在审理案件中作为是否支持其诉讼请求、判决解散公司的衡量因素。公司答辩时如果提出非常有力的证据证明，公司僵局系原告股东故意出于维护其独立于公司利益的个人利益所致，人民法院可以考虑不予支持原告司法解散公司的诉讼请求。比如，公司其他股东提出的公司经营方针、投资计划切实可行，而且公司已经有了一定的经营基础，但个别小股东因为公司拟进行的投资计划与自己投资的其他公司构成竞争而恶意否决公司的投资计划而导致公司僵局。当然，人民法院在进行审理时，应特别把握司法介入公司僵局的界限。因为，公司僵局在很多情况下是由于股东之间、董事之间对公司的重大经营决定存在争执而无法排解所生，至于冲突股东之间是哪一方的决策对公司有利、对全体股东有利，作为局外人的法官可能很难判断，过度干涉会造成司法资源的浪费。①

二、对于控股股东压制小股东、严重损坏小股东利益的，小股东有权提起解散公司之诉

对于控股股东压制小股东的行为是否属于公司司法解散的事由，我国《公司法》未予明确。有学者指出，公司在经营管理上虽未处于瘫痪状态，但大股东通过对股东会及董事会或执行董事的控制直接控制公司日常事务的经营，导致公司继续存续会使股东利益受到重大损失。当少数股东被压制，其参与分配股利的权利长期得不到实现，尤其当这种压制逼迫少数股东不得不以偏低的价格向其他股东转让其股权时，申请法院裁决公司解散即成为少数股东退出公司并得到公平补偿的唯一救济方式。《公司法司法解释二》第1条第1款第（4）项规定，经营管理发生其他严重困难，公司继续存续会使股东利益受到重大损失的情形属于公司解散的事由。该裁判解散事由的兜底条款为受压制的少数股东提供了一条救济渠道。值得注意的是，《公司法司法解释二》第1条第2款规定，对于股东以知情权、利润分配请求权等权益受到损害等为由，提起解散公司诉讼的，人民法院不予受理。该款规定限制了公司解散之诉的适用范围。在具体的公司解散之诉案件中，也不得不思考司法

---

① 彭力保："司法解散公司诉讼对公司僵局之适用"，载《人民司法·应用》2008年第21期。

是否或者多大程度上介入公司内部治理的问题。公司的控制股东与小股东或者非控制股东之间的利益冲突是封闭公司的主要问题。司法克制过度可能会放纵大股东侵害小股东权益的行为。因此，我们认为，对于控股股东压制小股东、严重损坏小股东利益的，小股东有权提起解散公司之诉。

审判实践中有观点认为，即使小股东的合法权益受到控股股东的严重压制，法院如判决一个盈利状况良好的公司解散，影响就业及经济发展，明显不符合市场经济发展的基本要求，且小股东也完全可以依法通过诉讼途径寻求相应救济，因此，不宜判决公司解散。我们不赞同这种观点。理由在于：首先，仅公司盈利状况良好并不能成为不解散的理由。控股股东违反诚信义务将会导致小股东的期望落空，则公司的契约基础就被动摇，应允许小股东退出公司，这是法的自由、公平价值的应有之义。正如单纯 GDP 数量的增长不是经济发展的唯一目的，以人为本，实现人的自由发展才是最终目的。消灭公司的主体资格，使作为小股东的投资者退出公司，同样是以人为本。即使从经济层面来看，当存在控股股东严重压制小股东时，允许小股东退出公司也不会损害经济增长。由于有限责任公司的股份不存在公开交易市场，股东的公司解散请求权是小股东用以维护权益的最后一种手段，如果小股东在遭受压迫时能获得司法救济，投资流动性得到保障，则解散公司并不会阻碍经济发展，反而会刺激投资者的投资热情。其次，社会责任理论的适用需要慎重。公司社会责任的根本内容在于公司的行为要对社会有益，不能对社会造成危害。当然，公司解散可能会造成员工失业，也可能会造成税收的流失，这是解散公司的必然结果。但是，这不是公司社会责任的应有之义，更不能成为阻止公司解散的理由。道理很简单。例如，根据《企业破产法》，不能以让公司承担社会责任为由阻止某一公司的破产。事实上，需要承担社会责任的往往是拥有巨大资产的上市公司，而对于规模很小的公司，如果要让其承担社会责任，岂不是使其承担不能承受之重?① 公司解散的司法实践中，除公司制的医院、学校等特殊主体外，不应使中小公司担负过多的社会功能。最后，股东其他维权诉讼存在局限性。股东权是个权利束，若小股东为行使知情权等股东权而提起诉讼，会使股东间关系更趋于恶化，小股东此后行使其他股东权时可能更困难。此外，即使少数股东通过派生诉讼使公司得到董事或控股股东的赔偿，由于有限责任公司的所有权与经营权基本上是合一的，控股股东仍可能会侵占此种赔偿利益，因而派生诉讼的效果被弱化。司法审慎介入公司解散纠纷的理念本身没错，但要防止矫枉过正。如果审慎介入异化为不介入，那么审慎解散的司法实践就与司法解散制度的立法目的相违背。

---

① 梁上上："公司僵局案的法律困境与路径选择"，载《浙江社会科学》2006 年第 2 期。

三、公司僵局的预防与避免

目前大多数中小公司股东，缺乏对公司僵局的充分预见，大部分公司设立时，对于公司章程不重视，常常是复制法律条文或按工商登记机关提供的公司章程格式制定，千篇一律，而这些章程样本中基本没有关于公司僵局的内容。公司章程是公司的“宪法”，有“僵局”危机意识的股东在设立公司订立公司章程之时，或双方尚处于关系友好状态期间，对将来可能出现的公司僵局情形及其解决方案在公司章程中作出约定，无疑是将会起到很好地预防作用，同时，也是最为经济的办法。《公司法》给了公司章程更大的自治空间，根据《公司法》中体现的“约定优于法定”的精神，股东可以通过发挥公司章程中“授权性条款”的作用为预防公司僵局、破解公司僵局、确保公司正常运营提供有效的途径。

我们根据《公司法》授权公司章程自治的相关条款，就如何制订“公司僵局”预防性条款提出几点建议：

1. 在章程中对公司治理机构进行合理设置。比如：可以在章程中规定一方担任董事长的，则另一方委派的董事可以占多数；双方的董事人数相等时可以以公司的名义聘请中介机构出面委派独立董事。又比如：一方担任执行董事的，则另一方担任总经理，并明确执行董事无权聘任或解聘总经理等。这样股东之间可以通过分享公司的控制权，来避免僵局的发生。

2. 在章程中对股东表决权进行科学设计。（1）可以规定利害股东、董事表决回避制度（主要是依据《公司法》第16条规定）。如果股东或董事与股东会或董事会讨论的决议事项有特别利害关系的，比如关联交易，为股东、董事提供担保等，该股东或董事及其代理人不得行使表决权，股东也不得代理其他股东行使表决权，在章程中加以明确、具体规定，以免损害公司和其他股东利益。（2）限制控股股东所享有表决权的最高数额，防止控股股东利用资本多数表决制度，侵害少数股东的合法权益。（3）可以规定特定事项由特定类别的股东行使表决权。（所依据的是《公司法》第43条“股东会议事方式和表决程序，除本法有规定的外，由公司章程规定”）

3. 在章程中设定具体的“权利制衡”措施（依据《公司法》第48条）。比如：赋予董事长在出现表决僵局时以最终的决定权。又比如：规定董事会成员与股东会成员不得完全重合，在董事会出现表决僵局时将该事项提交股东会表决。再如：规定大股东应履行诚信义务，不得不正当侵害公司和其他少数股东利益，不得在合法形式的外表下进行实质违法行为，保障少数股东知情权和会议召集权。

4. 在章程中设定股东退出条款（依据《公司法》第71条）。可在章程中约定，当公司股东或董事之间发生分歧或纠纷，出现公司僵局时，由控股股东以合理的价格（协商或中介机构评估）购买相对方的股份，从而让弱势股东退出公司，以达到解决僵局之目的。

5. 在章程中对公司的解散进行合理规定（依据《公司法》第180条）。

对于预防“公司僵局”，通过在公司章程中制订相应的自治条款无疑将会起到一定的作用，但是，辩证法告诉我们，单纯地依赖于章程事先的预防也是不现实的。当公司僵局出现时，如果股东不按章程执行，即使公司章程设立了相应的解决僵局的条款，也将发挥不了实际作用，此时须启动司法救济程序，解散公司仍不失为打破公司僵局最彻底的方法。《公司法司法解释二》的出台也为打破公司僵局进一步提供了有利的法律途径。我们相信，随着公司投资者的法治意识不断增强，章程作为公司“宪法”的作用将会越来越大。①

【典型案例】

1. 林方清与常熟市凯莱实业有限公司、戴小明公司解散纠纷案

〔基本案情〕

原告林方清诉称：常熟市凯莱实业有限公司（简称凯莱公司）经营管理发生严重困难，陷入公司僵局且无法通过其他方法解决，其权益遭受重大损害，请求解散凯莱公司。

被告凯莱公司及戴小明辩称：凯莱公司及其下属分公司运营状态良好，不符合公司解散的条件，戴小明与林方清的矛盾有其他解决途径，不应通过司法程序强制解散公司。

法院经审理查明：凯莱公司成立于2002年1月，林方清与戴小明系该公司股东，各占50%的股份，戴小明任公司法定代表人及执行董事，林方清任公司总经理兼公司监事。凯莱公司章程明确规定：股东会的决议须经代表二分之一以上表决权的股东通过，但对公司增加或减少注册资本、合并、解散、变更公司形式、修改公司章程作出决议时，必须经代表三分之二以上表决权的股东通过。股东会会议由股东按照出资比例行使表决权。2006年起，林方清与戴小明两人之间的矛盾逐渐显现。同年5月9日，林方清提议并通知召开股东会，由于戴小明认为林方清没有召集会议的权利，会议未能召开。同年6月6日、8月8日、9月16日、10月10日、10月17日，林方清委托律师向凯莱公司和戴小明发函称，因股东权益受到严重侵害，林方清作为享有公司股东会二分之一表决权的股东，已按公司章程规定的程序表决并通过了解散凯莱公司的决议，要求戴小明提供凯莱公司的财务账册等资料，并对凯莱

① 张玲燕：“利用章程自治预防‘公司僵局’”，载《法治快报》2010年3月18日，第5版。

公司进行清算。同年6月17日、9月7日、10月13日，戴小明回函称，林方清作出的股东会决议没有合法依据，戴小明不同意解散公司，并要求林方清交出公司财务资料。同年11月15日、25日，林方清再次向凯莱公司和戴小明发函，要求凯莱公司和戴小明提供公司财务账册等供其查阅、分配公司收入、解散公司。

江苏常熟服装城管理委员会（简称服装城管委会）证明凯莱公司目前经营尚正常，且愿意组织林方清和戴小明进行调解。

另查明，凯莱公司章程载明监事行使下列权利：（1）检查公司财务；（2）对执行董事、经理执行公司职务时违反法律、法规或者公司章程的行为进行监督；（3）当董事和经理的行为损害公司的利益时，要求董事和经理予以纠正；（4）提议召开临时股东会。从2006年6月1日至今，凯莱公司未召开过股东会。服装城管委会调解委员会于2009年12月15日、16日两次组织双方进行调解，但均未成功。

〔裁判结果〕

江苏省苏州市中级人民法院于2009年12月8日以（2006）苏中民二初字第0277号民事判决，驳回林方清的诉讼请求。宣判后，林方清提起上诉。江苏省高级人民法院于2010年10月19日以（2010）苏商终字第0043号民事判决，撤销一审判决，依法改判解散凯莱公司。

〔裁判理由〕

法院生效裁判认为：首先，凯莱公司的经营管理已发生严重困难。根据《公司法》第一百八十三条[①]和最高人民法院《关于适用〈中华人民共和国公司法〉若干问题的规定（二）》（简称《公司法司法解释二》）第1条的规定，判断公司的经营管理是否出现严重困难，应当从公司的股东会、董事会或执行董事及监事会或监事的运行现状进行综合分析。“公司经营管理发生严重困难”的侧重点在于公司管理方面存有严重内部障碍，如股东会机制失灵、无法就公司的经营管理进行决策等，不应片面理解为公司资金缺乏、严重亏损等经营性困难。本案中，凯莱公司仅有戴小明与林方清两名股东，两人各占50%的股份，凯莱公司章程规定“股东会的决议须经代表二分之一以上表决权的股东通过”，且各方当事人一致认可该“二分之一以上”不包括本数。因此，只要两名股东的意见存有分歧、互不配合，就无法形成有效表决，显然影响公司的运营。凯莱公司已持续4年未召开股东会，无法形成有效股东会决议，也就无法通过股东会决议的方式管理公司，股东会机制已经失灵。执行董事戴小明作为互有矛盾的两名股东之一，其管理公司的行为，已无法贯彻股东会的决议。林方清作为公司监事不能正常行使监事职权，无法发挥监督作用。由于凯莱公司的内部机制已无法正常运行、无法对公司的经营作出决策，即使尚未处于

---

① 对应2014年新《公司法》第182条。

亏损状况，也不能改变该公司的经营管理已发生严重困难的事实。

其次，由于凯莱公司的内部运营机制早已失灵，林方清的股东权、监事权长期处于无法行使的状态，其投资凯莱公司的目的无法实现，利益受到重大损失，且凯莱公司的僵局通过其他途径长期无法解决。《公司法司法解释二》第5条明确规定了“当事人不能协商一致使公司存续的，人民法院应当及时判决”。本案中，林方清在提起公司解散诉讼之前，已通过其他途径试图化解与戴小明之间的矛盾，服装城管委会也曾组织双方当事人调解，但双方仍不能达成一致意见。两审法院也基于慎用司法手段强制解散公司的考虑，积极进行调解，但均未成功。

此外，林方清持有凯莱公司50%的股份，也符合《公司法》关于提起公司解散诉讼的股东须持有公司10%以上股份的条件。

综上所述，凯莱公司已符合公司法及《公司法司法解释二》所规定的股东提起解散公司之诉的条件。二审法院从充分保护股东合法权益，合理规范公司治理结构，促进市场经济健康有序发展的角度出发，依法作出了上述判决。

2. 仕丰科技有限公司与富钧新型复合材料（太仓）有限公司、第三人永利集团有限公司解散纠纷案

〔基本案情〕

上诉人（原审被告）：富钧新型复合材料（太仓）有限公司。

法定代表人：黄崇胜，该公司董事长。

被上诉人（原审原告）：仕丰科技有限公司（SHIN FENG TECHNOLOGY CO.，LTD）。

法定代表人：郑萍，该公司董事。

原审第三人：永利集团有限公司（WINNING GROUP LIMITED）。

法定代表人：黄崇胜，该公司董事。

〔基本案情〕

上诉人富钧新型复合材料（太仓）有限公司（以下简称富钧公司）因与被上诉人仕丰科技有限公司（以下简称仕丰公司）、原审第三人永利集团有限公司（以下简称永利公司）公司解散纠纷一案，不服江苏省高级人民法院于2011年5月26日作出的（2007）苏民三初字第3号民事判决，向本院提起上诉。本院受理后，依法组成合议庭，公开开庭审理了本案。上诉人富钧公司的委托代理人包忠华，被上诉人仕丰公司的原委托代理人朱小波、朱雷，原审第三人永利公司的委托代理人曹全南，到庭参加诉讼。2012年3月22日，本院收到仕丰公司从境外寄交并已依法办理公证认证手续的授权委托书，终止对朱小波、朱雷的授权，并重新委托于云斌及张博钦担任该公司的委托代理人。本案现已审理终结。

仕丰公司向原审法院起诉称：富钧公司注册资本1000万美元，永利公司占40%

的出资比例，仕丰公司占60%的出资比例。2004 年 4 月 28 日，在仕丰公司缺席情况下，永利公司假冒仕丰公司董事签名，伪造董事会决议，单方修改章程，确定“董事长由乙方（即永利公司）委派”，以虚假材料报批并进行了变更登记。永利公司通过欺诈手段，使得其委派的董事黄崇胜“合法”地通过董事长地位控制富钧公司，将仕丰公司委派董事排挤出富钧公司，并与其关联公司恶意交易，严重损害富钧公司大股东利益。富钧公司长期不召开董事会，未向仕丰公司通报经营及财务状况，永利公司又拒绝仕丰公司关于纠正公司治理结构的合理主张，仕丰公司作为股东所享有的资产收益、参与重大决策和选择管理者的权利完全落空。仕丰公司认为，富钧公司股东间的利益冲突和矛盾，使得富钧公司的运行机制完全失灵，作为权力机构的董事会无法对富钧公司的任何事项作出决议，公司运行陷入僵局，经营管理发生严重困难，导致富钧公司及大股东合法利益受到严重侵害，符合《中华人民共和国公司法》（以下简称公司法）第一百八十三条①规定的情形。请求判令解散富钧公司并由富钧公司承担案件受理费。

富钧公司答辩称：仕丰公司所称永利公司假冒仕丰公司董事签名，伪造董事会决议等情况均非事实。永利公司与仕丰公司合作成立富钧公司后，实际上运作均由仕丰公司委派的董事张博钦进行，黄崇胜虽是董事长但不参与经营。2005 年 4 月 7 日，张博钦擅离职守，黄崇胜才接手经营管理到现在。黄崇胜一直要求仕丰公司委派董事张博钦回来履职，召开董事会，但其从来没有回富钧公司履行义务，不能召开董事会以及股东之间的矛盾是由仕丰公司引起的。富钧公司并未出现公司僵局，更没有出现经营管理严重困难，公司一直在正常发展，且发展势头很好。仕丰公司委派的董事张博钦在山东成立了与富钧公司经营同种产品的济南同镒节能材料有限公司（以下简称同镒公司）。仕丰公司提出诉讼就是为了解散富钧公司，以达到其所成立的同镒公司独占市场的目的。请求驳回仕丰公司诉讼请求。

永利公司陈述称：同意富钧公司的意见。

原审法院经审理查明：2002 年 11 月 27 日，萨摩亚 PEREZ LIMITED 有限公司发起设立外商独资企业贝克莱新型复合材料（太仓）有限公司（以下简称贝克莱公司），注册资本 105 万美元。2004 年 4 月 28 日，贝克莱公司因股东资本金没有到位，通过董事会决议决定将该公司所有股份转让给永利公司，并接纳仕丰公司作为贝克莱公司投资者并追加投资；重新任命黄崇胜为贝克莱公司董事长，郑素兰、张博钦为贝克莱公司董事；同时要求进行章程变更并经投资方确认通过后，报原审批部门审批登记。

贝克莱公司工商登记中 2004 年 4 月 28 日的公司章程载明：永利公司与仕丰公司共同投资贝克莱公司并追加投资。追加投资后公司注册资本 1000 万美元，其中永利

---

① 对应 2014 年新《公司法》第 182 条。

公司出资额400万美元（现汇40万美元，机器设备折价360万美元），占40%的出资比例，仕丰公司出资额600万美元（现汇60万美元，机器设备折价540万美元），占60%的出资比例。章程第十七条规定公司设立董事会，董事会是公司的最高权力机构。第二十一条规定董事会由三名董事组成，仕丰公司委派两名，永利公司委派一名，董事长由永利公司委派。第二十三条规定董事会实行例行会议及临时会议制度，例行会议在年度结束以内举行，临时会议在认为必要的时候举行。第二十四条规定董事会会议由董事长召集并主持，当董事长缺席时可由其委托人主持。第二十五条规定董事会会议必须由全体董事出席。董事因故不能出席董事会会议，可以书面委托代理人出席。第二十六条规定董事会会议每年召开一次，经三分之一董事提议可召开临时会议。董事会书面决议和董事会的议事记录由出席会议的董事全体签名，并由公司保存。第二十七条规定公司设经营管理机构，下设生产、技术、销售、财务、行政等部门，并设总经理一名，由仕丰公司推荐。总经理执行董事会的各项决议，行使公司日常经营管理业务。时任仕丰公司法定代表人郑素兰在章程上签字并加盖印章，永利公司法定代表人黄崇胜在章程上签字。

2004年5月12日，太仓市对外贸易经济合作局批复同意贝克莱公司股东变更、增资、董事会变更和章程变更。贝克莱公司办理了相应的工商变更登记手续，黄崇胜担任贝克莱公司董事长，郑素兰、张博钦担任董事，聘请张博钦担任总经理。仕丰公司否认郑素兰在公司章程等上的签名及签章，同时称不知道公司董事会成员的组成结构。

贝克莱公司工商登记手续变更后，张博钦担任总经理并负责贝克莱公司的筹建和生产经营。2004年8月1日，怡球金属（太仓）有限公司（以下简称怡球公司）与贝克莱公司签署厂房租赁合同一份，约定贝克莱公司租赁怡球公司厂房4700平方米，每月租金人民币79 900元。同日签订的补充协议约定，贝克莱公司分五年每季度向怡球公司支付电力开户增容费人民币6万元，共计支付人民币120万元。2004年10月，贝克莱公司正式投产运营，并经董事会决议，报太仓市对外贸易经济合作局批复同意后，于2004年11月23日经工商机关变更名称，贝克莱公司更名为富钧公司。

2005年4月7日，仕丰公司和永利公司因对富钧公司治理结构、专利技术归属、关联交易等方面发生争议，总经理张博钦离开富钧公司，此后富钧公司由董事长黄崇胜进行经营管理至今。富钧公司总经理张博钦离职后，为了解决富钧公司经营管理问题，仕丰公司和永利公司及富钧公司通过各自律师进行大量函件往来，沟通召开董事会事宜，最终于2006年3月31日召开了富钧公司第一次临时董事会，黄崇胜、张博钦（同时代理郑素兰）参加会议，但董事会未形成决议。此后仕丰公司和永利公司对富钧公司的治理等问题进行书面函件交流，但未能达成一致意见，董事会也未能再次召开。

2005年4月15日，怡球公司以富钧公司拖欠租金、水电费、电力增容费为由诉至江苏省太仓市人民法院。2005 年 5 月 9 日，江苏省太仓市人民法院以（2005）太民一初字第 0745 号民事判决判令富钧公司向怡球公司支付相关费用及逾期利息共计人民币 399 904.73 元。

2006 年 12 月 18 日，经昆山公信会计师事务所有限公司验资，截至 2005 年 3 月 14 日，富钧公司共实收资本 8 899 945 美元，其中永利公司以机器设备出资 360 万美元，仕丰公司以机器设备出资 500 万美元，现汇出资 299 945 美元。富钧公司历年来的经营状况为：2004 年 10－12 月销售收入人民币 464 万元，净利润人民币－140 万元，固定资产折旧人民币 102 万元；2005 年销售收入人民币 669 万元，净利润人民币－833 万元，固定资产折旧人民币 703 万元；2006 年销售收入人民币 909 万元，净利润人民币－792 万元，固定资产折旧人民币 701 万元；2007 年销售收入人民币 1036 万元，净利润人民币－613 万元，固定资产折旧人民币 571 万元；2008 年销售收入人民币 734 万元，净利润人民币－627 万元，固定资产折旧人民币 556 万元；2009 年销售收入人民币 804 万元，净利润人民币－478 万元，固定资产折旧人民币－446 万元；2010 年 1～6 月销售收入人民币 359 万元，净利润人民币－350 万元，固定资产折旧人民币 280 万元。

2004 年 7 月 28 日，COMPOS 国际股份有限公司成立外商独资企业同镒公司，张博钦任公司董事长兼总经理。该公司生产产品与富钧公司相同。2008 年 3 月，富钧公司以张博钦、同镒公司为被告向山东省济南市中级人民法院提起损害公司利益赔偿纠纷案，该案尚未审结。

在审理本案过程中，原审法院以维持富钧公司存续为目标进行了多轮调解工作，首先要求三方当事人围绕改进和重构富钧公司治理结构进行磋商，力求建立各方均能接受的公司经营管理的方式。虽然三方当事人提出了许多建设性意见，但因无法建立信任关系而未能达成共同经营管理公司的方案。其次要求三方当事人围绕单方股东退出公司进行磋商，因股权收购的价格无法达成一致，未能实现单方股东转让股权、退出公司经营管理的目标。

〔一审裁判理由与结果〕

原审法院审理认为：（一）关于法律适用问题。根据《中华人民共和国涉外民事关系法律适用法》第 14 条规定，法人及其分支机构的民事权利能力、民事行为能力、组织机构、股东权利义务等事项，适用登记地法律。本案性质为公司解散纠纷，是公司股东基于行使股东权利而提起的变更之诉。被请求解散的富钧公司是外商投资企业，登记注册地在中华人民共和国，属于中国企业法人，依法应适用富钧公司登记地中华人民共和国法律作为解决纠纷的准据法。同时，各方当事人当庭明确表示选择适用中华人民共和国法律，当事人意思表示一致。因此，该院确定中华人民共和国法律作为解决本案纠纷的准据法。

（二）关于富钧公司是否符合公司法第一百八十三条规定的司法解散公司条件。

首先，仕丰公司具备提起解散公司诉讼的主体资格。公司法第一百八十三条规定持有公司全部股东表决权百分之十以上的股东才具有提起解散公司诉讼的主体资格。本案中仕丰公司占有富钧公司60%股权，其单独股东表决权已经超过了全部股东表决权的百分之十。

其次，富钧公司经营管理确实发生严重困难。经营管理严重困难是有限责任公司陷入僵局的第一个要件。所谓公司僵局，是指在公司内部治理过程中，公司因股东间或公司管理人员之间的利益冲突和矛盾，一切决策和管理机制均陷入瘫痪，股东大会或董事会由于对方的拒绝参加而无法召集，任何一方的提议都不被其他方接受或认可，或者即使能够举行会议，也因各方成员持有不同的见解，而无法通过任何决议的一种状态。本案中，富钧公司经营管理已经发生严重困难。一是富钧公司的最高权力机构董事会长期无法履行职能。自2005年4月7日富钧公司总经理张博钦离开公司之后，富钧公司仅于2006年3月31日召开过一次未能做出决议的临时董事会，董事会在长达六年多时间内未能履行章程规定的职能。二是公司董事冲突长期无法解决。富钧公司董事、总经理张博钦因在公司治理结构、关联交易等方面与董事长黄崇胜发生争议，自行离开公司后，数年来富钧公司三个董事均通过律师进行函件往来，但并未能就解除公司经营管理的分歧达成一致，冲突始终存在。同时张博钦就任同镒公司法定代表人后，又引发富钧公司诉张博钦损害公司利益诉讼，使得各方的冲突加剧。三是公司章程规定的公司经营管理模式成为空设。富钧公司章程中规定总经理执行董事会的各项决议，行使公司的日常经营管理业务。张博钦作为富钧公司聘用的总经理长期不进行公司经营管理，公司由一方股东委派的董事长一人进行管理，使公司章程规定的公司治理结构成为空设。

第三，公司继续存续会使公司股东权益受到重大损失。一方面从富钧公司的经营状况来看，股东的投资长期未能获得回报。富钧公司自成立开始至今一直处于亏损状态，虽然在黄崇胜长达六年的单方经营管理中，富钧公司的亏损在逐年减少，但始终未能实现扭亏为盈，已经造成股东经济利益的重大损失。另一方面从富钧公司的管理来看，现代公司治理结构未能发挥有效作用。由于双方股东的冲突始终不能得到解决，富钧公司一直由永利公司委派的董事长单方进行管理，作为公司的大股东仕丰公司却游离于公司之外，不能基于其投资享有适当的公司经营决策、管理和监督的股东权利，其股东权益受到重大损失。

第四，经过多方努力无法解决公司僵局。富钧公司股东间发生冲突后，双方股东均通过多种途径力图化解纠纷，但均未能成功。一方面股东双方自行进行沟通协调。股东双方均委托律师参与双方纠纷的处理，在长达两年多的时间里，进行了十多次往来函件的沟通，并且召开了一次临时董事会，但对分歧事项未能达成共识。另一方面在提起诉讼之后，在人民法院的主持下，三方进行了多轮的调解，从重新建立富钧公司新的公司治理结构到股东转让股权单方退出，股东各方均提出解决方案，但均未能达成意见一致的调解协议。

第五，富钧公司、永利公司抗辩事由不能成立。1. 关于股东之间的矛盾是由仕丰公司引起，富钧公司不能解散的抗辩事由。有限责任公司除资合性特征之外还具有较强的人合性，股东通常既是公司的投资者又是公司的经营管理者，股东之间的信任与合作是公司正常经营的重要基础。从有限责任制度产生以来，为确保公司稳健经营，公司运行始终体现资本民主的“股份多数决”原则。当股东之间丧失了彼此间的信任发生公司僵局时，一方股东控制着公司的经营权和财产权，对其他股东存在事实上的强制和严重的不公平，事实上剥夺了其他股东基于投资股份所享有的合法经营管理权利，是公司符合司法解散的条件之一。富钧公司的僵局起始于2005年4月7日张博钦离开公司，原因是股东双方在公司治理结构的安排、专利权归属、公司关联交易等问题发生分歧后，股东双方之间逐步丧失了共同经营管理公司的信任基础，从而产生了公司僵局。仕丰公司认为永利公司伪造董事会决议修改公司章程从而占据公司董事长位置，理由是公司章程上签名和签章非其法定代表人所为，但在公司章程修订后，仕丰公司委派的张博钦长期担任贝克莱公司总经理负责经营管理，并修改章程将公司名称变更为富钧公司，故仕丰公司的单方否认还不足以证明永利公司伪造董事会决议章程的事实。虽然仕丰公司对永利公司产生不信任的理由不一定成立，但公司是否能够解散取决于公司是否存在僵局，而不取决于僵局产生的原因和责任。因此，富钧公司、永利公司关于矛盾由仕丰公司引起而不能解散公司的抗辩理由缺乏法律依据，该院不予采纳。2. 关于仕丰公司恶意诉讼，企图独占市场，不应解散公司的抗辩事由。同镒公司是由COMPOS国际股份有限公司成立的外商独资企业，富钧公司、永利公司未能举证证明同镒公司与仕丰公司存在关联关系。张博钦虽然是仕丰公司委派到富钧公司的董事，但在缺乏其他证据印证的情形下，张博钦到同镒公司担任董事长并不能当然视为代表仕丰公司。因此，富钧公司、永利公司关于仕丰公司恶意诉讼、企图独占市场的抗辩主张缺乏事实依据，该院不予采信。至于张博钦作为富钧公司高管人员是否应当承担损害公司权益的责任，应当在富钧公司诉张博钦、同镒公司损害公司利益赔偿纠纷案中处理，本案对此不予理涉。即使本案依法判决富钧公司解散，也不影响其在该案中的诉讼主体资格。

综上，富钧公司经营管理发生严重困难，继续存续会使股东利益受到重大损失，且通过其他途径也无法解决，故对持有公司全部股东表决权60%的仕丰公司提出解散富钧公司的请求，依法予以准许。该院依照《中华人民共和国涉外民事关系法律适用法》第14条，《中华人民共和国民事诉讼法》第一百二十八条①，公司法第一百

① 对应2014年新《公司法》第142条。

八十三条①、第二百一十八条②，最高人民法院《关于适用〈中华人民共和国公司法〉若干问题的规定（二）》（以下简称《公司法司法解释（二）》）第一条的规定，判决解散富钧公司，一审案件受理费人民币422 865元由富钧公司负担。

〔当事人上诉及答辩意见〕

富钧公司不服原审判决，向本院提起上诉称：（一）原审判决查明事实有误。1. 原审判决对仕丰公司委派董事兼总经理张博钦离开富钧公司的原因认定有误。张博钦于2005年4月7日离开富钧公司，真实原因是其违反公司高管忠诚禁止义务，担任同镒公司的法定代表人及执行董事，生产销售与富钧公司同类的产品，挤占富钧公司市场，损害富钧公司利益。永利公司和仕丰公司不存在公司治理结构上的争议，也未产生专利科技归属、关联交易等方面的争议。2. 富钧公司经营管理没有发生严重困难。富钧公司的产品建筑浪板是在中国大陆刚起步的环保产品，市场前景良好。富钧公司营业额逐年扩大，财务报表反映亏损，是由于机器设备估值过高，折旧金额较大所致，目前经营管理秩序良好，亏损额逐年减少，公司正向扭亏转盈的方向过渡。3. 富钧公司董事会的僵局是仕丰公司单方人为因素造成的。张博钦擅自离开富钧公司后，接到富钧公司召开董事会通知，故意不参会，制造公司僵局。仕丰公司通过司法途径解散公司的目的在于使富钧公司不复存在，从而独占市场份额。（二）原审判决适用法律错误。《公司法》第一百八十三条的立法目的是为了给公司僵局困境中的无辜者和受害者提供最后救济措施。如果允许对形成僵局的过错股东通过诉讼解散公司，将对无辜股东形成二次损害，与该条的立法目的相悖。仕丰公司可以选择重新指派董事、委派总经理继续合资经营事宜，也可以协商股权转让，启动退出机制，或通过竞价确定公司归属，但其只选择公司解散，将造成富钧公司股东权益受损、设备搁置、员工失业，不利于资源效用和社会稳定。仕丰公司滥用权利、恶意诉讼的行为，不应得到支持。请求判令：撤销原审判决，改判驳回仕丰公司的诉讼请求。

仕丰公司答辩称：（一）原审判决查明事实清楚。富钧公司自2005年4月至今，董事长期冲突，逾六年无法召开股东会及董事会，无法形成有效的股东会或董事会决议，公司经营发生严重困难。富钧公司自2005年永利公司完全独立实际控制公司后，经营状况每况愈下，亏损严重，股东利益持续遭受重大损失。（二）原审判决适用法律正确。纷争发生后，富钧公司股东通过双方委派的董事以及律师探讨一方退出的解决方法，原审法院也组织了多轮多层面的调解，但因股东间的成见及分歧无法达成一致。原审法院判决解散公司是慎重的。公司解散后可能导致职工的辞退及再就业等，依照公司法、劳动法等法律存在依法救济的空间，不能成为维持公司现状的理由。综上，请求驳回上诉，维持原判。

---

① 对应2014年新《公司法》第182条。

② 对应2014年新《公司法》第217条。

永利公司陈述称：同意富钧公司的意见。

二审期间，富钧公司提交了山东省济南市中级人民法院（2008）济民四初字第19号民事判决和山东省高级人民法院（2011）鲁民四终字第181号民事判决，各方当事人对上述判决的真实性没有异议，本院予以确认。

〔最高人民法院查明的事实〕

原审查明事实属实，最高人民法院予以确认。

最高人民法院另查明：山东省济南市中级人民法院于2011年7月6日对富钧公司诉张博钦、同镒公司损害公司权益纠纷一案作出（2008）济民四初字第19号民事判决，认定同镒公司与富钧公司主要产品相同，属同类经营，张博钦系富钧公司高级管理人员，其担任同镒公司执行董事、法定代表人和总经理职务，构成对富钧公司竞业禁止义务的违反，富钧公司有权行使公司归入权，判决：一、张博钦、同镒公司于判决生效之日起两个月内到工商管理机关办理张博钦不再担任同镒公司执行董事、法定代表人、总经理职务的工商登记变更手续；二、张博钦于判决生效之日起十日内赔偿富钧公司经济损失人民币10万元；三、驳回富钧公司其他诉讼请求。张博钦不服上述判决，向山东省高级人民法院提起上诉，山东省高级人民法院于2012年2月24日作出（2011）鲁民四终字第181号民事判决，驳回上诉，维持原判。

又查：永利公司和仕丰公司未签订合营合同，但签订了富钧公司章程。章程第十八条规定："董事会决定公司的一切重大事宜，其职权主要如下：1. 公司章程的修正；2. 公司的中止、解散或与其他经济组织合并；3. 公司注册资本金的增加或减少，公司资产全部或部分转让，股权增加和转让及公司其他重大决议，应由永利公司和仕丰公司双方同意，方可变更；4. 决定年度生产计划、销售计划、发展计划；5. 年度的财务预算、决算、会计报告的认可；6. 年度的财务预算盈利和亏损的处理方法；7. 讨论通过公司的重要规章制度；8. 总经理的年度经营报告的审核及认可；9. 总经理提出议案的审议和决议；10. 总经理及其他经理级（含）以上高级职员的任免；11. 负责公司终止和期满的清算工作"第十九条规定："第十八条之各条款内容，须经全体董事同意才能生效。"

二审审理过程中，本院以维持富钧公司存续为目标进行了多轮调解工作。鉴于永利公司和仕丰公司已丧失共同经营管理公司的信任基础，调解主要围绕一方股东退出富钧公司的方案进行协商。调解过程中，富钧公司提交至2011年10月31日的资产负债表，显示实收资本人民币76 972 153.35元，未分配利润人民币－40 814 925.41元，所有者权益年初数人民币36 157 227.94元，所有者权益期末数人民币31 909 051.91元。在富钧公司披露的资产负债表信息基础上，仕丰公司和永利公司同意由仕丰公司受让永利公司持有的40%股权，并对股权转让价格基本达成一致意见。然而，由于该两方股东对于调解协议的具体条款包括股权收购前富钧公司是否应向仕丰公司全面公开财务和经营信息、富钧公司如存在披露的资产负债表以外的债务时永利公司是否应承担保证责任等事宜，未能协商一致，最终未达成使富钧公司存续的调解协议。

〔最高人民法院裁判理由与结果〕

最高人民法院认为，本案系公司解散纠纷，被请求解散的富钧公司是由两名外国投资者在中华人民共和国境内以有限责任公司形式设立的外资企业，根据公司法第二条以及第二百一十八条的规定，在中国境内设立的公司之解散纠纷应当适用中国法律。各方当事人对本案应适用中国法律解决争议均无异议，本院予以确认。由于《中华人民共和国外资企业法》以及《中华人民共和国外资企业法实施细则》没有对股东请求人民法院解散公司的情形作出具体规定，根据公司法第二百一十八条①"外商投资的有限责任公司和股份有限公司适用本法"的规定，本案应当根据公司法第一百八十三条以及《公司法司法解释（二）》的规定审查仕丰公司请求解散富钧公司的主张能否成立。

公司法第一百八十三条规定："公司经营管理发生严重困难，继续存续会使股东利益受到重大损失，通过其他途径不能解决的，持有公司全部股东表决权百分之十以上的股东，可以请求人民法院解散公司。"《公司法司法解释（二）》第 1 条第 1 款规定："单独或者合计持有公司全部股东表决权百分之十以上的股东，以下列事由之一提起解散公司诉讼，并符合公司法第一百八十二条规定的，人民法院应予受理：（一）公司持续两年以上无法召开股东会或者股东大会，公司经营管理发生严重困难的；（二）股东表决时无法达到法定或者公司章程规定的比例，持续两年以上不能做出有效的股东会或者股东大会决议，公司经营管理发生严重困难的；（三）公司董事长期冲突，且无法通过股东会或者股东大会解决，公司经营管理发生严重困难的；（四）经营管理发生其他严重困难，公司继续存续会使股东利益受到重大损失的情形。"上述规定既是公司解散诉讼的立案受理条件，同时也是判决公司解散的实质审查条件。

首先，关于富钧公司是否经营管理发生严重困难。公司经营管理严重困难包括两种情况：一是公司权力运行发生严重困难，股东会、董事会等权力机构和管理机构无法正常运行，无法对公司的任何事项作出任何决议，即公司僵局情形；二是公司的业务经营发生严重困难，公司经营不善、严重亏损。如公司仅业务经营发生严重困难，不存在权力运行严重困难的，根据《公司法司法解释（二）》第 1 条第 2 款的规定，不符合公司法第一百八十三条的解散公司条件。

本案中，根据富钧公司章程第十七条、第二十一条的规定，富钧公司董事会是公司最高权力机关，仕丰公司和永利公司均以委派董事的形式对富钧公司进行经营管理，即由董事会直接行使董事会和股东会的双重职能。同时，根据富钧公司章程

---

① 对应 2014 年新《公司法》第 217 条。

第十九条的规定，生产销售计划、财务预算决算方案、财务决算盈利和亏损的处理方法、经理级以上高级职员的任免等公司经营管理事项均需要全体董事同意才能生效。富钧公司治理结构由股东特别约定而实行的严格一致表决机制，使得人合性成为富钧公司最为重要的特征。自2005年4月起，永利公司和仕丰公司因富钧公司的厂房租赁交易、公司治理结构安排、专利权许可使用等问题发生了实质分歧，股东之间逐渐丧失了信任和合作基础。富钧公司董事会不仅长期处于无法召开的状态，而且在永利公司和仕丰公司各自律师的协调下召开的唯一一次临时董事会中，也因为双方股东存在重大分歧而无法按照章程规定的表决权比例要求形成董事会决议。富钧公司权力决策机制长期失灵，无法运行长达七年时间，属于《公司法司法解释(二)》第一款第（一）（二）项规定的经营管理严重困难的公司僵局情形。

其次，关于公司解散是否应当考虑公司僵局产生的原因以及过错。富钧公司上诉认为，仕丰公司委派的董事张博钦擅自离职，不参加董事会会议，人为制造公司僵局，损害富钧公司利益，法院不应支持仕丰公司具有恶意目的的诉讼；仕丰公司则抗辩认为永利公司以欺诈方式取得董事长职位而导致公司僵局。本院认为，公司能否解散取决于公司是否存在僵局以及是否符合公司法第一百八十三条规定的实质条件，而不取决于公司僵局产生的原因和责任。公司法第一百八十三条没有限制过错方股东解散公司，因此即使一方股东对公司僵局的产生具有过错，其仍然有权依据该条规定，请求解散公司。本案中仕丰公司提出解散富钧公司的背景情况为，富钧公司已陷入公司僵局并由永利公司单方经营管理长达七年，仕丰公司持有60%的股份，其行使请求司法解散公司的诉权，符合公司法第一百八十三条的规定，不属于滥用权利、恶意诉讼的情形。至于仕丰公司委派的董事张博钦，是否存在违反董事竞业禁止义务的过错行为、应否承担赔偿富钧公司损失的民事责任，由富钧公司通过另案解决，与本案无涉。

其三，关于富钧公司继续存续是否会使股东利益受到重大损失。从富钧公司经营情况看，富钧公司僵局形成后，公司经营即陷入非常态模式，在永利公司单方经营管理期间，富钧公司业务虽然没有停顿，但持续亏损，没有盈利年度，公司经营能力和偿债责任能力显著减弱，股东权益已大幅减损至不足实收资本的二分之一。富钧公司关于其生产经营正常，亏损额正在减少，有望扭亏转盈的上诉理由没有充分证据证明，本院不予采信。另从富钧公司注册资本到位情况看，仕丰公司和永利公司至今均未足额出资，在双方股东不愿意共同经营富钧公司、冲突对立无法调和的情况下，富钧公司注册资本难以充实，无法实现预期的经营目的。综合上述情况，富钧公司不仅丧失了人合基础，权力运行严重困难，同时业务经营也处于严重困难状态，继续存续将使股东利益受到重大损失。

其四，关于替代解决途径的可行性。《公司法司法解释（二）》第五条第一款规定：“人民法院审理解散公司诉讼案件，应当注重调解。当事人协商同意由公司或者股东收购股份，或者以减资等方式使公司存续，且不违反法律、行政法规强制性规定的，人民法院应予支持。当事人不能协商一致使公司存续的，人民法院应当及时判决。”公司僵局并不必然导致公司解散，司法应审慎介入公司事务，凡有其他途径能够维持公司存续的，不应轻易解散公司。然而本案经过一、二审法院多轮的调解，永利公司和仕丰公司始终不能就转让股权、公司回购或减资等维系富钧公司存续的解决方案达成合意。尤其是在二审调解过程中，仕丰公司愿意受让永利公司股权，使富钧公司存续，其与永利公司就股权转让价格亦基本达成一致，但由于富钧公司不愿意全面公开在永利公司单方经营期间的经营状况和对外债务，故最终未能达成调解协议。公司法没有确立解决公司僵局的其他替代性救济措施，现富钧公司的持续性僵局已经穷尽其他途径仍未能化解，如维系富钧公司，股东权益只会在僵持中逐渐耗竭。相较而言，解散富钧公司能为双方股东提供退出机制，避免股东利益受到不可挽回的重大损失。

综上所述，富钧公司经营管理发生严重困难，继续存续会使股东利益受到重大损失，通过其他途径不能解决，仕丰公司作为持有60%股份的股东，提出解散富钧公司的请求，符合公司法第一百八十三条的规定，应予准许。富钧公司的上诉理由不能成立，应予驳回。原审判决认定事实清楚，适用法律正确，处理结果并无不当，应予维持。本院根据《中华人民共和国民事诉讼法》第一百五十三条第一款第（一）项①之规定，判决如下：

驳回上诉，维持原判。

二审案件受理费人民币422865元，由富钧新型复合材料（太仓）有限公司负担。

本判决为终审判决。

---

① 对应2012年新《民事诉讼法》第170条。

第十六章　公司清算

规则19：有限责任公司的股东、股份有限公司的董事和控股股东，应当依法在公司被吊销营业执照后履行清算义务

——上海存亮贸易有限公司与蒋志东、王卫明等买卖合同纠纷案[①]

【裁判规则】

有限责任公司的股东、股份有限公司的董事和控股股东，应当依法在公司被吊销营业执照后履行清算义务，不能以其不是实际控制人或者未实际参加公司经营管理为由，免除清算义务。

【规则理解】

一、清算义务人的内涵

（一）清算义务人定义

所谓清算义务人，是指基于其与公司之间存在的特定法律关系而在公司解散时对公司负有依法组织清算义务，并在公司未及时清算给相关权利人造成损害时依法承担相应责任的民事主体。[②]

（二）清算义务人与清算人的关系

清算义务人与清算人是两个不同的法律概念，清算义务人是公司解散时依法承担组织公司清算、启动公司清算程序的义务主体。清算人是公司解散后接管公司财产、具体执行公司清算事务的主体。清算人在我国又称清算组、清算组织。由于我国企业清算制度法律体系较为零散，在对清算组概念的使用上多个不同称谓并存。《民法通则》、《民事诉讼法》等法律称为清算组织，《外商投资企业清算办法》称为清算委员会，《合伙企业法》、《个人独资企业法》等称为清算人。关于称谓问

---

① 《最高人民法院指导案例9号》，最高人民法院审判委员会讨论通过2012年9月18日发布。

② 最高人民法院民事审判第二庭编著：《最高人民法院关于公司法司法解释（一）、（二）理解与适用》，人民法院出版社2008年版，第334页。

题，清算组织、清算委员会、清算组、清算人等均在一定意义上强调了清算组织的团体性和机构性，尽管称谓有所不同，但在实质意义上，这些不同的术语指代的是同一个法律群体，其内涵、作用等基本相同，都可以统称为清算组织。清算人主要是外国地区立法上使用的术语，我国立法中除《个人独资企业法》、《合伙企业法》外很少使用，但我国与公司法相关的许多理论著作中，大都使用了清算人这一表述。且一般认为，清算人既可以指清算组织本身也可以指清算组织成员，因此，本文中为行文方便使用清算人一语。

清算义务人与清算人两个概念表面上看似相同，实质上却相差甚远。当然这里需要强调的是，在清算人与清算义务人两个概念同时提及时，清算人这一概念仅指大陆地区所使用的狭义的清算人概念而不同与境外立法中涵盖法定清算人、章定清算人等所有概念的清算人的总称。狭义的清算人，又叫清算组，指清算中公司之执行清算事务及代表公司之法定必备机关。两种主体从产生方式、所处程序阶段、主体范围、所负义务性质、职务以及违反职责后所承担的责任都有很大的差别。

第一，产生方式不同：清算义务人源于法律的直接规定，而清算人源于公司的委任，在强制清算情形下也可能源于法院的指定。第二，所处程序阶段不同：清算义务人所处阶段是公司解散事由发生后到公司清算开始日之前，而清算人是在公司清算程序启动之后才开始履行职责。第三，主体范围不同：清算义务人的范围是由法律直接规定的，主要限于公司的负责人[①]。有关清算人的范围，《公司法司法解释二》第 8 条第 2 款规定："清算组成员可以从下列人员或者机构中产生：（一）公司股东、董事、监事、高级管理人员；（二）依法设立的律师事务所、会计师事务所、破产清算事务所等社会中介机构；（三）依法设立的律师事务所、会计师事务所、破产清算事务所等社会中介机构中具备相关专业知识并取得执业资格的人员。"也就是说，清算组成员不仅可以是公司内部人员，还可以包括公司外部中介服务机构及其人员，范围较广。第四，所负义务性质不同：清算义务人所承担的依法组织清算义务是法定义务；而清算人是基于和公司签订的委任合同就任的，其承担的义务在性质上属约定义务。第五，职务内容不同：清算义务人的主要义务就是组织清算组，启动清算程序，而不负责公司清算程序开始后的具体清算事务。而清算人从地位上看，相当于公司解散之前的董事会；从权限上讲，是在清算事务范围

① "公司负责人"是台湾地区"公司法"上的概念。根据台湾地区"公司法"第 8 条，公司负责人分为当然负责人和职务范围内之负责人。当然负责人，是指公司法定必备之业务执行机关或代表机关。在无限公司、两合公司为执行业务或者代表公司之股东；在有限公司、股份有限公司为董事。职务范围内之公司负责人，是指公司之经理人。

内行使董事会职权。清算人之职务主要包括：“了结债务，收取债权，清偿债务，分派剩余财产。”[①] 第六，承担的民事责任不同：清算义务人在不履行或者不适当履行法定义务造成债权人损失的情况下，要对债权人就公司债务承担连带责任；而清算人尤其是公司外部清算人却不会成为公司债务的承担者。

清算义务人和清算人的联系主要体现在人员交叉方面。清算义务人有时和清算人存在交叉，如作为清算义务人的公司董事有时可能是清算人。

二、公司清算义务人的主体范围

根据我国《公司法》第183条的规定：“公司因《公司法》第一百八十条第（一）项、第（二）项、第（四）项、第（五）项规定而解散的，应当在解散事由出现之日起十五日内成立清算组，开始清算……”但是对于由谁来具体组织成立清算组并没有明确，也就是说对清算义务人没有明确。公司法第183条接下来的规定，仅明确了清算组的组成人员和逾期不成立清算组时债权人可以申请人民法院强制清算，即有限责任公司的清算组由股东组成，股份有限公司的清算组由董事或股东大会确定的人员组成。逾期不成立清算组进行清算的，债权人可以申请人民法院指定有关人员组成清算组进行清算。人民法院应当受理该申请，并及时组织清算组进行清算。

《公司法》第183条并没有明确规定具体义务的承担者，由于组织清算是公司的法定义务，在实践中该义务由谁承担经常产生争议，如果笼统地认为公司的股东、董事、监事、经理、高级管理人员等都有组织清算组进行清算的义务，显然过于宽泛。目前，实践中又大量存在公司解散后应当清算而不清算，甚至故意借解散之机逃废债务的情形，严重损害债权人利益并危害市场经济秩序。为此，《公司法司法解释二》根据公司法的立法精神并结合审判实践，在第18条中将有限责任公司的股东、股份有限公司的董事和控股股东明确为公司的法定清算义务人。据此，公司除因合并或者分立需要解散的情况外，因其他法定事由解散的，清算义务人应当在法定期限内组织清算组开始清算。公司解散后自行组织清算组进行清算时，有限责任公司的清算组由股东组成，即有限责任公司的清算义务人为公司全体股东；股份有限公司的清算组由董事或者股东大会确定的人员组成，即股份有限公司的清算义务人为公司全体董事和股东大会。

对于有限责任公司而言，通常情况下股东人数较少，且人合性较强，《公司法》第183条规定将有限责任公司全体股东界定为公司解散后的清算义务人，由其组织

---

① 柯芳枝：《公司法论》，中国政法大学出版社2004年版，第506页。

清算组进行清算具有合理性和可操作性，实践和理论上也没有什么争议。

对于股份有限公司而言，尤其是公众性的上市公司，由于股东一般人数众多，且流动性较大，要求全部股东作为清算义务人承担公司解散后的组织清算义务，既不现实，也不公平。特别是股份有限公司众多的小股东，他们往往不能参与公司经营管理，谈不上侵害债权人的利益问题，甚至他们自身的利益也常常受到大股东的侵害，因此，让小股东承担清算义务也有失公允。在域外立法上，多以董事会作为清算义务人。如俄罗斯民法典第 61 条、德国民法典第 48 条、日本民法典第 74 条，均规定由董事会成员作为公司解散后的清算义务人。结合《公司法》第 183 条“股份有限公司的清算组由董事或股东大会确定的人员组成”的规定，《公司法司法解释二》第 18 条将股份有限公司的董事界定为公司解散后的清算义务人，既符合股份有限公司经营管理的实际状况，又与国际通行作法一致。

根据《公司法》第 183 条的规定，股份有限公司的股东大会负有在公司解散后及时确定有关人员组成清算组对公司进行清算的义务。从股份有限公司股东持股的目的来说，控制权是各股东追求的目标，大股东更是想控制公司的经营决策。控股股东，无论是绝对控股，还是相对控股，其在股东大会上对公司的重大决策及在选举董事上实质上都拥有控制权。由此，虽然股份有限公司的股东大会由公司全体股东组成，但实际上只有控股股东才能参与公司管理或者对公司发生支配性影响。股份有限公司解散后，由股东大会确定的人员组成清算组对公司进行清算，但事实上清算组能否及时组成，清算组成员由哪些人员组成，乃至清算组组成后能否对公司依法进行清算，均受到公司控股股东的实际控制和影响。因此，根据《公司法》的规定，并基于股份有限公司控股股东对公司的实际管理和支配性地位及影响，司法解释将控股股东明确界定为股份公司解散后的清算义务人。关于控股股东，我国有关立法已有明确规定，如《公司法》第 216 条第（2）项规定，控股股东，是指其出资额占有限责任公司资本总额 50% 以上或者其持有的股份占股份有限公司股本总额 50% 以上的股东；出资额或者持有股份的比例虽然不足 50%，但依其出资额或者持有的股份所享有的表决权已足以对股东会、股东大会的决议产生重大影响的股东。

三、实际控制人与法定清算义务人的关系

《公司法司法解释二》第 18 条依据公司法对清算义务人怠于履行义务所导致的侵权民事责任作出了具体规定。该条第 1 款是清算赔偿责任的规定，指有限责任公司的股东、股份有限公司的董事和控股股东未在法定期限内成立清算组开始清算，导致公司财产贬值、流失、毁损或者灭失，债权人可以要求其在造成损失范围内对公司债务承担赔偿责任。第 2 款是连带清偿责任的规定，即有限责任公司的股东、股份有限公司的董事和控股股东因怠于履行义务，导致公司主要财产、账册、重要文件等灭失，无法进行清算，债权人可以要求其对公司债务承担连带清偿责任。对以上两款的理解没有争议。但对该条第3款的理解上产生了分歧。该条第3款规定："上述情形系实际控制人原因造成的，债权人主张实际控制人对公司债务承担相应的民事责任的，人民法院依法应予以支持。"在实践中适用该款出现的分歧是：第一、这是否意味着实际控制人也是法定意义上的清算义务人，是否也应在法定期限内成立清算组开始清算，超过法定期限成立清算组开始结算，是否应承担相应的责任。第二，该条第1款、第2款规定的情况，如果是实际控制人原因造成的，此时有限责任公司的股东、股份有限公司的董事和控股股东是否可以减轻或免除责任。

我们认为，实际控制人不是法定的清算义务人。理论上公司控制权掌握在董事会和控股股东手里，但是在现代商业环境下，非股东以及董事在幕后对公司加以控制的情形屡见不鲜。为了回应现实，各国都对公司实际控制人做出了界定。根据《公司法》第216条第（3）项的规定，实际控制人是指虽不是公司的股东，但通过投资关系、协议或者其他安排，能够实际支配公司行为的人。但是应当明确的是实际控制人不是法定清算义务人，因为公司实际控制人在公司解散后没有对公司组织清算的直接法定义务。虽然实际控制人能够通过关联关系等方式控制公司的经营和管理，但公司解散后，如果实际控制人没有利用其对公司的控制力或者影响造成公司未依法进行清算的后果，则不应承担民事责任。从另一个角度来看，实际控制人一般需经司法或行政认定才能被确定，也就是说实际控制人是被司法机关或相关行政部门认定的结果，与有限责任公司的股东、股份有限公司的董事和控股股东的确定性和容易直接认定不同。可以说，有限责任公司的股东、股份有限公司的董事和控股股东在公司解散后承担的是积极作为的清算义务，而实际控制人在公司解散后承担则是消极的不作为义务，只要其没有阻止公司进行清算的行为，或者其行为并未造成公司未依法组织清算或无法清算的后果，就不承担民事责任。

四、法定清算义务人的清算义务不因实际控制人的原因而免除

有观点认为，如果因为实际控制人的原因导致公司未及时清算或无法清算时，有限责任公司的股东、股份有限公司的董事和控股股东可以免除清算义务，不承担民事责任。我们认为，这种认识是不正确的，因为，有限责任公司的股东、股份有限公司的董事和控股股东是法定的清算义务人，不管是否有实际控制人的存在或实际控制人的原因，其依法及时组织清算的义务都不能免除。即使实际控制人有阻止公司清算的行为，清算义务人也应依法定程序组织清算，包括根据《公司法司法解释二》第7条第3款的规定向人民法院申请对公司进行清算。在有实际控制人存在的情况下，《公司法司法解释二》第18条第1款、第2款应分别适用：对于第1款，有限责任公司的股东、股份有限公司的董事和控股股东未在法定期限内成立清算组开始清算，又有实际控制人的原因致使公司未在法定期限内成立清算组开始清算，导致公司财产贬值、流失、毁损或者灭失的，债权人可以要求有限责任公司的股东、股份有限公司的董事和控股股东、实际控制人在其各自造成损失范围内对公司债务承担赔偿责任。也就是说，对于第1款的适用，有限责任公司的股东、股份有限公司的董事和控股股东、实际控制人给公司造成损失的应承担相应的赔偿责任，各自责任的承担是独立的，不存在因其他人的原因而免除另一方责任的问题。对于第2款，有限责任公司的股东、股份有限公司的董事和控股股东因怠于履行义务，或者因公司实际控制人的原因，导致公司主要财产、账册、重要文件等灭失，无法进行清算的，债权人可以要求其对公司债务承担连带清偿责任。在此种情形下，以公司无法进行清算为承担连带责任的前提，如果既有有限责任公司的股东、股份有限公司的董事和控股股东怠于履行义务的原因，又有公司实际控制人的原因，导致公司无法进行清算的，其当然应承担连带责任，不存在有公司实际控制人原因，有限责任公司的股东、股份有限公司的董事和控股股东可以怠于履行义务且免除连带责任的情形。有限责任公司的股东、股份有限公司的董事和控股股东的清算义务是法定的，不因其不是实际控制人而免除。因此，对于有限责任公司的股东、股份有限公司的董事和控股股东，只要有公司解散的事由出现，其必须在法定的期限内成立清算组开始清算，即使有其他股东或实际控制人阻碍或不予配合，作为清算义务人不管所占股份多少，不管是否能实际控制公司，也应采取进一步的手段要求其他清算义务人或实际控制人组织清算，直至依法向法院申请进行强制清算。否则，其即违反了法定的清算义务，应承担相应的责任。这样才可以督促作为清算义务人的小股东在大股东不积极履行清算义务的情况下依法申请人民法院对公司进行清算，以保护债权人利益，倡导诚实守信的原则，维护良好的市场经济秩序。

五、法定清算义务人的清算义务不因未实际参加公司经营管理的原因而免除

实践中，有些有限责任公司的股东、股份有限公司的董事和控股股东以未实际参加公司经营管理为由，要求免除清算义务，不承担怠于清算的赔偿责任。上文关于有限责任公司的股东、股份有限公司的董事和控股股东的清算义务人地位中已有论述，之所以确定有限责任公司的股东、股份有限公司的董事和控股股东为法定的清算义务人，已经充分考虑了该三种主体对公司经营管理决策的支配地位。目前，由于职业经理人的发达，越来越多的有限责任公司的股东、股份有限公司的董事和控股股东已经不参与实际的经营管理，实际的经营管理大多由公司的高级管理人员完成，其仅在公司重大决策、选举董事等方面拥有控制权，也就是说更多的是控制公司而不是管理公司。正是其这种控制公司的权利，才使其可以怠于履行清算义务，因此，对于法定清算义务人来说，其清算义务的承担不以其是否实际参加公司经营管理为必要条件。

【拓展适用】

一、清算义务人未履行清算义务的民事责任

关于公司清算的民事责任，我国《公司法》只规定了清算人（清算组成员）在清算过程中的法律责任，却没有规定清算义务人不履行义务所应承担的法律责任。因清算义务人对公司组织清算属于一种作为行为，如果义务人不作为，法院可以判决其承担清算责任，这种判例在实践中是存在的，但是对于这种给付行为的判决执行时存在一定困难。我们可以通过增加清算义务人不作为的成本迫使其选择作为。即在清算义务人不进行清算时，可通过将其清算责任向财产责任转化的方式，达到督促其依法清算和规范法人退出行为的目的，同时，实现对公司解散清算中债权人利益的保护。

根据《公司法》第183条的规定，公司解散的，应当在解散事由出现之日起15日内成立清算组，开始清算。该条规定的15日期限为法定期限，清算义务人必须严格遵守，否则应当对公司和债权人因此造成的损失承担相应的民事责任。公司解散后，清算义务人不尽清算义务的不作为行为包括两种情况：第一种情况是在法定期限内未成立清算组开始进行清算，即根本未履行清算义务；第二种情况是虽然已经成立清算组，但却未及时开始清算，即怠于履行清算义务。两种情况的性质不同，造成的损失情况也有所不同，因而清算义务人的民事责任也不同。本条基于未依法清算所造成的不同后果，规定了清算义务人的不同民事责任。第一种情况，清算义务人未在《公司法》第183条规定的期限内组织清算组开始清算，造成公司财产贬值、流失、毁损或者灭失的，应当在造成损失的范围内对公司债务承担赔偿责任。该责任是从法人财产制度和侵权责任角度作出的规定。第二种情况，因清算义务人怠于履行清算义务或其他义务，导致公司主要财产、账册、重要文件等灭失，无法进行清算的，应当对公司的债务承担连带清偿责任。该责任的规定，是出于对实践中大量存在的“僵尸企业（公司）”“植物人公司”的考虑，意在强化清算义务人的清算义务。追究清算义务人连带责任的理论基础是揭开公司面纱（法人人格否认）制度，《公司法》第20条对此作出了明确的规定。

二、实际控制人的原因导致清算义务人没有履行义务的民事责任

根据我国《公司法》第216条（3）的规定，实际控制人是指虽不是公司的股东，但通过投资关系、协议或者其他安排，能够实际支配公司行为的人。实际控制人和控股股东不同，香港《公司收购及合并守则》规定，控制权须当时持有或合共持有公司35%或以上的投票权，不论该持有量是否构成实际控制权。该条款除表达了法律本身的含义外，同时也表明，拥有公司的多数投票权并不意味着拥有公司的实际控制权。我国的《上市公司收购管理办法》第61条参照了香港的规定，以获得或者可能获得对目标公司的实际控制权，来判断是否构成上市公司收购。其具体标准为：（1）在一个上市公司股东名册中持股数量最多的；但是有相反证据的除外；（2）能够行使、控制一个上市公司的表决权超过该公司股东名册中持股数量最多的股东的；（3）持有、控制一个上市公司股份、表决权的比例达到或者超过30%的；但是有相反证据的除外；（4）通过行使表决权能够决定一个上市公司董事会半数以上成员当选的；（5）中国证监会认定的其他情形。

企业内部存在两种形式的控制。一种是“股东控制”。如股东通过公司最高权力机关——股东会（股东大会），对管理者进行监督和约束。二是企业的内部“管理层控制”，即独立于股东或投资者之外的董事或经理掌握企业实际控制权。一般来讲，公司的控制权掌握在控股股东（大股东控制）或董事（管理层控制）手中，但是通过对上市公司控制的研究可知，上市公司“实际控制人”可以是控股股东，也可以是控股股东以外的股东或董事，甚至是除此之外的其他自然人、法人或其他组织（包括实际控制人）。实践中，公司解散应当清算而不清算除了由上述清算义务人的原因造成以外，有的情况下是由公司实际控制人的原因造成的。因此，本条司法解释第3款规定，特殊情况下，当公司不能清算系由实际控制人的原因造成的，则实际控制人亦应对未能清算承担相应的民事责任。

公司实际控制人虽然不是公司的股东，不能直接参与公司的经营与管理决策，但是通过投资关系、协议以及其他关联关系，能够影响甚至决定公司的经营管理。根据《公司法》第21条的规定，公司实际控制人利用关联关系损害公司利益，给公司造成损失的，应当承担赔偿责任。据此，公司解散后，如果实际控制人利用其控制地位，导致公司不能在法定期间内组织清算组依法对公司进行清算，造成公司财产损失或者无法清算的，根据《公司法》的规定和侵权责任的一般原理，应当承担相应的民事责任。至于承担民事责任的方式和范围，应当综合考虑其主观过错的性质、影响公司的程度、导致公司未能依法清算的情形以及造成公司财产损失的范

围等因素，参照上述清算义务人的民事责任的规定，在具体个案中加以分析认定。司法解释之所以没有将公司实际控制人直接列入公司解散后的清算义务人的范围，是因为公司实际控制人在公司解散后没有对公司组织清算的直接法定义务。虽然实际控制人能够通过关联关系等方式控制公司的经营和管理，但是，公司解散后，如果实际控制人没有利用其对公司的控制力或者影响造成公司未依法清算的后果的，则不应承担民事责任。

三、公司无法清算的认定主体

（一）公司无法结算认定主体的不同观点

2005 年公司法赋予了债权人在作为债务人的公司存在清算事由，而逾期不成立清算组进行清算的，申请人民法院指定有关人员组成清算组进行清算的权利。《公司法司法解释二》则进一步赋予了债权人在有限责任公司的股东、股份有限公司的董事和控股股东因怠于履行义务，导致公司主要财产、账册、重要文件等灭失，无法进行清算时，债权人主张其对公司债务承担连带清偿责任的权利。上述规定的实施有效遏制了应注销而未注销的“僵尸公司”的出现，在一定程度上保护了债权人的利益。

依据上述规定，债权人主张有限责任公司的股东、股份有限公司的董事和控股股东对公司债务承担连带清偿责任的前提，是清算义务人主观上存在怠于清算的过错，客观上也导致公司主要财产、账册、重要文件等灭失，而无法进行清算。在司法实务中存在困扰的是，谁有权利认定作为债务人的公司无法清算，即作为司法机关的法院是否可以依据收集到的材料径行认定无法清算，还是必须依法成立清算组后，由清算组认定是否无法清算。针对上述问题，实务中存在两种不同意见：第一种意见认为，从司法效率的角度出发，在清算组依法成立之前，如果司法机关依据已收集到的证据最易认定公司无法清算，则无需再成立清算组，而可直接裁定无法清算，终结清算程序。第二种意见则认为，根据《公司法》及其司法解释的规定，公司是否属于无法清算情形的结论，应由清算组作出。司法机关只能根据清算组的结论再依法作出相关裁定。司法机关无权在清算组成立之前自行认定公司是否无法清算。

（二）公司无法清算认定主体为清算组

债务人公司是否属于无法清算情形，直接关系到公司清算义务人连带清偿责任的承担以及公司债权人债权的实现，具有重要的法律意义。就公司是否无法清算的认定，笔者认为，应在清算组成立后，由清算组根据案件情况进行认定。主要理由如下：

首先，从《公司法》第183条条文的文义分析，相关法律规定的是逾期不成立清算组进行清算的，债权人可以申请人民法院指定有关人员组成清算组进行清算。根据该条规定，在司法强制清算的情况下，司法机关的职责在于指定有关人员组成清算组进行清算，并负责监督清算过程，而没有赋予司法机关在清算组成立之前可自行决定清算能否进行的权力。

其次，从清算的客观要求方面考量，公司清算专业性极强，涉及利益众多。如由司法机关自行决定是否无法清算，一方面司法机关因清算专业知识不足，极有可能作出错误结论；另一方面，因司法机关在清算过程中负有裁断有关争议、审批有关决议的职责，直接作出无法清算结论会有违中立裁判原则。

第三，公司清算的目的除核查公司现有资产外，还包括确认公司对外债权债务等内容。公司主要财产、账册、重要文件等灭失，只是导致公司资产无法核查，并不直接影响公司对外债权债务等的认定，对外债务等的认定同样需要清算后确认。如由司法机关不经清算而直接认定公司无法清算，将有违公司清算立法的初衷。

综上，债务人公司是否无法清算，必须依法成立清算组后，由清算组认定是否无法清算，不宜由司法机关直接认定。

四、其他股东对清算义务人不履行或怠于履行清算义务的请求权

根据司法解释对清算义务人未尽清算义务应当对公司债务承担相应民事责任的规定，已足以保护公司债权人的利益。然而，当因清算义务人不履行或者怠于履行清算义务，造成公司财产损失，没有损害债权人利益（公司对外没有债务）或者债权人没有提起损害赔偿时，清算义务人以外的公司其他股东的利益如何保护，是实践中需要解决的问题。公司股东是公司的开办者或投资者，对公司解散后的剩余财产享有分配权，这是股东的固有权利。公司股东由于人数众多，持有的股权份额不同，不可能全部参与公司的经营与管理，众多中小股东由于不能参与公司经营管理，不能对公司重大事务参与决策，其利益往往会受到公司董事和控股股东的侵害。在公司解散后，由于清算义务人未尽清算义务，造成公司财产损失的，会直接侵害到其他股东的利益，此时，清算义务人以外的其他股东，应当有权要求清算义务人对公司财产损失进行赔偿。

五、债权人请求法定结算义务人对公司债务承担连带清偿责任的理解与把握

第一，有限责任公司的股东、股份有限公司的董事和控股股东“怠于履行义务”包括怠于履行依法及时启动清算程序进行清算的义务，也包括怠于履行妥善保管公司财产、账册、重要文件等义务。

第二，该条款的落脚点在于“无法进行清算”，即由于有限责任公司的股东、股份有限公司的董事和控股股东怠于履行及时启动清算程序进行清算的义务，以及怠于履行妥善保管公司财产、账册、重要文件等义务，导致公司清算所必需的公司财产、账册、重要文件等灭失而无法清算，在此情况下，有限责任公司的股东、股份有限公司的董事和控股股东要对公司的债务承担连带清偿责任。如果仅仅是有限责任公司的股东、股份有限公司的董事和控股股东未在法定的 15 日期限内组成清算组开始清算，但并未达到“无法清算”的程度的，应适用《公司法司法解释二》第 18 条第 1 款的规定，即由上述清算义务人在造成法人财产减少的范围内对公司债务承担补充赔偿责任。这里要注意，在公司出现解散事由后，有限责任公司的股东、股份有限公司的董事和控股股东该依法清算不依法进行清算时，对其民事责任的追究，司法解释第 18 条第 1 款的适用为一般性原则，第 2 款的适用为特例，即只有在有限责任公司的股东、股份有限公司的董事和控股股东怠于履行义务导致公司事实上已经无法清算的情况下，其对公司债务承担的是无限责任，而一般不作为的情况下，公司的清算义务人对公司债务承担的是补充赔偿责任。在根据该司法解释第 18 条第 1 款确定有限责任公司的股东，股份有限公司的董事和控股股东不作为给债权人造成的损失范围时，应当适用因果关系推定和举证责任倒置两个原则来确定。即公司出现非破产原因的解散事由时，原则上推定只要公司依法进行清算，债权人在清算程序中理应得到全额的清偿，但是，由于清算义务人没有及时启动清算程序清偿债务，债权人在经强制执行债务人财产不能获得清偿的部分，应当首先推定为债务人的清算义务人未及时启动清算程序所造成的公司责任财产的减少部分，这时，除非债务人的清算义务人能够举证证明该部分法人财产的减少不是其不作为造成的，而是天灾人祸等其他原因造成，或者在出现解散事由时公司已经出现破产原因等，否则债务人的清算义务人即应对公司不能清偿债权人的部分予以清偿。

第三，“无法清算”情形下对有限责任公司的股东、股份有限公司的董事和控股股东无限责任的追究，不以启动清算程序为前提。只要债权人能够举证证明由于有限责任公司的股东、股份有限公司的董事和控股股东怠于履行义务，导致公司主要财产、账册、重要文件等灭失，无法进行清算的，人民法院即应对其要求有关清算义务人承担连带责任的诉讼请求予以支持。这里主要是举证问题。如果债权人无法自行举证证明债务人“无法清算”的，可以先行向人民法院申请对债务人进行破产清算或者强制清算。人民法院依法受理债权人的破产清算申请或者强制清算申请后，由于债务人“人去楼空”无人提交，或者债务人的有关人员拒不向人民法院提交或者提交不真实的财产状况说明、债务清册、债权清册、有关财务会计报告以及职工工资的支付情况和社会保险费用的缴纳情况，人民法院以无法清算或者无法依法全面清算为由裁定终结破产清算程序或者强制清算程序的，债权人可以依据人民法院作出的终结裁定另行向人民法院提起诉讼，请求判决有限责任公司的股东、股份有限公司的董事和控股股东等清算义务人对公司债务承担无限责任，人民法院可以根据破产清算和强制清算中作出的无法清算和无法依法全面清算的裁定，径行判决上述清算义务人对公司债务承担清偿责任，而无需债权人再行举证证明，即人民法院作出的无法清算和无法依法全面清算的终结裁定具有当然的证据效力。①

【典型案例】

上海存亮贸易有限公司与蒋志东、王卫明等买卖合同纠纷案

〔基本案情〕

原告上海存亮贸易有限公司（简称存亮公司）诉称：其向被告常州拓恒机械设备有限公司（简称拓恒公司）供应钢材，拓恒公司尚欠货款 1395228.6 元。被告房恒福、蒋志东和王卫明为拓恒公司的股东，拓恒公司未年检，被工商部门吊销营业执照，至今未组织清算。因其怠于履行清算义务，导致公司财产流失、灭失，存亮公司的债权得不到清偿。根据公司法及相关司法解释规定，房恒福、蒋志东和王卫明应对拓恒公司的债务承担连带责任。故请求判令拓恒公司偿还存亮公司货款 1395228.6 元及违约金，房恒福、蒋志东和王卫明对拓恒公司的债务承担连带清偿责任。

被告蒋志东、王卫明辩称：1. 两人从未参与过拓恒公司的经营管理；2. 拓恒公司实际由大股东房恒福控制，两人无法对其进行清算；3. 拓恒公司由于经营不善，在被吊销营业执照前已背负了大量债务，资不抵债，并非由于蒋志东、王卫明怠于履行清算义务而导致拓恒公司财产灭失；4. 蒋志东、王卫明也曾委托律师对拓恒公司进行清算，但由于拓恒公司财物多次被债权人哄抢，导致无法清算，因此蒋志东、王卫明不存在怠于履行清算义务的情况。故请求驳回存亮公司对蒋志东、王卫明的诉讼请求。

被告拓恒公司、房恒福未到庭参加诉讼，亦未作答辩。

法院经审理查明：2007 年 6 月 28 日，存亮公司与拓恒公司建立钢材买卖合同关系。存亮公司履行了 7095006.6 元的供货义务，拓恒公司已付货款 5699778 元，尚欠货款 1395228.6 元。另，房恒福、蒋志东和王卫明为拓恒公司的股东，所占股份分别为 40%、30%、30%。拓恒公司因未进行年检，2008 年 12 月 25 日被工商部门吊销营业执照，至今股东未组织清算。现拓恒公司无办公经营地，账册及财产均下落不

---

① 宋晓明主编：《最高人民法院商事审判裁判规范与案例指导》(2010 年卷)，法律出版社 2010 年版，第 302 ~ 303 页。

明。拓恒公司在其他案件中因无财产可供执行被中止执行。

〔裁判结果〕

上海市松江区人民法院于2009年12月8日作出（2009）松民二（商）初字第1052号民事判决：一、拓恒公司偿付存亮公司货款1395228.6元及相应的违约金；二、房恒福、蒋志东和王卫明对拓恒公司的上述债务承担连带清偿责任。宣判后，蒋志东、王卫明提出上诉。上海市第一中级人民法院于2010年9月1日作出（2010）沪一中民四（商）终字第1302号民事判决：驳回上诉，维持原判。

〔裁判理由〕

法院生效裁判认为：存亮公司按约供货后，拓恒公司未能按约付清货款，应当承担相应的付款责任及违约责任。房恒福、蒋志东和王卫明作为拓恒公司的股东，应在拓恒公司被吊销营业执照后及时组织清算。因房恒福、蒋志东和王卫明怠于履行清算义务，导致拓恒公司的主要财产、账册等均已灭失，无法进行清算，房恒福、蒋志东和王卫明怠于履行清算义务的行为，违反了公司法及其司法解释的相关规定，应当对拓恒公司的债务承担连带清偿责任。拓恒公司作为有限责任公司，其全体股东在法律上应一体成为公司的清算义务人。公司法及其相关司法解释并未规定蒋志东、王卫明所辩称的例外条款，因此无论蒋志东、王卫明在拓恒公司中所占的股份为多少，是否实际参与了公司的经营管理，两人在拓恒公司被吊销营业执照后，都有义务在法定期限内依法对拓恒公司进行清算。

关于蒋志东、王卫明辩称拓恒公司在被吊销营业执照前已背负大量债务，即使其怠于履行清算义务，也与拓恒公司财产灭失之间没有关联性。根据查明的事实，拓恒公司在其他案件中因无财产可供执行被中止执行的情况，只能证明人民法院在执行中未查找到拓恒公司的财产，不能证明拓恒公司的财产在被吊销营业执照前已全部灭失。拓恒公司的三名股东怠于履行清算义务与拓恒公司的财产、账册灭失之间具有因果联系，蒋志东、王卫明的该项抗辩理由不成立。蒋志东、王卫明委托律师进行清算的委托代理合同及律师的证明，仅能证明蒋志东、王卫明欲对拓恒公司进行清算，但事实上对拓恒公司的清算并未进行。据此，不能认定蒋志东、王卫明依法履行了清算义务，故对蒋志东、王卫明的该项抗辩理由不予采纳。